《当代中国人物传记》丛书

程中原 著

张闻天传（修订本）

图书在版编目(CIP)数据

张闻天传/程中原著.—修订本.—北京:当代中国出版社,2000.8（2025.8重印）
(《当代中国人物传记》丛书/邓力群等主编)
ISBN 978-7-80092-927-4

Ⅰ.张… Ⅱ.程… Ⅲ.张闻天（1900~1976）—传记 Ⅳ.K827=7

中国版本图书馆 CIP 数据核字（2000）第 64259 号

出 版 人	蔡继辉
责任编辑	张 永　姜楷杰
责任校对	王小芸
装帧设计	古涧文化
出版发行	当代中国出版社
地　　址	北京市地安门西大街旌勇里 8 号
网　　址	http://www.ddzg.net
邮政编码	100009
编 辑 部	（010）66572264
市 场 部	（010）66572281　66572157
印　　刷	北京润田金辉印刷有限公司
开　　本	720 毫米×1060 毫米　1/16
印　　张	32 印张　4 插页　720 千字
版　　次	2016 年 1 月第 3 版
印　　次	2025 年 8 月第 4 次印刷
定　　价	128.00 元

版权所有，翻版必究;如有印装质量问题，请拨打（010）66572159 联系出版部调换。

出 版 说 明

1982年,中共中央书记处讨论通过、中共中央宣传部发文布置在全国范围内编写出版《当代中国》丛书。根据编写计划,《当代中国》丛书依内容共分为五类,人物传记是其中之一。由于人物传记涉及方方面面,情况繁杂,且编写时间长,1991年人物传记从《当代中国》丛书中分立出来,确定为《当代中国人物传记》丛书。

《当代中国人物传记》丛书编辑委员会在丛书总序中说:

"二十世纪的中国,是一个风云际会、英杰辈出的时代。正是伟大的时代造就出灿若群星的历史伟人;也正是历及伟人们艰苦卓绝的奋斗历程和忘我建树的光辉业绩,才能充分地体现着潮流之所趋、人心之所向,才最深刻最生动地反映着奔腾前进的伟大时代。他们一生的业绩,恰恰构成了从旧中国到新中国这一旷古未有的历史性大变革的缩影。正因为这样,修撰作为中华人民共和国缔造者的一代杰出历史人物的传记,其意义自是远远超越记述个人身世的范围。这套传记丛书,无疑应当看作是,当代中国千百万爱国志士、革命先驱的杰出代表用毕生的血和汗谱写出的挽救祖国、振兴中华的可歌可泣的历史画卷,它将是永远矗立于世世代代人民心中的革命丰碑。《当代中国人物传记》丛书中的每一部传记,都可读作当代中国的救国史,中华人民共和国的开国史、建国史;每一部传记都可读作结束中国苦难危亡命运的革命史,披荆斩棘建设社会主义的奠基史、创业史。"

"《当代中国人物传记》丛书,首批编撰的是中华人民共和国建国时期的开国元勋和各方面的最杰出人士的传记。这批传记的主人公将包括:党和国家的主要领导人(其中毛泽东、周恩来、刘少奇、朱德、邓小平、陈云的传记,将由中共中央文献研究室编写、出版)、人民军队中功勋卓著的元帅、参与新中国创建大业的各民主党派的领导人和各方面的著名爱国人士、贡献突出的著名科学家、文学家和艺术家，以及为中国民主革命事业和社会主义事业做出重大贡献的国际主义战士，等等。毫无疑问，他们既是当代中国最卓越的代表，同时也是彪炳千秋青史的历史巨人。当然，如同一切历史人物一样，我们时代的杰出代表也不可能不受到历史条件的限制，也必然会具有这样那样的弱点、短处，一生中也不免会发生这样那样的某些过失。但是，所有这些，当如日月之蚀，堂堂正正公之于众亦无损于他们形象的光辉。他们为中华民族创建的功业，他们的革命精神、高尚情操，他们的鸿才睿智、嘉言懿行，无不震古铄今，垂范后世。这是中华民族一份永远值得倍加珍摄的宝贵精神财富。"

"愿人们从这部《当代中国人物传记》丛书中，以这些历史人物的光辉业绩为典范，学习他们的革命献身精神、爱国主义情操和坚定的社会主义信念，为中华民族的历史伟业做出更大的贡献。"

我社有幸承担了《当代中国人物传记》丛书的编辑出版工作，自1991年以来陆续出版了一批中华人民共和国开国元勋的传记，获得很好的社会影响。我们将继续按照丛书的编辑出版方针，把《当代中国人物传记》丛书编辑出版工作做好，以飨读者。

书中图片绝大部分为本书编写组提供，因时间仓促等，有的图片未能注明著作权，特致歉。请相应著作权人知晓后，与当代中国出版社总编室联系（电话：010-66572131），以便我们再版时准确署名及支付稿酬。

当代中国出版社
2021年11月

张闻天（摄于1976年）

目 录

第一章　农家学子 ··· **001**
　　塘下小村 ··· 001
　　发蒙 ··· 003
　　进城读书 ··· 005
　　从"水产"到"河海" ··································· 007

第二章　五四青年 ··· **009**
　　"河海"的教育 ··· 009
　　"自我"的觉醒 ··· 011
　　在五四浪潮中 ··· 013
　　笔锋初试 ··· 014
　　传播马克思主义 ······································· 016

第三章　找求光明之路 ··· **018**
　　留法预备班 ··· 018
　　"松圃"工读 ··· 019
　　赴日本留学 ··· 023
　　探求中的曲折 ··· 024
　　决心"做一个小卒" ····································· 028

第四章　投身新文学运动 ······································· **032**
　　改习文学 ··· 032
　　赴美勤工俭学 ··· 039
　　在柏克利的译事 ······································· 043
　　长篇小说《旅途》 ····································· 045

　　　　三幕话剧《青春的梦》……………………………………049

第五章　走进共产党的行列……………………………………**053**
　　　　从二女师到川东师范………………………………………053
　　　　主编《南鸿》周刊…………………………………………057
　　　　川师学潮中的搏击…………………………………………059
　　　　别重庆的朋友………………………………………………061
　　　　"我要加入CP！"……………………………………………063
　　　　职业革命第一站……………………………………………065

第六章　留学莫斯科……………………………………………**069**
　　　　到莫斯科去…………………………………………………069
　　　　中山大学的学习与纷争……………………………………070
　　　　"红色教授"…………………………………………………078
　　　　反对"立三路线"……………………………………………082

第七章　在白色恐怖下…………………………………………**087**
　　　　回国……………………………………………………………087
　　　　批判"取消派"………………………………………………089
　　　　在"左"倾的歧路上…………………………………………095
　　　　"歌特"的反"左"文章………………………………………100

第八章　在红色国土上…………………………………………**106**
　　　　从上海到瑞金………………………………………………106
　　　　反"罗明路线"………………………………………………108
　　　　挣脱"左"的桎梏……………………………………………111
　　　　"博洛矛盾"…………………………………………………116
　　　　毛洛合作……………………………………………………123
　　　　战略社论……………………………………………………126

第九章　历史转折………………………………………………**130**
　　　　"中央队三人团"……………………………………………130
　　　　长征路上的争论……………………………………………131
　　　　遵义会议……………………………………………………134
　　　　担任中共中央总书记………………………………………139
　　　　挑起历史的重担……………………………………………141

　　　　会理会议前后·······················50

第十章　从会合到分离···························**154**
　　　　一、四方面军会师·····················154
　　　　芦花——沙窝——毛儿盖··············158
　　　　危急时刻···························164
　　　　找到了落脚点·······················167

第十一章　大变动的前夜·························**170**
　　　　初到陕北···························170
　　　　成家·······························173
　　　　提出新的战略、策略·················174
　　　　改变对富农的策略···················179
　　　　主持瓦窑堡会议·····················180
　　　　东征和西征·························184
　　　　接待美国记者斯诺···················187
　　　　指导白区工作·······················189
　　　　联合东北军·························195
　　　　战胜分裂，实现三大主力会师·········202

第十二章　西安事变前后·························**208**
　　　　对"蒋"策略的演变··················208
　　　　确定"逼蒋抗日"方针················215
　　　　提出"民主共和国"口号··············220
　　　　和平解决西安事变···················221
　　　　西安之行···························225

第十三章　跨入新阶段···························**232**
　　　　迎接全国抗战的到来·················232
　　　　国共谈判···························238
　　　　洛川会议前后·······················244
　　　　反对王明右倾投降主义···············254
　　　　批判张国焘·························260
　　　　在六届六中全会上···················261

第十四章　主管宣传和干部教育·················268
　　党内职责的变动·································268
　　延安马列学院·····································272
　　编著革命史教材和出版马列著作···········281
　　论青年修养和党的建设·························286
　　宣传鼓动提纲和文化工作政策···············290

第十五章　整风前后································297
　　"还账"与"补课"·································297
　　陕北、晋西北调查·······························302
　　出发归来···310
　　总结历史经验·····································313
　　在中共第七次全国代表大会上···············317

第十六章　在东北····································320
　　从延安到哈尔滨·································320
　　宁安蹲点···323
　　建设战略后方——合江·························327
　　探索经济建设基本方针·························341
　　在辽东省委···347

第十七章　外交十年（上）························361
　　准备到联合国去·································361
　　就任驻苏大使·····································365
　　巡视驻东欧六国使馆···························369
　　关心国内经济建设·······························372
　　出席日内瓦会议·································378

第十八章　外交十年（下）························385
　　外交部常务副部长·······························385
　　致力外交战线基础建设·························389
　　改进对驻外使馆的领导·························391
　　对国际问题和外交政策的卓越见解········393

第十九章　庐山蒙冤······401
忧虑与沉思······401
山雨欲来······408
七月二十一日的发言······413
被打成"反党集团"······419

第二十章　罢官后的求索······428
下庐山······428
"特约研究员"······429
科学的共鸣······431
思想的波涛······435

第二十一章　南方调查······440
调查的契机："七千人大会"······440
戴着"帽子"搞调查······443
读列宁著作的批注······447
"集市贸易意见书"······449
"包产到户"笔记······451

第二十二章　再次打击下的理论创造······453
八届十中全会之后······453
所谓"张孙反党集团"······454
提出生产关系两重性理论······456
关于阶级斗争的哲学思考······459

第二十三章　动乱年代······461
风暴袭来······461
二百一十九起"接待"······465
"六十一人案"······466
五百二十三天"监护"······469
疏散肇庆······471
肇庆文稿······475

第二十四章　最后的脚印······484
到无锡落户······484
在重病中······489

冰冷的葬仪……………………………………………………492
历史的回声……………………………………………………494

张闻天生平大事年表………………………………………………496

初版后记……………………………………………………………501

修订再版后记………………………………………………………503

三版后记……………………………………………………………505

第一章　农家学子

塘下小村

公元1900年8月30日（清光绪二十六年，农历庚子年八月初六），张闻天出生在东海之滨的一个小村庄北张家宅。北张家宅坐落在长江口和杭州湾中间的那块冲积平原上。它紧贴着一道海堤，名叫"钦公塘"。海堤由北而南绵延近百里，卫护着堤岸西边的村庄和良田。

北张家宅原来叫杨家宅，在朱家店北面约一百米处。雍正十年（1732年），居住在南张家宅的张姓人家，买下了杨家宅杨姓的房子，村子也随之改姓为张。一个多世纪下来，子孙繁衍，到张闻天出世时，北张家宅张姓家族有十几户人家。这个小村，当时属江苏省南汇县六团乡，现属上海市浦东新区川沙新镇邓三村。张闻天的家在北张家宅村子的西头。

张氏的先祖，据清光绪年间修的《南汇县志》记载，是北宋末年因避战乱从河南清河郡迁徙到浦东的。到明朝永乐年间，明成祖实行驱富民填燕京的政策，张氏族中，大多迁往北京。只有张仲清在利造桥隐居下来，成为这一带张姓家族的始祖。嘉靖年间，抗击倭寇失利，利造桥化为瓦屑墩，张氏被四散迁移，其中一支向东避居到属盐场管辖的五匡、六团一带定居。①

张闻天的祖辈都是普通种田人。几代人辛苦经营，到曾祖父母手里，有了点积蓄，于是，紧挨着老宅的西边，又盖了一座新屋。这是一座三合头的瓦房。迎面朝南，五间正房。客厅正中，高悬一块匾额，上题"孝友堂"三个大字。东西两侧，各有两间厢房，与正房合抱着一片砖场。砖场南端，用竹篱笆围起，形成一个敞亮的庭院。竹篱笆中间开门，上面置一座木结构的门楼，称"鹤香棚"，也叫"秀才巾"。再向前，是榉树、榆树掩映下的一条河浜。屋后，是菜园、竹林。江南富庶，小康农家的宅院几乎都是这种格局。这宅房子的西半边，后来就传给了张闻天的祖父张祥富。

张祥富有两个儿子，小儿子张芹梅就是张闻天的父亲。他以勤劳能干闻名乡里，但文化不高，仅粗识文字。母亲金甜花（小名娣妹），附近黄家楼金家窎人。她是独

---

① 朱鸿伯：《张姓溯源》，见《永恒的怀念》，中共党史出版社1998年版，第8—9页。

张闻天故居（摄于1985年）

生女，长芹梅四岁，进过私塾，是一个聪明有决断的女子。张闻天是他们的长子，就诞生在西边的正房。

按照当地的习俗，新生儿出世第三天，请近亲和乡邻吃"三朝面"，给孩子起名字。给张闻天起名字的是村东头的长辈张柱唐。柱唐先生中过秀才，教馆，兼做"郎中"（中医），学问、书法，在张家宅首屈一指。他用《诗经·小雅·鹤鸣》中诗句"鹤鸣于九皋，声闻于天"的意思，给孩子起名"应皋"（也写作"荫皋"），字"闻天"。典故用得很贴切。从张家宅抬脚跨过堤岸，东边就是一片望不到边的荡田。再向东，就是不断朝东海里伸展的滩涂。说这儿是仙鹤鸣叫的水乡泽国，一点也不夸张。的确，仙鹤在草泽荒野中鸣叫，它的声音可以一直传到九天之上。《鹤鸣》这首诗的意境，隐隐含着这样的意思：有识之士的意见要上达君主，君主要倾听有识之士的声音啊！两年前戊戌新政失败，两个月前八国联军入侵，先占天津卫，眼下又打进了北京城，造成了泱泱大国任人宰割的局面。这在秀才看来，是同当朝者昏聩，不能采纳贤明之士的谏议有关。柱唐先生给芹梅长子取蕴含着这样深意的名字，是对襁褓中的新一代寄予朦胧的希望：要改变中国这种贫弱、屈辱的局面！

张闻天的父母很感激堂叔给孩子起了这样一个响亮而有讲究的名字。不过孩子还小，从小长到大，三灾六难，关卡多得很，还是作贱点好养，所以又起了个小名叫"阿毛"。在上海浦东一带，称男孩子为小毛头，或小名为"阿毛"、"毛毛"者多的是。张闻天小时候一直用小名称呼，进私塾读书才启用"应皋"，正式用"闻天"这个名字，是到南京上学的时候了。

张闻天出世前后，芹梅一家的日子是向上的。夫妻两个都年轻力壮，种有三四十亩好田，忙时雇用几个短工，一年下来，省吃俭用，总有点积余。在张闻天降生前个把月，张芹梅还将祖上传下来的这座房子翻修一新。① 堂屋中间的隔扇，卧室里的板壁，都重新换过。四扇隔扇上，还央请柱唐先生手书"天街夜色凉如水，卧看牵牛

---

① 房子翻修后厅屋北墙中间隔扇上刻有四首唐宋人的七绝，末有落款："庚子巧秋中浣柱唐张国栋涂"。庚子，公历1900年；巧秋，农历七月；中浣，中旬。这年闰八月，张闻天生于农历前八月初六。翻修时间据此考定。

织女星"、"昨夜邻家乞新火,晓窗分与读书灯"等四首唐宋人的七绝,有的用篆书,有的用隶书,清匠人镶刻其上,显得相当典雅。内部装修仿照书香门第的格局,流露出芹梅夫妇对孩子的企盼。

张闻天的童年是在一种淳朴自然的田

■ 镌刻着张柱唐题写古诗的张闻天家堂屋隔扇

园生活中度过的。农民家庭质朴醇厚的亲子之爱,勤劳节俭的生活起居,使他自小养成一种勤勉朴实的习惯;江南水乡清新秀丽而又繁富多变的自然景观,又陶冶了他那温和自由、细致绵密的情致。

不过,北张家宅并不是世外桃源。它离上海很近,坐船沿村子西迤的浦东运河北行六十多里,要不了一天,就可以到达。自从1842年鸦片战争失败,按《南京条约》规定被辟为五个通商口岸之一开始,上海很快就发展成为中国的第一大都会。它成了半殖民地半封建中国各种矛盾的集结点,同时也是先进的西方物质文明和近代的思想文化涌进中国的第一站。离上海这么近、交通又比较方便的北张家宅,不可免地时时受着欧风美雨的吹打、浸润,时代风雷的鼓动、激荡。张闻天生当19世纪与20世纪之交,中国社会处在新陈嬗代之时:戊戌喋血,百日维新失败,宣告了变法改良的破产;庚子义和团运动显示了顽强的民族精神,但在八国联军的枪炮之下,无法避免被扑杀的命运。救亡呼唤着新的民族觉醒。张闻天出世后不到两个月,资产阶级革命派领导的惠州起义,迎来了以革命为时代主流的新世纪。

对于童年张闻天说来,社会上的一切还离得十分遥远。然而非常明显的是,在潜移默化中影响着张闻天的,不仅是田园生活的滋养,传统文化的熏陶,而且有现代思潮的感染,时代风云的戟刺。它们沉淀在意识的深层,在张闻天成长的过程中,发挥着潜在的作用。

发蒙

发蒙第一课,使张闻天从童稚的朦胧中睁眼看现实人生的,不是学堂,不是书本,而是发生在钦公塘上动人心魄的一幕。

那是清光绪三十一年(1905年),张闻天快要过5周岁生日的时候,八月初二夜,狂风骤起,惊心动魄。初三早晨起来,钦公塘东变成了一片汪洋,原来绿油油的荡田,星罗棋布的村落,都不复存在。飓风挟着海潮向钦公塘汹涌而来,冲击着堤岸,潮位高到五米五五,似乎要把钦公塘摧垮。而钦公塘在排山倒海的巨潮冲涌拍击下,岿然不动。初四水退,钦公塘东满目凄凉,有妇女怀抱小孩死于床上的,有尸挂枝头的……真是惨不忍睹。塘西的人们,唏嘘叹息之余,庆幸免遭这次劫难,不由得从心底里感激主持修筑这条捍海堤岸的县官钦琏。雍正十年(1732年)七月十六,这里也发过一次大海潮。其时脚下的堤岸还是"备塘",不甚坚固,经不住大潮冲涌而坍塌,海水涌进"备塘"西边10公里,直到老护塘跟前,也是一片汪洋,造成巨大灾难。县志载:"民死什六七,六畜无存,家庐尽为瓦砾场,竟不辨井里。及水稍退,内塘东尸棺塞河,流水尽黑……"①灾后第二年,钦琏复任南汇知县,即主事修塘,赶在当年七月发大潮之前竣工。从此以后,这条坚固的塘岸"压住蛟龙气不骄"②,一百六十多年来,一直卫护着浦东人民的生命财产。经过光绪三十一年八月初二这次大海潮,更显得这钦公塘确实是老百姓的"命塘"。大潮退后,人们纷纷到钦公庙去焚香祝祷,怀念这位泽被后世的父母官。张闻天也跟着长辈们到钦公庙磕头礼拜,瞻仰钦老爷的丰采,心中充满了敬佩。

  教育的发蒙,从6岁开始。在北张家宅村东头的张家祠堂里,办有一所私塾,塾师就是秀才张柱唐。6岁那年,过了元宵节,张闻天就被送到那里去读书了。私塾里一共六七个学童,柱唐先生的儿子也在里边。闻天最小,生性好静,秀外慧中,学业上很快超过了比他年长的所有同窗。连柱唐先生的儿子也相形见绌。不到半年,张闻天就读熟了《百家姓》、《千字文》,由《幼学琼林》进到《论语》、《孟子》了。张柱唐高兴地跟人说:"应皋这样玲珑,将来恐怕不仅是进学得个秀才而已。"

  这不过是秀才先生心中的期盼。在20世纪初的中国,废科举、办学堂,已经成为不可阻遏的新潮流。就在张闻天进私塾读书的前一年(1905年),清政府已经正式宣布废除科举取仕的制度,明令全国兴办学堂了。到光绪三十三年(1907),张家祠堂的私塾也应时改制,换上了"养正小学"的牌子。

  诚然,当时实行的改革并没有超出"中学为体,西学为用"的范围,各级学堂的教学内容还得"以四书五经、纲常大义为主",但科举制度毕竟废除了,"西学"、"历代史鉴及中外政治艺学",毕竟进入了学生的视野。养正小学的教师仍是张柱唐,但改制以后,教学内容注入了新的东西。先生除了继续讲授《诗经》、《左传》、《古文观止》之外,也教学生读中华书局新出版的《初小新式国文课本》了。从这里,张闻天开始知道,地球是圆的,世界大得很,有亚细亚洲、欧罗巴洲、阿非利加洲、阿美利加洲、澳大利亚洲。书上的这些名词,虽然拗口,但新奇,一下子就背熟了。童年闻天的眼界,开始从"自从盘古开天地,三皇五帝到于今"的中国,逐渐扩展到了中国之外的世界。

  20世纪初的中国社会急剧变动,发生了许多震撼人心的事件,像《辛丑条约》、日俄战争、英军入侵西藏、徐锡麟刺杀恩铭、"鉴湖女侠"慷慨就义,直至黄花岗起义。但当时张闻天年纪还小,即使是那些发生在江浙一带的事,也没有多少印象。宣统三

---

① 转引自《川沙乡土志》(川沙县县志编修委员会1986年编印)第9页。县志,指雍正四年至八年钦琏主持编纂的《分建南汇县志》。川沙原属南汇县,辛亥光复后于当年(1911年)建县。

② 《川沙乡土志》载,当地人祝悦霖的"竹枝词"云:"压住骄龙气不骄,危塘坚筑势岿崒。村中多少闲香火,只合钦公庙里烧。"

年（1911年）的辛亥革命，给张闻天的印象就深刻多了。那年，张闻天11岁，离家到康家宅的作新小学堂住校读书已经一年多①，很快就要从初级小学堂毕业了。

10月10日武昌首义，全国响应。11月5日，江苏宣布独立。11月7日，南汇光复，城乡各处白旗飘扬，清朝的龙旗被踩在脚下。受了清王朝268年的压迫，一朝光复，人们都觉得扬眉吐气。张闻天早就从书本上读到过克伦威尔、华盛顿等人物的事迹，很是钦佩。如今亲眼看到革命的威力，对中国出了孙中山这样的革命领袖，非常骄傲。老百姓议论的题目之一，是头上的那条辫子。这时，"嘉定三屠"的历史被时时提起。嘉定县城离这里不过五十多公里。当年清兵入关以后，为了在汉人头上"种"上这条辫子，单在嘉定县城，就野蛮屠杀三次，死者数万人。这段历史，人们仍记忆犹新。现在清王朝既已推倒，一切革故鼎新，这象征着压迫和屈辱的辫子，还有什么值得留恋！不久，剪辫就成为一种风气。张闻天头上的辫子，也咔嚓一下剪掉了。他感到从未有过的快意。

进城读书

1912年元旦，孙中山在南京宣誓就任中华民国临时大总统，结束了统治中国二千多年的封建帝制，肇建了亚洲第一个民主共和国。一个新的时代开始了。在民主共和的新潮流影响下，少年张闻天急切地想多多学习现代科学文化知识。

1912年春天，张闻天请求父亲让他继续升学，到南汇县城进高等小学校读书。张芹梅的内心是矛盾的。读书吧，要破费很多，一年的学费膳食费要36元大洋②，种田人钱来得不易。但看着闻天这孩子，细高挑的身材，长得文秀，一天到晚钻在书里，也不是种田的料。而且柱唐先生和叔伯兄弟们，都夸闻天聪明，说他念书会有出息。好在家境较好，还能够支付得起，张芹梅也就答应张闻天的请求。其时，张闻天已经有了一个弟弟、三个妹妹③。弟弟应祥（后来名健尔），小闻天五岁，也已进养正小学读书了。不过，张芹梅的田产这时已经达到有好田五十亩，荡田四十多亩。小部分出租，大部分自己耕种。全家参加劳动，农忙时雇几个短工，经营得法，算得上是一家殷实农户了。

1912年8月1日④，张闻天离家来到南汇县城，进入南汇县立第一高等小学校（简称"南汇一高"），开始了在这里的三年新的学习生活。

南汇一高是在维新思潮的影响下于1899年创办的。当时校名叫"肇兴实业学堂"，以后几易其名。在辛亥光复之际，混乱中校舍全被焚毁。民国元年（1912年）

---

① 据访问马景医谈话（1980年1月11日）。马是张闻天的妹夫。他只说张闻天到康家宅读书。经查《清代南汇县教育机构一览表》（南汇县教育志编写组1984年提供），康家宅有"作新小学堂"，创办于宣统元年（1909年）正月。

② 据《南汇县立第一高等小学校二十周年纪念册》载"本校章程"第六章"纳费"规定：学费：第一学期二圆（银元，下同），第二学期一圆，第三学期一圆五角；膳费：第一学期十四圆，第二学期七圆，第三学期十一圆。合计一学生年学膳费两项为三十六圆五角。

③ 妹妹为爱琴、水琴、新贞。

④ 当时仿欧美学制，一学年分为三个学期，放暑假、冬假、春假，每学年自8月1日始业。

"南汇一高"旧址

春天重建,校名从原来的"南汇官立两等小学校"改为"南汇县立第一高等小学校",暂时借用惠南书院旧址开学。张闻天是中华民国建立后,南汇一高的第一届学生,也是这所学校的第十一届学生。

像中国许多地方一样,惠南书院也是依托文庙设立的。供着孔夫子牌位的大成殿成了"一高"师生集会的地方。遇到阴雨天,体操课也就在这里上。对着大成殿的正门,是一条青石板铺的甬道,两边种着冬青、海桐、松柏,四季常绿。甬道尽头,走过做工讲究的圆拱小石桥,就是巍巍然竖立在那里的一座状元牌坊。这样的布局,恰好成为读书取仕道路的象征。这时"孔家店"还没有被砸,孔夫子还维持着至圣先师的地位。即使像南汇一高这样新兴的学堂,每年农历二月二十七和八月二十七,还是照例要进行春秋两次祭孔典礼。到时,张闻天和同学们要向孔子的"神位"跪拜,亮起嗓子唱一唱"大哉孔子"的颂歌。礼成之后,上供的大牛,抬到县署,由父母官和他的下属享用。孔子父母面前的那只小牛,就让南汇一高的七八十名师生一饱口福。

除了这个传统的例行公事外,张闻天在这里接受的可以说是当时最新的教育。南汇一高所用课本,都是商务印书馆、中华书局这些上海的新书店最新编辑出版的,一律以"新"标榜,如"新式国文"、"新修身"、"新地理"、"新历史"、"新理科"、"新农业"等等。学校教学认真,管理严格,教学水平相当高,教师中有几位是刚从日本留学归来的。国文水准不用说,数学要求学到求积、代数,英文要求读完商务印书馆编印的《新世纪英文读本》三册和两本《纳氏文法》,会用英文写简短的文章。在人们心目中,从"一高"毕业,相当于前清中了秀才,政府的公务员、学校的教员都可以当了。事实上,"一高"历届毕业生中官居要职者有的是,当学校校长、教员的更不在少数,说它"人才辈出",在南汇各校中"首屈一指",都不是过誉之词。

南汇县城惠南镇在北张家宅南面十多公里,沿着钦公塘步行,要走三个多钟头。张闻天在"一高"上学,是寄宿生,吃住都在学校。入学头两年,上学或回家,都是坐木船或者步行。1914年11月起,上海—南汇之间有柴油机发动的小火轮逐日对开,途经祝家桥(离北张家宅仅0.5公里),因此,张闻天上学或回家就可以搭乘这种轮船了。十二三岁的少年,未曾涉世,其实还不怎么懂事,但像张闻天这样早慧的人,自我感觉已经是大人了。每次上学到祝家桥或邓家码头去乘船,都不要父亲送。父亲坚持要送,他就在田埂上坐下来不走。张闻天年纪很小就离开父母在学校过集体生活,这对于他独立生活能力的培养和自主意识的形成,都是非常有益的。

在南汇一高第十一届二十来名学生中,张闻天年纪最小,但功课出类拔萃。在三年中,他比较系统地学习了现代科学文化的基础知识,接受了比较严格的阅读、写作、计算等基本技能的训练,为他日后的深造打下了坚实的基础。好学深思,讷于言而长于文,是他留给同学们的突出印象。而在弟妹们的心目中,大哥完全是一个读书人了。暑假、冬假、春假回到家里,都是一人独自坐在西边他的房间里念书,不肯跟他们一起谈笑、玩耍。还常常要母亲将他的房门反锁起来,让他在里面安心读书,免得别人打扰。父母看他读书这样专注,眼睛也开始近视了,很心疼;劝他少看看,也劝不转,只好随他去用功;不是农活特别忙的时候,也不再叫他到田里干活了。

从"水产"到"河海"

1915年夏,张闻天读完三年高小,从南汇一高毕业了。凭他的才学,谋一个教员、文书之类的职位绰绰有余。父母固然很希望大儿子能早点就业,每月赚上十元八元光洋,帮衬家里一把,然而闻天还只有15岁,虽然个儿蹿得很高,但毕竟稚嫩一点,还没有到涉足社会的年纪。父母商量后,决心让闻天继续念书。

在当时,高等小学毕业后继续读书,有两条路:一条是进普通中学,然后上大学;一条是上实业学校读三年,毕业出来就业。当然,实业学校出来后,有机会也还可以上各种专门学校,但要想出洋留学就渺乎其茫了。在闻天同届毕业同学中,家境富有的,有的进了松江江苏省立三中,有的进了本县六里桥杨斯盛创办的浦东中学,也有到上海市区民立中学就读的。张闻天虽有远大抱负,学业成绩也居全班之冠,无奈家中经济实力不够,只好报考免收学费、宿费的实业学校。1915年8月,他就近考入了设在宝山县吴淞的江苏省立水产学校(通称"吴淞水产学校")。同他一道考进的,还有他的堂兄张武高。

这所吴淞水产学校,是著名教育家、川沙人黄炎培(任之)创办的。民国元年(1912年)十二月,黄炎培出任江苏省教育司司长,第二年就提出一个发展江苏教育事业的五年计划,办了一批学校,水产学校就是其中之一。[①]学校设在吴淞炮台湾,附近是1842年鸦片战争中民族英雄陈化成壮烈牺牲的西炮台。这是一所中等专业学校,分"渔捞"、"制造"两科,主要是为发展近海捕捞事业培养初级技术人才。张闻天读

---

① 据《黄炎培年谱》,文史资料出版社1985年版,第10页。

完预科之后，进的是"渔捞"科。不久，他就感到"渔捞"科的基础课程除数理之外，都过于浅显，对专业课程怎么也提不起兴趣。特别是几次出海实习，经不起海浪颠簸，晕眩、呕吐，不要说进行海上作业，连在船上站稳、行走都不容易办到。"水产"这个专业，张闻天的身体实在是担当不了。在水产学校读了将近两年，他无法坚持下去，只得设法转学别的专业。①

转到哪里去呢？1917年六七月间，上海的《申报》《时报》等报上登满了各种国立、私立学校的招生广告，其中"全国水利局河海工程专门学校招生广告"②吸引了张闻天。这所学校是为培养水利工程人才而设，校址在南京北极阁。张闻天早就听说，这所学校是张謇在水利局总裁任上倡议创建的，筹办负责人也是黄炎培。学校筹建于民国三年（1914年），在民国四年（1915年）春季正式开办。张闻天乐意投考"河海"。早在童年时代，筑塘捍海、兴修水利的钦公，就是他衷心仰慕的人物。能像钦琏那样，治江、治滩、治海，造福人民，岂不是理想的职业！但张闻天在吴淞水产学校读了不到两年，还没有取得毕业文凭，照例是不够资格报考专门学校的；况且"河海"又是国内第一所培养现代水利专门技术人才的高等专科，不用缴学费，门槛很高。从招生广告看，"试验科目"为"国文、英文、代数、平立几何、物理、化学"，要求肯定严格。是否能考上，张闻天心中没有底。同学们都给他鼓气，认为国文、英文很少有人能与他匹敌，就是数理化，也不输于中学毕业生，有把握考上。至于考试资格，招生广告上写明，"与中学毕业程度相当者"就有资格报名。吴淞水产学校校方很宽厚，给张闻天出具了具有相当学力的证明。这样，张闻天即于7月15日至17日，在上海西门江苏省教育会参加了"河海"的入学考试。三天以后，在7月20日的《申报》上就登出了"上海录取新生通告"，"张闻天"的名字赫然排在22个名字中间。他被河海工程专门学校录取了！

同在吴淞水产学校读书的堂兄张武高，也不愿意继续学捕鱼。他的志趣在体育，企望增强国民之体魄，振奋民族之精神，脱掉"东亚病夫"这顶屈辱的帽子。他选择的是南京高等师范学校体育科，也被录取了。

张闻天和张武高堂兄弟俩都要到南京去上大学了！一个门里出了两个大学生，成为1917年夏天轰动北张家宅的新闻。

---

① 据访问马景园谈话（1980年1月11日），访问张水高谈话（1980年1月13日），访问倪尚达谈话（1981年2月19日）。水高是张闻天的堂兄。倪是张闻天的同学，相似原因离开吴淞水产学校，考入南京高等师范学校理化科。

② 载《申报》《时报》1917年6月29日至7月5日。

第二章 五四青年

"河海"的教育

按照学校的规定，1917年9月8日，张闻天同堂兄张武高结伴，按期前往南京。这时京沪线（南京——上海）的客运列车刚刚从9月1日起提速，从上海北站登上西行的火车，只消七个小时左右，就到达紫金山下、扬子江畔的历史名城南京了。

当张闻天跨进"河海"的时候，他几乎不相信这就是一所国立大学。学校的校舍，不过是一个小巷子里的两所私人住宅而已。的确，中国第一所高等水利学校，是在极端困难的条件下白手起家创设起来的。1915年开办时，经费的一部分是由首先得益、为其培养毕业生的河北、山东、江苏、浙江四省集资，一部分由国家拨给，开办费一共四万元，主要用在购置图书、仪器和修缮上，根本谈不上新建校舍。还是凭张謇当过江苏省咨议局局长的老关系，借用丁家桥省议会的房子，权且做了教室、宿舍。那时袁世凯想做皇帝，省议会停了，房子空着。1916年袁世凯83天皇帝梦破灭后，省议会复活，"河海"只得让出，另借南京高等师范学校的房子。张闻天进校时，向"南高师"借用一年的租约期满，"河海"又一次搬家，租了碑亭巷附近大仓园的两宅民房，一宅做教室，一宅做宿舍，暂时对付着开学。这时，"河海"第一届特科学生刚刚学成毕业，学校里有三届正科学生一百多人，确实挤。但"河海"是一所公费学校，四省选送报考被录取的学生，学费40元是不用交的，自己只要负担食宿费和学业用品费。学生的家境大多不怎么宽裕，很少"纨绔子弟"。学校以"河疏湖蓄水利兴"、"横流浩劫永断绝，拯救数兆黎"的目标教育学生，以养成"高尚之人格"、"勤勉耐劳之习惯"、"切实应用之知识"作为办学的方针，形成了一种俭朴、务实的校风。学生们体谅学校草创的艰难，都不以为意。张闻天这一届是正科第三届，学生四十多人，来自河北、山东、江苏、浙江四省；学制四年（预科一年，本科三年），到民国十年（1921年）毕业，称为十年级。①

除了校舍逼仄一点以外，"河海"的教育是令人满意的。这所学校的教学水平堪

---

① 本段所述材料来源为《河海工程专门学校一览》铅印本，1922年夏印行，现藏中国第二历史档案馆，卷号：六四八679。下文叙述河海工程专门学校情况，凡据此件者，不另注明。

——河海工程专门学校的学生宿舍

称一流。主任①许肇南，不到30岁，刚从美国留学归来，事业心、爱国心都很强。按张謇最初的设想，教师要延聘荷兰工程师来担任。许肇南觉得我们中国自己有人，便没请一个外国人，把学校办起来了。他聘用各科教师都有真才实学，并热心教育培养人才。其中如李仪祉，参加过辛亥革命，后来成为中国现代水利事业的开山人物。

注重文化基础知识的广博与坚实，是"河海"教学的一个特点。正科学生要读一年"预科"，学好国文、英文和数学、绘图、物理、化学等"业工者所必修习"之"规矩准绳"学科，为深造打下扎实的根基。"河海"的教学计划中"立国文学部第一"，并把国文、本国地理、伦理等课程的教学提高到爱国主义的高度。张闻天本来国文底子就好，又经过"河海"预科的教学，写得一手逻辑严谨、情文并茂的好文章。"河海"对英文的教学与训练也很重视，力求解决中学阶段"习焉不精、难期实用"的不足，要求学生达到能够"译读写作"。自预科起到毕业止，所用专业课程教材都是美国出版的，讲课也用英语。另外，还专设两年英文课程，教学《英美大家文汇》、《名人工程学演讲录》等，所以，毕业出来的学生英文水准都很高。张闻天在五四运动之前就能阅读英文版马克思主义著作，五四运动后大量译介外国文学作品，实在得益于此。当然，用美国课本与英语讲课也有弊病，就是搬用外国方法，脱离中国水利实际。后来李仪祉进行了改革，首创用国语讲课，率先编写中文教材讲义。

"河海"的《设校旨趣》中要求："于教科则广储仪器以供学生之实验，于教授则必使学生能活用学理而不专致力于背诵。"一般说来，是尽力按照这个要求做的。学校的实验室在当时属上乘，物理、化学等基础课可以几个人一组进行实验，各种测量仪器足够学生实习之需。绘图室也是专用的。还建立了专门的水工实验室。工程学校的学习和训练，无疑在潜移默化中培养学生注重实证、讲求实用的素质，养成科学理性精神。对于张闻天来说，在"河海"养成的求真务实的科学态度，贯穿于他的一生。

重视体育是辛亥革命后中国学校的一种好风气。"河海"也不例外。张闻天身高

---

① 当时称"学校主任"，1919年改称校长。

腿长，跑得快。在校运动会上得过一百码冠军和四百码亚军。他还是河海足球队的主力。在《河海校刊》上有"河海"同"南高师"进行足球比赛的记载，张闻天踢右中卫，他上场踢了半场。

"自我"的觉醒

对于张闻天来说，在"河海"学习阶段具有决定作用的影响，是接受现代民主思想的启蒙，开始了"自我"的觉醒。

张闻天生长在一个新旧交替的年代，一个忧患与希望交织、光明与黑暗搏斗的年代。他进入"河海"的时候，中国社会正处于剧烈动荡之中：张勋复辟的闹剧刚刚收场，中国加入了协约国正式对德宣战，孙中山讨伐"民国叛徒"段祺瑞的护法战争正在湖南激烈进行……此后，内乱外患一直没有停过。张闻天和许多同学一样，关心着天下的兴亡。国内外时局的发展，都会在他们心中激起波澜。图书馆阅报室里的《新青年》杂志，上海的《申报》《时报》，南京的《救国日报》，①是他们天天接触的读物。他们常常在课余饭后，聚在走廊上、宿舍里讥评时政，谈论"改造中国"的问题。鸡鸣寺、北极阁、玄武湖、白鹭洲这些金陵名胜，离学校都不远，也是同学们游玩聚谈的好去处。在争论各种问题的时候，张闻天常常不是主角。他往往是静静地听着、思索着，当人们争论的高潮过去了，他才讲上几句，要言不烦，很得要领。同学们很敬佩他那种敏感深邃的观察力，卓然独立、不肯随意附和的秉性。

在同班同学中，张闻天与奉贤人顾宗杰同桌，非常要好，与海门人刘善芗（英士）也很相得。刘善芗家住黄海之滨，热情豪放，长于演讲，是校友会的演讲部长。在南高师学体育的堂兄张武高和学理化的同乡倪尚达，也常常在节假日与张闻天相聚。同张闻天结为至交的，是九年级的学生，浙江桐乡乌镇人沈德济（泽民）。他是校友会的音乐部长，学生中的活跃分子，聪明热情，办事干练。②他的哥哥，就是参与发起创立中国共产党和革新《小说月报》的沈德鸿（雁冰），这时已在商务印书馆编译所工作。张闻天同沈泽民常常倾心交谈，互相启发，假期回家，也结伴同行。他们同路到上海，沈雁冰总是到车站去接送。这样，张闻天同沈雁冰也渐渐熟悉起来了。

十七八岁的青年，正是世界观、人生观逐渐形成的时期。张闻天进入"河海"以后，学习了西方先进的科学技术知识，接触欧美的政治思想和文化思想，受到了民主、自由的熏陶和科学精神的冶炼。《新青年》对他的触动特别大。阅读《新青年》上的文章，他常有一种醍醐灌顶的感受。用革命民主主义来看中国封建专制主义的社会现实，张闻天的思想逐渐激进起来。他的自我意识被唤醒了，他的独立人格被发现了，反对封建束缚张扬个性解放的民主思想，反帝爱国的民族感情，被大大地激

---

① 图书室报刊名目据沈泽民所作调查报告《河海工程专门学校》，载《少年世界》第1卷第4期（1920年4月）。

② 上述张闻天在'河海'的交游据：访问顾宗杰谈话（1981年12月29日）、访问倪尚达谈话（1981年2月19日），《河海月刊》第1卷2期（1917年12月）载"校友会消息"。

发出来了。在他后来成为一名成熟的马克思主义者以后回顾这段生活的时候,写道:"'五四'前《新青年》的出版给了我很大影响,我的自我觉醒也于此开始。"①"1917年在学校中看到《新青年》,我的思想即起了很大的变化,我开始对中国旧社会的一切发生了怀疑与反抗,而景仰欧美民主、自由、平等的思想与生活。资产阶级、小资产阶级的民主主义、个人主义的思想从此发端了。"②

可是,在另一方面,生活依然顽固地按照老中国的传统轨道运行。正当张闻天沉浸在忧国忧民的思虑之中的时候,张闻天的父母却已经在为他构筑"幸福"的小家庭了。亲事已经订好,女方是邻村行前桥的卫月莲。1918年初,张闻天放寒假回到家里,父母就把完婚的大事突然提到他的面前。他们已经把一切准备妥当,聘礼已经送过去,吉日已经择定,新房已经粉刷。他们觉得尽到了做父母的责任。他们一心一意为儿子操劳谋幸福,希望看到儿子满意的、感激的笑容。他们万万没有想到,得到的是激烈的反对。在张闻天看来,这种包办婚姻,是父母设置的牢笼。父母这样来办自己的婚姻大事,是剥夺他恋爱的自由权,是蔑视他个人的人格,是不承认他是一个有意志有情感的"人"。新思想与旧传统的冲突在儿子与母亲之间引起了一场激烈的争吵。争到最后,张闻天决绝地说:"你要娶媳妇的话,就不要我这个儿子;你要我这个儿子的话,就不要娶媳妇。"母亲伤心地抹着眼泪,执拗地回答:"我两个都要!你是我养大的,你忍心不要我,不要你的娘吗?"③

在这一场新旧冲突中,母亲终于得胜。张闻天"家庭革命"的第一个回合没有成功。他只得勉强收下母亲给予的这个"赠品"。包办婚姻给张闻天极大的刺激。他感到个人力量的软弱,即使是亲子的温情也无法融化封建传统的冰块。他为自己不能斩断母子之间情感的牵掣而懊恼。他痛切地感到,不反抗旧社会的道德与习惯,从灵魂到肉体都没有自由可言。这种痛苦的、愤激的感情体验,在若干年后他的文学创作中多有宣泄。母亲硬是把违背儿子心愿的婚姻强加给儿子,其结果是将儿子推出了自己的怀抱。张闻天不久就投身新文化运动与社会革命,摆脱封建婚姻的压迫是一个直接的动因。而卫月莲,这个普通的农家女子,不幸成了"新旧过渡时代的牺牲者"④,在家中含辛茹苦地熬过了一生。

1918年春,张闻天怀着满腔的愤懑返回学校。这时,《新青年》正更加热烈地鼓吹思想革命和文学革命。李大钊的《今》、《新的!旧的!》发表了,他指出"新旧不调和的生活""最是苦痛,最无趣味,最容易起冲突"。这种况味张闻天刚刚切身体验过,所以对"新青年打起精神"、"开辟一条新径路,创造一种新生活"的召唤,立即产生强烈的共鸣。鲁迅的《狂人日记》也在《新青年》上登载出来。小说揭露中国几

---

① 《洛甫自传》(1941年1月14日)。

② 张闻天:《1943年延安整风笔记》。原件藏中央档案馆。此件原题为"反省笔记",写成于1943年12月16日。现在用的标题是首次公开发表该件部分内容的《遵义会议文献》(人民出版社1986年版)一书的编者拟定的。

③ 母子争执的情况为张闻天亲属提供。与笔者谈及此事的有张闻天的长女张维英(1980年1月10日)、妹夫马景园(1980年1月11日)。

④ 张闻天1925年的评论,张羹梅向笔者转述(1984年4月9日)。张羹梅是张闻天的堂叔,比闻天小7岁。

千年的历史,在仁义道德后面,"满本都写着两个字是'吃人'!""从来如此,便对吗?""救救孩子……"这揭露,这质问,这呐喊,振聋发聩,擦亮了无数青年的眼睛,在他们的心头点起了反抗的火焰。《新青年》的"易卜生号"上对挪威戏剧家易卜生的《娜拉》、《国民公敌》等剧本的译载,对易卜生主义的介绍,都启发着青年去思考中国家庭与社会的弊端。对于在婚姻大事上受到压迫,切身感受到封建弊害的张闻天说来,《新青年》上的这些篇章,无疑是在他胸中那冒烟的干柴上浇上一桶汽油,点了一把烈火。他对旧社会已经从怀疑、不满进而否定、反抗了。他的志趣也从工程技术向社会问题转移。

就在这时,俄国十月革命胜利的伟大历史事件,越来越引起中国人的注意。1918年2月,报纸上报道了苏俄革命政府宣布废除沙俄缔结的一切国际条约的消息。沙俄强加于中国的一切不平等条约因而自行作废。此后,中国人对十月革命更加关注。上海《民国日报》、《申报》的报道逐渐多起来,对十月革命和苏俄的认识也逐渐真切。《新青年》和《每周评论》上不断刊发评介、歌颂十月革命胜利的文章:《庶民的胜利》(李大钊)、《劳工神圣》(蔡元培)、《Bolshevism 的胜利》(李大钊)……张闻天从报刊上,从早期马克思主义者和启蒙思想家的文章中,听到了无产阶级奏出的凯歌,看到了"世界人类全体的新曙光"。从张闻天五四时期所写的文章来看,至迟在1918—1919年间,他就已经注视着俄国十月革命以后在欧洲掀起的社会主义风潮了。他学习的注意力已经放到了各种社会主义思潮上面,尤其是对马克思主义学说表现出极大的兴趣。他思考的问题,已经不仅限于追求个性解放、恋爱自由,他已经开始思考怎样认识和改造中国社会这一最根本的问题了。

在五四浪潮中

《新青年》的科学与民主的号角,唤起了张闻天"自我"的觉醒;十月革命的胜利,又使他在黑暗中依稀见到了曙光。1919年5月4日,伟大的五四运动爆发了!郁积于张闻天心头的满腔愤懑立即像火山一样迸发出来。他积极投身反帝爱国斗争,成为河海工程专门学校乃至南京学界最为活跃的学生之一。

南京同全国许多城市一样,在得知5月4日"北京学生激于义愤,集众示威,焚巢殴贼",而不少学生"横被羁禁"的消息之后,立即同声相应,奋起作反帝爱国的誓死斗争。5月9日上午8时,张闻天参加了南京六千多学生在小营操场举行的国耻纪念大会。南高师教务主任陶行知等发表讲演,历述中国遭受列强侵凌的历史,表达誓雪国耻的决心。会后,学生游行街市,并到省长公署请愿,沿路散发白话传单,高呼"还我青岛"、"取消密约"等口号。游行在下午6点到达下关后才散。5月13日,南京学界联合会成立,以"提倡服务社会,发扬爱国主义精神"为号召,掀起抵制日货运动。南京街头白旗飞扬,传单若雪。"河海"学生开设"国货贩卖部"作为呼应。进入5月下旬,南京学联组织的讲演团十分活跃。他们不仅在南京城内同市区作演说,还赴周围市镇乡村讲演,以唤起国人的爱国心。而当局则进行严厉干涉,一发现有人演说,警察就来驱散。张闻天不善于鼓动而长于写作,这时的一些讲演稿,如

《中华民国平民注意》①，就出自他的手笔。

  5月26日，上海学生2.5万人"宣誓罢学"。南京"河海"等校立即响应。5月28日，全市所有中等以上学校全都罢课。6月2日，全市学生再次在小营操场集会，举行宣誓典礼，齐声诵读"拥护国权，发扬民意，协力同心，死生以之"的誓词。6月3日，北京发生了大量拘捕爱国学生的严重事件。全国民气激扬，学生罢课同商人罢市、工人罢工结合起来，掀起了更为波澜壮阔的反帝爱国浪潮。南京商界也于6日一律罢市，工人于7日罢工，京沪线火车和长江轮船停驶。南京学联将全市学生组织起来，推动运动，遭到警方镇压。学生被枪锋刺伤、枪柄击伤者很多，还有八十多人被捕入警厅拘禁。6月8日，一万多学生、工人与市民举行了抗暴示威游行。南京的三罢（罢工、罢市、罢课）到6月9日基本结束，然而斗争并没有到此终结。②

  在"五四"到"六三"这一个多月反帝爱国运动浪潮中，张闻天积极参加实际斗争，得到了锻炼，从一个默默无闻的学生，成为思想激进、引人注目的青年。当时的学生领袖、北京大学学生许德珩，就是在5月底南下搞学生运动，去上海组织全国学生联合会时与张闻天、沈泽民结识的。他在六十多年后回忆此事时说，"那时张闻天年纪很轻，大约是十七八岁，很活跃，所以我的印象很深"。许德珩反复认定，张闻天和沈泽民同他一起参加了6月在上海举行的全国学联成立大会（其实张、沈未参加）。在许德珩的心中留下如此深刻的印象，说明在五四运动中，张闻天确是"河海"学生中的突出人物。此外，还有张闻天在五四运动后被学校开除的传闻。与张闻天关系密切的同乡、当年南高师学生倪尚达回忆说："张闻天对政治有兴趣。他喜欢参加学生运动，很热心，听人传说因他思想先进学校把他开除了。"《神曲》译者、当年也在"河海"读书的王维克也这么说。这种传闻，虽然都不是事实，但也说明，在当时，张闻天确是南京学生运动中的激进人物。

笔锋初试

  6月9日以后，轰轰烈烈的局面逐渐过去，张闻天却没有丝毫松懈，他更加积极、坚韧地投入运动。

  为了阻遏和防止学潮再起，当局命令学校提前四周放假，将学生分散回家，以收釜底抽薪之效。这时，张闻天、沈泽民却没有离校，而是继续留在这号称中国三大火炉之一的石头城，顶着酷暑，作深入持久的斗争。特别是在罢免曹、章、陆的"免职令下，薄海同欢"，一般人以为学生爱国运动大获全胜的情况下，包括张闻天在内的南京学生中的一群有识之士，没有就此满足，没有丝毫懈怠。他们从6月23日起，创办了《南京学生联合会日刊》。这比著名的同类刊物《湘江评论》（7月14日创刊）、《天津学生联合会报》（7月21日创刊）都要早二十多天。《南京学生联合会日刊》"以开通民智，增进民德，发扬爱国精神为宗旨"③，围绕着"改良社会"这个中心，及时

---

① 载《南京学生联合会月刊》第26号（1919年7月22日）。
② 关于五四运动在南京的情况，上海《申报》有"南京快信"逐日报道，是本段概述的主要材料来源。
③ 引自该刊《编辑科启事》（一），载《南京学生联合会日刊》第3号。

报道了"六三"以后南京本市、江苏各地及全国学生反帝爱国运动发展的情况，猛烈地抨击了日本帝国主义和北洋军阀，展开了对旧制度、旧思想、旧道德、旧习惯的批判，继续鼓吹爱国主义、革命民主主义和社会主义思想。这份日刊每星期出版6号（星期日休刊），8开4版。从1919年6月23日创刊，到同年9月11日因学生联合会需"重组会务"而停刊，连续出版了70号。主编阮真，是南京高等师范国文本科二年级学生。张闻天是编辑科科员，该刊的重要撰稿人。

在现存的51号《南京学生联合会日刊》①里，有15号载有张闻天撰写的文章。包括政论三篇，"随感录"、"杂评"29则，是发表评论最多的作者之一。这些文章是张闻天五四运动时期社会政治活动和思想状况的真实记录。

张闻天的"随感录"和"杂评"主要是针对现实的政治批评和社会批评，写得尖锐泼辣，言简意赅，显然接受了《申报》"杂评"和《新青年》"随感录"的影响。这些杂文，有的针对巴黎和约签字、北大学生被捕、北洋内阁难产、铁路借款筹还、南北和议、奉吉风潮等国内外大事，讥弹时政，强烈地反对帝国主义和军阀政府；有的针对报界出版界封建迷信的宣传、"香草美人"的泛滥，以至欺骗公众的劣迹，辛辣嘲讽，无情地抨击这股反对新文化运动的逆流；有的针对南京生活的现状，由点及面，批判旧道德、旧习惯，揭露反动统治的腐败无能，寻求改造的办法。

张闻天在《南京学生联合会日刊》上发表的政论，集中地表现了他渴望解救中国的爱国感情，探索救国救民道路的苦心，特别值得称道的是，他还积极热情地传播了马克思主义。

张闻天在《中华民国平民注意》中描述了中国民众深重的苦难，启发"吾们中国几万万忠厚可怜的小百姓"细细想想，"为什么弄得你们这样地步？"他愤激地揭发反动统治者的专横与腐败，通俗地宣传了平等、自由、博爱和民主共和的思想，召唤中国几万万平民觉醒起来，做"自主的而非奴隶的"、"进取的而非保守的"、"世界的而非局部的"、"科学的而非想像的"、"实利的而非空文的"国民，"想别的法子，去做牺牲也不要怕"，以"扫除以前种种痛苦"。

想什么"别的法子"呢？张闻天在另一篇文章中，从分析五四运动以来的形势变化和经验教训入手，作过具体回答。他清醒地指出："（一）不声不响无用，（二）空文鼓吹无用，（三）电报战争无用，（四）切实劝告无用，（五）奔走呼号无用，（六）奔都请愿无用。"他断然否定这些当时风行全国的做法："这无用的，现在吾们不要去做他。"径直提出："现在最紧要的是铲除士大夫阶级"②，"武力政治、强横的中央集权、卖国贼、安福系、腐败的政党，一切费［废］除，然后建设这健全的民主共和国"③。他希望青年一定要"抱定正鹄"、"勇往直前"、"不屈不挠"来"做这种大事业"，"成这样的大事业"。

关于解决中国社会问题究竟采用"激烈的"还是"温和的"方法，是当时正在辩

---

① 迄今仅查到南京大学图书馆藏有该刊。不全。70号中缺20号，刊号为：1，2，4—15，19，29，36，40，47，51。

② 《社会问题》，载《南京学生联合会日刊》第50—52号（1919年8月19—21日）。

③ 见《"五七"后的经过及将来》，载《南京学生联合会日刊》第17号（1919年7月11日）。

论的问题。特别在拒绝签约和罢免曹、章、陆以后所谓"薄海同欢"的背景下，否定暴力革命，主张温和方式的思潮被很多人所接受。几乎同张闻天的文章同时出版的一个刊物的《宣言》就这样写道："在人的方面，主张群众联合，向强权者为持续的'忠告运动'，实行'呼声革命'——面包的呼声，自由的呼声，平等的呼声——'无血革命'，不主张起大扰乱，行那没效果的'炸弹革命'、'有血革命'。"① 年方 19 岁的张闻天，在纷繁复杂的思潮面前，能够认识到，在黑暗的中国，文电呼告、奔都请愿等温和方式是"无用的"，"不要去做"，应该抱定"做牺牲也不要怕"的决心，去"废除"、"铲除"封建军阀的统治，中国才有出路。这样清醒的认识，在参加五四运动的最先进的青年学生中，也是不多的。

传播马克思主义

张闻天说过，自己在南京参加五四运动，所做的主要工作是"宣传"。如果说，上述这些政治批评和社会批评的文章跳动着五四时代的脉搏，那么，他在《南京学生联合会日刊》上发表的《社会问题》一文，则是对马克思主义的传播，闪耀着五四时代精神的光辉。这篇文章连载于 1919 年 8 月 19 日至 21 日（该刊第 50 号至 52 号，其中第 51 号尚未找到）。在这篇文章中，特别引人注目的是，张闻天不是一般地阐发和宣传马克思主义，而是扣住中国革命这个根本的现实问题来阐发和宣传马克思主义。

一、张闻天已经开始尝试用马克思主义的唯物史观来考察中国的社会问题。他认为，"要进窥中华民国的社会之先、不可不晓社会的变迁"。那么，社会是怎样变迁的呢？他写道："按马克司（Marx,Karl）唯物的历史观，吾们可以晓得，社会问题经了四大变动。"张闻天进而运用马克思唯物史观的理论来"进窥"即观察、剖析中国当代社会，指出，当时的中国社会是倒退到了只有"屈从的性质"的"第二时代"。辛亥革命后一度出现的变专制为共和的"第三时代"，被袁世凯和北洋军阀废弃了，中国依旧退回到了封建专制时代。他的这种揭露、批判是贴近中国实际的。

唯物史观关于"四大变动"的观点，见于马克思的《〈政治经济学批判〉序言》："大体说来，亚细亚的、古代的、封建的和现代资产阶级的生产方式可以看作是经济的社会形态演进的几个时代。"② 说明在写作这篇文章之前，张闻天已经学习了马克思主义著作。诚然，文中对马克思唯物史观的运用并不纯熟，对中国社会的"进窥"主要还是从上层建筑特别是意识形态着眼，即便如此，在当时的中国，能尝试运用唯物史观来认识中国社会问题的还屈指可数。先驱者李大钊最早运用"唯物史观"这个概念，见于 1919 年 8 月 17 日《每周评论》第 35 号《再论问题与主义》一文。年仅 19 岁的张闻天几乎同时重视并用它来观察中国社会问题，确实是站到了时代的前列。

二、在对中国社会历史与现状进行分析的基础上，提出解决中国社会问题的办法

---

① 《湘江评论·创刊宣言》（1919 年 7 月 14 日）。
② 《马克思恩格斯选集》第 2 卷，人民出版社 1995 年版，第 33 页。

是依靠工农起来革命，彻底推翻封建统治阶级。文中写道：革命的目标"最要紧的是铲除士大夫阶级"。至于应该怎样革命，靠谁来革命，张闻天的回答是："这大约是同欧洲旧式的革命差不多。不过起革命的要是劳农界人（就是工人和农人）。"他从俄国十月革命胜利的经验中看到辛亥革命的教训就在于没有以"劳农界人"为主要力量，所以只是"去掉一个满清皇帝"，"其余支配阶级的人还是那种腐败已极的士大夫"。可见，张闻天大致看到了根本改造中国社会的这条新路，这是从中国辛亥革命、欧洲旧式革命、俄国十月革命的比较中认识到的。在中国新民主主义革命刚刚拉开序幕之际，对革命的目标、动力、途径能有这样大致正确的认识，确实难能可贵。

三、以开阔的视野，认识到革命发展要经历两个不同的阶段。他指出："劳农界人去士大夫阶级的革命"取得胜利，"实行普选的民主政治"，"这是吾们第一步的办法"；在民主革命成功之后，"再讲第二步"，就是社会主义。文章扼要地对比介绍了"无政府共产主义"和"国家社会主义"。从对"国家社会主义"内涵的介绍来看，张闻天所说的"国家社会主义"就是"科学社会主义"。他在文章中是这样表述的："组织：是劳动者把资本家推翻，由劳动者自己组织。一切生产机关都归政府掌握，实行中央集权。用国家资本组织一国家银行，有总理一切的权。它很重视国家，所以亦重视政权。经济：是集合主义。就是把生产机关收归公有。所生产的物品，除可以作生产的，仍许私人所有。各尽所能，各取所值。"在五四青年中，对科学社会主义能作如此简明扼要解释的，为数很少；而能指出中国革命应分两步走的，在当时中国也是凤毛麟角。

四、热情洋溢地宣传了共产主义理想。在介绍各种社会主义思潮之后，张闻天在文章末段全文摘录了《共产党宣言》第二章中的十条纲领（后通译十条措施），并将马克思、恩格斯在这十条措施前的说明文字也译述于上，指明了实行共产主义的方法"各国不同"，"若是很进化的国家，以下条例是很适用的"。

众所周知，李大钊主编的《新青年》第6卷第5号"马克思研究号"，因印制延误是在1919年9月面世的，陈望道的《共产党宣言》中文全译本的出版是在1920年5月，而张闻天介绍唯物史观、宣传《共产党宣言》的这篇文章则发表于1919年8月，真可说是吉光片羽，弥足珍贵。由此可见，张闻天也是中国五四时期传播马克思主义的先进人物之一。

张闻天在《南京学生联合会日刊》的活动，展示了他日后成为理论家、宣传教育家的才华。诚然，张闻天这时还处在起步阶段，他的许多见解，有些是对各种思潮所做的学理上的选择，有些是从现实生活的直觉中得到的朴素认识，还没有在实践的锤炼中形成完整的思想体系。所以，在此后的发展道路上不可避免地会出现反复与曲折。这是完全正常的。这不影响他在当时发挥先锋作用，也不妨碍我们今天作出这样的评价：在五四运动中，以思想、理论方面的成绩而言，张闻天是全国最先进的青年学生中的一个。他最初写下的这些战斗篇章，是他伟大一生的光辉起点。

第三章　找求光明之路

留法预备班

五四运动奔腾澎湃的大潮退落后，张闻天同许多青年学生一样，经历了一段"向光明的地方摸索的时期"[①]。为了找求光明之路，有果敢的行动，卓越的见解，坚韧的奋斗，也有彷徨、苦闷、迷惘。有时以为找到光明，实则坠入陷坑，明明想径直达到目的，却偏偏误入歧途……总之，这是一个曲折前行的历程，对"改造"这"不合理的社会"的办法进行了多方探索，对各种各样救世济众的"主义"、思潮作了品味、鉴别、扬弃。

五四以后，在青年学生中流行一种激进的行动，即实行三个脱离：脱离学校，脱离家庭，脱离婚姻。张闻天是身体力行者之一。

前面已经说过，五四以后学校放暑假，张闻天就没有回家，全力投入《南京学生联合会日刊》等工作。这时，他对"科学救国"完全动摇了，认为"河海"的课程枯燥无味，成了束缚他学习和奋斗的桎梏。等到9月开学时，他决心采取一个激烈的行动：脱离已经学了两年的河海工程专门学校。到哪里去呢？首先吸引张闻天的是留法勤工俭学运动，他想到法国去。

当时许多青年学生受到"工读"思潮的激励，纷纷到海外勤工俭学。正如周恩来所说的，"迨欧战既停，国内青年受新思潮之鼓荡，求知识之心大盛，复耳濡目染于'工读'之名词，耸动于'劳工神圣'之思，奋起作海外勤工俭学之行者因以大增"[②]。而蔡元培、李石曾、吴玉章等组织的华法教育会几年来又在扎扎实实地推动着这个运动。自1919年3月起掀起了一个赴法勤工俭学的高潮，短短五六个月，来自全国十几个省份的二百九十多人，分五批从上海启程，乘海轮前往法国。9月10日，留法勤工俭学会和中华职业教育社在上海《时事新报》副刊《学灯》上发布《通告》，拟合办"留法勤工俭学预备科"，附设在中华职业学校内，并利用该校固有的机械工场实

[①] 张闻天：《少年中国学会问题（南京大会后的书面讨论）》，写于1921年7月23日，载《少年中国》第3卷第2期（1921年9月1日）。

[②] 周恩来：《留法勤工俭学之大波澜》，连载于天津《益世报》1921年5月9—17日，19日。转引自《赴法勤工俭学运动史料》第1册，北京出版社1979年版，第5页。

习。没有学过法语的为乙组,"日间习法语,夜间习工艺",以一年为期,"期满由本会照料送往法国,担任介绍入工厂工作"。张闻天看到了这个通告后,心向往之,即到留法勤工俭学会报了名。9月21日上午,在上海西门的江苏省教育会举行入学考试。应试乙组者超过预定招生人数四倍。9月24日,《申报》上公布了乙组被录取的40人名单,张闻天也在其中。

10月5日,这期留法预备班开学,张闻天开始了新的工读生活。这里的课程安排得很紧。上午是"工作法及制图"课,"授以简易之工作法、应用机械学及制图等"。下午4时至6时是法文课,注重日常用语。晚上7时至10时是"工场实习","专习金工中之机械工及锻工"。这样的课程设置完全是为了适应到法国勤工俭学的实际需要。

闻天在留法预备班学习了两个月后,又改变了主意,决定离开,专心一意攻读哲学,以便从根本上学习与研究科学社会主义理论。当年12月12日,《时事新报·学灯》发表了张闻天致张东荪(《时事新报》总编辑)谈此事的信。张闻天在信中写道:"吾现在离开留法预备班,同我的同学刘英士租了一间小房子,闭户读书,从根本上筑起,不要筑在沙滩上,风吹倒了。法国吾是要去的,但是不应该现在去。吾在必要的时候,要进大研究室,方才到外国去。现在于理论上与观察上,要十分的预备。"又说:"吾现在看的都是哲学一方面的书,因为要读社会主义,不能不看哲学、心理学等。"可见张闻天的思考扎实深沉,完全没有一般青年难免的肤浅与浮躁。这里提到的与他同室共读的刘英士,是五四运动时南京学联的赴京请愿代表,在北京被捕,拘禁数月,前不久才南归。刘英士南归后也脱离"河海"到上海来了。离开留法预备班的张闻天就同他一道潜心攻读哲学著作。

张闻天后来回顾这一段经历时写道:"1919年下半年,思想更左倾,觉得学工程不是出路,即离校入上海留法勤工俭学补习班。想去法国,未成,留上海。开始阅读一些西洋哲学书籍,一心想找一个正确的人生观与宇宙观。"①

"松圃"工读

就在这时,一个刚刚诞生的进步青年组织强烈地吸引着张闻天,这就是李大钊、王光祈等发起,1919年7月1日在北京正式成立的"少年中国学会。"这"少年中国"的名称,同19世纪末鼓吹维新变法的梁启超有关。梁启超对外人称中国为"老人帝国",痛心疾首。他从意大利民族运动三杰之一玛志尼(1805—1871)发起"少年意大利"运动得到启发,于1900年慨然写下《少年中国说》,赞叹"美哉,我少年中国,与天不老!"于是,创造"少年中国"成为一代青年追求的目标。"少年中国学会"的名称当由此而来。这个学会的宗旨是:"本科学的精神,为社会的活动,以创造少年中国。"学会的信条是"纯洁、俭朴、实践、奋斗",在当时,颇能够广泛地吸引和团结青年。它的南京分会由左舜生、黄仲苏、赵叔愚等人组织,已在1919年11月1

---

① 张闻天:《1943年延安整风笔记》。

日成立。当时还没有脱离"河海"的沈泽民早已参加进去。张闻天随即由左舜生、黄仲苏介绍加入。入会消息在《少年中国》第 1 卷第 8 期（1920 年 2 月出版）上公布。同时公布的加入少年中国学会的新会员名单中，还有毛泽东。

少年中国学会的主要发起人之一王光祈是工读主义的热心鼓吹者。他起先提倡到农村过"菜园"式的"新生活"，后来又提倡在城市组织"工读互助团"，一时影响遍及全国。张闻天在加入少年中国学会之前就开始热衷于工读主义。1919 年 8 月写的一篇散文诗《梦》，[①] 就抒发了对武者小路实笃的新村主义理想生活的向往及难以实现的惆怅。脱离"河海"进留法预备班，可以说是沿着这条路跨出的一步。加入少年中国学会以后，他又被王光祈描绘的一幅人人做工、人人读书、各尽所能、各取所需的蓝图所鼓舞。刚好沈泽民这时也脱离"河海"到了上海，于是，张闻天即同他一起试验过那种一面工作一面读书的小组织生活。他们住在南洋公学（上海交通大学前身）斜对面华山路上的"松圃"庭园房子里。那是蔡松坡（锷）将军的一所空房子，他们俩住其中的一间。[②]

张闻天这时已决心脱离家庭和旧式婚姻的羁绊。他同家庭断绝了关系。旧历新年，他也没有回家。己未年腊月二十四（1920 年 2 月 13 日），他随沈雁冰、沈泽民兄弟到乌镇沈家，在那里过春节，作了十天的"壮游"。1920 年 2 月 13 日的《时事新报·学灯》上发表了一封"闻天致东荪"的信，信中写道："吾明天到嘉兴沈泽民家去壮游"，"吾那边大约住十天"。可见，张闻天此举在当时来讲，也是属于不多见的新鲜事。

张闻天和沈泽民住在"松圃"的主要工作是承担少年中国学会所办刊物的校勘、出版事务。当时，少年中国学会有两个月刊在上海印行。一个是已经办了半年的《少年中国》，它由北京会员编辑，发表会员所写的哲学、人文社会科学与自然科学的论著和译文，注重推进文化运动，同时对科学、学术作介绍、研究和阐发，并报道和讨

■1922 年夏，张闻天（中）、沈泽民（右）、沈雁冰（左）在上海。

---

① 载《时事新报·学灯》1919 年 8 月 27 日。
② 据 1980 年 2 月 4 日恽震给笔者复信。恽震当时是南洋公学电机系学生，"少年中国学会"会员，1919 年 6 月 16 日出席全国学生联合会成立大会的上海代表之一。

论会务，交流会员的情况。另一个是刚刚在1920年1月问世的《少年世界》，由南京会员编辑，其宗旨是"作社会的实际调查，谋世界的根本改造"，"专载各种调查及关于应用科学之文字"。两个刊物各有侧重，宗旨都是推动少年中国运动的发展。刊物稿件由北京、南京两地编好寄来，出版、校对等事就落在张闻天、沈泽民两位的肩上。

无形之中，"松圃"成了少年中国学会上海会员聚谈的场所。常到"松圃"来相聚交谈和帮助校对的会员，有南洋公学电机系三年级学生恽震、王崇植、吴保丰，还有《时事新报·学灯》的编辑宗白华。他们都很年轻，聚在一起，无所不谈。宗白华晚年时谈起张闻天，印象最深的是"文章很锋利，但人很文雅"。由于《少年世界》和《创造季刊》都由上海亚东图书馆出版发行，张闻天同郁达夫等创造社成员开始交往和熟悉起来。张闻天还通过为纪念蔡锷讨袁而设立的上海"松社"，同当时的进步青年与新文化人接触与联系。1920年3月30日，张闻天参加了上海"松社"组织的"踏青会"。参加这次春游活动的有71人，其中有王光祈、康白情、方维夏、沈泽民、宗白华、张国焘、王独清等。在这次聚会中有好几个人发表了激昂慷慨的爱国演说。①

从在"松圃"过工读生活开始，张闻天就"不靠家庭资助，同家庭脱离关系"，独立自主生活了。他的经济来源，主要来自写作和翻译的稿费。他在《少年世界》、《时事新报·学灯》、《民国日报·觉悟》上发表时论、短评、书评、散文、新诗、通信等，内容涉及劳工问题、农村问题、文化问题、家庭婚姻和妇女解放问题等。这是他继五四运动以后，对中国的现状和革命问题的又一次内容广泛而具体的思考与探索，发表了不少真知灼见，从中可以看出张闻天改造中国的勇气和决心。

他走到工人户去，感受到了工人及其子女的无穷的痛苦。于是写了新诗《心碎》。②

诗篇倾诉了"小铁店里的男儿"和"丝厂里女子"劳作的冗忙和内心的悲愤，发出了催人猛醒的诘问"机器的声音，／伴着那无限底心碎的静的声，／互相唏嘘。／世界上的一切，／这样就算完了吗？／唉！痛苦忧愁的悲剧，／都在这大舞台上表演，／这样也就算完了么？／肥大的实业家，住大洋房坐汽车，／自命的教育家，到处吹牛，／青年的学生，狂叫狂喊，／都算完了吗？"启发读者思考和探索解决劳工问题的途径。他在诗后附言中说明："我做这篇的意思，是想引起人家的同情，对于劳工问题，谋彻底的解决法。"张闻天当时已经看到"劳工问题，是知识阶级工人阶级共同解决的问题"，但还没有认识到工人阶级必须依靠自己解放自己的道理。

他也看到了农村问题的重要，从改造整个社会的背景上来研究改造农村的问题，认为"改造社会的第一步……就是农村"③。在文中他反对那种徒托"空名"的浮华作风，批评"连'德谟克拉西'的初步还没有实现，而偏偏要提倡无政府主义"，比较实在地看到了改造旧社会的艰巨性，指出"改造旧社会，决不能一步成功的"，"因为旧社会势力很大"。他也认识到新社会"决不能完全同旧社会脱离关系"，提出"与其跳出旧社会，另造新社会，不如钻进旧社会，去改造旧社会"的主张。但他并没有真

---

① 参见《新文学史料》1990年第2期，第145页。
② 载《民国日报·觉悟》1920年6月18日。
③《农村改造的发端》，载《少年世界》第1卷第3期（1920年3月）。

正找到改造农村之路。他提出的通过讲演、义务教育、俱乐部、集会等来启发农民用"一种最初步'德谟克拉西'"组织起来的办法，不无民主改良主义的影响，所描绘的"农村改造"的蓝图也带着新村式的空想色彩。

家庭婚姻问题是张闻天关注的另一个重要社会问题。他写的《离婚问题》①一文，运用1885年和1905年的调查统计资料，对比分析了美国和欧洲、澳洲15国离婚的数量和原因，对以美国为代表的一些国家的高离婚率不以为然，认为那样不足以增进道德，不利于教育儿童，也不利于社会稳定。他提出，解决离婚问题的办法一要"借重于法律"，二要通过"道德的教育"，但同时他又清醒地指出，解决离婚问题固然可以用法律治标，用道德治本，但是，在现代民主主义勃兴、男女完全平等的情况下，"强权不能施，恐吓无所用，最靠得住的只有'恋爱'与'亲密'"。

关于妇女解放问题，张闻天指出，"妇女的解放至少要经济的独立"，而"妇女经济的独立，是实业发展免不了的结果"。②这里，张闻天看到了经济、尤其是现代工业发展在妇女解放中的决定性意义，认识非常深刻。同时，他又从思想启蒙着眼，认为所谓妇女解放的"第一步"，是要唤起妇女独立人格的觉醒，所以急需的是使女子能够得到受教育的机会。为此，对现在这种对女子上学作种种限制的学校，必须"谋根本的改造"。③

文化思想问题是这时张闻天探索的重点。对于当时争论较多的怎样处理中西文化、古今文化的关系问题，张闻天持论比较全面。他认为，出版界如果"真心的提倡新思潮，实行文化运动"，必须"不斤斤于金钱"而同时做好三件事：一、整理国故，二、有系统地翻译欧美丛书，三、有系统地整理近代有价值的文字。

关于"整理国故"，张闻天指出必须"把没有用的东西淘汰，以为后辈青年的便利"。这项工作应该由谁来承担呢？他说，"不能叫一班遗老去整理"，而应该请"对于国故有彻底的研究"，"对于西洋学说也十分了解"，"有世界的眼光，有科学的见解"的"真正有学问的"人来承担。④张闻天的这些见解，既与当时部分青年中流行的全盘否定中国传统文化的民族虚无主义大异其趣，又跟遗老遗少们狭隘封闭、抱残守缺的复古主义根本不同。

关于有系统地介绍西洋学说，张闻天指出，这是推进切实的文化运动的关键。针对当时用白话文翻译国外学术著作刚刚起步，难免存在的译名混乱问题，张闻天认为要力求做到"译名的统一"，无论是意译、音译或另创新字，应该以大家容易了解这个名词的意思、避免误解为好，并建议编出一本英汉对照的"新名词字典"。他还指出译介工作必须消除三个弊端，这就是"闭门造车"、"故为歧异"、"盲目的服从"。⑤这也是切中对西方文化盲目崇拜、不加选择鉴别而全盘照搬的时弊的。

张闻天对哲学、心理学的研究，着眼点主要也是在于推动新文化运动，激励人们

---

① 载《少年世界》第1卷第8期（1920年8月）。
②《离婚问题》，载《少年世界》第1卷第8期（1920年8月）。
③《读〈女性论〉杂感》，载《时事新报·学灯》1920年6月11日。
④《对于中华书局"新思潮社"管见》，载《时事新报·学灯》1920年1月22日。
⑤《译名的讨论》，载《时事新报·学灯》1920年4月17日。

创造新的生活。他著文探索过群众心理与个人心理的关系、环境与精神的关系。在1920年2月讨论人性问题的通信中,他写道:"只有罗塞尔说的好:人性有二种冲动:创造的冲动,和自私自利的冲动。吾们只能把前者逐渐的增加,后者逐渐的减少。这种增加减少到什么样程度?自然是看文化运动的能力了。"张闻天还对詹姆斯、倭铿、柏格森、泰戈尔的哲学作了基本肯定的评价。为什么呢?他认为,"因为他们都教人类向前为无限的创造"。①

赴日本留学

在思想解放潮流冲击下的五四青年,面向世界,多方寻求新的路径。张闻天和沈泽民在松圃过工读生活不到半年,又感到很不满足了。这时,在国内青年学生中又一次掀起"出国潮",赴法国、德国、日本、美国的人越来越多。1920年4月1日,少年中国学会发起人之一、北京大学法科学生王光祈,从上海启程,转途法国,赴德国学习经济(后转攻音乐)。5月9日,《时事新报·学灯》编辑、新诗人宗白华前往德国法兰克福学习哲学。张闻天、沈泽民、郁达夫、汪馥泉、张健尔等几个朋友一道到黄浦江边码头送行。他们直送到船上,合影留念,才依依惜别。一次又一次的"送别

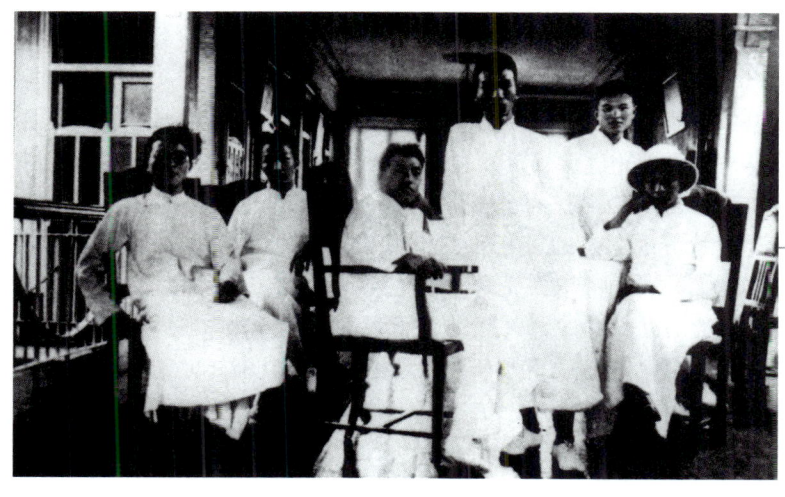

■送别宗白华赴德国留学合影。右起:宗白华、张闻天、郁达夫、沈泽民、汪馥泉、张健尔(张闻天的胞弟)。

黄浦",促使张闻天也产生到国外留学的愿望。他同沈泽民相商,决定一起到日本留学。张闻天的费用主要是靠写稿、译书得的一点稿费,沈泽民有家里准备为他将来结婚用的1000元钱,母亲全部给了他。为赴日留学作准备,张闻天和沈泽民一起,利用暑假,住到六里桥的浦东中学学生宿舍自学日语,并开始阅读日文版的马列著作。1920年7月中旬,张闻天、沈泽民一起东渡日本,来到东京,寄寓小石川区大洼町二十四番地松叶馆,进了一所私立的专教中国人学日文的学校,同时自学哲学及其他

---

① 张闻天:《致东苏先生》,载《时事新报·学灯》1920年2月13日。罗塞尔:通译罗素(1872—1970),英国哲学家。

社会科学书籍。①

在东京，张闻天结识了不少留学生，特别是同一些文学青年交往密切。他同少年中国学会会员田汉建立了友谊，他赴日后的信件均由田汉收转。那时，田汉下了当"少年中国"戏剧家的决心，在1920年9月至12月，形成了田汉话剧创作的第一个高潮，连续写了《梵峨璘与蔷薇》、《灵光》、《咖啡店之一夜》。其中《灵光》写成后，立即在东京上演。张闻天同少年中国学会另一会员、创造社发起人之一郑伯奇也是这时在东京结识的。田汉在《〈灵光〉序言》中曾记述了张闻天、沈泽民、郑伯奇等五人1920年8月31日晚在田汉的茗荷谷町寓所畅谈、彻夜不眠、通宵达旦的情况。张闻天同康白情也是在东京更加熟悉起来的。康白情是北京大学哲学系学生，以白话新诗人闻名。1920年7月毕业后被选派到美国加利福尼亚大学留学。10月3日康在赴美途中船泊横滨时，到东京同田汉、张闻天等人会面。交谈热烈，忘了时间而误船，因此滞留东京一个多月，同张闻天过从甚密，为日后张闻天赴美勤工俭学种下了因缘。在日本的生活体验，包括镰仓海滨神异灵秀的自然风光，在张闻天日后的文学作品中也留下了印痕。

青年人的兴趣爱好处在变动之中。张闻天在东京半年的生活和人际交往，使他萌生了对文学的爱好。这时，他的志趣又开始从哲学逐渐向文学转移了。

探求中的曲折

1921年1月，张闻天与沈泽民一起离开东京回到上海。两人同住在成都南路新乐里177号。其时，李达住成都南路辅德里625号，他是1920年8月成立的上海共产主义小组的发起人之一，正主编《共产党》月刊。张闻天同他开始交往，关系也逐渐密切。

张闻天这时对改造社会问题思考的重点已经开始向内心的、精神的方面转变。他在"少年中国学会会员终身志业调查表"上称自己"终身欲从事之事业"是"精神运动"，"将来维持终身生活之方法"是"译著"。②他开始对俄罗斯作家托尔斯泰的文艺思想与哲学表现出浓厚的兴趣。这时，文学研究会刚刚成立，沈雁冰正进行《小说月报》的革新。在这种新文学春花怒放的氛围中，张闻天心田里的文学种子破土而出。1921年4月9日，张闻天完成了他的翻译介绍外国文学的第一篇文章《托尔斯泰的艺术观》，从而在新文学界崭露头角。

这篇两万多字的文章是应沈雁冰之约而写的，发表在当年9月出版的《小说月报》第12卷号外"俄国文学研究"上。同时为这个专号提供论文或译文的有鲁迅、沈雁冰、陈望道、郑振铎、郭绍虞、夏丏尊、耿济之、沈泽民等人。张闻天这篇文章

---

① 留日经过与情况据：《少年中国学会周年纪念册·会务报告》，载《少年中国》第2卷第2期"会员消息"；茅盾的《我走过的道路》（上），第173—174页；张闻天的《1943年延安整风笔记》。张闻天在整风笔记中说，在东京"学习了一点日文，读了一些西洋哲学的书籍"。在茅盾的藏书中，有一本贴有"闻天存书"浮签的"English Literature:Modern"（《现代英国文学》），上有用英、日、中文作的批注，当是此时张闻天自学的书籍之一。

② 据张闻天1920年冬至1921年春之间所填"少年中国学会会员终身志业调查表"。

以介绍托尔斯泰的《艺术论》(今译《什么是艺术？》)为主，兼及《论莎士比亚及其戏剧》、《我的宗教》等其他论著。他采用译述的写法，将概述、阐释、评论与直译结合起来，扼要而较有系统地评介了这位19世纪俄罗斯文坛泰斗的艺术见解。文章着重介绍了托尔斯泰关于艺术性质的观点——传感性。他引述托尔斯泰的话说，"一个人把曾经一度经验过的感情唤起来，并且已经唤起之后，就用举动、线、颜色、声音，或字眼所表显的形式，把那情感传达到别人，使别人也经验到同样的情感——这就是艺术的活动力。"因此，"艺术家应该被内心的必要所推动，去表现他的情感"；诚实是决定艺术感染力的最重要的条件，传感性是艺术的惟一记号。评判艺术的好坏，即估定艺术作品的价值，应该采取感情评价的尺度，看其艺术感染性的程度。

托尔斯泰的创作，早在1907年中国就已有翻译。五四前后，包括《复活》、《安娜·卡列尼娜》在内，译本已有三十多种。但对他的文艺论著，译界比较淡漠。张闻天的这篇长文，是对托尔斯泰《艺术论》的最早翻译介绍。由于托尔斯泰是"一个完整的世界"（高尔基语），他的文艺观是他的世界观的一个组成部分，是非常矛盾复杂的。例如，在艺术性质上的传感说同艺术评价标准的"宗教知觉"说杂糅在一起，对伪艺术的深刻批判同对不少伟大文学艺术家（莎士比亚、歌德、贝多芬等）的一概否定交织在一起，对劳动群众的关心、大同世界的理想同无抵抗主义的博爱说教结合在一起，如此等等。青年张闻天当时还缺乏分辨、批判的能力，也就不可能在文中指出和进行分析，甚至自己的思想还受到他的某些影响，这是不足为怪的。

1921年3月末，张闻天同沈泽民、左舜生、恽震、吴保丰等少年中国学会会员在上海市郊龙华聚会，商讨了拟在7月15日成立上海分会的事宜。这次聚会以后，张闻天与沈泽民暂时分手。沈泽民到安徽芜湖中学执教，张闻天则于4月中旬移居杭州，寄住在一座寺院里读书、写作。郑太朴①和他同住。

这座寺院名叫"智果禅寺"，建在杭州宝石山的山腰葛岭上面，面对白堤。举目望去，"浓妆淡抹总相宜"的西湖尽收眼底。宝石山只四十来米高，山顶上有一座状如竹笋的保俶塔，同湖对岸的雷峰塔遥遥相对。这两座塔都是五代吴越王钱弘俶时期所建，距今已逾千年。那时，雷峰塔还没有倒掉，"雷峰夕照"还是西湖一景之一呢。②西边的丁家山，因戊戌七君子领袖康有为曾在此隐居读书而闻名。张闻天在这里饱餐湖光山色，生出不少诗情。他写的一首短诗《西湖滨的早晨》③，很能诱发读者想象烟雾空濛与朗日惠风两种景象下西湖的秀色：

> 西湖的真面目，
> 都被这白茫茫的面幕遮住了。
> 但是——
> 这有什么要紧呢？
> 我将闭了我底眼睛，

---

① 郑太朴，中共早期党员，1922年赴德国勤工俭学。
② 雷峰塔倒坍于1924年9月。
③ 写于1921年6月23日，最初发表于《民国日报·觉悟》1921年7月10日。

> 不看伊的面目，
> 我将用我底心，
> 默数伊底声息。
>
> 猛烈的太阳出了，
> 他猛力地把这面幕揭了，
> 伊这无限的娇羞，
> 把我也惊呆了！

西湖景色虽好，但张闻天的住处却令人生厌。他本以为这"禅房花木深"的寺庙，必是个"万籁此皆寂"的去处，没想到这所弥勒院里的和尚们不守清规，常常争吵，还要来打扰客人。5月，郑太朴赴芜湖，张闻天即离开湖滨，迁到市内新市场住。在杭州两个多月的隐居生活，他读了托尔斯泰、泰戈尔等人的作品，还读了《圣经》、"佛学"，益发热衷于泛爱哲学，相信托尔斯泰鼓吹的"不用暴力抵抗邪恶"的无抵抗主义是一种救世新术。他在6月末离开杭州前夕写下的一篇短论《无抵抗主义底我见》①，反映了当时的思想状况。

1921年7月1日至4日，张闻天在南京出席了少年中国学会年会——南京大会，同沈泽民重逢，与邓中夏、恽代英、刘仁静、黄日葵、杨贤江、左舜生、高君宇、方东美、陈启天、阮真、蒋锡昌等二十多位旧友新交相聚。②他倾听了会友们就学会的性质、宗旨、主义、前途、政治活动、宗教信仰及会务等问题的热烈讨论。三天会议张闻天都没有发言，③但他的内心充满着对人生与社会问题的思索。这时他几乎完全沉浸在对"泛爱"、"无抵抗"以及"人格"的崇尚之中。7月4日返回上海，他在杭州写的《无抵抗主义底我见》刚在前一天的《民国日报·觉悟》上发表，就引起读者的注意，但也受到沈雁冰的匡正。于是，张闻天接连发表文章，同沈雁冰和晓风（陈望道）就此展开了一场短暂而又十分认真的讨论。④

---

① 《无抵抗主义底我见》，6月26日作于杭州清华旅馆，载《民国日报·觉悟》1921年7月3日。
② 出席这次年会的共23人：王克仁、邰爽秋、杨效春、方东美、陈启天、恽代英、杨贤江、蒋锡昌、李儒勉、陈愚生、高尚德、赵叔愚、沈君怡、刘衡如、陈仲瑜、沈泽民、张闻天、左舜生、阮真、刘仁静、邓仲澥（中夏）、穆济波、黄日葵。约与会员总数的1/3。其中刘仁静、邓中夏、黄日葵迟到一天，陈愚生、王克仁、张闻天、沈泽民早退一天。据《少年中国》第3卷第2期（1921年9月）：《南京大会纪略》。
③ 据《恽代英致会员诸兄》，载《少年中国》第3卷第5期（1921年12月）《会员通讯》。
④ 这次讨论的主要文章如下（日期为《民国日报·觉悟》发表日期）：
　7月3日　张闻天：《无抵抗主义底我见》
　　5日　雁冰：《无抵抗主义与"爱"》
　　10日　张闻天：《谈无抵抗主义的两封信》
　　11日　晓风：《怎能实行无抵抗主义》
　　17日　张闻天：《人格底重要——答雁冰和晓风两先生》
　　17日　晓风：《论爱——答闻天先生》
　　24日　雁冰：《"人格"杂感》
　张闻天的见解并见于《少年中国学会问题（南京大会后的书面讨论）》。

张闻天当时相信,"泛爱"是"我们的一切",它的伟大的力量可以"把世界重新变更过"。他甚至认为,"我们所要创造的少年中国,简单说一句就是爱底天国"。这种理想的天国用什么方法来实现呢?张闻天回答道:"彻底地主张爱的人,他底方法一定是无抵抗主义。"他认为,这种"不用暴力抵抗邪恶"的无抵抗主义"实行的是最大的革命""是勇敢者的道德"。他又进一步指出人格的重要,认为"唯有人格伟大的人,能实行无抵抗主义了"。"人格是真生命底诚实的表现",现代社会许多人"为了金钱而哭泣,而歌唱","到处只有虚伪和欺骗",是因为"他们底真生命被罪恶的云雾盖满了"。从事精神运动,就是要使他们的真生命觉醒转来。①

从主观愿望来看,青年张闻天信奉这种泛爱哲学和无抵抗主义,是出于对冷酷社会的憎恶,反映了改造社会、净化人生的良好愿望。他的文章中有不少对社会罪恶、道德沦丧的鞭挞,有不少对内心明净、言行一致、"不为声色势利所诱惑"等高尚人格的推崇。同时,他也没有否定现在的世界"经济的改造是必要的",相信"改造社会"需要"内的精神的和外的环境的"两方面,缺少哪一方面都不中用。但就他当时的思路来讲,显然是有偏颇的。因为,托尔斯泰的无抵抗主义不可能是从"泛爱全人类"出发而最终达到"解放全人类"的合理的、切实的"中介",企图仰仗"爱"和"无抵抗"来谋社会的改造,其结果势必只能引向消极的阶级调和,而不能导致积极的社会革命。

对于张闻天思想认识上的偏颇,沈雁冰和陈望道先后著文提出批评。

沈雁冰指出,无抵抗主义在现实生活中是行不通的,"托尔斯泰在自己实行这主义时,也遇到了阻碍",以至于"在死前半月内从家庭内跑出来,只遗留'他底失败'在家里了"。"在行惯了吃人礼教的中国,对虎狼去行无抵抗主义,那还能成么"。他还用驱走守坑恶鬼的比喻来说明无抵抗主义的弊害,"要请佢们(按指上文'现社会内可怜的人们')出陷坑,而守坑的恶鬼一定不许,你对于恶鬼,只有'驱'这一法。拜求,说道感化,——这是无抵抗主义等等——是无益的。恶鬼最怕的是这一个字'驱',而最暗中欢喜的,是大家去讲'无抵抗';在这一点上看来,鼓吹无抵抗的人,不啻为恶鬼所利用,做恶鬼的'保驾'"。至于"爱",沈雁冰指出,"'爱'只是一个抽象的名词,可以转移人底观念,感化人底气质,未必就能改造社会的组织和经济制度","要在未曾根本改造社会组织和经济制度的时代,要先改造人们底思想和品性,效力只是部分的"。②人格也是如此,不应用感情来衡量人们的人格,而要求诸理性,要在"言与行相符"上作考核。

沈雁冰在文章中真诚地表示自己"只信著"马克思主义,根本否定无抵抗主义可以改造社会,是"到自由之路"。他明确指出,"就现在人类所能做到的事而言,这一条'路',已有那些被人称为'俄罗斯人'的'人们'造下来了",期望"向光明的人们"承认唯物史观的真理,"且试试这四年历史的已成的唯一的'到自由之路'",③也就是走俄国十月革命开辟的道路。

---

① 《谈无抵抗主义的两封信》,载《民国日报·觉悟》1919年7月10日。
② 《无抵抗主义与'爱'》,载《民国日报·觉悟》1921年7月5日。
③ 《"人格"杂感》,载《民国日报·觉悟》1921年7月24日。

陈望道则以阶级观点辩证地阐明"我之所谓爱":"不抵抗善使善滋长固是爱;抵抗恶使恶消绝也便是爱。""对于压迫阶级,抵抗便是爱;对于同阶级或更下阶级,协助便是爱。"由此指出,按张闻天的主张,"在这世界而主张弱者不抵抗",那就必然会做了"另一方面的残忍者"。①

诤友的批评,对张闻天是及时的帮助。在寻求光明途程中的张闻天是谦虚诚恳的。他"见雁冰兄底批评,快甚",②对"晓风先生底质问",也"非常感谢",并表示"我不是绝对主张无抵抗主义的人,如其有更能实现爱或更容易实现爱底方法,我自然会抛弃我现在的主张追随诸先生之后"。③

由于五四前后欧美各种思潮纷至沓来,中国知识分子在向光明的地方摸索的途程中,被希图改造不合理社会的种种思想所吸引,是毫不奇怪的。上述曾经影响张闻天的工读主义、新村主义、无抵抗主义、泛爱哲学等等,在当时是作为新思潮,而且有的还是作为社会主义思潮影响中国的思想界、知识界的。中国思想界、知识界一时还来不及将它们与科学社会主义分辨清楚。毛泽东就曾憧憬过"十九世纪的民主"、乌托邦主义和旧式的自由主义,曾经赞同过许多无政府主义的主张,到1920年才建立起对马克思主义的信仰。周恩来早先也相信过无政府主义,1920年到法国,还对费边社会主义有过兴趣。张闻天也一样,在为改造中国社会的奋斗中还处在摸索阶段。他也不是一条直线在马克思主义道路上前进的。他在寻求真理的道路上所经历的曲折,完全符合思想发展的辩证法则,而他这种闻过则喜、择善而从、服膺真理、修正错误的精神,则是十分宝贵的。

决心"做一个小卒"

就在张闻天因探求改造社会的途径而陷入苦闷的时候,1921年8月,他经左舜生介绍进入中华书局,当了"新文化丛书"的编辑。其时,中华书局总公司内,聚集着一批进步的文化人。担任"新文化丛书"总编辑的左舜生,当时思想比较进步。马克思主义理论家李达,也在中华书局工作,对张闻天多有指点、鼓励。沈泽民和田汉与张闻天同坐一室,朝夕相处,他们都是"新文化丛书"的编辑。这套丛书以选译欧美社会科学学术名著为宗旨,出版的书目中有《唯物史观解说》、《社会主义初步》、《欧洲政治思想小史》、《社会问题总览》、《近代西洋哲学史大纲》等。职业和环境给张闻天提供了很好的学习和思考的条件。从这时张闻天留下的文字中,可以清楚地窥见他内心对于人生道路、对于改造中国的道路所进行的反复思索,深入探讨和认真选择。这当然不单单是他个人思索的问题,也是当时一代青年考虑的问题。张闻天几经剖析考核,较短论长,解开了深浅不同的重重矛盾,这才摆脱了彷徨的苦闷,向着光明之路迅跑。

首先是在旧与新、传统与反传统的意义上的选择。在这点上,张闻天始终是坚定

---

① 《论爱——答闻天先生》,载《民国日报·觉悟》1921年7月17日。
② 《谈无抵抗主义的两封信》,载《民国日报·觉悟》1921年7月10日。
③ 《人格底重要——答雁冰和晓风两先生》,载《民国日报·觉悟》1921年7月17日。

的，没有丝毫的犹豫、动摇，表现了五四时代"人"的觉醒。他断然否定那"固然是很平安的"、"习惯传统替我们筑下的路"，提出"我们是有意志的青年"，"我们要抬起头来，选择自己的路了"。①这种独立人格的自觉，这种不妥协地反对旧传统的精神，张闻天在五四以后不仅诉诸文字，而且见诸行动。然而，这"自己的路"该怎么走，应该选择什么样的新路呢？这就颇费踌躇了。张闻天审视了文化思想史上的典型人事，从情理两途着眼，指出"有两条道路横在我们面前"：一条路是"以自我为标准"，尊崇"主观的、情的判断"，"追求自我快乐的路"，像拜伦、波德莱尔那样去"做恶魔"；一条路是"以客体做标准"，尊崇"客观的、理智的判断"，"追求全人类幸福的路"，像耶稣、托尔斯泰那样去"做神"。事实上，无论是在欧洲的启蒙时期，还是在中国的五四时期，人本主义思想与科学理性精神都是反对封建专制主义的锐利武器，它们常常是结伴同行，相得益彰的；主情、主理虽是各执一端、分道扬镳，然而在终极目标上并非不能殊途同归。张闻天认为，"看不过这种怪相的社会，这种冷酷的社会"的人们，这两条路都是可以走的。重要的是作出抉择，进行实践。他写道："我们做恶魔也好，做神也好，只要我们做去！"②

作为五四时期崇尚个性解放、反对封建束缚的青年，张闻天心灵上当然少不了那种张扬自我、尊奉主观、放恣情感的"恶魔"气质，但张闻天所处的家庭、社会生活环境，以及他从五四以来力图改造中国社会的一贯思想，决定了张闻天选择的是托尔斯泰，而不是波德莱尔，他决心走一条"追求全人类幸福的路"。在哲学思想上，他这时甚至已经将"调和主观的判断和客观的判断而为一"，以创造"和谐的人生"，作为理想的境界。③所以，他的道路选择的苦闷，集中地表现在为改造中国寻求一种"切合于中国的社会情形与人民的好的心理"的"主义"上面。④

经过对各种思潮的思考、比较和鉴别，经过诤友的批评、帮助，经过对马克思主义学说与中国社会的不断学习、研究，到1922年初，张闻天终于认识到空想社会主义、无抵抗主义此路不通，毫不犹豫地予以摒弃，转而信奉科学社会主义。他这样恳挚地叙述"我个人思想的变迁"——

> 我们对于这种不合理的社会，情意上早感到不安。因不安也早产生了改造的决心。不过用什么方法来改造呢？应该改造成什么样呢？这些问题常常横在我胸前而一日不能去的。无抵抗主义呢？反抗主义呢？无政府主义呢？社会主义呢？如江河流水，不绝地引起我底烦闷。但永久不决定是不能生活的。那么，取其长，舍其短，自然不能不走社会主义一条路了。自今日起，我希望能够在实现社会主义的历程中做一个小卒。⑤

---

① 《告彷徨歧路的青年》，载《民国日报·觉悟》1921年11月18日。
② 同上。
③ 同上。
④ 《"少年中国学会问题"（南京大会后的书面讨论）》，载《少年中国》第3卷第2期（1921年9月）。
⑤ 《中国底乱源及其解决》"篇末附白"，载《民国日报·觉悟》1922年1月6日。

这种为实现社会主义而奋斗的思想，在1922年1月2日急就的《中国底乱源及其解决》①中得到充分的阐发。这篇文章是为同中国共产党创始人之一的李汉俊讨论中国革命道路问题而写的。从这篇文章可以看到，这时的张闻天为实现社会主义而奋斗的思想已经是自觉的，对科学社会主义的认识也已经是相当深刻的了。

首先，张闻天已相当正确地运用马克思唯物史观关于生产力与生产关系对立统一的学说，来解决社会矛盾，并由此分析中国的乱源。他指出，一切社会问题的根源在于社会组织与社会动力②不相适应，中国底乱源亦不例外，"是由于中国社会组织逐渐崩坏而一时不能产生新的社会组织出来"。他进而分析这种社会矛盾怎样必然地导致革命。他写道："社会组织决不能常常适应社会底动力，而到了社会动力发达到某一程度时，社会组织不能不宣告破裂。""这种社会制度的破裂，社会动力与社会组织互相冲突而至于爆发，我们称之为革命。"

其次，张闻天明确指出，解决中国乱源的根本办法，不是实行资本主义，而是"实行社会主义"。他反对"照抄西洋镜"，"完全想照抄西洋人走过的老路"。他指出，向资本主义走只能把中国引向"灭亡"，时下那种将提倡资本主义的人恭维为"有造于社会"，是糊涂观念。同时，他也反对把马克思的学说"解释得死板而且不通"，"一定要马克斯怎样才怎样"，认为"社会主义却是活的东西，很有伸缩的余地"。他认为要"直追那西洋的大多数平民共同的理想，这理想就是社会主义"。并认定中国走向社会主义可以有自己独特的道路，不必经过资本主义充分发展的阶段。他赞同李汉俊文章中提出的主张："中国要进化到社会主义，不一定有经过资本主义充分发展的阶段的必要，在现在就可把他引到社会主义的路上去，再在新的社会情形下，完成社会主义的条件（如一切生产器具收为公有，一切人民受平等待遇等）。"这大约是学习了列宁在1920年提出的"落后国家可以不经过资本主义发展阶段而过渡到苏维埃制度，然后经过一定发展阶段过渡到共产主义"③的设想而得到的认识。

第三，关于实行社会主义的具体步骤，张闻天认为，在当时应将建立一个革命的政党放在首位。他指出，经过新文化运动，自由独立的思想勃兴，导致"少数人底解放，少数人底觉醒"，这是处在纷乱状态中的中国社会的重要元素。问题在于，这些"觉醒的解放的人"要合力互助，急起直追，引导大家去实行社会主义。应该怎样实行呢？张闻天提出，第一步要建立一个"有一定的党纲"、"有健全而且严密的组织"的党。他写道："我们实行社会主义的第一步是什么呢？我老实说了吧，就是由我上边所说过的从旧制度之下解放出来，觉醒转来并且有同样改造的目的的（即实行社会主义的目的）个人团结成死党。"它的党员，"对于党内所决定的条件有绝对奉行的义务"。如果发现党员以党作为谋取个人名利的手段，"应毫不容情地驱逐之"。建立了这样的党以

---

① 此文连载于《民国日报·觉悟》1922年1月5日、6日。

② 张闻天在文中自注：社会动力，"唯物史观的社会主义者称之为生产力，我固然赞同他们底主张，但为着郑重起见，我不愿拿一种社会力来说明社会的一切现象。"社会组织，"即唯物史观的社会主义者称为生产关系的"。

③ 列宁1920年7月26日在共产国际第二次代表大会《民族和殖民地问题委员会的报告》，见《列宁全集》第39卷，人民出版社1986年版，第233页。

后,"第二步就实行社会活动,如宣传本党底党纲,连络世界有同样志趣的团体实行互助,或投身革命运动,劳动运动,或批判现社会指出其矛盾之所在……"

张闻天发表这些意见的时候,中国共产党已经在半年前建立。尽管他对无产阶级政党的性质还认识不足,但是,他的这些主张,却反映了中国共产党的建立确实适应着时代的潮流,符合中国先进分子的愿望,而张闻天这时也已从中国革命的实践着眼,意识到由先进分子组成一个严密的党是实现社会主义理想的关键的、首要的任务。他认为,革命的政党在它成立之初,应该从实际运动的组织与革命舆论的宣传两方面入手开展工作,既要进行广泛的社会批判和革命宣传,又要发动劳动运动,开展革命运动,还要进行广泛的国际联合。在当时来说,这都是比较中肯、切实的见解。

第四,张闻天还深刻地指出传统的文化思想体系在社会变革中的巨大阻碍作用,主张"破坏中国人固有的思想系统","反对一切妥协的调和"。张闻天清醒地看到,如果不能"破坏"旧有的"思想系统",那么,尽管提倡科学、民主,"都是无济于事的"。他看到传统文化思想体系的惰性与阻力,尖锐地指出,"由这旧有思想体系上所产生的制度尽管崩坏,但是[假]使这思想系统而不破坏,他还是能够重新创造出类似的制度的"。至于怎样认识中国人的文化精神,当时众说纷纭。张闻天赞同梁漱溟在《东西文化及其哲学》一书中的观点,认为"他的根本精神是自为调和意欲"。张闻天鲜明地提出,我们"反对一切妥协的调和","中国人如其不把这种根深蒂固的妥协精神变化过来,进步的希望到底是很少的"。① 在这里,反传统的革命精神表现得十分强烈。

张闻天还把当时开展的非宗教运动与社会革命联系起来。在《非宗教运动杂谭》②一文中,他指出,非宗教运动表现了"中国人的科学态度的有意识的觉醒","科学的真精神就是个人的思想自由!"以科学态度来观察社会的组织,必然的结论是:"打破现社会,实行社会革命"。

张闻天这时还参加了马克思主义同基尔特社会主义的论战。他写了锋利的杂文《中国底经济学家朱朴君》、《绝妙的对照》,③对鼓吹基尔特社会主义的张东荪的门徒进行了无情的讽刺和严厉的批判。这说明张闻天当时已经在实际上分清了什么是科学社会主义,什么是打着社会主义旗号的资产阶级思潮。

如果说,在五四运动中传播马克思主义,学习用唯物史观分析中国社会问题,探索中国革命道路,是张闻天献身中国革命的起点,那么,在经历了一番曲折之后,1922年初对于中国乱源的分析和实行社会主义道路的探讨,则是张闻天思想发展过程中的一次跃进。他终于确信科学社会主义是一条通向光明之路。不过,这时他虽然以社会主义者自命,并认为自己的思想已经"与马克斯所主张有许多共同的地方"④,却还没有努力企望成为一名马克思主义者,也还没有参加中国共产党的强烈愿望。

---

① 《答汉俊先生底一封信》,载《民国日报·觉悟》1922年2月16日。
② 载《民国日报·觉悟》1922年4月6日、16日。
③ 两文分别载《民国日报·觉悟》1922年6月12日、22日。
④ 《中国底乱源及其解决》,载《民国日报·觉悟》1922年1月5日、6日。

第四章 投身新文学运动

改习文学

虽然张闻天1922年初就已经立志在为社会主义奋斗中"做一个小卒",但是,他并没有立即走上政治活动的舞台。那时,他是将"精神运动"作为他"终身欲从事之事业"的。在学术方面,他的爱好曾经是哲学,①但后来,他对哲学的兴趣逐渐淡薄。对文学的兴趣,却益发浓厚起来。到1922年他简直是完全倾心于文学了。他在日后的一篇文章中约略提到过这种改变。他说,"好几年前……研究过现代哲学思潮,可是后来因为天性与哲学不相近,改习了文学"。②不过,张闻天毕竟是攻读工程技术而又研习过现代哲学的人,所以他的文学活动是从与哲学相当密切的文艺理论开始的。他以译介外国文艺理论为发端,渐次转入对外国作家、作品的评价,对外国文学作品的翻译,然后才进入文学创作。他的文学道路,是从评论家、翻译家到作家的道路。

从1921年到1924年初,张闻天在《小说月报》、《创造周报》、《东方杂志》、《少年中国》、《民国日报·觉悟》等有广泛影响的报刊上发表了许多译作和评论文章。不到三年,他的外国文学著译就达到五十多万字。由商务印书馆、中华书局等出版的个人专集或与他人合集的单行本就有《笑之研究》(柏格森)、《柏格森之变易哲学》(韦鲁多·柯尔)、《狱中记》(王尔德)、《但底与哥德》、《近代文学》(伊达源一郎)、《狗的跳舞》(安特列夫)、《倍那文德戏剧集》、《盲音乐家》(柯罗连科)、《琪珴康陶》(邓南遮)等九种之多。③他以清新、畅达的译笔和具体、中肯的评价,显示了翻译家的才华和评论家的眼力,引起新文学界的瞩目,在一代青年中留下了广泛的影响。这时,他同两个著名的新文学团体——文学研究会和创造社的许多人熟悉起来,并成了文学

---

① 据张闻天所填"少年中国学会会员终身志业调查表"。张闻天在"终身欲研究之学术"栏下填的是"哲学"。

② 《青年之敌》,载《夜鹰》第9期(1925年5月23日)。

③ 其中《狱中记》、《近代文学》系与汪馥泉合译,《但底与哥德》、《倍那文德戏剧集》为合集。除《柏格森之变易哲学》为1924年2月民智书局出版外,其他八种前六种商务印书馆出版,后二种中华书局出版。出版时间顺次为:1923年12月、1922年12月、1924年4月、1933年4月、1923年12月、1925年5月、1924年2月、1924年10月。

研究会的会员。①

继 1921 年春天译述托尔斯泰的艺术观之后，张闻天又翻译法国哲学家柏格森专论喜剧的美学著作《笑之研究》，于 1921 年 12 月译毕。② 以"生命的冲动"学说著称于世的柏格森，他的艺术观同托尔斯泰是完全不同的。他以唯心的、神秘主义的哲学观点为基础，宣扬非功利的纯艺术观。在《笑之研究》中，柏格森对各种滑稽——普通的滑稽，形式与动作中的滑稽，境遇中与言语中的滑稽，特别是性格中的滑稽，进行了细致的分析。柏格森不得不承认，笑是一种社会姿态，笑必然有其社会功能。喜剧从人性中提出若干类型，以其外在表现引人发笑。这笑，可以"正"人们"不合社会"的言行。然而，他又贬低喜剧在艺术中的地位，说喜剧"居于艺术与生活的中间"。柏格森在"性格中的滑稽"一章中阐述的直观主义艺术观，则是西方现代派文艺的理论根据之一。从张闻天敬慕托尔斯泰却不排拒柏格森这点来看，他对外国文艺思想的翻译介绍，采取的完全是一种开放的、多方面求知的态度。

对于文艺创作上的两大主流——现实主义和浪漫主义，张闻天也采取平等、宽容、兼收并蓄的态度。这点在 1921 年 7 月写的《读〈红楼梦〉后的一点感想》③ 中，体现得十分鲜明。张闻天指出，诗人、文艺家的共同目的都"想解释人生，找出人生的意义"，但他们可以用"写实主义"或"罗曼主义"不同的方法："它们有时借着一闪的灵光，或长期的体验辟出一条道路来，引导我们向了理想方面进发；有时对于现实的人生之透视，看出人生底虚伪，人生底矛盾，更借着他们艺术的手腕，把这些虚伪和矛盾赤裸裸地揭示出来。"他肯定这两种方法都有助于人生问题的"根本的解决"，运用这两种方法的文学家、艺术家的努力"不是空费的"。

张闻天认为，文学家艺术家必须将对现实生活的观察、直觉，经过他们的"个性的溶化"，才能创作出感人的作品。因而他强调文学家艺术家必须到人生战场上去奋斗。他指出：'伟大的文艺作品大都是深刻的印象与个人经验的产物。伟大的艺术家大都是在人生的战场中奋斗过来的。"他还指出，文学艺术作品总是表现着作者的个性的，而作者的个性又是不能脱离时代的背景的。因此"任何艺术家的作品中间都是以时代为背景而以作者的个性为中心的"。这样的表述，道出了作家与时代的关系，也道出了文艺生产的规律。在一定程度上，将反映论与主体论融合，再现说与表现说统一了起来。在实际生活中，张闻天也没有卷入 20 年代初期"人生派"与"艺术派"的论争。他是文学研究会的成员，但同创造社的郁达夫、郭沫若、成仿吾、郑伯奇等都是朋友。这在当时文坛上不说绝无仅有，也是十分罕见的。

在读《红楼梦》这篇随笔中，张闻天表现出对艺术形象感受的敏锐、理解的深刻。他这样分析《红楼梦》的现实主义特征："《红楼梦》底著者，他是人生罪状底宣布者

---

① 阿英编选的《中国新文学大系·史料索引》称张闻天是"文学研究会干部"（第 219 页）。胡愈之 1982 年 8 月 30 日致函《张闻天选集》编辑组，肯定张闻天参加过文学研究会。

② 张闻天在"译者序"中说："本书法文名 Le Rire，英文译为 Laughter，我国译作为'笑'"。译者是依柏格森亲自看过的英译本译出。《笑之研究》初版于 1923 年 12 月，当时张闻天在美国，书名疑为出版者所改。1980 年 3 月中国戏剧出版社出版了新译本，徐继曾从 1925 年巴黎版法文本译出，书名为《笑》。

③ 载《民国日报·觉悟》1921 年 7 月 12 日。

而同时又带有指导的意义在内。这一部书可以说是他对于人生的经验，对于人生的观察，和他所味到的人生的意义底记述和描写。"可谓言简意赅。

他用"人的中心"的观点和"二重人格"的观点来评论《红楼梦》。他强调"人的中心"是文学的灵魂。无论从人道主义的人生观，还是从情感传感说的文艺观来看待文学，张闻天都认为不能失却"人的中心"。他在《读〈红楼梦〉的一点感想》中写道："诸君请特别注意我底'人的中心'四个字。这'人的中心'就是我底真生命，就是我底标准，也就是我底宗教，我底爱！"

诚然，张闻天此时对"人"的认识还不可能达到"人是一切社会关系的总和"这样的历史唯物主义的高度，但他从"为人生"的积极目的出发，把人道主义的理想与彻底反帝反封建的革命目标联系起来，成为坚韧不拔地奋斗的动力。他又从变动的人生、矛盾的性格来理解"人"，指出，"一个人，要经过一度深刻的悲哀，再在悲哀中找出一线光明来。"①"悲剧的最动人的地方，是在新旧或善恶等两种相反势力的冲激点"，②"不和谐的，分裂的，自相冲突的人生"，才能"造成纵横连合的文艺诗歌，造成现代文明的鲜花"。③这就看到了文学描写的人的性格的丰富性和复杂性，看到文学刻画的人的性格在发展变动中的对立统一。在这方面，张闻天关于"二重人格"的意见，是颇有见地的。

在1920年2月谈人性善恶的一篇通信中，他就思考过这个问题。他写道："只有罗塞尔说的好：人性有二种冲动：创造的冲动，和自私自利的冲动。吾们只能把前者逐渐的增加，后者逐渐的减少。"④他谈王尔德的《道灵·格莱的肖像画》时，也很注意作品所表现的"灵肉两帝国底冲突"，说明"在灵底中间有兽性，在肉底中间有时也有神性"，而道灵·格莱正是作者王尔德"灵肉冲突底自白"。⑤在研究歌德及其《浮士德》时，张闻天又被歌德的活动主义哲学所吸引，丰富了对于"二重人格"的认识。他介绍说，歌德认为人生永远在活动。"这种活动是二种相对的，或是相反的势力的冲突的活动：善与恶，美与丑，向上与向下，施与受，收缩与膨胀，阴与阳，动与反动等等诸势力的活动，世界上一切复杂的样式都是拿这些努力为经纬而织的。但他又说：世界不是盲目乱动的。他也有一定的目的；那就是进步，就是向善，就是向圆满。"⑥1923年初，他又在一篇文章中指出："任何人大别之都有二重人格，这是近代心理学已经给了我们以证明的。一是社会的，一是非社会的。社会的人格是虚伪的，快乐的，保守秩序的，普通一律的，机械的；非社会的人格是反抗的，突进的，凶暴的，悲哀的，各人不一。（用法国柏格森的话）"⑦

张闻天在这些文章中介绍的"二重人格"的具体内容，不免有着唯心主义的印

---

① 1921年6月宗白华致张闻天信中引述张闻天给他的信中的话。见张闻天《读〈红楼梦〉后的一点感想》一文的"附白"，1921年7月12日《民国日报·觉悟》。宗白华认为张闻天"这话就是见道之语"。
② 《别重庆的朋友们》，载《夜鹰》第11期（1925年6月20日）。
③ 《告彷徨歧路的青年》，载《民国日报·觉悟》1921年11月18日。
④ 《致张东荪的信》，载《时事新报·学灯》1921年2月13日。
⑤ 《王尔德介绍》，1922年4月上、中旬连载于《民国日报·觉悟》。
⑥ 《哥德的浮士德》，载《东方杂志》第19卷第15期（1922年3月10日）。
⑦ 《〈狗的跳舞〉译者序言》。

痕，但他关于"二重人格"的见解，重点是在提出这样一个事实，即：人物性格同世间一切事物一样，是发展着的对立统一物，认识并写出种种相对或相反的力量（灵肉神兽，善恶美丑，前进反动，社会与非社会……）的冲突及其发展，是文学家的使命，也是形象塑造的要诀。这种"二重人格"表现得愈充分而又合理，人物形象就愈丰满而又深刻。

张闻天认为《红楼梦》塑造黛玉与宝钗这两个人物的成功，其要诀就在于运用"二重人格"相反相成的艺术辩证法，在性格的内在矛盾中刻画了人物的性格特征："林黛玉之天真和薛宝钗之虚伪！"他写道，"黛玉常不自意的装出常人之所谓小狡猾，而因此愈足以见其天真"；"反之，宝钗常常故意装出宽大和善的样子，而因此愈足以看出伊底虚伪和恶毒。"他还对比了两个人物对宝玉的"爱"。黛玉的"爱恋是从伊底心坎中流露出来的，伊拿出全人格交给伊所爱恋的人而同时接受伊所爱恋的全人格"；而宝钗呢，"伊所要得到的人（不能称为爱恋的人）是由伊底虚荣心、名利心所虚构成的。并且就是伊自己底真心也被这一层帐帷深深地遮蔽住了。伊受了伊底假自我的支配，失了伊底真情，失了人性。就是偶然有些流露，伊就拼命地压制下去，伊终究变了机械人了！"张闻天还分析了宝钗"因为要适应这种机械的，无情的社会起见，就不能不丧失了伊底天真"，"伊底虚伪是伊拿了伊底赤子之心去换得来的"，说明了环境与性格的统一。当《红楼梦》研究还在"索隐"、"考证"上徘徊的时候，张闻天却用"人的中心"的思想与"二重人格"的观点，揭示了《红楼梦》中两个女主人公的性格特征与美学价值，把握了《红楼梦》的要义。在20年代初，这不能不说是空谷足音。

众所周知，谱写中国现代文学历史最初篇章的，主要是两大流派——以文学研究会为代表的、主张"为人生的艺术"的、现实主义的"人生派"，以创造社为代表的、主张"为艺术而艺术"的、浪漫主义的"艺术派"。在两派之间，曾进行过相当尖锐的论争，对后来文学运动的发展产生了深远的影响。张闻天适逢其时，却没有卷入两派之争。不仅如此，他在理论上能全面认识和肯定现实主义与浪漫主义两大主流，在实践上能采取兼收并蓄、为我所用的态度。

1922年，张闻天翻译介绍外国文学的重点逐步从文艺理论转到著名的作家、作品方面。

在《小说月报》第13卷第2号的"泰戈尔研究"专辑中，张闻天的译作占了一半，有《泰戈尔之"诗与哲学"观》、《泰戈尔对于印度和世界的使命》、《泰戈尔的妇女观》等三篇。接着，从4月4日至5月14日，《民国日报·觉悟》在40天里连续登载张闻天与汪馥泉合写的论文《王尔德介绍》和合译的王尔德《狱中记》[①]，影

[①]《王尔德介绍》最初发表于《民国日报·觉悟》1922年4月3日、4日、6日、7日、8日、10日、11日、13日、14日、16日、17日、18日，署名"闻天馥泉"。全文十二大段，第一至第九大段为张闻天所作，第十至第十二大段为汪馥泉所作。收入《狱中记》一书时，删去正文前的引言和末一小节，由张闻天加写了第十三大段。《狱中记》最初发表于《民国日报·觉悟》4月23日、24日、25日、27日、28日、30日、5月4日、7日、8日、9日、11日、12日、14日。此处谈对王尔德的批评仅以张闻天所作部分为限。《狱中记》单行本于1922年12月列入《少年中国学会丛书》由商务印书馆出版，在正标题下有副题"一名《从深处出》"。

响很大。

五四前后，作为新浪漫主义的代表作家，王尔德的作品被相当广泛地翻译介绍，他的剧本《理想的丈夫》、《温德米尔夫人的扇子》、《沙乐美》、《一个不重要的妇人》和他的童话作品先后跟中国读者见面了。1921年5月，《小说月报》发表了沈泽民的《王尔德评传》，对这位唯美派作家的思想与艺术作了介绍和批评。大概是为了让读者更深入地认识王尔德和唯美派，张闻天、汪馥泉又特地将《狱中记》译出。《狱中记》分两部分，前篇为悲哀观，后篇为基督论。这部被称为奇异的灵魂之记录的散文，并不是作者狱中生活的记载或忏悔录，而是王尔德对唯美主义的说明和辩护，是他1895—1897两年牢狱生活中思想的写照，包含着王尔德的艺术见解和人生思考。从中可见作者"艺术上的唯美主义"到这时已经成了"人生观上的唯美主义"了。正如刊登在《小说月报》第15卷3号上比书的"发行广告"所说："王尔德是近代文坛上一个怪人。《狱中记》是他在莱顿监狱内思想的写照。在这本书里，他讨论到艺术恋爱宗教等问题。乃是研究王尔德的一本重要著作。"张闻天不同意那种对王尔德及其唯美派一概否定的看法，故在译出《狱中记》的同时，又写了《王尔德介绍》这篇将近三万字的论文，力图予以全面的评价。

张闻天指出，王尔德的人生态度的特点是反科学、自我崇拜和唯美主义，因而其作品的特色是"深刻的印象底缺乏"和"词藻的优美、适合与和谐"。他从哲学思想与社会背景两个主要方面，分析了这种人生态度和艺术特点的由来及意义。张闻天还从王尔德的人生经历、思想发展入笔，指出，王尔德经过希腊旅行，"把忧愁底崇拜一变而为美底崇拜"。希腊思想对王尔德影响巨大、深远。"所谓希腊思想，就是人间生活的外面和内面（即肉的生活和灵的生活）底圆满的调和，即艺术和现实底融合，灵和肉底一致"，"唯实主义和理想主义底提携，快乐主义和精神主义底合致"。希腊思想是王尔德唯美主义的哲学基础。

张闻天不赞成对王尔德这个复杂的"现象"采取简单否定的态度。他指出，随着科学发展对神学、迷信的冲击而引起的世纪末的悲哀，产生了"逃避这丑恶的人生，另造幻想以安慰自己和他人"的人生观，所谓"为艺术的艺术"即是这种人生观在艺术方面的表现。王尔德的幻象，他的美的创造，"不但徒用以安慰自己和他人，他还想努力地把这丑恶的人生美化哩！"所以，张闻天认为，"王尔德底个人主义并不是自私自利主义"，而是"执著自己，把自己底个性充分发挥底意思"；"他底享乐主义也并不是单讲官能底享乐，他是对于一种幻象底享乐，即对于美的乐园底享乐"。在王尔德的作品里，爱与美是相通的，"美的乐园就是爱的天国"。王尔德找求的是体现希腊精神的美，但在实际上，"王尔德有时只觉到肉体底美，忘记了灵肉一致底美，以至终究做了个不健全的希腊人"。不过，张闻天在惋惜之余又说，"他底美虽不一定是灵肉一致，但至少也是灵肉相互混合的美"，应予肯定。张闻天认为，王尔德一生给人们的启示是"生活底变动就是人生底真意义"。张闻天召唤中国人再不要"这样死一样的生活着"，"起来，变动变动你们底生活吧"。从这里可以看到张闻天评介王尔德的用意所在。

为了深入探求王尔德的艺术观和人生观、世界观，张闻天还细致地分析了王尔德的童话、小说、戏剧、散文等代表作，发表了许多精辟的见解。

张闻天认为王尔德的《快乐王子》等童话的"一贯的基调"，"就是热烈的爱和敬虔的爱底赞美和嘲笑的、矫激的社会底批评"。

王尔德最有名的小说《道灵·格莱底肖像画》（通译《道林·格莱的肖像》）发表后，英国有人甚至斥之为"毫无男子汉气概的、令人作呕的、发出恶臭的厩肥堆"，张闻天则提出了不同的见解。他认为，王尔德描写了"道灵因为求美底享乐，以至卖掉自己底灵魂而不顾，终究受了灵魂底责罚把青春和欢乐破坏了"。王尔德笔下的道灵·格莱"正是现代人底代表，正是灵肉冲突底自白"。如果要说这部小说有什么"教训"、"寓意"的话，'那就是说一切的过度和一切的抛弃一样，结果一定要受罚的'"。所以，这部书的主旨是对于社会的批评，只不过使用的方法是唯美主义的，"并不像大众所说的那么不道德、那么病的、那么非社会的"。

张闻天又评述了王尔德最有名的戏剧《沙乐美》，认为它是"恋爱悲剧底妙品"，"是王尔德著作中描写人物最逼真的恋爱悲剧"。他着重分析了这篇作品和罗赛底等官能派的作品表面相似而实质不同，指出它也是"描写灵肉冲突而结果是肉底悲惨的命运"。

对王尔德有影响的社会剧，张闻天也都联系历史背景阐明社会意义与作者风格，认为："统观王尔德底社会剧，我们看出他对于当时所处的社会怎样地不满意了。由于不满意，他造出了他底唯美主义，他底新快乐主义来。可见他所提倡的并不是无端而来，也不是与社会漠不相关，而且我们敢于断定在未来的新社会的建设中，他所提倡的一定也会得到一个重要的位置。"

从对王尔德"这一个"的具体评论，张闻天还拓展开去，对于19世纪末20世纪初的批判现实主义与新浪漫主义思潮产生的背景及不同的特点，作了精辟的论述，从而从个别了解一般，又从一般更透彻地了解个别。他写道："十八、十九这两世纪内，科学的发展长足迈进：用怀疑的精神以破坏从前所谓神秘的、所谓不可思议的许多现象；用唯物论，以说明世界上一切现象。于是昔日所依以活命的幻想完全破灭……及达尔文《物种原始》出世，用科学底方法证明，人是从下等动物发展而来的，不是耶和华造的。于是人底地位更一落千丈。结果，由怀疑而生苦闷，因苦闷而生悲观；由机械的命定论而绝望，由绝望而消极愤世。"于是，在法兰西发生所谓"世纪末"，在俄罗斯发生所谓"世界苦"（即"人间苦"），在这种愁云惨雾的中间，人类"如其还要生存，那么就有两条路可走：一、硬着心肠，面对这丑恶的人生，而在这中间发展一条光明的道路；二、逃避这丑恶的人生，另造幻象以安慰自己和他人。这两条路，在艺术方面底表现，就是所谓'人生的艺术'和'艺术的艺术'"，"而这两者底（标准的）代表，就是易卜生和王尔德"。

在王尔德逝世（1900年11月13日）将近一个世纪之后，来自世界各地的80位学者于1993年6月集聚在蒙特卡洛，为这位爱尔兰出生的作家举行首次重大的文学会议，肯定了他在英国文学中的地位，为他恢复名誉。而青年张闻天早在20年代初期，对这位众说纷纭的作家就能作出这样辩证的分析和比较全面的评论，确实表现了他对现实生活和文学艺术深刻、全面的理解，历史、具体的把握。虽然这篇论文难免存在褒贬失当之处，但历史地看，仍不失为一篇较好的作家论。如果单就对王尔德的评论而言，此后中国似乎没有更为系统、全面的论著问世。

如果说《王尔德介绍》是张闻天早年最重要的作家论，那么，同年八九月连载于《东方杂志》的《哥德的浮士德》就是他最重要的作品论了。1922年是歌德逝世90周年，这篇两万余言的长文是为纪念这位世界文化名人而作。在此之前，中国人对歌德还没有专文评述。鲁迅的文言论文《摩罗诗力说》（1907年）和《人之历史》（1907年），首先把歌德介绍给中国读者，但只是总括的评语。郭沫若在《三叶集》（1920年）里谈得稍多一点，但也只是随感式的议论，那时，郭沫若虽然已经开始《浮士德》的迻译，但仅发表过零星片断。此外，还有发表于《少年中国》第1卷第9期上的《歌德诗中所表现的思想》一文，那是田汉译自日本人的论著。而张闻天这篇文章，是中国人写的最早的一篇研究《浮士德》乃至歌德的论文。

在这篇论文中，张闻天把歌德历60年创作而成的有12100多诗行的诗剧《浮士德》，放在文艺复兴以来文化思想与文学发展的历史背景之下，结合歌德个人复杂的生活经历和思想变迁，进行考察和评价。他对浮士德故事探本溯源，讲清了它的源头与流变。他从"《浮士德》全部的纲要，是歌德自己的生活的写照"着眼，揭示作者处理题材的奥秘，是运用这些"神秘之谭"而"不受他的约束"，"来表现他的热情和理想"，让自己内心中的东西"乘了奔放的热情和空想之翼""迸裂"而出。既扼要分析人物、故事与歌德生活原型的联系，又指点出形象的丰富内涵。论文论述了歌德的浪漫主义特征，指出："歌德终是那时代的产物，浪漫的时代的产物，他的任何作品，都带了不少的浪漫主义的色彩。他的着重主观，他的主张感情，他的热爱自然和自然的生活，他的主张自我的发展，不都是浪漫主义的特色吗？"他说："这种浪漫主义在文艺上所表现的特性则为对于古典主义的反抗。抛弃一切成规，打破一切因袭，而彻头彻尾的主张无拘无束的自由主义，这是浪漫主义者的使命。"

张闻天用精练简明而又形象生动的语言，叙述了《浮士德》的情节，并在对《浮士德》情节绘声绘色而又简洁流畅的叙述中，要言不烦地解释人物的内心世界与行为逻辑，品评作者的思想变动与作品的成败得失。张闻天抓住主人公浮士德最终"得救"这个情节来点出作品的"主眼"，通过评介歌德的活动主义哲学来剖析《浮士德》的根本思想。张闻天写道："浮士德终究逃避了魔道，升进了天国。"他的"得救"并不是当他向堕落的路上走去的时候，忽然碰到一种"神惠"。他走的路是为了得到真理，而不是为了身体上的舒服与肉体上的快乐，他在纠正错误与战胜罪恶努力中向前走去，他从试验、受苦和对于邪恶的反抗的奋斗中得到光明和力量。所以，浮士德的最终得救，"是他自己的努力的结果，是自救不是蒙恩"。张闻天还介绍了歌德的活动主义哲学，认为浮士德"投身到生命海洋中，去体尝人生的真味"，"永久没有满足"，以替别人谋幸福争自由为快乐，靠"努力自救"，正是歌德活动主义哲学的体现。

张闻天概括全剧的要义说："人们努力一天，一定会差强一天，真正的人性就是不断地努力。这是歌德做《浮士德》的主眼。""执着人生，充分地发展人生，我以为就是《浮士德》中所包含的根本思想！"真是言简意赅，一语中的。在文章末尾，张闻天用这样一句话来结束："唉！保守的，苟安的中国人呵！"立意在启发国人冲破思想的禁锢,为创造合理的人生而不倦地奋斗。

青年张闻天当时主要是从巴雅·泰罗(Bayard Taylor)的英译本来阅读和研究《浮士德》这部出名难解的鸿篇巨著的。他当时还看不到歌德"心中经常进行着天才诗人和法兰克福市议员的谨慎的儿子、可敬的魏玛的枢密顾问之间的斗争"[①],"有时非常伟大,有时极为渺小"[②]的特点。但瑕不掩瑜,这篇论文表现出来的张闻天对西方文学的深厚造诣,对作家作品充满睿智的评析,对英语的熟谙和对白话文驾驭的能力,是令人赞赏的。如果同张闻天此后半个世纪的斗争生活联系起来看,可以说,"浮士德精神"对张闻天的一生都有积极的影响。

赴美勤工俭学

张闻天在译介外国文艺理论和作家作品中显示的才华受到社会的瞩目。远在美国的少年中国学会会友们,很希望他到旧金山去,同他们一道开展社会活动。他们已经为张闻天安排好了学习与工作的地方。

事情的原委是这样的:1922年5月26日,以少年中国学会旅美会员为核心,同国民杂志社、丙辰学社、新声社、曙光社、工学社、科学社、明星旬刊社等团体的旅美成员一起,在旧金山的柏克利正式成立了一个团体"美洲中国文化同盟",康白情、孟寿椿被推举为主要负责人。5月28日,"美洲中国文化同盟"与致公总堂签订了合办中文报纸《大同报》并实行改革的合同。从6月1日起,这份报纸就成为两团体共办的机关报。致公总堂已有200多年历史,原先是华侨组织的反清复明的会党,以后积极支持孙中山革命活动。这时在美国的会员有3万人,工人居多。《大同报》素来奉致公总堂"发达实业,振兴教育"为宗旨,这批旅美学生与其联合,提出在原有基础上加上"以增进工人幸福,实现自由平等为增益之宗旨",致公总堂亦极赞同。双方商定,办报的经费由致公总堂负担,人才则有赖于"同盟"。合办的《大同报》由康纪鸿任主编,通信员为王光祈(德国)、曾天宇(柏林)、吴承权(伦敦)、许德珩(法国)、鄢公复(北京)、白鹏飞(日本),而张闻天就是"同盟"推定的编辑。

到国外去游历、学习,探寻改造中国的途径,这是张闻天早就怀有的愿望。现在既然朋友们从大洋彼岸呼唤,他当然乐于前往。不过,奔赴远隔重洋的美国同前年到一衣带水的日本毕竟不同,筹措路费就颇烦难。在川沙城里合股开"丁永泰"洋广京货店的姑夫总算帮忙,借给他500块大洋;他又从中华书局预支了一笔款子。远行之前,他回到家乡,与父母、乡亲告别。他在家中后院栽下一株芭蕉留作纪念,还在他从小读书的养正小学校园的一棵树上刻了一个记认。村上最年长的吃素老太,用包头巾裹了一块故乡热土,颤颤巍巍地捧到张闻天跟前。[③]张闻天感动得热泪盈眶,双

[①] 恩格斯:《诗歌和散文中的德国社会主义》,见《马克思恩格斯全集》第4卷 人民出版社1972年版,第256页。

[②] 同上。

[③] 张闻天赴美前筹款、告别等情况系笔者1984年4月4日下午在北张家宅访问张闻天的两位堂弟、一位族叔和一位侄媳(比张闻天年长四岁)所得。

手接过，揣在怀里。近两个月来一种飘忽不定的情绪，顿时觉得稳定了下来。是的，他现在就要到大洋彼岸的加利福尼亚州去了，可他的根是在这里，他的一切属于养育他的这一片中华大地。他漂洋过海，远走异国他乡，不就是为了将来把贫穷落后的中国改造成繁荣富强的乐土吗？

1922年8月20日，张闻天从上海乘中国远洋轮"南京号"前往旧金山（San Francisco）。同船赴美的留学生有一百三十多人，除了五六位是南洋兄弟烟草公司资送的以外，一半是自费生，一半是"清华"毕业的官费生。少年中国学会会员赵叔愚、刘衡如（国钧），五四运动时参加全国学联成立大会的南京代表郎宝鎏，和张闻天同乘这条船，他们都是自费生。① 当时，从上海启碇抵达旧金山金门港口泊岸，航程近20天。启航不久，在黄海遇上风浪。同船的刘衡如后来描述过当时的情景："海上旅行既苦且乐，黄海遇风，浪头打入船舱，满甲板是水，真个淋漓尽致。而波涛起伏，船身如落叶随水上下，不能自主。举目四望，但见海水壁立，几乎如处水晶宫中。天地晦冥，风云色变。真是可怕，也真是奇景！"② 此后一路上风平浪静。日本的横滨，夏威夷的檀香山，都像梦一般地过去了。在水天一色的太平洋上航行了半个多月，突然，在海洋东面的水平线上，有一条浅黄色的长线隐隐约约地显现出来，满船的人都欢欣雀跃：阿美利加到了！

"南京号"驶进了金门，傍上了码头，张闻天的双脚踏上了"新大陆"的土地。50年前，詹天佑等30名拖小辫子穿长袍马褂的学童，公派留学，也是从上海横渡太平洋，在旧金山踏上"新大陆"的。他们揭开了中国近代留学教育的第一个篇章。想不到张闻天如今步他们的后尘来了。他在美国勤工俭学的生活就要从这里开始了。

初到柏克利，张闻天临时住在恩特那街2600号（2600Etnast.Berkeley）康白情处。安顿下来以后，9月23日下午，美洲中国文化同盟总部在旧金山唐人街杏花楼举行了一个欢迎张闻天的茶话会，致公总堂的代表和大同报社同仁出席。茶话会由同盟总部主要负责人康白情主持。他是五四新诗人，致了热情洋溢的欢迎辞。遂后请张闻天演说。接着，致公总堂代表王孙卓发表演说。他说，致公总堂是"革命成功之光荣团体"，文化同盟是"人才荟萃之智识团体"，"今两团体携手，以人才为前茅，以大群为后盾，必能负奠定国家，维持世界和平之重任"。会上讲话的还有大同报社代表朱伯熙和文化同盟会员唐崇慈、郎醒石、赵士芳、谭常凯、苏世明等。③

张闻天的学习主要是利用加利福尼亚大学柏克利分校的图书馆。他在该校曾选过几个钟点课程，但没有当过那里的正式学生。④ 柏克利依山傍海，气候温和，风光明媚。柏克利分校是一所老校，创办于1873年。到这时已经被称誉为美国西部大学的"巨擘"了。校园环境优美，中心有一处名胜，远看像尖塔，近看是钟楼，名为萨

---

① 据：《少年中国》第3卷第10期（1922年5月）"少年中国学会消息"，1922年9月22日上海《时报》的《太平洋上月出口船舶》，1922年8月20日《民国日报·觉悟》载张闻天的诗《别》，《学生杂志》第9卷第9期（1922年9月5日）的《最近出洋的学生》。这批"南洋烟草公司"资送的学生共7人，其中汪胡桢（"河海"毕业生）赴美未乘"南京号"。

② 刘衡如1922年10月17日致左舜生信，载《少年中国》第3卷第12期（1922年7月）。

③ 据1922年9月24日《大同晨报》"本埠新闻"：《文化同盟茶会记》。

④ 据张闻天《我的简史》（1966年写）。

加利福尼亚大学伯克利分校图书馆阅览室

尔塔。这座建筑物比巴黎艾菲尔铁塔还高。顶楼有大小铜钟48座。在晨曦中，钟声齐鸣，叮叮当当，洪亮、深沉、圆浑、悠扬，响彻全校。上到钟楼顶，极目远眺，可以饱览山川景色。晴空丽日下，东南面被梅丽湖环抱的奥克兰，西南面有许多华侨聚居的旧金山，都尽收眼底。学校的图书馆藏书丰富，设备齐全。通常整个白天或一个上午，张闻天都坐在阅览室读书、翻阅期刊或从事著译。到柏克利不到一个月，他就从英译本转译了德国社会学者米勒·莱尔《社会发达史》的最后一章《文化和幸福》，寄回上海《东方杂志》发表。① 下午或晚饭后，赶到坐落在旧金山天后庙街（Weverly Street）18号的大同报社上班。那时金门大桥还没有兴建，交通远没有1937年大桥建成后那么方便。他每天都要乘坐轮渡在两三公里宽的金门海峡往返。他在报社的主要工作是编译"本埠新闻"专栏。他从各种外文报纸中选择有关旧金山的消息，译成中文，在第二天清晨出版的《大同晨报》上登出。有时也发表一些言论，9月27日张闻天就为《大同晨报》写了社论《知识阶级与民众势力》，说"知识阶级而与民众合作时，则知识阶级乃世界上之最有力之阶级也。"聪明人"欲拯救中国，拯救世界"，"则结托民众势力实为必须之步骤"② 。10月1日，又在《大同晨报》的"星期评论"栏内发表两篇短评：《自强与公理》和《日俄会议之破裂》。认为"世界无公理"，弱国"唯自强者乃有真理"；预言日俄会议破裂之后，"日本乃不能不变计而帮助反布尔雪维克之海参崴政府与最可利用之张作霖"。同时，他还向中国发通讯。

张闻天在《大同晨报》的月薪是40美元，维持生活不甚宽裕。加之报社经济情况不好，薪水常常拖欠，故有一段时间还要到一家美国餐馆洗盘子，增加一点收入。

在美国最初几个月的生活，使张闻天感到非常失望和颓丧。美国都市生活的纷乱、繁忙，报社工作的机械、刻板，人们对物质享乐、肉欲刺激的热衷而对精神生活的无所追求，在他心上激起一种本能的不满，一种对铜臭的厌恶。人与人之间的"虚伪"，白种人对黄种人的轻蔑，更时时刺激他那敏感而自尊的心。他"觉得中国是可

---

① 这篇译文译毕于1922年10月21日，发表在《东方杂志》第19卷第20号。
② 载1922年9月27日《大同晨报》，署名"闻"。

怀的", 在美国, "总之, 都看不惯", "我恐怕在美国是永远孤独的人。"① 从当时张闻天写给友人的两封信来看, 几乎可以说经历了一次精神的"危机"。

在1922年11月11日给郁达夫的信②中, 张闻天倾诉了他在美国的"无味"、"孤独"。他感到一走出图书馆的门"就颤抖", 觉得"又走到人生的末路了"。说那些"曾经装点过春天的"、到冬天落在地上的黄叶, 是"我们的象征"。他希望达夫第二年春间到那里, 做他"在撒哈拉沙漠中的同伴"。在1923年1月6日给汪馥泉的信中, 同样抒发了内心的烦闷、焦灼和矛盾。他写道: "我现在的生活是无'过去'、'现在'、'未来'的生活。""像我们这种人在社会上是狂人, 是不为大众了解的。我要去了, 到黑暗无声的地方去, 或者到鲜红的海浪中去。"从某种角度来看, 这未尝不可说是一种渴望"高尚的生命"的"热情者底心理", 但这种心理终究带着无病呻吟的痕迹, 表现了未经磨练的小资产阶级知识分子的脆弱与彷徨。

不久, "河海"特科毕业的无锡王庄人须恺也来到加利福尼亚大学柏克利分校就读。他已经在加州的德洛克水利公司当过一段时间的绘算员, 来柏克利以后同张闻天同住一室, 成为亲密无间的朋友。另外, 对当时国际政治、经济问题的研究, 也使张闻天的生活充实起来。这样, 张闻天逐渐摆脱了孤独、伤感、浮躁的心绪。1923年元旦刚过, 张闻天就同须恺、郝坤巽联名作《质问胡适之先生》, 投书《时事新报·学灯》, 批驳胡适在《努力周刊》第30期上对中国留美各大学学生发表的《制宪庸议》的责难, 反对胡适的联省自治的主张, 揭露胡适的主张不过是"为武人割据加上一层宪法保障"。③

1923年1月, 《民国日报·觉悟》登载了张闻天译介苏俄实行新经济政策取得成效的论文《苏维埃俄罗斯政策之发展》。张闻天特地向国内读者说明, 这篇论文是经过列宁审定的。这是张闻天在文章中首次提到列宁的名字。

2月初, 张闻天又向中国读者奉献了探讨战后欧洲经济问题的力作《赔款与战债》④。论文围绕当时举世瞩目的赔款与债务问题, 详细分析了战后欧美各国(主要是美、英、法、德)的经济状态及其在世界经济中的地位, 评述了各国对赔款与战债问题的立场与策略, 并由此纵论世界形势的发展。张闻天指出, 如果英美联合起来, "订某种条约, 能维持二三十年的和平"; 即使如此, 他预言, "二三十年之后, 国与国还因为利益的冲突要发生大战争吧。世界劳动者将团结起来, 把资本制度推倒吧。"张闻天还满怀激情地写道: "我不相信中国人会这样的不争气为人家的奴隶的。我相信不久中国将为一个光明灿烂的大国! 为并世以来所未有的大国! 并且其他弱小的民族, 也都要跟着起来"。《赔款与战债》是张闻天写的第一篇国际经济与政治论文, 可以看出, 这时张闻天已经具有相当扎实的理论功底和比较深刻的洞察力了。

---

① 引自张闻天1923年1月6日致汪馥泉信, 此信以《由美国寄来的一封信》为题载《民国日报·觉悟》1923年2月20日。

② 载《创造周刊》第1卷第4期(1923年2月)。

③ 此信当时没有公开发表, 由主编张东荪转交给胡适。后收入中华书局1979年出版的《胡适来往书信选》(上册)。须恺, 1950年2月3日被任命为中央人民政府水利部计划委员会主任兼规划司司长。

④ 连载于《东方杂志》第20卷第3、4期(1923年2月10日、25日)。

在柏克利的译事

不过,张闻天这时的兴趣和主要注意力还是在文学方面。1923年这一年,是张闻天翻译外国文学作品最勤奋的一年。有感于当时国内文坛有些青年把文艺视为终南捷径,不肯下功夫学习和研究,张闻天着重翻译长篇小说和多幕剧,并把注意力放在及时介绍外国当代文学上面。他翻译了俄国作家柯罗连科以心理描写著称的,写一个盲童因为接近和了解人民的生活和诗歌,终于成为著名音乐家的故事的长篇小说《盲音乐家》;俄国作家安特列夫的从爱情纠葛发展为思索人生根本问题的四幕剧《狗的跳舞》;1922年度诺贝尔文学奖获得者西班牙作家倍那文德的两个剧本:描写爱情对于传统道德巨大冲击的《热情之花》和尖锐讽刺旧道德、旧习惯的《伪善者》;意大利作家邓南遮的歌颂雕塑家与"美的范本"琪琊康陶之间理想爱情的名剧《琪琊康陶》(一译《江孔达》);被誉为"东方最美妙的声音"的黎巴嫩新诗人纪伯伦鼓吹个性解放的散文诗。短短八九个月,贡献了三十多万字的译作,充分表现了他对新文化运动的热情。从译作内容,也可以看出张闻天对国内反对封建思想、道德斗争的关心。对每一种译作,都或作"评传",或写"译序",或加"附白",对作者的生平、思想、创作道路、艺术风格,对作品的社会意义和艺术特色,作简要的介绍,贴切的评论,表现了张闻天的思想倾向和艺术见解。从这些"译序"、"评传"中,可以清楚地觉察到张闻天的情绪从抑郁低沉转而为乐观昂扬。

1923年2月12日,张闻天在译毕俄国作家安特列夫的《狗的跳舞》后作"译序",突出地指明,"安特列夫的作品就是我们的利剑",我们要把它拿起来挥舞,把束缚我们的礼教和偶像这些东西一一斩断,我们才会了解人生,才能得到自由。

1923年5月,张闻天为译稿《盲音乐家》而写的《科路伦科评传》,是继《王尔德介绍》、《哥德的浮士德》之后的又一篇重要论文。科路伦科(通译柯罗连科)的作品,在俄国曾被比拟为一阵"新鲜的微风,在病院里沉重的空气中吹过"。他的短篇小说《玛加尔的梦》在1909年前由周作人译成中文。随后从《域外小说集》(1909年)开始,鲁迅和周作人一起提倡翻译表现"被侮辱的和被损害的"下层人民生活作品的主张,对中国新文学的发展产生了积极的影响。张闻天将柯罗连科鼓吹的反抗同当时一些虚无主义者的反抗作比较。他说:"虚无主义者的反抗是由于绝望,他的反抗是由于不满足。虚无主义者的反抗是为反抗而反抗,他的反抗是为改进现在的生活状况而反抗。在他眼睛里世界上一切不是全恶的;现实不是常常而且永远悲哀的。如其我们能够向着真善美做去,我们前途的光明实在是很伟大的。"

张闻天这一时期的翻译,以译介倍那文德的戏剧影响最大。他在"译序"中赞赏倍那文德攻击旧物、发展生命的精神:

> 一切艺术家因为感觉的锐敏,所以凡是社会上的缺点他总最先觉到。倍那文德也是不在这个例外的。他对于西班牙社会上种种旧道德与旧习惯的攻击,非常利害。他以为过去的价值只在能应付现在与未来。过去的本身的崇拜,结果不

过阻碍生命的向前发展罢了。他这一种发展生命为第一的精神,在他的尖利的讽刺剧中间都可以看出来。

当这篇"译序"同《热情之花》一道在《小说月报》第14卷第7号上发表的时候,《小说月报》主编郑振铎专门写了按语加以推荐。鲁迅读了张闻天的这部译作之后,也产生了介绍倍那文德的兴致,特意从日本文艺评论家厨川白村的论文集《走向十字街头》译出《西班牙剧坛的将星》一文。此文在《小说月报》第16卷第1号刊出时,鲁迅特意说明:"因为记得《小说月报》第14卷载有倍那文德的《热情之花》,所以从《走向十字街头》译出这一篇,以供读者的参考。"译文中引用剧本时也注明:"所引剧文,用的就是张闻天先生的译本。"《热情之花》和《伪善者》这两个剧本后来同沈雁冰译的《太子的旅行》合编成《倍那文德戏曲集》,于1925年5月列为"文学研究会丛书"出版,沈、张分别写的评介倍那文德的文章作为"序一"、"序二"列于卷首。张闻天同鲁迅、沈雁冰、郑振铎共同热情介绍倍那文德剧作的史实,是中国新文学史和中国、西班牙文化交流史上的一段佳话。

对当代外国文学作品的翻译,使张闻天从初到美国时的苦闷中完全解脱出来。张闻天非常关心中国国内文艺界和青年的状况。1923年7月30日,他写了文艺论文《生命的跳跃——对于中国现文坛的感想》①,对"悲观厌世的作品与似是而非的颓废论"提出尖锐的批评。他指出这种倾向在青年中的种种表现:有的"一看见政治的黑暗与社会的不安宁就失望";有的"拢着一双雪白的手,立在不受危险的地方,发几句不关痛痒的议论,就自以为已经不得了了";"聪明一点的更发为种种悲观的议论使自己跟着卑下的本能沉沦下去"。他强调,"人生的意义只在发展人生",生命的可爱就在"变动"、"创新"。认为"在奋斗中间,在与最大的障碍物战争的中间,在为了一种理想或是一种幻想贡献一切的中间,生命才达到最高潮,人生才有意义"。他再不感叹没有未来,而是赞颂未来,说:"未来是可爱的,美丽的,所以一切理想都是可爱的,都是美丽的"。他热烈地呼唤青年朋友们:"投到人生的急流中去奋斗吧!"

这时,一部分留学生和华侨正筹组"新中国党"。"新中国党"主张"新中国主义"——"咸宏中国魂而掇其菁英,汲用泰西制度文物而准乎实用",没有超越"中学为体,西学为用"的框框。拟定的党纲以用新中国主义的方法创造新中国为号召,要求推行民主于政治、经济、社会多方面,基本上反映了自由资产阶级的要求,政治:国权统一,国民自治,四权并立(行政、立法、司法、考工);经济:差别生产,中庸分配,惠侨保商;社会:文化奖励,劳工保护,男女平权。还主张民族平等,解放弱小民族;消灭人种差别(种族歧视);主张世界门户开放,永久和平。确定党徽以"指南针,工矢,耒"为图案。②康白情等人邀他做"新中国党"的发起人,他仅在发起宣言上挂了个名,没有做什么实际工作。两三个月后,张闻天回国,本来计划同康纪鸿一起在南京、上海会员中建立支部,但张闻天这时已沉浸在文学创作之中,对政

---

① 载《少年中国》第4卷第7期(1923年9月)。
② 据:《申报》1924年1月23日报道《新中国党党员到沪》;上海鲁迅纪念馆藏《应修人日记》1923年8月13日、9月29日。

治活动的兴趣不浓,就同该党断了联系。不久,这个党也自行消散了。①

1923年初冬,张闻天决定回国。他觉得在国外"有点虚浮",同时生活也很困难。他在1923年春离开报馆以后,主要是靠到餐馆打工挣钱度日的。后来因潜心翻译,没有什么收入,从10月起只得向朋友求助了。那时,倪尚达在波士顿麻省理工学院留学,是官费生,每月有80美元。倪接到张闻天告知经济困难的信后,即给他寄去30美元,并写信告诉他钱会按月寄去。当时在美国西部30美元是足够维持生活了。但依靠朋友接济,终究不是长远之计。张闻天在11月给胞弟健尔的信中告知了回国的打算和创作长篇小说的意图。他写道:"我大约今年年底就想回国,人家都厌恶中国,而我却不是这样。"他告诉健尔:"我现在有许多材料想把伊整理起来写成几篇长篇小说,但是因为读书太匆忙,只有回到中国后再动手。"②

就在1923年与1924年之交的日子里③,张闻天结束了他留美勤工俭学的生活,告别了旅美的朋友,告别了旧金山,怀着对中华大地赤诚的爱,带着创作新小说的强烈欲望,登上"林肯号"邮轮,返回祖国。

长篇小说《旅途》

1924年初告别金门以后,张闻天在烟波浩渺的太平洋上经过半个多月的航程,于1924年1月23日,重又踏上黄浦江畔这一块养育他的热土。回到上海后,他继续在中华书局担任编辑,但立即把主要精力投入了文学创作。

作为时代的弄潮儿,24岁的张闻天已经在波峰浪谷里经历了几番沉浮。与包办婚姻抗争的失败,给他精神上带来无穷痛苦。是五四运动使他冲破了思想的牢笼,踏上了反抗旧社会、改造旧中国的路;五四时期各种社会思潮纷至沓来,马克思的革命学说使他振奋,托尔斯泰、泰戈尔等的思想又使他惶惑、迷惘,事实的教训与真理的光芒,引导他找到了走向光明的路,使他决心做一名为社会主义奋斗的小卒;海外游子的孤寂、落寞,曾使他一度精神颓唐,但他很快从外国进步文学的翻译中汲取了生活的勇气,决心回到祖国,为改变祖国的命运,首先是改变文坛的贫乏,作一番努力。

当时的中国文坛,也正急切地盼望有新的血液,新的刺激。随着五四新文化运动统一战线的分化,本来呐喊着如狂飙突进的文学革命浪潮这时已经低落。鲁迅的两句诗:"寂寞新文苑,平安旧战场"④,正是当年情状的写照。以小说创作而论,鲁迅《呐喊》那样的热痛针砭、冷静解剖、呐喊进击的作品继作乏人,郁达夫的《沉沦》等小说当年引起的那种激动已经过去,于质夫式的呻吟、叹息、哀告、呼号,已经令人厌

---

① 张闻天与新中国党的关系,据他写的《我的简史》(1966年)。
② 张健尔将张闻天此信内容录入他写的《落日》一文。《落日》载《民国日报·觉悟》1923年12月2日。
③ 张闻天离开旧金山的时间在1923年底至1924年初之间的几天。依据是:在茅盾代为保管的"闻天存书"中,有一本《A History of Nineteenth Century Literature 1780—1895》(《十九世纪文学史》),扉页题词为:"敬赠闻天兄以为金门之别的纪念寿椿一九二三年十二月二十九日"。金门,旧金山地名。寿春,即孟寿椿,少年中国学会会员,五四时期北京学生运动领导人之一。
④ 鲁迅:《题〈彷徨〉》,作于1933年3月,收入《集外集》。见《鲁迅全集》第7卷,人民文学出版社1981年版,第150页。

倦。关心中国文坛现状的张闻天，在大洋彼岸就已焦急地指出了中国文坛贫乏之病，希望有所改变。早期共产党人也敏锐地觉察到了此中的问题，指出"文学革命和两性观念解放之末流，使一般青年渐流于以文学和恋爱为生活的中心，而消失其奋斗进取之精神"①，提出了创造革命文学的主张。这种主张，同工人运动的高涨，同第一次国共合作成立后革命潮流的汇集，是相适应的。时代迫切需要文学创作，特别迫切需要恋爱婚姻题材和探索人生究竟的文学创作有一个新的突破。张闻天回到上海之后在四五月间完成的长篇小说《旅途》，正是适应时代需要、实践早期革命文学主张而首先开放的花朵。

《旅途》于1924年5月6日完稿。当月出版的《小说月报》第15卷第5号开始刊登，连载7号，于第12号登完。在连载完毕的同时，列入"文学研究会丛书"，由商务印书馆于12月印行单行本。发表《旅途》的时候，《小说月报》编者在刊载《旅途》之前，就在第4号的《最后一页》里作了预告，说下一期发表的"张闻天君的一篇长篇创作《旅途》"，故事"很可感人"，"叙写的方法也很好"，"至少是一部使我们注意的'小说'"。

《旅途》通过钧凯先后和蕴青、安娜、玛格莱三个女青年的恋爱故事，生动地反映了五四退潮时期青年知识分子从苦闷、彷徨中振作起来，继续为改造中国而奋斗献身的历程。

小说的主人公钧凯是一个青年工程师，参加过五四运动，受过民主和科学思想的熏陶，但还没有接受马克思列宁主义。所以，当五四革命浪潮过后，中国社会仍然暗无天日的时候，他看不到社会革命的力量、道路和前途，感到孤寂、空虚，陷入了深深的苦闷之中。爱情给他带来了"春的消息"。一个偶然的机缘，钧凯同受过新思潮影响的女学生蕴青心心相印。然而钧凯从小就已订婚，蕴青也由父母之命许配了人家。一个难以解决的矛盾摆在这一对恋人的面前。蕴青为了不让她的慈母伤心，情愿"牺牲她的肉体"，依命嫁给一个并无感情的男子。她抱着这样的想法："虽是我的肉体不在你（指钧凯）的身边，但是我的灵魂常随在你身边。"这样也就满足了。钧凯也因为"她不看重肉体而看重她的精神"而更感到她品格高尚，也更加爱她了。

灵肉分离的"恋爱"当然不可能解脱痛苦。相反，爱情愈笃，痛苦愈深。当蕴青违心出嫁的信息传到远隔重洋、身在美国的钧凯那里时，钧凯悲愤万分，以至高烧昏迷了一个星期。年轻活泼的蕴青结婚后也像"雨打后的落花"，只有眼泪，只有痛苦和绝望。小说用细腻的笔触，描写了人物心灵深处的呻吟，展示出五四以后彷徨苦闷的青年的恋爱心理，对封建婚姻制度发出了沉痛的控诉。

正当钧凯在加利福尼亚因爱情的不幸苦恼得毫无生趣时，美国朋友克拉夫妇伸出了友谊之手，帮他治病、遣愁，力图使他摆脱孤独状态。克拉夫妇的独生女安娜更把这位东方青年看作意中人，热忱地关心他，"想方设法要让他摆脱这种自暴自弃的情绪"，成为一个强有力的"少年中国人"。然而，安娜毕竟是在美国生活方式中成长起来的一位心地善良的姑娘，用以启迪钧凯的"武器"只不过是享乐哲学罢了。深受爱情悲剧打

---

① 林根（林育南）：《两年来的中国青年运动》，载《中国青年》第100期（1925年10月10日）。

击的钧凯不愿从享受中去寻求人生的欢乐,他"只是感激安娜,但不愿爱恋她"。

安娜没有得到钧凯的爱情,她的"蔷薇色的迷梦变做灰色",后来在美赛河里自尽了。而另一个美国姑娘玛格莱却深深地打动了钧凯的心。原来玛格莱也尝过爱情的苦果,"一切以金钱为标准"的美国社会使她失去了恋爱一个贫穷的小说家的自由。她清醒地认识到"像美国现在这样,决没有什么自由与光明"。她的这种个性的觉醒,同钧凯痛恨中国"黑暗的旧习惯与旧道德"的感情正好合拍。这样,"对于革命的共同热忱,对于相互的过去的共同怜悯,对于未来的共同的奋斗,把他们俩——钧凯和玛格莱的命运连结在一起"。中美两国的这一对叛逆的男女要拿心中燃烧的火焰去"把全世界点起来,使黑暗的世界变成光明"。

玛格莱决定随钧凯一道到中国去,投身革命军队,从事武装斗争。很可惜,她抱病上路,途中病危,带着不能为中国被压迫阶级尽一点力量的遗憾,在芝加哥的医院里离开了人间。钧凯只得独身回国。回国后,他加入了"大中华独立党",担任第一独立军的副总司令。在一次战斗失败避居农舍养病时,昔日的恋人蕴青前来探视。她对他的爱,她的觉醒,使他克服了失败带来的动摇情绪,又重新英勇无畏地奔向战场。钧凯高呼着"杀尽胡虏"的口号,指挥独立军打败了军阀和外国人的联军,占领了敌人的阵地,而自己却因身受重伤而牺牲。就这样,小说唱出了一曲英雄的壮歌。

小说中钧凯与蕴青的恋爱,写得婉曲动人。随着这一对恋人爱情的浓烈,礼教与婚姻自由,"情爱"与"母爱"的矛盾摆到了面前。在这种矛盾面前,受了新思潮影响的老中国的青年男女们,以死抗争者有之,愤而出走者有之,但更多的是软弱游移。生活是如此,作为生活反映的小说亦复如此。在张闻天之前,五四小说家们就已反复咀嚼过这些情节,尤其是那种软弱游移。然而,当张闻天挥笔创作小说的时候,五四运动毕竟已经过去五年,生活告诉人们:死,那是绝路;走,也难免不是堕落,就是回来;然而一味软弱游移,又显得太乏。怎么办呢?在这难解的矛盾面前,蕴青造出了另一条路,这就是"灵肉分离"的"精神恋爱"。

显然,蕴青设计的这一条路并不是一条生路,而只是一条逃路。随着小说情节的展开,凯哥与蕴妹撕肝裂肺的内心痛苦,重病,热泪,萎靡……将这种高尚的"灵肉分离"的哲学打得粉碎。作品晓谕人们:以精神上的"胜利"来遮掩事实上的妥协、失败,用"灵肉分离"来调和自由恋爱与包办婚姻的矛盾,不但不可能解脱痛苦,相反,爱得愈深,痛得愈切。把性的觉醒,单看作肉的满足,固然将人引入魔道,是一种堕落;但将性的觉醒,仅仅引向灵的一致,也只是神的幻想,带来的是永恒的痛苦。如果说,郁达夫用放荡不羁的文字去荡涤东方传统的"不洁的观念",那么,张闻天在这里用圣洁的灵光照澈了东方传统的非人的"神圣"!像蕴青这样的觉醒过来的中国女性,在无可奈何之中只得选择"灵肉分离"、"精神恋爱"之类的理论,以空洞的高尚来安慰内心的悲哀。这实在是新旧交替时代的一幕神圣的悲剧。

钧凯与玛格莱的爱情,寄托着作者的理想。小说用富有感情的笔触,简练地勾勒了钧凯和玛格莱之间爱情萌生、发展的过程:家庭舞会上的一见钟情而又怅然分手,巴拉山上的会心交谈,纵情歌唱,美赛河畔月夜邂逅后相偎相依的情语,快乐群岛上人生大烦闷的倾诉,革命激情的抒发。这里既有男女两性容貌、仪态的相互吸引,更有追求的一致，思想的融洽，心灵的共鸣。这种灵肉谐和的爱情，才是理想的爱情。显而易见，《旅途》体现了五四新文学运动小说创作的革命精神，通过青年的恋爱与婚姻问题，显示了强烈而又深广的社会批判力量。它告诉读者，以封建礼教为道德准则的东方文化，一切以金钱为标准的西方文明，是青年"大失望、大烦闷"的根源，它们都不容许青年有"一点点真正的爱情"。理想的爱情凭借个人奋斗是无法得到的，必须向整个社会挑战。张闻天最终让他笔下的"黑眼睛"玛格莱在芝加哥的医院长眠，让钧凯慷慨返国为自由与光明而战，正是表达了这种认识。

钧凯形象的新意，主要在于没有把爱情的"小悲欢"看作"全世界"，而是把恋爱与革命联系起来。钧凯曾经是一个捧着一掬酸泪的软弱的叛逆者，而最终却做了甘洒一腔热血的坚强的斗士。小说写出了主人公从争取恋爱婚姻自由到投身革命斗争的生活旅程，从苦闷、彷徨到振作、昂奋的心灵历程，而且清楚地点明，人物思想、性格的发展是由于俄罗斯革命的引导，社会主义思想的照耀。这就在青年知识分子形象的塑造上避免了重复。钧凯毅然回国，投笔从戎，成为革命军的主将，在击败外国联军的战场上，洒尽了一腔热血。这种出于虚构的情节，固然并不是现实斗争的真实摹写，却反映了对国共第一次合作后革命高潮的期望。这是对于武装斗争的热情呼号，虽然粗犷、单调，但它划破了阴霾的长空，是中国现代小说史上前所未有的声音。

《旅途》可以说是"恋爱与革命"小说的滥觞。这是对当时现实生活的敏感的反映，是不应该也不可能以"公式化"一语简单否定的。既然青年知识分子已经从追求个性解放、恋爱自由、婚姻自主发展到投身革命运动，并酝酿着武装斗争，那么，灵敏的文学家必然会在作品中超越个人命运的视角，把对"人生究竟"的探究扩展到"社会革命"的领域，整个现代文学也由"人的文学"演变到更加政治化、社会化的"革命文学"。张闻天的《旅途》正充当了这种历史演变的"中介"。尽管《旅途》的形象刻画不够丰满、思想表现比较质直，但不能不看到钧凯形象的创造对当时小说创作的突破，不能不肯定《旅途》在中国现代文学史上的地位。

张闻天在小说艺术上进行的探索和取得的成就也是引人注目的。在《旅途》之前，新文学的长篇创作仅有《一叶》、《黄昏》（王统照）、《冲积期化石》（张资平）、《芝兰与茉莉》（顾一樵）这样屈指可数的几部。同上述这些作品相比，张闻天对长篇小说结构艺术进行了富有独创性的探索。《旅途》分上、中、下三部，活动的主要空间从中国到美国再回到中国，分别写出主人公人生旅途中苦闷、振作、战斗三个阶段。用这种三部曲的方法来写长篇小说，在中国现代文学史上，在张闻天之前还没有过，是具有开创意义的。在故事的叙述方式上，张闻天也着意创新。他打破了中国传统小说有头有尾顺次叙述的成法，采取了端出矛盾、追述前因的倒叙方法。在基本上是单线发展的情节中，又穿插了多种纠葛，使故事情节显得错综复杂。作为长篇小说来说，《旅途》的结构艺术当然还称不上宏伟、繁富。下部篇幅较短，结束得过于匆促，也带来了结构上不够匀称的缺憾。但是，在20年代初期，新文学长篇创作这块处女地还很少有人耕耘，长篇小说还寥若晨星的时候，《旅途》的成就就显得很可宝贵了。

《旅途》在艺术上的又一个显著特色，是整部小说富有浓郁的浪漫主义色彩，充满着异国风情的描写，给小说披上了一层神妙奇异的羽纱，加上腾挪跌宕、曲折迷离的情节，颇有欧洲罗曼史那种传奇色彩。小说中，"美"和"爱"受到张闻天热烈的讴歌，但他并没有把美和爱写成弥合缺陷、净化人生的灵丹妙药。《旅途》中的人物，既没有寄情山水而逃避现实，也没有沉湎爱情而忘却斗争。恰恰相反，美和爱成了催化反抗意识的触媒，引燃革命烈焰的火花。这种革命的浪漫主义使得小说既不同于中国才子佳人式的缠绵，也不同于欧美英雄美人式的离奇，而有着新型的恋爱催动革命的激情。这种把自然美和两性爱直接引向反抗和革命的写法，就其主题的积极和题材的新颖来说，都是当时文学创作中不多见的。当时，不少作家都只是通过对美与爱的寻求来表现一点忧愤或哀愁，再不就是用美与爱给灰暗的人生点缀一点亮色，比较积极的也只是写出美与爱的幻灭，从而否定对恋爱自由与个性解放的单纯追求。在这一点上，张闻天的《旅途》是有突破和发展的。只是限于主客观条件，作品中武装斗争的描写显得粗疏、简单，战争中人物性格和感情的刻画也不够坚实、丰满。这是五四时期乃至30年代小说创作中较为普遍的不足。只要读一读蒋光慈、胡也频、丁玲的一些小说，读一读叶圣陶在《倪焕之》，茅盾在《虹》乃至《子夜》中对于革命者的描写，就会毫不迟疑地对张闻天最初触及这类题材所表现出来的胆识，赋予整个作品以浪漫主义色彩的热情和才华，表示赞赏。

《旅途》发表以后，在青年中产生了相当广泛的影响。吴亮平回顾往事时说："《小说月报》上看到了闻天同志的题名《旅途》的小说，……我读了很受感动，至今事隔五十多年，还清楚地记得当时对我引起的感触。闻天同志的小说深刻地感染了我，增加了我对祖国命运的关心。当上海发生由日本资本家会同英国巡捕枪杀工人顾正红的惨案所激起的'五卅'运动时，我全身投入了这场斗争。"①吴亮平的感受是有代表性的。

三幕话剧《青春的梦》

当《旅途》在《小说月报》开始连载的时候，张闻天创作的三幕话剧《青春的梦》也同时在1924年5月出版的《少年中国》第4卷第12期上发表。剧本引起了颇为强烈的反响，没过多久即被收入"少年中国学会丛书"，于同年12月由中华书局出版。它同田汉的独幕剧集《咖啡店之一夜》（中华书局出版）、熊佛西的戏剧集《青春的悲哀》（商务印书馆出版），都是这一年出版的戏剧单行本。这几部剧集的第一次印行，在中国现代戏剧文学的发展史上不是一件小事。《青春的梦》是《旅途》的姊妹篇。

《旅途》中钧凯与蕴青爱情的悲剧命运，在充满青春理想的这个话剧中找到了解决的办法。

主人公许明心不满包办婚姻，离家两年不归。两年来，他参加过五四运动，到过上海，到过日本，在冷酷社会的讥笑、打击之下，充满了感伤和悲哀，疲乏到差不多

---

① 吴亮平：《为真理而斗争的一生》，见《回忆张闻天》，湖南人民出版社1985年版（后引此书不再标注版本），第49页。

要跌倒。1921年春天，明心回到杭州的家里，想在失望中休息一番。这时适有徐家小姐兰芳来访。她是明心过去的同学，现在是南京女子大学学生。明心和兰芳谈得非常投合。第二天，明心、兰芳和几个青年朋友同游灵隐寺，评议时政，壮怀激烈。西子湖畔旖旎的风光激发了明心对生活的热爱，对光明的追求。这群青年热血沸腾，决心立即发动一场狂飙运动，到暴风雨中间去，与旧制度作殊死的斗争。

狂飙运动迅即开展起来，他们的行动引起满城的震惊和非难，也搅乱了许家人宁静的生活。明心和兰芳的亲近，使许家人都十分恼怒，他们商量对策，要动员各种力量进行干涉。明心与兰芳在狂飙运动中深深相爱了，然而，兰芳又总不想违背她母亲的意愿。明心向兰芳指出，一定要割断情感的牵制，把旧社会几千年所培养成的毒草从心田里连根带叶拔出，才能争得自由，奔向光明。正当明心在劝说的时候，明心的父母、妻子到来，于是发生激烈的冲突。明心的父亲要明心同兰芳和其他朋友断绝往来，兰芳的母亲也赶来，要动手把兰芳捉回去。明心力驳种种流言恶语，申斥封建婚姻的弊害，克服了兰芳最后关头的动摇。在传来妻子投河自杀的消息时，明心毅然拉着兰芳，头也不回地离开这充满绝望的家庭，向自由之路走去。

"出走"戏在五四时期曾盛行一时。《青春的梦》跨过了个性解放的单纯追求，将恋爱同社会革命联系起来，着意讴歌"与旧社会作战"的叛逆精神，向青年男女指出，反抗旧社会，才能求得光明、自由与幸福。剧本对怎样避免"出走"以后"不是堕落，就是回来"[①]的问题作出了一定的回答，把青年恋爱婚姻题材的话剧提到了一个新的高度。

剧本塑造的女主人公兰芳的形象是颇有新意的。现代戏剧文学的开始阶段大多以青年女性为主要描写对象。这些青年女性体现了"人"的觉醒，充满着强烈的反抗精神。胡适笔下的女学生田亚梅（《终身大事》，1919年），"自己决断"终身大事，悄悄地"坐了陈先生的汽车去了"；田汉塑造的山民的独生女莲姑（《获虎之夜》，1924年），决计要与黄大傻约个日子一起跑，黄大傻重伤后，她不顾父亲的训斥打骂，表示"生，死，我都不离你"；欧阳予倩刻画的少妇素心（《泼妇》，1922年），一旦发现丈夫纳妾的卑劣行径，立即撕掉他"那正义人道的假面"，斥责他"从头至尾全是诈伪"。即使是郭沫若创造的古代妇女卓文君（《卓文君》，1923年）、王昭君（《王昭君》，1923年），也是或者踏倒封建礼教的樊篱，或者无视封建皇权的尊严。这些女性形象的塑造，体现了反对封建主义的时代精神，但同时也存在着一个共同的弱点，人物性格显得单一、平面，对反封建斗争的艰巨性估计不足，妇女本身的觉醒看起来似乎并不是什么艰难的事情。而张闻天塑造的兰芳这个女性形象，则力图避免这种缺陷，取得了相当的成功。

兰芳是五四时代知识阶层新女性的代表。她有着强烈的妇女解放的自觉，还竭力主张把改造社会的愿望变为实际行动。她不但是言者，而且是行者。但作者并没有把她理想化，把她的性格单一化。相反，剧本细致地表现了这样的新女性的烦闷和苦恼的一面。其实，搅扰着兰芳内心的不过是一个老问题：母亲做主要她嫁给一个自己所

[①] 鲁迅：《坟·娜拉走后怎样》，见《鲁迅全集》第1卷，人民文学出版社1981年版，第159页。

不愿意的人。兰芳的母亲是一个"可怜的孤独的母亲",所以兰芳在感情上不能违背她的母亲。可是,由于兰芳是一个渴望自由与光明的新时代的女性。因此又不甘心听从母命,牺牲爱情。作者着意在人物性格的冲突上开掘,如实地写出了残留在兰芳灵魂深处因袭的重负。诚然,兰芳是在五四潮流冲击之下,在民主自由的理性呼唤之下,觉醒起来的"人"。然而,她毕竟是受到2000年封建传统熏陶的中国女性。她的优柔寡断,她的犹豫反复,她的矛盾痛苦,正是封建意识、民族心理素质的反映。在自由恋爱与封建婚姻的对立之下,她幻想寻求恋爱和母爱两者得兼的万全之策,正是"中庸"与"孝"道的表现。直到这种幻想被严酷的现实打得粉碎,她的理智与感情才真正统一起来。可见,长期封建压迫下的中国妇女,要冲破思想的牢笼,真正达到"人的觉醒",是多么艰难!

张闻天把兰芳塑造为一个具有五四时代精神又带着中国历史特点的青年女性,充分显示了作者对生活的洞察力和艺术的才华。这样丰富、复杂、深刻的女性形象,在五四戏剧人物的画廊里是罕见的。

《青春的梦》初稿是在美国勤工俭学时写的,那时,张闻天刚译完倍那文德的两个剧本《热情之花》与《伪善者》。人们曾经称赞倍那文德为"妇女的解释者",说他不仅给了妇女一柄镜子,使得她们照见自己的真相,而且他也把女性的真相放在男子的面前。① 张闻天笔下的兰芳则不仅起着照镜子的作用,而且还带有指路的意义。

《青春的梦》,在中国现代戏剧的起步阶段是一部有一定特色和影响的作品。剧中最后一幕那样完整的戏剧结构和尖锐的戏剧冲突,在五四时期的剧作中并不多见;流畅明丽的白话,富有诗意和节奏感的台词,与整出戏热烈、抒情的格调也很合拍。但是,从整个剧本看来,它终究未能摆脱那时"小说式戏剧"的通病,人物的长篇议论也难免成了"时代精神的单纯的传声筒"②。

张闻天认为,"伟大的文艺作品大都是深刻的印象与个人经验的产物"③。联系张闻天的生活道路与思想发展可以清楚地看出《旅途》和《青春的梦》这两部作品,确实是他在人生战场中最初奋斗的产物。文学作品固然并非作者的自传,但无疑地,它也折射出作者生命的旅程与心灵的历程,表现出作者的感情与倾向。从作品的形象刻画,从作者对于革命问题的一些政治性的抒情语言,可以看到,在1924年春,张闻天就已深切同情共产主义运动,逐步向一个马克思主义者接近。在对中国社会的分析,对中国革命的领导、方式、道路以至世界革命的认识上,已经同中国共产党基本一致了。

就在《旅途》完稿后三天,张闻天写了题为《从梅雨时期到暴风雨时期》④的重要文章,又一次对改造中国的办法作了探索。在政治上,他鲜明地批评了"新国家主义",针锋相对地指出:"要解决中国现在的一切问题,只有革命!"怎样革命呢?他

---

① 参见张闻天为发表《热情之花》而写的《译者序言》,载《小说月报》第14卷第7号(1923年7月)。
② 借用马克思评席勒语,出自《马克思致斐·拉萨尔(1859年4月19日)》,见《马克思恩格斯选集》第4卷,人民出版社1995年版,第555页。
③《生命的跳跃——对于中国现文坛的感想》,载《少年中国》第4卷第7期(1923年9月)。
④ 载《少年中国》第4卷第12期(1924年5月)。

的回答是:"打破现状,这就是说我们须用社会的政治活动,把一般的平民团结起来,推倒现政府,获得政权,用开明专制的办法,实行国家社会主义。"这里所说的"开明专制"就是民主专政,"国家社会主义"指的是科学社会主义。他还指出,这个革命的变革,要靠团结平民干革命的政治运动来实现;握得政权后要建设一个没有阶级压迫,实行民主专制的强有力的国家,集资发展民族经济,以与帝国主义竞争。这些观点反映了民族民主革命的强烈要求。

为了鼓励民众掀起政治运动,张闻天主张在知与情两方面进行启蒙。在教育方面,他赞同恽代英、杨贤江以科学精神扫荡复古逆流、廓清思想的意见;在文艺方面,他支持沈泽民的主张,不仅要文学革命,"我们还要革命的文学"。张闻天指出,"艺术是人与人情感交通的一种方法。""革命的文学"的使命是"打动我们的感情,鼓起我们的热血"。他说:"只有把革命的思想去廓清现代纷乱的妖言,去拨动麻痹着的中国人,把革命的热情去激发全中国死气沉沉的民众,新中国的建设才有希望。"[1]

由此可见,张闻天 1924 年春的文学创作,是早期共产党人倡导的"革命文学"的最初实践,在从"文学革命"到"革命文学"的发展过程中有着不可忽视的继往开来的作用。他在创作中对包括自己在内的一代青年生活历程的总结,对中国社会的解剖和中国革命道路的探求,预示了他即将叩响中国共产党的大门。张闻天后来回顾这时的思想状况时说过:"此时,因沈泽民等的关系(当时沈已加入共产党),我开始同共产党人陈望道、李汉俊、施存统、董亦湘、沈雁冰、俞秀松、杨贤江等接近起来了,我开始阅读《向导周报》及《中国青年》等刊物及一些社会科学的书籍,我很快地接受了社会主义思想及中共反帝反封建的政治主张。"[2] 只是由于这时张闻天还专心致力于文艺活动,所以暂时还没有参加共产党组织的强烈愿望。

---

[1] 见《梅雨时期到暴风雨时期》,载《少年中国》第 4 卷第 12 期(1924 年 5 月)。
[2] 张闻天:《1943 年延安整风笔记》。

第五章 走进共产党的行列

从二女师到川东师范

张闻天自 1924 年初从旧金山回到上海以后，埋头写作，进入了文学创作的高峰期。他不分昼夜地写，全无正常的作息时间。觉得肚子饿了，才停下笔来，到静安寺电车站旁的小饭摊上随便吃点东西。这种状况，对正常的编辑业务势必会有影响。中华书局的主持者啧有烦言了。张闻天也不愿意老是受写字间的束缚。好在赴美留学时向书店借的钱已经还得差不多了，他决心离开中华书局。

这时，原在旧金山《大同报》任总编辑的康纪鸿已经回到了四川成都。那里是少年中国学会最早成立分会的地方，聚集着一批会员。他们知道张闻天在中华书局不大顺心，就热情地邀他入川，请他到成都做事。张闻天对巴山蜀水早已心向往之，自己又是孑然一身，无牵无挂，很乐意入川一游，就辞去了中华书局"新文化丛书"编辑的职务，离开上海，溯江西行。他于 1924 年 10 月进入夔门，到达重庆。

他原来的目的地是成都。不想到了重庆，在那里稍事逗留，就被重庆的朋友留住了。那时，少年中国学会的会友蒋锡昌，刚在两个多月前从下江来到这里。他力劝张闻天跟他一道在二女师任教。这样，张闻天就在重庆留了下来。从 11 月起，到设在临江门附近牛皮凼文庙后山的四川省立第二女子师范学校担任英文教员，每星期 12 节课，月薪 80 元。①

长期以来，重庆比较沉寂，封建思想禁锢得这个西南山城犹如"死人之都"。近年来，中共领导的群众运动逐渐活跃起来。就在张闻天入川前不久的这年七八月间，萧楚女被任命为中共四川特派员，由上海再次入川，②以《新蜀报》主笔、二女师国文教员为公开身份，与四川党、团组织的创始人杨公等一道，组织"四川平民学社"，领导四川和重庆的革命斗争。

张闻天来到山城的时候，他的长篇小说《旅途》正在《小说月报》上连载，三幕话剧《青春的梦》发表不久，已经是一个颇有声名的"少年文学家"了。他完全以新

---

① 据"二女师教员一览表"，重庆市档案馆藏"历史档案重庆市女子师范学校"第 59 卷。
② 据楚女：《半年来的重庆》，载《爝光》第 2 期（1925 年 5 月 8 日）。

文化运动战士的姿态在重庆现身。他利用学校讲坛和报刊，鼓吹五四精神，宣传新文化、新思想，反对旧道德、旧制度，推动了重庆的思想启蒙运动。

张闻天一到二女师，就给学生们留下了很好的印象。他留美归来，却毫不炫耀。颀长匀称的身材，穿上一件栗色花呢长袍，方正而略长的脸上架一副银丝近视眼镜，俊秀飘逸，一派稳重的江南才子气度。走上讲坛，用一口流利的英语，配上温软的浦东官话，娓娓而谈，怎能不深得学生的敬佩和喜爱呢！他利用讲坛巧妙地宣传新思想，针对青年特点，主要宣扬男女恋爱自由，抨击封建伦理道德。有一次上课，他在黑板上写下"Love Means Life"（"爱情就是生命"）一句，大加发挥。学生们屏息静听，茅塞顿开。他住在学校，教学楼下的那间寝室，常常有学生聚在那里跟他交谈。他有时手里拿着个刚挖出来的芭蕉头，一面雕刻小玩意，一面同学生谈心。[1] 他还组织部分觉悟较高的学生学习《新社会观》、《共产主义ABC》，使他们受到马克思主义的启蒙教育。[2] 二女师可以说是培养出了四川第一代解放的新女性，这同萧楚女、张闻天等导师的思想启蒙是密不可分的。像李伯钊、郎铭钦、廖苏华（竹君）、杨丽君等，都聆听过张闻天的教诲。

得空的时候，张闻天也还翻译外文著作。入川以后没有多久，他就把在上海时已经译成的美国房龙教授所著《人类的故事》作了增删和修改，将仅有的涉及亚洲的十分单薄且有许多错误的一章《佛陀与孔夫子》删去，改题为《西洋史大纲》，于1925年1月写了"译序"，寄给中华书局。可惜这部27万字的译作当年未能印行。[3] 在"译序"中，张闻天指出了研究历史的重要和目的："因为过去是活着在现在而且与未来相衔接的，所以要解决现实生活上所发生的一切问题，就不能不研究过去的历史。我们要在过去的中间找出人类活动的因果关系与它的根本法则，然后对于未来的建设才有把握。"他联系世界形势，鲜明地表达了自己的政治观点。张闻天写道："譬如我们知道了上一次的世界大战争是资本主义发展过程中的自然的结果，那么要终结那样可怕的战争，就不能不竭力打倒现在的资本主义；这样我们对于未来的活动有了方向，对于未来的希望有了信心，一切成功也就在这种地方打下了基础。"

他的小说创作也没有间断。不过原来预想的"写几篇长篇小说"的计划被搁置了，他改而写多种格调的短篇小说。入川之前，他在《小说月报》上发表了写实小说《逃亡者》[4]，以刚刚发生的江浙战争为背景，通过小京货店老板王六扶持老母、携妻带女从镇海逃难到上海的凄楚故事，控诉了军阀战争的罪恶。入川后，他又利用寒假，写成讽刺小说《恋爱了》[5]，用轻松幽默的笔调写了一对青年学生恋爱的悲喜剧，提出了自由恋爱中产生的新问题：草率从事的恋爱，失却了自由恋爱的真谛，不会带来幸福，而会酿成悲剧；对于新思想，如果只是取其躯壳而抛掉了灵魂，那就会败坏新思

---

[1] 访问朱自纯谈话（1983年12月27日）。朱是二女师学生。
[2] 李伯钊：《我的回忆》，载《新文学史料》1985年第1期。
[3] 张闻天这部译作于1924年9月24日译毕，1925年1月作译序。手稿分装三册，因未能及时出版，一直存放在中华书局图书馆中。直到2003年，由上海辞书出版社影印出版，书名为《西洋史大纲》。
[4] 载《小说月报》第15卷第10号（1924年10月），写于1924年9月4日。
[5] 载《小说月报》第16卷第5号（1925年5月），写于1925年1月15日。

想，给旧派人物反对新思想以可乘之机。同样是基于在重庆的学校生活的体验，张闻天离川后还写了另一个恋爱题材的讽刺小说《周先生》①，用半是辩解、半是嘲弄的戏谑笔调，调侃、讥讽"新本领旧思想的新人物"。《嘉陵江上的晚照》②则是另一种格调，作者用哀婉凄清的笔触，勾勒出一个不敢反抗礼教而造成的恋爱婚姻悲剧，在淡淡的叹息中发出悲愤的控诉。

萧楚女担任主笔的《新蜀报》也是张闻天用来抨击旧思想、旧道德的阵地。可惜的是，《新蜀报》到现在已经荡然无存，只能从保存下来的别的刊物上得着一点零星的信息。大约是在1925年二三月间，张闻天曾用"萝蔓"的笔名在《新蜀报》上发表了题为《"野合"》的文章，揭露"中国的旧礼教是向来不把女子当做人的"。他愤激地指出，"中国女子在这种旧礼教下所处的地位差不多是一种长期卖淫的地位，因为她们除了陪丈夫睡觉，生小孩子，理理家事之外，什么事也不得过问"。在重庆出版的《四川日报》随即破口大骂，说他是"看轻女子的人格"③。萧楚女在《新蜀报》上发表《本报昔告读者》回敬，鲜明地指出，"本报底这种洪水猛兽的思想，是要一般女子都起来反抗旧礼教，实现那由恋爱而成立的，真正平等的，另一新式的'明婚礼娶，正名定分'的一夫一妻的'人'的两性结合。"④于是，封建卫道士们在利用报纸之外更动用传单，把"提倡新淫化"的帽子，扣在萧、张的头上。⑤

从这个例子可以想见，张闻天、萧楚女的那种惊世骇俗之论，是怎样地如巨石投入死水，激起层层波澜。他们在重庆点燃的新文化运动的火焰，引起了军阀杨森、王陵基以及麇集在重庆的顽固保守势力（在教育界是以"诚学会"为代表的东方文化派、国家主义派）的憎恨和恐惧。"萧楚女拨弄风潮"、"张闻天提倡自由恋爱"，成为两个主要的攻击目标。他们集结力量，施展各种伎俩，图谋拔除这两个"眼中钉"。东方文化派的先生们还发了许多匿名的不负责任的传单，对张、萧大肆挞伐。他们以张闻天给女学生梳头、实行自由恋爱来诋毁张闻天的名誉，并造出张闻天因此被二女师开除的谣言。萧楚女即在《新蜀报》上向二女师校长蒙裁成提出质问。校方具公函作答，谓"张君之去，合于合则留不合则去之旨，并无开除之事"。蒙校长随后还在全校师生大会上，就听信"莫须有"的谣言欲撤换张闻天一事，向张先生道歉，并表示挽留。⑥顽固保守势力的造谣、起哄，迫使张闻天难以继续在二女师执教。接着，他们又用威胁、恫吓的手段将萧楚女迫离了《新蜀报》。⑦

重庆有一所男子师范，是川东36个县联合集资办的，名为"川东联合县立师范学校"（简称"川东师范"或"川师"），校址在下半城学院衙门。学生们早已仰慕闻

---

① 写于1925年6月9日，连载于北京《世界日报附刊》1926年7月4日至8日。
② 载《夜鹰》第10期（1925年5月30日）。
③ 据张闻天以笔名"萝蔓"写的《说"女子不准照相"》转引，载《南鸿》第5期（1925年4月26日）。
④ 据萧楚女《言论上的道德责任与法律常识》转引，载《南鸿》第4期（1925年4月22日）。
⑤ 见萧楚女《告诉所谓"璧山公民"》，载《南鸿》第6期（1925年5月3日）。
⑥ 此事经过据张闻天《告所谓"学校家属"》，载《南鸿》第6期（1925年5月3日）。
⑦ 据张闻天《告所谓"学校家属"》，张脱离二女师约在二三月间学校开学之初。萧楚女离开《新蜀报》的确切时间为1925年4月3日，据萧的《言论上的道德责任与法律常识》，载《南鸿》第4期（1925年4月22日）。萧楚女离开《新蜀报》，即住到重庆二府衙70号杨闇公的家中。

川东师范旧址

天先生的文名和才情了,听说他在二女师受诽谤被排挤,就强烈要求学校将张先生聘来执教。学校当局也想借重一二有名望的教师来抬高声誉。这样,在1925年3月,张闻天就应聘到川东师范担任国文教员。

张闻天虽然遭到顽固势力的攻击,但他没有丝毫动摇、退却,反而更坚定更热情地投身新文化运动。他到川师以后,第一件事就是将国文教材来了个彻底更新。原来的国文教员都是前清得过功名的冬烘,教材大都选自"十三经"。张闻天则开篇就教鲁迅的《狂人日记》,接着是鲁迅的《药》、郭沫若的《牧羊哀话》等,他也选了苏曼殊的小说《碎簪记》和《断鸿零雁记》。他还向学生介绍欧洲文艺复兴运动以来的文学作品和思潮。这就使得一向吟诵古诗文的川师学生耳目一新,精神大振。

课余时间,学生常到闻天先生房里,或请教写作,或摆"龙门阵"。他引导学生研究社会问题,参加社会活动,指出这样写出来的诗和小说,才不会流于无病呻吟。他同学生亲密无间,聊起天来,无所不谈。他喜欢谈在美国的工读生活,常思念在上海的朋友们,江南桃红柳绿的春朝秀色也是他津津乐道的话题。他艺术感受明敏精细,常说蜀中的太阳与江南的太阳颜色不同,蜀中的是"朱红"的,江南的则是"橙红"。他感情深沉,有时同学生一起登山俯瞰云雾蒙蒙的重庆,谈到重庆社会的闭塞、黑暗,眼里常噙着泪水。

张闻天到川东师范不久,从平时交谈和作文中发现有不满现实、志在变革的学生七八人。他即找他们谈话,建议他们组织一个社团,并亲自为之起名为"新生学会"。他还代为起草了一份二三百字的《成立宣言》,说明组织这个学会的目的在于追求新生,追求一个能够解除身心上重重桎梏的真理,使会员能够步出旧世界,跨进新世界。《成立宣言》由学生用毛笔工楷抄出,张贴在学校公告栏上。① 这叛逆的声音,震撼了这个一向以培养秀才、举人式的"遗少"著称的学校。

---

① 有关张闻天在川东师范的活动,除另外注明者外,均据曹仲英的谈话和文章。主要是:《忆闻天先生在川东师范》(收入《回忆张闻天》一书)、《张闻天在重庆》(见《重庆日报》1983年5月22日、6月5日、12日,署名吴思南)、访问曹仲英谈话(1984年4月18日)。曹仲英,即曹民熙(旻曦),川东师范学生。

主编《南鸿》周刊

旧势力的目的是要把张闻天赶出重庆。现在张闻天不仅没有走,而且又在川东师范点燃了新思想的火炬,他们怎肯善罢甘休呢!他们又继续利用报纸、传单来造谣、诋毁。这时,张闻天还没有加入共产党,但是,他同四川党的领导人萧楚女、杨闇公建立了深厚的友谊。杨闇公很器重、爱护张闻天,组织党团员支持他[1];萧楚女则直接用他那气势磅礴的文章同张闻天联合作战。张闻天感受到集体的力量而愈加勇敢,以坚定的意志与无畏的精神,同旧势力展开短兵相接的搏斗。

在张闻天到重庆之前,重庆已有一种小小的油印刊物《南鸿》,64开本,不定期出版,是巴县中学毕业生邵正纲(天真)、平民公学教员邓雨甘(梦真)、川东师范学生曹民熙等几个人办的,用来以文会友,影响不大。张闻天到川东师范后,即指导他们扩大"南鸿社"[2],联络川东师范、巴县中学、二女师等校的进步青年,将不定期的油印刊物改为定期的、铅印的《南鸿》周刊,由张闻天亲自担任主编。

1925年3月30日,这份16开8版的《南鸿》周刊第1期在重庆出版了。它犹如一阵春雷,在这座西南山城轰鸣。《南鸿》是张闻天主编的第一份刊物,其版面、形式、内容、风格和精神,都仿照北京出版的《语丝》。《南鸿》以杂感、短评、散文诗、小说等活泼的新形式,抨击帝国主义和军阀统治,深刻批判旧制度、旧思想、旧道德,热情宣传以"人"的觉醒为中心的个性解放、恋爱自由、男女平等等民主主义思想。《南鸿》也有对国家主义的批判和对社会革命、共产主义的宣传,但出于斗争策略考虑,没有作为重点,也不那么直接。

张闻天亲自为《南鸿》周刊撰写的《发刊辞》,用简洁畅达的语言表明了刊物尖锐的社会批判精神、鲜明的革命民主主义思想和社会主义倾向。《发刊辞》明确宣告,创办这个周刊的目的就是要冲破重庆"含有毒质"的政治空气,并鲜明地喊出自己的口号:"我们反抗一切压抑青年清新的思想与活跃的行动的旧道德、旧思想与旧制度。我们提倡自由思想、自由批判与活泼泼的新文艺与新生活。每一个人都应该表现他自己的生命:这就是我们这个小报的标语。"

张闻天在创刊号上还发表了《"死人之都"的重庆及其他》,这是一篇深刻的文化批判的文章。张闻天从批判两千多年来的封建传统入笔,指出,"因为你们中了旧礼教与旧思想的毒","所以中国的社会充满了永远散不尽的死气"。他还考察从鸦片战争至戊戌变法而至五四运动,西方思潮怎样"不断地从各方面涌进来",引起震动,随后又怎样低落以至衰竭,警觉地指出当时面临的危险:新文化运动"闹的疲倦了"时,"遗老遗少先生们就趁此机会来提倡复古","没有生命的精神文明与东方文化又主宰了全中国"。其结果是,"全中国就是一个'死人之都'",甚至会"在世界上无声无臭地消灭"。所以,张闻天把打击的重点放到那些穿着洋装的"遗少",在口头上高

---
[1] 据杨尚昆:《坚持真理竭忠尽智——缅怀张闻天同志》,见《回忆张闻天》。杨闇公是杨尚昆的四哥。
[2] 据曹仲英回忆,"南鸿社"的主要成员有邵天真、曹民熙(即曹仲英)、邓雨甘、李君寰、曹苹若、邵叔和(女)、陈愚庵等近10人。社址设在戴家巷17号邵天真家。

喊"男女平等"、"自由恋爱"，实际上却提倡"保守道德"的"伪道德家"，以及表面上兴办文明女学，实质上倡导"良妻贤母主义"的"新教育家"身上。《南鸿》上的不少文章，揭露了旧势力打着新的旗号把青年领回到旧的牢笼中去的老谱。这是足资后辈借鉴的。

张闻天在《南鸿》第3期上发表的散文诗《生命的急流》，吹响了激越的反抗号角。他概括了青年在家庭、社会、学校所受的压迫和束缚，满怀深情地唤起青年们"人"的觉醒——

> 朋友，你不是想有一点新鲜的思想拿来发表或拿来实现吗？但是，朋友，你的家庭，不就因为这一点要停止你的学费吗？你的社会，不就因为这一点要说你是"过激党""危险分子"把尔关进牢里或"推出斩之"吗？你的学校不也因为这一点要说你"有损学校名誉"或"犯校规第几十条"，把你记过或挂牌开除吗？
>
> 哟，朋友，你的"人权"在那里，你能有一点思想的自由与行动的自由，努力去做一个人的权利吗？

他犀利地指出，青年生活在"人工的大牢狱中间"，"做了家庭、社会与学校的奴隶"，"是一个活着的死人"；进而启发青年"鼓起勇气来对于这种过去的骸骨，为猛烈的反攻"，鼓励青年"在这黑暗的世界上举起一点光明的火花来"，"把你的生命变做狂风，变做暴雨，把世界上一切肮脏的东西扫荡一个干净"。

从青年切身感受出发，猛烈抨击旧制度、旧道德、旧思想，启发青年觉醒，鼓励青年反抗。《生命的急流》所体现的这种思想逻辑，正是张闻天主编的《南鸿》周刊向旧世界挑战的主要特征。

《生命的急流》在青年中广为传诵。反对者害怕青年受其"诱惑"而"胡乱动作"起来，不惜贬损张闻天，说他照抄柏格森的哲学体系，甚至借用易卜生的剧名"国民公敌"攻击张闻天是"青年之敌"。张闻天作《"青年之敌"》[①]予以驳斥。张闻天自1919年冬起确曾潜心研究过现代哲学思潮，从原版读过柏格森的《形而上学导论》、《创造进化论》、《时间与自由意志》直至1919年才出版的《心力论》，还翻译过柏格森的《笑之研究》和《柏格森的变易哲学》。同鲁迅早年之于尼采，郭沫若早年之于斯宾诺莎相仿，张闻天早年之于柏格森，并没有"接受他的思想系统的全部"，而是在较为深入地进行研究的基础上，将柏格森的"生命哲学"当做反对封建主义的停滞、僵死的思想、伦理、道德的武器。张闻天在文中阐明了自己的思想同柏格森的"生命哲学"的区别，着重指出写作《生命的急流》的目的是希望中国青年"一变向来退缩，卑怯，中庸与'无人而不自得'的态度为进取的，勇敢的，奋斗的态度"。他还鲜明地表明自己的人生理想和政治态度："我是一个主张希腊人的谐和的人生观的人，即是主张一个人的意志，理智与情感是应当谐和，而不应当冲突的。"中国道德"压抑青年的活动，萎靡青年的情感与禁锢青年的自由思想"，是破坏这种谐和的，

---

① 载《夜鹰》第9期（1925年5月25日）。

所以要反对它。张闻天指出，他鼓动青年反抗旧制度、旧道德、旧思想，不是"意志与情感的盲动"，"而是谐和的知情意三者的猛进"。

《南鸿》第 7 期发表《认清我们的敌人》，作为对《生命的急流》正面的反响。该文提出"努力革命，根本把社会制度改良"的主张，写道："要知道'人的意识不能决定社会生活，乃是社会生活决定人的意识。'这是科学的社会主义始祖马克斯先生底名言。所以要想社会生活安定，只有努力社会革命，要想实现社会革命，只有使青年个个加入社会运动的队伍中来，大踏步的向着赤道之上，光明之途冲锋去呀！"很清楚，照着《南鸿》周刊的"理智的灯光"就是马克思主义。

事实上，这时张闻天的政治观点、阶级立场以至整个思想体系，都已经把自己放到了无产阶级和马克思列宁主义这一边了。这在他为追悼伟大的革命先行者孙中山先生逝世而写的文章①中表现得最为鲜明。这篇文章高屋建瓴，将孙中山与列宁对比论述，赞扬他们生前共同的伟大革命精神，又指出他们死后成败的不同："李宁（即列宁——引者注）死了之后，他所遗留下来的是代表俄罗斯一般民众的苏维埃政府"，"我们的孙中山先生死了之后，他所遗留下来的却只是一个残缺不全的'中国国民党'，这个国民党现在因为内部所代表的阶级的不同所以快要分裂了"。由这成败的不同，张闻天尖锐地提出一个问题："为什么李宁是成功了，孙中山是失败了？"对此，他作出了这样的回答：

> 李宁在这许多地方却完全和孙中山不同的。他所领袖的是代表农民，工人与兵士的利益的共产党。他们都有一致的信仰，他们对于资产阶级没有一种妥协的表示。李宁不论做什么事，他的后面总站着他所努力组织成功的共产党全体。以这样有组织，有信仰的颠扑不破的结实的团体，不论做那一件事，没有不成功的。所以结果俄罗斯在黑暗的资本主义的世界上最初放了异样的光明！

张闻天还进一步针对国内的局势，明确指出："要实现孙中山先生的理想，去依赖快要分裂的国民党是不中用的了！"结论不言而喻：只有共产党，才能救中国！

川师学潮中的搏击

守旧势力竭力想把张闻天赶走，反而遭到张闻天更有力的回击。这就引起他们更大的嫉恨，要寻找一切机会对张闻天进行诬陷、迫害。

进入 4 月以后，川东师范学生正酝酿开展"择师运动"。他们以为这是一个可乘之机。于是，他们立即发动了一个污蔑张闻天没有"人格"、鼓动学生予以"驱逐"的谣言攻势，妄想乘势将张闻天赶出重庆。然而，事情的发展却同他们的愿望相反。他们的造谣激起了川东师范学生的强烈不满，并酿成了"川师学潮"。

---

① 题为《追悼孙中山先生》，载《南鸿》第 2 期（1925 年 4 月 6 日）。

4月8日，川东师范学生接到刘蔚芊①寄来的《国是报》，第六版上刊有刘舒模作的《张教员何故辞职》一文，说："张闻天现在川东师范教国文，一般学生知其真象者，多主张实行驱逐，不愿受没人格的教化云。"学生读了这则造谣新闻后非常气愤。因为受业的全体同学没有一个对张闻天有不满情绪，"驱逐"之说，从何谈起？当晚十四、十五班召开全体大会，一致决议致函《国是报》要求更正，委托曹民熙立即起草，当场通过。②函谓：张闻天先生是我们一致爱戴的好先生。所谓驱逐之说，显然不是来自同学。要求《国是报》登载此信，予以更正。《国是报》接到要求更正的申明书后，不但未予刊载，反而转到代理校长陈定远（即陈绍赢）手里。

4月10日晚自习时，陈定远即将曹民熙等叫到校长室谈话，要他们立即把信取回。学生申辩，陈即拍桌威胁："去，快去！不然……斥退！"还以解散十四、十五两班相要挟。其时，校长室外已有上百名同学围观。毕业班（十三班）同学张朝宜见状，怒不可遏，摘下门前"校长室"木牌，猛向陈定远掷去。陈威风被煞，当晚从学校遁走。张闻天的寝室与校长室仅一板之隔，冲突经过全部了然。他也不宜留住学校，事后就搬到戴家巷17号邵天真家中。③

第二天，学生罢课。十四班学生还发表"宣言"，把那个寄来造谣新闻的公民教员刘蔚芊第一个驱逐了。

川东师范校长萧仲文其时正在川东各县游索学校经费，得悉川师掀起学潮，即发电称："即日驰返，戡定乱局。"川师学生则散发传单，揭露"川东师范代理校长陈绍赢压迫学生真相"，还到《国是报》提出质问，迫使该报主笔答应日内刊出学生的申明信。一时之间，川东师范学潮轰动整个山城。学潮又牵扯到军阀派系的斗争，纷乱哄闹，各种势力都卷了进去。

学潮既然是围绕张闻天的人格、去留问题展开的，张闻天当然成了重庆全城瞩目的人物，顽固守旧势力集中攻击的目标。在这场短兵相接的斗争中，张闻天不避锋芒，挺身而出，以《南鸿》为阵地，用杂文作武器，进行了有力的回击。

学潮发生以后，张闻天于4月14日写了《川师学潮所引起的感想》，用确凿的事实打碎刘舒模在《国是报》上制造的谣言，揭露陈定远压制学生的蛮横及自动离职的卑怯。针对所谓"没人格"的诬蔑，张闻天指出，现在社会舆论所谓的"人格"是怎样的虚伪和颠倒。他以一个"强者"睥睨一世的气概和光明磊落的胸怀宣告："我是一个赤裸裸的人，我所永远追求的只是真理与正义"；"闻天的有没有人格，后世的人会把我毕生所做的事业来下公平的判断，现在我是只知道向着光明奔向前去"。在随后写的《告所谓"学校家属"》中，更针锋相对地指出，你们这样造谣，"要闻天回上海"，闻天却要勉强留在重庆，"看你们耍把戏"。

如果说刘舒模是要造谣把戏的猴儿，陈定远是蛮横而又怯懦的学棍，那么，那些自称"川东父老"、"璧山公民"的孔庙斋长、浪荡光棍、投机教员就是一群躲在传单

---

① 刘蔚芊时任国民党驻渝宣传主任，《合力周报》主笔，兼任川东师范十四班公民教员。
② 见张闻天：《川师学潮所引起的感想》，载《南鸿》第4期（1925年4月24日）。
③ 据张闻天：《川师学潮所引起的感想》；愚庵：《铃声》，载《南鸿》第6期（1925年5月3日）；曹仲英：《忆闻天先生在川东师范》，见《回忆张闻天》。

后面的饿鬼了。张闻天在《传单与鬼叫》①中揭露了这一派卑劣者的战法:"他们不敢当面来杀你,所以就借群众的刀来杀你",他们"可以自己造传单来恭维自己,挽留自己,他们的位置危险,他们又可以用自己造的传单攻击他们的敌人"。张闻天指出,他们之所以这样卑劣,是为了抢夺饭碗和地位。

张闻天还就各种具体事件,用他那憎恶辛辣的文笔,揭露和讽刺重庆教育界各种代表人物。其中有:在学生李君床底下翻出一块不洁净布片立即高悬牌告给予记过处分,逼得她服毒自杀,还力主开除的二女师训育主任袁媲尧(《二女师袁训育主任》,《再论"二女师袁训育主任"》,《大风复梦真函》);终年不放寒假,把学生管得一点没有空闲,不准学生反对基督教,反对帝国主义,甚至连女子照相都不准的前清秀才、江北中学校长唐鸣珂(《读了唐鸣珂的文以后》,《说"女子不准照相"》);善于造谣诬陷,不学无术,连"五权宪法"为何义都说不清楚的国民党报纸主笔、公民教员刘蔚芊(《"送别刘蔚芊先生"》),等等。

显而易见,张闻天在这场短兵相接的搏击中发表的这些杂文深受鲁迅的影响。那种在同旧势力斗争中不避锋芒、针锋相对的肉搏精神,抓住现实问题进行社会批判的文风,丰富多彩、短小精悍的形式,富有个性的、尖锐泼辣的风格,都是从鲁迅那里得到启示、借鉴而又有自己的战斗特色的。瞿秋白在评论鲁迅杂文时曾指出:"现在的读者往往以为《华盖集正续编》里的杂感,不过是攻击个人的文章,或者有些青年已经不大知道陈西滢等类人物的履历,所以不觉得很大的兴趣。其实,不但'陈西滢',就是'章士钊(孤桐)'等类的姓名,在鲁迅的杂感里,简直可以当做普通名词读,就是认做社会上的某种典型。"②这段话对理解《南鸿》周刊上张闻天的杂文也很有助益。重庆的现实矛盾,顽固守旧势力的围攻,迫使他拿起匕首、投枪般的杂文进行抗争。通过具体人物与事件的评论剖析,以至通过个人纠葛的驳诘辩难来进行社会批判,反映时代风云,遂成为张闻天《南鸿》杂文的显著特点。张闻天笔下的人物,也是可以认做社会上的某种"典型"当做普通名词来读的。

别重庆的朋友

张闻天在川师学潮中的斗争得到青年朋友们的热情拥护,也得到共产党人的坚决支持。萧楚女 4 月初被迫离开《新蜀报》后借住在杨公家中,4 月中旬起他又亲自出马,为《南鸿》撰稿,连续发表《言论上的道德与法律常识》(第 4 期)、《神圣同盟下之重庆严格教育》(第 5 期)、《告所谓"璧山公民"》(第 6 期)等文。他那重炮式的时评和匕首般的杂感,增强了《南鸿》社会批判的尖锐性和深度,有力地支援了张闻天同顽固守旧势力的斗争。1925 年 5 月 1 日,萧楚女、杨公、罗世文等领导的"四川平民学社"出版了更为激进的政论性周刊《爝光》。它以"暴风雨中高燃着一炬鲜红的'火'"③自喻,号召各方有志青年,致力于研究社会主义,继承五四青年未竟

---

① 载《南鸿》第 6 期(1925 年 5 月 3 日)。
②《〈鲁迅杂感选集〉序言》,见《瞿秋白选集》,人民出版社 1985 年版,第 536—537 页。
③ 火花:《暴风雨的五月——我们狂飙运动的良辰》,载《爝光》第 1 期(1925 年 5 月 1 日)。

的伟业，掀起打倒帝国主义和封建军阀的狂飙运动。这对于张闻天更是一个有力的声援。

张闻天在顽固守旧势力的围攻面前愈战愈勇。由张闻天燃起的斗争火焰也愈烧愈烈。正如萧楚女所说，经过这半年"急骤变迁的激刺"，"死人之都"的重庆"现在是变成了一个大造反的世界了"。重庆社会"进入了一个新生的时代"[①]！这不能不引起顽固势力更大的嫉恨和恐惧。于是，东方文化派的后台反动军阀伸出了压迫的魔掌。1925年5月中旬，重庆卫戍司令王陵基以"败坏风俗，煽惑青年"的罪名，"饬令巴县知事会同警察厅将所办《南鸿》、《爝光》两种出版物封禁，并勒令该萧楚女、张闻天、廖划平三人，两周离渝"。[②]在驱逐令下，萧楚女、张闻天只得先后离开重庆。离开前，张闻天就在二府衙70号杨公家暂住。[③]当时，军方因害怕驱逐激起事变，故勒令离渝的时限较宽，定为两个星期，具体执行则用软硬兼施的办法。

张闻天就要离开重庆了。临行之前，他有很多发自肺腑的话要对与他共同战斗的青年朋友们说。他满怀激情，在5月18日写下了《别重庆的朋友们》[④]。他在文章中总结了重庆的斗争生活，含蓄地说到自己的思想发展。他说，重庆的旧社会虽然压迫他，但是是他的"良教师"，"把一条光明的道路指点给了我，那就是反抗的道路"；并说，在来重庆之前，"我虽也曾在这一条路上走动，但是他的必然性到最近我才十分分明地感觉到的"。他表示："我的理想就是反抗"，"我们的职务是在战斗"，"要反抗旧礼教"，"要打破现状"，"要努力求人类的解放，替被压迫者喊出不平的呼声"。张闻天称赞重庆的青年朋友们是在黑暗中闪灿着的一点两点星光，希望他们不要伤感，不要悲观，"为了光明的前程努力奋斗前去！"。"南鸿社"的同人们没有辜负张闻天的期望。在张闻天离开重庆以后，他们仍然与军阀和顽固势力周旋。他们巧妙地将已经编好的《南鸿》第9期易名《夜鹰》出版，以后又继续出了几期，表明张闻天播下的火种仍在不灭地燃烧。

大约是5月20日，张闻天要登舟东返上海了。"南鸿社"的青年朋友们和他们敬爱的导师一起去"留真照相馆"合影留念，而且说什么也要相送。他们与闻天先生相处的日子虽只两三个月，但同甘苦、共安危的生活，使他们之间结成了深厚的情谊。特别是"川师学潮"起后，他们天天聚在一起谈心、写作，承受先生的教诲，共享战斗的欢乐。如今就要分别，不管军阀怎样阴鸷凶残，怎能不送！

下水的江轮泊在南岸玄坛庙江边，邵天真、邓雨甘、曹民熙等六七个南鸿社同人，与闻天先生一起登上了江轮。时令已是初夏，习习江风吹不走人们心头离别的惆怅。他们在舱房里边饮边谈，依依话别。

第二天清晨，轮船启航了。青年朋友们又坐上小船，顺流相送，一直送过弹子石。张闻天被南鸿社朋友们的诚挚感动了，他站在船尾甲板上，频频向他们挥手，眼

[①] 萧楚女：《半年来的重庆》，载《爝光》第2期（1925年5月8日）。
[②] 据廖划平1925年6月30日致中共中央信中抄附的1925年5月28日"重庆卫戍司令部训令巴县知事文"中对事情经过的追述。廖后来叛变。
[③] 据杨尚昆：《坚持真理竭忠尽智——缅怀张闻天同志》。
[④] 载《夜鹰》第11期（1925年6月20日）。

中闪着晶莹的泪花。小船和重庆城的影子在水天相接的视野里消失了，张闻天还伫立在甲板上，很久，很久。

"我要加入CP！"

经过山城重庆实际斗争的锻炼，张闻天重返上海。重庆这一段斗争生活，尤其是主编《南鸿》期间的斗争生活，对他的思想发展有着重大的意义。如果说先前他同家庭直接抗争而对社会只是用文墨宣战，那么，到了重庆，尤其是在《南鸿》时期，他完全置身于与黑暗社会斗争的漩涡之中了，他面对着个人的道路、人格、去留等切身问题，与恶势力进行正面的冲突。实际斗争使他认识到，单靠个人奋斗，单靠文艺活动是没有希望的，只有靠联合的行动、集体的力量，靠列宁缔造的那种共产党。他决心放弃衷心喜爱的文学，从事无产阶级领导的社会革命。18年后，他在忆述自己的这段经历时写道："在重庆时期，我同共产党人萧楚女、杨公（杨尚昆的哥哥）、廖划平等熟悉，他们到处动员青年团员支持我的斗争，同我结成了反对学校当局的统一战线。他们间的关系是很密切的。这斗争给了我很深的印象，使我思想上又起了新的变化。我深深觉得要战胜这个社会，必须有联合的力量，单靠个人的文艺活动，是做不到的，而共产党是反抗这个社会的真正可靠的力量。此时，我有了加入共产党的动机。"①

当张闻天怀着加入共产党的愿望，立志为"努力求人类的解放"而奋斗的觉悟重返上海的时候，上海正掀起前所未有的反帝浪潮。5月15日，日本帝国主义者枪杀工人领袖顾正红，激起了全市人民的愤怒。张闻天回上海后不几天，又发生了英国军队在南京路上枪杀中国示威群众的五卅惨案。上海全市沸腾了，燃烧了！

5月31日，上海阴霾满天，时有暴雨，成千上万民众涌向街头，举行抗议示威。张闻天回上海后住在小西门黄家阙立达中学（他弟弟健尔在那里读书），这时也赶到上海繁华地段南京路一带，汇入悲壮的五卅反帝爱国运动的洪流。

在人流之中，张闻天被一位朋友叫住。这位朋友叫郭绍棠。②他和张闻天的弟弟健尔是同学。张闻天从美国归来时，他们还在浙江省上虞县春晖中学读书。1924年5月，张闻天在完成了《旅途》与《青春的梦》之后，禁不住沈雁冰、沈泽民、汪馥泉等朋友的鼓动，曾经到春晖中学去过。这所中学位于风景秀丽的白马湖畔，为经亨颐先生创办，当时一批有为的青年如匡互生、夏丏尊、丰子恺、刘薰宇、方光焘等都在这里执教。张闻天到那里去，一来会会在那里教书的朋友，并请丰子恺先生为《青春的梦》设计封面；二来看看在那里读书的弟弟健尔和妹夫马景园。郭绍棠在那时听过他的讲演，并同他结识。后来郭进上海大学，同张闻天也有过交往。这时在街头邂逅，人流中间，难以畅叙别情。郭绍棠握着张闻天的手，问他："为什么不参加国民

---

① 张闻天：《1943年延安整风笔记》。
② 郭绍棠，又作郭肇唐，俄名A.R.克雷莫夫，生前为苏联东方研究院顾问，教授。1988年病故于莫斯科。张、郭五卅运动中相遇于上海街头一事，据"文革"中专案组对张闻天的《审讯笔案（10）》（1969年4月16日）。

党?"张闻天脱口回答说:"我要加入 CP!"郭绍棠听了很兴奋,立即把张闻天的这个心愿告诉了沈泽民。①

沈泽民 1921 年就是中共党员,早就盼望自己的挚友有参加无产阶级先锋队的自觉。此时听到这个信息十分高兴,就同董亦湘一道,介绍张闻天加入了中国共产党。

在入党时,张闻天创作了书信体抒情小说《飘零的黄叶》②。小说采用青年知识分子长虹在冬夜给阔别 10 年的母亲写信的形式。游子向慈母倾诉了自己自从因婚姻纠纷离家出走,"冲到人生的战场"以后,艰难的生活经历和复杂的心理变化,满怀深情地告诉母亲,他要为"创造人生的真意义"而无私地去寻求光明,并请求母亲庆祝他的再生。小说写得非常亲切、感人。当年郁达夫读后称赞道:"你这篇小说像一首诗,你完全可以做诗人。"

长虹的形象明显带有张闻天自己的影子,但小说并不就是自叙传。这个抒情主人公的曲折经历具有较强的概括力和感染力,能够激起行进在革命途程各个梯级上的人们的共鸣,从而使他们不仅可以从长虹的生活道路照见自己的身影,而且可以从长虹心灵的历程照见自己的灵魂。16 年后,在抗日战争最艰苦的岁月,胡乔木在延安主编的《中国青年》上重新刊载这篇小说,说"它是一篇中国青年精神生活的史料","它所提出的问题在今天中国若干青年中间仍然存在着"。③

的确,主人公长虹是五四时期青年的代表。他们生当"新旧交替的时期",时代的新思潮使他们具有"个人的自觉",认识到自己是"一个有意志有感情的'人'"。但是,旧礼教还没有完全丧失控制个人命运的权威。在这种背景之下,包办婚姻与个性解放、自由恋爱之间的矛盾成为第一个最广泛、最尖锐的冲突。长虹在这种冲突中产生了"一种不能控制的反叛冲动","为了服从我自己的光明不服从妈妈","像一个战士,不顾一切,冲到人生的战场上"。可是,经过一次又一次失败,长虹认识到在这黑暗如漆的世界上,"就是最纯洁的恋爱中间也充满了金钱与地位的臭味"。事实的铁杖把少年时代的幻想打得粉碎,这一方面固然是认识的深化,另一方面也带来了信仰的危机。长虹"从希望的山巅落到了绝望的深谷",一天天沉沦下去。他思索着人生的根本问题,曾两次萌生了自杀的念头,是自然的美和母亲的爱把他从江上和崖边挽救过来。最后在一场大病之后,他认定"人生的目的是在创造人生",自己不仅要追求光明,还要"变做光明,照澈这黑暗如漆的世界"。觉醒,反抗,苦斗,失望,追求——长虹这一曲折的历程差不多就是五四时期进步的青年知识分子在真正投身无产阶级革命之前的共同经历,具有很强的概括力和认识价值。

长虹在实践中思考与探索的人生道路问题,也是这一代青年的共同问题。反叛旧家庭,冲到人生的战场,这只是反抗与革命的第一步。以后的道路应该怎么走?对此,小说用长虹的选择作了细致的分析和生动的回答。长虹"在现代生存竞争场中"奋斗,"曾经当过商店的学徒,管账先生,小学教师,新闻记者,秘书官与革命暴徒"。由于"敏感好高而且不肯奉迎",总是和人家不欢而散。他知道,"只要我肯暂时放弃

---

① 据访问郭绍棠谈话(1986 年 7 月 19 日)。CP 是英文 Communist Party 的缩略语,意为共产党。
② 载《东方杂志》第 22 卷第 12 期(1925 年 6 月 25 日)。
③《编者致读者》,载《中国青年》第 3 卷第 4 期(1941 年 2 月 5 日)。

我的幻想，富贵功名，真是易如反掌"，但是，"为了服从自己的光明而离开我妈妈的人，肯这样做吗？"在失败的时候，他也曾想奔回妈妈的怀抱，找求安慰，但他为了追求光明，强压住了这种意愿。他眼前有迎合、背叛、回家、苦斗四条路。他决然摒弃了前三条路而心甘情愿选择苦斗："我征服了失望痛苦的压迫，揩干了自己脸上的眼泪，再接再厉地向着那不可知的紫霞中走去！"更为深刻的是，作者还进一步探讨了当生活的实践打碎少年时代的幻想时的人生道路问题。对于知识分子来说，这是一个比生活上的艰难困苦更为严酷的打击。在这个打击下，长虹沉沦以至想要自杀。事后他清醒地认识到，自杀"太懦弱"，少年时的幻想"太近视"。正确的路应该是"如实地接受这个人生"，"接受世界上没有满意的生活与真正爱你的人的这件事实"，开始新的苦斗，"更加坚决地去负起找求光明的使命"。这是在扬弃了前一次找求光明的个人奋斗色彩之后，在自觉的阶段上对光明的追求。

《飘零的黄叶》写于张闻天走进共产党行列的时刻。从某种意义上说，长虹曲折的生活经历与复杂的内心变化，就是张闻天用文学典型化的方法向党所作的思想发展轨迹的自我解剖，而小说后部长虹对母亲说的那些话，简直就是张闻天对党立下的誓言：

> 妈妈，贫穷的，漂泊的与流浪的运命，我已经决意去接受了，我将从这种生活中间去发现而且去创造出人生的真意义来。我相信，我将永远的相信，人生虽是到处充满了黑暗，但是在这黑暗的中间，时时有一点点光明闪耀着。不过从前因为我的眼睛被自己的幻想所封闭，没有看清楚这种闪光究竟含有什么意义，不肯去接受罢了。以后，我亲爱的妈妈，你的长虹，将认真的要开始做一个无私的光明的找求者了。他将把那一点光明拿来，高举在无穷的黑夜中间。妈妈，他更将借你的精神上的帮助，自己变做光明，照澈这黑暗如漆的世界！

是的，从"五四"到"五卅"，张闻天走过的就是一条无私地找求光明的道路。在入党后为共产主义事业奋斗的整整半个世纪中，他虽然经历了人生少见的曲折、磨难和逆境，却始终坚持真理，探索前进，从不动摇，完美地实践了入党时自己立下的誓言。他确实不仅做了"一个无私的光明的找求者"，而且自身就是一团穿透黑暗、引导人们前进的不灭的火焰。

职业革命第一站

张闻天加入共产党、踏上职业革命家道路以后，接受的第一个任务，是到苏州参加党的工作，其公开身份是私立乐益女中的国文教员。

苏州是著名的江南古城，离上海很近，火车只一个小时的行程。五四运动以后，一些具有共产主义思想的知识分子就来这里活动。1923年冬，在丝织工人聚居的白蚬桥一带成立了工人俱乐部。第二年，共产党的活动家恽代英、刘重民等先后到工人俱乐部讲演，宣传革命思想。苏州的早期党员、博文中学教员许金元也在这年发起组织了以提倡革命文学为宗旨的"悟悟社","欲鼓舞人的革命情感"。① 五卅惨案发生后,恽代英等人立即从上海赶到苏州,与在乐益女中任图画教员的共产党员叶天底取得联系,在 6 月 1 日发动了罢课、示威,6 月 3 日举行了两三千人的集会、游行。在这之前,苏州已经成立了一个属上海地委领导的中共支部。② 在新的革命形势下,苏州党的工作急需加强领导,进一步开展。

说来正巧,苏州乐益女中的校长张冀牖,③ 是个追逐新潮流的人物。他力图改革学校,赶上时代步伐。而乐益女中原任校务主任陈德征,人品不端,在师生中影响很坏。④ 这样,张校长就聘请侯绍裘在 1925 年暑假后担任乐益女中的校务主任。侯绍裘当时以新教育家著称于社会,是松江景贤女中和上海大学附中两校的校务主任。在五卅运动中,成为共产党的有影响的社会活动家。当时国共合作,侯绍裘在 8 月被选为国民党江苏省党部常务委员。他利用这个机会,组织共产党员以担任乐益女中教师为掩护,前往苏州开展工作。张闻天当然是再合适不过的人选。此外,张秋人将他的爱人徐诚美也介绍到乐益女中任教。那时徐还不到 20 岁,刚从宁波邕江女中毕业,也是共产党员。⑤ 侯绍裘还带来了一对剪短发的姊妹沈蔼春和沈联春。她俩是沈志远的妹妹,刚从景贤女中初中毕业,在那里入了党,现在到这里读高一,可以做学生中的骨干。她俩同校长的三个女儿元和、允和、兆和一样,成为乐益女中引人注目的人物。

1925 年 8 月,张闻天同侯绍裘、徐诚美等一起到了校址设在苏州"王废基"的乐益女中。9 月初,建立了中共苏州独立支部,叶天底为书记,直属江浙区委领导。

这个独立支部的成员以"乐益"师生为主,完全处于秘密状态。活动不公开,而且挂用国民党的名义。当时,北伐军还远在南方,国民党在这里还没有合法地位。由于张闻天的特殊身份,他只同叶天底单线联系,连秘密的支部活动都不参加。当然,支部的几个党员心里是有数的。

在苏州,张闻天的公开面貌是一个留美归来的学者、文学家。他以这样的身份开展了多方面的活动。

他住在乐益女中。进校门东首有一排带木柱走廊的平房,最末一间就是他的房间。本校的师生,外校的青年,慕名前来登门请教,闲谈聊天的不少。他总是亲切地接待来访者,在随意谈笑之间用新思想影响青年。

课堂,当然是他活动的重要场所。张闻天在乐益女中教高中国文,改变了在重庆川东师范的教法,专门选讲世界著名短篇小说的白话译本。于是,法国都德的《最后一课》、日本芥川龙之介的《鼻子》、俄国安德列耶夫的《齿痛》……把这群天真烂漫

---

① 共产党人在苏州的早期活动,据中共苏州市委组织部:《关于 1919—1949 年苏州党的活动简要情况》(1965 年 6 月 3 日),《中国青年》第 59 期(1924 年 12 月 27 日)"青年团体报告"栏:《悟悟社》。
② 据中共江苏省委党史资料征集委员会编:《江苏革命斗争史纪略(1919—1937)》。
③ 有关张冀牖情况,参见张充和:《三姐夫沈二哥》,载《新文学史料》1988 年第 4 期。作者是张冀牖的小女儿。沈二哥,即沈从文。
④ 王伊珠:《侯绍裘烈士在苏州》(1979 年 12 月写),未刊稿,现藏雨花台烈士纪念馆。王在 1925 年是乐益女中初三学生。
⑤ 访问徐镜平(诚美)谈话(1982 年 5 月 11 日)。

■乐益女中

的少女带出了中国，带进了世界，开始了对社会、人生的思索。学生们读了《齿痛》这篇小说，只觉得耶稣被钉在十字架上的悲壮场面和那个商人只顾唠叨自己的齿痛与买卖驴子得到的小利之间形成了强烈的对照，但对小说的情节与场面中作者所流露出来的思想认识不透彻。张闻天向她们明白地指点出来："人们往往夸大自己的小痛苦，而不关心人民大众的大痛苦。"又说："我们要关心人类，要救受难的人类，要做世界上真正的人，不要老在自己的小痛苦上浪费精力。"① 张闻天通过国文课，有意给她们指示一条通向世界的路，启发她们做放眼世界的人。

演说，在当时苏州很风行，也是张闻天宣传新文化、新思想的重要方式。

9月5日，乐益女中举行新学年开学的"始业式"。侯绍裘宣布他对于现代女子教育的主张，张闻天、叶天底相继演说，阐明女子教育应以现代思潮做基础，养成有精确的思想、理智和高尚的情感，能自谋生活、参与社会改造的新女性。②

9月7日是辛丑条约签订24周年国耻纪念日。在五卅惨案之后，联想到庚子八国联军的侵略，辛丑丧权辱国的条约，痛定思痛，上海等地纷纷游行。乐益女中新到的这一批共产党员，也利用"九七"纪念日开展了活动。原定这一天是开学上课日，乃临时推迟一天，上午举行专题演讲会。会前全校师生行升旗式，国旗升到顶端又降至一半，用这种悬半旗的礼仪表示哀痛。演讲会上，张闻天发表了题为《帝国主义与辛丑条约》的演说，分析各帝国主义国家怎样组成八国联军，通过武力侵略，逼签辛丑条约，划分势力范围，瓜分我们中国。王芝九、徐诚美、叶天底也先后作了讲演。听讲的除了乐益女中的学生之外，还有张冀牖新创办的男校平林中学的全体学生。③

---

① 张允和：《张闻天教我国文课》，载《群言》1992年第2期。
② 据《苏州乐益女子中学已开学》，载《苏州明报》1925年9月8日。
③ 据《乐益纪念九七国耻志》，载《苏州明报》1925年9月9日。其他三人的讲题为："九七国耻之经过"（王芝九），"反帝国主义运动"（徐诚美），"九七与五卅"（叶天底）。

苏州社会进步势力当时比较活跃，进步的学校如江苏省立第一师范、苏州工业专门学校，常邀请名人作讲演。这种公开活动都是各校学生会组织的。张闻天同恽代英、萧楚女、施存统、侯绍裘等都应邀到苏州一些学校作过讲演。张闻天一派学者风度，侃侃而谈，从自己留美的感想、文学创作的体会，自然地讲到反帝、反军阀的斗争，听者心悦诚服；[①] 恽代英则正面宣传共产主义；萧楚女是嬉笑怒骂，灵活机警，他讲关税问题，有些资本家都去听，轰动了苏州城。[②]

张闻天和叶天底等很善于从女校的特点出发开展工作。中秋节的时候，他们在校园里同住校的一些女生一道，点上红烛，摆上供品，焚香拜月。行过仪式，吃过月饼，再到公园赏月、谈心。[③] 这样做，从感情上联络了许多学生。张闻天又指导徐诚美、沈蔼春等宣传妇女要自己起来解放自己，要有组织才有力量，很快筹备组织了一个以拯救妇女、解放妇女为宗旨的妇女联合会。《苏州明报》作了宣传，还逐步扩大影响，把苏州的省立第二女师、振华女中和景海、英华、惠灵三所教会办的女子中学都团结了进来。[④]

张闻天还参与领导了苏州的反基督教运动。因为外国教会在苏州的势力很大，这项运动也是苏州党组织的一项重要工作。这项运动当时由"非基同盟"出面领导，在全国各地尤其是沿海各城市广泛展开，它是同反帝爱国和思想启蒙联系在一起的。认识到宗教问题的复杂性，能具体分析，区别对待，那是一件很不容易的事情。由于当时中共还在幼年时期，它所领导的反基督教运动就难免有简单、过火的毛病。

张闻天当时在上海、江浙已经是相当有名的新文学家了。1925年9月中国济难会成立，这是党在上海领导的、由"沪上著名人士所发起、以救济因爱国运动而被难者为宗旨"的社会团体，发起人150余人。10月2日发表《发起宣言》。《申报》10月3日刊载时列出了于右任、杨杏佛、陈望道、李石岑、高语罕、恽代英、周予同、沈雁冰、李硕勋等26人的名字，张闻天也在其中。

侯绍裘、张闻天等来到苏州工作短短两个月，党的外围组织逐步建立起来，一些积极分子被吸收到党的组织中来，苏州的革命空气被进一步鼓荡起来了。张闻天在其间发挥自己的独特作用，做了不少工作，情绪很高，准备在这里大干一场。

---

① 访问匡亚明谈话（1981年2月16日）。匡当时是江苏一师学生会负责人之一。张闻天等到一师演讲，由他联系、接待。

② 访问徐镜平（诚美）谈话（1982年5月11日）。

③ 访问张龑梅谈话（1984年4月9日）。1925年张在苏州省立一师读书。这年八月中秋（10月2日），闻天之弟健尔来苏州，他们一起到"乐益"同闻天共度佳节，目睹此情景。

④ 王伊珠：《侯绍裘烈士在苏州》（1979年12月写），未刊稿，藏雨花台烈士纪念馆。

第六章 留学莫斯科

到莫斯科去

1925年10月初，中共上海地委的负责干部、武进人董亦湘到苏州巡视工作。他带来了一个消息：莫斯科创办了一所用"孙中山"命名的大学'中国劳动者孙逸仙大学"（通称"莫斯科中山大学"），是苏联共产党提议，得到中国国共两党中央支持而创办的，目的是为国共合作的中国大革命培养政治骨干。现在正招收第一期学生。董亦湘征询张闻天是否想去。张闻天毫不犹豫地报了名。没过几天，张闻天接到通知：立即到上海集中，准备出发。

此行相当秘密，张闻天也没有回南汇老家同父母妻女告别。到上海后，就在立达学园学生宿舍里住了几天。1925年夏季，立达中学从原来的老西门迁到江湾，校名也改为立达学园。当时，张闻天的弟弟健尔和妹夫马景园都在那里就读。

启程的通知终于来了！

1925年10月28日晚[①]，张闻天提着简单的行李，悄悄来到外滩海关码头，登上一条小划子，在茫茫夜色中向吴淞口驶去。吴淞口外，一艘3000吨位的苏联运煤船正静静地等候在那里。它要返回海参崴，顺便将这批留学生偷运到苏联去。

这一批赴莫斯科中山大学留学的青年共100多人。来自京津地区的北方党员和到上海集中的南方党员各占一半。他们是前往莫斯科中山大学的第一批学生。他们大多是共产党员或共青团员，也有若干国民党政要的子弟。带路的杨明斋，长期侨居俄国，曾于1920年陪同俄共干部维经斯基来华，参与中国共产党的建党活动。

临行前，党中央指定了中共支部的负责人，他们是：俞秀松、董亦湘、沈泽民。还有一个负责带队的五人领导小组，由俞秀松、胡彦彬、刘铭勋、朱务善、张琴秋五

[①] 离开上海的日期（1925年10月28日）和到达莫斯科的日期（11月23日），据俞秀松1925年8月2日给父母的信，罗征敬在《恢复俞秀松同志在党史、团史上的地位》一文中引用，见《中共党史资料》第1辑，中共中央党校出版社1982年版，第228页。又，现存张闻天到达莫斯科中山大学后填写的第一份表格《旅莫中国国民党支部党员调查表》，填表日期为1925年11月26日，可以印证。

人组成。①张闻天同俞秀松在 20 年代初就已相识,俞是中国共产党上海发起组成员之一,也是中国社会主义青年团的创建者之一。董、沈是张闻天的入党介绍人。

在这批人中间,有些后来成了共产党内以至整个中国政治舞台上的风云人物,如云泽(乌兰夫)、王稼祥、吴亮平、伍修权、孙冶方以及陈绍禹(王明)等。蒋介石的儿子蒋经国也是这一批同去的。

张闻天这是第三次离开祖国出海远航了。莫斯科,当时是第一个社会主义国家的首都,又是国际共产主义运动的中心,张闻天向往已久。同行的青年们绝大多数是第一次跨出国门,更有一种神秘、好奇的心理。船在茫茫大海上航行了一个多星期以后,迎来了十月革命八周年纪念日。全船的人情绪都十分激动,聚集在甲板上开了一个纪念会。首先由苏联船长讲了十月革命的意义,接着俞秀松代表中国同志发言,赞扬十月革命的伟大胜利和对中国革命的影响。日本和朝鲜的同志也讲了话。会议结束的时候,大家齐声高唱《国际歌》,雄壮的歌声在海面上久久荡漾。②

在海上航行了半个月,在 1925 年 11 月 10 日前后,船抵海参崴。杨明斋等先上岸联系,很快安排好了火车。黄昏时分,张闻天和同学们坐上西行的列车,当夜就向莫斯科进发。

当时的火车设施非常简陋。车厢里上中下三层木板铺,铺的、盖的什么都没有。每节车厢安个大油桶做的火炉,靠它来抵御西伯利亚摄氏零下三四十度的严寒。当时苏联远东战争结束不久,经济非常困难,但还是尽可能在旅途中照料好这批中国留学生。车上没有餐车,不过,面包、黄油、方糖供应充足,鸡蛋也可以在各个车站买到。这在那时已经很不容易了。只是用水紧张,得停站时下车打水。张闻天等都是年轻人,血气方刚,情绪又高,一路上吃饱睡足,也就不觉得冷了。

那时火车头靠烧劈柴生火,每走几站就要停下来搬运木柴上车。一路上走走停停,经过将近半个月,终于走完了从海参崴到莫斯科 7000 多公里漫长的旅程,于 1925 年 11 月 23 日抵达莫斯科。

中山大学的学习与纷争

中山大学坐落在莫斯科市中心沃尔洪卡大街 16 号。主楼是一座宽敞的四层楼大厦。楼前还有一个小花园。张闻天等初到时,教室、宿舍、食堂、学校办公用房都在这座大楼里面。学校对面是著名的莫斯科大教堂。教堂周围有一个大广场,学生们每天早晨就在这里出操。广场南端有一个公园,是散步、休息的好去处。张闻天住主楼二层,与他同住一室的有伍修权。吴亮平住在隔壁。张闻天和他们之间的友谊从

---

① 关于领导小组成员,伍修权说,带领我们的是两个人,杨明斋和周达文。见《我的历程》,解放军出版社 1984 年版,第 22—23 页。朱务善回忆:"临行前成立了五人领导小组,有周达文、俞秀松、董亦湘和我,另外一人是谁,记不起来了。"(1964 年 1 月 3 日同张闻天专案组的谈话)笔者从张闻天说。张在 1968 年 1 月 27 日写的《我的入党经过》中说:"因董、俞、沈都是老党员,他们就是党中央指定的带队的党的负责人。周达文是俄文翻译。"五人领导小组名单为中央党史研究室马贵凡同志据档案提供。

② 据伍修权:《我的历程》,解放军出版社 1984 年版,第 23 页。

这时就建立起来了。

办理入学手续后，每个学生都得到一个俄文名字。张闻天名叫"伊凡·尼古拉耶维奇"（Иван Николаевич），姓"伊思美洛夫"（Измайлов）。他的笔名"思美"、"洛甫"（后来成为在党内长期通用的别名），就是取了这姓氏中间的音节。学号按俄文姓名第一个字母的音序编排，张闻天的学生证号码是42号。① 学校给每个学生缝制了合身的呢子套装和厚呢大衣。伙食很好，除有牛奶、面包、黄油外，正餐都有一汤、一菜、一道甜食。衣服、日用品及医药费、洗理费均由学校供给，每人每月还发20卢布津贴。这种生活待遇，远远高于当时苏联干部与群众的水平。

12月中旬，中山大学第一期学生就开始上课了，虽然这时从广州出发的南方各省147名学生和原在法国及其他西欧国家留学的一批学生（邓小平、傅钟等）尚在来莫斯科的途中。张闻天他们到校以后，于11月下旬和12月上旬先后两次分班。张闻天编在第一班，通称英文班。同班同学有：傅蓝胜、朱务善、竺廷璋、周策、刘源、卓春珠、王稼祥、吴亮平、黄平、刘铭勋、邵至刚、李敬永（稍后到达）等。他们大多在国内受过高等教育，能够听苏俄教员用英语讲课。张闻天是他们中唯一留学过美国的人。竺廷璋的英语水平也好。他们两人以译员身份在学生名单之外单列。② 张闻天一面在英文班学习，一面担任学校的英文翻译，同时学俄语。四个月后，张闻天就开始充任学校的俄文翻译了。他除了在课堂上、大会上担任口译以外，还笔译学校的各种讲义，马、恩、列、斯的书籍与单篇论文、讲演。张闻天在国内本来就已经是颇有名气的新文学家了，又先后留学日本和美国，读过不少马列著作和社会科学书籍，③ 以他原有的学识和名望，再加上他的勤奋、坦诚，很快就成为"中大"的突出人物，为学生所钦佩，为学校领导所重视。中山大学开设的主要课程有六门：一、语言：俄语，第二外语：英语、德语、法语；二、历史：社会发展史、中国革命运动史、俄国革

---

① 据张闻天1925年11月26日填写的《旅莫中国国民党支部党员登记表》。这份表格以及下文提到的张闻天留学莫斯科期间填的表格，均为苏联外交部1989年5月经我国驻苏大使馆向中共中央党史研究室提供。

② 据档案，俄罗斯现代历史文献保管和研究中心，全宗530，目录1，卷宗3，页1。又据卷宗13，页10，至1926年2月24日中山大学学生再次编班，编为11个班，张闻天被编在第八班，为翻译班，共39人。其中有：庄东秀、王稼祥、李培之、俞秀松、竺廷璋、董亦湘、朱务善、沈泽民、任卓宣、黄平、刘源、郑子俞、林晶爱、卓春珠、张明勋、邵至刚等。又据卷宗13，页61、页39。至1926年8月30日，中山大学学生编为两个年级，张闻天升至二年级。二年级11个班，张闻天被分在第一班。分班名单上注明为英文班、翻译班），为年级的列宁主义课代表，第一班指导员。第一班共16人：王景芳（班长，联共党员），中共党员5人：张闻天（党小组长）、沈泽民（第二班指导员）、竺廷璋（第十班指导员）、朱务善、林晶爱（第九班指导员）；其余为中国青年团员：王稼祥、傅胜蓝、吴亮平、杨放之、黄平、张明勋、邵至刚、刘源、卓春珠等。

③ 1925年11月26日张闻天填写的《旅莫中国国民党支部党员登记表》"读过何种社会科学书籍"栏中填："马克思：共产党宣言；马克思：政治经济批评；恩格斯：家庭之起源；斯大林：列宁主义的理论与实际；考茨基：阶级斗争；郭泰：唯物史观解说；高田素之：社会问题详解；西里格曼：经济史观；克卡朴：社会主义史；何脱曼：马克思经济学说；等"。在1927年1月17日填写的《旅莫中国共产党支部和中国共产主义青年团支部党团员调查表》"来俄前对于主义曾读过何种重要著作及书报"栏内，除1925年11月26日所填外，还有："列宁：帝国主义；包格大诺夫：经济学大纲；科连拜：新社会观；蔡和森：社会进化史；响导，中国青年，东方杂志等"。

命运动史、东方革命史、西方革命史；三、经济学：政治经济学、经济地理、《资本论》；四、哲学；五、列宁主义；六、军事学。此外还有实践教育。对学校开设的各门课程，张闻天都学得很好。在一份表格中，他曾对进校后的学习情况作过简要的总结："对于学习，极感兴趣。每种功课都能引起我的注意。最初二年内，极努力一般政治经济知识的发展。对于中国革命，及俄国党内争论，及社会主义建设问题，曾特别用过功。"① 他的口语翻译，流利畅达，显出学识的渊博和才思的敏捷。他还是"中大"墙报的编委会成员、经常撰稿人，谨严的逻辑，斐然的文采，常常令年轻朋友们倾倒。但他生性内向，并不是个活动家。富有煽动性的演说，交际来往，不是他之所长。他是因才华出众又温和谦逊而深孚众望的。1926年2月，张闻天被批准为中大联共（布）支部局下设的两个委员会：组织委员会和宣传鼓动委员会的组成成员，3月又被批准为教育会议成员。②

莫斯科中山大学并不是一所风平浪静的高等学府。这里各种矛盾交织，充满着尖锐、复杂的斗争。"中大"创办时是一所国共合作的统一战线学校，学生成份复杂，有共产党员和共青团员，也有不少国民党员。1925年至1927年中国革命经历了从大革命胜利发展到遭致失败的重大反复，国内的狂风巨浪当然会在这里激起层层波澜。在苏联，"中大"从1925年秋创办到1930年夏结束这五年间，正是联共党内反对托洛茨基派的斗争经历了从党内矛盾发展到公开斗争直至进行"清党"的过程。中国革命问题是斯大林和托洛茨基争论的焦点之一。"中大"首任校长拉狄克又是托派的一个头头。这样，"中大"的学生，包括张闻天在内，卷入这场斗争就是不可避免的了。当然，斗争的引发与进行的方式，又有着"中大"这所学校和中国这批学生自己的特点。应该说，这些斗争也是一种学习，虽然付出的代价太大，对卷入斗争漩涡的人们，对中国共产党与中国革命的消极影响也过于深远，然而，革命者哪有不经过反复锤炼而趋于成熟的呢！

那么，身处斗争漩涡之中的张闻天表现怎样呢？

1925年底或1926年初，原来留法、留欧的一批学生到达莫斯科以后，按中共旅欧支部和东方大学旅莫支部的格式，成立了中共中山大学旅莫支部。领导人是从法国来的任卓宣（即叶青）。任卓宣认为，来中山大学的主要任务不是系统学习理论，而是改造思想，经过短期训练回国参加实际工作。按照这一指导思想，旅莫支部的工作注重于开展"战斗生活"即严格的组织生活，并反对"学院派"研究即不要系统学习马列主义理论与俄语。为此，还制订了一份包括许多条款的《训练工作指导纲要》，要求大家遵循。张闻天在旅莫支部内担任党小组长，起初，是执行支部的决定的。实施旅莫支部训练办法的结果，造成了党内生活的紧张和不正常。党内会议特别着重于

---

① 张闻天1928年填写的《中国共产主义劳动大学教员班登记表》。
② 同时被批准为组织委员会成员的还有任卓宣、庄东秀等共七人，被批准为宣传鼓动委员会成员的还有董亦湘、李培之、朱务善等九人。教育会议成员由六人组成，杨放之任主席，张闻天负责图书馆。1926年3月25日，应张闻天本人请求，中大联共支部局批准解除其在组织委员会担任的工作，也不再担任新成立的墙报编委会编委。（据俄罗斯现代历史文献保管和研究中心，全宗530，目录2，卷宗9，页7、页32—39、页91。）

生活检讨和互相批评，注意力都放在日常生活琐事上，上纲上线，揭发批判各种所谓资产阶级意识的表现，会下还有互相打"小报告"的。同时，又排斥学习理论和文化知识，把用功研读马列主义和刻苦学习俄文的党员斥之为"学院派"。这更是同中山大学校方确定的培养目标和办学方针相抵触的。只三四个月，旅莫支部的这一套就引起了广大党团员与学校领导的不满。

大约在1926年5月间，召开党员大会对旅莫支部工作进行辩论。张闻天在实际工作中认识到旅莫支部的这一套影响学习和同志关系，因而成了"反旅莫支部的积极分子"。① 由于任卓宣不接受批评，还为自己的错误辩解，辩论会连续开了四天。在最后一次会议上，校长拉狄克作长篇讲话，严厉批评旅莫支部的做法。他讥笑那种只注意党员日常生活"小节"的训练工作是"修道式的训练"，强调党员应着重于政治训练，还强调理论学习对于中共党的建设的重要性。在讲话结束时，他宣布解散中共旅莫支部。② 从此，全体中共党员都作为联共候补党员接受联共中山大学支部局的领导。

按当时联共（布）党章规定，脱离其他政党的人加入联共，都必须经过两年候补期。张闻天到1928年6月7日才经中山大学联共（布）党员大会表决决定，转为正式党员，党证号码为1230131。

在取消旅莫支部后，张闻天即埋头学习。他后来回忆这段经历时说，"我当时想知道一切马、恩、列、斯所想的，他们的一切理论原则及他们的思想本系"；"我在学习方面是受到奖励的一个"；"在学校内为学校当局及俄国教员器重，在学校工作中占了一个比较重要的近乎'名流学者'的地位。"③

可是，旅莫支部的问题，并没有随着1926年春旅莫支部被解散而完全解决。在1927年夏于塔拉索夫卡学期总结大会上教务派和支部派五天激烈辩论（此事后详）之后，旅莫支部问题又被提起。有人把支部派同旅莫支部联系起来，说什么"支部局落入旅莫支部分子的影响之下"。张闻天是反对旅莫支部的，"但是，在塔拉索夫卡大会批评阿戈尔的错误时，却被阿戈尔的拥护者指责为拥护旅莫支部。"甚至把张闻天说成是"旅莫支部的领袖之一"。④ 张闻天乃于1928年1月用俄文写成《旅莫支部及其他》，进行答辩和澄清（这时阿戈尔已离职）。文章归纳新任教务长库丘莫夫在报告中所指出的旅莫支部的特征，来回答"旅莫支部是什么"的问题。这就是：认为当前世界革命的中心不在苏联，而在中国；认为在苏联留学期间的主要任务是研究革命实践而不是革命理论，理论是抽象的东西，没有实际意义；认为旅莫中国同志应该在联共（布）之外有自己的特别的组织和特殊的教育方法，反对联共（布）和共产国际的领导；其教育工作的特点在于以完善个别共产党员的道德状况为目的的自我批评，至于革命中的正确的政治路线和每个党员积极的革命活动则不是基本的；对工人党员不信任；其铁的纪律服从的不是革命目的，而是党员的道德品质。张闻天写道：

---

① 引自张闻天：《1943年延安整风笔记》。
② 拉狄克讲话内容概述，据张闻天：《1943年延安整风笔记》。
③ 张闻天：《1943年延安整风笔记》。
④ 据张闻天：《旅莫支部及其他》，萧扬译。以下引用此件均据萧扬译文。

我认为，这些问题已由库丘莫夫同志的报告阐述得够充分了。我记得，我们刚到这里时是如何整天坐在小组里进行自我批评，评价谁有百分之几的或大或小的个性，研究每个同志的行为，互相在本子上记录所言所行，作为在会上讨论的材料，我们剩不下时间来研究理论。如果有谁拿起书来读了几分钟，下次会上就会批评他，证明他有百分之几的学院倾向。我们做得很多，而又保持在恐怖之中，可是所有这些都不知道为什么，我们都被某种迷雾所迷惑了……这就是旅莫支部的实质。它的理论和组织，它的教育方法，都是同布尔什维主义不相容的。由于旅莫支部习气的拥护者同布尔什维主义教育的拥护者之间的顽强斗争，1926年春旅莫支部被解散。我在这场斗争中是反对旅莫支部习气的积极参加者，而现在我和其他同旅莫支部习气斗争的人却被指责有旅莫支部习气。这纯粹是蛊惑人心。

文章指出，"旅莫支部已经成为历史，但是这并不意味旅莫支部习气的残余已经完全根除。因为旅莫支部习气不是偶然现象。"文章认为，旅莫支部习气的根源是由中共建党初期入党的小资产阶级知识分子滋润起来的。他们来到莫斯科，不愿研究无产阶级革命理论和实践，"发明某种闭门造车的教育方法"，即所谓"自我批评"。文章反对有些人以反对并不存在的"新的旅莫支部"为名打击在反对阿戈尔的正确斗争中犯了方法错误而认识并改正错误的同志，指出这正是旅莫支部习气的残余。文章指出，一部分同志反对党的机关的决定，反对联共（布）区委的决定，对同志的评价不是根据其工作，而是根据道德状况，把研究列宁主义和马克思列宁主义当成学院主义，凭借亲戚、朋友、同乡关系联系，相互请喝啤酒或上中国饭馆并把这些看成是"走进群众"，这些都是旅莫支部习气残余的表现。文章呼吁同这种"口头上反对旅莫支部习气，实际上保留旅莫支部习气残余"的反党倾向进行斗争。

反对国民党右派，也是"中大"前期斗争的一个重要内容。1926年3月20日，蒋介石阴谋策划了反共的"中山舰事件"。消息传来，在中山大学学生中激起强烈反响。共产党员、共青团员、学生中的国民党左派同国民党右派学生就中国革命问题展开激烈辩论。斯大林、托洛茨基两人相继参加了"中大"学生讨论国共合作的大会。张闻天坚决谴责蒋介石的反共阴谋。随后，两派学生又围绕孙中山先生的"三民主义"理论展开争论。正在争论进行过程中，国民党中央驻中山大学代表邵力子于1926年夏到了莫斯科，并在"中大"同学生们一起听课。张闻天在学校墙报上贴出《质问邵力子》的公开信，以同邵力子商榷的方式，义正辞严地批评和揭露国民党右派破坏统一战线和背叛国民革命的言行，产生了很大影响。①

党组织对张闻天的表现很满意。1927年5月10日，竺廷璋、米夫等三人签署对中山大学二年级一班学生党员的鉴定，注明"对本班采用了比其他各班更高的标准"。其中对张闻天的鉴定为："坚定，没有偏向，守纪律，对当前党的生活和理论问题认

---

① 访问李敬永、朱自纯谈话（1983年12月27、28日）；李敬永：《张闻天的青年时代》，载《革命回忆录》第19辑，人民出版社1986年版。

识清楚，但不够积极。未在国民党人士中模糊党员面貌，能在国民党人士中策略地实行党的路线，对国民党员（共产党员）完全持同志态度，可作为宣传鼓动方面党的工作者任用并独立工作。"①1927年"四一二"蒋介石叛变革命，在上海疯狂屠杀共产党人。张闻天投入了中山大学掀起的声讨蒋介石的怒涛。5月13日，斯大林到中山大学就"四一二"政变引起的时局变化发表演讲，答复关于中国革命的十个问题。斯大林从上午9点一直讲到下午2点多钟，张闻天和沈泽民、王稼祥、沈联春轮流翻译。会后讨论，张闻天发表了很多议论。他因听信斯大林的分析而对蒋介石叛变的性质、中国大革命的前途等问题一时缺乏正确的认识，但是，对蒋介石的叛徒嘴脸和卑劣行径作了深刻的揭露。他对中国革命性质的认识也是正确的，对革命的前途表示了深切的关注。②

1927年六七月间，中山大学内部又爆发了教务处与支部局之间的斗争。这时，张闻天是支部局的候补委员、宣传鼓动委员会的委员。③此时，拉狄克因参加托洛茨基反对派而被解除校长职务，由教务长阿戈尔接任代理校长。阿戈尔和党支部局书记西德尼可夫对学校工作的一些问题存在严重分歧，又各有一批支持者，逐渐形成了派别，称为"教务派"和"支部派"（或称"党务派"）。六七月间，中山大学在莫斯科郊外塔拉索夫卡举行学期总结会议，两派就学校的教务工作和党政工作展开激烈争论，互相攻击，各不相让。会议开了五天五夜，没有作出结论。张闻天和沈泽民、王稼祥参加了这场辩论。他们是支持支部局的。会上，教务派方面曾有人提议开除李卓然、傅钟（他们二人是支部局委员）、张闻天、沈泽民的党籍，付表决都没有通过。斗争之尖锐激烈于中可见。

恰在两派争得难解难分之时，"中大"副校长米夫和王明于8月初返回莫斯科。米夫是在王明（作为翻译）陪同下于1927年率宣传工作者小组往访中国，并在武汉出席了中共五大（1927年4月27日至5月9日）以后，启程返回苏联的。米夫和王明返校后，采取控制第三势力、联合"支部派"打击"教务派"的办法，夺取了中山大学的领导权。暑假后，支部局书记西德尼可夫、教务长阿戈尔都被调离学校，从东方大学调来贝尔曼、库丘莫夫（中国人，首席翻译）接替，米夫则在1927年底接任中山大学校长。他对双方活动分子采取分散和拉拢的两手。李卓然、傅钟、蒋经国等派往列宁格勒军事政治学院学习，俞秀松、董亦湘、周达文等派到列宁学院学习，张闻天与沈泽民、王稼祥等留校。

1927年秋季开学，毕业留校的人组成"教员班"（称"三年级第一班"），共20人，张闻天任班长。教员班的主要任务是培养教员，在苏联或到中国任教。这个班开设四门基础课：政治经济学（列昂节夫授课）、理论和实践（弗拉索瓦授课）、历史唯

---

① 据档案，俄罗斯现代历史文献保管和研究中心，全宗530，目录2，卷宗43，页37—40。
② 据《莫斯科中山大学女生寻踪小记·续篇》，载《瞭望》周刊1986年第9期；杨放之1963年3月28日和1987年5月17日谈话。斯大林：《和中山大学学生的谈话》（1927年5月13日）《斯大林全集》第9卷，人民出版社1954年版，第217—241页。
③ 据同注①档案，卷宗9，页79。这时宣传鼓动委员会由董亦湘、张闻天、朱务善、李培之、陈绍禹等七人组成，董为主席。又据张闻天1929年4月29日写的自传，1926年任支部局候补委员，1926年、1927年任宣传鼓动委员会委员。

物主义、西方史。同时，分政治经济学、列宁主义、西方史、中国革命运动史四个研讨组（也称教研组），从事教学与研究。张闻天参加的是列宁主义研讨组，同组的有潘问友、曾洪易、陈原道、陈绍禹。指导教师为弗拉索瓦。张闻天先后讲授"列宁主义"和"联共党史"两门课程。① 他还是《国际一周》编委会主席，并且兼任1927年10月入学的一年级二班（又称"工人班"）的副指导员，每星期六下午到班上讲时事和答疑。② 这个班的学员大多是参加过上海三次武装起义的工人。张闻天的弟弟张健尔从日本东京帝国大学来莫斯科后，起初也在这个班学习。健尔毕业后进了苏联军事学院，以后当过新闻记者，在30年代苏联大"肃反"中被迫害致死。③

张闻天的工作非常繁忙，常常为没有时间进一步学习和研究而苦恼。他在一份表格中多处写到这种心境："学习中最感兴趣者，即为列宁主义，无产阶级革命的理论与实际。第三年内，对于这门课，曾担任教课，曾加以特别研究。对于中国革命问题，虽想加以同样的研究，苦无时间。""因为我进校后，即担任很多口译笔译工作，所以虽想自己努力研究，常苦于缺乏时间。没有时间，实是我在学习中最大的困难。"他虽然没有时间对中国问题详细研究，但是在教学和党的工作中还是密切关注中国问题的。在同一份表格中，他对学校的教务工作提出"各种材料应尽量中国化"的意见；对党务工作，也建议"多讨论中国党内的现状，及最近发生的问题"。④

张闻天留校工作以后，中山大学内的派别斗争因受联共党内反托派斗争的影响而日益尖锐起来。本来，从1925年秋中山大学创办起，党支部局就依靠中国学生党员中的积极分子宣传斯大林为代表的联共中央的观点，反对托派的观点。由于托派关于中国革命的基本观点（如认为商业资本在中国已占统治地位、封建残余在中国只是微乎其微）和策略主张（反对国共党内合作、主张成立工农兵代表苏维埃开展社会主义革命等）是不符合中国实际的，是错误的，所以托派观点在中国学生中没有多少市场。1927年发生"四一二"反共政变和"七一五"宁汉合流，中国革命由于蒋介石、汪精卫叛变而失败，共产国际在指导中国大革命过程中放弃统一战线领导权、忽视革命武装重要性以及对国民党新老右派妥协退让等右倾错误就显著地暴露出来了。托洛茨基反对派紧紧抓住这些错误发起进攻。在1927年5月开始的这场围绕着中国大革命失败原因的争论中，"中大"的一部分中国学生接受了托派观点，其中有少数学生加入了托派的秘密组织。在十月革命十周年红场上举行的庆祝游行中，"中大"的托派分子梁干乔、陆渊等与俄国的托派分子一道，在游行队伍经过主席台时，在斯大林等人的面前，突然打出"打倒斯大林"、"拥护托洛茨基"等横幅标语，并高呼这些口号。

---

① 据档案：俄罗斯现代历史文献保管和研究中心，全宗530页，目录1，卷宗16，页30、页3；俄罗斯联邦国家档案馆，全宗5284，目录1，卷宗464，页95、页1；张闻天1928年填写的《中国共产主义劳动大学教员班登记表》；《三年级第一班党员及候补党员工作统计表》。

② 据张闻天1928年填写的《中国共产主义劳动大学教员班登记表》。工人班情况，据访问陈修良谈话（1982年5月9日），陈是该班党小组长。

③ 据访问吴福海谈话（1982年5月10日），访问黄浩、张明谈话（在1982年5月11日上午和下午分别进行）。访问郭绍棠谈话（1986年7月19日）。张健尔于1950年10月16日被苏南行政公署追认为革命烈士。

④ 张闻天1928年填写的《中国共产主义劳动大学教员班登记表》。

一时造成混乱，"中大"两派学生发生了殴斗。"红场事件"加剧了联共党内的斗争。12月18日，联共第十五次代表大会通过《关于反对派》决议，批准开除托洛茨基、季诺维也夫出党。"中大"内反对托派分子的斗争在"红场事件"后也紧急开展起来，对"红场事件"进行了严格的清查。查出参与其事的托派分子十多人，立即开除学籍、党籍，将他们遣送回国。

张闻天积极参加了这场尖锐的反对托派的斗争。他和沈泽民坚决地批驳托洛茨基反对派的种种错误观点，在思想上分清是非，对"中大"反托派斗争起了很大的作用。为此，张闻天、沈泽民遭到一些同情托派观点的人和属于"教务派"的人的嫉恨。在一次全校党员大会上，这些人突然提出要支部局处罚张闻天与沈泽民。他们把张、沈痛骂一顿，造谣说张、沈是"旅莫支部残余"，又参加1927年夏天的派别斗争，还诬蔑张、沈怕死，不愿回中国去。会前，他们就在新生中做了广泛的宣传动员。在这批人的集中进攻面前，支部局书记贝尔曼作了无原则的让步，给了张闻天一个"劝告"处分。①

过不多久，中国共产党第六次全国代表大会于1928年6月18日至7月11日在莫斯科近郊五一村召开。张闻天"事先毫无所知"②。会议期间在米夫的安排下，"中大"的陈绍禹（王明）、潘问友、沈泽民、李培之、孟庆树、朱自纯、秦曼云、杜作祥、瞿景白等作为"指定参加及旁听代表"参加了大会秘书处的工作。张闻天等在城内参加六大的文件翻译工作，直到秋天。③

在反托派斗争紧张进行的时候，米夫、王明还依据一些捕风捉影的事实，构陷俞秀松、董亦湘等在薛萼果（即孙冶方）处成立"江浙同乡会"。王明推动交莫斯科出席赤色职工国际第四次代表大会的向忠发到"中大"讲话。向忠发谴责所谓"江浙同乡会"是反党小组织，恫吓共产党内组织同乡会的该"枪毙"。王明在中共六大还就此作了报告。张闻天只是一般地反对所谓"江浙同乡会"，对有的受打击的同志还加以保护。吴亮平回忆当年的情况说："这时，王明通过拉拉扯扯的伎俩，也挤入了翻译队伍。他竭力笼络闻天同志，而对那些不满他的卑鄙行为的人，包括左权、陈启科等同志和我在内，则不择手段地加以打击。但闻天同志，尽管王明使劲拉拢他，却不愿参与他们的活动，而专心埋头学术研究。对于我，他始终是爱护的，有时并把王明一伙要想打击我的情况告诉我。当1927年全校党员大会通过我由团转党时，闻天同志成为我转党的五个介绍人之一。往后在中山大学党内生活中，王明一伙不断诬陷打击我，闻天同志如同往常一样，根据事实为我作了正确的说明，使我亲身体验到闻天同志为人的正直和作风的正派"。④

中共六大以后，中共驻共产国际代表团成立，对所谓"江浙同乡会"一事作了调

---

① 见张闻天：《1943年延安整风笔记》。
② 同上。
③ 据郭绍棠说："1928年夏，张闻天和我一样，被编入为来莫斯科参加中共六大和晚些时候召开的共产国际六大的中国代表团提供服务的学生班，该班一部分人的主要任务是翻译两会文件，俄译汉、汉译俄；另一部分人的任务是抄写译文和复制材料。工作量很大、很繁重，直到秋天我们才完成。"（《回忆张闻天》，载《国外中共党史研究动态》1991年第3期）
④ 吴亮平：《为真理而斗争的一生》，见《回忆张闻天》，第51页。

查,联共中央监委作了决议,责备米夫、向忠发不慎重,不应把事情扩大化;所谓"江浙同乡会"有宗派倾向,但并未形成小组织;批评这次斗争带有无原则性。①

"红色教授"

1928年9月,张闻天由共产国际东方部与联共中央选送,进入红色教授学院深造。同时被选送到该学院学习与研究的有王稼祥、沈泽民、郭绍棠等人。位于莫斯科克雷姆河畔的红色教授学院是苏联的最高学府。张闻天等入学在旅莫中国学生中反响很大。大家都戏称张、王、沈、郭为"四大教授"。就在张闻天进红色教授学院前后,他用"刘云"的笔名同吴亮平合译的马克思的《法兰西内战》,李敬永翻译、经他校订的恩格斯的《家庭、私有财产和国家的起源》(当时译的书名如此),都在莫斯科出了中文版。

虽然被选送到红色教授学院当研究生的这几位学习基础较好,但学院还是进行了极其严格的入学考试。张闻天有一门课程(俄国史)不合格,被录取为旁听生。他读的是历史系东方史专业。在完成第一学年规定的学业时,东方史专业研讨组于1929年5月23日对张闻天的学年成绩作出如下评定:张闻天"提出了两个报告并对他人的报告作了三次发言。对报告完全胜任。表现了工作能力和善于理解问题。张闻天同志的发言是有内容的"。评语肯定张闻天"完全胜任"在劳动大学的教学工作,说他在劳大研究所和中文出版社"作为编辑进行工作,对此有好的反应"。评语还说,"在党性方面张闻天同志是坚强的和守纪律的"。结论是"认为应该列为正式学员,升至二年级,但需通过必要的考试,哲学和政治经济学可予免试"②。1929年6月1日经历史系系务会议讨论通过,并经6月6日红色教授学院院务委员会决定,同意张闻天升为东方史专业二年级的正式生,但必须在9月1日前通过俄国史的口试。张闻天按时补考合格,9月9日,联共(布)中央组织局批准他为红色教授学院的正式学员。

张闻天进入红色教授学院以后,原来很感兴趣但"苦无时间"加以特别研究的"中国革命问题",成了学习、研究的重点。按红色教授学院的规定,每个学员都要担任一项党的工作。张闻天在共产国际执委会东方部任研究员,曾经担任共产国际执委会中国组委员、共产国际执委会中国分部编辑委员会委员。经常任务是,到东方部阅读从中国秘密送来的中共文件,阅读中国报纸,将重要的译成俄文或用俄文写成综合报告供共产国际领导人参阅。共产国际执委会主席团和东方部讨论中国问题的会议,他也经常参加。在共产国际执委会第十次全会期间(1929年7月3—19日),他和沈泽民被调去担任中共代表团的翻译。

在红色教授学院的学习与研究,在共产国际东方部的工作,使得张闻天在1928年至1930年间把主要精力倾注于中国革命问题。1928年下半年写了《关于实际工作中的机会主义》(交中共中央代表团)、《从国民党的五权谈到苏维埃的民权》(发表于

---

① 张闻天:《1943年延安整风笔记》。张闻天说明,联共中央监委决议的内容是周恩来告诉他的。
② 据档案,俄罗斯联邦国家档案馆全宗5284,目录1,卷宗464,页93之反面。

《出路》第 2 期)。1929 年 5 月完成并提交了学年论文《哲学战线的当前分歧和马克思主义方法论的任务》和《中国革命问题》(即上引评语中所说的两个报告)。1930 年,写了《中国共产党的群众行动》、《殖民地政策提纲》、《帝国主义对中国的渗透》、《关于实际工作中的机会主义》、《中国革命的性质与动力》、《中国富农问题》等文章。还研究过《中国的危机》,讲授过"中国取消主义"、"中国土地革命的社会经济前提和任务"等课程。①

对于张闻天所写的研究论文和报告,导师都给予相当好的评价。《哲学战线的当前分歧和马克思主义的任务》是这时张闻天比较重要的一篇论文。②当时,苏联哲学界正进行着德波林派同机械论派的斗争,文章比较全面地批判了机械论派。文章批驳机械论者"科学本身就是哲学"的观点,肯定哲学研究对象的存在,捍卫马克思主义哲学的存在权利;批驳机械论者认为辩证法就是"物理化学的方法"或分析、归纳、演绎等具体方法的观点,强调唯物辩证法是关于思维及其规律的科学;批驳机械论者把思维看成与自然界和人类社会没有联系、因而认为辩证论者是"经院哲学家"、"黑格尔主义者"的观点,强调辩证法是逻辑和理论的统一,形式和内容的统一,指出马克思主义哲学是方法论,同时它反映现实,是自然界和社会的最一般的规律,是科学的理论;揭露机械论者与 18 世纪的机械唯物主义者一样,都认为自然界由同一的最小粒子组成、一切质的差异只是量的差异、粒子的运动只是其位置的移动,强调一切运动都是辩证运动,不能用简单运动说明物质运动的普遍规律而取消辩证法;批驳机械论者把高级的复杂的运动形式"归结"为低级的简单的运动形式的错误,批驳他们否定作为物质规定性的质的存在、否定新质产生的可能性、否定作为客观范畴的偶然性和抽象的观点,阐明质和量、一般和个别、抽象和具体、本质和现象、必然性和偶然性、原因和结果之间及其内部的相互关系,指出机械论者的上述错误终将导致否定客观真理。文章提出,要创立作为一切科学的一般方法论的辩证法理论,要为自然科学奠定唯物辩证法的基础,要把唯物辩证法应用于社会生活领域中的一切紧迫问题。文章最后指出,中国共产党人因为不懂辩证法而在 1925—1927 年的革命中放弃领导权,八七会议后又犯了盲动主义错误。只有唯物辩证法才能帮助我们找到坚定不移的阶级路线。

指导教师季米特里耶夫于 1929 年 5 月 23 日对此文写了评语。认为"作为报告的积极的优点,值得指出的是对分歧的仔细而认真的叙述,以及对机械论错误的明确的原则性的批评"。他还从总体上肯定和称赞张闻天:"他对马克思主义方法的掌握是令人满意的。适合于做专业工作。"同时也指出,张闻天"没有充分地做到""对[论战中]所有本质的分歧点作一浓缩的提纲挈领的叙述"。"他不是经常能够超越跟着论战跑的程度。"③

---

① 据俄罗斯国家档案馆存档案。
② 这篇论文用俄文写成,近年由中央编译局刘啤星译成中文。中国人民大学哲学系博士生张琳在其导师庄福龄指导下写了评介。萧扬据此为《张闻天年谱》写了专条。下文对这篇论文内容的概述,即采用他们的成果。
③ 据档案,俄罗斯联邦国家档案馆全宗 5284,目录 1,卷宗 464,页 93。

同时应该看到，由于张闻天当时接受共产国际对中国革命的指导，在学习与研究中又缺乏从中国实际出发、"学以致用"的深刻的观念，这些论文难免脱离中国实际，若干观点打上"左"的烙印也是不奇怪的。例如，张闻天为答复瞿秋白《中国革命和农民运动的策略》而写的《中国富农问题》，①认为在中国土地革命中应该"加紧反对富农"，就是机械搬用了斯大林和共产国际的主张。当时斯大林推行"全盘集体化"，采取"消灭富农"的政策，斥责布哈林的较为缓和的主张为"富农路线"，并将其对富农的"左"倾政策推广到中国革命中来，改变了中共六大决定的"使富农中立"的政策。

张闻天自从进入红色教授学院之后，同"中大"的关系没有原来那么密切了。不过，他仍然是"中大"（国共分裂后，1928年春改名为中国劳动者共产主义大学，简称"劳动大学"、"劳大"，习惯仍称"中大"）中国问题研究所的研究员，继续担任工人班（一年级第六班）的指导员，还一直在那里讲授"政治常识"、"中国阶级斗争史"课程（直到该校停办）。他仍然在该校中文出版社担任编辑工作。还有，他新建立的小家庭也在"中大"。1928年8月，张闻天在莫斯科郊外小镇兹维尼休养。在这里同苏联姑娘安娜·列昂尼多芙娜·古尔宾斯卡娅相爱。安娜是一位将军的女儿，在工农红军兵员补充勤务管理局第一处任办事员。他们大约在这年秋天同居，住在"中大"主楼底楼的一个七八平方米的小房间里。后来移居安娜家里（莫斯科市特维尔大街科济茨基胡同甲1号71室）。②所以，张闻天进入红色教授学院后并没有完全脱离"中大"这块是非之地，还是卷入了这里的斗争。

从1929年春天起，围绕着政治问题（主要是"富农问题"，中国革命的对象、动力问题）和学校工作问题（主要是"中大"的教育方针要不要"中国化"，进而检讨"中大"支部局的工作方针是否正确），拥护支部局的一派和反对支部局的一派之间的争论与斗争愈来愈尖锐、激烈。对这些问题的认识，在共产国际东方部（以米夫为代表）和中共驻共产国际代表团（1928年7月成立，以瞿秋白为代表）之间也有着严重的分歧，争论又是在联共反托派斗争的背景下进行的，所以斗争异常错综复杂。双方在学校内公开宣传自己一派的主张，打击对方，争取同盟者。特别是拥护支部局（亦即拥护共产国际）的一派，把反对支部局的一派诬为"左派"，后来发现其中混有托派分子，更指其为反党的"左右联盟"，并造成一种反中共代表团的气氛。两派斗争使学校一片混乱，大多数学生无法安心学习。张闻天按照东方部的方针，在中国问题

---

① 《中国富农问题》写于1930年7月23日。张闻天将此文交周恩来转中共中央，为此同时写信给《恩来同志转中国共产党中央委员会》，以答复发表在《布尔塞维克》第3卷第4、5期（1930年5月15日出版）上的瞿秋白的《中国革命和农民运动的策略》和瞿秋白写的、发表时未署名的《富农的争论》。张闻天叙述了围绕富农问题争论的经过，指出秋白把富农分为半地主的富农与资本主义的富农并把它们对立起来，"认为反对半地主的富农应该同反对地主一样，但反对资本主义的富农则应该特别加紧"，"实际上是在忽视中国全体富农的特别危险"，其结果"会使中国共产党放松对于全体富农的特别危险的斗争"。张闻天的文章和信均存中央档案馆。

② 张闻天在莫斯科的婚姻家庭情况，据笔者访问陈修良（1982年5月9日）、西门宗华（1982年5月11日）、张明（1982年5月11日）、李敬永、朱自纯（1983年12月27日、28日）的谈话；张闻天1930年9月17日所填的表格。

■ 张闻天与安娜·列昂尼多芙娜·古尔宾斯卡娅。右一为张健尔。

研究所参加过富农问题及三个营垒问题一类的争论，不赞成瞿秋白的观点；在中山大学学生中，宣传拥护支部局，拥护"国际路线"，反对中共代表团的"右倾"。中共代表团对张闻天很不满，说他"加入过最反动的'新中国党'"①，甚至说他"是国民党的残余"②。

两派的尖锐斗争，在1929年6月17日开始举行的总结工作的全校党员大会上总爆发。两派就上述政治问题和学校问题的辩论，焦点是支部局的路线是否正确。辩论持续了十天十晚，通称"十天大会"。两派尖锐对立，秩序混乱。最后表决，拥护支部局的中国同志约有九十余人、俄国同志三十余人，反对的二十余人，还有二三百人表示怀疑。③ 会后，拥护支部局的一派，以"布尔什维克"（俄语译音，意为多数派）自命。反对支部局的一派，认为他们并非真正的多数，连骨干分子算起来才只有29人，其中一个还有点动摇，就给他们起了个绰号，讥之为"二十八个半布尔什维克"。其时，张闻天和沈泽民、王稼祥因在红色教授学院学习，没有参加"十天大会"；傅钟、李卓然等已到列宁格勒军事政治学院学习，也不在场；王明、曾洪易已回国内。而实际上拥护支部局的也不止29人，吴玉章、林伯渠、徐特立、董必武均在拥护者中。所以，这"二十八个半布尔什维克"的名词与"十天大会"的事实相去甚远。然而，莫斯科中国留学生中确实有一批人思想观点比较一致，包括"十天大会"虽不在场而被指为"二十八个半"的大多数人，他们是坚决拥护共产国际、坚决贯彻"国际路线"而与中共代表团不一致的。这批人后来逐渐形成为教条"宗派"。中共党史上"宗派"这个词的概念，不是指秘密反党的小组织，而是指在思想观点以至策略、纲领上形成的同志间气味相投即结合、不投即反对的关系。而这些思想观点、策略、纲

---

① 邓中夏：《对于肃党的意见》（1930年1月10日），瞿秋白在《清党问题》中也持这种看法。"新中国党"并非反动党派，详见本书第44—45页。
② 1930年4月23日至25日中央代表团会议记录中张国焘的发言。
③ 据张闻天《1943年延安整风笔记》转述杨尚昆的话。

领，后来被证明是错误的。由于人的思想观点是不断变化的，因而这种关系也是不稳固、不长久的。按张闻天当时的情况，可以说是这个教条宗派中的主要成员之一，而且其地位的重要性后来还有提高。不过，他同这个教条宗派为首的王明，个人之间并没有私交，在品格和作风上也是大相径庭的。

"十天大会"没有解决矛盾反而加剧了矛盾，所以，1929 年暑假以后，联共（布）中央决定改组学校领导班子。米夫不再任"中大"校长，由原莫斯科大学校长威格尔接替；原支部局书记贝尔曼当教员。反支部局的学生如李剑如、余笃三等人送国际列宁学校学习，拥护支部局的何子述、秦邦宪、杨尚昆、李敬永等转入此时已并入共产主义科学院的中国问题研究所。然而，这些组织措施并没有缓解学校内部的斗争，托派及其他反对派分子反而又乘机活动起来，扩大他们的组织和影响。"中大"的情况越来越糟。在此之前，1929 年 4 月联共（布）中央和中央监委已决定进行清党，矛头主要针对布哈林"右倾"集团。这时，鉴于"中大"的混乱局面，联共中央监委决定立即在"中大"清党。

1929 年 10 月起，"中大"开始清党。清党委员会完全运用联共清党的一套方法，对"中大"党团员和学生搞人人过关。对清党标准的掌握也是严重扩大化的，把少数托派分子与多数对学校工作有意见的同志相混淆。同时，清党又带着宗派观念，是否拥护支部局实际上成为有无问题的标准之一。到 1930 年暑假前，清党才结束。七百多学生只二百多人顺利通过为党员，开除党籍者达七八十人，团员大多被开除团籍，其余分别受警告、劝告等处分。① 学校就此停办。中共代表团亦由共产国际监委宣告取消。张闻天当时不是"中大"支部的党员，没有在"中大"清党委员会中担任职务，也没有正式参加"中大"的清党，但有时也应邀出席清党会议，在会上发过言，当过一二次大会的口头翻译。张闻天日后曾这样评述这次清党：这是米夫、王明宗派反对中共中央领导的第一次决战的"胜利"，这"胜利"放下了米夫、王明宗派夺取中共中央领导权的基础。②

反对"立三路线"

正当莫斯科中山大学进行反托派斗争和清党的时候，中国革命进程中又出现了李立三"左"倾冒险主义的错误。张闻天在"立三路线"形成时就较早采取批评态度，虽然这种批评并不彻底。在"立三路线"失败时，他又是批判"立三路线"的积极参加者。

李立三的"左"倾冒险主义错误，是在共产国际"第三时期"理论及其"左"的错误路线、策略指导下产生的。

1928 年 7 月，共产国际六大依据斯大林对世界革命形势的分析，正式提出"第三时期"理论。这种理论将第一次世界大战后的世界革命划分为三个时期：第一个时期

---

① 清党结果众说纷纭。此处据 1941 年 10 月 22 日政治局会议记录和张闻天的《1943 年延安整风笔记》。
② 据张闻天：《1943 年延安整风笔记》。

从 1918 年至 1923 年，是资本主义制度陷于严重危机无产阶级采取直接行动的时期；第二个时期从 1923 年至 1928 年，是资本主义相对稳定，资本主义经济恢复，无产阶级继续斗争的时期；第三个时期从 1928 年起，是各资本主义国家内部矛盾日益剧烈，殖民地人民的革命斗争日益发展，资本主义总危机不断尖锐化，无产阶级开始进行直接革命的时期。它是战后资本主义总危机的最后一个时期，必将出现世界性的普遍的革命高涨和十月革命那样的有利形势。从 1929 年起，资本主义世界爆发了一场空前严重的经济危机（这场危机一直持续到 1932 年末）。1929 年 7 月召开的共产国际执委第十次会议认为，这越来越明显地证实"第三时期"理论对形势估计的正确，对革命形势的发展也就更加乐观，认为这个时期是资本主义总危机的增长，必将发生帝国主义国家之间的战争，帝国主义国家反对苏联的战争，反对帝国主义的民族解放战争。战争引起革命。新的革命高潮的发展，将导致资本主义的总崩溃。"第三时期"理论虽然看到了资本主义危机爆发的征兆，揭示了资本主义发展的总趋势，对动员各国无产阶级和被压迫民族进行革命斗争起过作用，但是，它对资本主义世界未能作出科学的分析，对资本主义的发展过程及其长期性和复杂性估计不足，夸大了世界无产阶级的觉悟程度和革命力量的增长速度。所以，"第三时期"理论的基本思想是"左"倾的，对形势的判断是错误的。

在"第三时期"理论的指导下，形成了一条"左"倾的"进攻"路线。这条路线夸大革命高潮，混淆革命阶段，提出"城市中心论"，实行集中力量打击中间势力的策略，在党内则要求加紧进行反对右倾机会主义和右倾调和的斗争。

共产国际在六大以后至 1935 年七大以前，都是推行这套理论和这条"进攻"路线的。中国共产党作为国际的一个支部，自然要执行共产国际的决议和指示。1928 年 2 月、6 月、8 月，共产国际执委先后给中共中央发出三封指示信，要求中共加紧进行反对右倾和反对富农的斗争，加紧进行反对国民党改组派和中间力量的斗争，还要求让赤色工会公开。这三封信，对"立三路线"的形成都有影响。1929 年 10 月 26 日的第四封指示信，对"立三路线"的形成起决定作用。这封信是在 1929 年 7 月发生"中东路事件"的背景下写的。信中认为，"中国已进到了深刻的全国危机底时期"，提出"变军阀战争为阶级的国内战争"的"紧急口号"，作为中国共产党在当时的中心任务。李立三控制的中共中央作出决议，[①] 表示完全同意国际的指示，并向全党发出第 70 号通告，规定"目前总的政治路线"就是动员全党"变军阀战争为国内的阶级战争"，并将"武装保卫苏联"列为党的中心任务之一。李立三又在《红旗》上发表《第三时期与中国革命》、《怎样准备夺取一省与几省政权的胜利条件》、《论革命高潮》等文章，系统论述以城市暴动为中心，取得"一省或几省首先胜利"的"左"倾路线。他还提出了全国武装暴动的计划。

当时在上海的共产国际远东局代表罗伯特对李立三的一些估计、主张有不同看法，双方发生争论。罗伯特认为中共党内既要反对右倾，也要反对"左"倾，而李立

---

① 1930 年 1 月 11 日，中共中央政治局会议讨论共产国际十月来信，作出《接受国际 1929 年 10 月 26 日指示信的决议》。该决议和下文提到的 70 号通告全文见《中共中央文件选集》（6），中共中央党校出版社 1989 年版。

三则强调主要危险是右倾。这一争论反映到莫斯科共产国际。张闻天因工作关系了解到了争论的情况、双方的观点,针对着当时已经显露出来的李立三的"左"倾冒险主义倾向,于1930年5月19日写了一篇理论文章——《论两条战线的斗争》。① 张闻天指出:"各国共产党现在不但要反对党内的右倾,而且也要反对党内的'左'倾","换句话说,各国共产党内的斗争,是两条战线的斗争,是反对右倾与反对'左'倾的斗争"。针对中国共产党目前的状况,张闻天认为中共六大以后,盲动主义的"残余在党内还是存在着的",其主要表现是:

> 最近南方各省游击队的胜利,使一部分同志过于估计了自己的力量,以为中国现在已到了直接革命的形势,可以到处举行武装暴动,以为只要依靠红军力量就可以取得中国革命一省或数省的胜利。在苏维埃区域内,因为反对富农,所以也不顾到中农的利益;在黄色工会中,不用赤色工会的政纲夺取他们的群众,却想把赤色工会支部同黄色工会做组织上的对立等等"左"的主张。

张闻天由此提出:"中国共产党内两条战线的斗争,是党内最主要的任务。在反对党内主要的危险右倾时,党是一刻也不能放松反对'左'倾的。""对于这种'左'倾,我们的党必须给以严重的打击。"这些论述,是对正在形成中的李立三"左"倾冒险主义的理论及实际的尖锐批评。

当时,共产国际执委对中国革命形势的估计是,"最近这一年来,由于客观的条件,盲动主义的实际,和军事冒险主义,已经丧失了自己基础"②。米夫也在《共产国际》杂志发表文章说,共产国际六大以后,"情况有了本质的变化。'左'倾已经失去了一定的土壤"③。在这样的情况下,张闻天能公开指出"中国共产党一刻也不要忘记'左'倾的危险",显示了他政治上的清醒和理论上的勇气。这当然不是无本之木,无源之水。这是张闻天多年来致力于研究列宁主义和联共历史的结果,也是他在力所能及的范围内研究中国革命问题的结果。张闻天的这篇文章,正是以列宁主义为指导,结合联共的历史和中国的现状,来阐述和论证关于两条战线斗争的一系列主要观点的。他指出,党"是在两条战线的斗争上发展起来与巩固起来的";"所谓'左'倾,照列宁看来,本质上是同右倾一样的","不要以为不顾一切主张暴动的左的盲动主义要比反对一切暴动的机会主义'总要革命些'";"右倾同'左'倾本质上虽是相同的,但是他们表现的方式是不相同的",然而"他们在反对党的领导中间是互相效劳的";"犯右倾错误的人,常常因右倾的不成功而'左'倾,犯'左'倾的人,因'左'倾的失败而右倾";只有"同右的尾巴主义,'左'的冲锋主义,做两条战线的斗争","共

---

① 《论两条战线的斗争》最初连载于1931年1月5日、17日、2月2日出版的《实话》第5、6、8期。写作背景据《张闻天文集》第1卷收入该文写的"选编说明",见该书,中共党史资料出版社1990年版,第137页。引文均据该书。

② 《共产国际执委给中共中央关于中国革命现势、前途和目前任务的信》(1929年2月),见《中共中央文件选集》(5),中共中央党校出版社1983年版,第49页。

③ 米夫:《中国共产党当前的任务》,见《米夫关于中国革命言论》,人民出版社1986年版,第168页。

产党才能夺取千百万工农群众到自己的领导之下来"；等等。这些意见都从理论上阐述了党内两条战线斗争的规律，有助于全面地理解与把握反倾向斗争。

在指出张闻天此文反对"左"倾危险、批评"立三路线"错误的积极意义的同时，也应该看到，张闻天当时并没有越出"第三时期"理论和"进攻"路线的樊篱。《论两条战线的斗争》清楚地留着"左"的烙印。在论文中，他同样认为"右倾的危险是各国共产党目前最主要的危险，是在世界革命高潮到来的过程中最大的障碍物"，因而"反对右倾机会主义的斗争"是全世界各国共产党内"目前最主要的任务"。对于中国共产党目前状况的估计，他也认为"最主要的危险，是右倾和对于右倾取调和态度的危险"。张闻天文中列举的所谓右倾的种种表现："对于改组派改良主义的幻想，对于乡村富农的让步，对于中国革命高潮已经开始的否认，对于黄色工会领袖的妥协，对于工人阶级运动与农民战争的估量不足与军事投机等等"，也都是用集中力量打击中间势力、加紧反对富农、夸大革命高潮等"左"倾策略与观点观察形势作出的错误判断。

《论两条战线的斗争》这篇论文反映了张闻天思想上存在的深刻的矛盾。一方面，是一个注视现实的清醒的理论家，另一方面，又是一个与实际脱节的书生；一方面，肩膀上长着自己的脑袋，不失独立思考的品格，另一方面，又充斥着共产国际的条条框框，满怀着对"国际路线"和斯大林的轻信盲从。这是一点也不奇怪的。张闻天留学莫斯科五年，固然打下了比较坚实的马克思主义和列宁主义的理论基础，提高了观察与分析问题的能力和理论概括的能力，但同时也接受了不少消极的影响，成为未来行程中沉重的包袱。20年代中后期正是共产国际"左"倾理论与策略急剧发展的时期，而中国共产党还处于幼稚阶段，党内盛行把马克思主义教条化，把共产国际决议和苏联经验神圣化，像张闻天这样的缺乏实际斗争经验的革命知识分子，很难摆脱历史的限制和自身的弱点而不陷入教条主义的牢笼。

张闻天写成这篇论文后，立即向国内党中央的刊物寄发。但是，这篇论文还没有走出苏联的国境，李立三就以他那狂热的革命感情，在"会师武汉，饮马长江"一类浪漫想象中，发动了争取"一省数省首先胜利"的全国武装暴动。张闻天这件不完全的"批判的武器"没有来得及（事实上也不可能）在阻遏李立三冒险发动的这场"武器的批判"方面发挥任何作用。但这篇论文还是有它的价值。这不仅因为它是中国党内最早批判"立三路线"的理论文章之一，而且因为它是张闻天思想发展途程中的一个标志。从后一种意义上说，这篇论文可以看作是张闻天在红色教授学院乃至留苏五年的毕业答卷。它相当全面地反映了张闻天当时的思想认识和政治、理论水平，包括他的正确与错误、成绩与不足、优长与劣势、睿智与迂阔……它同时也蕴含着日后犯"左"倾错误以及较早觉悟纠正"左"倾错误的内在的"基因"。"立三路线"是短命的。仅三个月，惨痛的失败就宣告了"左"倾冒险主义的破产。中共六届三中全会结束了"立三路线"在党内的统治地位。随后，李立三被共产国际召回莫斯科学习、检讨。

李立三在1930年12月下旬到达莫斯科。张闻天同张国焘、郭绍棠等一起到车站迎接。一路交谈，感到李立三对错误认识不足。张闻天等生怕开会时形成顶牛。出乎意料的是，在东方部召开的会议上，大家进行一番激烈的批评之后，李立三立即痛痛快快地承认错误，检讨相当深刻。东方部向国际执委会写了书面报告。紧接着，共产国际执委主席团专门举行了关于"立三路线"问题的讨论会。在这前后，张闻天还领导列宁学院的中国同志开展反对"立三路线"错误的斗争。①

"立三路线"很快得到了纠正。可是，导致"立三路线"错误的指导思想"第三时期"理论和"进攻"路线却没有被触动，而且还在继续发展和扩充。这就决定了共产国际所选拔和任用的中共新的领导集团，必然在"左"倾的歧路上跑得更远。经过在莫斯科五年的学习与工作，张闻天也是被共产国际选中的一个。这在当时是一种光荣，也是一种重托。张闻天感到这正是自己为中国人民的解放事业作出贡献的机会。但事实上，参与领导中国革命的这副担子，对于缺乏实际经验的张闻天说来，是过于沉重了。在中国革命未来的曲折征程上，他将怎样冲破教条主义的牢笼，走上正确路线的轨道呢？

---

① 访问郭绍棠谈话（1986年7月19日）。

第七章　在白色恐怖下

回国

1931年1月，张闻天接到通知：立即回国，参加国内斗争。他的好友杨尚昆与他结伴同行。

回国，是张闻天早已盼望的事。当初赴莫斯科留学，只说是几个月时间，不想一住就是五年。同来的人中，沈泽民、王稼祥、吴亮平、陈昌浩等都已经回国了，现在国内又缺干部，所以张闻天在1930年12月又一次向共产国际提出回国工作的请求，总算被批准了。他很高兴。不过，张闻天已经在莫斯科有了家室。儿子刚过周岁，正咿呀学语。他不能不考虑：妻儿怎样安排？他想带他们一同回国。他的妻子却不赞成。她看到了许多实际的困难：这一行横跨欧亚两大洲，行程几万里，回国后从事地下斗争，白色恐怖下出生入死……一个异国女子跟着到中国，怎么行？是啊，革命与家庭很难两全。顾了革命事业，就不能不抛弃家庭和爱情了。张闻天只得叮嘱安娜好好抚养儿子①，等待中国革命胜利的消息！

当时，中国革命者从莫斯科秘密回国，主要有两条路线。一条是海路，绕道欧洲，乘海轮出苏伊士运河，过印度洋，经新加坡到香港或上海；另一条是陆路，乘火车，穿行西伯利亚，偷越中苏边界，到东北。海路安全，但走得慢，花费大；陆路艰苦，也有一定危险，但走得快。张闻天、杨尚昆回国，走的是陆路。

东去的列车把他们从苏联的心脏莫斯科一直拉到远东边陲，在靠近海参崴的双城子（即乌苏里斯克）下车，又乘一段火车到达绥芬河边界，那里有一个苏联人建立的秘密交通站。张闻天和杨尚昆在交通站吃了一顿热腾腾的晚饭，就脱掉大衣，换上皮袍，打扮成商人模样。稍事休息，就有一个苏联同志来带他们偷越国境了。

室外是零下三四十度的严寒，呵出来的热气很快就在眉毛上结成了霜花。下弦月还没有出来，皑皑雪原白蒙蒙一片。张闻天和杨尚昆默默地跟着那个苏联向导前进。张闻天深度近视，在积雪中一脚高一脚低地走着，跟跄不已。就这样，他们翻过了一座满地积雪的大山，顺利地到达中国的边境小镇五站，没有遇到一点麻烦。他们不由

---

① 张闻天的这个儿子，在1941年夏，从德军占领的一个疗养院中逃出，牺牲于炮火中。

得深深地舒了一口气：祖国啊，您的儿子回来了！

他们被安顿在中国人建立的一个秘密交通站，在热炕上舒坦地睡了一觉，第二天就搭上了开往哈尔滨的火车。神秘的旅行继续进行。他们在哈尔滨找到了地下交通站——一家湖南人开的湘绣店。店主人热情地款待他们，又顺利地把他们送上直开大连的客车。张闻天、杨尚昆顾不得观赏大连这座海滨城市的旖旎风光，就匆匆登上驶往上海的轮船。经过一天两夜的颠簸，终于回到了阔别五年的上海。

他们到达上海的这天，正巧是辛未年的大年初一（公历1931年2月17日）。早晨开始，纷纷扬扬地下起雪来。店铺关门过节，原本纷扰的这座中国第一大都会似乎失去了活气。张闻天是老上海，对这个城市很熟悉。他带着杨尚昆，来到闹市区。在四马路（即福州路）上找了一家旅馆，开好房间。安顿下来之后，即用暗语写好一个字条，设法去同党中央取得联系。张闻天按照事先规定的秘密接头办法，到沪西康脑脱路（今康定路）寻到一个小人书摊。他走上去借了一本小人书来看，趁无人注意时，把预先写好的字条夹进书里，郑重其事地还给看摊的。那字条上写的，就是他们现在住的旅馆、房号和名字（当然是假名）。

可是，信发出两天，还不见人来。老天也哭丧着脸，阴沉沉的。积雪融化，马路上都是泥水。上街固然冒险，成天待在旅馆里也会令人生疑。张闻天和杨尚昆实在耐不住了，就到外滩一带兜圈子，希望碰到熟人。说来真巧，在大马路（即南京路）口刚好碰着陈昌浩。他们即请这位莫斯科的同学把他们回到上海的消息转告中央。当天晚上，秦邦宪就到旅馆来看望他们。差不多同时，内部交通也收到了交在小人书摊上的信，派人来接头。关系总算接上了。①

这时，以王明为代表的"左"倾教条主义已经在党内开始统治。经过1931年1月7日的六届四中全会，在共产国际代表的支持下，他们在组织上取得了合法的领导权，将瞿秋白等同志以"调和路线错误"的罪名排斥在中央领导之外。而反对四中全会的罗章龙、王克全等人，走上了分裂党的道路，有的被开除出党，有的被开除出领导机构。②另一批反对四中全会的同志何孟雄、林育南、李求实等，则不幸于1月17日在东方饭店集会时被捕，2月7日在龙华英勇就义。张闻天回到上海的时候，六届四中全会以后的中央已经计议以开展"反右倾"斗争、"改造各级党的领导"为名，向各地派出一批干部：派夏曦到洪湖任湘鄂西中央分局书记，派任弼时、王稼祥、顾作霖组成中央代表团到中央苏区，派曾洪易到赣东北等。张闻天的挚友沈泽民，原来担任党中央宣传部长，也已决定派往鄂豫皖担任中央分局书记。③张闻天回来，正好填补宣传部长这个空缺。张闻天并不感到突然，他觉得这正是自己施展才能，为中国人

---

① 张闻天与杨尚昆从莫斯科回上海的一路经过，据张闻天1967年写的一份材料和杨尚昆《坚持真理竭忠尽智——缅怀张闻天同志》，见《回忆张闻天》，第2—3页。上海天气据《鲁迅日记》。

② 中共六届七中全会《关于若干历史问题的决议》指出："以罗章龙为首的极少数的分裂主义者，对于他们，无疑地是应该坚决反对的；他们之成立并坚持第二党的组织，是党的纪律所绝不容许的。"

③ 沈泽民去鄂豫皖中央分局任书记的决定是1931年2月13日中央政治局会议作出的。沈大约在3月20日左右离沪赴任。3月28日，中央常委会会议决定增派张国焘前往鄂豫皖，任中央分局书记兼军委书记，沈泽民改任中央分局常委、副书记（在1931年5月17日鄂豫皖区党员代表大会上正式当选），鄂豫皖省委书记（在1932年1月鄂豫皖第一次代表大会上正式当选）。

民的解放事业作出贡献的机会。

从 1931 年 3 月 2 日起，张闻天以中央宣传部长的身份列席中央政治局常委会和中央政治局会议，①接着又兼任党报委员会书记和苏区委员会负责人。②他接任以后，首先对党报工作进行了调整。原来出的《红旗日报》停刊，改出内部秘密刊物《红旗周报》和半公开的报纸《群众日报》。3 月 9 日，新的党中央机关报《红旗周报》创刊，差不多同时，《群众日报》也问世了。这时，编《红旗周报》，写文章，成了张闻天的主要任务。他工作勤奋，文思敏捷，仅仅两个来月，就在《红旗周报》、《群众日报》、《实话》、《布尔什维克》等党的报刊上发表了十四五篇文章，分析政治形势，揭露帝国主义，抨击南京政府，指导党的工作。这时他用的笔名是"思美"，以及"思美"的变音"斯勉"、"西曼"。

张闻天担任宣传部长后工作刚刚有了头绪，突然，党中央机关出了大事：中央政治局委员、特科保卫科长（主管情报和保卫工作）顾顺章叛变。顾顺章以大魔术师职业为掩护，送张国焘进鄂豫皖苏区。任务完成后在汉口继续演出。4 月 24 日，在街上被叛徒碰到而指认。顾被捕后即叛变。他了解许多党的机密，知道中央机关和不少领导干部的地址，破坏作用不堪设想。幸好，顾叛变并由汉口顺江东下的电报（先后六封），都被打入国民党中央组织部调查科的共产党员钱壮飞收悉。他立即派女婿刘杞夫连夜从南京赶到上海，找到中央特科的李克农，李立即通过陈云转报党中央。党中央委派周恩来全权处置。周恩来在陈云等协助下，立即采取紧急措施，这才避免了一场毁灭性的打击，使在上海的共产国际远东局和中共中央机关都得以转移。干部都能隐匿起来。

面对严重的白色恐怖，张闻天沉着冷静地坚持斗争。他负责的《红旗周报》，到 5 月 25 日就又继续出版了。张闻天还接手掌管同共产国际通讯的秘密电台。这电台本来由顾顺章负责的特科掌管。不过，电台人员并不同张闻天直接接触，有一名秘密交通员从中联络。

批判"取消派"

在顾顺章叛变后紧张的日子里，张闻天一直没有放下手中的笔。从 4 月底到 6 月中旬，他写了两篇批判"取消派"的长文：《是取消派取消中国革命，还是中国革命取消取消派？——评"中国左派共产主义反对派政纲"》和《中国经济之性质问题的研究——评任曙君的〈中国经济研究〉》③，为在理论战线上战胜'托陈取消派"发挥了重要作用。

---

① 据现存会议记录。在此前后，张闻天担任过很短一个时间的《实话》编辑。

② 3 月 28 日，中央常委会决定由张闻天主持苏区委员会工作，并担任党报委员会书记。据会议记录，苏区委员会成员为：思美（即张闻天）、云臻（即聂荣臻）、朱深（即李竹声）；党报委员会成员为：思美、弘毅（即曾洪易）（将采由孙仲良担任）、汉年（即潘汉年）。

③ 分别载《布尔什维克》第 4 卷第 3 期（1931 年 5 月 11 日）和《读书杂志》第 1 卷第 4、5 期合刊（刊物标明 1931 年 8 月 1 日出版，实际编定于 1931 年 11 月，1932 年 4 月出版）。署名分别为思美和刘梦云。两文均收入《张闻天文集》第 1 卷。

对中国社会性质的认识决定着对中国革命的性质、任务、动力等等的认识，这是一个关系革命成败的根本问题，在国内外久有争论。在中国大革命高潮中，这个问题成为联共党内争论的焦点之一。在这个问题上，托派的观点是错误的。托洛茨基认为，在中国，封建主义势力只是"残余的残余"，资本主义关系已"无条件的占优势和占直接统治的地位"，①断定中国已经是一个资本主义国家，革命的任务对外主要是争取关税自主，对内就是反对资产阶级和富农。拉狄克也认为中国早已是一个"商业资本主义社会"，"中国农村中的农民斗争与其说是反封建残余，不如说是反对资产阶级"。②大革命失败以后人们对中国革命的性质及其前途产生了疑问，具有决定意义的中国社会性质问题也尖锐地提了出来。人们迫切需要明确：蒋介石的南京政府建立之后，中国的民主革命是否已经完成？中国社会的性质是否发生了质变？中国的革命究竟应该朝什么方向发展？

在1928年6月中共六大之前，党内许多人对这些问题的认识比较混乱。斯大林会前会见中共中央领导人瞿秋白、周恩来、李立三、向忠发等，指出大革命失败后，中国革命的性质依旧是资产阶级民主革命，不是"不断革命"，也不是社会主义革命；中国革命的形势是处于两个高潮之间，即革命处于低潮而不是高潮，但正在走向高潮。③中共六大作出的《政治决议案》，肯定了大革命失败后的中国社会仍然是半殖民地半封建社会，明确指出："中国革命现在阶段底性质，是资产阶级民主革命"，其基本任务是推翻帝国主义的统治和进行土地革命，革命的力量主要是依靠工农，方法是武装斗争。这些分析、判断和决策，基本上是正确的（斯大林和中共六大的缺点与失误将在下节中谈到）。托洛茨基派则坚持其错误的理论和主张。

在中国，留苏回国的托派分子与陈独秀、彭述之等接受了托洛茨基主义的老党员逐渐结合起来，组成"托陈取消派"，在中国革命性质等根本问题上与中共六大根本对立，坠入了取消主义的泥坑。陈独秀于1929年8月5日就中国革命问题致信中共中央，认为1925—1927年革命"开始了中国历史上一大转变时期"，其特征"主要的是资产阶级得了胜利"，封建势力已"变成残余势力之残余"，中国社会已经是资本主义的社会了。因此，中国资产阶级民主革命已经完结，中国革命的任务已是剥夺资产阶级的财产，建立无产阶级专政，建成社会主义社会，革命的性质属于无产阶级社会主义革命；不过，革命性质虽已转变，革命条件却不成熟，目前中国社会是在资本主义占优势并将得到和平发展的时期，并无革命形势。因此，中国无产阶级只有等待资本主义发展起来，到那时才能"把社会主义革命提到议事日程上来"。他们指责中国共产党在大革命失败后领导土地革命，执行的是以"盲动主义和命令主义"为特点的"机会主义路线"。陈独秀的信挑起了中国共产党和"托陈取消派"关于中国社会性质和革命性质的争论。

---

① 托洛茨基：《中国革命的回顾及其前途》，见《中国革命问题》第2集，第43—44页。
② 转引自斯大林：《和中山大学学生的谈话》，见《斯大林全集》第9卷，人民出版社1954年版，第217页。
③ 参见斯大林：《关于中国革命问题》（1928年6月9日），载《党的文献》1988年第4期。周恩来：《关于党的"六大"研究》，见《周恩来选集》上卷，人民出版社1980年版，第157—159页。

针对陈独秀的信，中国共产党首先在党内开展对"托陈取消派"的斗争。1929年10月，中共中央政治局作出《关于反对党内机会主义与托洛斯基主义反对派的决议》，谴责陈独秀的信完全推翻中共六大确定的路线和策略，走到了极可耻的取消主义；11月，作出了开除陈独秀党籍的决定。与此同时，党又组织革命的社会科学工作者同托派展开论战。1930年4月，王学文、潘东周等在《新思潮》月刊第5期推出了《中国经济研究专号》，从分析中国经济性质论定中国社会性质是半殖民地半封建社会，驳斥了托派等歪曲中国经济性质的观点，时称"新思潮派"。而托派分子严灵峰和任曙即撰文反对王学文等人的看法，他们玩弄马克思主义的词句，断言中国已是资本主义社会。严灵峰的文章大多登在《动力》杂志（1930年7月创刊，只出了两期）上，故称"动力派"。还有代表国民党的陶希圣、顾孟余等的"新生命派"和以汪精卫为代表的国民党改组派，也发表过一些奇谈怪论，其真面目容易识破，不成气候。"新思潮派"和"动力派"是这场中国社会性质问题论战的对立的两个主要派别。1931年1月，任曙出版《中国经济研究绪论》一书。接着，严灵峰又将他的有关论文结集为《中国经济问题研究》于6月印行。而《新思潮》月刊这时已被查封，故任、严这两本小册子得以猖狂一时。国民党则利用它们来反对共产党、红军和土地革命。

在关于中国社会性质问题的论战开始的时候，中国的托派形成了四个小组织："无产者社"、"十月"派、"我们的话"派、"战斗"派。他们围绕政治策略问题进行了长时间的争论，还就争论问题向托洛茨基请教。1931年1月8日，流亡在土耳其的托洛茨基复信回答他们的问题，并提议四派组织应该"立即统一"。于是，四个小组织便召开了"统一协商会议"。经过三个多月争吵，基本上取得一致。5月1日至3日召开统一代表大会，成立了托派组织"中国共产党——列宁主义者左翼反对派"，并通过了陈独秀起草的"统一政纲"——《中国共产党左派反对派纲领》，大有树起旗帜，大干一番的气势。

在当时的形势下，反击"托陈取消派"的进攻，驳倒他们取消革命的谬论，成为党的宣传理论工作的紧迫任务。张闻天接连写就的这两篇论文，正是为了适应这场斗争的需要。

在《是取消派取消中国革命，还是中国革命取消取消派？》一文中，张闻天首先揭露了"取消派"政纲对中国目前革命形势估计的谬误。取消派认为，中国资产阶级民主革命早已终结，工农运动完全处于衰落状态，资产阶级取得政权，发展到现在，就要"利用民主的统治形式"了。蒋介石南京政府之所以要"召集国民会议"，就是要利用民主的统治形式，来抑制军人，统一国家主权；而国际帝国主义为挽救其1929年开始的严重经济危机，正愿意以它的剩余资本向中国投资。据取消派的逻辑，这种投资"可以造成中国的经济复兴"；经济复兴"将重新集合工人到工厂，提高他们的阶级自信力，造成组织工会和扩大共产党影响的条件"，这样慢慢发展下去，"以后不可免的经济恐慌，将成为革命的新的推动力"，到那时，所谓"第三次革命"就要来到了。

张闻天针锋相对地指出，大革命失败后，中国民族资产阶级"虽然也参加了地主与买办阶级的政权，但是政权的主要性质还是地主与买办阶级的"，"决定一切的还是帝国主义,地主与买办资产阶级";过去革命所要解决的任务,现在还是没有解决,所以,"中国目前革命的性质还是资产阶级的",但它的领导则是无产阶级了。张闻天还尖锐地揭穿取消派描绘的在所谓经济复兴中发展中国革命的骗人图画,指出帝国主义倾销过剩商品和输出剩余资本,不可能带来中国经济的复兴,只能破坏中国经济,"使中国更进一步殖民化","中国半殖民地经济的恐慌,现在不但没有复兴的希望,而且是在一天一天的加深"。他指斥道:"取消派的这种观点同国民党现在所宣传的以外资开发中国实业,则各方面(帝国主义者,中国资本家,地主,国民党以及非国民党军阀,官僚,以及工人与农民)都有好处的理论有甚么丝毫的区别?"

取消派既然提出"过渡时期"的全部策略就是要求召集国民会议,那么,对于中国共产党领导的武装暴动和苏维埃运动,就必然大加挞伐。取消派的"政纲"污蔑苏维埃运动"只是冒险和高调",指责在农村组织红军、创立根据地是"官僚的冒险主义政策"。张闻天怀着愤怒和轻蔑,画出了取消派反对中国革命、取消中国革命的嘴脸:"当中国的工农群众为了打倒帝国主义,为了推翻国民党的统治,为了夺取土地,拿着武器起来暴动时,取消派就吓得魂不附体,拼命跪着向工农群众宣传,说:现在没有无产阶级革命,没有无产阶级政权,现在你们还不能胜利,你们还用不着组织红军与苏维埃。你们还是等等罢,你们要等国民党借外债复兴了中国的经济,再等到经济发生恐慌,等到重要的工业和政治中心的工人开始革命,等到了他们革命胜利以后,那时你们再来成立红军成立苏维埃罢。"把取消派的叛卖本质,刻画得入木三分。张闻天痛斥这批自称"左派"共产主义者的角色,"已经右到不能再右","是脱离,惧怕,并反对工农群众的小资产阶级知识分子的反革命集团"。历史的发展很快就验证了张闻天的预言:不是取消派取消中国革命,而是中国革命取消了取消派!

如果说这一篇文章主要是以刚刚出笼的"统一政纲"为对象,从政治上、策略上批驳"左派反对派",那么张闻天的《中国经济之性质问题的研究》一文,就是通过参加中国社会性质的学术论辩来驳倒取消派政治策略所赖以建立的理论基础。

张闻天完全以学者的姿态参加这场论争。

他采取了隐蔽斗争的巧妙办法。他把文章寄给了王礼锡主编的《读书杂志》。这家杂志公认是中间立场,既不偏于"新思潮"派,也不偏于"动力"派,而且正为"中国社会性质"论争征文。文章用了"刘梦云"的化名,文末故意标明写于"日本东京",并特地将稿件从上海寄往日本,再由友人从东京返寄上海,使这篇文章成为一个侨居日本的中国学者前来参加国内学术论争的样子。全文3.5万字,充满论辩色彩,直接批判的对象是任曙的《中国经济研究绪论》[1],同时也批判了任曙的同道严灵峰的观点。[2]

对帝国主义、民族资本、封建势力这三种社会势力的相互关系的不同认识,导致

---

[1] 该书1931年1月15日出版。任曙,原名任旭,又名任昭明,四川南充人。1927年曾任中共中央农民部秘书、全国农民协会临时党团书记、中共中央长江局成员等职。以后加入托派组织"无产者社"。

[2] 严灵峰是托派组织"战斗社"的成员,他把自己的文章编成《中国经济问题研究》一书,1931年6月由新生命书局出版。张闻天是在写作此文的中途读到严著的,故文章最后两部分(第六、七部分)才涉及严著。

对当时中国社会性质是资本主义、封建主义，还是半殖民地半封建的三种不同回答，这是中国社会性质论战的症结所在。张闻天的文章抓住了论战的这个症结，对任曙、严灵峰的观点进行了有力的批驳。

首先，关于帝国主义与中国经济的关系问题。任曙把帝国主义与中国经济的关系仅仅归结为对外贸易的问题，把它夸大为"中国经济问题的中心问题的中心"，认为"把握"了它就可以解决中国整个经济中的一切问题。任曙认为，帝国主义对中国的投资是通过商品的输出、输入来实现的，它带来了中国经济的繁荣和资本主义的发展。张闻天指出，这是混同了资本主义经济在独立国内和殖民地国家内的不同作用，掩盖了帝国主义凭借武力、特权残酷压迫中国民族工业、扼杀中国经济生路的种种事实。张闻天具体分析了中国当时对外贸易的细目，指出中国主要输入品是工业品，主要输出品是农产品，正好表明中国资本主义的不发达，表明中国是一个农业国而不是工业国。张闻天还具体分析了帝国主义在中国的投资，指出它是为了"掠夺中国"而并非为了发展中国的生产力。张闻天还分析了帝国主义如何利用它在中国经济上的指挥地位，经过中国的地主、商人、高利贷者，推销它的商品，搜括农民的财富，怎样在乡村维持封建剥削，经过这种剥削，奴役中国广大劳苦大众。通过分析，张闻天对帝国主义与中国经济的关系得出了以下结论："帝国主义在中国的统治，只能破坏中国经济，而不能发展中国的经济。它只能使中国的经济殖民地化，而不能使中国的经济独立发展。"他斥责任曙"显然是充当了帝国主义的辩护士"。

第二，关于中国资本主义的独立发展问题。任曙认为，帝国主义的商品输入帮助了中国资本主义的独立发展，使中国资本主义"突飞猛进"，甚至认为中国现时"已经过渡到金融资本主义统治时代"了。张闻天嘲笑这种论断是"梦想在贫穷的沙漠里，会生长出资本主义的蔷薇花"。他具体分析了国际帝国主义全面统治中国经济和中国民族工业各部门"不景气"以至"正陷在严重的经济恐慌的深沟中"的实际情况，用无可争辩的事实说明："在目前的情势之下，中国资本主义的独立发展的前途，是没有的。"张闻天指出，"帝国主义所以在中国创造最小限度的资本主义的企业与资本主义的关系，并不是为了发展中国的资本主义使中国变成一个资本主义国家，而是为了要使中国变成它的殖民地，变成它的附庸。为了这一点，它不但不愿发展中国的资本主义，而且尽量的阻碍中国资本主义的独立发展"。张闻天还明确指出，在国际帝国主义争相侵略的环境下，中国不可能走资本主义道路。他写道："破坏中国经济，使中国广大的工农群众贫穷到无以为生的帝国主义，以中国经济的破坏，与中国广大民众的贫穷化为生的帝国主义，当然不能在中国造成资本主义的宫殿！"这样清醒深刻的认识，对"闭着眼睛梦想中国资本主义的繁荣时代"的任曙者流，是致命的一击。

第三，关于中国农村经济的性质。任曙认为，中国农村的土地问题，"它的关键也是资本主义，而不是封建关系"，土地的集中"完全由于封建生产的破坏，即资本主义关系之形成"。张闻天指出，这完全不符合事实。中国现在的地主，并不像任曙所说的就是资本家，也不像严灵峰所说的是资本主义化的"新式地主"，他们依然是封建地主。中国农村中主要的生产方法，还是手工的而不是机器的，还是封建式的生产，而不是资本主义式的生产。地主、商人、高利贷者对中国农民的剥削方式，不是资本主义的剥削，而是封建式的剥削。他们购买或掠夺土地的目的，并不是为了要实行资本主义的生产，而正是为了实行封建式的剥削。这就有力地说明，在中国农村，"封建的剥削占统治的地位"。

最后，关于目前中国革命的性质。对于中国经济性质不同的估计，当然会得出对于中国革命性质的不同理解，导致完全不同的策略。张闻天指出，任曙等离开剥削关系与阶级关系，把全部"理论"建筑在中国对外贸易的发展，就是商品经济的发展，就是中国资本主义发展的'理论'上"，其用心"无非要经过这一桥梁，以中国对外贸易的发展来证明中国是资本主义的国家，以发挥他所崇拜的'世界大革命家'托洛斯基所说的中国目前的革命不是民主资产阶级的而是无产阶级的革命的伟论"，以便"拿将来社会主义革命的空话，取消目前工农的革命"。张闻天首先从革命的任务来论证"目前中国的革命还是民主资产阶级性的"，指出："土地革命的主要内容，是在打倒帝国主义与消灭封建剥削。""中国革命现在所要建立的是工农民主专政，而不是无产阶级专政！"他详细分析了俄国二月革命后两个政权的性质，说明中国革命"同俄国二月革命不相同"，中国的工农民主专政"将实现许多民主资产阶级的任务"，"他不但不阻止资本主义发展而且给资本主义的发展肃清道路"。张闻天同时也从革命的动力方面来说明问题。认为，作为土地革命的主要力量的农民，他们参加革命的目的"并不是为了社会主义的建设，而是为了要肃清一切阻碍他们发展生产的封建残余"。针对取消土地革命的主张，张闻天特别强调这个资产阶级民主革命阶段的不可超越性，他写道："在以社会主义革命为目的之中国无产阶级，绝对不能跳过这一民主资产阶级革命的阶段。谁想跳过这一阶段，谁就会使中国目前的革命，遭到严重的失败，谁也就不能取得社会主义革命的胜利。"

张闻天这篇文章，从理论上和方法上有力地反击了"动力"派的挑战，支持了以王学文为代表的"新思潮"派的观点，捍卫了中共六大对中国革命基本问题的正确论断，对中国社会性质论战中马克思主义者取得胜利起了重要的作用。有学者认为张闻天此文是"关于中国社会性质论战的最完整而且较深刻的著作"，"张闻天同志是中国社会性质论战胜利的奠基人"。①

由于时代的局限，张闻天的文章中也难免存在着对中国革命基本问题的若干错误认识和对革命形势的某些错误估计。例如，在对阶级关系的分析上，将中国资产阶级不加区分地全都看作是"反革命"，因而认为中国资产阶级民主革命的对象"不但反对帝国主义、封建地主与买办阶级，而且也是反对民族资产阶级与乡村富农的"。这种观点来自斯大林。斯大林认为，在武汉国民党领导集团转入了反革命阵营以后，中国革命进入"第三阶段"——苏维埃阶段，这时无产阶级的同盟者就只有农民和城市贫民了。这样就误把民族资产阶级当做了革命对象，小资产阶级知识分子也被认为"脱离了革命"而排除在同盟军之外。②中共六大决议接受斯大林的理论，在革命对象

---

① 薛暮桥：《怀念杰出的马克思主义理论家张闻天》，载1990年9月7日《人民日报》。
② 参见斯大林：《时事问题简评》，载1927年7月28日《真理报》，见《斯大林全集》第9卷，人民出版社1954年版。

问题上将反帝反封建与反资产阶级并提。张闻天的文章在宣传六大决议正确方面的同时，也宣传了它的错误方面。在对革命形势的估计上，张闻天认为"在1930年显然中国革命已经进到高涨的形势"，1931年初年关斗争中工人运动的发展程度已经"表现了很强烈的反攻形势，而且反攻中还带有很多进攻的成分"，显然估计过高。这也是同当时共产国际在"第三时期"理论和"进攻"路线指导下对中国革命形势的过高估计有关。这些错误的方面，都是形成"左"倾错误的因子。

在"左"倾的歧路上

中共中央在1931年5月下旬恢复正常工作之后不到一个月，6月22日又发生了一起重大事件：总书记向忠发被捕变节！上海的白色恐怖更加严重。这时，实际负责党中央工作的王明，躲在郊区的一所疗养院里，准备离开上海前往莫斯科，去担任中共驻共产国际的代表。①另一位常委周恩来，在4月顾顺章叛变后就已很难在上海立足了。这次向忠发叛变，对周恩来的安全威胁更大。因为向忠发刚同周恩来、邓颖超一起到小沙渡新住处住了三四天，那天向忠发擅自外出过夜，结果被捕。所以，周恩来在向忠发被捕后不能不赶快隐蔽起来，同其他领导人互不往来。事过之后，也基本上停止了活动，等候时机，前往中央苏区。因为早在1930年10月中央就已决定周担任中共苏区中央局书记了。②在王明、周恩来尚未决定离开上海之前，为了中央工作的方便，曾经成立过"上海中央局"，协助他们两人工作。张闻天是上海中央局五名成员之一，其他成员是卢福坦、秦邦宪（博古）、李竹声、李富春。王、周两人作出离开上海的决定以后，周、王、博、洛（洛甫即张闻天）四人9月在博古家中开会，向共产国际提出成立新的中央领导机关的名单。经共产国际批准，"中共临时中央政治局"于9月下旬成立。秦邦宪是总负责人，张闻天是"临时中央政治局"九名委员之一（另外八名委员是：卢福坦、秦邦宪、李竹声、陈云、康生、黄平、刘少奇、王云程），还是临时中央政治局常委会的一个成员（另外三个成员是卢福坦、秦邦宪、康生。1932年3月卢出，陈云进）。③

临时中央在白色恐怖下开展工作。就在1931年9月，国民党反动政府向各地发出密令，悬赏通缉共党要人瞿秋白、周恩来（赏金各为两万元）和张闻天、陈绍禹、沈泽民、罗登贤、秦邦宪（赏金各为一万元）。④张闻天和他的战友们是面对着敌人的屠刀坚持革命斗争。

临时中央成立的时候，刚好发生了九一八事变。在国内反日救亡运动空前高涨的

---

① 王明离开上海的时间是1931年10月1日，11月7日抵莫斯科。11月10日起就任中共驻共产国际代表，直至1937年11月14日离开莫斯科回国。
② 1930年10月17日中共中央政治局会议上确定周恩来担任中共苏区中央局书记。1931年1月15日中共苏区中央局正式成立，书记由项英暂时代理。周恩来离开上海前往中央苏区的时间是1931年12月上旬，他于12月底到达瑞金就任中共苏区中央局书记。
③ 据：张闻天：《1943年延安整风笔记》；1932年3月11日、14日临时中央会议记录。
④ 据《中国国民党中央执行委员会秘书处第19126号公函》（1931年9月），原件存中国第二历史档案馆（馆址在南京）。

形势下，作为临时中央的主要成员，张闻天竭力追赶形势，奋发工作。这时他分管的主要工作还是宣传。他继续主编党中央机关报《红旗周报》和《斗争》，根据党的决议撰写社论、文章，管理同共产国际联络的电台，还指导过江苏省委、湘鄂西苏区和共青团的工作。为便于从事秘密工作，当时革命者都尽量做到职业化、社会化，一般住地都取家居方式。张闻天1932年大部分时间住爱文义路（今北京西路）平和里27号。此处属公共租界。有一女同志与他同住做假夫妻，并将一男孩（李立三的儿子）带在身边。他几乎是每天早饭后就来到党中央秘书处。这个秘密机关设在爱文义路、成都北路路西，离张闻天住处很近，是一座新盖的花园洋房，共三层，伪装成富商家庭。张闻天来到这里以后，通常都是先同博古、陈云、康生交换情况，商谈工作，然后再到三楼看文件、写文章，直到晚饭后才回"家"。这个秘密机关的二楼客堂间里通常摆一桌麻将牌做掩护。打牌的人临时有事走开，就招呼张闻天下楼来补缺。人回来了他再上楼继续写作。打牌并不影响他的思路。文稿写好，即由内部交通取去付印。

当时的分工是，决议主要由博古写，张闻天则根据决议写文章。[①] 张闻天这时文章写得很多。这些文章当然有积极的方面，这就是及时地揭露九一八事变后日本帝国主义的侵略和南京政府的不抵抗主义，号召全党发动群众开展反日反蒋斗争；分析各国的态度，教育人们抛弃对"国联"和英、美帝国主义的幻想；注意研究和总结群众斗争的经验，要求全党尽量利用公开活动，同下层小资产阶级群众结成抗日反蒋统一战线，为中华民族的独立和解放而斗争。但是，张闻天同整个临时中央一起，是按共产国际的"第三时期"理论、"进攻"路线和具体指示来观察形势和制定策略的，是按王明的"左"倾冒险主义路线来行事的。1931年7月，王明在上海出版了他的"左"倾纲领性小册子《两条路线》。1931年9月22日临时中央政治局通过的《中央关于日本帝国主义强占满洲事变的决议》，也是在王明指导下产生的。10月18日王明离开上海之前，主持发布了一系列党的文件，将他在小册子中阐发的"理论"变成党的方针、政策，并将他的"左"倾路线从白区推向苏区，逐步实现对苏区和红军的控制。王明于1931年11月7日到达莫斯科以后，在那里担任要职，[②] 上传下达，遥控指挥，发展和推行其"左"倾路线。在这样的历史条件下，整个临时中央势必对日本进攻的新形势下国内阶级关系的新变化缺乏认真的分析和清醒的认识，看不到民族矛盾正在上升为主要矛盾，看不到中间阶级的抗日民主要求，仍然把中间派别看作"最危险的敌人"，因而无法提出适合当时新形势的统一战线策略，也不能真正将土地革命与民族革命结合起来，错过了"九一八"以后出现的民族革命高潮。在这样的历史条件下，张闻天不遗余力地写文章宣传、贯彻集中力量打击中间派别和党内开展反右倾斗争等"左"倾观点和策略，跟着犯"左"倾路线错误是难以避免的。

张闻天执行"左"倾教条主义路线的一个主要错误是搬用斯大林的公式，把中间派别看作最危险的敌人，采取揭露、打击的方针。张闻天1931年10月26日写的

---

① 据张闻天：《1943年延安整风笔记》。据统计，张闻天1931—1932年发表的文章有102篇。
② 王明到莫斯科后除任中共驻共产国际代表团团长外，在共产国际执委第十二次会议（1932年8月27日至9月15日）上被选为执委委员、执委主席团委员、书记处书记。

《满洲事变中各个反动派别怎样拥护着国民党的统治？》①,可以说是这种"左"倾错误的代表作。在这篇文章中,对包括国家主义派、新月派、"社会与教育"派及托陈取消派在内的各在野派别及其主要代表人物,逐一点名予以严厉批评,一律斥之为"反革命的在野派别",说他们把对日"宣战"与成立"国防政府"当做中心口号,"实际不是为了对付日本,而是为了对付革命民众",是"为了欺骗民众,来维持中国整个地主资产阶级的统治"。对于国民党内部各派别在新形势下的变化,文章更没有正确的分析,笼统地认为国民党内部一切派别主张召开"和平统一会议",成立"统一政府",是为了"用这种新的方法来欺骗民众,来团结他们的内部,以镇压革命"。并由此来论证在野派别的危险,说国民党各派的宣传,"民众不大容易相信",而在野派的宣传,却可以利用其在野地位,用许多"民族的"、"爱国的"以至"革命的"主张来愚弄民众,"给了国民党的统治以很大的帮助",正因为如此,"我们的党应该特别加紧反对这些派别的斗争",并把同在野派做坚决的斗争作为党目前中心任务之一。

这种无视阶级关系变动,坚持打击中间势力和"第三营垒"的错误,到"一·二八"淞沪抗战以后,仍然没有得到转变。当时,十九路军将士违抗命令,坚持抵抗日军进攻。蒋介石的嫡系张治中指挥的第五军也参加了抗战。民族矛盾引起阶级关系的变动,全中国出现了一个抗日民族运动高涨的形势。可是,包括张闻天在内的临时中央的领导者们却看不到"高涨"深处阶级关系发生"变动"的事实。在他们心目中,形势的高涨仍然只是工人运动的高涨、士兵运动的高涨。所以,他们提出的口号,依然是"总同盟罢工",是"民众武装";他们看到的"变动",是"阶级力量对比已经变动了",是国民党各派力量的"削弱",工农与苏维埃力量的"增长"、"强固",而看不到阶级关系的变化,敌我友的变化。

共产国际也按照"第三时期"的理论,用城市武装起义的模式来指挥中国革命。1932年2月11日,共产国际书记处致电中共临时中央政治局,指示中共必须用一切力量打入军队,组织以工人为骨干的义勇军,到军队中去争取士兵群众以夺取军队;在我们已有军事力量的地方建立以工人为核心的革命军事委员会,首先领导重要工业城市的斗争,军委的任务是号召与领导反帝的士兵作战并加紧宣传鼓动,逮捕军官和卖国贼。共产国际来电并认为,采取这种路线,假使在几个城市中我们创造的有力量、有群众的军委会得到工农和士兵真正响应,则可创造全国革命军事委员会,起来推翻南京政府,宣布自己是中国政权的领导者。临时中央即于12日召开常委会,14日召开政治局会议讨论了共产国际指示,并于15日发出《中央为上海事变给各地党部的信》。这封指示信是共产国际来电的改作,不少地方作了更"左"的发挥。它提出要"反对对于任何'抗日军官'的幻想","反对投降,妥协,与退却的军官",士兵委员会可以"逮捕,审判与枪决这类'卖国贼'"。

这时张闻天所写的文章大多数是阐发共产国际与临时中央的错误观点与策略的。

---

① 此文最初发表于《红旗周报附刊》,又载于《红旗周报》第25期(1931年12月20日),署名思美。此段中的引文均引自该文。

对十九路军将领作了完全错误的分析，无视他们抗日反蒋的行动，将他们看作反动的、反革命的"抗日军阀"①。说淞沪抗战是"十九路军士兵在违反蒋光鼐、蔡廷锴等的命令之下的反日战争"②。提出党的策略应是"拥护士兵自动抗日的斗争，而反对他们的长官，利用一切机会揭破这些长官的欺骗"，号召革命的士兵与民众联合起来，"把军阀的武装变为民众的武装"，甚至认为"要作战胜利必须杀掉他们反动的长官"，"长官愿意加入反日战争的，必须受士兵委员会的指挥"。③完全脱离实际，脱离群众，损害了共产党的形象，给国民党反动派攻击、诬陷留下了口实。

"一·二八"事变后，在野派别纷纷提出各种"民主政治"的主张，要求召开国民代表大会，取消一党专政，公开政治，给中国共产党合法地位，甚至提出"推翻官僚的统治而代之以民众的政权"，而临时中央却仍然冲不破斯大林所谓的中间势力是"最危险的敌人"的教条束缚，既看不到他们抗日救亡的要求，又看不到他们同南京政府的矛盾。1932年5月，张闻天写了《烟幕中的"民主政治"》④一文，予以抨击。认为在野派所有这些要求，其目的，一方面，"好使得他们更能出力的来拥护这一统治，另一方面，要国民党除了压迫与屠杀革命运动与革命民众之外，再用一点'民主的'欺骗：这就是烟幕中的民主政治的内容"，要求继续把"揭破一切这些欺骗"作为"党目前的一个重要任务"。在此后的一些文章中，甚至将这些在野派别直称为"国民党的工具与走狗"⑤，认为他们已经成了革命发展的"主要障碍物"，要求集中打击，提出"火力向着一切反革命派别"⑥。

张闻天在临时中央的另一个主要错误是，重复共产国际对于革命形势的过高估计，执行"反右倾"的错误方针，批评以至打击党内对于"左"倾观点持不同意见的组织与同志。1931年三四月间召开的共产国际执委会第十一次全会，认为中国革命危机"更加成熟"，右倾机会主义成为"党内主要危险"。1931年8月共产国际执委主席团《关于中国共产党任务的决议案》指出，"必须进行坚决的斗争，去反对目前的主要危险——右倾机会主义以及与右倾调和的态度"。1932年1月临时中央发布《关于争取革命在一省与数省首先胜利的决议》，提出"应该集中火力来反对右倾"。1932年3月上旬，临时中央政治局又得到共产国际和王明的指示，同时还学习了斯大林给《无产阶级革命》杂志的信。对本来已经过高地估计革命形势的错误不仅全无觉察，反而认为当前的主要问题是"对形势估计不足"。这样一来，一方面提出了创造华北苏区、湘鄂西创立新军、夺取城市（如南昌）、争取湘鄂赣三省首先胜利等"左"的目标；另一方面，提出同党内右倾机会主义及调和主义、自由主义作无情斗争的任务。在上海的共产国际代表为督促临时中央加紧执行，在3月上旬两次找博古谈话。一次谈江苏工作，指示对江苏省的工作"应成立很严厉的决议"，给予批评；一次谈

---

① 《上海事变与中国的统治阶级》，载《斗争》第3期（1932年2月9日），署名洛甫。
② 《上海事变中的取消派》，载《红旗周报》第34期（1932年4月2日），署名洛甫。
③ 《士兵的反日战争与我们的策略》，载《斗争》第2期（1932年1月31日），署名洛甫。
④ 载1932年5月15日《红旗周报》第40期，署名平江。
⑤ 《论目前的形势》，载《红旗周报》第42期（1932年5月30日），署名洛甫。
⑥ 《火力向着一切反革命派别》，载《斗争》第22期（1932年8月12日），署名洛甫。

工会工作，认为全国总工会党组织的领导"是机会主义领导"，"全总党团或者解散，或者改组"，还批评临时中央"没有给刘湘（按：即刘少奇）以打击"是原则错误。张闻天为贯彻执行国际指示，写了不少夸大革命高潮，反对"右倾机会主义"的文章，其中 1932 年 4 月初以社论的形式发表的长文《在争取中国革命在一省与数省的首先胜利中中国共产党内机会主义的动摇》^①，可以说是表现这方面错误的集大成者。

张闻天起草的这篇社论，对形势作了过高的估计，认为革命斗争"使中国地主资产阶级的统治日益走向崩溃，使中国的革命危机更加成熟并且把争取中国革命在一省与数省的首先胜利的任务，放到了中国共产党的议事日程上"，因而应该采取"进攻"路线，"拿革命的进攻，去回答帝国主义与国民党一切反革命派别对于革命的进攻"，认为"这是目前中国革命危机中革命与反革命在决死斗争的过程中的中心特点"。文章发挥了许多"左"的观点，如强调两个世界的对立，夸大日本进攻苏联的可能性，认为反苏战争是最主要危险；强调两个政权的对立，过高估计苏区的力量而过低估计白区力量；过高估计工人运动的形势，鼓吹革命运动全面高涨；等等。中央各部门、各苏区、白区各省的同志在实际工作中遇到困难与挫折，对六届四中全会的路线，对临时中央关于形势的估量和任务的规定，表示怀疑，提出不同看法。这些怀疑和不同看法，在文章中统统被归结为"对目前形势估计不足"，对国际路线和四中全会决议"消极怠工"，被指责为"机会主义动摇"，被看作"妨碍我们党动员全党同志千百万群众去争取中国革命在一省与数省的首先胜利的主要危险"。号召全党与之斗争。为了把对"机会主义动摇"的斗争深入开展起来，还要求反对调和主义和自由主义。

在文章中，几乎所有的部门、省区都被点名批评。各苏区中，中央苏区首当其冲。在反"围剿"中行之有效的"诱敌深入"的战略方针，被指责为"表示出了浓厚的等待主义"；新生的苏维埃政权被批评有"农民苏维埃"的倾向。赣东北、湘鄂西、鄂豫边都受到批评，鄂豫皖也没有幸免。在中央各部中，职工部、全总、二联、铁总都受到指责。仲篪同志^②关于先组织后斗争的意见，关于目前工人斗争"是防御的与反攻的"估计，关于"罢工的失败经常威胁着压迫着要求斗争的工人"的估计等，都被批评为"右倾机会主义的错误"。中央宣传部、中央党报的同志也因表现出了所谓的调和主义与自由主义而受到责备。白区各省市，从满洲、河北、河南、陕西、山西、山东，到江苏、广东、上海、北平，也都或多或少地受到批评，不是被指责为"不能明晰的了解两个政权的对立"，"表示对于中国苏维埃运动没有丝毫的信心"，就是被指责为以"北方的革命运动落后于南方的革命运动"这种机会主义的不平衡理论，来"掩盖"对于创造北方苏维埃区域的"消极"，等等。张闻天的文章为临时中央的"左"倾策略作了貌似正确的理论阐发，为压制、打击那些提出和坚持正确意见的部门、地区和同志提供了理论根据。

在第三次"左"倾路线的统治之下，临时中央政治局不但进行了这种"左"的思

---

① 载《红旗周报》第 37、38 期合刊（1932 年 4 月 25 日），署名洛甫。
② 仲篪，即刘少奇。下文"刘同志"亦指刘少奇。

想批判，而且还根据共产国际代表的指示，采取了排斥"机会主义动摇"的组织措施。例如，刘少奇在1932年3月被撤销了中央职工部部长、全总组织部长的领导职务；毛泽东也被指责为"保守、退却"，通过1932年10月的宁都会议，把他排除在中央苏区的军事领导之外。这样，就使得脱离中国实际、危害中国革命的"左"倾错误路线得以继续在全党维持其统治地位。

诚然，张闻天这些宣传、贯彻"左"倾错误的文章的写作和发表不单是他个人的行动。文章的主要观点来自临时中央政治局讨论后作出的决议或发出的指示，其中有的观点甚至是张闻天本人所不赞成的（例如，1932年2月在讨论共产国际对"一·二八"事变后中国革命策略的指示时，张闻天曾发言指出，要求组织革命军事委员会成为领导革命斗争与政权的机关，是不现实的、做不到的）。而临时中央政治局又是受共产国际领导并得到驻在上海的共产国际远东局代表直接指导的。但同时也应看到，张闻天执行"左"倾路线有其必然性。他犯"左"倾错误的主观原因，一是因为过于信仰斯大林和共产国际，从政治上到思想方法上都存在着主观主义和教条主义；二是由于他对中国实际了解得不够，对中国革命的规律还缺乏正确的认识。

"歌特"的反"左"文章

实践是最好的导师。"左"倾路线的到处碰壁，实际工作的不断受挫，党内许多同志的不满，全国各阶层反日救亡运动的高涨……不能不促使生活在斗争漩涡中的张闻天思考临时中央的那一套是否切合中国的实际，是否能够指导中国革命取得胜利。一些与当时斗争实际相符的、反对"左"倾的思想，开始在张闻天的头脑中萌生了，从"左"倾到反对"左"倾的转变从具体工作中开始了。

张闻天指示丁玲主编《北斗》杂志，就是转变"左"的策略的一个最初的尝试。胡也频牺牲后，丁玲向前来看望她的潘汉年、冯雪峰提出，让她"到江西去，到苏区去，到原来胡也频打算去的地方去"。① 潘、冯回来后即向张闻天反映了丁玲的这一愿望。张闻天秘密约见丁玲，在兆丰公园当面听了丁玲希望到苏区去，"才有生活，才能写出革命作品"的陈述，很受感动。事后经慎重研究，还是让丁玲留在上海。为什么呢？丁玲后来回忆此事时写道："过一段时间，冯雪峰对我说，中央宣传部研究了，说有个工作要求我来做比较合适。现在有的人很红，太暴露，不好出来公开工作；说我不太红，更可以团结一些党外的人。中央要我主编《北斗》杂志，这是'左联'的机关刊物。"冯雪峰还向丁玲提示，"《北斗》杂志在表面上要办得灰色一点"。张闻天这时担任中央宣传部长，冯向丁转告的决定和意见，自然是张闻天听丁玲面陈心愿后，通观全盘，深思熟虑的结果。可见，张闻天这时已经注意到"左联"怎样克服"左"的关门主义，使刊物能够公开出版并生存下去，以及如何更多地团结党外作家等问题。

---

① 此处及本段以下引文和情节据丁玲的两篇回忆文章：《关于左联的片断回忆》，载《新文学史料》1980年第1期；《决定一生的谈话》，载《新文学史料》1982年第4期。《北斗》杂志于1931年9月20日创刊，1932年7月20日出至第2卷第3、4期合刊后被查禁停刊。

在一些具体策略方面，张闻天也有反"左"的主张。回上海不久，他就指出当前中国工人运动"是防御性的斗争，只是在防御斗争中有采取反攻的形式"①，并向共产国际反映了他同王明的争论。他认为应打入黄色工会，而反对退出。②他指出，在1932年3月初"上海的战时状态逐渐恢复到'常态'之后"，再提"总同盟罢工"口号，就是"空洞的叫喊"。③他还批评过苏区内现在就禁止土地买卖与租佃，就想消灭富农，"是过早的，跳过革命阶段的政策"，这种政策反映了"小资产阶级的均产的社会主义思想"。④他反对低估国民党对苏区的进攻，批评以为国民党在三次"围剿"失败之后就"不会再向苏区与红军进攻"，或以为这种进攻"已经成了偏师"的观点，都是"左"倾的空谈"。⑤

这种反对"左"倾的思想的逐步积累和渐次发展，到了一定的时机，会导致某种突破。在张闻天思想发展中具有突破意义的这一天终于来到了。

1932年10月27日，举行中央政治局会议，由张闻天作"目前形势"报告。在报告中，张闻天将"左"倾的问题作为一个突出的、严重的问题提了出来。他指出："党内'左'倾情绪的增长，自北方会议后，的确是值得我们注意的。"在张闻天的提示下，与会者对"左"倾的表现作了检查。张闻天在作"结论"时，又进一步唤起大家注意："在革命危机在全国增长中'左'倾是易发生的。"他特别强调这次提出"左"倾问题的特殊意义，他说："'左'的问题，我们今天的提法，确与过去提的是不同的。"在临时中央政治局会议上，将临时中央自身工作中的"左"的错误，作为一个带有倾向性的问题提出，在张闻天之前，还没有过。这个事实本身就是对临时中央"左"倾路线的一次前所未有的冲击。张闻天所说的"今天的提法"同"过去提的""不同"，是指"今天的提法"已不应该再是"过去"那种"笼统的一百零一次的背诵'右倾是主要危险，但是不要忘记"左"倾'这一套党八股"⑥，而是"左"的关门主义，"左"倾空谈，可以而且在某些领域已经成为革命发展的"最大的障碍物"⑦。虽然张闻天这时没有也不可能跳出"右倾是主要危险"的框框，但他能够如此严峻地从反倾向斗争的高度来批评临时中央的"左"倾错误，这不能不说是一个突破。

诚然，张闻天在1932年10月27日政治局会议上的"报告"和"结论"，仅仅是他从"左"倾歧路上开始觉醒的标志。虽然他尖锐地提出了"左"倾错误的问题，但从总体上来说，他这时还远没有认清王明"左"倾路线的症结，所以也难以击中它的要害。然而，张闻天既然突破了那时反倾向斗争的固定公式，将"左"倾也视为"最大的障碍物"，这就促使他能够在某些局部、某些领域迅速摆脱"左"倾路线的束缚。

---

① 1931年3月2日中央政治局会议记录，见《张闻天文集》第1卷，中共党史资料出版社1990年版，第146页。
②《工厂，工会与罢工》，载《红旗周报》1932年第30期（1932年2月15日），署名洛甫。
③《论"总同盟罢工"口号》，载《斗争》第10期（1932年4月20日），署名洛甫。
④《平均分配一切土地及其他》，载《红旗周报》第7期（1931年5月25日）。
⑤《中国工农红军在进攻中的胜利》，载《斗争》第11期（1932年4月30日），署名洛甫。
⑥《论我们的宣传鼓动工作》，载《斗争》第31期（1932年11月18日），署名歌特。
⑦《文艺战线上的关门主义》，载《斗争》第30期（1932年11月3日），署名歌特。

那第一个缺口，就是张闻天最熟悉的文艺和宣传。

就在 10 月 27 日政治局会议开过后的一两天，张闻天的"家"平和里 27 号团中央机关突然遭到搜查，以假夫妻作掩护而与他同居的女同志被捕。张闻天因外出有事而幸免。但"家"已归不得了，于是就躲到"摩律斯新村"①避难。所谓"新村"，其实是一座 100 多米长的四层公寓大楼，刚刚落成，"摩律斯"是房产主的名字。新村坐落在殖民者的游乐场跑马厅的西南侧，在楼上可以俯视跑马厅的赛马。出入其间的人很杂，从外国绅士、富商到水手、妓女，各色人等都有。中共中央的一个机关也在这里租了一套房间。张闻天在这个殖民者营造的"安乐窝"里安全地隐匿了将近一个月。在此期间，他写出了两篇反对"左"倾错误的重要文章《文艺战线上的关门主义》与《论我们的宣传鼓动工作》，用"歌特"的化名发表在中共中央的机关报《斗争》上。

中国左翼作家联盟执委会在 1931 年 11 月作出的决议《中国无产阶级革命文学的新任务》中，虽然提出了"必须和过去主观论左倾小儿病及观念论机会主义的理论及批评斗争"，但是，从总体上说，这个决议的基调还是同第三次"左"倾路线合拍的。在文艺斗争方面，提出"不仅只注意到民族主义文学和新月派等就够，还必须注意到其他各种各样的反动的现象和集团，也必须注意到那在各种遮掩下'左'或灰色遮掩下的反动性和阴谋性"，贯彻的就是临时中央打击中间力量的"左"倾关门主义方针。从 1931 年 12 月起，"左联"即发起了对"自由人"及"第三种人"的批判。在 1932 年持续进行的"文艺自由"论辩中，党在文艺战线上的几位领导同志错误地将标榜"创作自由"、"第三种人"和"第三种文学"的"同路人"看作敌人进行打击。张闻天的《文艺战线上的关门主义》一文就是针对左翼文艺批评家、文艺战线上的党的"几个领导同志"，在"文艺自由"论辩中存在的"左"倾关门主义错误而发的。他突出地批评了策略上的宗派主义和理论上的机械论，指出："使左翼文艺运动始终停留在狭窄的秘密范围内的最大的障碍物，却是'左'的关门主义。""这种关门主义不克服，我们决没有法子使左翼文艺运动变为广大的群众运动。"张闻天尖锐地指出，文艺战线上的关门主义有两种主要表现。第一种表现是否认"第三种人"与"第三种文学"的存在，"认为文学只能是资产阶级的或是无产阶级的，一切不是无产阶级的文学，一定是资产阶级的文学，其中不能有中间，即所谓第三种文学"。另一种表现是认为"文艺只是某一阶级'煽动的工具''政治的留声机'的理论。照这种'理论'看来，凡不愿做无产阶级煽动家的文学家，就只能去做资产阶级的走狗"。

张闻天分析了文艺界的实际情况，明确提出，"革命的小资产阶级的文学家，不是我们的敌人，而是我们的同盟者"；"在中国社会中除了资产阶级与无产阶级的文学之外，显然还存在着其他阶级的文学，可以不是无产阶级的，而同时又是反对地主资产阶级的革命的小资产阶级文学"。排斥这种文学，骂倒这些文学家，实际就是抛弃文学界的革命统一战线。正确的做法应该是"爱护"他们，"鼓励与赞扬"他们的革命方面，指出他们的一切弱点，"使他们在我们的具体指示之下（决不是谩骂！）走

---

① 摩律斯新村，现名重北公寓。公寓临重庆北路和人民公园（旧上海的跑马厅）。

向革命斗争"。张闻天还对文艺与政治的关系进行了辩证分析,发表了精辟的见解。他以文艺的独有特点和文学史上的客观事实,说明在这里呈现出复杂的情况:"甚至许多文艺作品的价值,并不是因为它们是某一阶级利益的宣传鼓动品,而只是因为它们描写了某一时代的真实的社会现象。"因此,"可以不是无产阶级的作品,但可以是有价值的文艺作品"。那些既不愿意做无产阶级的、也不愿意做资产阶级的"煽动工具"或"政治留声机"的文学家,我们也是需要的。"他们愿意'真实的'、'自由的'创造一些'艺术品'",我们应该给他们以"创作自由"。

张闻天批评文艺战线上的"左"倾关门主义的文章在党内秘密刊物《斗争》上发表以后,文艺战线上的几位领导同志瞿秋白、冯雪峰等即诚恳地表示接受批评。当时担任中共中央文委书记的冯雪峰立即与瞿秋白商量,请瞿秋白代为起草了《并非浪费的争论》(1932年11月10日完稿)。11月26日,冯雪峰写成《关于"第三种文学"的倾向与理论》。此文着笔之前,冯与张闻天商量过,写成之后,又给张闻天看过。这两篇文章同时发表在1933年1月《现代》杂志第2卷第3期。冯雪峰在《关于"第三种文学"的倾向与理论》等文章中,承认"左翼的批评家往往犯着机械论的(理论上)和左倾宗派主义的(策略上)错误",说明"对于一般作家,我们要携手",要纠正个别同志"指友为敌"的失误。冯雪峰的文章还对"歌特"文章的原则意见作了公开的、更为具体的阐述。此外,冯雪峰还在"文总"的刊物《世界文化》第2期(1933年1月15日出版)上公开转载了张闻天的《文艺战线上的关门主义》(署名改为科德),同时配发了自己写的《"第三种人"的问题》。通过这些途径,使张闻天纠正"左"倾错误的意见与党内同志,与论争双方见面。鲁迅1932年12月写的《辱骂和恐吓决不是战斗》,就是同张闻天对关门主义的批评取同一步调的。

与此同时,张闻天还指示冯雪峰去做论争对手胡秋原的工作,示意他不要再同左翼争论下去了。于是,冯雪峰派人通过私人关系和胡秋原接触,把停止论争的意见转告了胡秋原。①胡在后来谈及这段历史的几篇文章中也都说到这个重要史实。他在《关于一九三二年文艺自由论辩》②一文中谈到,《文学月报》发表长诗《汉奸的供状》对他辱骂,这时,"左联派人找我,说这不是'组织'的意思。我表示不信,他说,中共当时宣传部长张闻天确曾下令停止攻击我。"在他的《文学艺术论集·前记》③中更明确地写道:"这论战是共党下令左翼停战,并由张闻天派人对我传达此意才停止的。"

上述事实说明,张闻天不仅写文章从理论上、策略上阐明纠正关门主义的问题,而且在实践上进行了具体的组织和指导。

文艺战线上纠正关门主义的实际效果是显著的。到1932年底、1933年初,文艺自由论辩很快就停止了下来。左翼自觉地采取了团结中间作家和争取公开的策略,文

---

① 据陈早春1986年4月9日对笔者转述1973年1月6日冯雪峰同他的谈话;季楚书1982年5月8日同笔者的谈话和1982年3月20日致《张闻天选集》编辑组的信。

② 载台湾《中华杂志》第66号(1969年1月16日),见刘玉皇《现代中国文学史话》,中国台湾正中书局1979年版,第550页。

③《文学艺术论集》,中国台湾台北学术出版社,1979年11月版。

艺界逐步形成以左翼作家为核心的革命统一战线，从狭窄、秘密状态走向公开，使1933年的左翼文艺运动，在日益严重的白色恐怖之下，反而进入了蓬勃发展的阶段。连反动刊物都不得不承认，"在上海，左翼文化在'联络同路人'的路线下，的确是较前稍有起色"，惋惜"守旧文化的堡垒""开始动摇"，慨叹最近的出版界中，"新兴文艺出版数量的可惊，已有使旧势力不能抬头之势！"[①]

《文艺战线上的关门主义》在政治上的主要意义，是从文艺这个局部，开始承认中间力量的存在及其进步作用，否定共产国际、斯大林和临时中央将中间力量视为"最危险的敌人"因而实行"打击中间力量"的策略。

张闻天化名"歌特"写的另一篇论文《论我们的宣传鼓动工作》在反倾向斗争问题上迈出了更大的步子。在这篇文章中，张闻天没有套用"右倾是主要危险"的公式，而且对这个当时奉为神圣的公式公然表示怀疑与不满。他写道："笼统的一百零一次的背诵'右倾是主要危险，但是不要忘记"左"倾'这一套党八股，并不能丝毫帮助我们去同'左'右倾机会主义做斗争。"这同半个月前在《文艺战线上的关门主义》中指出左翼文艺运动发展的"最大的障碍物，却是'左'的关门主义"一样，都有从某一局部、某一领域开始"打破""传统的藩篱"的意义。

张闻天在文章中集中全力尖锐地批评脱离群众、脱离实际等教条主义的"左"的毛病，并用"党八股"（又名"十八套"）一语来概括。这在党的历史上是第一次。文章揭露了"党八股式的宣传鼓动"的特征：形式是单调的，"不外是传单与标语"，"大多是限制于死的文字"；内容是"死板的、千篇一律的"，似乎非要"把所有的'十八套'吐露出来，方才痛快"；方法是"笼统武断"的；方式是"秘密的与狭窄的"。他提出了"彻底的转变我们的宣传鼓动工作"的要求，阐明了一些极为重要的原则。文章指出："只有带有时间性的、具体性的、适合于群众目前斗争要求的宣传鼓动，才能把最大多数的群众，不管他们的政治倾向如何的不同，团结在统一的战线之下。"他反对用过高的口号排斥群众和"打倒一切"的做法，提出了团结"最大多数的群众"的要求。他还特别强调，要想法子去"利用公开可能与争取公开"，运用多种形式，用通俗的、群众易于接受的语言，开展群众的宣传鼓动工作，十倍、百倍地扩大我们的活动范围。

这篇文章涉及面广、接触的实际问题很多。张闻天没有把对"左"的表现的批评仅仅限于宣传鼓动的范围，也没有把"党八股"严格地限于文风，而是从事实的教训中，对思想方法、群众路线、党内斗争、白区工作、对中间派和同盟军的团结工作等方面的"左"的倾向都表示了很大的不满以至反对。可以看出，经过在上海将近两年的斗争实践，张闻天确实从失败中吸取了教训，开始了从"左"倾到反对"左"倾的逐步转变。

在"左"倾路线统治下，各条战线、各个领域的"左"倾错误有它们各自独特的表现形态。张闻天首先将他熟悉的文艺和宣传方面"左"倾的独特的表现形态揭示了

[①] 转引自鲁迅《伪自由书·后记》中引《左翼文化运动的抬头》（水手）和《从〈春秋〉与〈自由谈〉说起》（微知），《鲁迅全集》第5卷，人民文学出版社1981年版，第156—157、第155页。这两篇文章分别载《社会新闻》第2卷第21期（1933年3月3日）和第2卷第13期（1933年2月7日）。

出来：在文艺方面，是关门主义（理论上的机械论，组织上的宗派主义）；在宣传方面，是党八股。这是何等锐利的目光！

　　当然，也应该看到，张闻天在 1932 年冬天对"左"倾的批评还是局部的，也是不彻底的。即使以对中间势力的承认而言，也还没有超出小资产阶级的圈子。张闻天当时还没有也不大可能认识到，九一八事变后民族资产阶级反日爱国的倾向日益增长，甚至一部分大地主大资产阶级的地方集团也可以成为、有的则已经成为抗日同盟者。对于这些政治力量，同样不应采取关门主义，同样应该包括在统一战线之内。更不用说，张闻天当时在总的路线和策略方面，还是执行王明'左"倾路线的。张闻天要摆脱王明路线，从"左"倾领导中分化出来，实现根本转变，还需要走过一段曲折、艰苦的路程。

第八章 在红色国土上

从上海到瑞金

张闻天在摩律斯新村隐蔽下来以后,从容地指导文艺战线和宣传鼓动工作,为克服"左"倾关门主义而努力,但同时也清醒地意识到自己处境的艰险。1932年10月下旬团中央机关的大破坏对临时中央的安全构成极大的威胁,张闻天再也没有办法在上海继续从事地下斗争了。于是,他向博古提出,要求到中央苏区做实际工作。而博古已在前不久的中央政治局常委会上表示,为加强对中央苏区的领导,自己愿意亲自前往。① 他有意派张闻天到北方局去开辟工作。意见得不到统一,于是,中共临时中央就主要领导人的去向、分工问题向共产国际请示。②

其时,中国红军与苏维埃运动的进展并不顺利。南京国民党政府在1932年5月5日同日本签订了屈辱性的"淞沪停战协定"之后,立即调转头来,继续实行其"攘外必先安内"的反共政策,加紧对共产党和红军的镇压。蒋介石纠集了40余万兵力,于7月首先对鄂豫皖和湘鄂西两个根据地发动第四次"围剿"。到这年10月,红四方面军主力西撤川陕。差不多同时,红三军也退出了洪湖地区,向湘鄂川黔实行战略转移。只有江西的中央苏区相对稳固,但它也面临着第四次"围剿"的威胁。而中共中央所在地上海,由于白色恐怖严重,到1932年冬,事实上已经无法继续立足了。

对于中国革命的困境,远在莫斯科的共产国际是清楚的。所以,对于临时中央请求的答复是:整个中央首脑机关迁入江西中央苏区。这个决定虽然同"城市中心"的战略相悖,但同共产国际对中国革命的另一指导思想是一致的。当时,共产国际强调在中国要造成两个政权的对立。1931年11月已经在瑞金召开了第一次全国苏维埃代表大会(简称"一苏"大会),打出了"中华苏维埃共和国"的旗帜。现在党中央既然在上海无法存身,那么将它迁到红色中国的首都瑞金,完全顺理成章。

1932年底,张闻天头戴礼帽,身穿长袍,化装成一个富商,在一名地下交通员护

---

① 见1932年10月6日临时中央政治局常委会记录。

② 据张闻天:《1943年延安整风笔记》。博古1941年9月29日在中央政治局会议发言中也讲过此事经过,与张所写小有出入,博说:"C.Y中央破坏后,牵连到洛甫的家,洛电国际请求到苏区,博到北方,国际来电令中央搬到苏区去。"

■ 张闻天到达瑞金后的居处——沙洲坝下霄村下屋场

送下，登上驶向汕头的海轮。抵达汕头后，又坐船到大埔，再由大埔秘密坐船前往福建、广东交界的游击区。上岸后即由武装交通队护送，经上杭，过长汀，顺利地到达瑞金。张闻天走的这条线路是从上海到瑞金的一条主要的交通线，多少年一直保持畅通。张闻天到达瑞金是在 1933 年 1 月中旬。① 没过几天，陈云、博古等同志也先后到达。上海临时中央总算安全地撤到了中央苏区。

博古到瑞金后，随即主持召开了一个临时中央同苏区中央局合并的会议。出席会议的是中共临时中央政治局委员博古、洛甫、陈云、刘少奇和中共苏区中央局委员项英、毛泽东、任弼时、邓发。会议决定成立新的中共中央局，推选博古为书记、总负责人。② 张闻天担任常委兼中央局宣传部长、中央党报委员会书记。党中央机关设在瑞金下霄区的观音山。办公和住宿都在一个大祠堂里。大祠堂是一座砖木结构的两层楼房，张闻天和博古、陈云、罗迈（李维汉）、吴亮平等都住在这里。

依照张闻天的习惯，像 1931 年 3 月接任中央宣传部长时那样，上任后办的第一件事就是整顿和改造党的机关报。他将苏区中央局原来出版的《实话》与《党的建设》两种刊物合并，改名《斗争》出版。第一期在 1933 年 2 月 4 日就同读者见面了。同一天，《红色中华》发表 1 月 27 日拟就的《特别通知》，决定将原为政府机关报的《红色中华》改为"党、团、政府与工会合办的中央机关报"，由周刊改为三日刊，并要求改善内容与形式，建立良好的通讯网与发行网，"使今后的《红色中华》真正能成为苏维埃运动的指南针，并加强其在战争动员中的领导作用"。为了办好《斗争》和

---

① 据张闻天 1967 年写的一份材料。
② 据张闻天：《1943 年延安整风笔记》，出席人员名单上未列中共苏区中央局书记周恩来。

《红色中华》，张闻天倾注了不少心血。然而，既然以博古为首的中共中央局继续推行"左"倾冒险主义，它的报纸、刊物又怎能避免充当它的舆论工具呢？尽管张闻天在白色区域的斗争中，经过失败与挫折的教育，开始认识到"左"倾关门主义的严重危害，但到了红色区域，在新的条件下，在敌人发动"围剿"，战争形势十分紧张的情况下，又不免产生迷误和摇摆。其突出的表现，就是参与领导了所谓反"罗明路线"的斗争。

反"罗明路线"

1933年1月下旬，新的中共中央局刚一成立，就面临着蒋介石以45万兵力对中央苏区发动的第四次"围剿"。中央局领导人以一种狂热的态度来领导第四次反"围剿"斗争。2月8日，作出《关于在粉碎敌人四次"围剿"的决战前面党的紧急任务》的决议，提出"创造一百万铁的红军"、"借二十万担谷子"等任务。① 这些任务显然过高过急。为了完成这些任务，他们又一次拿出惯用的法宝开展反对右倾机会主义的斗争。这次找到的典型，就是罗明。

罗明是开辟和坚持闽西根据地的老干部，时任闽粤赣省委（习惯称"福建省委"）代理书记。1932年夏秋，蒋介石对中央苏区的第四次"围剿"已经开始组织。十九路军执行蒋介石的命令，已经会同广东军阀陈济棠的部队，从东部向闽西根据地进逼，很快占领了龙岩全县与永定、上杭的部分地区。闽西苏区东部的局势十分紧张。这时，毛泽东正在汀州（闽粤赣省委所在地）养病。他是1932年10月宁都会议被撤销了红军总政委的领导职务之后，住到设在这里的傅连暲主持的福音医院的。恰好罗明因随主力红军攻打漳州时跌伤腰部也进这家医院开刀治疗。在罗明伤势好转后，毛泽东曾同他长谈，指出应在龙岩、上杭、永定边区坚持武装斗争，开展游击战，牵制和打击十九路军和粤军，这对于粉碎第四次"围剿"，保卫中央苏区是十分重要的。

罗明第二天出院之后，立即召开省委会议进行传达。大家表示接受毛泽东的意见，并决定派罗明担任驻上杭、永定、龙岩边区全权代表，直接领导杭、永、岩边区地方武装，开展游击战争。1932年秋至1933年初，罗明遵照毛泽东的意见和省委的决定，有效地完成了任务。

1933年1月中共中央局成立之后，接连下达"猛烈扩大红军"的指示，限时限刻要求地方输送大批新战士到前线补充红军。为完成扩红任务，杭、永、岩被迫把县独立团、区独立连、乡独立排，连人带枪编送到主力红军。地方武装一时得不到补充，敌人便乘机向边区进攻。这就严重影响到处在战争前沿的边区群众生命财产的安全。在边区干部和群众中，对能否保卫边区产生了悲观消极情绪，对在边区如此猛烈"扩红"也有意见。

罗明接连给省委写了《对工作的几点意见》（1月21日）和《关于杭永情形给闽赣省委的报告》，坦率地反映了闽西东部的情况和自己对应该怎样坚持边区斗争的意

---
① 这个决议载《斗争》第2期（1933年2月）。

见。罗明认为："猛烈地扩大红军"并将地方武装连人带枪整体抽走，已经造成了脱离群众的恶果。对边区与中心区应该有所区别，扩大主力红军应以长汀等苏区内地为中心和重点，边区目前最中心的工作，是动员群众，发展地方武装，开展游击战争。在军事战斗部署上，要用最大的力量迅速向敌人力量薄弱的连城南部、长汀东南部发展，使闽西与闽西北连成一片；红十二军和闽西独立第七、八两师应迅速扩大，不应调往江西，而应留在闽西。还提出土地税款等财政收入不能完全集中到国库，应给地方留有机动费用，等等。

早在1929年5月，张闻天在莫斯科参加关于中国共产党的研究组工作，曾就"福建省的党组织状况"这一课题，做过研究，写过报告①。回国后，1932年二三月间，罗明奉调到上海时，张闻天又同他讨论过福建省委的工作，并共同草拟过中央给福建省委的指示信。②可能是因为曾经研究和过问过福建省委的工作的缘故，张闻天刚将《斗争》与《红色中华》的事理上头绪，就被派赴汀州检查福建省委工作，贯彻2月8日的中央决议。在那里，张闻天听取了省委的汇报，省委也将罗明写的上述"意见"转交给了张闻天。

以博古为首，包括张闻天在内的中央局领导，对于罗明从边区实际出发提出的意见，不仅没有引起重视，反而把它看作是右倾机会主义的典型，抓住它发动了一场反"罗明路线"的斗争。

1933年2月15日，中央局作出《关于闽粤赣省委的决定》，指出："中央局检查了福建省委工作之后，认为省委是处在一种非常严重的状态中。在省委内部的一小部分同志中，显然形成了以罗明同志为首的机会主义路线。"宣布"立刻撤消罗明同志省委代理书记及省委驻杭永岩全权代表工作"，并要求和部署了"在党内立刻开展反对以罗明同志为代表的机会主义的斗争"。③2月16日，博古到工农红军学校对第四期毕业生作《目前政治形势和党的中心任务》的报告，④进行反"罗明路线"的动员。他指责"有一部分动摇懦弱无气节的小资产阶级的分子，受着阶级敌人的影响，充分地暴露了那种悲观失望、退却逃跑的情绪，以致形成他们自己的机会主义的取消主义的逃跑退却路线，反抗党的进攻路线"，而罗明，则是这个退却路线"最典型的代表者"。这个报告大会还作出了相应的决议。随后，少共中央局也作出决议，号召开展反"罗明路线"的斗争。工农红军第一方面军也召开了师以上党团员积极分子会议，由中央局代表周恩来进行反"罗明路线"的动员。⑤刚刚创刊不久的《斗争》，它的第3期成了反"罗明路线"的专号。

张闻天一开始就参加了博古导演的这场错误的党内斗争。他在博古报告之后两天，即写成《什么是罗明同志的机会主义路线？》一文，同中央局的"决定"、博古

---

① 据俄罗斯联邦国家档案馆全宗5284，目录1，卷宗464，页95。
② 据中央政治局常委会记录（1931年3月21日、3月31日、4月4日）。
③《关于闽粤赣省委的决定》，载《斗争》第3期（1933年2月23日）。
④ 博古这个报告的最后一段以《拥护党的布尔塞维克的进攻路线》为题发表在《斗争》第3期（1933年2月23日）上。这个报告大会的"决议"和少共中央局的"决议"都登载在《斗争》第3期上。
⑤ 见《工农红军第一方面军师以上党团员积极分子会议》，载《斗争》第8期（1933年4月15日）。

的"报告"一起，发表在《斗争》第3期上。文章的口径同博古一致，认为"罗明路线"是在敌人大举进攻面前"悲观失望退却逃跑的情绪的具体表现"。张闻天指责罗明反映的闽西东部边区干部群众的思想动态与当地的实际情况是勾画了"一幅充满了悲观失望妥协投降的图画"。罗明分析，"目前问题的中心"是在于"党没有很艺术的来领导武装斗争"，主张"依靠我们现在所有的武装力量"，"组织和发展胜利的武装斗争"，哪怕是很小的胜利也好，来提高群众的情绪和信心。对于罗明的比较中肯的分析和比较务实的主张，张闻天却认为这是"脱离党的领导，脱离政治动员，脱离阶级斗争的军事动员与武装斗争"，是"机会主义者的胡说"。张闻天还严厉批评闽粤赣省委大多数同志对罗明路线斗争不坚决，是采取了"腐朽的自由主义态度"，无异于对罗明路线"妥协与投降"。中央局的决议和博古的报告为这场错误的反倾向斗争确定了基调，进行了动员和部署；张闻天的这篇文章则从"事实"与"理论"两方面为这场斗争提供了材料。

反"罗明路线"的斗争很快在福建发动起来。罗明被叫到瑞金作检讨。张闻天和博古先后同罗明谈话，要他承认犯了"路线错误"，还组织干部开会批判。接着，张闻天又以中央局代表的身份二下汀州，出席并直接领导了2月28日起召开的中共闽粤赣省临时代表大会。罗明在会上公开检查。会议连续三天三晚对"罗明路线"进行批判斗争，真所谓"给了罗明同志的机会主义路线以最有力的打击"。会议还点名批评了张鼎丞（省苏维埃主席）的"机会主义"和刘晓（省委委员）的"自由主义"。对有些同志批评党的"进攻路线"是军事冒险的"左"的拼命主义，会议也错误地进行了指斥。

会后，反对"罗明路线"的斗争即在福建全面铺开，从省级机关搞起，自上而下，由内到外，一直搞到支部、区乡，打击和撤换了一大批各级党、政、军领导干部。经过中央局的批评与代表大会的斥责，罗明本人对自己的"错误"也被迫作了深刻"检讨"。会后，即被调到马克思共产主义学校，后来担任了教务长。

然而，所谓反"罗明路线"的斗争却并没有到此结束，很快扩大到了江西，还波及到红军部队、政府机关和革命群众之中。就在反"罗明路线"斗争全面发展的时候，主力红军相继在黄陂战役、草台岗战役中用大兵团伏击战歼敌近三个师，取得了第四次反"围剿"的重大胜利。这在中央局"左"倾领导中形成一个错觉，认为胜利的原因，就是坚持执行了"进攻路线"，开展了反对右倾机会主义的"罗明路线"的斗争。于是，"罗明路线"成了机会主义的代名词，反"罗明路线"成了中央局手中的一个现成武器，可以用来扫荡不利于推行"进攻路线"的障碍，用来打击对"左"倾冒险主义表示怀疑、不坚决支持、不积极拥护的党政军领导干部。

在反江西的"罗明路线"斗争开始时，张闻天以中央局代表的身份出席了3月下旬会昌、寻邬、安远三县党的积极分子会议，在会上作了"政治报告"和"结论"。当时，邓小平任会、寻、安中心县委书记。由于邓小平不赞成用削弱地方武装的办法来扩大主力红军，而主张由群众武装，到地方武装，再到主力红军；反对同敌人硬拼，主张"坚壁清野"、"诱敌深入"；加之在反粤军"围剿"斗争中失利，寻邬县苏区不幸失陷。这样，邓小平也就被指责为同罗明一样，"表现了对于群众力量的悲观失望的估计"，"表现了张皇失措与退却逃跑"。在张闻天指导下的三县党积极分子会议于3月31日作出决议，批评会、寻、安三县过去在以邓小平为首的中心县委的领导之下，执行了"纯粹的防御路线"，并认定"这是在会、寻、安的罗明路线"；会议决定"加强和部分的改造中心县委与会寻安县委之常委"。① 会后，张闻天的《罗明路线在江西》和罗迈的《试看邓小平同志的自我批评》，同时在1933年4月15日出版的《斗争》第8期上发表，公开点名批评了邓小平，提出了所谓以"纯粹防御路线"为特征的"江西罗明路线"的概念，并从指责会、寻、安三县的工作扩大到指责江西其他各边区县委，掀起了一场以反对邓（小平）、毛（泽覃）、谢（唯俊）、古（柏）为代表的"江西罗明路线"的斗争。

这场斗争发动起来之后，张闻天的工作转向政府方面，反"江西罗明路线"的斗争即由罗迈领导。4月16日至22日召开的江西党三个月工作总结会议，给邓、毛、谢、古等以"严重的打击"。江西省委于1933年5月5日作出了《对邓小平毛泽覃谢唯俊古柏四同志二次申明书的决议》，号召"作残酷的斗争"。工农红军学校党团员活动分子会议也通过"关于江西罗明路线的决议"予以申斥。罗迈还撰文指控他们"同时是反党的派别的小组织的领袖"。② 邓小平、毛泽覃、谢唯俊、古柏四人分别被派往农村或撤换职务。

反"罗明路线"的斗争，从福建到江西，从地方到中央机关以至波及主力红军部队，错误地批判了中央苏区实际斗争中发展起来的正确的策略思想和方针政策，无情地打击了大批有丰富实际斗争经验的、敢于公开反对"左"倾冒险主义的党政军干部。如福建省苏维埃主席张鼎丞被撤职；福建军区政委谭震林被调离领导岗位，《斗争》第18期还发表专文加以批判；中央政府财政人民委员邓子恢、工农检察人民委员何叔衡，也遭批判和撤职。如果说，经过赣南会议和宁都会议，"左"倾冒险主义的方针政策在中央苏区取得了合法形式，毛泽东被迫离开了中央苏区党和红军的领导岗位，那么，这场反"罗明路线"的斗争，则力图从思想上到组织上全面巩固"左"倾冒险主义在中央苏区的实际统治地位。作为参与领导其事的中央局负责人之一，张闻天在以后的革命历程中，一再沉痛检讨这一严重错误，并从中吸取了终生受益的教训。

挣脱"左"的桎梏

第四次反"围剿"战争胜利后，中央苏区得到一个相对稳定发展的时期，大约持续了半年光景。在此期间，张闻天在中央局常委内分工管理政府工作，着重研究解决根据地内各类方针政策问题。由于较多地接触与了解实际情况，张闻天在理论与实践的冲突中逐渐觉察到错误，从成功与失败的对比中不断汲取教训，对"左"倾的具体表现有所纠正，在经济、政治、文化等方面都提出了一些比较正确的看法和比较切合

---

① 本段引文均见《会寻安三县党积极分子会议决议》（1933年3月31日），载《斗争》第8期（1933年4月15日）。

② 上述会议总结、决议和文章均载《斗争》第12期（1933年5月20日）。

实际的方针、政策。

1933年4月,在对"一苏"大会通过的《劳动法》一年半来实施情况进行总结时,张闻天明确地批评了苏区的"左"的劳动政策。他认为,这个《劳动法》机械搬用大工业城市的一套,严重脱离苏区实际,执行的结果是师傅带不起徒弟,业主负担不起职工"福利",实际上是"把资本吃完了再说"的政策,其结果"必然使苏维埃经济凋零,使工人失业,使工人的生活恶化"。他提出,"必须同那些不顾任何情形企图完全机械地执行劳动法的'左'的倾向作斗争"。①在张闻天与陈云等提议下,《劳动法》作了修改,改变了某些脱离实际的"左"的条文。

如果说关于《劳动法》的总结只是从一项具体政策入手否定某些"左"的经济政策,那么,张闻天在此后几天写成的《论苏维埃经济发展的前途》②,就是对根据地经济构成和经济工作方针、政策的全面论述。

第一,张闻天具体分析了红色区域的各种经济成分,在发展中考察它们的地位、作用。他指出,在苏区,地主经济在土地革命后已"完全消灭";农民的小生产的经济"占绝对的优势";小手工业"占着主要的地位",它的发展"应该引起我们很大的注意";私人资本主义经济"则比较不重要",其发展"是不可避免的",也是"有利的";小生产者的集体的合作经济"正在向前发展中间获得更为重要的意义",它"目前也不是社会主义经济",但"带有一些社会主义的成分";国营企业"还限制于苏维埃政府必要的军事工业、造币厂与印刷厂方面",当然"带有社会主义成分",其中有重大意义的是"国家银行和各种营业组织";国家资本主义企业"可以说还没有"。对苏区多种经济成分的认识,是张闻天提出经济工作方针、政策的可靠依据。

第二,张闻天明确地提出了发展生产、鼓励流通的方针。他指出:"我们党的任务是在集中苏区的一切经济力量,帮助革命战争,争取革命战争的胜利。"为此,"首先必须尽量扩大苏维埃的生产,提高土地生产力"。他认为"苏维埃政权应该成为千百万农民群众经济生活的组织者",要通过"种子、肥料、耕牛、耕具的解决,荒田荒地的开辟,生产队的组织,生产特别有成绩的农民的奖励",通过组织"春耕夏耕以及秋收等运动","来达到土地生产力的提高"。随着发展生产而来的是商品的流通问题。对此,张闻天指出,苏维埃政府的方针"不但不禁止贸易的自由,而且鼓励商品的流通"。他还提出扩大消费合作社,加强粮食调剂局,设立运输站等措施,"以便商品的流通"。为了打破敌人对于苏区的经济封锁,主张"特别鼓励对外贸易的发展","要尽量利用苏区内外的商人,给他们以特别的好处"。

第三,张闻天鲜明地提出了对私人资本主义经济的政策。文章论证资本主义在苏区发展"是不可避免的",这"并不是可怕的",而是"有利的"。他写道:"工商业的发展,苏区内生产力的提高,同时即是资本主义的部分的发展。"我们并不反对,"并且容许资本主义的发展"。因为,"当苏维埃政权没有力量经营国有的大企业,那末利用私人资本来发展苏维埃经济,不能不是目前主要出路之一"。基于这样的认识,张

---

① 《五一节与〈劳动法〉执行的检阅》,载《斗争》第10期(1933年5月1日),署名洛甫。
② 载《斗争》第11期(1933年5月10日),署名洛甫。

闻天提出对私人资本主义经济的政策：一是"利用"，即"利用"私人资本主义来发展苏区经济。主张"使用许多办法来吸引与鼓励资本家的投资"。对商人、老板、富农，"还应该利用'利诱'与'让步'的办法。我们必须利用他们的'社会关系'、'线索'、经济的力量与经营工商业的经验，来发展苏维埃的经济，流通赤、白的贸易"。在这种政策下，"私人资本主义的经济，将随着苏区内工商业的发展而增加它的作用与地位"。二是"限制"。苏维埃政权"经过劳动法来限制资本主义的剥削"；"实行工人监督生产"来防止资本家利用企业进行反革命活动；"征收累进的工业税和商业税"来控制他们的利润，限制他们的发展。三是"竞争"。利用最重要的经济组织"国家银行"，"帮助国家企业与合作社的发展，使这些企业同私人资本做竞争"。四是"斗争"。对于"资本家的投机，故意高抬物价，以及一切扰乱苏维埃经济，使群众生活恶化的企图"，苏维埃政权则应采取最严厉的办法来对付，包括"用武装的威吓、压迫、没收与征发"。

在后来讨论阶级斗争问题的论文中，张闻天继续发挥了上述容许并利用私人资本主义的思想，批评了过"左"的政策，他认为，"想用强迫、命令、枪决以至没收财产等等'毫不妥协'的办法，来对付苏区内所有商人资本家，这不但是愚蠢，而且在政治上是错误的"①，提出要将进行反革命活动的资本家和遵守苏维埃秩序的资本家区别开来。对于遵守秩序的资本家，应当采取各种"和平的"、"妥协的"办法，"苏维埃政权同某些资本家可以订立协定，甚至给他们以特别的权利，使他们发展他们的企业，扩大他们的生产"②。

在政权建设方面，张闻天提出了发展"苏维埃的德谟克拉西"的任务。③他尖锐地提出，在政府工作中存在着对发展民主"这一根本问题的无知与错误的了解"，他们只看到工农民主专政的"权力"的方面，而看不到"民主"的方面。他认为，苏维埃的民主的"中心任务，是在吸收最广大的工农群众参加政权，教育他们自己管理自己的国家"。为此，"绝不能容许""对于群众的强迫命令现象"，而应该"利用说服与教育的办法"，"有最大限度的耐心"，进行"群众的动员"；要开展反对官僚主义、反对贪污腐化的斗争，使群众学会运用"召回权"（即"罢免权"）、"改选权"等权力，改善苏维埃同群众的联系。对于第二次全国苏维埃代表大会（简称"二苏"大会）的选举运动，张闻天也提出了有系统地发展民主的具体意见。

特别值得注意的是，张闻天还针对当时的实际，就党政关系问题，发表了精辟的意见。他认为党内对苏维埃工作"存在着两种倾向"："或者是我们党的负责同志，直接下命令给苏维埃，要苏维埃执行党的命令。甚至在县苏、区苏会议上，党的县委或区委的书记直接上席做报告，决定县苏或区苏工作。或者是党根本不理苏维埃的工作，把苏维埃的工作当做无关紧要，甚至把党内过去犯过错误的同志，都往苏维埃政府送。"张闻天在指出这两种错误倾向"实际上都是对于苏维埃的取消倾向"之后，

---

① 《苏维埃政权下的阶级斗争》，连载于《斗争》第14、15期（1933年6月5日、15日），署名洛甫。
② 同上。
③ 《二苏大会的改选运动与苏维埃的德谟克拉西》，载《斗争》第21期（1933年8月12日），本段和下段引文均引自此文。

提出了正确处理党政关系的原则，那就是应该"经过（不是代替也不是命令）苏维埃，经过群众的政权机关，来实现党的领导作用"。这可以说是中共党内关于正确处理党政关系，避免以党代政的最早的、自觉的论述。

在党群关系方面，张闻天也较为系统地发表了自己的见解。为了转变领导作风，克服强迫命令、官僚主义，密切党同群众的联系，张闻天发表了多篇论述领导方式的文章，[①]认为新领导方式的基本内容，是要"解决党与群众的关系与党怎样领导群众的问题"，其要点是：

第一，应该"细心地，耐烦地去说服群众"。他反复申述用强迫命令的方法，"党决不会在群众中得到任何信任"，强调"党对于群众的最主要的方法，便是说服"。当然，要在实际工作中真正说服群众，则要学会做"活泼的具体的群众的宣传鼓励工作"，并且"在实际上来解决群众中所发生的许多困难问题"。

第二，应该"正确地去代表群众的意识"。他强调，党"不只要教育群众，说服群众，而且要跟群众学习"；党犯了错误应该及时承认和改正，并"重新考虑他的政策，修改他的政策，承认自己的错误"。

第三，要"负责地谨慎地去领导群众"。张闻天指出，我们的党在苏区是"统治"的党，"领导政权"的党，因此，更要小心谨慎地去领导群众的斗争。他主张党的策略应该"带有更多的弹性"，以便灵活运用到各种实际环境中去，容纳和发挥群众最大限度的创造性。

这组文章阐发了党的群众路线与正确的领导方式，其思想方法和工作作风同"左"倾教条主义是根本对立的。然而，在当时战争环境中，在"左"倾路线统治下，很难在实际工作中真正全面贯彻。不过，张闻天自己是身体力行的。他总是在力所能及的范围内，竭力纠正强迫命令、官僚主义等恶劣作风。如1934年2月，万泰县发生群众逃跑事件，张闻天立即写去指示信，不同意万泰县领导人将群众逃跑的原因归之于受敌人的欺骗，认为主要原因是县政府领导在扩红和征粮方面存在着"严重的摊派与强迫命令"，坐禁闭、罚苦工差不多成了一些工作人员对付群众的"唯一办法"。[②]他和群众同甘共苦，对群众生活十分关心。少共中央局借用了红军家属的一间住房做办公室，造成居住困难。张闻天知道后，亲自到少共中央局同秘书长胡耀邦交谈，立即将房子还给了房主。[③]《红色中华》报1934年3月13日还报道过人民委员会主席张闻天在瑞金沙洲坝参加"礼拜六义务劳动"，帮助红军家属砍柴。

关于文化教育，张闻天写了《论苏维埃政权的文化教育政策》[④]一文，进行了较为系统和全面的论述。他批评了那种将革命战争与文化教育对立起来的"取消"文化教育的观点，也批评了那种将苏区的文化教育仅仅降低到资产阶级启蒙运动的看法。他

[①] 这组文章总题为《关于新的领导方式》，共四篇：1.载《斗争》第2期（1933年2月14日）。2.载《斗争》第5期（1933年3月15日）。3.载《斗争》第20期（1933年8月5日），副题为"学习领导群众的艺术"。4.载《斗争》第28期（1933年9月30日），副题为"再谈学习领导群众的艺术"。

[②] 指示信载《红色中华》1934年4月10日。

[③] 据刘英：痛悼胡耀邦同志》，载《中国老年》1989年第5期，收入《刘英自述》，人民出版社2005年版，题为《忆耀邦同志》。

[④] 载《斗争》第26期（1933年9月15日），署名洛甫。

明确提出,我们发展文化教育"是为了工农群众更好的管理自己的国家","是革命战争伟大胜利的必要条件"。他深刻地指明,官僚主义产生与存在的原因之一是人民群众文化教育程度的"落后"。张闻天在提出扫除文盲、普及义务教育、开展社会教育、培养工农知识分子、造就专门人才任务的同时,着重论述了利用旧知识分子的"绝对必要",严肃批评了"以'左'的空谈拒绝旧的知识分子的利用的路线"。张闻天指出,存在着一种惧怕知识分子,"怕他们闹反革命"的思想,甚至在党内"'吃知识分子'的现象依然存在",知识分子党员有不少因成份不好而遭到开除。他要求"这种'左'的倾向必须立刻纠正"。他提出,对知识分子不但应该尽量"用",而且还可给他们"优待",对于特别努力工作的知识分子,还可以给他们"奖励",即使是"现在编在苦工队中的知识分子,也应该利用他们的所长"。这同当时通行的极左的知识分子政策是针锋相对的。

张闻天不仅从理论上澄清对文化教育和知识分子的认识,而且还制定了政策文件力图贯彻实施。1934年2月,张闻天以人民委员会主席的名义颁发了《小学校制度暂行条例》和《小学教员优待条例》,规定"首先应该保证劳动工农的子弟得受免费的义务教育",规定小学教员的生活费跟当地政府工作人员的生活费相同,此外,"每半年发奖一次"。

对于干部教育,张闻天也很重视。他曾亲自兼任马克思共产主义学校(相当于中央党校)校长,不仅多次到该校讲演,而且还在该校系统授课。1934年1月出版的《中国革命基本问题》就是他讲课的记录。这本八万字的著作是他1931年在中国社会性质论战中所写《中国经济之性质问题的研究》一文的拓展和深化。1934年4月1日,"沈泽民苏维埃大学"(简称"苏大")举行开学典礼,张闻天出席并发表演说,提出"以马克思列宁主义的实际课程教育学生",学生要"学习领导革命战争","学习改善群众生活问题","学习怎样管理苏维埃政权"。[①]他所规定的办学方针和教学内容是切合实际的。

对于中央苏区实行的过左的肃反政策,张闻天是持批评态度的。他不仅明确指出所谓肃清AB团的斗争是错误的,对地主、富农实行"赤色恐怖"的乱捕乱杀是极左主义,而且在力所能及的范围内纠正肃反中的错误。解救傅连暲就是一个突出的例子。傅连暲原是汀州福音医院院长。1927年就治疗过大批南昌起义部队中的伤病员。1933年将福音医院全部设备转到苏区,全家也搬到了瑞金,并把自己的私人积蓄全部交给了党。然而,在肃反中却捕风捉影地被诬陷为AB团、社会民主党,以至发展到1934年1月"二苏"大会期间保卫部门要逮捕公审他。傅连暲挣脱了前来拘捕他的人的手,找到张闻天申诉。张闻天立刻打电话给卫生部门的负责人,进行严肃批评,要他们"马上停止"。就这样,将傅连暲救了出来。[②]

在张闻天主持下,宣传工作也有相当的改进。1933年5月,张闻天在杨尚昆协助下主持召开了中央苏区宣传工作会议,反对宣传鼓动工作的千篇一律、简单狭窄

---

① 张闻天的演说载《红色中华》1934年4月3日。
② 据陈真仁:《解救傅连暲》,见《回忆张闻天》,第85—88页。

等"党八股"的毛病,促使宣传鼓动工作向生动活泼、切合实际方面转变。① 在文学艺术方面,蓝衫团戏剧——这种群众性的戏剧运动的形式,比较充分地运用了起来,报告文学、诗歌、剧本、漫画等文艺创作,都有进步,这同张闻天的倡导与关心是分不开的。张闻天还十分注意改进新闻工作,在《关于我们的报纸》② 中,他对"空洞的浮面的记载"深表不满,结合苏区实际工作中的问题具体地分析与批评了苏区各种报纸"空喊多于具体事实的揭发"的缺点。他要求运用"活的具体的事实",重视"舆论"的作用。认为,"反对官僚主义,必须把那些官僚主义者从他们的安乐窠里拖到苏维埃的舆论的前面,在全苏区的群众前面,具体的指出他们的一切罪恶";反对贪污腐化分子、浪费者也同样如此,要使他们在群众面前"受到唾骂、讥笑与污辱",使这些腐败现象不能"继续生存下去"。张闻天写道:"我们所需要的是真实,我们不需要在我们的真实上加以什么粉饰","我们不是沉醉于自己的美梦的空想家,我们也不是由于我们自己工作的缺点与错误而陷于悲观失望的无气节分子,我们是从目前的现实出发,依照我们的路线改造这一现实而稳着脚步前进的马克思列宁主义者。"在这里可以看到,从思想方法到认识论,张闻天确实已经开始从教条主义的桎梏中挣脱出来了。

"博洛矛盾"

张闻天从思想认识、方针政策以至策略路线方面逐步挣脱"左"的桎梏的过程,也是同"左"倾中央主要领导人博古(即秦邦宪)的分歧产生、发展的过程。所谓"博洛矛盾",是洛甫(即张闻天)政治生活中的一个"关节点",对中共党史也产生过相当大的影响。

张闻天同秦邦宪相识很早。1925 年暑期后,张闻天到苏州乐益女中任教并开展苏州地下党工作的时候,秦邦宪是"苏高工"(苏州高等工业专门学校)学生中的先进人物。张闻天到"苏高工"去作过讲演。同年 10 月下旬,张闻天离开苏州到苏联留学;第二年年底,秦邦宪也到了莫斯科。他们同在莫斯科中山大学学习。Измайлов(张闻天)以学识渊博著称,Погорелов(博古雷洛夫,秦邦宪的别名"博古"即取其俄文化名的前两个音节)以能言善辩出名。在错综复杂的斗争中,博、洛都站在支部局的一边。1930 年博古回国,在反对"立三路线"的斗争中同王明更紧密地结合在一起。四中全会以后,博古担任团中央书记,显示了组织与鼓动才能,受到少共国际表扬。1931 年秋,王明赴莫斯科任中共驻共产国际代表团团长,博古被选中接替他的职务。这样,博古就成为中共临时中央的总负责人。在此期间,张闻天与博古共事,虽然工作作风不一样,对若干具体问题不免有不同意见,但在政治上,在推行王明

---

① 据杨尚昆:《给刘英的信》(1983 年 3 月 26 日),载《文献和研究》1984 年第 2 期。杨尚昆于 1933 年 1 月底抵达苏区后即同张闻天共居一室,并在宣传部协助张闻天工作。为准备中央苏区宣传工作会议,杨尚昆写了《转变我们的宣传鼓动工作》一文,载《斗争》第 2 期(1933 年 2 月 14 日)。参见杨尚昆:《坚持真理竭忠尽智——缅怀张闻天同志》,载《人民日报》1985 年 8 月 9 日。已收入《回忆张闻天》一书。

② 载《斗争》第 38 期(1933 年 12 月 12 日)。

"左"倾冒险主义方面,相当一段时间里,没有什么原则分歧。

随着时间的推移,张闻天在实践中逐渐觉察到"左"的危险性,认识到"左"倾也会成为革命前进中的最大的障碍物,反对"左"倾的一面开始滋长,而博古却迟迟没有这种觉悟,而且他的警觉的目光,总是寻找着一切"右"的迹象,加以无情的打击。

既然张闻天在实践中生长着反对"左"倾的新思想,而处于总负责人地位的博古又继续着、坚持着"左"的路线与思想,那么,两位领导人之间在政治上原则上产生分歧就是不可避免的了。

博洛之间政治上的分歧,首先产生在对于"共同抗日三条件"的理解上,也即关于统一战线策略变化的认识上。

1933年1月17日,在日本帝国主义继续扩大侵略,占领山海关,向华北进犯的形势下,中共与共产国际代表团以中华苏维埃临时政府、工农红军革命军事委员会名义发表宣言,提出在立即停止进攻苏区、保证民众的民主权利、武装民众三个条件下与任何部队订立共同作战协定,在国内、国际都引起广泛的注意与强烈的反响。然而,博古却从下层统一战线和打击中间力量的固定公式出发来理解共同抗日三条件宣言,认为我们的宣言只是对群众说的,只是对士兵说的,或者至多是对下级军官说的。至于上级军官,那决不会接受我们的条件,我们也不会去同他们谈什么条件,同他们订立什么共同作战的战斗协定。宣言上的提议只是个宣传口号,是用来揭破国民党的造谣污蔑的。张闻天接受了淞沪抗战事实的教育,对日本侵略下国内阶级关系的变动开始有所认识,纠正了"一·二八"事变后对十九路军军官的过左的策略思想,所以,他对在三条件下与任何武装部队订立共同的对日作战协定的理解同博古大为不同。他认为:"三条件是宣传的,也是行动的号召",不仅是对下层士兵与广大工农群众讲的,"也是对上层军官说的"。[①]围绕着对"共同抗日三条件"应怎样理解的问题,张闻天同博古进行了争论。博古没有采纳张闻天的意见,所以"宣言"发表以后,苏维埃政府与红军没有采取任何主动行动,"宣言"发表以后的八九个月里也没有同任何一支国民党部队订立反日作战协定。

对于资本主义经济的认识与政策,是洛博之间又一个分歧点。先是博古发表《论目前阶段上苏维埃政权的经济政策》第一、二部分[②],重复王明在《两条路线》中阐发的共产国际关于中国革命反帝、反封建与反对资产阶级并列的特点。博古认为,目前的中国革命不但要"反对封建残余,反对军阀制度,反对帝国主义者,而且同时要进行反对中国民族资产阶级的无情的斗争",这是工农民主专政的观点之一。博古主张对资本主义的政策的基点是"限制","在发展苏维埃经济中间、在相当的容忍资本主义发展中间来有系统的限制资本主义剥削"。张闻天在《五一节与〈劳动法〉执行的检阅》、《论苏维埃经济发展的前途》、《苏维埃政权下的阶级斗争》等文章中论述了利用私人资本发展苏维埃经济的观点,提出容许资本主义发展,采取利用、限制、竞

[①] 张闻天:《从福建事变到遵义会议》,见《遵义会议文献》,人民出版社1985年版(后引此书不再注明版本),第76页。

[②] 载《斗争》第8期(1933年4月15日)。

争、斗争的政策，显然同博古将资本主义作为"反对"对象，采取"系统限制"的政策大相径庭。博古对张闻天的文章很为不满，在接续发表的《论目前阶段上苏维埃政权的经济政策》的第三部分①中，对张闻天的观点进行了不点名的批评。博古固然指出对地主与资产阶级"不应该是'一视同仁'的"，对资产阶级不能采取"消灭"的政策，但他强调："这不是说我们可以一分钟放弃反对资产阶级的立场与政策"，"资产阶级将成为我们当前的唯一的最主要的敌人，所以，与资产阶级妥协的政策是不可允许的"。对于资本家，"不是'妥协'政策，而是坚决的发展阶级斗争"；除了消灭他们的反抗，限制他们的剥削之外，应该是"强迫"他们为苏维埃工作。博古指责对资本家"让步"与"妥协"的政策是"机会主义"的政策，甚至认为"对资本家的投降情绪"是目前苏区职工运动中的"主要危险"，提出要以"坚决的无情的火力反对这种危险"。对张闻天的对待资本主义的策略思想的批评，已达到了严词呵责的程度。

博洛之间更大的分歧产生在"福建事变"前后。

1933年六七月间，蒋介石利用《塘沽协定》签订后日本暂停南侵之机，坐镇庐山，调兵遣将，部署对中央苏区的第五次"围剿"。这时，红一方面军根据中央"长电"②指示，实行"两个拳头打人"，分为中央军与东方军两路，企图在两个战略方向同时求胜。从7月至9月，彭德怀统率的东方军在对十九路军作战中发展顺利。连城大胜之后，随即进军闽北，每战皆捷、形成挺进福州之势。在红军的打击之下，十九路军陷入进退维谷的窘境。加之原本就同蒋介石有深刻的矛盾，蔡廷锴等十九路军将领，终于在周围一批进步人士的劝说下，决定变"剿共抗日反蒋"的方针为"联共反蒋抗日"的方针。他们响应中国共产党共同抗日三条件宣言，主动派代表秘密前往红军驻地商谈停战反蒋事宜。

第一个来到延平（今南平）前线同红军联络的代表，就是当年张闻天在上海从事新文化运动时的朋友吴明（即陈公培）③。吴明于1933年9月22日晚在王台八角楼红三军团总部会见了彭德怀。第二天又同彭德怀、袁国平举行会谈。此后，吴明即于10月初陪同十九路军秘书长徐名鸿秘密到达瑞金，进行正式谈判。

对于同十九路军谈判，张闻天和博古的态度有着明显的区别。博古虽然没有拒绝

---

① 载《斗争》第16期（1933年6月25日）。此文发表第三部分后即中断。

② 1933年6月13日中共中央局致电朱德、周恩来，转告共产国际远东局军事总顾问拟定的以中共临时中央名义发出的关于夏季军事作战计划的指示电，该电文很长，故被称为"长电"。电中批评红一方面军前段军事行动的缺点在于把"主力集中"于一个单独的作战单位，即方面军，这就不能从各方面配合作战，这样做束缚了主力，以致不能"有力打击"北方的敌人即蒋介石的嫡系部队。为在闽赣两个战略方向上同时取胜，提出从红一方面军抽出若干部队，组成东方军团，进行分离作战。中共中央强调要"切实执行这一作战计划"，提出以红三军团为东方军团基干，入闽作战，红一、五军团依计划在抚河、赣江之间作战。

③ 郭沫若在《创造十年》中叙述：1922年夏天，"那时候肯到寓里来的有张闻天、吴明、汪馥泉诸人，他们当时似乎住在民厚北里，差不多每天都要来一次。来时谈话的对象多是达夫。"见《沫若文集》第7卷，人民出版社1958年版，第126页。吴明，即陈公培（1901—1968），湖南长沙人。曾参与早期建党活动。1920年秋留法勤工俭学，1921年9月因参加里昂学生运动而同李立三、蔡和森等108人被遣送回国。1924年底入黄埔军校，为二期毕业生。北伐时在第四军政治部工作，继任十一军师政治部秘书。参加过南昌起义，潮汕失败后经香港赴上海，不久声明脱党。后为陈铭枢幕僚。建国后，曾任政务院参事。

谈判，但疑虑重重，看不到蒋光鼐、蔡廷锴等的进步，总认为很可能是他们为求一时缓和以待援兵而施的狡计。他仅仅把谈判看成一种宣传性的措施，只是想通过谈判来揭露十九路军将领的欺骗，提高共产党和红军的权威。因此，十九路军代表到瑞金谈判时，博古避而不见，表示出冷漠、轻视的态度。与博古不同，张闻天则十分重视同十九路军的谈判，认为这正是实现共同抗日三条件宣言的一个具体行动。如果谈得好，同十九路军停战并进而合作抗日，对粉碎第五次"围剿"，对整个反蒋反日的斗争，都有积极的重大影响。他同毛泽东、周恩来、朱德、彭德怀等都热情接待十九路军代表，促使谈判顺利进行。参加谈判的红军和苏维埃政府的全权代表潘汉年，从白区到苏区都是张闻天的得力助手。

红军与十九路军的谈判进行了将近一个月，1933年10月26日，双方的全权代表潘健行（即潘汉年）、徐名鸿草签了《反日反蒋的初步协定》，确定双方立即停止军事行动，划定临时军事疆界线，恢复商品贸易，解除对苏区的经济封锁，释放在福建关押的政治犯等十一项条款。草签协定之后，苏维埃政府又委派潘汉年为常驻福州代表，同徐名鸿、吴明等一起赴闽。临行那天早晨，张闻天同毛泽东、林伯渠、邓发等都前往送行。根据现有的材料来看，张闻天是当时中共中央局内具体指导谈判、签约的领导人之一。①

对于红军与十九路军签订的这个抗日作战协定，党内也存在着明显的分歧。这从中共中央给福建的两次对立的指示信中清楚地表现出来。10月30日，中共中央给福州市委和福建全体同志发了一封指示信，指出：党在福建的总方针之一应该是尽可能造成民族的反帝统一战线，来共同反对日本帝国主义及其走狗国民党南京政府，而不要简单地提出与反对南京政府和蒋介石一样的口号来反对当时正采取着左的策略的福建统治阶级与其他派别。并指出：党内思想斗争的任务之一是不调和的、不容情的反对那种关门主义的、不估计客观事实与脱离当时群众的、不愿意去建立革命的反帝统一战线的"左"倾思潮。这封写在协定草签后仅仅五天的指示信，同张闻天的思想是一致的。可是，半个月之后，11月18日，中共中央根据共产国际指示电的错误方针，又给福建党的书记发了冗长的指示信，将10月30日信中的一些正确主张全盘推倒，代之以一套关门主义的方针。指示信对十九路军将领的抗日反蒋行动作了根本错误的分析，说什么十九路军中的若干领袖和政客正在蓄意开始一个大的武断宣传的阴谋，企图集合更多的力量来树立较坚强的障碍来阻止革命的怒潮；认为这些"左"的民族改良主义政党的力量的任何增加是在中国的进步上放了新而非常可怕的障碍物；断定十九路军和福建政府即使批准协定，也是决不会执行的；要求福建党组织必须彻底明

---

① 在"福建事变"失败以后，由张闻天向中华苏维埃共和国中央执行委员会作了《关于苏维埃外交政策的报告》，说明这项工作是他负责的。《红色中华》1934年2月14日发表了中执委会的《决定》，"完全同意"张闻天的报告，并决定公布三个主要的外交文件。这三个文件是：1. 反日反蒋的初步协定；2. 中华苏维埃临时中央政府致福建人民革命政府与十九路军的第一电（1933年12月20日）；3. 中华苏维埃临时中央政府致福建人民革命政府及人民革命军第二电（1934年1月13日）。两个"电文"同'协定"的精神是一致的。这三个外交文件同张闻天对"福建事变"的态度也是一致的。而同福建事变爆发后以中共中央名义发表的《为福建事变告全国民众书》（1933年12月5日）、《福建事变的第二次宣言》（1934年1月26日）以及《（六届）五中全会政治决议案》所作的论断很不相同。

了十九路军领袖们政治阴谋的特征,必须在下层革命统一战线的基础上竭力同这些政党斗争,来争取现在仍然附和他们的劳苦群众及士兵。

但是,同"左"倾领导者的估计完全相反,就在这时,十九路军将领蔡廷锴、陈铭枢、蒋光鼐与国民党内李济深等一部分反蒋势力于1933年11月20日发动了"福建事变",在福州成立了联共抗日反蒋的"中华共和国人民革命政府"(简称"福建人民政府")。

针对着博古他们对于十九路军与福建政府采取的关门主义方针,张闻天鲜明地提出批评。他在"福建事变"后第三天,也就是1933年11月22日,中华苏维埃临时中央政府、工农红军与福建人民政府、十九路军正式签订抗日反蒋协定的当天,写了《关于苏维埃政府的〈宣言〉与反机会主义的斗争》①,从反倾向斗争的高度,严肃地批评以博古为代表的关门主义的错误观点。张闻天估计到,在全国的民族危机面前,"个别的国民党军阀有接受我们宣言的可能"。我们应该"利用这种可能","在个别地方进行上层统一战线","号召一切反动营垒中真正爱国的分子同我们一起为中国民族的生存而战"。他认为:"对这种国民党军阀,我们是不怕同他们订立反日反蒋的作战的战斗协定的。我们的任务在这里不是关起大门来表示自己无产阶级的纯洁,而是经过这种协定来更进一步的开展民族革命战争","我们并不拒绝这种妥协"。他嘲笑"自命清高、否认一切这种妥协的可能的'左'倾幼稚病者,往往把这种谈判当做儿戏,或简单的'玩把戏'"。他严厉地斥责:"这除了表示出他们对于'现代科学社会主义'一窍不通以外,没有别的"。

对于张闻天"进行上层统一战线"的主张,博古他们充耳不闻。张闻天对"左"倾幼稚病者的尖锐批评,并没有使他们将大门敞开。博古他们确实是把同十九路军的谈判、签约当作"儿戏"。"福建事变"爆发以后,在政治上他们不仅不作有力的声援,不去积极地推进联合,反而起劲地进行揭露、批判。在1933年12月5日《中共中央为福建事变告全国民众书》中,指责福建人民政府的一切行动"将不过是过去反革命的国民党领袖们与政客们企图利用新的方法来欺骗民众的把戏",其目的不是为了"推翻"而正是为了"维持"帝国主义与中国地主资产阶级的统治。在整个事变过程中,都是采取这种极左的诋毁、排斥、打击的策略。

在军事行动上,张闻天的主张同博古的策略也是完全对立的。博古采取"完全不配合"的策略,张闻天则"主张积极配合"。②

"福建事变"爆发之际,正是中央苏区反第五次"围剿"战争遭到大挫折之时。"福建事变"的爆发在对中央苏区包围圈的东线打开了一个大缺口。如果红军同十九路军真的联合起来,不仅蒋介石的"围剿"计划必将破产,而且会对南京政府形成直接威胁。所以,"福建事变"爆发之后,蒋介石只好改变原来的作战计划,迅即从"围剿"前线抽调九个师,入闽"讨伐",蒋自任"讨逆军"总司令。这就大大分散了"围剿"中央苏区的兵力,打乱了他们的军事部署,为红军粉碎第五次"围剿"提供了一个绝

---

① 载《斗争》第36期(1933年11月26日),署名洛甫。
② 张闻天:《从福建事变到遵义会议》,见《遵义会议文献》,第76页。

好的机会。

然而，博古和刚来到中央苏区的军事顾问李德①却并没有利用这个"重要关键"，同十九路军直接配合，争取主动，粉碎"围剿"。他们不听在北线指挥作战的彭德怀的建议，②也不采纳总政委周恩来的主张③，而是忠实地执行共产国际驻中共上海军事代表团的指示。④他们没有指挥红军东出建宁、黎川、泰宁，去侧击向延平前进的"讨逆军"，反而于12月13日决定将红军主力西调，向着赣江方向活动，去攻击永丰地域的敌人堡垒，企图越过赣江，进逼南昌。

张闻天得知红军西调的行动方向以后，立即提出"反对"，主张红军应该东调援助十九路军。⑤张闻天认为，只有我军事上采取与十九路军直接配合的方针，才能使我们在当时这一重要关键上不失去消灭蒋介石主力，粉碎第五次"围剿"的机会。在军事上突击蒋介石的侧后方以直接配合十九路军的行动，这正是为了我们自己的利益，为了粉碎第五次"围剿"。军委采纳了张闻天的建议。然而，等到这时才把红军调动向东，为时已经晚了。当红三军团在彭德怀、杨尚昆指挥下于1934年1月4日到达沙县的富口地区待机时，"讨逆军"已经进入福建腹地，"侧击"之机早失而只能"尾随"了。而十九路军在蒋介石的军事压力之下内部发生分化，福建人民政府已呈颓势。十九路军参谋长尹时中亲自前往瑞金求援，于1934年1月9日到达，博古、李德却迟迟不作肯定答复。这时，延平、水口已先后在6日、8日失守，到12日，古田被"讨逆军"占领。就在迁延之间，历时53天的福建人民政府于1934年1月13日宣告解体。

正如后来遵义会议所指出的，在这个事件中，"如果我们在军事上能够正确的指挥，那末我们完全有可能粉碎五次'围剿'，国内形势将成为另外一个局面"。⑥"然而当时××同志等却在左的空谈之下，在战略上采取了相反的方针，根本不了解在政

---

① 李德，原名奥托·布劳恩（Otto Braun,1900—1974），德国人。1932年受共产国际派遣由苏联来中国，1933年9月末从上海到中央苏区，担任中华苏维埃共和国中央革命军事委员会顾问。在中国期间名李德，又名华夫。

② 彭德怀曾致电周恩来转博古，建议"留五军团保卫中央苏区；集中一、三军团和七、九两个军团，向闽浙赣边区进军。依方志敏、邵式平根据地威胁南京、上海、杭州，支援十九路军的福建事变，推动抗日运动，破坏蒋介石的第五次'围剿'计划。"博古批评这个建议，说是脱离中央苏区根据地的冒险主义。据《彭德怀自述》，人民出版社1981年版，第184页。

③ 周恩来于11月24日致电中央军委，并以红一方面军名义致电博古、项英、李德，报告福建事变后的敌情变化，指出蒋介石目前正在推延进攻中央苏区，调集兵力东进入闽，镇压福建政府，请示红三、五军团是否参加侧击向钟贤、嵩市、贵溪方向前进的敌人闽部队，"望早为决定"。第二天中革军委发出训令，不同意同敌人闽部队作战。

④ 在事变发生前，该代表团负责人弗雷德就提出：一旦蔡廷锴开战，中央红军就在西北一线突破敌人的阵地，越过赣江，夺取国民党军队的外侧，从敌人背后向南挺进。（据《共产国际和中国共产党》，中共中央党校科研办公室印，第286页）事变发生后，弗雷德又电示中央红军在一个月内集中主力向江西西部迅速推进，直到湖南边界，除占领南昌外，还要尽可能地攻占长沙。据《福建事变》，福建人民出版社1983年版，第149页。

⑤ 据陈云《遵义政治局扩大会议传达提纲》（1935年2月或3月），见《遵义会议文献》，第37页。

⑥ 引自陈云：《遵义政治局扩大会议传达提纲》（1953年2月或3月），见《遵义会议文献》，第37—38页。

治上军事上同时利用十九路军事变是粉碎五次"围剿"的重要关键之一。相反的以为红军继续在东线行动，打击进攻十九路军的蒋介石部队的侧后方，是等于帮助了十九路军，因此把红军主力西调劳而无功的去攻击永丰地域的堡垒。失去了这一宝贵机会"。①

"博洛矛盾"从暗的分歧发展到明的冲突，是在广昌战役开始之前和失败之后。

广昌是中央苏区的北大门，坐落在盱江左岸。1934年3月，敌人集中11个师兵力，自盱江两岸夹江南下，缓缓地向广昌作堡垒推进。博古、李德决定全力保卫广昌，与敌人"决战"。张闻天和毛泽东都坚决反对组织广昌战役。对张、毛的意见，李德、博古根本不听。②他们调集红军主力9个师的兵力，并亲赴前线直接指挥，③采取以集中对集中、堡垒对堡垒的阵地战和"短促突击"战术，企图"御敌于国门之外"。从4月10日至28日，红一、三、九军团进行了历时18天的广昌保卫战。敌人依仗空军、炮兵的优势，以平均每天两公里的速度，步步为营，向广昌推进。坚守广昌的红军部队虽然英勇战斗，大量杀伤敌人，但由于战争指挥的根本错误，兵力消耗巨大，终于不得不放弃固守广昌的计划，在4月28日撤离。

广昌战役的失败完全是李德、博古不接受张闻天和毛泽东的正确主张，推行单纯防御军事路线的结果。广昌战役失败后，约在5月上旬"中革军委"的一次会议上，张闻天对博古他们提出了严正的批评。指出：广昌战斗中同敌人死拼，是不对的。这是一种拼消耗的打法，使红军主力遭受了不应有的巨大损失。

博古不但不接受批评，不承认错误，反过来给张闻天乱扣右倾的帽子，说张闻天这种指责是普列汉诺夫反对1905年俄国工人武装暴动那样的机会主义思想。

张闻天一向温和沉静，面对博古这种蛮横态度，也无法按捺内心的气愤，当即予以批驳。他据理力争，指出：普列汉诺夫在1905年12月俄国工人武装起义失败后责备党，说什么"本来是不需要动用武器的"，那是根本反对武装起义，以为工人可以用和平手段得到胜利。今天批评广昌战斗，是说同敌人死拼这种拼消耗的打法是错误的。敌人空中每天有三四十架飞机分批轮番轰炸，地上有一个炮兵旅的大炮轰击，兵力又大大强于我们，在这种情况下，想靠野战工事来坚守阵地，怎么可能？我们绝不应该单纯防御，死守硬拼！应该保存主力，用别的办法战胜敌人。同普列汉诺夫根本反对武装暴动有什么相同之处？张闻天越讲越激动：博古同志说我是普列汉诺夫，是机会主义，这是污蔑！我坚持，广昌战争同敌人死拼是不对的！张闻天在发言中还批评博古过于重用李德，说：我们中国的事情不能完全依靠李德，自己要有点主意。

---

① 《中共中央关于反对敌人五次"围剿"的总结决议》（1935年1月17日政治会议通过）。这里的"××同志"指博古。关于博古对十九路军和福建人民政府的极左策略，可参看他1934年7月8日在马克思主义研究会演讲会上的演说《为着实现武装的民族革命战争中国共产党做了什么和将做些什么？》，收入《六大以来》（上）。

② 据李德1937年12月22日在中共中央的一次会议上的检讨。

③ 4月上旬，为进行广昌战役，决定在前方组织野战司令部，朱德为司令员，博古为政治委员，李德为顾问，周恩来在瑞金留守"中革军委"。李德、博古为了直接指挥军队，在福建事变爆发以后，12月20日李德就以统一前后方指挥为名，建议并经中共中央局决定，取消了中国工农红军总司令部和第一方面军司令部的名义和组织，原"前方总部"撤回后方，并入"中革军委"机关。

博、洛两人在会上争得面红耳赤，相持不下，会也没法开下去了，结果不欢而散。到会的其他同志，没有一个表示意见。①

事实上，军委的大多数同志都是赞成张闻天的意见的。只是在那样的场合，不便发表而已。三军团司令员彭德怀在广昌战斗后就曾当面斥责李德"是图上作业的战术家"，说他们把好不容易创造的根据地断送掉，是"崽卖爷田心不痛"②事后，或许是博古意识到这样对待张闻天不好，或许是李德对博古有所批评，博古曾找张闻天交谈，似乎是传达李德的意见，说："这里的事情还是依靠于莫斯科回来的同志。"意思是博洛不应该闹摩擦。③张闻天无意于将莫斯科回来的同志抱成一团，因此对这种提示没有理睬。更重要的是，博古他们丝毫没有从广昌战役的失败中吸取教训，在军事行动上仍然坚持"短促突击"、"分兵把口"等战术，在敌军新的进攻面前，又兵分六路，实行全线防御，完全处在被动挨打的境地。博洛之间的分歧当然无从缩小以至弥合，更何况博古他们还在组织上排挤张闻天呢！

毛洛合作

在"博洛矛盾"逐步加深，博古同张闻天的关系逐渐疏远以至发生冲突的同时，"毛洛"，即毛泽东同张闻天之间，却逐步接近以至互相信任和合作。

张闻天和毛泽东的关系可以追溯到1920年初。1919年12月张闻天加入了当时的青年进步组织"少年中国学会"，1920年1月毛泽东也参加了这个组织。他们两人入会的消息，一起发表在1920年2月出版的《少年中国》第1卷第8期上。以后毛、张的行踪，在《少年中国》上时有披露。由会友这一层关系，他俩早已相互知道对方了，只是毛泽东对"少年中国学会"的活动并不怎么热心，张闻天又时去国外，在20年代两人未见过面。

1931年2月张闻天从莫斯科回国以后，在上海期间，对中央苏区与毛泽东的情况时有所闻。那时，从临时中央政治局到苏区中央局，对毛泽东总的说来不仅不尊重，而且还排斥、打击。张闻天在文章中、在会议上也是采取这种态度的。例如，在1932年4月4日根据中央会议精神写成的那篇批评党内机会主义动摇的社论中，否定毛泽东在反"围剿"中创造的"坚壁清野"、"诱敌深入"的策略，认为是"浓厚的等待主义"；在1932年10月6日政治局常委会讨论中央苏区工作时，博古批评"泽东的观点是保守、退却"，认为"应该做坚决斗争"，张闻天也提到"泽东可调回后方做苏维埃的工作"。这个意见同中共苏区中央局10月上旬宁都会议作出的决定（"泽东同志回后方负中央政府工作的责任"）是一致的。张闻天的这些错误主张和做法是当时以"左"倾冒险主义为指导势所必致的，但当时他同毛泽东既未共事也无直接冲突，在个人关系上并没有什么嫌隙。

---

① 关于这次中央军委会上博洛争论情况，据张闻天《1943年延安整风笔记》和伍修权《纪念遵义会议怀念闻天同志》，见《回忆张闻天》，第91—92页。

②《彭德怀自述》，人民出版社1981年版，第191页。

③ 据张闻天：《从福建事变到遵义会议》，见《遵义会议文献》，第77页。

张闻天同毛泽东会面、相识，是在1933年初进入中央苏区之后。开始，张闻天对毛泽东的思想与才干并不真正了解，关系平常。不久，张闻天分工管理政府工作，同毛泽东接触的机会多起来，对毛泽东也有所了解，并逐渐接近。这时，张闻天同毛泽东在一些重要问题上观点一致，例如，在执行"共同抗日三条件"宣言、同十九路军签订协定和支持、援助福建人民政府等策略上，他们就都是同博古等人有重大分歧的。

张闻天同毛泽东接近并开始合作的历史契机是中共六届五中全会及其后的人事变动。

1934年1月中旬在瑞金召开的中共六届五中全会，使"左"倾路线的错误发展到了顶点。经过这次全会，张闻天在党内的职位没有什么变化，但实际担负的工作有了较大的变动。在六届五中全会上，张闻天被补选为中央委员，当选为中央政治局委员、中央书记处（又称"中央政治局常委会"）成员、中央党报委员会主任。六届五中全会之后，接着举行了中华苏维埃第二次全国代表大会（1934年1月22日至2月1日），张闻天取代毛泽东，当选为中华苏维埃共和国人民委员会主席（相当于总理），毛泽东只当选连任中华苏维埃共和国中央执行委员会主席。单从表面上看，似乎张闻天得到了一定的重用。然而，身处党内高层矛盾漩涡中的张闻天，却已经比以前"更明显的感觉"到，这是一种极为巧妙的"排挤"。他在延安整风中回顾这段历史时写道："由于这些矛盾的发展，博古开始排挤我。五中全会后，我被派往中央政府工作，就是把我从中央排挤出去的具体步骤。""派我担任人民委员会工作，对于李德、博古同志说来，是'一箭双雕'的妙计。一方面可以把我从中央排挤出去，另方面又可以把毛泽东同志从中央政府排挤出去。"① 张闻天内心有这种感觉，行动上当然还是服从中央集体的决定。这样，从1934年2月起，他的办公地点和住处，从原来的党中央所在地观音山搬到了沙洲坝，同毛泽东在一处办公，住的院子也紧靠在一起。共事增进了彼此的了解，张闻天同毛泽东在思想上、感情上逐渐接近起来。

1934年1月至2月，张闻天在他主编的刊物《斗争》上分六期连载了毛泽东的两个农村调查报告：《兴国长冈乡的苏维埃工作》和《上杭才溪乡的苏维埃工作》②。这是两个调查报告的首次公开发表。不仅如此，张闻天还效法毛泽东的精神和方法，研究基层苏维埃的工作。他曾召集几个区的负责同志开调查会，一起商讨区对乡的领导问题。1934年4月，标明"张闻天、毛泽东合著"的《区乡苏维埃怎样工作》一书出版了。这是毛泽东的《乡苏维埃怎样工作》和张闻天的《区苏维埃怎样工作》的合集。当时被赞誉为"苏维埃工作经验的结晶，宝贵的指针"。这本书的出版可以看做是张闻天和毛泽东开始合作的一个标志。

---

① 张闻天：《1943年延安整风笔记》。
② 两个调查报告分别连载于《斗争》第42期（1934年1月12日）、43期（1月19日）、44期（1月26日）和45期（2月2日）、46期（2月9日）、48期（2月23日）。1934年1月，中华苏维埃共和国临时中央政府曾将这两个调查报告的油印单行本发给参加第二次全国苏维埃代表大会的代表。单行本题目为《乡苏工作的模范（一）——长冈乡》、《乡苏工作的模范（二）——才溪乡》。

■ 瑞金城西云石山上的云山古寺

六届五中全会决定张闻天担任人民委员会主席，这是博古他们企图用这种安排来排斥毛泽东对政府工作的领导。张闻天为人正派，他并没有按博古等人的意图去做。相反，他采取同毛泽东合作，尊重毛泽东的态度。张闻天就职以后，同毛泽东长谈了好几次，倾听毛泽东移交工作的意见。主持人民委员会开会时，他总是请毛泽东参加和指导。经济工作本来是毛泽东管的，张闻天接任以后，还是让国民经济部部长吴亮平经常向毛泽东汇报和请示；毛泽东也还是参与了经济工作方面重大问题的决定。① 这样，张闻天同毛泽东的关系不仅没有趋向紧张，反而逐渐密切起来。1934年8月1日敌机轰炸瑞金后，党中央迁云石山，中央军委迁梅坑。毛、张的住处都一起搬到了云石山上的一座小庙"云山古寺"里。堂屋的一侧厢房住着毛泽东与贺子珍一家，另一侧厢房就是张闻天的房间。朝夕相处，感情融洽，生活上也相互关心。毛泽东1934年9月在于都得了恶性疟疾，高烧不止。赣南省委给张闻天打电话求助。他立即派傅连暲星夜赶去诊治。当然，促使张闻天同毛泽东走到一起的主要原因，是由于他们对不少问题看法比较接近，在党内生活中有共同的感受。

广昌战役之前，张闻天、毛泽东都反对组织这次战役；广昌战役后，张闻天同博古又在"中革军委"会上进行了那一场激烈的争论。这就使得"博洛矛盾"又加深了一层，而"毛洛合作"又前进了一步。

1934年7月上旬，博古、李德又采取了一个"排挤"张闻天的部署，即派张闻天到闽赣省巡视工作。张闻天一眼看穿，这是要把他从中央政府排挤出去。因为此前项英（中央政治局委员，中央书记处书记之一）在闽赣省已经做了较长时间的

---

① 以上数事据吴亮平：《为真理而斗争的一生》，见《回忆张闻天》，第53—54页。

巡视检查，刚回到瑞金，完全没有必要再派一个高层领导同志前往。所谓去闽赣"巡视"云云，完全是博古他们要将张闻天实际上从政府领导岗位上调开去的一个由头。

张闻天服从决定，7月上旬即赴闽赣。巡视工作进行了四五十天。到8月下旬，才返回瑞金。这时，张闻天实际上已经被"剥夺"了参与最高决策的权力。红军战略转移前的准备工作以及所有高级领导干部的去留，都已由"最高三人团"（博古、李德、周恩来组成）决定。在组织人事方面，张闻天有权能做的事，只是提出中央政府随军转移的中级干部名单，交"最高三人团"批准。当时担任教育人民委员的瞿秋白，被"最高三人团"列入"留"的高级干部名单之中。瞿秋白向人民委员会主席张闻天表示希望"走"。张闻天深表同情，随即向博古陈情。博古一点没有商量余地，硬是以病弱为由把瞿秋白留了下来。张闻天感觉到自己"已经处于无权的地位"，"心里很不满意"。①

张闻天此时的这种感受，在毛泽东的心里，早已郁积多年了。从赣南会议（1931年11月1日至5日）到宁都会议（1932年10月上旬），到六届五中全会（1934年1月15日至18日），毛泽东一再受到排挤打击。他当时在党内的境遇比张闻天差得多。毛泽东从于都回到瑞金已经是10月初了。

这时，张闻天和毛泽东都住在云石山上的"云山古寺"。眼看第五次反"围剿"战争节节失利，现在又不得不离开这块血汗浇灌的红色国土了，他们心中都有抑郁、愤懑之情。有一天，张闻天同毛泽东坐在住处前黄槲树下的石凳子上聊起天来。张闻天把心中的不快、不满全都向毛泽东吐露出来。张闻天、毛泽东之间这次坦诚的谈心，使他们的接近和合作，在踏上长征的征途之前，进入了一个称得上是战友的全新的阶段。

战略社论

红军战略大转移的决策，是在广昌战役失败之后的5月中央书记处会议上就已作出的。向共产国际报告后不久，即得到同意。但当时的中央领导人仍没有适时作出决断，战略转移的准备工作只在极少数中央领导人中秘密进行。进入9月，朱德、周恩来、项英等签署以"中革军委"名义发出《为扩大红军的紧急动员的号令》、《关于军团后方勤务组织的命令》、《采取具体步骤减少和消灭减员现象》的通知和《关于巩固和扩大地方部队及自给问题的训令》等，进行转移前的各项准备。中央确定从赣南突围以后，同"南天王"陈济棠的谈判即紧锣密鼓地进行，进展相当顺利。停战协议的签订，为红军西进辟出了一条通道。但是，在战略大转移的准备工作中，政治动员、思想教育却忽略了。对于突围行动这一巨大的战略转变，在干部与指战员中没有进行解释工作，甚至在政治局的会议上也没有进行讨论。关于为什么退出中央苏区、当前任务是什么、到何处去等基本的任务与方向问题，始终秘而不宣。直到9月下旬，才

---

① 张闻天：《从福建事变到遵义会议》，见《遵义会议文献》，第78页。

要张闻天撰写一篇社论，从理论上对红军战略大转移作出解释，以统一全党全军的思想。

由于同博古矛盾的发展，同毛泽东的接近和合作，张闻天在广昌战役失败后对"左"倾冒险主义错误的认识更加深刻、自觉了。1934年6月24日的《反对小资产阶级的极左主义》①就是他基本上挣脱"左"的桎梏、自觉地站到正确路线一边的标志。

在这篇文章中，张闻天已经毫不含糊地"最尖锐的提出同这种'极左主义'进行坚决斗争的极端必要"。他指出，"如果不反对小资产阶级的'极左主义'与一时的狂放的革命性"，那么，同样的，"党的正确路线的执行是不可能的"。张闻天鲜明地批评党内广泛流行的一种观点，即"'左'倾总要比右倾好"，而且坚定地提出，"极左主义是机会主义另一种形式的表现"，"不要惧怕'左倾革命家'的威吓"。文章具体分析了"极左主义"在党内思想斗争中、在检举行动中、在对待地主富农的政策上、在经济政策中的种种表现和严重危害，激励大家拿出勇气，去反对"极左主义"。通过对闽赣的巡视调查，张闻天对"左"倾路线在军事策略方面的表现和危害有了进一步认识。7月26日，他在闽赣战地委员会扩大会议上作报告，②尖锐地批评"分兵把口，困守堡垒的办法"，说将地方武装用来"死守堡垒，对于我们是致命的打击"，提出："这种公式必须立刻粉碎，我们的同志必须立刻从堡垒，从空机关走向群众，去组织群众的武装斗争。"他认为，闽赣党的第一任务是"武装广大的群众，发展游击战争"，应该在此基础上"建立我们的苏维埃政权"。所以，在长征出发前要张闻天撰写一篇社论，正好给他提供了一次机会，使他可以把这两年斗争实践中得到的新认识，作一个比较系统的概括。

这篇社论题为《一切为了保卫苏维埃！》，于9月26日写成，发表在9月29日《红色中华》上，署名张闻天。社论发表以后，红军总政治部立即发布"政治指令"，要求全军根据这篇文章，就即将开始的军事行动，"在部队中进行充分的宣传解释工作"。董必武和何叔衡是在读到这篇社论后才意识到红军即将进行战略转移的。董必武在1936年写的回顾长征的文章《出发前》中，称它是"一篇关于红军战略的社论"。这篇社论，实际上是红一方面军长征的宣言书和动员令。从社论的内容来看，标志着张闻天的思想已经跃进到了一个新的高度——比较自觉地认识中国革命规律、反对"左"倾路线的高度。

张闻天在社论中回答了当时迫切需要解答的问题，即红军为什么要实行战略大转移的问题。他从总结反五次"围剿"的经验教训入手，对"左"倾的"进攻路线"作了全新的解释。他从方法论上，分析通常对"进攻路线"的机械理解的谬误。他写道："我们党的总的进攻路线，决不能解释成为只要采取进攻的斗争方式，就可使我们得到胜利。这种见解，实际上是把革命当做只是一种向上的、直线式的、不断胜利的行动，或是一次的，短时期的，在一个战线上的英勇的决斗与突击。这种对于革命

---

① 载《斗争》第67期（1934年7月14日）。编入《张闻天文集》第1卷。
② 报告的一部分以《闽赣党目前的中心任务》为题载《斗争》第71期（1934年9月7日）。编入《张闻天文集》第1卷。

的抽象的了解，必然会想出种种'抽象的公式'或'教条式的药方'来限制自己的活动，其结果是很明显的，或者是我们拿一种固定的斗争去束缚运动，或者是由于我们的成见与固执，放弃了其他斗争的领导。"在此基础上，张闻天对"进攻路线"作出了新的解释："我们依照当时的环境而决定采取进攻、反攻、防御以至退却的斗争方式，一切这些斗争方式的运用，都是为了实现党的进攻路线。"这就在那时允许的范围内突破了只准讲进攻，不准谈退却的教条。张闻天又正面提出我们的方法论原则："根据于每一具体环境的分析与了解，决定在当时何种斗争方式最为有利，并且跟随着环境的变化而变化我们的斗争方式。"据此，他分析了实践中运用的各种各样斗争方式，并以十分醒目的表述，肯定了放弃某些苏区与城市以"缩短战线"，突破封锁线"转移地区"，是在敌人优势兵力压迫、堡垒层层封锁之下，可取的保存有生力量、争取战争胜利的方式，虽非直接但已比较明确地预示了中央红军即将突围转移的战略意图。

张闻天这样来回答为什么实行战略转移的问题已经是比较充分的了，然而他并没有到此为止。他进而在更深的层次上，即在中国革命基本问题的层次上，阐明应该怎样看待主力红军离开苏区、实行战略转移的决策。张闻天从失败的教训中取得了对中国革命长期性与不平衡性的清醒认识，运用它来回答战略转移这一重大现实问题，并进而剖析两条战线的斗争。

张闻天明确地指出，"国内战争的战线是延长在全中国"，"这种国内战争是整个时期的长期的死战，而不是几天几月甚至几年完成的。在这种决战中，我们可以在某些区域得到空前的伟大的胜利，在有些区域则可遭受部分的挫折"。他自觉地运用这一带有规律性的认识，指出，那些"机械论者"，由于不了解中国革命的长期性与不平衡性，"或者是保卫苏区，在苏区内部同敌人拼命，直到一兵一卒，同苏区的每寸领土共存亡。或者是放弃苏区，放弃苏维埃的革命，而退却逃跑。……个人的英雄主义拼命主义，或者失败主义，逃跑主义，是这些机械论者所找到的仅有的出路"。这是对第五次反"围剿"中"左"倾军事路线发展轨迹的首次概括。张闻天又指出，一切机会主义者，由于不了解中国革命这一基本问题，取得某些胜利时，就会被"胜利冲昏头脑"，"放弃了继续不断的、坚持的、残酷的斗争"；一旦遇到阻碍或停滞，就会"悲观失望"，"失去了革命的信心与前途"，在"转移地区或缩短战线时"，就会"走到灰心绝望中去"。在这里，"'左'倾机会主义者同右倾机会主义者完全表现了他们相反的一致"，其症结就在于"看不到整个国内战争的实质"。

由此可见，到长征前夕，张闻天的思想已经有了突飞猛进。同六届五中全会断定中国存在着"直接革命形势"、第五次反"围剿""即是争取中国革命完全胜利的斗争"等观点完全不同，张闻天已经清醒地认识到中国的革命战争是"长期"的战争，不是在几年内就能够完全胜利的。用这样的战略思想来武装全党全军，来指导中国革命，其意义是不可低估的。张闻天虽然还没有冲破"进攻路线"的外壳，但已经十分明确地在实际上否定了"左"倾军事路线进攻中的冒险主义，防御中的保守主义，退却中的逃跑主义，提出并阐明了灵活运用各种斗争方式，尤其是退却、缩短战线、转移地区的方式，以保存有生力量争取胜利的观点。对于主力红军的突围西征来说，这是到那时为止得到深刻表述的正确的指导思想。遗憾的是，当时的实际领导者根本没有接受这些正确的思想，因此，西征突围在单纯防御路线的指导下，就不能不陷入困境，最终使红一方面军濒临毁灭的危险。

第九章　历史转折

"中央队三人团"

　　1934年10月10日晚上，张闻天同毛泽东、王稼祥一道，从瑞金的梅坑出发，向赣南省会于都集结，准备渡过于都河作战略转移。当时还没有"长征"这个名词，一般都把这次军事行动称之为"西征"。

　　按照部署，这次大撤退以第一、第九军团为左翼，第三、第八军团为右翼，第五军团为后卫，护卫着居于中间的军委第一、第二野战纵队进行。①整个转移犹如抬着轿子大搬家。第一野战纵队代号"红安"，由叶剑英任司令员，分四个梯队，共五千人，由中革军委、红军总司令部和总政治部及其直属队组成。第二野战纵队代号"红章"，司令员李维汉，也分四个梯队，约一万多人，由中共中央机关、政府机关、军委后勤部门、工会、共青团等单位组成。党和红军的首脑机关简称为"总部"，"最高三人团"博古、李德、周恩来和总司令朱德等总部领导人随一纵行动，毛泽东、张闻天、王稼祥也随一纵行动。这些中央领导人的队伍称为"中央队"。"最高三人团"原来打算要将毛、张、王等一律分散到各军团中去，毛、张持异议，这才让他们留在一纵。毛泽东邀约张闻天、王稼祥一路行军，一起宿营，张、王欣然同意。这样，踏上西征途程之后，张闻天同毛泽东、王稼祥就走在一起，自然而然地也形成了一个"三人团"。为了跟"最高三人团"相区别，称为"中央队三人团"。

　　"中央队三人团"并不是一个正式机构。三个成员中毛、王两人，一病一伤。毛泽东恶性疟疾刚制住，体虚血亏，走不动路。王稼祥在第四次反"围剿"中被敌机炸伤，弹片还在肚子里。他们两人都坐担架。张闻天身体好些，基本上是骑马行军。"最高三人团"成员忙于指挥战事，把他们三个人放在一边。长征开始时的这种特定环境，给毛泽东、张闻天、王稼祥三个人提供了经常在一起交换意见的机会。话题很自然地集中在不能打破敌人第五次"围剿"的主要原因上面。张闻天向毛泽东、王稼祥谈了从"福建事变"到广昌战役自己同博古的种种争论，对李德、博古军事指挥上

---

　　① 1934年12月18日黎平会议决定合并军委一、二纵队为"军委纵队"，刘伯承任司令员，陈云任政治委员，叶剑英任副司令员。遵义会议后，1935年1月19日改为"中央纵队"。

分兵把口、拼命主义等做法很为不满。毛泽东就第五次反"围剿"战争失败的过程，同前几次反"围剿"胜利的经验对比，细致地分析李德、博古军事领导上采用单纯防御路线，否定运动战的战法等错误。这一路随意交谈，充分讨论，张闻天同毛泽东之间感情上更加亲近，思想、观点也更加趋于一致。对于第五次反"围剿"失败的原因，张闻天和王稼祥都接受毛泽东的观点，认识到主要是在主观方面，是军事领导上的战略战术错误所致。

在西征途中形成的这个"中央队三人团"，对于遵义会议的胜利召开，对于中国共产党历史的转折，具有特别重要的意义。美国记者哈里森·索尔兹伯里在他写的《长征——前所未闻的故事》一书中幽默地用"担架上的'阴谋'"为标题专门写了一章。① 张闻天在总结这段历史时则采用了历史唯物主义的哲学语言。他写道：在长征出发后，"他（指毛泽东）要我同他和王稼祥同志住在一起——这样就形成了以毛泽东同志为首的反对李德、博古领导的'中央队'三人集团，给遵义会议的伟大胜利放下了物质基础"。②

长征路上的争论

红军西征开始时，好像大搬家，恨不得把根据地所有的"家产"全都搬走。从兵工厂的机床到闲造出来的炮弹，从印刷钞票和书报的机器到办公桌椅，从发电机、电台到成捆成捆的电线，更不用说各种文件、档案和中央金库的金银财宝了。用驮子和挑子组织起来的运输队伍绵延好几里。所有野战军都成了掩护队，行动迟缓，被动挨打。过敌人第一、二、三道封锁线时，因为同粤军签了停战协议，所以还算顺利。但到 1934 年 11 月底突破敌人布置在湘江沿线的第四道封锁线时，遇到了凶猛的阻击。在湘江战役中，红军损失惨重。从突围西征时的 8 万多人锐减到 3 万多人。这时，西征的红军已失去了原定到达湘西的先机，陷入了进退维谷的困境。"最高三人团"在如此严重的挫折面前几乎丧失了指挥的能力。博古一筹莫展，有时还用手枪比划着自己的脑袋。军事顾问李德老发脾气，不但不认错，还把湘江战役的惨败归结于没有及早执行他的决策，认为是意见分歧贻误了战机。③"最高三人团"中，只有周恩来沉着冷静，支撑着困难局面。张闻天和毛泽东、王稼祥感到，对中央的错误领导再也不能保持沉默了。

1934 年 12 月 4 日至 6 日，红军部队翻越地处湖南、广西交界处的越城岭。越城岭是中国有名的王岭之一，当地人称老山界。翻过这逶迤苍茫的崇山峻岭，就进入苗族聚居区了。部队暂时摆脱了追击的敌人，张闻天同毛泽东、王稼祥一起，就在政治局内部公开批评中央军事指挥的错误。他们指出，第五次反"围剿"以来的失败，是由于军事领导上战略战术的错误造成的。红军本应运用前四次反"围剿"的经验，采取决战防御，集中优势兵力，选择敌人的弱点，在运动战中消灭敌人一部或大部，各

---

① 该书中译本 1986 年 5 月由解放军出版社出版，《担架上的"阴谋"》是第 7 章的标题。
② 张闻天：《从福建事变到遵义会议》，见《遵义会议文献》，人民出版社 1986 年版，第 78 页。
③ 见奥托·布劳恩（李德）：《中国纪事（1932—1939）》，现代史料编刊社 1980 年版，第 120—121 页。

个击破敌人的方针；而李德等人却否认这些成功经验，采取单纯防御，短促突击，打阵地战，开始时实行"全线出击"，在敌人进逼之下又变为"全线抵御"，致使敌人持久战和堡垒主义的战略战术得逞。他们批评此次撤出苏区的突围又成为惊慌失措的逃跑以及搬家式的行动，一路避战，对孤立疲惫之敌也不主动反击。

在湘、桂、黔交界行军途中，张闻天和毛泽东、王稼祥一起同博古、李德一路争论，①除了上述第五次反"围剿"与突围的军事指挥问题以外，最主要的还是当时亟待解决的红军的战略行动方针问题。他们指出，李德、博古所认为的只有到达湘西，同红二、六军团会合，才能放下行李，打仗消灭敌人，也是错误的。

在红军部队前进到湘西通道地区时，得到情报，蒋介石已经识破了中央红军将到湘西同红二、六军团会师的战略意图，遂在湖南洪江、藏江，贵州石阡、铜仁、松桃一带集结了五六倍于红军的强大兵力，设了四道防线，形成一个大口袋等红军去钻。而博古、李德仍然坚持到湘西与二、六军团会合的方针，12月9日给各军团首长的命令中重申"总的前进方向不得改变"，硬是要往这个口袋里钻。张闻天了解战局的重要变化之后，立即找到毛泽东，告诉他敌人的部署，商量解救危局的对策。②张闻天同毛泽东、王稼祥一起向周恩来提出：在同二、六军团会师的道路上蒋介石已设置重兵，原定中央红军到湘西与二、六军团会合的先机已失，建议转向敌人薄弱的贵州进军，建立川黔边根据地。

12月11日，红军攻占湖南省通道县城。12日，张闻天出席了在通道举行的中央领导人的紧急会议（"通道会议"），讨论红军行动方向。李德、博古全然不顾当时不利于我的情况，还是机械地要向二、六军团所处地区推进。李德提出：是否可以让那些在平行线上追击我们的或向西面战略要地急赶的敌军超过我们，我们自己在他们背后转向北方，与二军团建立联系。我们依靠二军团的根据地，再加上贺龙和萧克的部队，就可以在广阔的区域向敌人进攻，并在湘黔川三省交界的三角地带创建一大片苏区。③这实际上是自投罗网，将三万多红军朝虎口里送的方针。会上，毛泽东首先坚决反对李德的方针，建议向贵州进军。这个建议本来就是毛泽东同张闻天、王稼祥商量后提出的，张闻天当然坚决支持，强调应该按照已经变化的情况来改变自己的行动与方针。周恩来也支持向贵州进军。这样，毛泽东、张闻天、王稼祥的建议遂为多数人赞成而通过。中革军委随即在12日当晚19时30分发布了红军在13日入黔的命令。但是，博古、李德仍固执己见，否定了多数人的意见，重又命令各军团按北上与二、六军团会合的方针行动。14日，军委才发布命令，令红军夺取贵州黎平、锦屏，开辟

---

① 周恩来在1943年11月27日中央政治局会议发言："从湘桂黔交界处，毛主席、稼祥、洛甫即批评军事路线，一路开会争论。从老山界到黎平，在黎平争论尤其激烈。"（《遵义会议文献》，第64页）张闻天说："在政治局内开始了反对李德、博古的斗争，一直到遵义会议。"（《从福建事变到遵义会议》，见《遵义会议文献》，第79页）博古也说："长征过程中毛主席起来反对错误领导，从湘南争论到遵义会议。"（1943年11月13日在中央政治局会议上的发言，见《遵义会议文献》，第103页）。

② 参看罗明：《关于通道转兵一些情况的回忆》，载《中共党史资料》第9辑，中共党史资料出版社1984年版。

③ 见奥托·布劳恩（李德）：《中国纪事》，第124页。他在这里说的到达黎平之前的"一次飞行会议"即是"通道会议"。

前进道路。

12月15日，红军攻占黎平。红军向何处去这个战略方针问题再一次十分紧迫地提到日程上来。12月18日，在黎平城内，由周恩来主持召开了中央政治局会议。会上，张闻天和毛泽东一起同李德、博古等进行了激烈的争论。①会议作出了《关于战略方针之决定》，否定了李德、博古等要中央红军去湘西与二、六军团会合，在湘西建立根据地的方针，也否定了在会上曾经提出的折入黔西的主张。《决定》指出："鉴于目前所形成之情况，政治局认为过去在湘西创立新的苏维埃根据地的决定，在目前已经是不可能的，并且是不适宜的"；"深入黔西、黔西南及云南地区，对我们是不利的"。会议通过了毛泽东、张闻天、王稼祥在通道地区就已提出、并得到周恩来支持的战略方针，决定在"川黔边区地区，在最初应以遵义为中心之地区"，建立新的根据地。会议还决定到遵义地区后开会总结第五次反"围剿"以来军事指挥上的经验教训。同日，中革军委决定，军委第一、第二野战纵队合并为军委纵队，刘伯承任司令员，陈云任政治委员，叶剑英任副司令员。

黎平会议后，中央红军继续西进，准备渡乌江北上。李德对黎平会议争论失败非常恼怒。②在继续前进的路上，他和博古仍然不甘心放弃他们的错误战略方针。张闻天对此深为焦虑。他意识到，让李德、博古继续掌握军事指挥大权，错误指挥就很难避免。这时，他开始考虑变换军事领导的问题。12月20日，军委纵队到达黄平。在一片茂密的橘林里，张闻天和王稼祥的担架放下来休息。这时农历是十月下旬，南方正值深秋，绿树上挂满了金黄的、橙红的橘子。他们两人头靠头躺着，议论当前的形势，都忧心忡忡。王问张，红军最后的目标，中央定在什么地方。张说，没有一个确定的目标。又说，这仗这样打看起来不行，还是要毛泽东同志出来，毛泽东同志打仗有办法，比我们有办法。王稼祥当天晚上就将张的想法打电话告诉彭德怀，然后又告诉毛泽东。这消息在刘伯承等几位将领中一传，大家都赞成要开个会，让毛泽东出来指挥。③

10天后，1935年1月1日，中央政治局在贵州省瓮安县猴场（草塘）开会，批评了博古、李德的一不过乌江、在川黔边地区建立革命根据地，二要回头和二、六军团会合的错误主张，决定强渡乌江，发布了《关于渡江后新的行动方针的决定》。④在以后的行军路上，又停止了李德对于红军的指挥。⑤

---

① 关于黎平会议，李德说："我因为发高烧没有出席。"（《中国纪事》，第125页）周恩来在1940年共产国际监委会审查李德的会上发言，肯定李德参加了黎平会议并与毛等争论。杨奎松据在莫斯科查档提供。）

② 据周恩来：《在延安中央政治局会议上的发言（节录）》（1943年11月27日），见《遵义会议文献》，第64页。

③ 据耿飚1990年8月29日在纪念张闻天九十诞辰座谈会上的发言。耿当年任红一军团二师四团团长。四团是强渡乌江战役的前卫。张、王橘林谈话情况是强渡乌江前左权（时任一军团参谋长）和刘伯承分别告诉他的。

④ 据力平著：《红军长征简史》，湖北人民出版社1986年版，第81页。强渡乌江的战役实际上在1934年12月30日就开始了。

⑤ 据周恩来：《党的历史教训（节录）》（1972年6月10日），见《遵义会议文献》，第66页。

从1934年12月上旬起，张闻天同毛泽东、王稼祥等一起为挽救党和红军进行了积极的斗争，并一步一步地迈向胜利。通道会议为战略方针的转变奠定了基础，黎平会议则实际解决了当时最为紧迫的进军方向问题，实现了通道会议提出的"转兵"任务。这是湘江战役后张闻天同毛泽东、王稼祥的"中央队三人团"对博古、李德等错误领导进行批评、展开争论的结果，是以毛泽东为代表的军事思想在长征途中取得的第一个重大的胜利。而张、王在黄平的橘林谈话则是变换军事领导的最初酝酿。猴场会议坚决执行了黎平会议决定的战略方针，巩固了黎平会议的胜利；会后，在行军途中停止李德的军事指挥权，则是在组织上取得的一个重大胜利。所有这一切，为遵义会议的胜利召开，作了思想上、组织上的准备。

遵义会议

1935年1月15日至17日在贵州遵义召开的中央政治局扩大会议，在中国共产党的历史上是一个生死攸关的转折点。

这次政治局扩大会议，是在黎平会议上就已决定要召开的。因为军情紧迫，黎平会议只在1934年12月18日开了一天，解决当时最紧迫的战略方向问题，对在湘南及通道的各种争论亦即第五次反"围剿"和突围西征以来军事路线上的是非问题，当时来不及讨论。因此，对这一个关系到党和红军生死存亡的重要问题，黎平会议决定渡过乌江到达遵义地区后再召开政治局扩大会议进行讨论。

1935年元旦，红军强渡乌江取得胜利。1月7日凌晨，红军先头部队"袭占遵义"。由于红军突然强渡乌江，尔后又迅捷智取遵义，一下子把十几万"追剿"敌军甩在了乌江以东和以南。何键虽仍为"追剿"军总司令，但他率领20个团到常德地区与红二、六军团作战去了。四川刘湘的部队摆在长江南部一线，搞不清虚实，不敢轻进。蒋介石命令粤、桂军队赶快北上遵义，但贵州不是他们的地盘，所以行动不积极，仍滞留在黔南榕江等地。黔敌诨名"双枪"军，①不经打，一触即溃。只有蒋介石的嫡系薛岳纵队和周浑元纵队比较积极，但被阻隔在乌江以南，难以很快采取行动。这就为中共中央在遵义召开政治局扩大会议提供了宝贵的时机。

军委纵队在1月9日进驻遵义以后，中央领导成员即忙着准备这次解决军事路线问题的政治局扩大会议。当时，"中央队三人团"毛泽东、张闻天、王稼祥住在新城古寺巷（今幸福巷）原黔军旅长易怀芝的官邸里。这是一幢建筑精致的两层楼房。张闻天住楼下西厢房，楼上是毛泽东的住处。毛泽东对面，楼上右前室住的是王稼祥。

1935年1月15日，决定党与红军命运的遵义会议——中央政治局扩大会议开始举行。出席会议的有：中央政治局委员（按姓氏笔画为序）毛泽东、朱德、陈云、张闻天、周恩来、博古（秦邦宪）；政治局候补委员王稼祥、邓发、刘少奇、凯丰（何克全）；红军总部和各军团负责人刘伯承、李富春、林彪、聂荣臻、彭德怀、杨尚昆、

---

① 黔军士兵都吸鸦片，步枪之外还带着吸鸦片用的"烟枪"，故有"双枪"军之嘲。

李卓然；①列席会议的有共产国际派来的军事顾问李德。邓小平和伍修权作为会议工作人员列席会议。邓小平当时是中央队秘书长②，担任会议记录；伍修权是李德的翻译。会场设在军委纵队司令部的驻地遵义老城枇杷桥（现子甲路80号）。这是一座相当宽敞的两层楼，原是国民党第二十五军第二师师长柏辉章的公馆。会议就在公馆楼上的东厢房里进行。房间不大，中间放着一张栗色的柏香木长条桌，四周围着一些木椅、藤椅和长凳。会议由博古主持，他坐在长条桌中间的位置上，其他人随便坐。聂荣臻脚伤还没有好，每天坐担架赴会。王稼祥腹部伤口未愈，不能久坐，躺在一张藤榻上参加会议。③正是隆冬季节，开会至深夜，屋里生了木炭火盆取暖。

遵义会议要解决的第一个问题是"决定与审查黎平会议所决定的暂时以黔北为中心，建立苏区根据地的问题"④。当时敌人企图把红军压迫在长江以南、横江以东、乌江以北和以西地区，然后逐步紧缩包围，"聚而歼之"。摆在红军面前的紧迫任务是跳出敌人设下的包围圈。所以，遵义会议开始后首先讨论行动方向问题。会议同意刘伯承、聂荣臻提出的建议，"一致决定改变黎平会议以黔北为中心来创造苏区根据地的决议，一致决定红军渡过长江在成都之西南或西北建立苏区根据地"。⑤

遵义会议的主要议题是"检阅在反对五次'围剿'中与西征中军事指挥上的经验与教训"。⑥首先由博古作第五次反"围剿"的总结报告。博古在解释为什么不能粉碎第五次"围剿"、胜利地保卫苏区时，虽然也说到了一些主观指挥上的错误，也不曾明显地把它放在次要的地位，但是，实际上他过分强调了客观的困难。博古认为第五次反"围剿"失败的主要原因是：反动力量过于强大，敌人直接用于进攻中央苏区的兵力50万，还有帝国主义的经济援助和军事顾问帮助；苏区物质条件不好；白区广大工农群众反帝反国民党与日常斗争的领导没有显著进步；游击战争的发展与瓦解白军工作依然薄弱，苏区周围的游击战争开展不够；各苏区红军呼应配合不够紧密。实质是用客观原因来掩盖军事领导上战略战术错误造成的恶果。⑦军委副主席、总政委周恩来接着作副报告，着重就中央红军的军事战略和战术进行回顾、总结。

在听了博古的报告和周恩来的副报告以后，张闻天首先起来作反对中央领导单纯

---

① 九军团军团长罗炳辉、政委蔡树藩因部队在遵义东北湄潭、兴隆一带担任警戒，故未出席会议。五军团军团长董振堂亦未出席会议。五军团政委李卓然因故迟到。三军团军团长彭德怀会议中途因有战斗任务提前离开。

② 据刘英：《难忘的三百六十九天》。该文有一节"调任中央队秘书长"，叙述她在遵义会议后大约1935年4月间接替邓小平担任此职的经过甚为详尽。长征途中担任此职的顺次为：邓颖超、邓小平、刘英、肖向荣、吴亮平。

③ 据伍修权：《生死攸关的历史转折》、《聂荣臻回忆录》和遵义会议纪念馆关于会场情况的调查。现在会址陈列摆放18张木边藤心靠背椅，并非当时原貌。

④ 陈云：《遵义政治局扩大会议传达提纲》，《遵义会议文献》，第34、35页。

⑤ 同上。

⑥ 同上。

⑦ 博古报告的原件或记录迄今没有发现，此处所述报告内容据：《遵义会议决议》；陈云《遵义政治局扩大会议传达提纲》；刘伯承：《两条军事路线的斗争情况》。见《遵义会议文献》，第84—85页。

防御军事路线的报告。这个报告,通称为"反报告"。①他作"反报告"时,手里有一个提纲,基本上是照着提纲讲的。这个提纲实际上是"中央队三人团"毛、张、王集体创作而以毛泽东的观点为主导的,②此刻由张闻天在会上讲出来,分量很重。因为张闻天是六届五中全会选出的中央政治局委员,又是书记处书记,还是人民委员会主席。当时,中央书记处(同时称常委)只有四人:博古、张闻天、周恩来、项英。③在遵义会议的参加者中,张闻天在党内的地位仅次于博古而与周恩来相当。他在政治局扩大会议上首先站出来,旗帜鲜明而又有系统地批评第五次反"围剿"和西征途中的错误的军事领导,是他从"左"倾中央领导集团中分化出来,同"左"倾错误路线决裂的标志。他作的"反报告"为遵义会议彻底否定单纯防御军事路线定下了基调。

由于到目前为止,遵义会议记录没有找到,张闻天的提纲和依照提纲所作的"反报告",会上毛泽东、王稼祥等的发言,虽然基本内容都包含在《遵义会议决议》之中,但没有直接的文字材料。非常值得庆幸的是,20世纪80年代初中央党史征集、研究部门在中央档案馆收藏的历史档案中发现了一件珍贵的文献——陈云的《遵义政治局扩大会议传达提纲》手稿。这份写成于1935年二三月间威信到鸭溪行军途中的重要文件,为弄清遵义会议的真实情况,提供了可靠的依据。对遵义会议讨论的概况,《传达提纲》作了如下简要的述评:

> 扩大会中恩来同志及其他同志完全同意洛甫及毛王的提纲和意见,博古同志没有完全彻底的承认自己的错误,凯丰同志不同意毛张王的意见,A同志完全坚决的不同意对于他的批评。④

陈云当年所作的这段权威性的述评,十分清楚地告诉人们,洛甫(张闻天)同毛泽东、王稼祥商量后拟定的,他作"反报告"时手里拿的那个批评错误军事路线的"提纲",以及毛泽东、王稼祥在会上发表的意见,是遵义会议上的主导意见,得到了周恩来及除凯丰、李德和博古以外的其他同志的"完全同意"。也就是说,"洛甫及毛王的提纲和意见"代表了中央政治局多数同志和各军团首长的共同想法。

根据现有史料,在张闻天作"反报告"后,会议继续进行的情况大致是这样的:首先,毛泽东作了重要发言。讲了大约有一个多小时,分析了错误军事路线的症结

---

① 在周恩来1960年7月的一次报告中,毛泽东插话说:"遵义会议他(指张闻天——引者)作反报告"。周恩来接着说:"博古作报告,他作反报告。"(《文献和研究》1985年第1期)杨尚昆《坚持真理竭忠尽智——缅怀张闻天同志》也作如是说。关于"反报告"的主题,习惯称反对"左"倾军事路线,实际上当时还没有这个提法。

② 据杨尚昆:《坚持真理竭忠尽智——缅怀张闻天同志》,见《回忆张闻天》,第5页。

③ 项英留在中央苏区坚持游击战争,未参加长征。关于六届五中全会以后中央有没有设立书记处和常委的问题,陈云在1982年12月28日《对遵义会议调查报告中几个问题的答复》中说:"这次会议改选了政治局,……但没有设书记处和常委。"周恩来1972年6月10日讲话《党的历史教训》中讲到遵义会议后变换领导,说:"反正他是书记就是了,因为其他的人作常委嘛。那个时候没有书记处。"而遵义会议决议中有"书记处",在此之前也以"书记处"名义发文件。

④《遵义会议文献》,第42页。A同志,指李德。

所在。

紧接着发言的是王稼祥。他旗帜鲜明地支持毛泽东的发言和洛甫的"反报告",提出由毛泽东来指挥红军。

朱德历来谦虚稳重,这次会上则声色俱厉地追究临时中央领导的错误,谴责他们排斥毛泽东,依靠外国人李德丢掉根据地,牺牲了多少人命。

在前线担任指挥的各军团领导同志,都以亲身经历批评"左"倾军事路线的错误,赞同张闻天的"反报告"和毛泽东的发言。只有林彪(一军团军团长)例外。他在第五次反"围剿"的"左"倾错误中是一员干将,在会上被批判的"短促突击"等,是林彪鼓吹过的。他没有多讲话。

周恩来是军委负责人,他在副报告中承认红军第五次反"围剿"失利的主要原因是军事领导的战略战术的错误,并主动地承担责任,同时批评李德、博古的错误。对张闻天的"反报告"和毛泽东、王稼祥等的意见,他表示"完全同意"。他还全力推举毛泽东来指挥红军。周恩来态度的转变也不是偶然的。周恩来后来分析过自己在遵义会议上与博古的态度根本不同的原因。他说:"在黎平争论尤其激烈。这时李德主张折入黔东。这也是非常错误的,是要陷入蒋介石的罗网。毛主席主张到川黔边建立川黔根据地。我决定采取毛主席的意见,循二方面军原路西进渡乌江北上。李德因争论失败大怒。此后我与李德的关系也逐渐疏远。我对军事错误开始有些认识。军事指挥与以前也不同,接受毛主席的意见,对前方只指出大方向,使能机动。因此遵义会议上我与博古的态度有区别。"①

博古是会上主要批判对象之一,但是态度还是比较端正的。他主持会议,却不利用职权压制不同意见,表现了一定的民主作风和磊落态度。他也并非毫无自我批评精神,但限于当时还没有真正觉悟,所以他在报告和发言中,"只承认在苏区工作的政策上有个别的错误,在军事指导上,有个别政策的错误,不承认是路线的错误,不承认军事领导上的错误"。②《传达提纲》说他"没有完全彻底的承认自己的错误",是恰如其分的。

在政治局扩大会议上,中国共产党内领导同志中公开反对"洛甫及毛王的提纲和意见"的只有凯丰。他对会议表示持保留意见。

李德完全处在被批判的地位。别人基本上都是围着长桌子坐,他则坐在房门口一个劲地抽烟。他听着伍修权翻译与会者的发言,神情十分沮丧。会议过程中,李德也曾发言,为错误军事路线辩护,把责任推到客观原因和临时中央身上。他"完全坚决的不同意对于他的批评"。李德的这种恶劣态度并没有阻挡中国共产党独立自主地对这位共产国际派来的"大人物"的错误作出果断的、正确的批评和结论。当然,遵义会议以后的中央领导人毛泽东、张闻天等也没有因为他的严重错误与恶劣态度而影响

---

① 周恩来:《在延安中央政治局会议上的发言(节录)》(1943年11月27日),《遵义会议文献》,第64页。

② 秦邦宪:《在中国共产党第七次全国代表大会上的发言(节录)》(1945年5月3日),《遵义会议文献》,第107页。

他在红军队伍中发挥作用。李德在陕北时也曾检讨过自己的错误，①但离开中国以后，终其一生都顽固地坚持自己的错误。在他晚年写的《中国纪事》中继续为自己辩解，编造事实，把遵义会议歪曲为派别斗争，发泄自己对毛泽东、张闻天、周恩来的仇恨与不满。

遵义会议就"在反对五次'围剿'中与西征中军事指挥上的经验与教训"进行总结，展开讨论，得到的结论是：博古的总结报告"基本上是不正确的"。会议认为："不能粉碎'围剿'的主要原因不是客观的而是主观的，即我们在军事领导上犯了单纯防御路线的错误，违反了中国国内战争中战略战术的基本原则。"②指出："我们党正是由于军事指挥上在这个时期以及西征中是基本上错误的，因此在保卫苏区与顺利的粉碎五次'围剿'的意义上来说，以及达到西征军预定的湘西目的地来说，是没有完成自己的任务。"③这就分清了第五次反"围剿"与长征第一阶段中红军战略战术的是非问题，指明了军事指挥上路线的错误。同时，遵义会议对军事领导上的严重错误又明确了责任："扩大会议指出军事上领导错误的是A、博、周三同志，而A、博二同志是要负主要责任的。"④"政治局扩大会特别指出××同志在这方面的严重错误，他代表中央领导军委工作，他对于华夫同志在作战指挥上所犯的路线上的错误以及军委内部不正常的现象，不但没有及时的去纠正，而且积极的拥护了助长了这种错误的发展。政治局扩大会议认为××同志在这方面应负主要的责任。"⑤既然分清了是非，明确了责任，那么就势必要转变路线，变换领导。因此，政治局扩大会议决定："必须彻底纠正过去军事领导上所犯的错误，并改善军委领导方式。"为此，遵义会议在1月17日结束时最后作出下列决定：

一、毛泽东同志选为常委。
二、指定洛甫同志起草决议、委托常委审查后，发到支部中去讨论。
三、常委中再进行适当的分工。
四、取消三人团，仍由最高军事首长朱周为军事指挥者，而恩来同志是党内委托的对于指挥军事上下最后决心的负责者。⑥

遵义会议推选毛泽东为常委，从此毛泽东进入中共中央领导核心，这在中国共产党和中国红军的历史上是一件大事。会议决定"常委中再进行适当的分工"，"指定洛甫同志起草决议"，意味着将解除博古的党中央总负责人的职务，而由洛甫接替。由张闻天代替博古担任党中央总负责人，是遵义会议上形成的比较一致的意见。张闻天

---

① 李德在1937年12月22日中共中央的一次会议上作了长篇检讨，提出"请国际讨论我的错误，并做出必要结论"。据会议记录。
② 1935年2月28日中央书记处致二、六军团、四方面军、中央军区电。
③ 陈云：《遵义政治局扩大会议传达提纲》，见《遵义会议文献》，第36页。
④ 同上书，第41页。A，指李德。
⑤《遵义会议决议》。××，指博古。华夫，即李德。
⑥ 参见陈云：《遵义政治局扩大会议传达提纲》，见《遵义会议文献》，第42页。

再三推辞，这个问题就暂时搁置了起来。① 会议关于"取消三人团"的这一项决定，不仅撤销了博古对军事的指挥，而且正式撤销了李德的指挥权。这在中国共产党同共产国际的关系史上是破天荒第一次。以此为起点，中国共产党开始独立自主地解决中国革命问题。

对于遵义会议的历史意义、毛泽东的功绩和自己的作用，张闻天后来曾作过这样的评价：

> 遵义会议在我党历史上有决定转变的意义。没有遵义会议，红军在李德、博古领导下会被打散，党中央的领导及大批干部会遭受严重的损失。遵义会议在紧急关头挽救了党，挽救了红军，这是一。第二，遵义会议改变了领导，实际上开始了以毛泽东同志为领导中心的中央的建立。第三，遵义会议克服了"左"倾机会主义，首先在革命战争的领导上。第四，教条宗派开始了政治上组织上的分裂。这个会议的功绩，当然属于毛泽东同志，我不过是一个配角而已。②

担任中共中央总书记

由于张闻天再三推辞，时间也很局促，对党中央总书记的变换问题遵义会议没有作出明确决定。

遵义会议开完以后两天，1934年1月19日，中央红军就由遵义地区北上，向土城方向开进，计划在泸州上游一线北渡长江，以便同红四方面军一起实行总的反攻，争取"赤化"四川。不意受到川军的顽强抵抗而失利，乃果断决定撤出战斗。1月29日拂晓前，中央红军主力分三路从猿猴场（今元厚场）、土城南北地区西渡赤水河，向四川北部边沿的古蔺、叙永地区前进。

2月3日，中央纵队抵达叙永县的石厢子宿营。2月4日，在这里收到留守中央苏区的项英（他是中央书记处书记之一）发给党中央和军委的急电。项英批评党中央和军委"自出动以来无指示，无回电，也不对全国布置总方针"，提出"目前行动方针必须确定"，究竟采取什么方针"应早定"。这时，党中央总负责人还没有变换，而事实上经过遵义会议以后博古已无法领导中央工作，所以接到项英来电后博古既未召集会议讨论，也无从确定方针以答复项英。项英不见回答，2月5日又以中央分局名义致电中央，提出关于中央苏区"行动方针"的"两个意见"和"对各个苏区的领导"问题，"请立复"。要求中央赶快作出决策，进行领导。真是到了十万火急、刻不容缓的地步。

紧急的形势，要求赶快解决中共中央最高领导人的变换问题。适应形势的需要，就在这时，在红军一渡赤水后向扎西（云南威信县县治）集中的途程中，完成了博洛交接这件中国共产党历史上的大事。

---

① 据杨尚昆为刘英《我和张闻天命运与共的历程》一书写的《序》，见该书，中共党史出版社1997年版，第2页。

② 张闻天：《从福建事变到遵义会议》，见《遵义会议文献》，第79—80页。

在云南、贵州、四川三省交界、赤水河与渭河交汇处有个渡口，当地称"岔河"，旧地图上标明为"鸡鸣三省"。意思是在这里雄鸡一叫，三省都听到。当地习惯，"鸡鸣三省"不单指渡口，也泛称渡口附近三省的乡镇。1935 年 2 月 5 日，红军"中央纵队"从石厢子开拔，行进到属于"鸡鸣三省"地域的云南威信县的水田寨。本拟在这个小镇上宿营，因有团匪据守两座炮楼扰乱，不能立即攻克，军委纵队只好绕过水田寨，在水田寨街西的楼上、花房子、高坎、芭蕉湾等几个小村寨住下。总部的通讯部门住花房子，中央负责同志住高坎。这时，张闻天感到不改变领导不行了，现在是到了执行遵义会议决定的"常委中再进行适当的分工"的时候了，就提出"要变换领导"。在遵义会议上，政治局许多同志都推举由张闻天接替博古当总书记，这一天晚间常委会开会讨论分工，作出决定，以洛代博，由张闻天任中共中央总书记，在党内"负总的责任"。① 为此，党中央还发表了一个撤销博古总负责人职务的声明，正式宣布博洛交接的完成。

当时，政治局成员都赞成这个决定，只有政治局候补委员凯丰在背后叫博古不要交"权"。博古没有听，他服从政治局多数同志作出的决定，把几副装有中央重要文

---

① 关于博洛交接的经过和张闻天任中共中央总书记，根据是：一、张闻天的《1943 年延安整风笔记》(1943 年 12 月 16 日)。张闻天写道："在遵义会议上，我不但未受打击，而且我批评了李德、博古，我不但未受处罚，而且还被抬出来代替了博古的工作。""当时政治局许多同志推举我当书记"。张闻天又写道，1938 年 9 月六届六中全会之前，在王稼祥传达了共产国际的指示（中共中央领导机关以毛泽东为首）后，张闻天向毛泽东提出，党中央总书记的职务应该由毛泽东来担任的。毛泽东认为目前还不是提出这个问题的时候，要张闻天继续担任下去。张闻天认为毛既然要他名义上仍"任总书记"，也就"没有表示坚决让位的态度"。张闻天说："六中全会期间我虽未把总书记一职让掉，但我的方针还是把工作逐渐转移，而不是把持不放。自王明留延工作以后，我即把政治局会议地点，移到杨家岭毛泽东同志住处开，我只在形式上当当主席，一切重大问题均毛主席决定。"（据中央档案馆所存手稿）二、周恩来在 1971 年 7 月的一次讲话中说：我们在扎西川滇贵三省交界叫"鸡鸣三省"的地方住了一天，把博古换下来，张闻天当总书记，我印象很深。（据《张闻天［图册］》，中共党史出版社 2005 年版，第 61 页。）三、邓小平《在张闻天同志追悼会上致悼词》(1979 年 8 月 25 日) 说，1935 年 1 月，在我党具有重大历史意义的遵义会议上，张闻天同志"被推选为总书记"。邓小平在《建设一个成熟的有战斗力的党》(1965 年 6 月 14 日同亚洲一位共产党领导人的谈话）中说："毛泽东同志那时候没有当总书记，博古的总书记当然当不成了，但还是由曾经站在王明路线一边的洛甫当总书记。"（《邓小平文选》第 1 卷，1994 年版，第 339 页。）四、陈云在《遵义政治局扩大会议传达提纲》(1935 年 2 月或 3 月) 中写道："在由遵义出发到威信的行军中，常委分工上，决定以洛甫同志代表博古同志负总的责任。"（《遵义会议文献》，第 43 页）陈云在 1977 年 8 月 23 日同遵义会议纪念馆负责人的谈话中说："遵义会议后决定让张闻天在中央负总责，这是毛主席的策略。是否叫总书记我记不清。"（《陈云文集》第 3 卷，中央文献出版社 2005 年版，第 435 页。）五、彭德怀写的自传材料在讲到 1935 年 8、9 月间张国焘对张闻天的态度时说："当时张闻天是总书记，他们并没有放在眼下。"（《彭德怀自述》，人民出版社 1981 年版，第 202 页。）六、杨尚昆 1997 年 3 月 22 日同刘英谈话，说："遵义会议以后，不知你们注意没有，有一段时间没有总书记。这是什么原因呢？这是因为闻天同志谦虚。在遵义会议上，形成比较一致的意见是由洛甫代替博古担任总书记。但闻天同志非常谦虚，再三推辞。毛泽东同志也说自己参加军事指挥较好。于是这个问题就搁置起来。拖了二十来天，不能再拖了，中央常委作出决定，闻天同志这才挑起这副担子。张闻天当时当总书记，是得到大家拥护的。"（《百年潮》1998 年第 6 期）七、伍修权在《追求真理锲而不舍——怀念张闻天同志》一文中说：张闻天"被推选为中央总书记，取代博古主持了中央领导工作。"又说："他在遵义会议以后成为中央总书记，作为中央主要领导人之一，工作了十年左右。"（《回忆与研究》，中央党校出版社 1991 年版，第 560、561 页。）常委会开会的具体地点不能完全确定。从实地察看，花房子的可能性大些。这里有一所木结构的、有雕花装饰的房子，五开间，是周围几个村寨中较大的房子。

件、记录、印章的挑子交给了张闻天。博古留任中央常委。从此,张闻天开始了作为在党内"负总的责任"的领导人的重要活动时期。

挑起历史的重担

张闻天受命于危难之际,他立即倾注全部精力和才智,团结政治局和军委的负责同志,贯彻遵义会议精神,纠正"左"倾军事路线错误,把领导全党、全军实现战略转变,粉碎敌人围追堵截的历史重任承担起来。

2月5日当夜,张闻天即主持召开政治局扩大会议,讨论中央苏区的问题,并立即复电项英转中央分局,对他们2月4日、5日来电明确答复。①关于行动方针,复电指示,"分局应在中央苏区及其邻近苏区坚持游击战争","对这一基本原则不许可任何动摇";并指出,"要立即改变你们的组织方式与斗争方式,使与游击战争的环境相适应,而目前许多庞大的后方机关部队组织及许多老的斗争方式是不适合的"。关于组织问题,决定成立革命军事委员会中央军分区分会,以项英、陈毅、贺昌及其他两人组成,项英为主席。这就改

■总书记张闻天

变了过去没有指示的状况,及时地传达了遵义会议的主要精神,指明了中央苏区的行动方针,任命了领导干部,重新建立起了新的中央领导与中央苏区之间的组织联系。

2月6日,军委纵队从高坎进至石坎子,7日到达大河滩。张闻天主持政治局扩大会议,总结土城战役失利的教训,讨论当时最为紧要的中央红军的战略方向问题。会议冷静地分析了当时的形势,认为敌人已经加强了长江沿岸防御,并以优势兵力向中央红军围追堵截,按遵义会议上决定的计划,渡江北上,"在成都之西南或西北建立苏区根据地"已不可能;如不改变计划,势必在长江边上腹背受敌,后果不堪设想。于是果断地决定放弃在泸州、宜宾之间渡江入川的计划,利用敌主力集中在川南一线,黔北比较空虚的时机,作出"回兵"决策。2月7日19时中央军委在大河滩向各军团首长发布了《关于我军向川滇黔边境发展的指示》,②通报了"党中央及军委决定",即改取"以川滇黔边境地区为发展地区,以战斗的胜利来开展局面"的方针;

---

① 该电全文载《文献和研究》1985年第1期。
② 该指示全文载《文献和研究》1985年第1期。

并命令各军团迅速摆脱四川追敌,改向川滇边的扎西(云南威信县城所在地)地区集中。这一战略方向的重大改变,为使红军脱离当时的艰险处境争得了主动。

2月8日,中央纵队继续在崇山峻岭中向扎西方向前进,当天到达庄子上。在这里,张闻天继续主持政治局会议,讨论并通过了《中共中央关于反对敌人五次"围剿"的总结决议》,即《遵义会议决议》①。1月中旬的遵义会议上,决定"洛甫同志起草决议"。此后二十多天的征战途程中,张闻天以他在遵义会议上所作"反报告"为基础,依据会议讨论中毛泽东、王稼祥、周恩来及其他同志发言形成的意见,以及会后的情况变化和新的决策,写成了《遵义会议决议》这个具有伟大历史意义的文献。

《遵义会议决议》明确指出,博古关于第五次反"围剿"的总结报告"基本上是不正确的","在他的报告中过分估计了客观的困难","这必然会得出客观上五次'围剿'根本不能粉碎的机会主义的结论"。《决议》针锋相对地指出,"不能在军事领导上运用正确的战略战术","以所谓'短促突击'的战术原则来支持这种单纯防御的战略战线","对军事领导上战略战术基本上是错误的",正是不能在中央苏区粉碎第五次"围剿"的主要原因。

《遵义会议决议》用大量篇幅,通过反"围剿"战争中正确的与错误的两种战略战术的对比,极有说服力地论证了上述结论,系统地批判了博古、李德军事领导上战略战术的错误,系统地论述了以毛泽东为代表的红军集体创造的、符合中国革命战争规律的战略战术原则:

一、在运用兵力上,应"集中优势兵力"而不是"分散兵力"。《决议》批评单纯防御路线的领导者,"为了抵御各方面敌人的前进,差不多经常分散(主要是一、三军团的分散)兵力。这种分兵主义的结果,就使我们经常处于被动地位,就使我们的兵力处处薄弱,而便利于敌人对我们各个击破"。《决议》论述了正确的原则是"集中优势兵力","各个击破敌人",只有这样,才能使红军经常掌握住主动权。

二、粉碎堡垒主义的方法,是"运动战"而不是"阵地战"。单纯防御路线的领导者"绝然否认过去运动战的经验,绝然否认诱敌进来给以消灭的战法",他们制造了一种"胜利只能起始于战术上的理论",以为只有分兵抵御与短促突击才能对付堡垒主义。他们抛弃了红军的特长"运动战",而采用了对敌人有利而对红军极端不利的"阵地战",导致了战争的失败。《决议》论述了用运动战粉碎堡垒主义的战略战术原则:"在堡垒线内,即是待敌人前进时大量消灭敌人的部队;在堡垒线外,即是在

---

① 遵义会议决议》现存各种版本都在题下注"一九三五年一月八日政治局会议通过"。后经查证,遵义会议结束日期是1月17日,疑系刻印文件时将"17"讹为"八",且决议虽在会后写成,亦应仍署会议结束日期,故1985年1月出版的《遵义会议文献》和1985年8月出版的《张闻天选集》收入此件时题下注的时间均作"一九三五年一月十七日"。此后,殷子贤、史纪辛在《党的文献》1988年第3期上发表考证文章说:"在中央档案馆馆藏档案中,我们发现了一份印有'1935年2月8日政治局会议通过'和'2月16日印'的《决议》油印稿。经研究,我们初步判定这个时间是准确的。"他们作出判断的主要依据是:据档案记载,1935年2月上旬确曾召开过政治局会议。《决议》反映了1935年2月7日党中央与军委作出的改变遵义会议确定的渡江北上的战略方针的内容,而《决议》又是在2月10日传达的,故尔通过的日期只能在7日之后、10日之前,且经档案人员鉴定认为,他们发现"2月16日"印本确是1935年2月16日印制的"文件正本","是目前发现的《决议》最早的、最可靠的版本"。笔者从殷、史所证。

红军转到广大无堡垒地带活动时，迫使敌人不得不离开堡垒来和我们做运动战。"《决议》指斥单纯防御与"短促突击"，"实际上只是对于堡垒主义的投降，到底不能粉碎堡垒主义"。

三、对付敌人持久战的方法，应是整个战争的持久战与每个战役的速决战而不是相反，应"保持有生力量"，"等待有利时机"，而不能采取"拼命主义"。《决议》从总结中国革命战争规律的高度指出，"必须明白中国国内战争不是一个短时期的战争，而是长期的持久的战争"。因此，红军在有利条件下应该从防御转入反攻，消灭敌人；在不利条件下则可以暂时退却以保持红军的有生力量，等待与争取新的反攻与进攻的有利时机。"这是第一个基本原则"。《决议》又指出另一个原则，"即为了进行长期的持久战，对于每一次'围剿'与每一个战役，必须极力争取战局的速决"。单纯防御路线的领导者不了解"战争的持久战与战役的速决战"这一中国革命战争的辩证法，在第五次反"围剿"战争中同敌人"拼消耗"，"把保持有生力量与保卫苏区互相对立起来"，"这是把战争当儿戏"，是"罪恶"。《决议》申述，为了保持有生力量，等待有利时机，"即使暂时放弃一部分苏区的土地，甚至主力暂时离开苏区根据地，都是在所不辞的"。因为有了坚强的红军，即使苏区暂时受到损失也终究能够恢复，而且也只有依靠红军，才能创造新的苏区。《决议》还从反倾向斗争的高度指出，"在战争持久战的原则之下"，要反对保守主义和冒险主义两种错误倾向。

《决议》还对实行战略转变与突围西征的过程作了系统的总结，深刻地批评了博古、李德等的错误。首先，在实行战略退却的问题上既延误了时机，又"完全忽视""有生力量的保持"，采取"一方面预备突围，一方面又'用一切力量继续捍卫中区'的矛盾态度"，给红军造成很大损失。接着，也是更为严重的，基本上没有把突围的行动看作是战斗的行动，"而是一种惊慌失措的逃跑的以及搬家式的行动"。从瑞金出发到黎平为止，基本战略方针是"避战主义"。结果在三个月的突围战役中，红军差不多经常处于被动挨打的局面，队伍减员严重。最后，到了湘黔边境，博古、李德等又不知按照已经变化了情况来改变自己的行动与方针。《决议》将突围行动同第五次反"围剿"联系起来，指出"单纯防御路线发展的前途：或者是不顾一切的拼命主义，或者是逃跑主义"。

遵义会议是中国共产党第一次独立自主地运用马克思列宁主义基本原理解决自己的路线、方针和政策的会议。它是中国共产党历史上一个生死攸关的转折点，标志着中国共产党从幼稚达到成熟。《遵义会议决议》是这次会议的最主要的文件。它是反"围剿"战争经验教训的历史总结，是党和军队集体智慧的结晶，是以毛泽东的军事思想为指导，又是对毛泽东关于中国革命战争的战略战术的第一次系统论述，是在全党、全军开展与深入进行"反对军事上的单纯防御路线的斗争"，"彻底纠正过去军事领导上所犯的错误，并改善军委领导方式"，实现"从阵地战战术（短促突击）到运动战战术的坚决的迅速的转变"的纲领性文献，为中央红军与全国各地红军突围转移和粉碎"围剿"，取得长征的胜利，奠定了思想、理论基础。作为"提纲"的执笔者和"反报告"的发言人，《决议》的起草人和"扎西会议"的主持人，张闻天有着不可磨灭的历史功勋。

《遵义会议决议》也是张闻天摆脱"左"倾教条主义,转变到正确路线上来的标志,是他思想跃进的一个界碑。《决议》采用了张闻天自福建事变至长征前夕发表的不少文章中的若干正确思想、观点以及表述这些思想观点的用语。① 联系张闻天的革命经历与思想发展,完全可以看到张闻天遵义会议"转变"的必然。这是他认真学习马克思列宁主义,又接触了中国革命实际,从理论与实践、主观与客观的矛盾中逐步认识"左"倾错误,逐步认识中国社会和中国革命规律的结果;是在党内矛盾斗争中,从思想、理论到路线、方针、政策,分清了是非,彻底否定了博古、李德的错误领导,肯定并接受了毛泽东的正确思想的结果。张闻天的转变完全出于自主、自觉,没有一点被动、勉强。这也说明,政治局多数同志推举张闻天代替博古任党中央总书记不是出于偶然,而是历史的选择。

在充分肯定《遵义会议决议》伟大意义的时候,我们当然不应回避《决议》存在着"转变"时期或尚未完全觉察或难免需要保存的旧的痕迹,毋庸讳言,这同时也反映着《决议》起草人张闻天的"转变"还有不够彻底的地方。如:在批判军事上单纯防御路线错误的同时,依然肯定"党中央的政治路线无疑义的是正确的";对于博古、李德等错误的主要倾向分辨不清,认为其性质是"党内具体的右倾机会主义";批评并排斥了共产国际派来的军事顾问,第一次独立自主地解决了中国革命战争的路线、方针、战略战术问题,然而在《决议》中还是不时引用国际指示作为批判的武器;对于福建事变中十九路军的认识,也还囿于下层统一战线的传统观念而笼统地认为十九路军是"反革命内部的一个派别"。

《遵义会议决议》经政治局会议讨论于 2 月 8 日通过后,立即刻印、"发到支部中去讨论"。在印发决议全文之前,为了尽快向各级干部传达会议精神,张闻天写了《中央政治局扩大会议总结粉碎五次"围剿"战争中经验教训决议大纲》,于《遵义会议决议》通过的同一天,以中共中央书记处的名义发布。这个文件以两千多字的篇幅简明扼要地叙述了《遵义会议决议》的大意与要点。红二、六军团在收到 2 月 11 日中央与军委关于战略问题和组织问题的电报以后,意识到这次的提法"和过去提法大不一样","于是电问中央"。② 中央书记处立即将这个"决议大纲"全文用电报拍发给红二、六军团、红四方面军与中央军区。③ 这样,《遵义会议决议》的大意与要点至迟到 2 月底即传达到了全军。

2 月 9 日,张闻天和毛泽东、周恩来等一行到达扎西镇。"扎西"地处扎岭之西,清代命名"扎西",同时兼取当地少数民族彝族的语音,意思是水多的地方。这个镇子不小,是威信县政府所在地。张闻天立即在镇上的江西会馆召开中央政治局扩大会

---

① 首先指出这一点的是张培森。他在《张闻天与遵义会议》(载《文献和研究》1985 年第 1 期)中将《决议》的有关内容同张闻天长征前的一些文章作了对照。在本书前一章叙述张闻天思想发展过程时涉及到他自福建事变到长征前夕写的不少文章,其中至少有以下诸篇,其内容同《遵义会议决议》是有着某种直接的递嬗关系的:《关于苏维埃政府的〈宣言〉与反机会主义的斗争》(1933 年 11 月 21 日)、《我们无论如何要胜利》(1934 年 4 月 27 日)、《反对小资产阶级的极左主义》(1934 年 6 月 24 日)、《闽赣党目前的中心任务》(1934 年 7 月 26 日)、《一切为了保卫苏维埃》(1934 年 9 月 26 日)。括号内的日期均为写作日期。

② 萧克:《红二、六军团会师前后》,载《近代史研究》1980 年第 1 期。

③ 此件已收入《遵义会议文献》。据中央档案馆所存油印本发电时间为 1935 年 2 月 28 日。

议，讨论中央红军"缩编"问题和二、六军团战略方针与组织问题。

大河滩会议对战略方针的改变已作出了决定，扎西江西会馆的会议为贯彻这个战略方针毅然决定"缩编"红军各军团的战斗单位。第二天（2月10日），军委颁发《关于各军团缩编的命令》①，指明这次"缩编"的指导思想是"为适应目前战斗的需要，并充实各连队的战斗力，以便有力地消灭敌人有生力量，便于连续作战"。陈云组织领导了这次缩编。全军除干部团，共编为16个团。还抽调部分干部率几百人成立中国工农红军川南游击队，在川滇黔边地区坚持斗争。

对红二、六军团的战略方针和军事领导问题，这次会议也作出了决定。2月11日，中共中央与中革军委致电湘鄂川黔省委及红二、六军团负责同志，指出"总的方针是决战防御而不是单纯防御，是运动战而不是阵地战"。指示"应利用湘、鄂敌人指挥上的不统一与何键部队的疲弊，于敌人离开堡垒前进时，集结红军主力，选择敌人弱点，不失时机，在运动战中各个击破之"，"对敌人需采取疲弊、迷惑、引诱、欺骗等方法，造成有利于作战的条件"。关于军事领导问题，电文指示"应组织革命军事委员会的分会，以贺、任、关、夏、萧、王为委员，贺为主席，讨论战略战术的原则问题及红军行动的方针"②。

张闻天从2月5日接替博古任党中央总书记以来，短短四五天时间，从水田寨西的高坎，到石坎子，到大河滩，到庄子上，最后到扎西镇，一路行军，一路开会，通过了《遵义会议决议》，作出了"回兵"和"缩编"的决策，决定了中央苏区和二、六军团的战略方针和组织领导，把全党、全军实现伟大战略转变的历史使命及时、有效地担当了起来。

2月10日上午9时，军委纵队在扎西镇召开营、科长以上干部会议，张闻天作了《五次反"围剿"的总结和目前任务》的报告。③会场临时搭了个木板台子，连标语之类的布置都没有。参加会议的营、科长以上干部随便坐在长凳子上，聚精会神地听新任总书记作报告。④张闻天告诉大家，上月攻克遵义以后在那里召开了中央政治局扩大会议，对反对敌人五次"围剿"及西征作了总结，他说，我们不能粉碎"围剿"的主要原因不是客观的而是主观的，我们在军事领导、作战指挥方面犯了错误，敌人采用的是持久战与堡垒主义的战略战术，我们应该用决战防御（即攻势防御），集中优势兵力打敌人的弱处，在运动战中吃掉他一路或一部分，各个击破敌人。这样来粉碎"围剿"。用华夫（李德）的"短促突击"的战术原则来作战，使我们不能在运动战中消灭敌人。在苏区边界上到处造堡垒，以堡垒对堡垒，跟敌人拼消耗、拼子弹、拼人力，结果使中央苏区不能粉碎"围剿"。

---

① 此命令已公开发表于《文献和研究》1985年第1期。

②《文献和研究》1985年第1期第23页。贺，贺龙；任，任弼时；关，关向应；夏，夏曦；萧，萧克；王，王震。

③ 作传达报告的时间、地点、会议名称、报告题目均据伍云甫（1904—1969）的长征日记。伍当时担任中央军委三局副局长、政委，领导无线电通信工作。他的长征日记已收入《红军长征日记》一书，档案出版社1986年版。

④ 据刘英：《难忘的三百六十九天》。李维汉回忆："当时下着蒙蒙细雨，大家集合在露天广场的一棵大树下，聚精会神地听他传达。"见《回忆与研究》（上），中共党史资料出版社1986年版，第353页。

张闻天指出，决战防御的战略当然首先要求寻找有利时机，与敌人决战，以转入反攻和进攻。但是，在不利的条件下则要退却，避免战斗，以保持红军的有生力量。为了寻找有利时机，就是放弃一部分或大部分苏区的土地也是应该的。由此，他讲到这次退出中央苏区过迟了。七八九三个月，我们消耗了不少力量。其实，在广昌战役后，就应该退出中央苏区，保存有生力量。而10月开始西征的时候，我们思想上又没有明确转移是为了打仗，不是避难搬家。结果来了个大搬家，坛坛罐罐全带上，后方机关庞大，战斗部队只能变成掩护队。

张闻天向大家宣布了毛泽东当选为中央政治局常委，取消"最高三人团"等中央组织变动的情况。

张闻天作报告时，会场气氛很活跃，不时引起议论。报告之后是自由发言，谁要讲就上台去讲。罗迈首先起来发言，表示拥护遵义会议决议，还不点名批评了凯丰的错误态度。① 大多数发言的同志就自己亲身经历的事情，批判单纯防御路线错误，指名道姓，不仅指责博古、李德，还涉及凯丰、罗迈等。② 凯丰在会上对自己的错误也作了初步的自我批评。③ 从第五次反"围剿"到西征，大家深受"左"倾军事路线之苦，本来就有许多不满和牢骚，现在张闻天代表中央传达遵义会议决议，干部们心里豁亮了，情绪高昂起来，把郁积在心中的意见都倒了出来。报告会又成了对"左"倾错误领导的批判会。最后，会议正式通过了《决议案》，表示："完全同意洛甫同志关于反对五次'围剿'总结的报告，一致拥护中央政治局的决议。"④

说来也巧，那时刚过春节，连日阴雨，下得人心烦。2月10日张闻天作了关于反对五次"围剿"总结报告以后，当天夜里竟下了一场大雪。第二天早晨，军委纵队离开扎西镇时，遍地皆白，仿佛是天公给红军有意另造了一个世界。不久放晴，红艳艳的太阳悬在空中，极目远眺，红妆素裹，分外妖娆。听过传达的干部们心头乐融融的，感到格外温暖。⑤

张闻天在扎西传达以后，政治局常委各同志——毛泽东、张闻天、陈云——均到各军团干部会中传布决议。参加遵义会议的各军团负责同志也用电报或个别告诉等形式向团以上干部打招呼。听了扎西传达的军委纵队营、科以上干部，回到自己所在单位，即利用行军休息的机会向下传达，组织讨论。⑥

张闻天为遵义会议决议的传达、贯彻继续做了许多工作。他曾专门向做地方工作的同志传达了遵义会议的情况。他说：现在我们地方工作的政策也要改变。打土豪时，不要扫地出门，只没收部队需要的东西，如粮食、钱财等，部队不需要的东西一律不动，也不要破坏，再不要打烂三缸（米缸、菜缸、水缸）了。⑦ 3月初二占遵义以

---

① 据李维汉：《回忆与研究》（上），第354页。
② 据刘英：《在历史的激流中》，中共党史出版社1992年版，第62—63页。
③ 据《凯丰自传》。
④ 《军委纵队党的干部会议决议案》，载1935年2月19日印发的《红星报》第10期。
⑤ 天气情况据陈伯钧、伍云甫、童小鹏的长征日记。当年旧历年初一是阳历2月3日。
⑥ 据伍云甫日记，2月16日"在白砂休息"，"在一分队驻地开机、报员会议，传达洛甫报告及征求报务人员的意见"。
⑦ 李坚贞：《我的回忆》，见《中共党史资料》第31辑，中共党史资料出版社1984年版，第46—47页。

后，中央军委在天主教堂内召集团以上干部开会，由张闻天传达遵义会议精神。毛泽东、周恩来、朱德、王稼祥等都出席会议。会上也进行了自白发言，有的同志高兴得流泪。①后来，张闻天在向九军团干部作报告时，也传达了遵义会议的精神。②

《遵义会议决议》中指出："白区党的工作，必须建立与加强。对白区群众斗争的领导方式，必须有彻底的转变。"二占遵义以后，张闻天于1935年3月5日接到二、六军团任弼时来电，告知上海中央局派人到他那里联系，说：上海中央局、共青团、工会和特科组织"均受极大破坏，干部牺牲很多"，工作完全坍台，望中央注意与之联系。③随即代表党中央派他的得力助手潘汉年（时任红军总政治部宣传部部长兼地方工作部部长）前往上海，一方面设法恢复上海党组织和工作，一方面设法恢复同共产国际的联系。潘汉年改名杨涛，化装成不法商贩，编入一帮被红军拘捕的贩卖"云土"（云南出的鸦片）的商贩队伍中间。潘同这帮人很快混熟，策划他们一起脱逃。他们对这位"杨涛大哥"感佩异常，一路护送，所经关卡，通行无阻，直到贵阳。在那里，潘汉年通过党的关系，转途柳州、梧州，经香港到达上海。④

另外，在4月17日渡北盘江之前，张闻天主持中央会议，讨论要派一位负责同志出去做白区工作。张闻天提议由他自己前往。大家都不赞成。⑤在四渡赤水、南渡乌江、直逼昆明之际，中央决定派陈云（中央政治局常委，中央组织部部长）回上海恢复白区党的组织。想从昆明走，不果而折回。⑥过泸定桥以后，5月31日，张闻天主持中央常委会又议此事，决定派陈云、罗迈（即李维汉）到白区工作。6月初，张闻天同他们二位谈话，说明白区工作很重要，中央拟派他们去上海恢复白区党的组织。⑦后罗迈因中央另有安排没有出去，陈云则在6月7日、8日红军攻占天全、芦山后随军到达天全县北面雪山脚下的灵关殿后，只身悄悄离开。由地下党员、灵关小学教员席懋昭护送，并故意让一个被红军扣留的国民党天全县教育局长溜掉，让他与假装躲避红军外逃的陈云、席懋昭结伴同行。这样一路顺利通过检查，经天全到了那个教育局长的荥阳县城的家里。后经雅州（今雅安）抵成都。带着刘伯承的信，找到刘在成都美丰银行任职的朋友。陈云托他给上海章乃器（时任浙江实业银行副总经理）汇去请章转交上海地下党的活动经费，并托人在《新新新闻》报上化名刊登一则"遗失私章"的《廖家骏启事》，向中央发出平安到达成都的暗号。离开成都后经内江直奔重庆。

---

① 宋任穷：《忆红军中的长征干部团》，见《中共党史资料》第20辑，中共党史资料出版社1986年版，第68—69页。

② 5月19日张闻天在礼州镇天主教堂内作报告。据《林伟日记》，见林伟著《"战略骑兵"的足迹》，战士出版社1983年版；《何长工回忆录》，解放军出版社1987年版。

③ 任弼时给中央的电报（1935年3月5日），转引自《陈云传》（上），中央文献出版社2005年版，第179页。

④ 潘派出的时间和契机，据黄启钧：《关于一九三五年陈云、潘汉年前往共产国际的经过情况》，载《党的文献》1990年第2期。

⑤ 据张闻天：《1943年延安整风笔记》。

⑥ 陈云在《我的自传》（1940年7月10日）中说："到昆明时，中央决定派我去沪"，"想从昆明走，不果，折回红军中"。转引自《陈云传》（上），中央文献出版社2005年版，第171页。

⑦ 据李维汉：《回忆与研究》（上），第359页；陈云：《关于泸定桥会议》（1985年2月），载《党的文献》1993年第2期。

持刘伯承信找到刘的在重庆开中药铺的弟弟刘叔禹。在他家住了十多天，登上民生公司的轮船直航上海。①8月间，陈云与上海地下党组织发生关系并同先期到上海的潘汉年接上头。由于白色恐怖严重，经与共产国际联系并经组织决定，潘、陈先后于8月和9月离沪赴莫斯科。陈云与陈潭秋、曾山、杨之华等同行，于9月下旬到达。陈云为中共驻共产国际代表团的三个正式代表之一。10月15日，他在共产国际执行委员会书记处会议上作了关于红军长征和遵义会议情况的报告，②带去了传达遵义会议精神的报告提纲手稿③等文件，并在那里写了叙述红军长征经过的《随军西行见闻录》④。

长征是一次史无前例的、特别艰难的军事行动，军事领导与指挥处于最重要的地位。所以，遵义会议关于变换领导的决定，除了以张闻天代替博古之外，最为重要的就是军事领导权的变换。张闻天支持毛泽东的军事指挥，为确立毛泽东在红军中的领导地位，作出了贡献。虽然其间不无小的曲折，但总的说来，从遵义会议起，中经二占遵义、四渡赤水，毛泽东在红军中的领导地位由确立而稳固，经过会理会议最终得到完全巩固。

在遵义会议上，毛泽东被选为常委（这时政治局常委共五人：张闻天、周恩来、毛泽东、博古、陈云），但还没有正式决定参加军事领导。会议完毕后的第二天，1月18日，在遵义又接着召开了政治局会议，会上常委进行了分工，决定"以泽东同志为恩来同志的军事指挥上的帮助者"⑤。从此，毛泽东重又回到军队的领导岗位，直接参与对中央红军的军事指挥。

撤离遵义以后，红军在周恩来、毛泽东、朱德的指挥下，根据敌情的变化，采取了高度灵活机动的运动战方针。渡江受阻，即一渡赤水，北奔川南；转而又西折云南，集结扎西。扎西政治局会议作出"转兵"、"缩编"重大决策，通过遵义会议决议；在军队干部中传达后，周、毛、朱即挥师东进，在太平渡、二郎滩第二次渡过赤水河，回师黔北。从2月25日起，经激战，五天之内攻克桐梓，抢占娄山关，再取遵义城（2月28日），击溃王家烈八个团，消灭吴奇伟两个师，缴获枪支两千多，俘虏约三千人，⑥取得了长征以来的第一个大胜利。毛泽东作《忆秦娥·娄山关》词，歌咏娄山关战斗的胜利，抒发由沉郁转为开朗的心情。词云："西风烈，长空雁叫霜晨月。霜晨月，马蹄声碎，喇叭声咽。雄关漫道真如铁，而今迈步从头越。从头越，苍山如

---

① 据《陈云传》（上），中央文献出版社2005年版，第178页。《陈云传》作者所据材料为：陈云：《我的自传》手稿，写于1940年7月10日；陈云的一次谈话记录，1940年7月22日。
② 这个报告的记录稿标题为《共产国际执行委员会书记处会议（1935年10月15日）史平同志的报告》。史平是陈云的化名。陈云报告全文在《党的文献》2001年第4期上发表。发表时编者加的标题为《在共产国际执行委员会书记处会议上关于红军长征和遵义会议情况的报告》。
③ 此件即《遵义政治局扩大会议传达提纲》，原标题为"（乙）遵义政治局扩大会议"。1956年中共中央办公厅从莫斯科接收中共驻共产国际代表团的文件，这份手稿夹在文件中接收回来。1982年经考证确定手稿为陈云在长征路上所写。
④ 该文描述红军自江西出发，经过湘粤桂黔滇川六省之沿途情形，叙至占领天全、芦山后向宝兴进军为止。1936年曾在中国共产党主办的巴黎《全民月刊》上连续登载过。后由巴黎《救国时报》社出版单行本。收入《中国工农红军第一方面军长征记》（人民出版社1955年版），署名均为廉臣。
⑤ 陈云：《遵义政治局扩大会议传达提纲》，见《遵义会议文献》，第42页。
⑥ 见1935年3月1日朱德致罗炳辉、蔡树藩电。

海，残阳为血。"

3月初，军委纵队第二次进入遵义城。张闻天从战争的实践中更加相信、佩服毛泽东的战略战术原则与军事指挥才能，认为毛泽东在前方指挥战斗更有把握，所以，张闻天在遵义提议成立一个前敌司令部，请毛泽东到前方担任前敌总指挥。①3月4日，中革军委朱德（主席）和周恩来、王稼祥（副主席）签发命令："为加强和统一作战起见，兹于此次战役特设前敌司令部，委托朱德同志为前敌司令员，毛泽东同志为前敌政治委员。"②这一新的建置与任命，显然是把前方机动灵活地指挥战役的权力交给了毛泽东。不过整个军事领导的体制依然保留，周恩来仍是军事上下最后决心的负责者。

毛泽东就任前敌总指挥后即随前敌司令部离开遵义到达鸭溪。此后，王稼祥发些议论，经常要求中央开会，讨论军事行动。张闻天鉴于博古过去领导缺乏民主，所以听了这种意见，召集过几次这样的会议。③张闻天那时不了解，日常的军事指挥需要完全的集权。这种会议，对前方指挥者按军情变化作出必要的专断处置自然是有妨碍的；而会上的争论，更会扰乱前方指挥者的部署。

3月10日1时，一军团林彪、聂荣臻发电报给军委，建议攻打打鼓新场。3月10日白天，张闻天即在鸭溪召开中央政治局扩大会议④，讨论要不要发动"打鼓新场战斗"问题。到会的大多数同志都主张打，只有毛泽东坚持主张不打。毛泽东认为红军12日才能赶到新场，那时滇军也赶到那里和黔军会合，同时川军可侧击红军，所以反对打。毛泽东说，不能打，打又是啃硬的，损失了部队不值得，还是应该在运动战中消灭敌人嘛。但未能说服众人，大家还是要打。会场上争持不下。毛泽东以"去就前敌总指挥的职务力争"。有人发言说，"少数服从多数，不干就不干。"张闻天主持会议，以一般地执行少数服从多数的原则作出了攻打打鼓新场的决定，毛泽东刚担任没有几天的新职于是被撤销，前敌总指挥由彭德怀暂代。⑤

散会以后，毛泽东实在放心不下，深感攻打打鼓新场极为不利，会给红军造成损失。于是，夜里提着马灯又去找周恩来谈，要他攻击的命令晚一点发，再想一想。周恩来采纳了毛泽东的意见。当晚21时即以军委名义发出集中平家寨、枫香坝、花苗田地域之电令，以便寻求新的机动。第二天一早，又开会讨论，把大家说服了。军委又给一、三、五军团发了《关于我军不进攻新场的指令》的电报。⑥

---

① 据张闻天：《1943年延安整风笔记》。毛泽东1943年在中央会议上讲话中也说到"洛甫提议要我为前敌总指挥"，转引自《遵义会议文献》，第134页。
② 引自《文献和研究》1985年第1期载《遵义会议前后的四十一份军事电报》。按红军中的惯例，政治委员是党在军队中的最高领导人，所以前敌政治委员习惯上称为前敌总指挥。
③ 据张闻天：《1943年延安整风笔记》。毛泽东在1943年的中央会议上也说："在打鼓新场，洛甫每天要开二十余人的中央会议。"转引自《遵义会议文献》，第134页。
④ 这次会议的情况，据张闻天《1943年延安整风笔记》、周恩来《党的历史教训》，见《遵义会议文献》，第69页。打鼓新场，今贵州省金沙县县治。
⑤ 彭暂代毛一节，据张闻天在"文革"中写的《我的思想检讨》（1969年6月28日）、《关于反革命分子林彪的一点材料》（1972年3月28日）。
⑥ 此事经过据周恩来：《党的历史教训》，见《遵义会议文献》，第69页。

这一次争论，最终按毛泽东的意见办，在军事上没有造成损失。在这场争论以后，毛泽东向张闻天提议：成立"三人团"，全权指挥军事，成员为毛泽东、周恩来、王稼祥。张闻天"很赞成"毛泽东的这个提议。① 关于打鼓新场战斗的争论，说明还是毛泽东高明。从这件事，张闻天也认识到军事指挥必须临机决断，经常开中央会议来决定，对军事指挥不利，自己对打仗又不熟悉，是外行，成立"三人团"，毛、王之间的矛盾可以由他们自己解决，也省掉召集会议的麻烦。所以，3月12日张闻天就在苟坝附近召开中央政治局会议，将成立"三人团"的提议提交会议讨论。会议决定由周恩来、毛泽东、王稼祥组成新的"三人团"（又称"三人军事领导小组"）。② 毛泽东在三十多年后谈及此事时说："后来搞了个三人团，团长是周恩来，团员一个是我，一个是王稼祥。"③ 至此，遵义会议变换领导的重要决策可以说最终完成。毛泽东进入了当时最重要的军事领导机构。这表明了毛泽东的正确主张进一步为全党、全军所接受，毛泽东对中国革命战争的领导地位进一步确立。

会理会议前后

新的"三人团"成立以后，长征的军事行动在毛泽东指挥下进行。3月16日至17日，红军在茅台三渡赤水，再次入川，引得敌军纷纷向川西调动。这时，红军又出敌不意地于3月21日至22日在太平渡、二郎滩四渡赤水；紧接着，南渡乌江，佯攻贵阳。正当云南敌军增援贵阳之际，红军已越过湘黔公路，直插云南，威胁昆明。然后，红军又向西北方向急进，于5月初巧渡金沙江，跳出了数十万敌军围追堵截的包围圈，实现了遵义会议渡江北上的战略决定，粉碎了敌人围歼红军的狂妄计划，取得了战略转移中具有决定意义的胜利。四渡赤水之战，充分体现了毛泽东运动战战略思想的巨大威力。毛泽东自己也说，四渡赤水是他一生中的"得意之笔"。

不过，在当时，不少人对毛泽东指挥全军"经常的转移作战地区，有时向东，有时向西，有时走大路，有时走小路，有时走老路，有时走新路，而唯一的目的是为了在有利条件下求得作战的胜利"，这种机动作战的方针，虽然坚决执行，但并没有完全领会。在实际执行中，固然打了不少胜仗，但不可能每仗必胜；迂回穿插，走了许多路，有时是为了甩掉敌人，迷惑敌人，一时看不出它的必要，有时是敌变我变，看起来好像是走了冤枉路，但非走不可；在这样大规模的运动作战中，白走一点路有时也是难免的。在连续大踏步行军、作战中，部队很疲劳，减员也不少。所以，上上下下虽是服从命令听指挥，但不同意见也有。议论主要围绕着走路还是打仗，埋怨只走路不打仗，部队没有打垮倒要拖垮了。大约在4月中旬，刘少奇到三军团担任政治部主任以后不久，他将了解到的部队情绪，综合听到的意见和自己的意见，给中央军委

---

① 张闻天：《1943年延安整风笔记》。
② 成立三人军事小组的时间与地点据中共中央党史资料征集委员会《关于遵义政治局扩大会议若干情况的调查报告》所作考证的结论："三人军事小组是在一九三五年三月十一日左右在贵州鸭溪、苟坝一带成立的。"
③ 毛泽东1967年的一次谈话。

发了一个电报。三军团政委杨尚昆也签了字。① 一军团军团长林彪一直埋怨红军走的尽是"弓背路",主张走弓弦,走捷径。说什么"这样会把部队拖垮的,像他这样领导指挥还行?"② 林彪还给周、毛、王"三人团"写了一封信。信的大意是:毛、朱、周随军主持大计,请彭德怀任前敌指挥,迅速北进与四方面军会合。③ 新"三人团"中,王稼祥对毛泽东的战法也不理解,他向张闻天反映,老打圈圈不打仗,可不是办法。④ 王稼祥要求开会解决这个问题。⑤

既然红军高层领导在战略战术问题上存在分歧,张闻天感到,召开会议讨论解决是必要的。

红军于 5 月 9 日全部渡过金沙江,取得了行动的主动权。过江后,红军直逼会理城下。会理县城有川军刘文辉部的一个师死守,又有西昌等地敌人增援,红军乃放弃强攻,只加监视。利用追敌近期无法过江的空当,全军在会理地区休整。5 月 12 日,野战军司令部发布命令:"决在会理及其附近停留五天(15 号止),争取在长期行军后的必要休息和补充。"⑥

为了统一思想,肯定遵义会议以来毛泽东的军事指挥,张闻天同毛泽东商议后,于 5 月 12 日下午,在会理城外的铁厂,主持召开了中央政治局扩大会议——会理会议。

参加会理会议的有:"三人团"周、毛、王,朱总司令,政治局常委陈云,一、三军团司令员和政委林彪、聂荣臻、彭德怀、杨尚昆。为防敌人飞机轰炸扫射,临时搭了一个草棚子做会场。军团负责人的地铺就打在这个草棚子里。喝水、吃饭,由中央队秘书长刘英带警卫员送去。⑦

会议由张闻天主持并作报告。报告大纲,张闻天在会前同毛泽东、王稼祥商量过。⑧ 张闻天严厉地批评林彪等人对毛泽东军事指挥的怀疑、动摇是右倾。

毛泽东在会上驳斥了林彪所谓"走了弓背"的谬论,指出:"现在为了摆脱追敌不肯多吃一点苦,将来会吃更大的苦。"⑨ 毛泽东还指责彭德怀,认为林彪的信是彭德怀鼓动起来的;说林的信,刘、杨的电报,都是右倾情绪的反映。⑩

毛泽东发言中虽然没有挑明批评张闻天参与其事,但从话音中听得出来,毛泽东怀疑张闻天是同彭德怀结合在一起的。张、彭虽然内心觉得委屈,但大敌当前,团结为重,在会上、会下都没有争辩。⑪ 彭德怀"作了自我批评,说:因鲁班场和习水两战

---

① 据《彭德怀自述》,人民出版社 1981 年版,第 196—198 页。
② 据《聂荣臻回忆录》,见《中共党史资料》第 5 辑,中共党史资料出版社 1983 年版 第 137 页。
③ 引自《彭德怀自述》,人民出版社 1981 年版,第 198 页。
④ 据张闻天:《1943 年延安整风笔记》。
⑤ 据刘英:《难忘的三百六十九天》,见《刘英自述》,人民出版社 2005 年版,第 73 页。
⑥ 转引自力平等著:《中国红军长征史》,中央党史出版社 1996 年版,第 103 页。
⑦ 据刘英:《难忘的三百六十九天》,《刘英自述》,人民出版社 2005 年版,第 74 页。
⑧ 据张闻天:《1943 年延安整风笔记》。
⑨ 陈云:《我对林彪的揭发》,手稿,1971 年 10 月 8 日。转引自《陈云传》(上),中央文献出版社 2005 年版,第 173 页。
⑩ 据《彭德怀自述》,人民出版社 1981 年版,第 199 页。
⑪ 据:张闻天:《1943 年延安整风笔记》;《彭德怀自述》,人民出版社 1981 年版,第 198—199 页。

未打好，有些烦闷，想要如何才能打好仗，才能摆脱被动局面。烦闷就是右倾。"彭德怀在会上"也批评了林彪的信"。①

会理会议开了两三天，最后由总书记张闻天作结论。②肯定从遵义会议以来，毛泽东的军事指挥是正确的，批评了林彪反对机动作战、在部队中叫苦、甚至企图改变军事领导的错误。

会理会议还讨论了渡江后的行动计划，决定红军继续北进，经冕宁过彝族区到安顺场，渡过大渡河，进入川西北地区，与红四方面军会合。会议还任命刘伯承为先遣队司令员。

会理会议的主要结果是积极的。通过会理会议，在张闻天、周恩来、朱德等的支持下，被四渡赤水证明是正确的毛泽东的在运动战中摆脱重兵包围的方针，得到了确认；遵义会议以后确立的毛泽东对军队的领导地位得到了进一步巩固。但会理会议的斗争方式是不尽恰当的。

林彪的信，彭德怀是在会理会议时看到的。彭看了这封信以后，"当时也未介意，以为这就是战场指挥呗，一、三军团在战斗中早就形成了这种关系：有时一军团指挥三军团，有时三军团指挥一军团，有时就自动配合。"③当然，这时林彪提出设前敌指挥并请彭就任，表示了他对毛泽东军事指挥的怀疑、动摇，是错误的。但当时毛泽东对林彪并不怎么介意。在他心目中，林彪"是个娃娃"，懂得什么！④他把问题看得严重，是因为他把根子找到了彭德怀、张闻天那里。

毛泽东指责林彪的信是彭德怀"鼓动"起来的，是"右倾"。对此，彭德怀当时没有申辩，采取了"事久自然明"的态度。直到1959年庐山会议上，毛泽东又重提此事，林彪当场申明"那封信与彭德怀同志无关"，"写信彭不知道"，这时，彭德怀才出来说明原委。关于电报，彭说，刘少奇写好以后，"拿给我和杨尚昆签字。我觉得与我的看法不同，没有签字，以刘、杨名义发了。"至于林彪的信，彭说：在会理会议时才看到，事先"没有同林彪谈过话"，此信"与我无关"；在会上，"我也批评了林彪的信：遵义会议才改变领导，这时又提出改变前敌指挥是不妥当的；特别提出我，则更不适当。"对毛的指责，彭说："当时听了也有些难过，但大敌当前，追敌又迫在金沙江了，心想人的误会总是有的，……我就没有申明，等他们（指林、刘——引者）将来自己去申明。我采取了事久自然明的态度，但作了自我批评……"彭德怀是到了被打成"反党集团"、此事又成为一大罪状的时候，才感到自己这种坦荡之风效果不好。他写道："在这二十四年中，主席大概讲过四次，我没有去向主席申明此事，也没有同其他任何同志谈过此事。从现在的经验教训来看，还是应当谈清楚的好，以免积累算总账，同时也可避免挑拨者利用。"⑤张闻天是会理会议的主持者。他在会上代表中央批评下面，自己并没有受到直接的、明显的批评。不过，毛泽东听了

---

① 引自《彭德怀自述》，人民出版社1981年版，第199页。
② 据刘英：《难忘的三百六十九天》，见《刘英自述》，人民出版社2005年版，第74页。
③ 《彭德怀自述》，第198—199页。
④ 据《聂荣臻回忆录》，第138页。
⑤ 《彭德怀自述》，第198—200页。

个别同志的猜测和判断，却一直认为是张闻天到三军团去与彭勾结反他。这种误解埋在毛泽东的心里，直到延安整风的时候才挑明。在 1941 年六七月间的一次小型谈话会上，毛泽东批评张闻天的缺点，特别提到张闻天"在会理会议以前严重的政治动摇"，说张"当时挑拨军队领导同志林彪、彭德怀，反对'三人团'，要林、彭来代替'三人团'指挥等等"。对此，张闻天当场表示"保留"。"当晚回家后，关于这件事情曾写了一封申明信给毛，但后来没有发出，想事情没有旁证，说也无用。"到 1943 年九月政治局会议上，毛泽东又一次"提及此事"，张闻天这回才认真对待。他"利用许多同志在延安的机会，做了一点调查工作"，在随后写的"整风笔记"中作了澄清："现在大致可以判明，说我曾经煽动林、彭反对三人团的话，是×××同志的造谣！（林、彭二同志关于此事有正式声明）"①

关于会理会议，张闻天作了这样的客观评价："会理会议基本上是正确的，同当时干部中离心倾向及一些动摇情绪作斗争是必要的。但我以为斗争方式还是过火的。因为这些同志的错误，实质上不过是个别的错误，只要加以适当的批评与解释，错误就会改正的，不必用机会主义大帽子去压他们。"②

在长征路上，团结对敌压倒一切，它完全可以消弭过火斗争带来的不悦。在延安整风期间，对于全党来说，这也并非重大事件，说过以后也就算了，并没有特别去作结论。不过，会理会议在张闻天与毛泽东的关系（还有彭毛、张彭与毛的关系）上却是有相当深远影响的事件，这个误解一直延长到延安整风时期。而且确凿的事实仍没有真正驱散这团乌云。

---

① 以上均据张闻天：《1943 年延安整风笔记》。在这篇长达五万多字的自我检讨中，辩诬文字只有屈指可数的几处。

② 引自张闻天：《1943 年延安整风笔记》。关于会理会议的评价问题，限于文体，这里不展开讨论。

第十章　从会合到分离

一、四方面军会师

会理会议以后，中央红军执行在川西或川西北创建根据地的计划，沿通往西昌的大道继续北进。5月19日，张闻天在礼州（今四川西昌城北数十里）附近的铁坑主持召开中央会议，讨论行军路线。鉴于西昌有敌军固守，会议决定放弃围攻西昌，而取道冕宁，过彝族区域，到安顺场渡大渡河，进入川西北，同四方面军会合。

当天会后，中共中央进驻礼州，张闻天向九军团干部作报告①，表彰九军团胜利完成军委交给的"别动支队"的任务，在红军的历史上写下了光荣的一页。他传达了遵义会议精神，还传达了刚刚开过的中央会议作出的关于行动方针的新决定，号召全军去实现。

同一天，中央红军先遣队成立，为红军北上开路。先遣队进入大凉山彝族区后，刘伯承司令与沽基部落首领小叶丹歃血为盟，结为兄弟。在彝族同胞帮助下，红军部队安全通过了彝族区。5月25日，先遣队红一团强渡大渡河成功。26日，红军又循大渡河两岸向上游急进，行军320里，于29日飞夺泸定桥。全军在30日渡过大渡河。

5月31日，张闻天随中央纵队经大铁索桥过河到达泸定县。在这里，他主持召开了中央政治局常委会议，讨论红军渡过大渡河以后的形势与任务，决定红军向北走雪山一线，避开人烟稠密地区。②部队在向东南往雅州前进途中，获悉汉源有川军扼守高地，居高临下以待红军。于是决定改变方向，折向东北至天全河边。这一改变，红军的行军路线就由大道转入高山小路，③并翻越第一座四季积雪的高山。6月2日，中央纵队在海拔四千多米的化林坪驻扎。当天下午，张闻天在这里举行的中央纵队班长以上干部会上作报告，讲渡过大渡河的胜利和当前形势与任务。④

随后，红军北上至天全河、击溃敌杨森部六个旅的堵截。6月7日占领天全，8

---

① 据《林伟日记》，见林伟著：《"战略骑兵"的足迹》，第185—186页。
② 据《朱德年谱》，人民出版社1986年版，第141页。这次会议还决定派陈云前往上海恢复党的地下组织。
③ 据廉臣（即陈云）：《随军西行见闻录》，红旗出版社1985年版。
④ 据伍云甫日记、廉臣《随军西行见闻录》。

月攻占芦山。6月12日中午，在夹金山、达维之间，红一方面军先头部队与红四方面军前锋胜利会师。遵义会议决定的北上"渡过长江直接与红四方面军配合作战"①的战略方针，经过种种艰难曲折，终于实现。6月15日，《红星》报发表《伟大的会合》的社论。

6月16日，朱、毛、周、洛②按中国传统习惯，数人联署的函电，拟稿人一般署名在后。复电张（国焘）、徐（向前）、陈（昌浩），庆贺"二大主力的会合"。

一、四方面军在懋功地区胜利会师之后，战略方针问题又尖锐地提到面前。毛泽东、张闻天、周恩来、朱德等确定的方针是北进到川西北建立根据地，进而占领川陕甘；张国焘提出西进西康、青海、新疆，到"经济落后、文化落后"的"区域发展"，或是向南，"直取成都，出长江，打到武汉去"。③两种方针存在着严重的分歧。张闻天同其他中央领导人一起，先是通过电讯联系同张国焘磋商，耐心地交换意见。

6月16日凌晨2时，朱、毛、周、洛联名致电张、徐、陈，对张国焘6月2日、12日两次电请中央"飞示以后行动总方针"、即告"今后两军行动大计"作出答复，提出："今后我一、四方面军总的方针应是占领陕甘川三省，建立三省苏维埃政权，并于适当时期以一部组织远征军占领新疆。"电文并提出，目前应坚决打破敌人新的大举进攻，"向着岷、嘉两江之间发展"，"坚决的巩固茂县、北川、威州在我手中，并击破胡宗南之南进是这一方针的枢纽"。毛泽东、张闻天等不同意张国焘的西进方针，指出："以懋功为中心之地区纵横千余里，均深山穷谷，人口稀少，给养困难。大渡河两岸直至峨眉山附近情形略同。至于西康情形更差。敌如封锁岷江上游（敌正进行此计划），则北出机动极感困难。因此邛崃山脉区域只能使用小部队活动，主力出此似非良策。"张国焘完全不考虑中央意见，提出相反的方针，继续坚持西进或者南下。

6月18日21点，洛、周、朱、毛联名急电张国焘等，答复17日张国焘的回电，针对他的错误主张，指出："目前形势须集中火力首先攻破平武，以为向北转移的枢纽。"电报向张国焘说明，"力攻平武、松潘，是此时主要一着"，要他即下决心北上。6月20日凌晨4时，洛、朱、毛、周再次联名致电张国焘，分析北进、西移及向川西南三种方针的利弊，再次否定西移方针，力主北进，并邀约张国焘"立即起来懋功，以便商决一切"。

这时，张闻天和毛泽东、周恩来、朱德等都在懋功（今小金县）。他们在6月17日凌晨由新寨子出发，翻越了海拔4000多米、终年积雪、空气稀薄、道路险峻的夹金山，下午到达维宿营。18日凌晨，又由达维出发，午后抵达懋功。红四方面军总部设在理番县的杂谷脑镇（今理县县城）。张国焘在茂县。为了统一思想，解决意见分歧，中共中央政治局决定在两河口开会，商决一、四方面军会合后的战略方针。

张闻天于6月23日到达两河口，住在当地的一座关帝庙里。为了统一认识，把这

---

① 见中共中央1935年2月16日至四方面军电。
② 电报署名顺序按原件，本书以下引用电报均此。按中国传统习惯，数人联署的函电，拟稿人一般署名在后。
③ 见张国焘：《新的胜利和新的形势》（1935年6月13日写），载《干部必读》第127期（1935年6月14日）。

次会议开好，6月24日，他在这里写了《夺取松潘，赤化川陕甘！》一文，立即在当天出版的《前进报》（油印）第1期上发表，一军团政治部在25日又翻印发给干部学习。

张闻天分析了一、四方面军会合这一伟大胜利的意义："使过去在两个战线上分开行动的两大主力现在完全放到党中央与军委的统一指挥之下"，"造成了实现我们在川陕甘建立新的苏区根据地的战略方针的可能"。同时指出，现在两个方面军所在的松（潘）、理（番）、懋（功）等县地形上不利于作战，物质给养非常困难，而敌人正使用全力把我们"封锁"在这一地区，进而逐渐压迫到西康与青海草原地区，所以在这里"长久的停留"或"西进"青、康，正符合蒋介石的封锁政策，"对于红军极不利"。这就否定了张国焘的错误主张。

那么，怎样才能使两大主力会合后造成的在川陕甘建立苏区根据地的"这一可能变成实际"呢？张闻天认为，战略方向上应该是"北进"，而关键的战役任务是"夺取松潘"："我们现在必须集中我们的全部力量，首先突破敌人北面的防线，将红军主力转入川陕甘的广大地区内寻求在运动战中大量地消灭敌人。因此夺取松潘控制松潘以北的地区，消灭胡宗南的部队，目前成为整个野战军与四方面军创立川陕甘新苏区的最重要的关键，也是目前我们红军的紧急任务。"

张闻天的文章还论述了在创立川陕甘根据地的过程中争取"决战胜利"的战略意义和"运动战"的战略战术原则。他写道："我们现在还处在从完全无后方的游击战，转变到有后方的运动战的时期。转变的决定关键，完全依靠于决战的胜利。只有决战的胜利，我们才能建立新的苏区根据地。""川陕甘三省是一块很广大的地区。在取得松潘之后，我们或将首先取得甘肃东南或川北一部分地区。到底在川陕甘哪一地区开始创立根据地，就决定于当时的敌情，与我们同敌人作战的胜利与胜利的大小。为了寻求运动战消灭敌人，红军主力常常不能停留在已经开始赤化地区内，而需要转移地区，但这种转移的目的是为了寻求作战，在川陕甘建立根据地，而转移的范围，也就在川陕甘地区内。"张闻天还针对张国焘的错误主张，不指名地批评了"避免战争"的"逃跑主义倾向"，指出"如果在目前情况下，我们仍旧以到一定地区为我们行动的中心，实际上就是要避免战争，放弃建立新的苏区根据地的任务，而变为无止境的逃跑"，提出"必须同这种逃跑主义的倾向做坚决的斗争"。

张闻天《夺取松潘，赤化川陕甘！》这篇文章为两河口会议决定北上的战略方针作了重要的思想准备。在党的历史上，这是最早的一篇系统阐述北上建立川陕甘苏区根据地的战略方针，明确批评张国焘右倾逃跑主义的文献。

张国焘从茂县经汶川、理番到达两河口时，已是6月25日下午。毛泽东、张闻天、周恩来、朱德等几十人走出远迎，并开了红一、四方面军会师大会。毛泽东致欢迎词，张国焘致答词，气氛热烈、欢欣。

6月26日，中央政治局会议在两河口召开，集中讨论目前战略方针。会场设在一座喇嘛庙里。[①] 周恩来在会上作了目前战略方针的报告，阐述必须北上到川陕甘建立根

---

① 据刘英：《难忘的三百六十九天》，《刘英自述》，人民出版社2005年版，第79页。刘英担任两河口会议记录。

据地的理由，提出为了迅速打松潘的胡宗南部，两个方面军要统一指挥。与会者都赞成北上方针，张国焘发言也表示同意。

张闻天在周恩来作结论之前发言。张闻天主持党中央日常工作期间，政治局会议就某一议程讨论时，通常由分管这项工作的政治局常委或政治局委员作"报告"和最后的"结论"，主持会议的张闻天常常在听了报告和讨论之后、作结论之前发言，这种发言带有一定的总结性质。他在两河口会议上的发言就是这样。

张闻天首先总括大家的意见，着重指出："北上的战略方针大家意见一致，应一致来实现。这战略方针是前进的，唯一正确的。"同时又毫不含糊地否定"西进"："可以发生另外一个方针，准备过草原，把口子守了，这是退守的，不适应的。"接着，就当前战役部署问题指出："要实现这一战略方针，首先要进攻或控制松潘。"强调"创造川陕甘苏区只有依靠决战胜利"，"现我应用尽力量克服困难"，断然指出"放弃这方针是错误的"，又一次批评避免战争、退却逃跑的倾向。张闻天还特别强调在组织上"应统一"。

会议全体通过周恩来报告中提出的战略方针，委托张闻天写一个决定。①1935年6月28日中央政治局发出了张闻天写成的《关于一、四方面军会合后的战略方针的决定》。指出："在一、四方面军会合后，我们的战略方针是集中主力向北进攻，在运动战中大量消灭敌人，首先取得甘肃南部，以创造川陕甘苏区根据地"；"为了实现这一战略方针，在战役上必须首先集中主力消灭与打击胡宗南军，夺取松潘与控制松潘以北地区，使主力能够胜利的向甘南前进"；并明确指出，"为了实现这一战略方针，必须坚决反对避免战争退却逃跑，以及保守偷安停止不动的倾向，这些右倾机会主义的动摇，是目前创造新苏区的斗争中的主要危险。"②中革军委同时作出了攻打松潘的战役部署。

6月底，毛泽东、张闻天、周恩来、朱德等率领中共中央和军委离开两河口，此后，即连续翻越梦笔山等大雪山，于7月10日到达黑水县的上芦花。在这里，一面耐心等待张国焘执行两河口会议决议，一面筹备粮食，准备北上打大胜仗。党中央和军委动员全军指战员割麦备粮。上自朱总司令，下至炊事员、饲养员，都一齐动手。张闻天和年已五六十岁的徐特立、林伯渠，也都参加收割、打场、炒麦子等劳动。③歇晌的时候，张闻天还同红军指挥员和战士谈天。红一方面军都是南方人，不习惯吃面食，也不会做，他就有意讲世界各国吃东西的习惯，说：全世界百分之七十的人吃面，只有百分之三十的人吃大米，我们'北上'，就到了吃面食的地方了，可要少数服从多数啊。④

---

① 上述会议情况，张闻天发言内容，均据两河口会议记录。
② 《中共中央文件选集》（10），中共中央党校出版社1991年版，第516—517页。
③ 据杨定华（邓发）：《雪山草地行军记》，见《中国工农红军第一方面军长征记》，第295页。
④ 据卓雄：《孜孜不倦一生追求真理——纪念洛甫同志》，见《回忆张闻天》，第62页，并卓雄在1990年8月29日纪念张闻天同志九十诞辰座谈会上的发言。

芦花——沙窝——毛儿盖

在两河口会议上，张国焘虽然表面上赞成北上方针、同意打松潘，但是实际上他还是惧怕敌人，想避敌主力，西移川康边。两河口会议以后，常委会决定任命他为军委副主席，也没有满足他的权欲。会议刚结束，他就违背决定、制造事端以至要挟中央了。

6月29日，张国焘致电中央，强调攻打松潘的困难，并要一军团去阿坝，四方面军主力往西、往南。7月1日，他借口为了将主力迅速开到毛儿盖东北地带，消灭胡宗南部，提出"我军宜速决统一指挥的组织问题"，故意拖延四方面军主力北上的行动。接着，张国焘向李富春表示非常关心"统一组织问题"，提出"充实总司令部"等要求。7月8日，张国焘在杂谷脑召开四方面军高级干部会议，抓住《前进报》批评"西北联邦政府"这件事，①大肆攻击中央，挑拨一、四方面军关系，进行反对党中央，破坏红军团结的派别活动。在张国焘策动下，7月8日，中共川陕省委致电中共中央，说张国焘成立的"中华苏维埃共和国西北联邦政府""在理论上、在组织上都是正确的"。《前进报》上文章对联邦政府的批评，是不正确的。7月9日，中共川陕省委又出面向中共中央建议，要加强总司令部，由陈昌浩出任总政委等职；军委设常委，决定军事策略问题，并敦促中共中央政治局"速决速行"。7月10日，张国焘急不可耐，又向中共中央提出"我军宜速决统一指挥的组织问题"。对于《松潘战役计划》，则极力延宕，不予执行。

对于张国焘延迟北上，贻误战机的错误，中央提出批评，敦促他对所率"各部真能速调，速进，勿再延迟坐令敌占先机"，并要张国焘和徐向前、陈昌浩一起速来芦花集中指挥。与此同时，中央为了团结张国焘，对他在"组织问题"上提的要求，还是委曲求全，尽量考虑。张闻天同毛泽东就中央的人事安排问题反复商量，张闻天从团结北上的全局出发，主动表示自愿让出自己担任的党中央总书记的职位。当时担任中央队秘书长的刘英这样忆述张闻天同毛泽东商量的情形：

> 毛主席说："张国焘是个实力派，他有野心，我看不给他一个相当的职位，一、四方面军很难合成一股绳。"毛主席分析，张国焘想当军委主席，这个职务现在由朱总司令担任，他没法取代。但只当副主席，同恩来、稼祥平起平坐，他不甘心。闻天跟毛主席说："我这个总书记的位子让给他好了。"毛主席说："不行。他要抓军权，你给他做总书记，他说不定还不满意，但真让他坐上这个宝座，可又麻烦了。"考虑来考虑去，毛主席说："让他当总政委吧。"毛主席的意思是尽量考虑他的要求，但军权又不能让他全抓去。同担任总政委的恩来商量，恩来一点也不计较个人地位，觉得这么安排好，表示赞同。②

---

① 凯丰在《前进报》上发表《列宁论联邦》，批评张国焘在5月底宣布成立的"西北苏维埃联邦政府"。
② 刘英：《难忘三百六十九天》，见《刘英自述》，第81—82页。

7月18日，在芦花召开中央政治局常委扩大会议，讨论"组织问题"。① 张闻天主持会议并首先提出关于人事安排的意见："军委设总司令，国焘同志担任总政治委员，军委的总负责者。军委下设小军委（军委党委），过去是四人，现增为五人，陈昌浩同志参加进来，主要负责还是国焘同志。恩来同志调到中央常委工作，但国焘同志尚未熟习前，恩来暂帮助之。这是军委的分工。"

在讨论中，张国焘强调要提拔新干部，还提出要向中央委员会增补成员。毛泽东说：提拔干部是需要的，但不需要这么多人集中在中央，下面也需要人。张国焘只得暂时作罢。

张闻天最后作结论说，大家意见一致，很好，现在主要任务是集中力量打好这次战役。并宣布决定：张国焘为红军总政治委员，徐向前、陈昌浩为前敌总指挥部指挥和政委，博古为总政治部主任。

7月18日当天，军委即将上述决定通知各兵团首长。

为了促进两个方面军的团结，统一认识，分清一些大的是非问题，从7月21日到22日，在芦花又召开了中央政治局会议，集中讨论四方面军的工作。张闻天在总结性发言中首先肯定四方面军"很有战斗力"，同时又指出缺点和错误：在第四次反"围剿"开始时领导对形势估计上有"左"的倾向，后当敌人分兵合击时，未能抓住敌人弱点，集中打他一路；通南巴（指四川北部之通江、南江、巴中一带，红四方面军在这里建立了川陕根据地）打了胜仗还是放弃了，反映对根据地的重要了解不够；退出通南巴时把所有干部、游击队通通带走也是不好的；出通南巴后缺乏明确的战略方针，没有一定的发展方向，造成了现在一些困难。张闻天还指出，四方面军对待少数民族也有些问题，如在两河口把藏民的土地拿来分，引起群众反对；关于西北联邦问题，实际也未弄清楚怎样才算"联邦"，少数民族还没有发动就首先成立"联邦"，结果必将是徒然的。张闻天强调，在新的环境下创造新苏区是当前的中心任务，揭示过去工作的弱点是为了总结经验。

芦花会议决定张国焘担任总政治委员以后，张国焘才勉强执行军委为补救延误战机而发布的松潘战役第二步计划，率领红四方面军北上向毛儿盖地区集中。可是，到了毛儿盖以后，张国焘又一次动摇，进行一系列反对中央、破坏团结的活动。他举行了一个紧急的干部会议，在会议上宣布中央执行的是机会主义路线，要求将红四方面军的十几个干部分别批准为中央委员、政治局委员及书记处书记。他指责遵义会议是调和主义，要求博古退出书记处与政治局，周恩来退出军委工作，不达目的即不进兵。并在中央的附近，做了一个严重的军事示威。同时，他在整个四方面军中封锁中央的影响，做了一个反对中央、反对一方面军的动员，造成了四方面军对于一方面军的异常恶劣的关系，全然不顾中央号召的两军团结北上的政治任务。② 然而这时敌胡宗

---

① 会议出席人员记录中"到会"项下仅记录"朱、毛、周、洛、王、博"，但记录中发言的人还有张国焘、邓发、徐向前、凯丰。陈昌浩有没有参加，无法确定。以下叙述会议情况，张闻天讲话内容，均据会议记录。

② 1936年7月14日中共中央书记处致共产国际的电报。

南军却已经利用张国焘的延宕不进集结了主力,并在松潘附近地区构筑成了堡垒线,红军攻打松潘的有利时机已经丧失。不仅如此,各路敌军经过调集、布防,形成了围困与消灭红军于岷江以西、懋功以北雪山草地之中的态势。红军处境异常困难,如不抵制张国焘的错误方针,制止破坏团结、反对中央的行为,则会更加凶险。

在此情况下,毛泽东、张闻天、周恩来等中央领导同志,从全局和全党全军的团结出发,为求得共同北上,促进张国焘转变与争取四方面军,采取了特殊的及十分忍耐的方针。8月上旬在沙窝(松潘县毛儿盖南面约20里)举行的中央政治局会议,就是以这样的思想为指导的。

沙窝会议的议程为两项:(1)一、四方面军会合后的形势与任务。(2)组织问题。会前,就这两项议程进行了比较充分的酝酿。张闻天经同毛泽东、周恩来、博古等常委商讨,就形势与任务问题草拟了决议草案。这个文件拟就后,又同四方面军的陈昌浩、傅钟等商量,得到他们的赞同。① 关于组织问题,张国焘先着人带给中央一个增补四方面军同志为中央委员、中央政治局委员的名单,张闻天同毛泽东交换了意见,又同陈昌浩、傅钟来回商量,基本上取得一致。在做了这些准备工作之后,8月3日21时,张闻天致电张国焘:"请准于明日十时到达沙窝开政治局会议,并请通知傅钟、博古、邓发、凯丰、富春赶来到会。"

沙窝会议从8月4日开始至8月6日结束,共开了三天。

会议开始即由张闻天就第一项议程作报告。他根据起草好的文件《中央关于一、四方面军会合后的政治形势与任务》进行了全面、系统的阐述。经过两天讨论,第三天会议开始时,由张闻天作结论。张闻天总结两天的讨论说:"对决议案大家意见无大分歧,同志们也都是一致,这是一、四方面军胜利前进的保障。"张闻天着重肯定了遵义会议的正确,强调了遵义会议决议肯定的军事路线,要求四方面军中党的支部应该讨论遵义会议决议。关于西北联邦问题,张闻天再次说这"是过早的,这在决议中应指出"。对于四方面军同志对一方面军的批评,张闻天首先肯定"是好的,是帮一方面军来纠正缺点的",同时又指出,"但须注意可能发生的不好影响——过分的批评会妨碍团结的"。认为切实紧要的是"现在就是要实际去作",即通过整顿部队来纠正缺点。"结论"最后说:"基本上通过决议案,修改则由常委。"8月9日,中央印发了沙窝会议通过的由张闻天起草的《中央关于一、四方面军会合后的政治形势与任务的决议》(以下简称《沙窝会议决议》)。

《沙窝会议决议》是一个内容丰富的、具有历史意义的文件。它非常及时地针对一、四方面军会合后一个多月来出现的主要问题,运用马克思列宁主义基本原理,总结历史经验教训,分析当前现实情况,作出了深刻而又具体的回答,有力地然而又是策略地抵制和批评了张国焘"西进"、"南下"的错误战略方针和枪指挥党的军阀主义倾向,破坏两个方面军团结的行为和避战退却逃跑的右倾机会主义动摇。创造了在特殊情况下正确处理党内矛盾的一个范例。

---

① 沙窝会议首先由洛甫作《一、四方面军会合后的形势与任务》的报告,记录上注明"已有文件"。毛泽东在讨论发言时也说:"草案在开会前昌浩、傅钟几同志商量过了,同意的。"

《沙窝会议决议》肯定两河口会议决定（6月28日）的"向北进攻"的战略方针"无疑义的是正确的"，"创造川陕甘的苏区根据地，是放在一、四方面军前面的历史任务"。还进而提到了在川陕甘及广大西北地区"创造出西北苏区根据地"的设想。这实际上是对会合以来战略方针问题的争论作了结论，肯定并坚持了中央的"北上"方针，否定了张国焘的"西进"、"南下"方针。

《沙窝会议决议》从创造川陕甘根据地的必要条件立论，正面回答了两个方面军会合以来出现的主要问题，不指名地批评与抵制了张国焘的种种错误。"决议"强调："必须在一、四方面军中更进一步的加强党的绝对领导，提高党中央在红军中的威信。"指出"没有中国共产党就没有中国工农红军"，党中央在遵义会议以后的军事领导"无疑义的是完全正确的"。"决议"对一、四方面军分别作出了全面的估价，而且相当严格地批评了一方面军的弱点并提出"必须立刻整顿部队"的任务，强调"一、四方面军的兄弟的团结"，这就有力地抵制了张国焘破坏团结的言行。"决议"还从两个方面军会合的地域正在少数民族区及今后在西北地区活动的实际出发，指明了"争取少数民族""对于中国革命胜利前途有决定的意义"；指出在少数民族地区"一般的组织工农民主专政苏维埃是不适当的"；对"西北联邦"这个引起激烈争论的问题，作出"目前建立西北苏维埃联邦政府是过早的"结论。

"决议"提出的12项"目前的中心工作"，是落实战略方针与上述重大原则问题的具体措施与任务，包括了军队建设、少数民族工作、白区工作、白军工作、地方工作、保卫工作、组织工作、苏区工作等各个方面，也是各方面经验的概括。

《沙窝会议决议》指出了"日本帝国主义的占领华北，造成'华北国'的实际行动"，却未能再前进一步，指出由此带来的国际国内形势和阶级关系的巨大变动；它维护《遵义会议决议》和党中央的集中统一领导，却仍然没有认识到四中全会以来政治路线的错误（还要求学习五中全会的决议）。所以，从总体上未能及时地开始从土地革命与苏维埃运动到抗日民族统一战线的转变。这一重大转变还有待于由于日本侵略的更加急剧而引起的民族危机的更加严重，以及在莫斯科召开的共产国际第七次代表大会的推动。就在《沙窝会议决议》形成前不久，中共驻共产国际代表团写出了《为抗日救国告全体同胞书》（即《八一宣言》）[①]。历史造成的这种认识落后于形势的局限当然是不应该苛求的。而聚集在沙窝的毛泽东、张闻天、周恩来、博古等党中央领导人当时正倾注全部精力解决最迫切的红军的生存与发展问题，正在为团结张国焘，率领红军冲破敌人重围，北上创立川陕甘根据地而努力，长征的环境也使他们无法全面了解国内外形势的变化。这丝毫不影响《沙窝会议决议》的积极意义与历史地位。

沙窝会议的第二项议程是组织问题——"吸收四方面军干部参加中央工作"。张闻天代表政治局提出预先经过磋商的名单，提升三位正式中央委员：徐向前、陈昌浩、周纯全，三位候补中央委员：何畏、李先念、傅钟；两位同志进政治局：陈昌浩为正

[①]《八一宣言》公开发表的时间是1935年10月，其原因据王明在1937年12月9日中央政治局会议上的报告说是："当八一宣言决定时，首先便是刘佐夫起来反对。……经过两个月的讨论，经国际书记处看过才发表。"

式委员，周纯全为候补委员。① 对此，张国焘不满意，说："在坚决提拔工农干部上还可以多提几个人嘛！"毛泽东说："四方面军中有很多的干部，我们现在提出这六位同志，是很慎重的。照党章规定，本来政治局不能决定中委，现在是在特殊情况下才这样做的。其他干部可以更多地吸收到各军事、政治领导机关工作。"张国焘又迂回曲折地从另一方面提出要求："本来我们的意见，要提这几个同志都到政治局的，这样可以提拔工农干部，他们有实际经验，又可以学习领导工作。"毛泽东一方面肯定"国焘同志意见是很好的"，一方面说四方面军的好干部"将来很可以吸收到中央机关及其他部门"。②

8月6日的会议主要在这个问题上争来争去。毛泽东、张闻天等看透张国焘的用心，是企图形成多数来控制党中央（这当然是张国焘的一厢情愿，事实上沙窝会议吸收为中央委员和候补中央委员的同志大多数是党的好干部而不是张国焘的人），所以在中央委员的人数上坚决不再松口。但是，为了从大局出发，尽一切可能同张国焘搞好团结，在组织问题上还是作了一些让步，决定进政治局的两位同志都是正式委员。③

沙窝会议后，为执行《夏洮战役计划》，中共中央决定红军分两路继续北上。右路军由一方面军的一、三军团和四方面军的四军、三十军组成，由中共中央和毛泽东、周恩来、徐向前率领，以毛儿盖为中心集结，向班佑、巴西地区开进；左路军由四方面军的九军、三十一军、三十三军和一方面军的五、九军团组成，由朱德、张国焘带领，以马塘、卓克基为中心集结，向阿坝地区开进，到达后即东进，到班佑同右路军靠拢，然后齐头并进，向甘南进军。

张国焘又一次玩弄两面派惯技。他在会上赞成《沙窝会议决议》，会后继续同中央北上计划对抗。他回到毛儿盖召开四方面军军以上干部会议，再次提出要西出阿坝，占领青海、甘肃边远地区而不是经阿坝北进东出。

针对张国焘这种破坏北进战略部署的错误主张，中共中央于8月15日致电张国焘，反复说明，不论从地形、气候、敌情、粮食任何方面计算，左路军及一方面军全部应即日开始出动，"专力北向，万不宜抽兵回击抚边、理番之敌"。张国焘对中央的耐心说服、教育和明确指示置之不理。为了克服张国焘的新的阻挠，决定再次召开中央政治局会议。

在召开这次政治局会议的前一天，8月19日，张闻天主持召开了中央政治局常委会。④ 会议主要讨论了中央常委的工作分工问题、宣传问题，还讨论了对张国焘错误的方针问题。会议认为：应该加强常委会的工作，发挥常委会的作用；决定："常委会每周至少一次，各部有临时发生事件，由各部与书记商量，［必要时］召集临时常委［会］。"这一决定，使得在党内矛盾趋于尖锐的形势下，统一领导的权力集中于常委会和党中央总书记。会议经过充分讨论，确定中央分工如下：张闻天兼管组织部，罗

---

① 议程和张闻天提出的名单均据1935年8月6日沙窝会议记录。
② 讨论组织问题时毛泽东、张国焘发言情况据刘英《难忘的三百六十九天》，并查核了1935年8月6日沙窝会议记录。
③ 据1935年8月6日沙窝会议记录。
④ 会议内容据会议记录。到会者为张闻天、毛泽东、博古，王稼祥列席，周恩来因病没有参加会议。

迈副之，毛泽东负责军事，博古负责宣传部，王稼祥负责红军政治部，凯丰负责少数民族委员会。会议决定加强对宣传工作的领导，《干部必读》和《斗争》（中央机关报）分别成立编委会。《干部必读》由张闻天兼主编，编委成员罗迈、陈昌浩；《斗争》由博古主编，张闻天、王稼祥为编委。

8月20日，中央政治局会议在毛儿盖召开，集中讨论行动方针。会议由张闻天主持，毛泽东作报告。与会者一致同意红军向东发展的方针，并指出，目前左路军应迅速向右路军靠拢。毛泽东作结论时说，我们应坚决向东打，以岷州、洮河为中心，向东发展，不应因为有一些困难而转移向西。最后，张闻天说："由泽东同志起草一决议，补充上次政治局决议。"会后，发出了《中央政治局关于目前战略方针的补充决定》，对1935年6月28日两河口会议《目前战略方针的决定》作了补充。

张国焘没有参加毛儿盖会议。中央通过各种方式将会议决定电告张国焘，明确要求左路军"迅速出墨洼、班佑，出洮河左岸，然后并望东进"。但张国焘仍然按兵不动，不执行从两河口会议、沙窝会议到毛儿盖会议再三商讨研究的北上东出决定。这样一直拖延到8月30日，张国焘才命令左路军集结后向班佑前进。但是过了一天，8月31日张国焘又表示犹豫动摇，却步不前。

自毛儿盖会议以后，张闻天带领中共中央机关随右路军行动。8月下旬从毛儿盖出发，进入纵横几百里渺无人烟、气候变幻莫测的茫茫草地，行进五天，终于在月底通过，到达四川、甘肃交界之班佑、巴西地区。8月29日至31日，右路军在徐向前指挥下，以红三十军为主，在包座地区歼敌胡宗南部第四十九师，打开了向甘南进军的大门。从这里到西固、岷州只有五六天的路程。如果左路军能迅速向东靠拢，红军集中向东北开进，将能迅速打开新的局面，但张国焘却仍然迟延不前。

这时，中央到达包座西北的潘州城，张闻天写了一篇论北上、南下的文章，准备在《干部必读》上发表，照例拿到编委会上集体讨论。参加讨论的有陈昌浩、凯丰、杨尚昆。文章词句并不尖锐，但观点很鲜明：北上是正确路线，南下是退却逃跑。文章还没有念完，有位编委就火冒三丈，强烈反对。张闻天坚持自己的观点，但从团结出发，还是作了让步，这篇文章就没有发表。①

不管张国焘及一时追随张国焘的同志怎样反对北上方针，毛泽东、张闻天等还是宽容忍让，耐心等待。到达班佑、巴西地区以后，右路军部队就停止前进，进行休整，等候左路军到达。9月2日，在巴西召开了中央政治局会议，集中讨论整顿一方面军的工作方针，由毛泽东作报告。张闻天在会上发言指出：部队教育工作与战斗鼓动应很好联系起来；党支部的整顿应特别注意，部队如果没有坚强的党的领导，虽然一个时期或许能打胜仗，但却不能持久；纪律的执行，应该抓紧并坚持不懈；政治局的同志需要亲自深入连队。会议决定由张闻天根据会议精神起草一个关于一方面军整理训练工作方针的中央指示信。

为了等候左路军，右路军部队在班佑、巴西地区休整。而这时张国焘的错误却愈演愈烈，直至逼使毛泽东、张闻天、周恩来、博古等领导同志不得不在危急时刻毅然

---

① 据杨尚昆：《坚持真理竭忠尽智——缅怀张闻天同志》，见《回忆张闻天》，第5—6页。

采取同张国焘在战略行动上分离的方针。

危急时刻

　　对于中央的劝告、命令，张国焘一概置若罔闻。9月2日他复电中央，借口左路军自阿坝出发在行进途中遇"噶曲河水涨，上下三十里均无徒涉点"，停止向右路军靠拢。9月3日，张国焘更变本加厉，不仅决定左路军退回阿坝，①而且不顾朱德的反对，竟以红军总司令部的名义，发电要中共中央和右路军南下。

　　张闻天和毛泽东、周恩来等当然不同意张国焘的错误主张和行动，但是他们还是期望能够争取张国焘北上。所以就怎样答复张国焘的"要求"、红军下一步应该怎样行动这些问题，毛泽东、张闻天、周恩来同徐向前、陈昌浩等多次讨论。在策略上，毛泽东和张闻天仍然力图通过和缓的商讨，劝说张国焘放弃南下主张而取北上方针，他们表态都既不失原则又婉转而留有余地，表示南下如果真有利的话不是不可以交换意见。同张国焘针锋相对的对策，让徐向前、陈昌浩去直言诤谏，这样便于张国焘转圜。从现存9月8日上午9时陈昌浩、徐向前致张国焘的电报，完全可以窥见此时此刻毛泽东和张闻天的良苦用心。徐、陈的电报说："中政局正考虑是否南进，毛、张皆言，只有南进便有利可以交换意见；周意北进便有出路；我们意以不分散主力为原则，左路速来北进为上策，右路南去南进为下策，万一左路若无法北进，只有实行下策"，"请即明电中央局商议，我们决执行"。

　　但是，张国焘一意孤行，竟致电前敌总指挥部，命令一、三军暂停向罗达前进，右路军即预备南下并立即设法解决南下的具体问题。②陈昌浩、徐向前商议以后，将情况报告了中央。在此紧要时刻，张闻天当晚立即和毛泽东、周恩来、博古、王稼祥、陈昌浩、徐向前等在周恩来的住处开了一个非正式的会议，③细致、冷静地分析了南下、北上的利弊。经过充分讨论，决定七人联名致电劝告张国焘。9月8日晚22时，周、张、博、徐、陈、毛、王联名的电报发出，力促张国焘北进。文辞十分恳切，开头说："目前红军行动是处在最严重关头，须要我们慎重而又迅速的考虑与决定这个问题。"电文将"弟等仔细考虑结果"意见条列陈述，指出"左路军如果向南行动，则前途将极端不利"，因而，"务望兄等熟思深虑，立下决心"，"改道北进"。并告以行动计划："拟于右路军中抽出一部，先行出动，与二十五、六军配合行动，吸引敌人追随他们，以利我左路军进入甘肃，开展新局。"电报最后说："以上所陈，纯从大局前途及利害关系上着想，万望兄等当机立断，则革命之福。"一片至诚，溢于言表！

　　然而，张国焘对毛泽东、张闻天、周恩来、徐向前、陈昌浩、博古、王稼祥等的透辟分析，热忱期待一概不顾、不听。9月9日复电徐、陈并转周、张、博、毛、王，

---

　　① 这个退却计划，于9月5日执行。9月5日10时，张国焘以朱、张名义正式发出命令："左路军先头兵团决定转移阿坝补粮改道灭敌"，总司令部"八号到阿坝"。
　　② 转引自卓平：《长征中的张国焘》，湖北人民出版社1986年版，第52页。
　　③ 据1935年9月12日俄界会议记录中毛泽东的报告。

依然以种种所谓困难为借口，反对北进，鼓吹其"乘势南下"的主张。同时背着中央，于9月9日发密电给陈昌浩，令他率右路军"南下"，"彻底开展党内斗争"。①

当这封密电送交时，恰好陈昌浩在会上作报告，陈示意坐在旁边的前敌总指挥部参谋长叶剑英先阅。叶剑英一看电文，立即敏锐地洞察张国焘企图分裂红军和危害中央的阴谋，遂机警地离开会场，赶到党中央驻地报告。②他第一个遇到了毛泽东。毛随即用铅笔将密电抄录在香烟壳纸上。叶带了密电仍旧返回会场。毛泽东感到情况紧急，立刻找张闻天和博古商量对策。毛、张、博一致认为事态十分严重，等待张国焘率部北上已绝无可能，继续滞留下去将会招致不堪设想的后果。毛、张、博三人很快赶到巴西三军团驻地，与在那里治疗的周恩来、王稼祥举行中央常委紧急会议，果断地决定党中央同四方面军暂时分离，即率右路军中的红一、三军团和军委纵队先行北上，速出甘南。

会后，立即分头秘密布置第二天凌晨脱离险区的行动。张闻天亲自向李维汉布置任务，叫他负责把党中央机关、政府机关、总政治部等单位在次日凌晨带到巴西，会同党中央一路北上。张闻天叮嘱他，上述决定要绝对保守秘密。李维汉接受指示后，立即分别通知凯丰、林伯渠、杨尚昆，叫他们明天凌晨就走。对下只说到黑水打粮，叫各单位负责人准备好。③

9月10日凌晨二三点钟，毛泽东、张闻天、周恩来等中央领导同志一起率领三军团、红军大学离开危险地区。④军委纵队各单位也以"上山打粮"为名，随党中央一道北上。部队从巴西出发以后，张闻天又策马前后照应，亲自向干部讲明当时危险处境，还亲自与彭德怀一起布置三军团部队在山上警戒。⑤

9月10日当天，张闻天和毛泽东、周恩来、博古等到达阿西，立即以中央政治局名义致电陈昌浩等下达指令，指出：张国焘电令你们南下，显系违背中央累次之决定及电文，中央已另电张"取消该电"。中央为不失时机地实现自己的战略决定，已令一方面军主力向罗达、拉界前进。四军、三十军归你们指挥，应于日内尾一、三军后前进，有策应一、三军之任务，并郑重声明："本指令因张总政治委员不能实行政治委员之责任，违背中央战略方针，中央为贯彻自己之决定，特直接指令前致指挥员（党员）及其政委，并责成实现之。"并通知他们，以后"右路军统归军委副主席周恩来指挥之"。同时，张闻天等以中央名义致电张国焘，申明："阅致徐、陈调右路军南下电令，中央认为完全不适宜的"。指出："目前方针只有向北，才是出路"，"中央认为，北上方针绝对不应改变，右路军应立即北上"。

---

① 据1937年3月中共中央会议记录中毛泽东的发言，转引自中共中央文献研究室编：《周恩来年谱（1898—1949）》，中央文献出版社、人民出版社1989年版，第291页。并见中共中央文献研究室编：《毛泽东年谱（1893—1949）》上卷，人民出版社、中央文献出版社1993年版，第666页。

② 对叶剑英这一功绩，中共十二届四中全会给叶剑英的致敬信写道："长征途中，您同张国焘企图危害中央和中央红军的阴谋进行了勇敢机智的斗争，为党立了大功。"

③ 据李维汉：《回忆与研究》（上），第364页。

④ 当时一军团已前过至俄界。

⑤ 据杨尚昆：《坚持真理竭忠尽智——缅怀张闻天同志》转述刘英回忆。刘英回忆的详情见她的《难忘的三百六十九天》，《刘英自述》，第86页。

9月10日在阿西，张闻天发布了中共中央《为执行北上方针告同志书》，指出："自从我们翻过了雪山，通过了草地之后，我们一到包座，即打胜了仗，消灭了白军49D①。目前的形势是完全有利于我们，我们应该根据党中央正确的战略方针，继续北进，大量消灭蒋介石、胡宗南的部队，创造川陕甘新苏区。"《告同志书》指明南下方针的危害，断然予以否定，写道："南下是草地、雪山、老林，南下人口稀少，粮食缺乏，南下是少数民族的地区，红军只有减员，没有补充，敌人在那里的堡垒线已经完成，我们无法突破，南下不能到四川去，南下只能到西藏、西康，南下只能是挨冻挨饿，白白的牺牲生命，对革命没有一点利益，对于红军，南下是没有出路的。南下是绝路。"《告同志书》明确指出："只有中央的战略方针是唯一正确的，中央反对南下，主张北上"，号召 "为红军为中国革命取得胜利，你们应该坚决拥护中央的战略方针，迅速北上，创造川陕甘新苏区去"。

作为党中央负总责者，张闻天在危急时刻表现得临危不乱、镇定自若，同毛泽东、周恩来、博古、王稼祥、彭德怀、杨尚昆、叶剑英等中央和军队的领导同志团结一致、密切配合，使党和红军又一次脱离了生死攸关的险境。

9月12日，张闻天在俄界（今甘肃省迭部县高吉村）主持召开中央政治局紧急扩大会议，讨论张国焘分裂错误及今后行动方针。毛泽东在会上作报告，回顾了一、四方面军会合后同张国焘就战略方针进行争论的过程。指出：现在我们不应依靠共同北上，而应该单独向北。毛泽东报告以后，彭德怀作了改变军队编制等问题的报告。

在充分展开讨论后，张闻天作总结性发言，对毛泽东的报告作了补充和发挥。关于同张国焘斗争的性质，张闻天明确指出："这是两条路线的斗争。一条是中央的路线，一条是右倾的军阀主义——张国焘主义。"他分析了张国焘的军阀主义路线形成的过程，并着重指出其特征是充分表现了军阀主义倾向。对于张国焘错误发展的前途，张闻天同意毛泽东所作"反对中央，叛变革命"的估计，并且具体指出："其前途必然是组织第二党。"不幸而被言中，后来张国焘果然另立中央，最终叛变而去。在当时的情况下，张闻天仍然主张"只要还有一线可能，我们还要争取他"。②

俄界会议作出了《关于张国焘同志的错误的决定》。当时因为时间紧迫，会议原则通过。在到达哈达铺以后，9月20日举行的常委会上，决定"关于国焘问题的决议的起草，由洛甫负责"。这个决定由张闻天写成通过以后，没有立即发布。到1935年12月间才在中共中央委员范围内公布，在一方面军高级干部中口头传达。俄界会议还决定，将北上红军缩编为中国工农红军陕甘支队，彭德怀为司令员，毛泽东为政委。由彭德怀、林彪、毛泽东、王稼祥、周恩来组成"五人团"指挥军事。

根据俄界会议精神，中共中央于9月14日再次致电张国焘和徐向前、陈昌浩，严正指出张国焘的错误和责任："一、四方面军目前行动不一致，而且发生分离行动的危险的原因，是由于总政委拒绝执行中央的战略方针，违抗中央的屡次训令与电令。总政委对于自己行动所产生的一切恶果，应该负绝对的责任。"电文还指出：张

---

① 49D，即在包座被歼灭的胡宗南第四十九师。D，英文 Division（师）的缩写。
② 张闻天在俄界会议的发言，以《关于张国焘的错误》为题收入《张闻天选集》。本段引文见该书第60—61页。

国焘"不得中央的同意,私自把部队向对于红军极端危险的方向(阿坝及大小金川)调走,是逃跑主义最实际的表现"。中央"再一次的要求张总政委立即取消南下的决心及命令,服从中央电令,具体部署左路军与四军,卅军之继续北进"①。但是,张国焘继续顽固地坚持其错误主张,率领左路军与右路军中原四方面军的四军、三十军南下,在反党分裂主义的道路上愈走愈远。

找到了落脚点

9月13日,张闻天同毛泽东、彭德怀等一起,率领红一、三军团和中央机关离开俄界,继续北上。9月17日,先头部队红四团一举攻占天险腊子口,歼灭守敌鲁大昌部两个营,打开了北进通道。9月18日,先头部队进驻没有守备的甘南小镇哈达铺(今属甘肃省宕昌县)。9月20日在一座关帝庙举行常委会,主要讨论组织部工作和整编问题。张闻天主持会议,讲话中强调要爱护干部,对干部的处理要"宽大一些","现在有马的,不必取消"。会议决定了整编方案,陕甘支队下设三个纵队,原来的一、三军团分别改为第一、第二纵队;中央机关、红军总政治部等组成第三纵队,叶剑英任司令员,邓发任政治委员。会议还讨论了白区工作,同意张闻天的提议,决定派谢觉哉、毛泽民到新疆去建立交通站,"可能的话与国际接头"。②

常委会开过以后,毛泽东、张闻天、博古等得到了一批报纸,主要是七八月间的天津《大公报》。这些报纸,大多是两天前先头部队进入哈达铺时从当地邮局得到的,另外,红军侦察连在军阀鲁大昌的一个少校军官的行李中也缴获了几份报纸,聂荣臻即派人送中央。毛、洛、博翻读着这些报纸,真是喜出望外。他们从报载消息确切地知道陕北仍然有红军、游击队!仍然有苏区根据地!而且比原来有了很大的发展!这对于经过千山万水,最终从险境中冲出来的这支八千人的队伍来说,其欣喜是无法用言语来形容的。"即使给敌人打散,我们也可以做白区工作",毛泽东在俄界会议上所作的这种最坏的打算,是完全可以避免的了!原本就想在川陕甘创建根据地,因张国焘的延宕、动摇、反对、分裂而丧失良机,现在得知陕北有一块红军的地盘,到陕北落脚,作出这个决定,真如水到渠成。

9月22日,张闻天写下一篇"读报笔记",题为《发展着的陕甘苏维埃革命运动》,将天津《大公报》上所披露的陕北苏区根据地和红二十五军、红二十六军等情况摘引并加以分析,在此基础上表示了前往那里落脚的意向。张闻天用当区报纸的材料告诉大家几条振奋人心的消息:第一,红二十六军力量相当强大,控制了大块陕北苏区根据地,用《大公报》载阎锡山的话说,"全陕北二十三县几无一县不赤化,完全赤化者八县,半赤化者十余县。现在共党力量已有不用武力即能扩大区域威势。"整个陕北的形势同1931年江西中央苏区相仿。第二,红二十五军"取得许多伟大胜利",在徐海东率领下已"突围"过蓝田,北出终南山口,威逼西安。估计现在"已

---

① 《中共中央文件选集》(10),中共中央党校出版社1991年版,第559—560页。
② 此段引文均引自1935年9月20日常委会张闻天发言记录。

与陕北之二十六军取得了联系"。第三，甘南的东部尤其在毗连陕西、宁夏边区的庆阳一带，也有红军游击队的活动。

张闻天由上述材料得出结论："红军与赤色游击队在陕甘两省内正在普遍的发展着"，"我们中国工农红军主力之一部，已经开始进入了甘南的重要地区"。据此，他提出陕甘支队前进的方向与任务是："响应着陕甘红军与赤色游击队的活动"，"同二十五、二十六军及通南巴游击区取得配合，协同动作及汇合，并给在这个地区中开展着的游击运动以帮助、组织、领导"，完成8月20日毛儿盖会议《中央关于目前战略方针之补充决定》提出的"联系存在于陕甘边之苏维埃游击区域成为一片的苏区"的任务。

博古根据报载材料也写了一篇文章：《陕西苏维埃运动的发展与我们支队的任务》，提出将发展着的陕西苏维埃运动"转变为巩固的苏区根据地"是"我们支队的战略目标"。

张闻天和博古的文章同时登在刚刚恢复出版的《前进报》第3期（9月28日）上，这两篇文章大致反映了当时中央的意向。

中央正式决定落脚陕北是在过渭河到达榜罗镇（甘肃省通渭县）以后。9月27日，张闻天在这里主持了中央政治局常委会议，讨论了当前的形势，决定改变俄界会议的行动方针，到陕北去，在陕北保卫与扩大革命根据地，"以陕北苏区来领导全国革命"。①

为避免敌机骚扰，第二天清早5点钟，就在一个空旷的晒麦场上，召开了整个陕甘支队连以上干部大会，进行突破长征最后一个关口——固原、平凉封锁线，到陕北革命根据地去的政治动员。毛泽东、彭德怀、张闻天和林彪先后讲了话。② 此后，红军

■中国工农红军二万五千里长征的终点——陕北吴起镇

---

① 引自1935年10月22日中央政治局会议毛泽东报告记录。毛在报告中追述了榜罗镇会议的决定。
② 定一：《榜罗镇》，见《中国工农红军第一方面军长征记》，第411—415页。

经过回民地区，连续突破会宁至静宁之间与平凉至固原之间的两道公路封锁线，击溃敌骑兵团的尾追，翻越六盘山，过环县，向陕北根据地进军。

10月18日，中央红军经陕西省定边县境抵达铁边城（今属吴旗县）。再往前走就要进入陕北苏区了。在这即将到达陕北苏区、同红二十五、二十六军会师的前夕，张闻天在铁边城主持召开了中央政治局常委会，讨论今后方针。张闻天就当前形势与任务作了发言。他指出：过去决定要到达一个地区，现苏区已经在前边，这一任务一般的已胜利完成。①他估计在这种形势下，"敌人趋势必从追击进到'会剿'"。因此，当前我们的任务"应巩固、扩大苏区，而不是放手休息"。他还提出："应批准"上次榜罗镇会议关于"在陕北创造苏区"的决定。张闻天还提出："与二十五、二十六军关系，应更虚心，不是消极批评，而是积极提议。"在中央红军即将结束长征，落脚陕北，同红二十五、二十六军会合，开创新局面的前夕，张闻天的这些意见对全局是具有重要意义的。

铁边城会议后一天，1935年10月19日，陕甘支队到达吴起镇。这里已是陕甘边和陕北根据地的边境。中央红军的长征，跋涉二万五千里，纵横11个省，到这里终于胜利完成了。张闻天同红军指战员一起走过了这一艰难而光荣的历程，作出了卓著的贡献。

---

① 此句及以下引号中的话都引自1935年10月18日中央政治局常委会记录。此处第一分句原记录作"过去是到达一个地区"，意思不明白，笔者作了整理。所依据的文献材料是10月22日中央政治局会议上张闻天讲述同一观点的发言记录："最后完成长途行军中间所决定的任务，到达某一苏区。长途行军是完结，现在新的任务是保卫与扩大这一苏区。"按：依长征整个历史来看，10月18日发言所说"到达一个地区"的"地区"也宜理解为"苏区"。

第十一章　大变动的前夜

初到陕北

中央红军于 1935 年 10 月 19 日进驻吴起镇的时候，当地群众因为闹不清开来的是什么部队，都跑散了。在这个相传战国名将吴起曾在此屯兵的古镇上，已经看不到一点有关吴起的古迹了。镇子街上，破旧的窑洞墙上，随处可见的是"打土豪、分田地"、"中国共产党万岁"、"拥护刘志丹"等标语。有一个窑洞门口还挂着一块牌子，上书："赤安县第六区苏维埃政府"。这对长途跋涉的红军来说太重要了！说明这里确实已经是苏区了，中央红军确实到了北方的根据地了！张闻天同毛泽东、周恩来、博古等在镇上宗湾子关帝庙后的油房院住下。他们决定，部队在这里休整几天，摸清情况，然后去同红十五军团会师。

中央红军这时只剩七千多人，在吴起镇周围驻扎下来，地方党政、游击队和广大群众很快就了解是"咱们的红军来了"，都跑回来，筹粮食，送猪羊，欢迎红军。这时，马鸿逵的骑兵和东北军的骑兵又尾随追来。毛泽东说，切掉"尾巴"，不要把敌人带进根据地。10 月 21 日，彭德怀直接指挥了打骑兵的"切尾巴"伏击战，歼灭敌人一个骑兵团，击溃三个骑兵团，把中央红军身后的这条"大尾巴"切掉了，保卫了陕北根据地的安全。

在吴起镇休整期间，10 月 22 日、27 日先后召开了中央政治局会议和政治局常委会议。张闻天在 10 月 22 日政治局会议上分析了长征胜利后的形势，及时地提出了新的历史任务。他指出：到达苏区根据地，长征的任务最后完成了。这是一个历史时期的完结，一个新的历史时期的开始。现在新的任务是保卫与扩大这一苏区，并把保卫与扩大苏区的斗争变为直接的民族革命战争。要把反帝与土地革命直接结合起来。①张闻天在 10 月 18 日铁边城会议上已经提出巩固、扩大苏区的任务。这时他又将这一具体任务同日本帝国主义侵入华北，全国抗日救亡运动高涨的政治形势联系起来，指明了新的历史时期的战略任务：将土地革命战争变为民族革命战争。

对于军事行动方向，张闻天赞成毛泽东提出的"南下"方针。在 10 月 27 日常委

---

① 据 1935 年 10 月 22 日政治局会议记录。

会上，毛泽东提出"南下"同十五军团会师，隆冬之前解决战斗，打破"围剿"，扩大苏区。① 这是在陕北落脚的关键一着。其时，红十五军团正在南线反对敌人的第三次"围剿"。9月中旬，原在鄂豫皖的红二十五军经陕南、陇东长征到陕北，在延川县永坪镇与刘志丹率领的红二十六、二十七军胜利会师，合编为红十五军团，共七千余人。9月下旬挥师南下，在甘泉县境内打了两个漂亮仗：10月1日劳山战斗，歼灭东北军一一○师；10月25日榆林桥战斗，又歼灭了东北军一○七师六一九团，挫败了敌人发起的南线战役。

10月27日常委会还讨论了常委分工和组织人事安排。会议同意张闻天提议的方案：毛泽东负责军事工作，周恩来负责中央组织局和后方军事工作，博古负责苏维埃政府工作。会议决定：任命李维汉任组织部长；宣传部无适当人，先由吴亮平做工作；王稼祥任红军政治部主任；刘少奇负责工会；凯丰任少共书记；保卫局负责人由常委同志兼，王首道为副。张闻天在发言中还提到，同意李德回国的请求，但安全上一定要有保证，不能冒险。在未出去之前，要他到红军学校工作。

张闻天在吴起镇亲自过问的另一件大事，是及时地着手纠正陕北肃反中的严重错误。他和毛泽东到吴起镇后就向当地干部打听刘志丹，得知：刘已被逮捕关押在瓦窑堡，而且在前方红二十六军中也进行了"肃反"。红二十六军营以上干部有几百人被捕，其中有些人已被当做"反革命"错杀。刘志丹1925年入党，是陕北根据地的创始人，在群众中威望很高，人们亲切地称他"老刘"，当时担任红十五军团副军团长兼参谋长。将这样的"群众领袖"、"革命英雄"当作肃反对象，明显是一种"左"倾疯狂。这一严重错误使陕北党、红军和根据地陷入危机。张闻天和毛泽东一起立即采取紧急措施，制止和纠正错误。首先派贾拓夫携带电台到永宁山约陕甘特委书记到甘泉县下寺湾集中，组织部长罗迈同行。② 贾拓夫遇到陕甘特委负责同志后，证实刘志丹被捕等事，当即电告毛泽东、张闻天等。党中央立即下令：停止逮捕，停止审查，停止杀人，一切听候中央来解决！张闻天和毛泽东到下寺湾后，又直接听取陕甘晋省委副书记郭洪涛的汇报。他们"一致表示，陕北肃反搞错了，要纠正，要快放刘志丹同志"。③ 张闻天立即委派王首道先去瓦窑堡接管陕甘边区保卫局，把事态控制下来，避免进一步恶化。还组织了一个五人"常务委员会"（通称"五人小组"），成员为董必武（主任）、王首道、张云逸、李维汉、郭洪涛，在博古指导下负责审查错误肃反事件。张闻天对这件事抓得很紧，亲自过问五人小组的工作。到瓦窑堡后，很快释放了刘志丹、高岗、习仲勋等被关押的干部。不到一个月，在张闻天主持下，中共中央即作出了《审查肃反工作的决定》（1935年11月26日），指出陕甘晋省委"在肃反斗争中犯了小资产阶级的'极左主义'和'疯狂病'的严重错误"④。11月底，张闻天主持了为刘志丹等平反的活动分子会议。陕北错误肃反得到及时制止、迅速纠正，挽救

---

① 据1935年10月27日常委会议记录。
② 据1935年10月25日常委会议记录；李维汉：《回忆与研究》（上），第370页。
③ 郭洪涛：《张闻天同志初到陕北》，见《回忆张闻天》，第96页。
④ 1935年11月3日政治局会议决定中共中央对外称"西北中央局"，故这个"决定"全称为《西北中央局审查肃反工作的决定》，见《六大以来》（下），第327页。

了陕北的党、红军和根据地,为党中央在陕北落脚创造了重要的内部条件。

中央红军在吴起镇经过短暂休整,即按毛泽东的"南下"方针沿洛河南行,于11月2日到达甘泉县下寺湾。陕北高原这时已进入初冬。在吴起镇时露宿,已经是"露天麦地覆棉裳","天明始觉满身霜"(谢觉哉诗),到下寺湾,就下起雪来了。下寺湾是陕甘边区政府所在地。早几天先行出发的贾拓夫、罗迈已经同郭洪涛、聂洪钧(西北军委主席)联系上了。红军到达下寺湾时,受到边区政府、列宁小学师生和当地群众的夹道欢迎。第二天还在旧戏楼前开了欢迎大会。

在欢迎会前,张闻天主持了常委扩大会议。"洛、博、周、毛"四位常委出席,彭德怀、王稼祥、刘少奇、罗迈、林伯渠、凯丰以及李德也都参加了。会上,郭洪涛和聂洪钧详细汇报了陕北苏区和红军艰苦曲折的发展历史,介绍了陕北根据地现在的政治、经济、军事、地理情况。得知:1935年2月,中共西北工作委员会和西北军事委员会建立,实现了原来陕北、陕甘两个苏区党组织和红二十六军、红二十七军两支红军的统一领导。在刘志丹的统一指挥下,红二十六军、红二十七军粉碎了国民党军队的第二次"围剿",解放了安定、延长、延川、安塞、保安、靖边6座县城,原来被分割的陕甘边和陕北两个苏区遂连成一片,面积3万平方公里,人口90万,建立了20多个县级苏维埃政府,主力红军扩大到5000人。

在欢迎会后,又召开政治局会议,讨论当前的行动方针和组织问题。张闻天分析了陕北根据地内外政治、军事形势,指出当前的紧迫任务,"是怎样去彻底粉碎敌人三次'围剿'"。对行动方针,他提出"中央分两部分","一部分同志到前方去,一部分可在后方进行动员工作"。大家都赞成。会议还讨论了新的西北革命军事委员会的组成问题。张闻天提议由毛泽东担任军委主席,并明确军委的权限,可以全权决定军事指挥问题。他说:"大的战略问题,军委向中央提出讨论,至于战斗指挥问题,可由他们全权决定。"经过讨论,张闻天宣布了军委成员名单,由苏维埃中央政府正式任命。他们是:毛泽东(主席)、周恩来(副主席)、彭德怀(副主席)、王稼祥、聂洪钧、林彪、徐海东、程子华、郭洪涛。①

下寺湾会议以后,党中央即分两部分行动。

毛泽东、周恩来、彭德怀率领中央红军南下,于11月5日到达甘泉县道佐铺红十五军团司令部,同徐海东、程子华会合。毛泽东指挥了11月下旬的直罗镇战役,歼灭东北军一〇九师和一〇六师六一七团,彻底粉碎了敌人的第三次"围剿",巩固了根据地,为党中央把革命大本营放在西北举行了奠基礼。

张闻天同博古、刘少奇、邓发、李维汉、董必武、林伯渠等11月4日送毛、周、彭南下以后,没有立即离开下寺湾。11月5日,在这里又召开中央会议,讨论根据地工作。张闻天就反倾向斗争、土地问题、武装群众、苏维埃选举、党的建设等问题作了比较系统的讲话。他在会上还宣布了将原陕甘特委改为陕北省委的决定。② 这次会后,张闻天即率领中共中央机关北上,经高桥、安塞、蟠龙,于11月7日到达安

---

① 本段所述均据1935年11月3日政治局会议记录。

② 据1935年11月5日常委会议记录。记录标明会议名称为"常委会",地点为"于特区苏"。按:甘泉下寺湾为陕甘特区苏维埃政府所在地,故断定此时张闻天尚未离开这里。

定县瓦窑堡（今子长县）。

在陕北，瓦窑堡算得上是一个繁荣、体面的城镇。镇上石窑洞、砖瓦窑洞较多，瓦窑堡因此得名。镇子周围有兵工厂、造币厂、弹药厂。离这里不远的青涧有机械修配厂、被服厂。南边百里延长一带蕴藏石油。瓦窑堡当时是陕甘省委驻地，陕北根据地的政治、经济中心。中央机关和红军进瓦窑堡的时候，刚下过一场雪。当地组织了隆重的欢迎仪式，数千人齐集在南门口到磁窑一带，敲锣打鼓，非常热烈。红军战士干部虽然衣衫褴褛，疲惫不堪，但情绪很高昂。驻下以后，粮食、蔬菜、被服等给养很快都得到了供给。红一方面军自从1934年10月突围西征，离开南方的老家江西瑞金以后，一年多来，一直辗转流动，无根据地作战，历尽千辛万苦，现在终于在北方的瓦窑堡安上新家。这是中国共产党战胜千难万险取得的一个伟大胜利。

成　家

革命有了落脚点，张闻天才又成了家。同他结为终身伴侣的，是一起走过二万五千里征程的刘英。

刘英原名郑家慧，1905年10月14日生于湖南省长沙县金井镇。少年时代冲破家庭重男轻女思想的束缚，发奋求学。1924年改名郑杰，考入徐特立刚刚创办的长沙女子师范学校，教员中周以栗、陈章甫、罗学瓒都是共产党员。她深受革命思想熏陶，于1925年3月加入中国共产党（6月转正）。五卅运动前后，刘英积极参加爱国学生运动，走上了职业革命家的道路。在大革命高潮中，她担任过湖南省总工会职工运动委员会干事，协助书记郭亮（湖南省总工会委员长）工作。1927年5月"马日事变"后，转入地下斗争。同年10月湖南省委改组，刘英任省委候补委员兼妇女部部长，和滕代远在长沙近郊组织"灰日暴动"，因事机不密而失败。此后，白色恐怖更为严重，她无法在长沙继续工作。1928年初，湖南省委派她赴上海向党中央汇报，要头（因省委书记王一飞牺牲，请求另派领导人）、要钱。行前一星期，同即将赴醴陵任县委书记的林蔚结婚。林曾留法勤工俭学，1926年从苏联回国，任湖南省委秘书长。不想这次分别竟成永诀。1928年3月，刘英返回长沙，无法安身，再赴上海，方才得知林蔚已在醴陵牺牲。她这时已经怀孕，只得在上海的湖南临时省委"住机关"生下一个男孩，送给林蔚父母养育（后不幸夭折）。1929年春，党中央将她送到莫斯科中国共产主义劳动大学学习。1930年"劳大"停办，她于年底转入国际无线电学校。1932年冬由共产国际派回中国。1933年6月到瑞金后，她向中央提出请求，希望继续做她熟悉的群众工作。这时她改名"刘英"，成为少共中央局的巡视员。后被派往福建，担任福建团省委书记。1934年2月出席"二苏"大会后留在少共中央局，先后担任宣传部长、组织部长。刘英善于做群众工作。1934年5月突击扩大红军，她被派往于都县任"扩红"突击队长，用一个半月时间超额完成了三个月的任务。项英称赞她"一鸣惊人"。她受到了武装动员部的嘉奖。长征开始，刘英担任"红章"纵队三梯队政治部主任。三梯队负责后勤、供给，组织几千名新兵运输员和挑夫搬运炮弹、发电机、文件档案和金银钱财。遵义会议后不久，她被调到地方工作部做群众工作。每到一地，打土豪，分浮财，"撒种子"（秘密发展党员留在本地工作），发动群众，拥护红军。在艰苦卓绝的长征途中，刘英称得上是红一方面军 30 名女战士中的杰出人物之一。

张闻天同刘英的爱情是在共同的战斗生活中逐渐萌生和发展起来的。他们早在莫斯科就已相识。在刘英的心中，张闻天是位文质彬彬、学识渊博的"红色教授"。来到瑞金，由于有过去师生一层关系，刘英同张闻天比较接近。以后工作中接触多了，互相熟悉起来，但也仅仅是一般的同志关系。长征路上，刘英常到中央队三人团毛、洛、王处反映情况，张闻天对她渐渐产生了爱慕之情。

战友们都觉得张闻天、刘英是合适的一对，有意成其好事。1935 年 4 月，毛泽东提议、总政主任李富春经办，将刘英调到中央队当秘书长。此后，张闻天与刘英朝夕相处，更加了解。毛泽东、陈云等不时拿他们打趣。刘英默默地领受着张闻天的爱和战友的情，但打定主意，一心工作，同张闻天始终保持着应有的距离。张闻天尊重刘英的意志，到了瓦窑堡，这才悄悄征求刘英的意见：这下有了家，可以了吧？刘英微笑点头。于是，他俩结成了终身伴侣。没有举行任何仪式，也没有请客。熟悉的同志，像邓颖超、博古、罗迈，到他们的那孔小石窑洞里来坐一坐，说几句祝愿的话，就是庆贺。倒是毛泽东从前方到瓦窑堡后，来窑洞闹了一闹，算是补了"闹新房"的一课。毛好说笑，又刚在直罗镇打了大胜仗，情绪很高。他踏进窑洞就嚷开了："你们要请客！结婚不请客，不承认！不算数！"碰到开玩笑的场合，张闻天口讷，不知对答，还是刘英伶俐、泼辣："拿什么请客呀？又没有钱，又没有东西！"毛还是不放松，笑着说："那——不承认！"闹了一阵，毛泽东又说："我倒是真心给你们贺喜来了，还写了一首打油诗呢！"接着朗声念了起来。这首诗，除了庆贺新婚以外，还将张闻天的民主作风夸了一番。

■1937 年，刘英（右）与夏明（右二）、蔡畅（右三）、陈琮英在延安合影。

提出新的战略、策略

陕北是红军长征的落脚点，又是新的革命征程的出发点。张闻天在瓦窑堡"安家"之后，就立即投入紧张的工作。

1935 年秋冬，中央红军到达陕北的时候，中华民族的危机达到了空前深重的地步。1935 年夏季，日本侵略华北的行动急剧升级。5 月，日本借口中国破坏《塘沽协定》，要求中国政府铲除华北抗日行动，撤退军队及国民党党政机关。六七月，国民党北平军分会代理委员长何应钦与日本华北驻屯军司令官梅津美治郎秘密签订了《何梅协定》，国民党政府全部接受日本的无理要求：河北省主席于学忠去职，中央军、东北军撤出河北，宪兵第三团南调，河北省内与平津两市的国民党党部与秘密机关一概取消，并禁止该省境内之一切抗日活动。照此办理，实际上将非武装区从冀东各县扩大到了整个河北省。6月底，察哈尔省代主席、民政厅长秦德纯又和日本关东军特务机关长土肥原贤二以换文方式签订了《秦土协定》，规定取消察哈尔境内的国民党机关，解散抗日机关和团体，免去宋哲元省主席职务，撤退宋哲元的第二十九军，成立察东非武装区。按照这两个卖国协定，国民党嫡系力量基本上退出了河北、察哈尔两省。1935年9月，日本新任中国驻屯军司令官又发表声明，鼓吹华北五省（河北、山西、山东、察哈尔、绥远）"联合自治"。10月，日本内阁又通过"鼓励华北自主案"，图谋将整个华北变成第二个"满洲国"。11月，日本侵略者唆使汉奸殷汝耕在北平城东40里的通县组织了"冀东防共自治政府"，使冀东22县脱离中国政府的管辖，成为日本操纵的一片敌伪统治区。接着，日本又逼迫南京国民政府接受华北政权"特殊化"的要求，妄图在北平设立"冀察政务委员会"，虽然名义上仍归南京政府管辖，实际上就是'冀东防共自治政府"的翻版。华北主权断送，中华民族到了最危险的时候！

在1935年九十月间，长征到达甘肃通渭城时，张闻天就已指出，日本独占中国的侵略政策和行动"将引起国内外各种关系的变化"，宣告：中国共产党与红军将更高地举起反日、反帝的旗帜，开展反日、反帝的民族战争。[①] 因为只有这样，中华民族才能免遭亡国惨祸，而中国共产党与弱小的红军也才能得到生存和发展。"华北事变"确实引起了国内外关系的变化。南京政府、蒋介石也从中认识到日本在华北的扩张，严重危及英、美帝国主义在华的经济利益，也损害了蒋、宋、孔、陈等家族和派系的利益，威胁着蒋介石在华北地区的统治地位，因此，蒋在1935年11月的国民党"五大"上表示了转变对日政策的意向。然而，蒋当时的基本方针还是"攘外必先安内"，蒋当时积极专注的事业，还是一举消灭初到陕北、立脚未稳的中央红军。所以，粉碎国民党军队的"围剿"，保卫与扩大陕北苏区，就成了红军当时的迫切任务，"反蒋"与"反日"也就不能不是那时互相联系、并行不悖的目标。

上述历史任务，包括实现从内战到抗战的战略转变，张闻天在宣告长征结束的铁边城会议、吴起镇会议上就已经明确地向全党提出来了。现在要解决的问题是，通过哪些环节，运用怎样的策略，来实现停止内战，进而转变为直接的反对日本帝国主义的抗战。

1935年11月13日，张闻天主持西北中央局会议[②]，明确提出实现战略转变的任务和灵活运用广泛的统一战线策略。

张闻天在会议最后作结论。他指出：陕北苏区的战略地位是"处在最前线的地

---

① 见《察哈尔事件与日本帝国主义的侵吞华北》（1935年10月1日），载《前进报》第4期，署名洛甫。
② 1935年11月3日中央政治局会议决定中共中央对外称中共西北中央局，西北中央局会议实即中共中央政治局会议。下段引文引自1935年11月13日西北中央局会议记录。

位，领导民族革命战争的地位"；我们的"历史任务"是"要巩固和扩大这一苏区成为领导的中心；反日反蒋的根据地"，进而"在陕、甘、绥、宁、新建立反日中心"，当前的任务是"发动群众，粉碎敌人进攻，准备与日本帝国主义作战"。

在这里，张闻天已将笼统的"反帝"或"反日、反帝"并提的提法改变为"反日"和"反日反蒋"；"直接的民族革命战争"也明确地解释为"与日本帝国主义作战"，战略目标开始集中到当前最主要的敌人。

11月13日，党中央还发布了两个文件，一个是《为日本帝国主义并吞华北及蒋介石出卖华北出卖中国宣言》，一个是《关于开展抗日反蒋运动工作的决定》。与上述张闻天在会上所作"结论"参读，这两个文件无疑是在张闻天主持下写成，或者就是出自张闻天之手。《决定》指出，"陕甘苏区是处在反对日本帝国主义侵掠的前卫地位"，"目前陕甘苏区党前面最迫切的任务"，是"扩大与巩固陕甘苏区，准备同日本帝国主义直接作战"。《决定》对实现任务的途径，具体地说明："使土地革命战争变为民族革命战争"就是"由反蒋战争进到反日战争"。《宣言》指出，"抗日反蒋是全中国民众救国图存的唯一出路"，"抗日"与"反蒋"的关系是"不可分离两位一体的任务"。特别值得注意的是，这两个文件在提出战略任务的同时，还着重提出了策略路线问题。重申中国苏维埃政府与工农红军愿意在1933年1月"共同抗日三条件"之下，与任何武装队伍订立作战协定；愿意实际的援助一切方式的抗日反蒋的组织。强调要运用1934年4月20日发表的民族武装自卫的"六大纲领"，使之具体化与实际化，来发动广大群众，开展抗日反蒋运动。文件还提出"一切抗日反蒋的中国人民与武装队伍"，"都应该联合起来"，"一切斗争方式""都应该用来"抗日反蒋，对统一战线的广泛性与灵活性作出了新的界说。

过了四天，11月17日，张闻天又写了《日本帝国主义的新进攻与民族革命战争的紧迫》[①]。除了对11月13日党中央的《决定》与《宣言》进行阐述和发挥之外，文章在分析当前"国内外各种关系变化"的基础上，对统一战线的策略思想有不少极其重要的发展。

其一，自觉地将实现策略转变，灵活运用广泛的统一战线，提到党的中心任务的位置。张闻天写道："放在中国共产党前面的中心问题，就是经过怎样一些转变的环子，怎样灵活的运用广泛的统一战线的策略，推动广大群众的不满到抗日反蒋的实际行动，并引导这些行动走上直接的民族革命战争的道路。"

其二，明确提出利用上层统一战线的策略。张闻天说："党应该同样善于利用上层的统一战线，即使是一时的、动摇的、不可靠的，以扩大斗争的范围与力量，并不失时机的经过上层的统一战线，以夺取对方的下层群众。"张闻天还指明，上层统一战线的重点对象是同蒋介石有矛盾的各派军阀的武装队伍，党决不拒绝同他们订立作战协定，红军"必须寻找每一可能的同盟者，即使是动摇的、暂时的、不可靠的，大胆推动一切抗日反蒋的力量到前线去"。

其三，提出统一战线中的领导权问题。文章指出，中国共产党与红军担负着"民

[①] 载《斗争》第74期（1935年11月21日），署名洛甫。

族革命战争的组织者与领导者"的任务，要"把将要到来的伟大的中国民族革命战争放在自己的领导之下"。同时，文章又指出，这种"领导者的地位"，只有在灵活运用广泛的统一战线策略的过程中"才可以取得"。张闻天还第一次总结九一八事变后"我们党不会运用我们前面所说的策略"而遭致失败的历史教训，教育全党同志，"必须克服过去工作中的弱点，利用一切事变、一切方法，来发动与组织广大群众抗日的斗争"。

就在张闻天同中共中央领导同志根据当时新的政治形势，独立作出判断，实行战略转变并开始变更自己的策略路线的时刻，从莫斯科被共产国际派遣回国的张浩（林育英）于11月18日或19日到达瓦窑堡。张浩在莫斯科任中共驻共产国际代表团成员、中华全国总工会驻赤色职工国际代表。1935年七八月间出席了共产国际第七次代表大会。会议没有开完就被派回国。他从蒙古越境，风餐露宿，跨越沙漠。为应付盘查，穿一件光板皮袄，挑一副货筐，装扮成货郎。沿途打听消息，经过三个月长途跋涉，终于寻找到了同共产国际失去电讯联系的中共中央。他到瓦窑堡后，立即向张闻天传达了国际"七大"关于改变以往对社会民主党的策略，不再将中间力量看作危险敌人，建立反法西斯统一战线和人民阵线等精神，以及中共驻共产国际代表团起草、以中共中央名义发表的《八一宣言》关于抗日联军、国防政府等内容。

11月20日政治局会议讨论土地问题，张闻天即请张浩出席。张浩在会上发言，谈了'目前阶段策略上应反对目前最紧急的敌人，反对日本帝国主义、蒋介石"；"目前反富农要注意"，不要"没收富农消灭富农"；现在宜提"人民共和国"等精神和意见。①

张闻天一方面于11月20日即派人送专函给在直罗镇前线的毛泽东等人，②通报张浩回来传达的国际"七大"精神与《八一宣言》要点；一方面，立即同张浩和在后方的中共中央领导同志一道，认真研究国际"七大"精神，结合中国革命的历史经验，特别是"九一八"以来的教训，依据当时国内外各种关系变动的情况，作出战略和策略转变之重大决策。

11月25日，张闻天又派专人送信给毛泽东，并附去经过研究拟定的文件，就抗日统一战线的策略、红军行动方针、改变对富农的政策等重大问题，征求毛和前方领导同志的意见。自遵义会议以来，张闻天总是这样，遇事都同毛泽东商量。他作风民主，对毛很尊重，处处以"配角"自居，同毛配合合作得十分融洽。党中央总书记同红军最高统帅的高度一致，保证了毛泽东的方针、谋略能够畅通无阻地贯彻执行，是当时打开中国革命新局面的重要关键。在历史档案里可以看到，从1935年10月初到陕北起，至1938年9月召开六届六中全会，有洛甫（或张闻天）署名的电报为451件，其中，"洛、毛"或"毛、洛"联名者达286件之多，占了64%。

11月29日，张闻天召集政治局会议，专门讨论"统一战线"问题。在会上，他

---

① 张浩在1935年11月20日政治局会议上的发言记录。
② 此处所说张闻天11月20日致毛泽东信及下文所说11月25日致毛泽东信，原信均无存，内容均据毛泽东1935年12月1日复张闻天电。

就"反对日本帝国主义侵略"的策略问题作了报告和结论。[①]同时，主持发布了《抗日救国宣言》[②]并为此写了题为《拥护苏维埃政府与工农红军的抗日宣言》的文章。[③]在这些文件中，张闻天除了继续阐发已经提出的以抗日反蒋为内容的广泛的统一战线的策略思想之外，又增加了许多新的内容、新的步骤。这是中共中央和张闻天将国际"七大"精神同中国实际情况结合起来，对灵活运用广泛的统一战线的策略所作的重要的充实和发展。其中包括：

一、提出共同组织抗日联军与国防政府，大大扩展了统一战线的范围，大大提高了统一战线的组织形式。《抗日救国宣言》宣告："不论任何政治派别、任何武装队伍、任何社会团体、任何个人类别，只要他们愿意抗日反蒋者，我们不但愿意同他们订立抗日反蒋的作战协定，而且愿意更进一步同他们组织抗日联军与国防政府。"张闻天在政治局会议上指出："就是军阀中间也有对日本侵略不满意的"，"我们采取主动，联合军阀，反对日本帝国主义"；"按照六大纲领，我们可以和国民党队伍结成反日反蒋的同盟"。张闻天强调"抗日联军、国防政府要真正做起来"，"统一战线不只是限于宣传，要变成实际行动"。张闻天在文章中还指明，抗日联军与国防政府，是苏维埃政府与红军在民族危机加深的情形下"采取的新的步骤"，"这一主张，即是目前争取抗日反蒋群众到我们领导之下的一个主要环子"。

二、提出抗日救国的"十大纲领"，作为抗日联军和国防政府的共同纲领，统一战线联合行动的具体方针。《抗日救国宣言》中提出的"十大纲领"同《八一宣言》中提出的作为国防政府行政方针的十点主张基本上是一致的。[④]不过在表述上冠以"十大纲领"统率，表示了同对日作战"六大纲领"的衔接，其形式也易为国人接受。

三、强调"反对目前最主要的敌人"。张闻天既从军事学和政治学的基本原则，又从列宁主义的策略思想，来说明"我们的中心目标是在集中最广大的力量去反对目前中国人民最主要的敌人，并在斗争过程中去取得党对于最大多数基本群众的领导

---

① 张闻天在1935年11月29日政治局会议上的"报告"和"结论"，已有根据会议记录整理的文本。以《日本帝国主义对中国的侵略与扩大民族统一战线》为题，首次发表于《中共党史资料》第22辑（中共党史资料出版社1987年版）。又，张闻天作"结论"误记为"总论"。笔者按惯例称"结论"。引文据记录。

②《抗日救国宣言》是以中华苏维埃共和国中央政府主席毛泽东、中国工农红军革命军事委员会主席朱德联名的名义发表的。其时毛泽东正在前线，总结直罗镇战役，朱德则还在长征途中。毛泽东12月1日复张闻天电中有"宣言请立发"句，而在之前，张闻天于11月20日、11月25日曾两次派人送专函告毛泽东抗日反蒋统一战线策略内容等。从现存毛、张来往电文看，《宣言》当是张拟就后送毛征求意见取得同意的。

③ 此文写于1935年12月1日，发表于《斗争》第76期（12月5日），署名洛甫。部分内容以《关门主义是目前党内主要危险》为题收入《张闻天选集》。全文重新刊载于《中共党史资料》第22辑，中共党史资料出版社1987年版。

④ 将《抗日救国宣言》中提出的"十大纲领"同《八一宣言》中提出的国防政府的"十点"行政方针相比较，《八一宣言》中（一）（九）两点为《抗日救国宣言》中所没有；其余各点内容均见于《抗日救国宣言》，但仅"救灾治水，安定民生"条文字完全一样。《抗日救国宣言》中之"（八）发展生产技术，救济失业的知识分子"为《八一宣言》所无。造成这种差异的原因，一是张浩记忆不可能十分准确，一是张闻天等作了一定的调整和修改。此外，《八一宣言》起草于六七月间，公布于10月1日，张浩记诵的文本同最后发表稿也可能有不同（不然难以解释《八一宣言》中第一条"抗日救国，收复失地"为何不见于《抗日救国宣言》）。

权"。在反对目前最主要敌人的策略思想指导下,张闻天对统一战线的广泛性作了具体的阐述。他写道:"不论是过去同我们处于敌对地位的军阀,或是过去是坚决反对我们的政治派别,只要他现在在抗日反蒋上同我们有共同之点,那我们可以完全不念旧恶,同他们联合一起","为了整个民族的生存与利益,我们欢迎一切人民到抗日反蒋的运动中来",这是讲的国内。对于帝国主义国家,张闻天分析了日本的"独占"中国与英、美的"瓜分"中国的矛盾,说明应该变更我们的策略:"不论是英国或美国帝国主义,如果他们现在能够对中国抗日的民族运动表示同情赞成或守善意的中立,那我们即可以同他们建立亲密的友谊关系。"

四、强调同党内"左"的关门主义开展最坚决的斗争。张闻天指出:"灵活的运用广泛的统一战线,是我们党目前最中心的任务";在目前的政治形势之下,"最阻碍我们工作的是关门主义","关门主义成了我们党内最主要的危险"。"这种关门主义倾向如不克服,就根本无法去取得对于千千万万广大群众的领导权"。张闻天系统地、具体地分析了关门主义的特点、表现、产生原因及危害,并用现实斗争中的例子,结合着历史的经验教训,说明应该怎样克服关门主义,灵活运用广泛的统一战线策略。在这方面,张闻天特别强调主动性和灵活性。他指出:"我们不应在宣言发表之后被动的、消极的等待人家来找我们,同我们谈判抗日反蒋的联合行动,而且还要主动的积极的到处去活动"。

《抗日救匪宣言》向全国一切武装部队官长们提出"立即互派代表,协商具体进行办法"。而就在这时,在张闻天指导下,我方同国民党军八十四师高桂滋部已经进行联络,就停战、合作等"办定草约",并"已由双方代表同意将送上级批准"。[①]在灵活性方面,张闻天指出,"革命的形势是千变万化的",要"把握住各种不同的情况,而提出不同的策略",要"利用敌人内部的每一冲突、每一矛盾","要争取各种机会、利用各种方式,反对日本帝国主义"。张闻天还说到,在谈判时,也不一定都要反日反蒋;只反日不反蒋,或者反蒋不反日,我们说也可以。

以上这些新的内容,新的纲领,具体的口号和提法,都是张闻天11月中旬的文章、讲话、宣言、决定中所没有或不够明确、未加强调的。这当然同张浩到达瓦窑堡,传达国际七大精神密切相关。可贵的是,张闻天和中共中央领导人并没有照搬国际七大文件的词句,而是结合中国实际贯彻了国际七大精神,对已经独立提出的灵活运用广泛的统一战线的策略,作了重要的补充和发展,注入了新的内容,提到了新的高度。

改变对富农的策略

12月1日,毛泽东在鄜县(今富县)东村复电张闻天,表示:"反蒋抗日统一战线的策略内容及具体的口号与纲领,完全同意。宣言请立发。""对富农策略的转变,基本同意",提出了若干补充意见。

[①] 据1935年11月26日洛甫致毛泽东电。

张闻天立即为纠正过去的"左"倾政策采取实际步骤。为了改变对富农的策略,他先派罗迈、王观澜(西北办事处土地部部长)、郭洪涛等对陕北土改情况进行调查研究。他听取了汇报,还个别交谈,弄清了陕北土地问题的特殊性,了解了过去土改中执行"左"的政策的情况及其对农牧业和工商业带来的影响。

在调查研究的基础上,张闻天于12月6日主持政治局会议,讨论改变对富农的政策问题。他在会上作了报告和结论。① 指出,"在目前情形下,要改变我们对富农的策略","为的是集中力量,反对主要敌人"。他分析了现在阶级关系的变动和过去的经验教训,说明"加紧反对富农"的政策显然是不适宜的,有害的。张闻天指出:在苏区"对于富农的'左'的办法要纠正","只取消富农的封建剥削";在白区,"可以联合富农,造成统一战线"。他还认为,目前资本主义的发展"对我们不是可怕的,而是有利的"。会议作出了《关于改变对付富农策略的决定》,指出"加紧反对富农"的策略无论从目前的中心任务和长期的实践经验来看,都"已经不适当了"。现在对于富农的政策是:"只取消其封建式剥削的部分,即没收其出租的土地,并取消其高利贷。富农所经营的(包括雇工经营的)土地,商业,以及其他财产则不能没收。苏维埃政府并应保障富农扩大生产(如租佃土地,开辟荒地,雇用工人等)与发展工商业的自由。"②

改变对富农的政策,是在提出广泛的民族统一战线之后系统纠正过去"左"倾错误政策方面首先采取的一个重大步骤。富农问题不是孤立的,它牵涉面广,政策性强,涉及中农、工商业、知识分子以及白区工作等各个方面的政策。张闻天当时清醒地看到"目前无论如何都要转变策略","对于策略的转变,各方面都要坚决贯彻执行"。③而首先实现对富农政策的改变,便成为此后转变各项具体政策的一个重要的开端。

主持瓦窑堡会议

1935年12月13日,毛泽东继周恩来之后从前线到达瓦窑堡。这时,张闻天和林育英(张浩)、博古应毛泽东12月8日电约已到安塞等候。12月14日深夜,张闻天接到毛泽东的电报,知道毛已于13日抵瓦窑堡,遂立即返回。党中央两部分同志自11月4日在甘泉下寺湾分手以后,已经一个多月,现在又会合在一起了。从12月17日起,具有伟大历史意义的瓦窑堡中央政治局会议开始举行。

开会的地点就在张闻天、刘英住的窑洞。它是下河滩田家院内一排窑洞中间的一孔,坐落在半山坡上。窑洞内陈设简陋。临窗一张条桌,是张闻天平时办公写文件的地方。窑洞中间有一张旧方桌和几条粗笨的凳子,就是来客或开会的坐席。窗纸是新糊的,整个窑洞显得亮堂而有生机。出席会议的毛泽东、张闻天、周恩来、博古、刘少奇、邓发、张浩等人,随便坐定,讨论两个主要议题:"政治形势与策略"和"军

---

① 张闻天在1935年12月6日政治局会议上的报告和结论已以《改变对富农的策略》为题收入《张闻天选集》,以下引文均据《张闻天选集》。
②《关于改变对付富农策略的决定》,见《中共中央文件选集》(10),第585、586页。
③ 引自《改变对富农的策略》,见《张闻天选集》,第70页。

瓦窑堡会议会址——
瓦窑堡下河滩田家院

事战略"[1]，决定着在此历史转折关头关系党、红军与整个中国命运的大事。政治局委员们精神都很振奋。红军在直罗镇前线打了胜仗，敌人对陕甘根据地的第三次"围剿"被粉碎了；同共产国际中断了一年多的联系如今恢复了；广泛的统一战线的策略路线基本上已经明确，重大的政策改变已经开始，从内战到抗战的伟大战略转变的序幕已经拉开了；从国民党统治区又传来了北平学生"一二·九"反日游行示威的消息，一个抗日救亡运动的新高潮正在全中国兴起。中国革命摆脱了危机，走出了困境，一个新的大变动的时代来到了！

张闻天主持了这次重要会议。他就会议的第一项议程——政治形势与策略，作了报告。张浩在会上作了关于共产国际七大的传达报告。他没有带回文件。离开莫斯科的时候，共产国际七大还没有开完，张浩凭记忆，传达了共产国际为适应新形势的发展，改变在"第三时期"理论指导下的"左"倾政策，实现革命战略转变等主要精神。自12月17日至19日，中央政治局进行了充分的讨论，从中国实际出发，具体地分析了国内外形势，确定了抗日民族统一战线的策略方针。

毛泽东对会议很满意。在12月19日20时给当时正在指挥围攻甘泉的彭德怀去电报，说："政治局会议开了三天，关于总的政治问题（形势与任务）讨论完了，真是一次很好的讨论，可惜你没有来参加。"当天24时，毛泽东致林彪、彭德怀、叶剑英、程子华电中又说："政治局已开了三天会，很好的讨论了当前的形势、力量与任务。"

张闻天受政治局委托，起草了会议决议——《关于目前政治形势与党的任务决议》（通称《瓦窑堡会议决议》），经12月25日政治局会议通过。《决议》分六部分：（1）目前形势的特点，（2）党的策略路线，（3）国防政府与抗日联军，（4）苏维埃人

---

[1] 据1935年12月17日政治局会议记录。

民共和国,(5)党内主要危险是关门主义,(6)为扩大与巩固共产党而斗争。

这个决议对于当时中国国内外的形势,阶级关系的变化作了完整的分析,确定并系统地阐明了党的抗日民族统一战线的策略路线和各项方针、政策。《决议》指出,目前时局的基本特点是日本帝国主义准备"单独吞并中国",这一行动"震动了全中国和全世界",使帝国主义内部矛盾空前紧张,使中国掀起了新的民族革命高潮,引起了中国各阶级、阶层相互关系的变化。在新形势下,不仅工人、农民、广大的小资产阶级群众和革命的知识分子是抗日的基本力量,而且"一部分民族资产阶级与军阀",也有"直接参加"反日战线的可能。即使"在地主买办阶级营垒中间",也可能发生分化。"党的策略路线,是在发动、团结与组织全中国全民族一切革命力量去反对当前主要的敌人——日本帝国主义与卖国贼头子蒋介石"。为了战胜日本和蒋介石,必须运用"最广泛的反日民族统一战线(下层的与上层的)"。《决议》提出,"不论什么人,什么派别,什么武装队伍,什么阶级",只要反日反蒋,"都应该联合起来开展神圣的民族革命战争";"我们的任务,是在不但要团结一切可能的、反日的革命力量,而且要团结一切可能的反日同盟者,是在使全国人民有力出力,有钱出钱,有枪出枪,有知识出知识,不使一个爱国的中国人不参加到反日的战线上去。这就是党的最广泛的民族统一战线策略的总路线。"《决议》宣告:把"苏维埃工农共和国"改变为"苏维埃人民共和国";"国防政府与抗日联军是反日反卖国贼的最广泛的与最高的民族统一战线的组织",实行"十大政纲";决定改变对小资产阶级群众、知识分子、富农、民族资本家以及白军官兵的政策。《决议》要求全党"大胆的运用广泛的统一战线",在实际的群众斗争中"表现出他们是无坚不破的、最活泼有生气的中国革命的先锋队",去取得民族革命战争的领导权。为此,必须同党内的主要危险关门主义做坚决的斗争,同时要警惕"1927年时期的陈独秀主义,在新的大革命中,在部分的党部与党员中的复活"。

自红军落脚陕北以来两个月间,张闻天所作的报告、结论、发言,拟稿发表的文章,起草或主持下形成的宣言、决定、决议,数量十分可观。他发扬民主,集中中央领导集体的智慧,正确地分析了新的形势,提出了新的战略任务、新的策略路线和新的方针政策,及时地、逐步地推动了党的战略和策略的转变,所有这些,为瓦窑堡会议的胜利召开奠定了理论基础和政策基础,而《瓦窑堡会议决议》正是上述一切的系统概括与充实发展,使党的抗日民族统一战线的策略路线更为明确、更为全面、更为完整。同时,作为中国共产党中央的总书记,张闻天成功地主持了这样一次极其重要的会议,起草了这样一个马克思列宁主义与中国具体实际相结合的文件,说明他完全摒弃了党内长期存在的家长制和一言堂的作风,真正实现了集体领导,说明包括张闻天在内的中共中央领导核心,已经从过去革命历程中汲取了教训,学会了从中国当时的具体实际出发,不是机械地照搬,而是创造性地运用共产国际提出的策略方针,来指导中国的抗日救国斗争。

在1935年1月的遵义会议上,张闻天作了反对错误军事路线的报告,被推选为党中央总书记,主持扎西会议,通过了他起草的《中央关于反对敌人五次"围剿"的总结决议》(即《遵义会议决议》),为解决军事路线作出了贡献。1935年12月,他又主持了瓦窑堡会议，通过了他起草的《中央关于政治形势与党的任务决议》，为解决政治路线作出了贡献。一年之间，成就这样两件大事，其光耀将永远照亮中国共产党的历史。

瓦窑堡会议还讨论了军事战略问题。12月23日通过了毛泽东起草的《关于军事战略问题的决议》，确定"把国内战争同民族革命战争结合起来"、"准备直接对日作战"、"扩大红军"的方针，确定红一方面军行动部署的基础应放在"打通苏联"与"巩固扩大现有苏区"这两个任务之上，并把"打通苏联"作为中心任务。同时提出了游击战争在民族革命战争中的重大战略作用。张闻天在讨论时发言，结合自己的认识过程，充分肯定毛泽东总结土地革命战争经验而概括出来的积极防御、诱敌深入、大踏步进退、集中兵力于主要方向、战略的持久战与战役的速决战等作战原则。并自我批评说，过去在上海对毛泽东游击战争的正确的作战原则"未能了解"，还说什么是"机会主义动摇"，五次反"围剿"战争和长征都证明这些战略、战术原则是正确的。张闻天提出，要吸取历史教训，"教育我们同志，使同志能灵活运用。"① 张闻天自己对毛泽东的军事思想领会是深刻的，确实能够自觉地灵活运用。就在一个多月前，1935年11月13日，他主持了专门讨论游击战争问题的中央政治局会议并作了"总结"，论述了游击战争的战略地位，相当系统地提出了发展陕甘游击战争的指导思想和具体意见。张闻天指出："游击队任务不仅是配合红军作战，主要的是创造、巩固、扩大苏区，与红军担负同样的任务，主力红军在突击方向，各方应靠游击队。"② 11月21日作出的《中央关于发展陕甘游击战争的决定》，其要点同张闻天所作"总结"是一致的。

瓦窑堡会议开启了中国革命历史的新篇章。会议一开完，毛泽东和张闻天等一起立即为传达、贯彻会议而紧张忙碌地工作。

12月27日，党中央在瓦窑堡龙虎山脚下西北办事处的礼堂（原是基督教的一座礼拜堂）召开了党的活动分子会议。张闻天主持会议，毛泽东作《论反对日本帝国主义的策略》的著名报告，传达瓦窑堡会议的决议，系统地、精辟地阐述了抗日民族统一战线的策略。毛泽东指出，中国正处在大变动的前夜，即处在新的全国大革命的前夜，这是现时革命形势的第一个特点。又一个特点是，帝国主义还是一个严重的力量，革命力量的不平衡状态是一个严重的缺点。要准备打倒敌人必须准备作持久战。这两个特点就要求我们必须勇敢地抛弃关门主义，采取广泛的统一战线。党的任务就是把红军的活动和全国的工人、农民、学生、小资产阶级、民族资产阶级的一切活动汇合起来，成为一个统一的民族革命战线。毛泽东的报告在全党起了振聋发聩的作用。

接着，张闻天连续主持中央政治局会议，贯彻瓦窑堡会议决议，转变各项政策，全面部署工作。12月29日，政治局会议讨论北方局工作方针和组织领导。1936年1月2日，讨论新形势下组织工作的转变。1月3日，讨论工会工作怎样纠正"左"的

---

① 张闻天1935年12月23日在政治局会议上的发言记录。
② 据1935年11月18日政治局会议记录。

倾向，按照统一战线策略来发展工人运动。1月10日和17日，先后召开常委会和政治局会议，决定红军渡黄河东征的作战方针和组织领导。1月22日的政治局会议讨论了少共工作，张闻天要求彻底转变工作方式，克服第二党倾向，在青年中实现广泛的统一战线①。同时，联合东北军的工作也在进行。

总之，在瓦窑堡会议后短短一个月时间里，张闻天同党中央领导集体一起，对政治策略和军事行动都作了一系列部署，促使各项工作自觉地实行转变，为"组织千千万万民众进入伟大的民族革命战场上去"②，建立起广泛的抗日民族统一战线而努力奋斗。当然，这仅仅是开始，要达到瓦窑堡会议提出的目标，还需要经过许多尖锐复杂以至惊心动魄的斗争，走过曲折漫长的道路。

东征和西征

张闻天在1月下旬完成了为贯彻瓦窑堡会议决议进行的一系列具体部署之后，立即奔赴前线，参加渡黄河东征山西的准备工作。

关于红军行动的主要方向，瓦窑堡会议确定"放到东边的山西和北边的绥远等省去"③。这是经过了一段时间的酝酿讨论，比较了几种不同方案后才确定下来的。在中央红军刚刚落脚陕北的时候，张闻天就提出了巩固和扩大陕北根据地的任务，并将它同"打通苏联"的方针联系起来，这一基本方针得到党中央领导集体一致同意。在陕北立定脚跟以后，大家都看到：陕北太穷，经济落后，人口有限，补充兵员、解决给养都成问题，红军一定要向外出击，打通抗日路线，以求发展。然而，对于向外发展的方针、时机，看法不完全一致。张闻天在1935年11月20日和25日给毛泽东的信中，曾提出北上宁夏然后东进绥远抗日前线的方案。毛泽东不赞成，认为应该东征山西、尔后北出绥远。毛12月1日复张电中说："关于红军靠近外蒙的根本方针，我是完全同意的。""我不同意的是时间与经路问题。第一，红军目前必须增加一万人。在四个月内，我们必须依据陕北苏区，用空前努力达此目的。第二，最好是走山西与绥远的道路。这是用战争、用开展、用不使陕北苏区同我们脱离的方针与外蒙靠近"。④在12月23日瓦窑堡会议讨论军事战略问题时，毛泽东阐述了东渡黄河，进军山西，"开辟山西西部（靠黄河一带）五县以上地区为初期苏区"等计划。张闻天感到毛泽东提出的红军发展的方向应该对着日本前进的方向有道理，坚决支持毛的方针，明确表示改变自己原来的向宁夏发展的方案，"同意向山西方向"，并强调"党的工作中心是在山西"。⑤瓦窑堡会议通过的《军事战略问题决议》决定，1936年1月"扩红"

---

① 引自档案。
② 引自《瓦窑堡会议决议》，见《中共中央文件选集》（10），第603页。
③ 引自《中央关于军事战略问题的决议》（1935年12月23日政治局通过），见《中共中央文件选集》（10），第590页。
④ 转引自逄先知主编：《毛泽东年谱1893—1949》（上卷），人民出版社、中央文献出版社1993年版，第493页。
⑤ 张闻天1935年12月23日在政治局会议上的发言记录。

五千，赤化宜川、洛川，完成渡河准备；2月过黄河东征，月半年时间将山西西部吕梁山区开创为初期根据地；尔后相机北出绥远，对日直接作战。

在瓦窑堡会议讨论军事战略问题之前，林彪曾致电中央，建议将战略重点放在陕南。张闻天、毛泽东在12月21日联名复电予以否定。电文说："林来电悉。在日本进占华北的形势下，陕南游击战争不能把它提到比陕北等处的游击战争还更加重要的地位，实际上后者是更重要的。"① 因为华北是当时日本侵略的重点，平津一带不断掀起抗日爱国高潮，华北已经成为所有矛盾集中的地方，是首先爆发民族革命战争的地区；而阎锡山当时是反蒋不抗日，实行与日寇"共同防共"政策，把山西沿黄河二十余县划为"防共区"。所以，红军东征讨阎，是高举抗日旗帜，直接指向日本侵略者，政治上、军事上都是有利的。如向南发展，势必同正在与红军商谈联合抗日的东北军和西北军冲突，而蒋介石的嫡系部队则可乘机进入西北，显然不利。

瓦窑堡会议以后，对于怎样处理好巩固与发展（扩大）的关系，也还有不同看法；对东征的决策，也有人想不大通。有人提问，目前红军刚到陕北，刚立住脚，是巩固一段时间再往前发展呢，还是马上去发展呢？有人怕渡不过去，又怕渡过去后撤不回来。张闻天坚决支持毛泽东"在发展中求巩固"的战略指导思想。他认为应吸取第五次反"围剿"失败的教训，局促于一个地区并不能巩固。红军行动应更加广泛、更加灵活一些。扩大与巩固，现在应该特别着重于扩大。对张闻天支持东征决策，有人不理解，说他不该老是跟着毛泽东跑。张闻天听到这类议论，总是坦然地说："真理在谁手里，就跟谁走。"②

在行动上，张闻天抓得很紧。继1月10日政治局常委会决定红军在陕北渡黄河东征山西的作战方针之后，1月17日，张闻天又在政治局会议上代表中央常委宣布："中央领导随主力行动，到红军中去。"表示了坚定不移地进行东征的决心。在这次会上，他还宣布了党中央政治局成员的分工，毛泽东、彭德怀、张闻天、张浩、凯丰随军行动，周恩来、博古、邓发留在后方组成中央局，周任书记，王稼祥病愈后参加会议。另外，还成立了地方工作委员会，由罗迈、凯丰、张浩、王观澜、刘晓、冯雪峰等11人组成，随军事行动的发展做扩红、筹款、发动群众、开辟根据地的工作。③

1936年2月初，张闻天到达黄河西岸前线，立即同彭德怀会面。他对彭解释东征山西的战略意义，告诉彭，作战方案已经采纳了彭的意见，可以确保过河三力部队不与陕甘根据地脱离，必要时安全撤回黄河西岸。④ 在此之前，张闻天、毛泽东于1月25日已电告彭德怀，过河东征，"跃进深入敌后"，要在"无隔断危险时才行之。同时保证第二批退回渡河船只"。⑤

---

① 此电发彭德怀转林彪。
② 据刘英回忆。参见杨尚昆：《坚持真理竭忠尽智——缅怀张闻天同志》，《回忆张闻天》，第5页。对于巩固与扩大的关系，张闻天在1936年3月晋西会议上又一次作了论述，见《共产国际"七大"与我党抗日统一战线的方针》，《张闻天选集》，第88页。
③ 1936年1月17日政治局会议记录。
④ 据张闻天1967年7月25日写的一份材料。参见《彭德怀自述》，第211页。
⑤ 据逄先知主编：《毛泽东年谱1893—1949》(上卷)，第508页。

2月20日20时，红一方面军以"中国人民红军抗日先锋军"的名义，在毛泽东、彭德怀率领和指挥下，发起东征战役。红一军团和红十五军团沿黄河西岸北起绥德的沟口、南至清涧的河口这二百里宽地段内的几个渡口同时东渡黄河，突破了晋军苦心构筑的黄河堡垒防线，长驱直入，锐不可当。接着，又打退了晋军的拦击，控制了吕梁山区石楼、中阳、孝义、隰县之间广大地区，建立了临时后方根据地。

张闻天在先头部队突破河防以后即从无定河口渡过黄河，来到东岸。在石楼的一个小村庄里，他和毛泽东会面。当时军事形势发展很快，毛泽东急于上前方，就将贺子珍托付给张闻天和刘英照顾。

在随军行进途中，新从苏联回国的刘长胜带来了共产国际"七大"的文件。张闻天非常高兴，立即认真阅读、研究。

这时，东征红军进展顺利，主力在南北两线占领了晋西南和晋西北的广大地区，前线分别进逼同蒲铁路和太原近郊。原先进入陕北"围剿"红军的晋军四个旅，被迫撤回河东救援，陕北根据地的形势随之好转。张闻天遂通知在瓦窑堡留守的政治局成员周恩来、博古、邓发、王稼祥以及林伯渠等来前方开会。3月中旬，张闻天和政治局的同志一起在山西隰县大麦郊地区（今属交口县）听取北方局的联络处长王世英、上海地下党的张子华和刚与张学良进行过"洛川会谈"的李克农汇报情况。3月20日，张闻天就在大麦郊镇附近的上益千村主持中央政治局会议。随后，从这里向石楼方向移动。从3月23日至27日，一路上在石口、罗村、四江村、石楼附近继续开会。因这次会议在山西西部一带召开，故称"晋西会议"。① 会议着重讨论了共产国际"七大"决议、统一战线问题及战略方针问题。这次会议在对南京政府和蒋介石的方针方面较之瓦窑堡会议有重大变化（关于这方面的详情将在下一章中专门叙述。）

在晋西会议上，张闻天接受部分同志的意见，决定会后党中央不再随红军行动。3月27日会议结束后，张闻天即同周恩来、博古等一起于28日离开石楼，经义牒渡河，于4月初回到瓦窑堡。②

就是这时，蒋介石为阻拦红军东进抗日和援救阎锡山，任命陈诚为山西"剿共"军总司令，调集10个师，号称20万人，分两路进入山西；同时命令黄河以西的国民党军队与之配合，企图封锁黄河，消灭红军，摧毁陕甘根据地。在此形势下，晋西会议提出的第一期经营山西，向河北、河南、绥远三省作战役跳跃，以及"红军与一切抗日军队集中华北"的战略意图就无法实现了。为了避免内战，保存抗日力量，并促进抗日统一战线工作的开展，4月28日，毛泽东、彭德怀决定红军撤回河西，张闻天同意这个决策，并于5月初赴延长一带迎接从山西回师陕北的红军。5月5日，毛泽东、朱德以中华苏维埃人民共和国中央政府主席和中国人民红军革命军

---

① 上述"晋西会议"的时间、地点均据会议记录。惟3月20日会议记录上的会议地点"上义贤"，经查核为"上益千村"。

② 行程据彭德怀、毛泽东当时的电报。3月27日一电说，"外交代表及前委明天到义牒渡河"；28日一电说，"前委及张王两代表一行今天到河口，一号可回瓦窑堡"。

事委员会主席的名义,向南京政府及其海陆空军队发出《停战议和一致抗日通电》,呼吁"在全国范围、首先在陕甘晋停止内战,双方互派代表,磋商抗日救亡具体办法"。①

东征山西虽因军事形势变化而未能完全达到预期目的,但无论是军事上还是政治上,都取得了很大的胜利。毛泽东用四句话来概括:"打了胜仗,唤起了民众,扩大了红军,筹集了财物。"张闻天说:红军东征"充分表示它们是抗日的先锋队"。②东征在全国发挥了动员抗日的作用。张闻天、毛泽东等在一份电报中作了这样的概述:"红军的东征引起了华北、华中民众的狂热赞助,上海许多抗日团体及鲁迅、茅盾、宋庆龄、覃振等均有信来,表示拥护党与苏维埃中央的主张,甚至如李济琛亦发表拥护通电,冯玉祥主张抗日与不打红军,南京政府内部分裂为联日反共与联共反日的两派正在斗争中,上海拥护我们主张的政治、经济、文化之公开刊物多至三十余种,其中大众生活一种销数约达二十余万份,突破历史总记录,蒋介石无法制止。"③

为了总结东征山西的经验,确定今后的行动方向,中央于5月8日至9日在延长交口太相寺召开政治局扩大会议,政治局全体成员和各军团负责人出席。在张闻天主持下,毛泽东作《目前形势与今后战略方针》的报告。张闻天最后发言,同意报告和讨论中对形势的分析和对东征的总结,指出现在形势是抗日与卖国的两极分化,"联日反共"或"联共抗日"尖锐地提到群众面前,中间周旋的余地越来越小。现在最重要的是要使中国共产党成为中国人民自己的党,"只要党成了千千万万人拥护的党,革命就成功了一半"。故策略方面,要坚持统一战线,勿被"左"的右的情绪所动摇。党的基本口号仍是"争取迅速对日作战","苏维埃红军要做抗日的火车头"。对东征回师后的战略方针,赞成在目前形势下将行动方向"移向甘肃",进行西征,同时又指出"将来还是要向东"。④

根据会议作出的西征的决定,5月18日组成了以彭德怀为司令员兼政委的西方野战军。5月下旬至6月上旬各路部队相继踏上征程,向陕、甘、宁三省边界国民党军事力量薄弱的地区进军。至7月底,西征取得重大胜利,占领了定边、盐池、豫旺、环县四城,开辟了一块纵横八百余里、与陕甘老苏区连成一片的新根据地,准备在适当时机配合红二、四方面军南北夹击,争取陕甘大道及其以北地区,实现红军三大主力会师。

接待美国记者斯诺

太相寺会议后,张闻天即返回瓦窑堡。这时,美国新闻记者埃德加·斯诺希望到陕甘根据地采访。他提出的一张问题单子请人带到了瓦窑堡,上面开列了一几个问

---

① 《中共中央文件选集》(11),中共中央党校出版社1991年版,第21页。
② 张闻天:《共产国际"七大"与我党统一战线的方针》,见《张闻天选集》,第38页。
③ 1936年5月20日林育英、张闻天、毛泽东、周恩来等12人给朱德、张国焘等电,见《中共中央抗日民族统一战线文件选编》(中),档案出版社1985年版,第148页。
④ 张闻天1936年5月9日在政治局扩大会议上的发言记录。

题，涉及中国对资本主义国家的总方针以及对日本、对英美、对苏联的估计和政策，都是国际上关心的重大问题。中共中央欢迎外国记者前来采访。通过回答斯诺的这些问题，中国共产党可以向全世界公开宣布自己的对内、对外政策，促进中国人民和各国人民之间友好关系的发展，广泛的反日统一战线的建立。在中国共产党的历史上，在革命根据地接待外国记者采访，这是第一次。

张闻天对这件事非常重视，于1936年5月15日专门召集会议进行讨论。参加这次会议的有毛泽东、博古、王稼祥、杨尚昆、吴亮平、陆定一等。张闻天就回答问题的指导思想发表了意见："我们主张统一战线反对日本"，"我们立场站在反日统一战线上，故回答方向放在日本方面去，因此需顾及到其他帝国主义国家及其人民之利益，要把这些利益与中国人民利益联系起来"。张闻天说明我们的总方针是在国际关系上运用广泛的统一战线策略，同一切不反对中国自由、独立、领土完整的帝国主义国家建立友好关系，把斗争矛头集中指向企图灭亡中国的日本帝国主义；还指出建立国际反日统一战线的关键，是要使英美各国认清它们与中国有共同的利益关系，中国要处理好同英美各国的利益关系。也就是要向外国记者说清楚，日本侵略中国，危害与威胁中国的利益，同时也危害与威胁英美各国的利益、太平洋的和平与世界和平；我们对日本的在华利益要取缔，对同情、支持中国反对日本侵略的各国的在华利益要顾及。关于"是否欢迎外国资本在中国投资"，张闻天表示：只要是不侵略中国的，我们欢迎。关于"对美国政府与群众希望什么"的问题，张闻天说：美国是反对日本的，我们欢迎。但目前消极，有部分人认为日本侵略对美国影响很少，是错误见解。我们希望美国能更积极反对日本，并应联合各国。关于对英国关系，张闻天指出：英国外交现在是在歧路上。英国希望与日本共同妥协后瓜分中国，反对苏联，是不可能的。日本侵华影响到英国在东方的统治，对英国是不利的。英国应改变政策。①

斯诺于6月间从北平出发，经过西安，于1936年7月初进入陕甘根据地。7月9日到达安塞百家坪，第二天正式访问了周恩来。大约在7月13日，到达中共中央所在地保安。博古主管"外交部"，负责接待工作。他接到周恩来发来的斯诺即将到保安的电报后，就在他住的窑洞隔壁"外交部"内为客人预备好了住处。当时，在这一排窑洞居住的有毛泽东、张闻天及随同他们的机要科、写印组，林伯渠和他的中央银行。这排窑洞位于保安城东南一座山的山麓。为欢迎斯诺，还开了一个热闹的晚会，毛泽东、张闻天都出席了。晚会上除演出节目外，大家还拉三位女红军蔡畅、刘英、刘群先（博古夫人）唱歌。她们唱了一支《渔光曲》，由邓颖超定音起头。斯诺高兴地为她们照了相。②

斯诺到保安后同中央领导人进行的第一次谈话，就是由毛泽东回答他早先递送的那张问题单子上提出的问题。毛泽东根据5月15日中央会议讨论的精神作了回

---

① 本段所说斯诺的问题单子、5月15日会议情况、张闻天发言内容，均据1936年5月15日中央会议记录。
② 访问刘英谈话（1980年8月16日）。

答。①斯诺同毛泽东再次长谈（7月16日，主要谈反对日本帝国主义的民族解放战争问题）以后，即于7月19日采访张闻天。张闻天同斯诺进行了长时间的谈话。斯诺写道，洛甫"用英语和我谈话，谈话时没有其他任何人在场"，"洛甫给我讲了自传"（自传后来在尼姆·威尔斯的《红色中国内幕》一书中发表），并"根据我所提出的问题作答"。斯诺在保安期间同张闻天还有过"多次简短会晤"。7月19日的谈话内容广泛而深刻，涉及关于中国革命性质、特点、道路，关于党的历史、党的建设，关于抗日统一战线等方面。斯诺在他的名著《红星照耀中国》（即《西行漫记》）的《在保安·共产党的基本政策》一节中，为了让读者了解"共产党和南京之间长期斗争的性质"，以便理解"中国共产党人今天的基本政策"，用相当大的篇幅"转述了洛甫的话"。后来，又将张闻天同他谈话的内容，以《洛甫论党的问题》为题作为单独的一篇（第十二篇），写到他的《红色中华散记》中去。张闻天向斯诺阐述了五四运动以来中国革命发展的历史，说明"现在同过去的主要差别是对红军和苏维埃的政策作了调整，以适应把民族解放作为阶级解放的先决条件的需要"。张闻天论述了中国共产党建立国际反日统一战线的策略，指出："现在对中国的经济以至对中国的政治主权最大的直接威胁是日本帝国主义。我们在现阶段所关心的，是要取缔日本帝国主义的［在华］利益，因此我们主张立即没收这类企业，剥夺其经营权，采为正在进行民族解放斗争的中国人民造福。对于其他外国帝国主义，我们愿意采取温和的方针，按照苏维埃法律购买其重大利益，对帮助我们进行抗日战争或同我们合作的列强给以特别的照顾。"②这同5月15日中央会议讨论的精神也是一致的。

斯诺在1936年10月离开陕北根据地后，广泛报道了"红色中国"与红军的真实情况，积极宣传了中国共产党的抗日主张，成为头一个为统一战线所必需的、建立友好关系的工作铺路的人。③

指导白区工作

张闻天在瓦窑堡会议以后的主要任务是对统一战线工作的领导，一方面积极促进在"一二·九"学生运动后全国人民的抗日救亡高潮；另一方面尽可能地向国民党上

---

① 斯诺记述了毛泽东和他的这次谈话。斯诺说明："谈话先是全部用英文写出，之后在毛的要求下重新译成中文，再经他审阅通过。"这次谈话以《中国共产党和世界事务——和毛泽东的一次谈话》为题，载美国《美亚》（Amerasia）杂志1937年8月号。中译文收入《毛泽东一九三六年同斯诺的谈话》（人民出版社1979年版），部分内容写入《红星照耀中国》的第三篇《在保安》"共产党的基本政策"一节。经将这篇谈话同1936年5月15日下午1时开始的中央会议记录对照，毛泽东这次谈话的内容显然是答复斯诺到陕北之前、5月就已送到中共中央的问题单子。故笔者判断这次谈话先于7月16日《论反对日本帝国主义》那一次。因此，7月16日毛同斯诺的长谈并非通常所说的"首次"，而是"再次"。由于7月16日访问记和9月23日访问记（《论统一战线》）内容对当时局势特别重要，更为受众关心，斯诺将它们先行发表（1936年11月5日定稿于北平，11月11日发表于上海《密勒氏评论报》（The Weekly Review）），是合适的。

② 见斯诺《红星照耀中国》第三篇《在保安》中"共产党的基本政策"一节和《红色中华散记》第十二篇《洛甫论党的问题》。引文据《红色中华散记》（奚博铨译本），江苏人民出版社1991年版，第99页。

③ 对斯诺的这个评语出自毛泽东。转引自吴黎平为《毛泽东一九三六年同斯诺的谈话》一书写的前言，见该书第6页。

层领导人和军队将领宣传中国共产党的抗日主张,团结一切可以团结的力量。统一战线工作在当时形成了两个重点:白区工作和白军工作(重点是联合东北军)。张闻天在这两项工作中都发挥了重要的指导作用。

瓦窑堡会议一开完,张闻天就将加强对白区工作的领导、转变白区工作的策略提上了议事日程。在1935年12月29日的政治局会议上,具体讨论了北方局的工作。张闻天就领导人员和工作方针提出了主导意见。他指出,北方局"管理范围很大,与满洲、太原、热河、察哈尔都有关系。为加强对北方局的领导,需派得力的同志前往"。①派哪位领导同志到华北反日斗争最前线去当此重任呢?张闻天挑选了刘少奇。他同刘少奇在上海临时中央期间开始共事。他赞赏刘善于从实际出发,有独立见解,敢于坚持原则。在党内领导干部中很少有人像刘那样对白区工作特别是职工运动熟悉,富有斗争经验。实践已经证明,30年代初临时中央将刘少奇的正确主张作为机会主义来批判,并进行组织处分,完全是"左"倾路线的错误。从那以后,刘少奇在党内作用就没有得到充分的发挥。张闻天看到,现在正是用刘少奇的时机。会前,他先同刘少奇个别交谈,要他肩负这项重任,刘表示接受。张闻天向与会同志说明了自己已和少奇"商量"、"已得到少奇同意"的情况,郑重提出:派刘少奇去,以"中央驻北方局代表"的名义,"代表党中央在那里领导"。他还指出,"中央代表机关的设立更需要社会化"。对于北方局的工作方针,张闻天提出"主要的是党的新路线在实际环境中具体运用",也就是从实际出发贯彻瓦窑堡会议决议,具体运用抗日民族统一战线的策略路线。这次政治局会议按照张闻天的提议作出了决定。4月5日,中央政治局常委会讨论分工,又明确:"北方局甫管"(按:甫即洛甫,当时张闻天党内用名)。到1937年五六月白区工作会议,北方局的工作一直由张闻天分管。②

刘少奇(化名胡服)于1936年春到天津就任中央代表(后为北方局书记)后,贯彻执行中央提出的在实际环境中具体运用党的新的路线的工作方针,很实际地去了解环境,了解情况,很实际地去布置、计划与指导工作。他发表了《肃清立三路线的残余关门主义冒险主义》、《肃清空谈的领导作风》、《关于白区职工运动的提纲》等文章,又展开了党内教育和实际工作,阐述建立广泛的民族统一战线的策略思想,切实纠正关门主义和冒险主义。在刘少奇领导下,不过三四个月时间,北方工作就"有了基本的转变"。在党的组织建设方面,不仅加强了北平、天津市委的工作,"帮助环绕河北各省建立党组织,而且能够顾及到上海、西南、武汉等地党的建立等等"。③1936年7月,刘少奇派王同志携带他写给张闻天的汇报北方局工作的长信到保安。张闻天接读来信,又听了王的口头汇报,很高兴。他将刘的来信请中央领导同志传阅。大家都很重视北方局创造的"新的经验"。对刘少奇提出的问题及今后工作,张闻天于8月9

---

① 此处和以下引文均见张闻天1935年12月29日在政治局会议上的讲话记录。

② 张闻天1968年6月8日写的一份材料上说,1936年"兼管着北方局的白区工作",写过"对白区工作的策略问题的看法的材料","对北方局来电写些复电"。

③《中央给北方局及河北省委的指示信》(1936年8月5日),见《中共中央文件选集》(11),第60页。

日给他写了复信，① 同时还发了一个正式文件：《中央给北方局及河北省委的指示信》。

张闻天给刘少奇的长信，既是对北方局工作的具体指导，也是对国民党统治区开展统一战线工作策略原则的比较全面的论述。张闻天指出，对蒋介石系派别，我们党应"揭破"其"欺骗"，利用其"允诺"；"要善于经过各种社会团体在某些抗日问题上公开向他们提议实行统一战线"，"争取在它影响下的一部分优秀分子到抗日战线上来"，"同其他各党派的统一战线，亦应具体进行。陈铭枢派应很好的与之合作"。张闻天强调"白军工作现在特别重要"，在华北，对宋哲元的二十九军中的工作"现在特别重要，我们应该用最大的力量去进行"；并指出工作的重点在官长，"特别要抓住官长工作"，改变过去那种只做士兵工作不做官长工作的错误做法。对于各种群众运动，张闻天指出：工人运动"应该从底下做起"，"不是争取公开，而是利用公开"，即"利用合法"，"所有同志应到黄色工会、国民党工会中去活动"；要成立学生委员会，挑选学生领袖，让他们在党的学运方针指导下开展具体工作；要通过共同协商的方式领导救国会等群众团体；对于文化工作的同志，"更应该采取比较灵活的与机动的领导方式"，"狭小的左联、社联等组织应该取消"；"要利用各种各样的公开的名称组织青年群众"，"C.Y是应该取消的"；吸收入党的公开的学生领袖、群众团体的领导人以及白区官长等，应该是秘密党员，"特别党员"，他们应"埋藏在内部"，以适合于所处环境的方式利用公开进行活动。总之，要克服"一切旧的关门主义的传统"，"迅速转变斗争的方式"。对于北方局的工作方法与重点，张闻天也作了指示："你处现在应该避免多头的领导，而着力于华北工作的建立与开展。"

张闻天同刘少奇紧密合作，很快在党中央同北方局之间建立了两条秘密交通线，并设置了秘密电台。② 通过无线电密码，张、刘之间联系更为频繁。对于刘少奇的请示、询问和政策建议，张闻天很重视，总是及时给予答复。从总的策略方针、重大事件到具体的经费、人员，张闻天都及时向刘少奇通报、安排、提示。例如，一份电报通知刘少奇如何收款："胡收亲译。如有交通送款给何松亭时，来人的接头口号是：我姓张，是北平王先生叫我来的。何回答的口号是：王先生近来好吗？请坐。这样回答之后，来人即交款。"一份电报告诉刘少奇警惕叛徒和关心同志："据来人云，你们已与山西反省院之郭巨才（又名挺一）及张动二人发生关系。据我们知，此二人均出卖过我们同志，望注意。又，前山西省委书记乔力桢，现卧病在平，不知与你们有关系否，望加资助。"③

红军渡黄河东征以后，党中央接到了鲁迅、茅盾、宋庆龄等的来信；3月中旬，又有自上海来陕北的张子华汇报了上海地下党的情况；同国民党和南京政府联合抗日的秘密谈判刚开了头，也需要进行联络，于是，张闻天又及时地把同上海党组织建立联系、开展统一战线的工作抓了起来，决定派冯雪峰作为中央特派员前往上海。上海地下党是经过了几次大破坏以后留存下来的，情况复杂，同党中央又长期失去联系。

---

① 张闻天1936年8月9日给刘少奇的复信已收入《张闻天选集》。下文引用该信均据《张闻天选集》。北方局送信人为王同志即据此信。

② 据1936年7月30日政治局会议记录。

③ 所引两电发报时间前一电为1936年11月18日，后一电为1936年12月8日。

派冯雪峰去，首先是因为他在上海活动的时间长，同鲁迅、茅盾、胡愈之等熟识，可以先通过鲁迅等摸清情况，然后开展工作。张闻天同冯雪峰相知很深。早在20年代初，张闻天就知道这位在杭州一师读书的"湖畔"诗人了。30年代初在上海，冯在张闻天领导下主持党中央文委工作。1932年11月张化名"歌特"著文纠正文艺战线上的关门主义，冯转变及时，贯彻得力。到中央苏区后，冯又在张兼任校长的马克思共产主义学校任教务主任，后来参加了长征。东征山西，冯是地方工作委员会11名委员之一，在吕梁山区率领游击队开展游击战争，很有声色，政治局会议上有发言夸奖。① 以他的忠诚、机警和才干，去上海是合适的人选。

张闻天亲自向冯雪峰交代任务：第一是"外交"，同南京方面联络，促进联合抗日；第二是同上海各界救亡运动领袖（沈钧儒等）、群众团体建立关系，传达抗日民族统一战线的策略，扩大统一战线的组织；第三是恢复党中央与上海地下党的联系，建立上海党的工作，并发展上海原来已有的工作；第四是附带管一管文艺界工作。此外，周恩来亲自交给冯雪峰"建立一个电台"的任务，以便及时将情报报告中央，同中央联系。② 临行前，张闻天邀冯雪峰到自己的窑洞里吃晚饭，为他饯行。张闻天叮嘱冯雪峰："到上海后，务必先找鲁迅、茅盾等，了解一下情况后再找党员和地下组织。"③

冯雪峰化名李允生，于4月中旬同张子华一起出发，经肤施（延安）、洛川于21日抵西安。从这里立即登上东去的列车赴南京。他在南京逗留后到上海，在一个小客栈里住下之后，第二天就去找了鲁迅。冯雪峰按张闻天的指示开展工作，统一战线和党的工作都有进展。5月28日，冯雪峰即向张闻天、周恩来书面报告了情况。④ 5月31日，全国各界救国联合会（即"救国会"）在上海成立。制订《抗日救国初步政策》，宣言响应中国共产党"停止内战，一致抗日"的主张，这当然同冯雪峰的工作有关。他还及时了解了情况，联系了留在上海分散活动的一些已经知道是可靠的党员，成立了上海党的临时工作委员会，开始重建党的组织。冯同从莫斯科回国与国民党方面接洽谈判国共合作问题的潘汉年、胡愈之也接上了头，并互相配合开展工作。

7月6日，张闻天和周恩来在安塞联名复信给冯雪峰，指示进一步发展上层统一战线和群众抗日救亡运动，进一步克服关门主义，推动"停止内战，一致抗日"。信中还表示了对鲁迅和茅盾深切的思念之情，对他们"为抗日救国的努力"很钦佩，要

---

① 在1936年4月6日政治局会议上，周恩来发言中说到，在东征中"游击战争之开展，有七八县乡村群众参加游击，并自己组织，并能自己作战，如雪峰所率之游击队是。"（据会议记录）

② 据：冯雪峰：《回忆鲁迅》，人民文学出版社1957年版，第63—64页；冯雪峰：《有关一九三六年周扬等人的行为以及鲁迅提出"民族革命战争的大众文学"的口号的经过》，载《新文学史料》1980年第1期；张闻天：《1943年延安整风笔记》；1936年7月26日、30日两次政治局会议记录。

③ 据：访问刘英谈话（1981年12月6日）；张闻天：《1943年延安整风笔记》；胡愈之：《我的回忆》，江苏人民出版社1986年版，第307页。

④ 据史纪辛：《再谈鲁迅与共产党关系的一则史实》，载《鲁迅研究月刊》2001年第7期。冯书面报告原件存中央档案馆。

冯雪峰向他们"转致我们的敬意"。① 7月下旬，张闻天主持召开政治局会议，他将"上海工作"提出来作为讨论的问题之一。会议肯定冯雪峰去后，上海工作"正在开展"，"是有进步的"。同时又看到，冯雪峰的"工作范围太复杂，在外交方面、政治方面都要他负责，事实上是做不来的"。会议认为上海工作很重要，派去加强领导是需要的；并酝酿"派政治局的常委去，或者派较强的干部去"。对今后上海工作的发展，张闻天认为主要是扩大统一战线。他指出，对黄色工会的策略转变还不够；文化界的团体，救国会，组织上都比较狭隘；对南京各方面的活动也要扩大。按会议决定，张闻天给冯雪峰写信，指示他对统一战线更加扩大起来，要他重点抓建立上海党的工作，注意划分公开工作与秘密工作。② 上海方面的白区工作长期由张闻天分管，随着统一战线的发展，起着越来越重要的作用。1936年九月政治局扩大会议后，中央派潘汉年任中共谈判代表赴上海。后来又任命潘为中共驻沪办事处主任，冯为副主任。七七事变后，刘晓又立即被派往上海负责领导。这些重要人事安排，都是张闻天主持、经办的。

1936年7月30日，张闻天主持中央政治局会议，总结和部署白区工作。张浩（时任白区工作部部长）在报告中说："白区工作有很大进展，能够适时的抓紧中心进行，这是因为特别得到洛甫同志的帮助。"这次会议对统一战线工作各主要方面——远白区、近白区（根据地周围）、苏区、白区、少数民族、联络局（管交通）、外交部（管一般交往）作了分工，明确远白区工作仍由张闻天分管。③

为了推动白区工作的转变，张闻天十分重视培训白区工作干部。1936年秋天在保安办了一个白区工作训练班，张闻天亲自为学员们讲授《关于白区工作中的一些问题》。④ 这一长篇讲稿在1936年10月中旬即以小册子印行，产生了深广的影响。

《关于白区工作中的一些问题》分四部分：1.论公开工作与秘密工作；2.领导群众斗争的几个原则，3.白区党组织的建立与恢复，4.关于干部问题。这些问题都是当时转变白区工作所迫切需要解决的重要问题。张闻天提出，党在国民党区域的工作中，必须正确解决"有自己独立的秘密的组织，而同时又需要在群众中进行公开的活动"这个课题。他以过去"左"倾关门主义与冒险主义下白区工作失败的历史教训具体地说明，必须清楚地分别党内工作方法与群众工作方法的根本不同，把党的组织与群众团体的界限、秘密工作与公开工作的界限划分清楚，不相混淆，才能将公开工作与秘密工作正确地联系起来。他指出，在广泛的民族统一战线策略下，"应该决然取消那些最少数的先进分子的秘密群众组织，如像共产主义青年团、赤色工会、社联、左联等团体"，共产党员应该到各种现存的公开团体，甚至到任何反动的有群众

---

① 该信手迹藏中央档案馆，全文载《党的文献》1992年第4期，节录发表于1992年7月6日《人民日报》。

② 据1936年7月26日、30日两次政治局会议记录。张闻天致冯雪峰信迄今没有找到，内容概述据会议记录。

③ 据1936年7月30日政治局会议记录。

④ 收入《六大以来》（下）。其中第一、二部分收入《张闻天选集》。

的组织中去进行工作,像黄色工会、帮口、民团、保甲,国民党军队,哥老会、清洪帮等各种封建的秘密结社,各种文化教育团体,青年会、童子军,各地同乡会等"应该进去工作"。一切行动都要"群众化",适合于当时当地所处的环境,要做到:"那些群众团体事实上在我们领导之下,而外面却不知道他们是在我们领导之下,以至团体里面的群众也不必知道他们是在共产党的领导之下。"

张闻天以丰富的事例,阐述了领导群众斗争的一些基本原则。他指出,应当在了解当时当地情况的基础上,提出为群众拥护的适当的要求和口号,任何时候都不要提出过早的、群众还没有了解的口号,注意选择发动群众斗争的时机,在取得胜利后避免冒险主义与尾巴主义;寻找适当的斗争方法与手段,不要超过环境所允许的最高限度,要懂得在环境改变时迅速改变斗争的方式与方法,依照斗争发展的程度决定斗争的性质(从防御、反攻以至进攻);应该有自己一定的工作方向和对象,不要跟着自发斗争的方向转移;不论在何种情况之下,都要善于保存和巩固自己的力量,要善于团结各种同盟者,善于利用敌人内部的冲突与矛盾,集中力量反对当前主要的敌人。张闻天还从白区党的历史与现状出发,阐述了怎样发挥地方组织和基层支部的独立性以巩固组织,发展工作,怎样从具体实际工作开始,在工作中恢复和重建党的组织。他还较为系统地论述了党的干部政策与干部教育的方针,要求在斗争中培养无数忠诚的、密切联系群众的、有独立工作能力与不怕负责的、遵守纪律的优秀干部,去组织千千万万民众、率领浩浩荡荡的革命大军,进入抗日的革命阵地。关于组织工作的论述,其意义当然不仅止于白区工作。

在张闻天给白区工作训练班讲授之前,刘少奇在北方的党内刊物上已经发表多篇文章,对关门主义和冒险主义错误进行了尖锐的批评,对公开工作与秘密工作作了精彩的论述。这当然会给张闻天以启发。北方局和上海方面工作实践中提出的问题,也为张闻天提供了思考的材料和方向。张闻天《关于白区工作中的一些问题》所论,都来自实践而且也并不仅仅是个人的创造。但应该看到,张闻天的这本小册子,是中国共产党到那时为止对白区工作方针、原则、方法以及组织、干部等一系列重大实际问题的较为系统、全面的论述。由于它的强烈的现实针对性与指导性,由于它的周密辩证而又切合实用,也由于张闻天当时在党内的地位,所以,这本小册子对纠正冒险主义与关门主义,发展白区工作,扩大统一战线,广泛开展抗日救亡运动,起了很大的作用。

1936年10月19日,鲁迅在上海溘然逝世。噩耗由潘汉年发电报告在保安的党中央。张闻天为中共中央起草了"表示最深沉痛切的哀悼"的三个文件:《为追悼鲁迅先生告全国同胞和全世界人士书》、《致许广平女士的唁电》、《为追悼与纪念鲁迅先生致中国国民党中央委员会与南京国民党政府电》,并即电示刘少奇,要求在国民党统治区组织群众性的追悼鲁迅的活动:"鲁迅的死对于中国民族是巨大的损失,必须立即进行公开追悼鲁迅的动员。"电报详告中央追悼鲁迅的三个文件中对国民党中央和南京政府提出的"鲁迅先生遗体举行国葬"等八点要求,以及在整个根据地采取"在各地方及红军部队中举行追悼大会"等六项纪念活动的决定,并告诉他三个文件由"CSR"("红色中华新闻社"即"红中社"的英文略语)自10月28日起全文广播(文字）的时间，"请接收"。① 在国民党统治区，悼念鲁迅的活动同发扬民族精神、进行抗日救亡直接联系起来，成为"一二·九"学生运动以后又一次大规模的群众抗日救亡运动。直接组织这次活动的，在平津是刘少奇，在上海是潘汉年、冯雪峰和救国会领袖胡愈之（特别党员），而代表党中央进行具体指导的，是张闻天。

联合东北军

红军到达陕北以后，张闻天就重视联合东北军的工作。1935年10月22日，张闻天在吴起镇召开的中央政治局会议上，就提出要将保卫苏区的斗争变为直接的民族革命战争，因此要加强白区工作。② 当时陕甘苏区周围敌人共173个团，其中东北军60个团，第十七路军20个团。③ 会议认为，在陕甘苏区周围的敌军中，东北军是"围剿"陕甘苏区的主力，然而他们流亡关内，怀念故土，厌烦内战，要求抗日，对他们进行联合工作是可能的、有利的。到达瓦窑堡后，张闻天于1935年11月13日主持作出《关于开展抗日反蒋运动工作的决定》，其中确定白区工作"首先应该是东北军"，重申苏维埃政府与红军愿在共同抗日三条件下同一切抗日反蒋的武装部队订立作战协定。④ 11月28日的《抗日救国宣言》宣告"愿意更进一步同他们组织抗日联军与国防政府"，呼吁"立刻互派代表，协商具体进行办法"。⑤

这时，红军在南线取得了直罗镇战役（11月20日至24日）的胜利。张闻天于11月26日致电前线的毛泽东，提出对所俘东北军军官给以优待的政策："为了扩大我们抗日反蒋的影响与同盟者，此次所俘东北军军官中（师长亦在内）应给以优待，晓以抗日反蒋大义后大都释放。同时表示，红军不但不杀白军士兵，而且已不杀军官，以进一步瓦解白军上层。"这是将上层统一战线策略具体落实到东北军工作中的一个重要政策。毛泽东在这一天致函东北军五十七军代军长董英斌，告以优待政策，表示东北军部队"凡愿抗日反蒋者，不论过去打过红军与否，红军愿与订立条约，一同打日本打蒋介石"。⑥

1936年1月，党中央同东北军统帅张学良直接联系的建立，就是对被俘军官实行优待政策的结果。在1935年10月25日榆林桥战役中，红十五军团俘虏了东北军六十七军六一九团团长高福源。高毕业于日本士官学校，与张学良、王以哲（六十七军军长）关系密切。红军给他治伤，将他留在红军军事学校工作。通过参观学习和在红军中的生活，高接受了共产党"停止内战，一致抗日"的主张，主动提出愿意回去劝说张学良、王以哲同红军联合抗日。他在1936年初离开瓦窑堡，到洛川向王以哲、张学良当面汇报了他在苏区的见闻和红军联合一切抗日力量、停止内战、共同抗日的

---

① 据1936年10月22日和23日洛甫致胡服电。
② 1935年10月22日政治局会议记录。下文对东北军的分析亦据此。
③ 据1936年1月1日毛泽东致朱德电。
④ 见《中共中央文件选集》（9），中共中央党校出版社1986年版，第565页。
⑤ 同上书，第588页。
⑥ 据逄先知主编：《毛泽东年谱 1893—1949》（上卷），第490页。

主张。张学良在九一八事变中执行蒋介石的密令,不战而退,将东北三省拱手让给日本,遭国人唾骂,被斥为"不抵抗将军",内心非常苦闷。东北军流落关内,全军上下要求抗日,一心想"打回老家去"。蒋介石却调他们打红军,先在鄂豫皖,后又到陕甘苦寒地区,受尽冷遇。而在"剿共"战争中又迭遭败绩,损兵折将,军心涣散。张学良正彷徨歧路。他同日本帝国主义是家仇国恨,不共戴天。他总是想凭借东北军的实力光复东北,不愿打红军损失实力。他意识到长此下去不是办法,希望找一条新的道路。1935年10月下旬,他到上海同因"新生事件"而在狱中的爱国领袖杜重远密谈。杜批评张过去执行不抵抗政策以及执行"攘外必先安内"政策的错误,提出西北大联合的建议,要他联共抗日。12月中旬,他又在上海秘密会见东北义勇军将领李杜,李杜同杜重远的意见一致。所以,在高福源同张学良长谈之前,张思想上已经准备联俄联共抗日了。听高详谈共产党和红军的主张与情况后,张学良要高速回苏区联络,请红军方面派正式代表前来商谈。

高福源于1936年1月中旬返回瓦窑堡复命。毛泽东、张闻天、周恩来等同前线的彭德怀随即商定派中共中央联络局局长李克农赴洛川。李1月17日晚首先同王以哲晤谈;20日又会见张学良,会谈三小时。1月21日,党中央收到李克农自洛川来电报告:张学良表示愿意为成立国防政府奔走。东北军中同情中共抗日主张者不乏其人,他们对"剿共"态度消沉,愿意目前各守原防,恢复通商。①

李克农返回瓦窑堡汇报后,毛泽东、张闻天、周恩来等商量,决定立即采取主动行动,推进同东北军的联合和促成国防政府与抗日联军的建立。1月25日,公开发表《红军为愿意同东北军联合抗日致东北军全体将士书》,②提出在"誓死不作亡国奴"的口号下,红军愿意首先同东北军联合起来,为全中国人民抗日的先锋,来共同实现组织国防政府与抗日联军的主张,去同日本帝国主义作战。这封公开信所用的口号和所提的办法,完全符合东北军上下的心理,处处为东北军的境遇、前途着想,又处处从国家兴亡、民族大义着眼,情词真挚,感人肺腑。此信可说是中国共产党和红军对东北军进行政治争取的代表作。对于中共和红军的政治争取,张学良日后在致蒋介石忆述西安事变的长函中写道:共产党"彼时乃趁虚而入,善用攻心之策,彼等早在我方渗透,将内部真实的情绪,了如指掌,尔后,所用之口号和其行动,皆迎合我方上下之心理,使认为同道好友,自堕其彀中,毫不自觉。'知己知彼',共产党可谓确善发挥"。③

同时,张闻天又同周恩来、博古等反复商量,向全国通电,提出"召集全国抗日救国代表大会,正式组织国防政府与抗日联军"的主张。张闻天于2月2日在赴前线途中致电周、博等,提出"通电"的基本内容,包括会前必须实现的"停止内战,一致抗日讨蒋"等条件和会议必须讨论的问题等。2月5日,张闻天决定更改会议名称致周一电:"为统一名词起见,国防会议应改为全国抗日救国代表大会。"此后,周、

---

① 转引自《周恩来年谱》,第299—300页。
② 该件收入《中共中央文件选集》(10),中共中央党校出版社1985年版。
③ 转引自台湾《传记文学》第65卷第6期,1990年6月。

博对"通电"内容作了若干修改,如将"抗日讨蒋"改为"抗日讨逆"。2月16日,张闻天又通知周恩来:"同意你们关于通电的修改,望即刻广播、印发。"这个"通电"乃于1936年2月21日(红军东征渡黄河后一天)以中华苏维埃人民共和国中央政府的名义发表。① 在2月上旬,六十七军军长王以哲同我方交换了密码本,以便建立通讯联系。张闻天即将"与王通报之密本呼号"着人送交周恩来。② 当时六十七军军部驻在洛川,肤施、甘泉、鄜县都是它的防区,在陕甘苏区的南部与东部对红军形成包围之势,所以,张闻天十分重视同六十七军的关系,2月16日又致电周恩来特别交代,关于召集全国抗日救国大会的通电"单独给王以哲拍发一次"。

2月初,党中央决定再次派李克农前往洛川谈判。2月21日,张闻天、毛泽东、彭德怀从东征前线向在瓦窑堡留守的中央局发去中共中央及军委给李克农的训令。提出,张学良同意抗日,愿意同中共订立互不侵犯协定,但不同意讨蒋;不反对国防政府与抗日联军口号,但不同意马上实行这个口号;接受蒋介石的策略,即取消苏维埃红军、取消苏维埃制度与暴动策略。因此,我们的策略是:处处把张学良和蒋介石分开;求得互不侵犯协定的订立;坚持抗日救国代表大会,坚持抗日同讨伐卖国贼不可分离;如张提出取消苏维埃,则克农提出取消南京政府,在抗日报国代表大会中作取消双方政府、成立全国人民公意的政治制度的初步讨论;如张提出取消暴动,则克农提出取消一切国民党的压迫制度、封建剥削;要求停止内战,不拦阻全国红军集中河北,不反对红军充任抗日先遣队;原则不让步,交涉不破裂;等等。③ 当天,李克农等人从瓦窑堡出发,25日到达洛川。先同六十七军军长王以哲谈判,达成红军与六十七军共同抗日的五项局部性的口头协定,确定互不侵犯,各守原防,恢复交通,红白通商。这就保证了红军主力东征之后陕甘根据地的巩固,后方的安全。

3月4日张学良飞抵洛川,5日凌晨即同李克农谈判,气氛融洽、坦诚。张学良提出:为什么共产党的抗日民族统一战线不包括蒋介石?他认为,现在中国的国家力量几乎全部掌握在蒋手里,蒋也有抗日的可能,因此要抗日必须联蒋。李克农说明了不把蒋列入抗日民族阵营中的理由,并说,如果蒋放弃反共、反人民、不抵抗日本的反动政策,我们是可以考虑的。会谈最后,张学良提出,请中共在毛泽东、彭德怀、周恩来、博古中选派一位来肤施,与他共商抗日大计,时间由中共方面确定。④

张闻天等在3月5日即收到李克农关于会谈情况的报告,随即复电慰勉,并要李克农等到山西石楼前线当面汇报。

3月16日,张闻天同毛泽东、周恩来、彭德怀等在山西石楼附近听取了李克农关

---

① 这个"通电"收入《中共中央文件选集》(10),全称为《中华苏维埃人民共和国中央政府关于召集全国抗日救国代表大会通电》。改名是为了同红四方面军的宣传口径一致。当时张国焘已公开提出了"抗日救国政府"的口号。
② 据1936年2月8日张闻天致周恩来电。1936年1月15日毛泽东致彭德怀电谈派代表与张学良、王以哲谈判所提条件中,"立即交换密码"也是条件之一。
③ 据逄先知主编:《毛泽东年谱1893—1949》(上卷),第514页。
④ 关于张学良提出请中共派一负责人同他再会谈事,没有异说,但对他提的名单说不一。此处据《西安事变简史》,中国文史出版社1986年版,第27页。张学良致蒋介石回忆西安事变长函说是在毛、周中选一人。

于洛川会谈详细经过的汇报,认真研究了张学良的意见和要求,当即决定以周恩来为全权代表,到肤施去同张学良谈判。①

在周恩来赴肤施与张学良会谈之前,张闻天于4月5日在瓦窑堡召集了一次政治局常委会,商讨同东北军联合抗日等问题。张闻天针对当时蒋介石下令张学良进攻陕甘根据地的新情况,指出同东北军、张学良联合的方针不变。他说,张学良若向苏区前进,我们还是要加强对他的联合工作;同时,加强我们的武装力量,规定恰当的宣传口号,开展争取东北军下层士兵的活动。②

4月7日,周恩来由李克农陪同从瓦窑堡启程。张闻天对这次谈判十分关切。原定谈判于4月8日晚8时举行,由于六七两日空中无线电波干扰太大,又因肤施地区8日大雨、大雪,双方电台联络不上,只得推迟一天。而4月9日瓦窑堡又是大雪纷飞,张闻天担心影响谈判如期进行,即电询周恩来:"今早来电说今晚可同张、王会面,但今天此间下雪,不知能如谓[否]?"肤施地区9日天气晴好,张学良按约驾机前来。同行者有王以哲和刘鼎(上海党组织3月份派去)。周恩来等晚间8时入城,当即与张学良、王以哲在城内一座天主教堂里作彻夜长谈,直到第二天凌晨才结束。4月10日,张闻天就收到周恩来发来的关于会谈情况的电报,得知:张学良完全同意"停止内战,一致抗日";认识到要抗日只有以国防政府、抗日联军为出路,他愿酝酿此事;对十大政纲,研究后提出意见;对蒋,他认为蒋是在歧路上,部下有分化,但他"反蒋做不到",在公开抗日之先不能不受蒋令进占苏区,再不进兵无以回答蒋;希望共产党方面派有政治头脑而色彩不浓的人到他那里做事活动;等等。③

4月13日,周恩来回到瓦窑堡。张闻天立即召开常委会议,听取周恩来关于"肤施会谈"的详细报告。会议决定派一批干部加强对东北军的工作,如:刘鼎到张学良处继续谈判,白坚驻张处任联络员,李克农与王以哲保持密切关系等。还决定在肤施、宜川、洛川、茶店子、西安建立中共与白区的交通机关。鉴于张学良不能不执行蒋进犯苏区的命令,会议决定在关中加强军事力量,作出相应部署,并加紧抗日宣传,争取东北军不打红军。④

根据会议决定的精神,张闻天具体地指导了陕甘省委和白区工作部对东北军的工作。张闻天看到,张学良执行蒋的命令、配合蒋嫡系部队进犯苏区打红军,对张学良是不利的,因为这样一来,蒋的嫡系可乘机跟随进入东北军防区,且将东北军亦圈在里面。张闻天电示朱理治、萧劲光抓住张学良与蒋氏嫡系的这一矛盾,"要切实的善意的解释,东北军如果现在不反对蒋介石的命令,向苏区推进,构筑封锁线,对于东北军是极不利的"⑤,以此削弱与阻遏他们对苏区的进攻。当时,我方对东北军是"暗中协商,明则敌对"。这样做的结果,产生一个矛盾,同东北军上级官长"和",同下

---

① 据1936年3月16日彭德怀、毛泽东致王以哲电。此时张学良病,谈判推迟进行。
② 张闻天1936年4月5日在常委会上的发言记录。
③ 1936年4月10日周恩来致洛、毛、彭电。
④ 1936年4月13日常委会记录。
⑤ 1936年4月26日张闻天致朱理治、萧劲光电。

级军官与士兵"打"。张闻天及时发电报给张浩、朱理治，指出这样做"对于东北军上级官长有利，而对于我们则不利"，指示他们"现在所要改变的即是把这种协商的方法一直推行到中下级军官、士兵中去"。①此后，即执行上层同下层统一战线同时开展的策略。

4月底，东征红军决定回师。当时的环境推动了红军与东北军的联合，党对东北军的工作也已有了相当开展，张闻天及时地提出进一步发展对东北军统一战线工作的指导意见。在5月1日的常委会上，张闻天指出，对东北军工作的重点，过去主要是在王以哲的六十七军，这是正确的，现在应该加紧争取五十七军（当时军长为董英斌，后为缪澂流）。争取的方法，六十七军与五十七军应有些区别。有两种方法，一是"武装力量争取"，一是"政治争取"。对六十七军，基本上是政治争取，敌对的军事行动限于极窄小范围之内。对五十七军，要"军事、政治双方进行，须以相当武装对付"；同上级的谈判和对下级的工作要同时展开。他提议派李克农到五十七军去做工作，说"李去可由王以哲写信给五十七军"。对于争取东北军的策略，张闻天明确提出"我们现在不是教他立即变为红军"。②5月23日，常委会讨论东北军工作，周恩来同意张闻天5月1日提出的"争取"方针和不把东北军变为红军的策略，说："我们现在不是瓦解它，而是巩固它。"毛泽东同意张闻天关于工作重心的意见，说："工作中心摆在五十七军。"张闻天作总结性发言，进一步指明："我们现在是要巩固、壮大东北军。"在这次会上，他针对东北军工作中提出的问题阐述了许多重要意见，指出：要促进"东北军与蒋之分裂"，要在反日问题上"猛烈的攻击蒋介石"；"对政训处也要反对"，还要"分裂它的内部"；对东北军工作"主要是从外面去影响他，派人去要真正起作用"；在东北军中，"中国人不打中国人"是好的口号，"枪口朝天放"可做一运动；"抗日组织要加紧扩大，党的组织要谨慎，突击不相宜"；对苏区群众要好好解释我们对东北军所采取的策略，告诉他们东北军"是抗日部队"。③

5月份，中共中央有几次会议也讨论了东北军工作。通过多次讨论，决定将统一战线工作的中心放在局部的抗日统一战线的建立上，使东北军、十七路军、红军结成"三位一体"，争取首先建立"西北国防政府"，实现"西北抗日大联合"。这就把东北军工作放到了影响全局关键的极为重要的地位。

为进一步加强领导，在5月17日张闻天主持的常委扩大会议上决定成立东北军工作委员会（周恩来为书记）。④6月20日，党中央发布了《中央关于东北军工作的指导原则》⑤。这个文件就是依据四五月间多次政治局会议的意见形成的。当时表面上看来东北军王以哲部是在"进剿"红军，实际上双方的联合进入了一个新的阶段。6月21日国民党军高双城部袭击瓦窑堡，红军组织力量将它包围。23日让东北军进驻，

---

① 1936年4月26日张闻天致朱理治转张浩电。
② 张闻天在1936年5月1日常委会上的发言记录。
③ 1936年5月23日常委会记录。
④ 1936年5月17日会议记录，标题为"常委会"，到会10人，常委仅3人（洛、博、周），会上由罗迈宣布组织，故笔者称此次会议为"常委扩大会议"。
⑤ 见《中共中央文件选集》(11)。

党中央机关迁保安,就是双方达成了谅解的。①

党中央撤离瓦窑堡后,张闻天暂驻瓦窑堡东三四十里的杨家园子,毛泽东、周恩来驻凉水湾。7月初决定党中央驻保安,即启程赴安塞。②其时,正当两广事件爆发。毛泽东和张闻天等认为"西北国防政府有了迅速组织的可能与必要,我们应以西北的发动去配合两广的发动"。为力争此着实现,即约刘鼎(代表中共在张学良处联络)到安塞来商讨进一步开展对东北军的工作。这时,与共产国际电台联系"已畅通";刘少奇派回来的代表也到了安塞,得知"北方局工作大有进步";③又收到冯雪峰"前后来的三信",知道上海方面工作也有进展。④张闻天的心情是很振奋的。

7月5日,张闻天同毛泽东、周恩来一起出席安塞会议。他们听取了刘鼎关于东北军情况的汇报,要刘鼎按照《关于东北军工作的指导原则》放手大胆当好代表,做好东北军的工作,争取张学良。特别强调,对东北军的政策不是瓦解、分裂或把它变成红军,而是帮助、团结、改造,使之成为抗日的力量,成为红军可靠的友军。⑤8月9日,张闻天、周恩来、博古、毛泽东致函张学良,答复他提出的意见和问题,建议"兄部须立即准备配合红军选定九十月间有利时机决心发动抗日局面,而以占领兰州,打通苏联,巩固内部,出兵绥远为基本战略方针",提出"对南京坚持表面不破裂,实际则随时准备作战,但他不来攻我不去打"的策略,立即派潘汉年前往西安与张学良面商行动大计,并表示准备派潘汉年、叶剑英、朱理治到西安同刘鼎一起协助张学良工作。⑥当时,红二、四方面军将北出甘南,蒋介石解决西南问题后有极大可能转而进攻西北,此信将"发动抗日局面"提到行动计划上来,是为实现西北抗日联合的重要一着。按党中央决定,叶剑英、彭雪枫、朱理治9月到西安,进行了卓有成效的工作,形成了红军、东北军、西北军(即十七路军)三位一体的局面。

张闻天对联合杨虎城的工作也很重视。杨当时任西安绥靖公署主任,第十七路军总指挥,是陕西实力派的领袖。1935年12月,党中央就派汪锋持毛泽东的亲笔信去见杨,提议"共组抗日联军,设国防政府"。1936年3月中旬,张闻天和其他中央领导同志一起,在山西前线听取了北方局联络处长王世英的汇报,了解到:北方局几年来对十七路军做了不少工作,有较好的基础;《八一宣言》发表以后,1935年10月北方局即派申伯纯同杨商谈联合抗日,经多次磋商,于1936年2月同杨虎城达成红军与十七路军共同抗日、互不侵犯的四项协定。在张闻天主持的3月"晋西会议"上,肯定了同杨联合的方针。张闻天和周恩来、博古等回到瓦窑堡后,鉴于当时军事形势的变化,在4月5日的常委会上,又着重讨论了对杨的联合问题。杨虎城在1927年

---

① 撤离瓦窑堡的决定是1936年6月14日中央政治局会议作出的(据会议记录)。6月19日,周恩来电告王以哲:如果中央军将占领瓦窑堡,我们必事先通知你们,由东北军占领。
② 1981年12月4日萧扬、张培森访问连庆浦谈话记录。
③ 两事均见1936年7月2日洛甫致博古电。与国际电台联系畅通的时间据考证为6月26日。
④ 张闻天、周恩来致冯雪峰信(1936年7月6日)。手迹藏中央档案馆,全文载《党的文献》1992年第4期,节录发表于1992年7月6日《人民日报》。
⑤ 据张魁堂:《刘鼎在张学良那里工作的时候》(三),载《党的文献》1988年第4期。
⑥ 信藏中央档案馆。潘汉年于8月中旬带此信去西安见了张学良,但后因另有任务,未留在东北军工作。

国共分裂后，仍然坚持孙中山"联俄、联共、扶助农工"的三大政策，保护了一些共产党人。他还曾有自己要做贺龙的愿望，申请参加共产党，中共中央也"允其加入"，可惜未能履行入党手续。①1931年任陕西省主席时，他还任用共产党员南汉宸为省政府秘书长；九一八事变后多次请缨赴前线抗日，均遭拒绝。他对蒋介石的独裁统治和"攘外必先安内"政策是坚决反对的。所以，张闻天在会上指出，对杨虎城的联共抗日应充分估计，要看到，在国民党部队的将领中，国共分裂后"能保存我们同志者是很少的"。肯定杨虎城是可靠的同盟者。同十七路军"我们可以诚恳谈判，困难可设法同他解决，表示对他好意"。张闻天还提出，十七路军"受威胁时"，红军"可配合行动"；对十七路军的工作应抓紧进行，指示"电台快去"，"林（按：疑即指王世英）先去西"。②会后，王世英即赴西安见杨虎城商谈，转告中央意向，说明现在蒋介石调军队入晋，令张、杨出兵，实是日本帝国主义"广田三原则"的具体实施，请杨采取"瞒上不瞒下"的办法应付，进入某些部分苏区后即止，使"彼我皆无大损失"；并请他同张学良改善关系。以后，党中央又续派张文彬（于8月）、汪锋（于9月）到西安地区开展对杨虎城及十七路军的争取、联合工作。为进一步加强对十七路军的统一战线工作，还成立了由贾拓夫等组成的西北军工作委员会。在一段时间里，它的工作是由张闻天直接领导的。③

在联合张、杨的同时，张闻天也没有忽略对其他地方实力派的联合工作。在4月5日常委会上，他提出，我们对各种派别的态度现在要转变，我们应该相信在抗日问题上可以结成联盟。我们不应简单地痛恨他们，而要争取同他们在抗日或某些问题上订立协定。他还具体地指出，"马占山部队中可大大活动"；"阎（锡山）、宋（哲元）、孙（殿英）等部分可分化其部队"；"孙部我们不是去替他招兵马，主要活动在抗日问题"；对民团及土匪，负责侦查、情报工作的"特科"，"可用红军名义去活动"。④东征回师以后，同各地方实力派的统一战线工作广泛开展起来。到1936年夏秋，通过各种渠道，先后同宋哲元、刘湘、傅作义、阎锡山、李宗仁、李济琛等都建立了不同程度的联系。

为了适应对国民党各派部队联合战线发展的形势，张闻天又在1935年7月27日的政治局会议上建议，中央应成立白军工作委员会，或者白军工作部，其任务是按国民党各派武装部队的实际情况有计划地开展工作，并提议"这一工作以恩来同志负责"。会议决定成立白军工作部，由周恩来负责。⑤这个统一的领导机构的建立，进一步推进了对国民党军队的统战工作。

---

① 1928年10月9日中共中央给东京市市委的信中说："杨虎臣中央已允其加入，交由你们执行加入手续。"转引自冯建辉：《中共中央曾批允杨虎城加入共产党》，载《党史研究资料》1987年第10期。冯文分析杨未能履行入党手续的原因是中央信件到达日本较晚，而杨于1928年11月中旬以前已回国。
② 张闻天1936年4月5日在常委会上的发言记录。
③ 李华生：《回忆张闻天同志在陕北的革命业绩》，见《回忆张闻天》，第102页。
④ 张闻天1936年4月5日在常委会上的发言记录。
⑤ 1936年7月27日政治局会议记录。

战胜分裂，实现三大主力会师

1935年到1936年，中共和红军内部存在的最大困难以至危机，是张国焘搞分裂。自从毛泽东、张闻天等率领右路军中的红一方面军部队脱离险区北上以后，张国焘的反党分裂活动愈演愈烈。张闻天同毛泽东密切合作，同张国焘的分裂主义进行了坚决的斗争，同时又对张国焘做了许多团结、争取工作，最终避免了党和红军的分裂，于1936年10月实现了红军第一、二、四方面军三大主力会师。毛泽东、张闻天等领导党和红军战胜分裂的斗争历程，是成功处理党内矛盾的范例。

1935年9月12日俄界会议后，张闻天同毛泽东、周恩来等在北上途中，连续致电张国焘，要他从错误中自拔，随中央"北上"。张国焘不仅拒不受命，于1935年9月17日发布"南下"命令，驱使红军向天全、芦山、大小金川一带退却，而且反诬党中央北上抗日是"逃跑"，并反对左路军中主张同中央一起北上的朱德和刘伯承。9月底，张国焘接收到同党中央久已失去联系的红二、六军团电台的空中呼号，遂利用红军总部的密码和总政委的名义，同红二、六军团建立了通讯联系，自以为可以将红二、六军团置于自己的控制之下（红二、六军团同党中央的直接联系从此被张切断，直到1936年5月18日中央向张国焘索要了密码后才恢复）。

1935年10月5日，张国焘公开打出反党分裂旗号，在理番县的卓木碉（今属四川省马尔康县）宣布另立"中央"，自封"中央主席"，并通过"决议"宣布张闻天和毛泽东、周恩来、博古"应撤销工作，开除中央委员及党籍，并下令通缉"。12月5日，张国焘致电党中央，狂妄地声称："此间已用中央、少共中央、中央政府、中央军委、总司令部等名义对外发表文件，并和你们发生关系"，"你们应称党的北方局、陕甘政府和北路军，不得再冒用中央名义。"①

毛泽东、张闻天等以最大的耐心，采取恰当的方法，同张国焘反党分裂活动开展斗争。他们相信随左路军行动的朱德同党中央是一致的，可以通过朱德做团结争取张国焘的工作；同时又估计仅仅是党中央对张国焘进行教育不足以挽救张国焘，在当时必须借助共产国际的权威。毛泽东、张闻天与林育英商量，由林以"国际代表"的特殊身份出面来教育、帮助张国焘；党中央同张国焘之间的组织关系也用变通的办法处理。

1935年12月22日，林育英致电张国焘，劝告他注意党内团结，并就组织统一问题提出意见："可以组织中共中央北方局、上海局、广州局、满洲局、西北局、西南局等，根据各种关系，有的直属中央，有的可由驻莫中共代表团代管，此或为目前使党统一的一种方法"，要张国焘"熟思见复"。然而张国焘执迷不悟，1936年1月6日给林育英复电，继续自称"中共中央"，继续攻击党中央的路线是"反党的机会主义路线"。

针对张国焘坚持分裂的错误，张闻天于1936年1月13日致电张国焘，给以严肃

---

① 此电内容转引自1936年7月14日中共中央给共产国际书记处的报告。本节所引其他电文引自档案，不另注明。

批评，劝诫他"自动取消"另立的"中央"："我们间的政治原则上争论，可待将来作最后的解决，但别立中央妨碍统一，徒为敌人所快，决非革命之利。此间对兄错误，未作任何组织结论，诚以兄是党与中国革命领导者之一，党应以慎重态度出之。但对兄之政治上错误，不能缄默，不日有电致兄，根本用意是望兄改正，使四方面军进入正轨。兄之临时中央，望自动取消。否则长此下去，不但全党不以为然，即国际亦必不以为然，尚祈三思为幸。"①1月16日，党中央秘书处又将瓦窑堡会议内容摘要电告张国焘。然而张国焘一意孤行，于1月20日致电林育英，竟宣称以张闻天为总书记的合法的党中央是"假冒党中央"，要求"自动取消中央名义"。在这种情况下，1月22日，中央政治局会议作出了《关于张国焘同志成立第二"中央"的决定》，指出"张国焘同志这种成立第二党的倾向，无异于自绝于党，自绝于中国革命"②。根据这个决定，党中央发电报"命令张国焘同志立刻取消他的一切'中央'，放弃一切反党的倾向"；同时，在党内公布了1935年9月12日俄界会议作出的《关于张国焘同志错误的决定》。

不过，在党的组织关系上仍采取变通办法。1936年1月23日，身处红四方面军中、同张国焘分裂行径坚持斗争的朱德给张闻天发来电报，认为"现值革命新的高涨，党内急需统一"，为了避免对外不一致，他提议，暂时名义上南北各称南方局、北方局，"以国际代表团暂代中央职务"。张闻天于1936年1月24日电复朱德，表示"接读来电，至为欢迎"，说明"弟等所争持者为政治路线与组织路线之最高原则，好在国际联络已成，尽可从容解决"。表示采纳朱德来电提议，说"兄处仿东北局例，成立西南局直属国际代表团，暂时与此间发生横的关系，弟等可以同意。原有之西北局、北方局、上海局、南方局的组织关系照旧，对内外均无不妥"。③张闻天提出的是一个既坚持最高原则（党中央为全党的最高领导机关不称北方局；前提是张国焘"放弃第二党组织"），又从当时实际出发作出一定妥协（党中央暂不垂直领导四方面军，而只发生平行关系）的方案。同日，林育英致电张国焘，告之"共产国际完全同意于中国党中央的政治路线"，"兄处即成立西南局，直属代表团。兄等对中央的原则上争论可提交国际解决"。在这样的情况下，张国焘又提出他的无理要求，要"国际代表团暂代中央"或将中央设在白区，要党中央和他另立的"中央""同时改为西北局和西南局"。④张闻天断然否定张国焘的办法，坚持合法的党中央的领导地位。关于战略方针，提出四方面军和二、六军团"一过岷江，一过长江，第一步向川北，第二步向陕甘，为在北方建立广大根据地"。⑤同时，对张国焘等关于瓦窑堡会议决议的"增修意见"逐条予以答复，并提出"统一对外步骤"，"希兄方采取一致办法"，发展抗日民族统一战线。⑥

---

① 《张闻天选集》，第80页。
② 《中共中央文件选集》(11)，第3页。
③ 《张闻天文集》第2卷，中共党史出版社1993年版，第69页。
④ 1936年1月27日张国焘复林育英、张闻天电。
⑤ 1936年2月14日林育英、张闻天致张国焘电。
⑥ 1936年2月9日张闻天致张国焘并转诸同志电，见《张闻天文集》第2卷，第71—72页。

张国焘对党中央、张闻天的意见置若罔闻,继续坚持另立的"中央",推行"南下"方针,致使红四方面军遭到严重损失。至2月下旬,南下时的8万部队,只剩下了4万人。张国焘"南下"失败后,又变计"西进",鼓吹先在康、川、青边少数民族地区发展,并于5月初在甘孜建立"波巴依得瓦政府"(藏族人民政府)。但甘孜一带是藏民居住地区,人烟稀少,粮食缺乏,几万红军被困西康一隅,难以生存发展。严峻的现实证明了党中央关于"南下是绝路"的预言,证明张国焘分裂活动和逃跑方针是完全错误的。

5月上中旬,毛泽东、张闻天、周恩来等在总结东征、部署西征以后,又商讨继续团结、争取张国焘的问题。这时,任弼时、贺龙、萧克、关向应率领红二、六军团已北渡金沙江,将要同红四方面军会合,党中央同红二、六军团的直接联系也终于恢复了。5月20日,林育英、张闻天、毛泽东、周恩来等致电红四方面军和红二、六军团负责人,告诉他们瓦窑堡会议以来在党中央领导下取得的巨大胜利,说明中央同红四方面军可以"暂时采用协商方式",现在"唯一任务是全党全军团结一致,反对日帝与蒋介石",为求革命胜利,应"以和协团结、努力奋斗为目标"。5月25日,林育英、张闻天、毛泽东、周恩来等又致张国焘等电,要求红四方面军与红二、六军团"宜趁此十分有利时机与有利天候速定大计"北上,并告同东北军"秘密约定,不加拦阻"。5月28日,张闻天在瓦窑堡主持了中央政治局会议。会议估计张国焘有改变错误之可能,为了团结、争取张国焘,使红四方面军与红二、六军团北进甘南,大家同意毛泽东的意见,确定"组织上可以让步到不一定受我们指挥"。①

就是这样,在5月下旬,张闻天和党中央领导同志一起通过电报往返对张国焘反复进行了说服教育。张国焘在"南下"破产,"西进"失利,处境窘迫的情况下,在朱德、刘伯承、徐向前等帮助、敦促下,加之红二、六军团又很快就要前来会合,他的第二"中央"再也不能继续下去了。1936年6月6日,张国焘不得不宣布取消他别立的"中共中央",成立"西北局"(本应成立"西南局",因电文错译而为"西北局"),②勉强同意北上。不过,他并不是想同中央会合,所以出动的方向是"向夏、洮西北行动",并要二、六军团随后"跟进"。张闻天在6月12日中央政治局会议上提出,关于出动方向要"给二、四方面军以指示"。③6月19日,张闻天等电示:"关于二、四方面军的部署,我们以为宜出至甘肃南部而不宜向夏洮地域"。至6月28日,张国焘才发出北上命令,同意中央关于北上到甘南的意见。但在此后的行动中,张国焘还是一直迟疑、反复,不愿同中央会合。

7月2日,红二、六军团齐集甘孜,同红四方面军主力胜利会师。会师前一天,林育英、张闻天、毛泽东等致电庆祝,欢迎他们"北出陕甘与一方面军配合以至会合"。④7月5日,党中央电令红二、六军团组成中国工农红军第二方面军。从此,红二方面军重新得到党中央的直接指挥,结束了张国焘凭恃通电密码而直接指挥红二、六

---

① 毛泽东在1936年5月28日政治局会议上的报告记录。
② 据成仿吾:《记叛徒张国焘》,北京出版社1985年版,第128页。
③ 张闻天在1936年6月12日政治局会议上的结语记录。
④ 《中共中央文件选集》(11),第48页。

军团将近一年的不正常状况。

为了策应红二、四方面军北上,党中央和军委一方面派二十八军南下接应,另一方面开展对东北军的联合工作,使其不拦截北上红军。同时,彭德怀率领的西方野战军向甘肃、宁夏进攻,吸引了大批国民党军。根据当时敌我态势,林育英、张闻天、毛泽东等7月22日致电朱德、张国焘、任弼时,指出"二、四方面军迅速出至甘南为有利",届时可"取得三方面军的完全会合,开展西北伟大的局面"。7月25日,张闻天又发电催询:"我们盼望你们早日北来,能于8月中旬到达甘南否?"7月27日,党中央正式批准成立中共西北局(张国焘任书记,任弼时任副书记),统一领导红二、四方面军。但张国焘并没有改变同中央对抗的立场。

8月8日,红二方面军北出草地到达包座地区。这时,红四方面军在此之前一星期已经占领这里。彭德怀率领的西方野战军于8月初结束西征,转入整训,准备配合北上的红二、四方面军在陕甘大道对敌人"南北夹击"。红二、四方面军进入甘南和一方面军西征胜利,形成了十分有利的形势。张闻天于8月15日发表《欢迎北上抗日的二、四方面军》一文,指出:"现在已经没有任何天然的或人为的障碍,能够阻止我们三个方面军的会合。"①

9月14日,中共中央和中革军委作出具体部署,张浩、张闻天、周恩来、博古、毛泽东联名致电朱德、张国焘、任弼时通报此事。要求进抵甘南的红四方面军立即占领隆德、静宁、会宁、通渭地区,控制西(安)兰(州)大道,与红一方面军部队靠近,阻胡宗南部西进;红二方面军仍在西兰大道以南,包括陕甘边和甘南,担负钳制敌军的任务;同时,派红一方面军的部队挺进西兰大道以北,迎接红二、四方面军北上会师,争取两个月后夺取宁夏。但这时张国焘又对北上与党中央、红一方面军会合的方针动摇,他违背9月16日至18日他自己主持召开的中共中央西北局岷州会议作出的北上同中央会合的决定,和为实施中央宁夏战役部署而制定的《通(渭)、庄(浪)、静(宁)、会(宁)战役计划》,于9月21日命令红四方面军撤离通渭等地,调头西进,准备即从兰州以西永靖、循化一带西渡黄河,进到凉州、永登地区,并认为先机占领甘北,是"目前最重要一环"。实际上是仍不愿放弃其脱离中央以自成一个局面的打算。9月22日,朱德将张国焘不愿北上、坚持西进和自己反对西进、正设法挽救等情况电告中央。

在这紧急关头,林育英、张闻天、毛泽东等一起,接连致电张国焘和红二、四方面军领导人,制止张国焘的动摇,力促迅速实现红军三大主力的会合。9月23日电说明,中央已向部队大动员拥护与庆祝会合胜利。24日又致电强调中央内部的团结一致,与张国焘之间的争论应一概不谈,集中全力与团结内部执行当前军事政治任务。强调应集合三个方面军于静宁、会宁、定西一线及其南北,给胡宗南以相当打击,使其不能达到隔断红军、各个击破的企图。并说关于统一指挥等问题正等待张国焘等北上商讨一切。②

---

① 《张闻天选集》,第101页。

② 《育英、洛甫、恩来、泽东、博古、稼祥关于当前军事政治任务致朱、张、任等电》(1936年9月24日),转引自李海文、熊经浴:《张浩传》,当代中国出版社2001年版,第176页。

9月26日,朱德与张国焘等致电林育英、洛甫、毛泽东、周恩来、博古、王稼祥并告贺龙、任弼时、关向应、刘伯承:红四方面军已决定西渡黄河,并已按西渡计划行动。如兄等仍以北进万分必要,西渡计划万分不妥时,则请中央明令停止西渡,并告今后行动方针,弟等当即服从。显而易见,这是朱德为挽回当时已成危局所作的最后努力。

党中央领导人洛、毛、周、博和国际代表林育英等接到朱、张等26日来电,得知四方面军已按西进行动,当即果断决策,予以制止。9月27日,以毛泽东、周恩来、彭德怀名义①,给朱德、张国焘等连发三电,既耐心说服又明令禁止。指出:"一、四方面军合则力厚,分则力薄。合则宁夏、甘肃均可占领,完成国际所示任务;分则两处均难占领,有事实上不能达到任务之危险。一、四方面军合力北进,则二方面军可在外翼制敌;一、四两方面军分开,则外翼无力,将使三个方面军均处于偏狭地区。"如四方面军西渡,敌将先堵击青、兰线,次堵击凉、兰线,尔后敌处中心,我处偏地,会合将不可能,有一着不慎,全局皆非之虞。指示红四方面军的活动仍按9月18日的部署进行:"四方面军应即北上与一方面军会合。"还指出:"中央明令已下,请电令通渭部队仍回占通渭,其余跟即北上。"②

其时,徐向前到临洮后经调查得知,黄河以西气候寒冷,雪山草地道路难行,人稀粮缺,渡河计划难以实现,即向朱德、张国焘提出停止西进继续北上意见。党中央又来电明令禁止西渡黄河。张国焘只得放弃他的计划。9月27日当天,朱德、张国焘等即复电林育英、洛甫、毛泽东、周恩来、博古、王稼祥和贺龙、任弼时、刘伯承:"为尊重你们的指示和意见,同时据考查兰州西渡河须时较长,有可能失去占领永登一带的先机之利","决仍照原计划东进,以出会(宁)、静(宁)会合方面军为目的,部队即出动,先头(部队)约六号到界石铺,决不再改变。"③还有一封电报表示:"关于统一领导,万分重要","我们提议请洛甫等同志即以中央名义指导我们。"④张国焘终于作出了放弃与陕北保持"横的协商关系"而接受中共中央领导的表示。

由于党中央的耐心说服与明令禁止,朱德、刘伯承、徐向前、陈昌浩等的不断斗争和劝说,任弼时、贺龙、关向应等的推动,张国焘被迫停止西渡黄河计划而执行北进方针。9月28日,红四方面军总部发布《通、庄、静、会战役计划》。29日,重新下达北进命令。红四方面军随即由临潭、岷县、武山、漳县等地分六路纵队出发,向通渭、庄浪、会宁、静宁进发。

10月7日,红十五军团七十三师及骑兵团在会宁城与红四方面军先头部队四军一部会合。10月9日,朱德、张国焘、徐向前、陈昌浩率红军总部、红四方面军总指挥部和红四军、红三十一军到达会宁,与红一方面军会合。10月10日晚举行了庆祝两大主力红军会师联欢大会。

为了进一步达到统一团结,张闻天于10月16日主持常委会会议,决定请"国际

---

① 毛和周、彭时任西北革命军事委员会主席和副主席。
②《朱德年谱》,人民出版社1986年版,第155页。
③ 同上。
④ 转引自李海文、熊经浴:《张浩传》,当代中国出版社2001年版,第177页。

代表"林育英前往红四方面军做政治工作。在常委会上，张闻天指出，林育英到红四方面军的任务是："代表中央传达中央和国际的决议。"工作的原则是："对一切具体问题，采取商量态度，要有弹性、有忍耐心。"①

毛泽东同意张闻天的意见。他发言作了进一步分析、阐述。他说：红四方面军拥护中央是真诚的。对红四方面军应该有个整理，并且应该经过张国焘，才更顺利些。我们应该帮助他，使他的进步能更顺利，并经过他将红四方面军整理好。张浩同志去的任务，主要在政治方面完成统一团结，将红四方面军的政治、军事、文化水平提高一步。关于国焘过去错误的性质与程度问题，原则上是不说的。但如说到时应指出：这一错误是严重的政治上组织上的错误；另一方面应指出是个别的、是机会主义性质的（对中央路线估计不足），但不是整个路线的错误。因为就其整个历史来说，还只是某个时期个别的错误。还有一点，如果他以后不再犯这样严重的错误，将来不一定提这一错误。如果仍继续发生这样的错误，那是应与之作斗争的。②会后，毛泽东又约张浩和同行的夔洪钧、刘导生到住地谈话，交代他们多看别人长处，少说别人缺点，注意搞好同红二、红四方面军的团结。③

张浩肩负促进统一团结的使命，从保安启程，于10月19日到达司心城，会见红二方面军领导人。11月上旬抵达关桥堡，会见朱德、张国焘，传达国际和中央的精神，谈了不少情况，并就军事部署进行了研究。张浩对张国焘诚恳地进行说服教育，还在红四方面军指战员中做细致的政治工作，介绍国内外形势和抗日民族统一战线的发展，宣传加强团结的意义，讲解中央的决策。对消除隔阂、增进团结起了很好的作用。

10月21日，红二方面军总指挥贺龙、总政委任弼时率红二军团到达静宁平峰镇，22日，到达会宁东北的将台堡，23日红六军团在兴隆镇，同红一方面军会师。至此，红军三大主力终于在甘肃会宁、静宁地区实现大会师。11月21日，三大主力红军在党中央统一指挥下一起进行山城堡战斗，打了一个大胜仗，从而胜利结束了举世闻名的长征，也完全结束了第二次国内革命战争。

---

① 1936年10月16日常委会议记录。
② 同上。
③ 据李海文、熊经浴：《张浩传》，当代中国出版社2001年版，第177页。

第十二章　西安事变前后

对"蒋"策略的演变

1935年12月瓦窑堡会议确定的抗日统一战线策略，将"抗日反蒋"作为基本方针。抗日反蒋并提，反映了当时的历史特点。

自"九一八"事变以来，蒋介石及其南京政府对日本帝国主义的侵略一直奉行妥协退让的"不抵抗政策"，而对共产党和红军，则在"攘外必先安内"的反动政策下反复进行"围剿"。当中央红军长征到达陕北时，中华民族已经到了最危险的时候，但蒋介石却依然不图抵抗外敌，而专事包围、"进剿"苏区与红军。在这种情况下，共产党和红军为了生存与发展，当然要把巩固、扩大苏区与发展红军作为基本任务，把统一战线的重点摆在联合东北军、十七路军等地方实力派和发展白区工作方面。在当时，把1927年叛变革命，十年内战中屠杀工农，与中国共产党和红军结下血海深仇而在日寇侵略、大敌当前的形势下仍坚持其反共灭红和不抵抗政策的蒋介石视为主要敌人之一，是势所必然。

然而，中国共产党是以国家与民族利益为重的。广泛的统一战线策略的基点在于抗日。抗日民族统一战线是否包括蒋介石在内，并不决定于中共的主观愿望，而是取决于蒋氏之是否抗日。所以，一当出现蒋氏向抗日的方向动摇的迹象，毛泽东、张闻天、周恩来等立即从实际出发，主动地、适时地调整对蒋策略，表现了高度的革命灵活性。不过，从"反蒋"到"联蒋"实非易事。这一策略转变经历了中国现代史上最为曲折复杂、惊心动魄的斗争，成为大变动的1936年的主要历史篇章。

1936年2月底3月初，张闻天等在山西石楼前线接到博古从瓦窑堡发来的电报，得知南京当局通过关系派专人送信到瓦窑堡，表示要同中共谈判联合抗日问题，希望中共中央立即答复。这在国共两党关系史上是一件大事。它首先产生的影响是促使共产党对蒋方针开始发生变动。

同共产党和红军打了十年内战的蒋介石为什么在这时有此表示、欲同共产党秘密谈判呢？决定的因素是华北事变后日本帝国主义独占中国的侵略行动直接危害和威胁英、美等国和蒋介石统治集团的利益。蒋氏为维持其统治，不得不考虑调整其内外政策。蒋在1935年11月国民党第五次全国代表大会上开始作出将改变妥协退让政策的表示。他虽然仍讲"和平未到完全绝望时期，绝不放弃和平，牺牲未到最后关头，也不轻言牺牲"，但同时也表示，"和平到完全绝望时期"，"牺牲到最后关头"，他即"听命党国，下最后之决心"。与此同时，对外，改善同苏联关系，以争取苏联的支持与帮助；对内，企图并用政治与军事两手策略，在军事"围剿"的同时，通过"谈判"，收"溶共"和"收编"红军之效。

1935年12月，蒋介石对苏联驻华大使鲍格莫洛夫表示，希望苏联"能够促进国共团结"（但苏联驻华大使拒绝苏联政府在国共谈判中充当中间人）。1936年1月，蒋又告诉这位苏联大使，他"准备同意中共合法化，但不能让中国红军存在"。随后蒋又表示："可以在以下基础上同共产党达成协议：红军承认中央政府及司令部的权威，同时保留自己目前的编制，参加抗日战争。"蒋介石试图以同中共的谈判来改善对苏关系，同时又想借助苏联的影响来"政治解决"中共问题，达到"溶共"目的。

蒋介石除了在外交场合表态外，还于1935年底派陈立夫秘密赴苏谈判，希望订立共同对日的军事同盟。后蒋考虑时机尚不成熟，令已到德国的陈可国在南京同苏联驻华大使交涉，又令回国述职的中国驻苏使馆武官邓文仪赶回莫斯科（邓1936年3月初抵莫），同苏联的一些高级将领和中共驻共产国际代表团接触。在国内，蒋介石设法同共产党建立联系。他指派陈立夫负责打通同共产党的关系，同时要宋子文想办法。

陈立夫把任务交给了CC系要角铁道部次长曾养甫。曾即于1935年11月底委派在铁道部任劳工科长的谌小岑去寻找共产党的关系。曾、谌是天津北洋大学同学，而谌早年参加过"觉悟社"，同周恩来、邓颖超有旧谊，和进步的文化人有来往。谌小岑通过翦伯赞（时任司法院副院长覃振的秘书）邀来吕振羽（时任北平中国大学教授，尚未加入共产党），同中共北方局建立了联系。另外，谌小岑通过左恭（中共地下党员，时在南京中山文化教育馆工作），认识了由上海地下党介绍的一位熟悉陕北地形的"黄先生"。这位黄先生的真名叫王绪祥，宁夏人，党内名张子华。张子华向谌建议：由国民党派人直接去陕北。张子华后来还以长江局代表的身份到南京同曾养甫会晤。

宋子文在1935年底找宋庆龄商议怎样向中共中央直接传递国民党要求谈判的信息。1936年1月，宋庆龄将上海的一位牧师董健吾请到家里。这位董牧师同宋子文是上海圣约翰大学同学，共产党员。宋庆龄交给董一封信，要他送到陕北面交中共中央领导人。行前，宋庆龄又给了他一张财政部长孔祥熙签署的委任状（委任董为"西北经济专员"），以保障旅途方便与安全。

上海的中共特科获悉此事后，决定派张子华随董健吾同赴陕北。张通过谌小岑征得曾养甫的同意，遂与董结伴西行，于1936年1月抵西安。时值严冬，遍地冰雪，加之陕北苏区处于国民党军队的包围封锁之中，董、张在西安滞留了40天，未能找到合适的交通工具与安全进入苏区的路线，只得请张学良协助，通过东北军的掩护前往。这样，他们终于在1936年2月27日到达瓦窑堡。第二天，董健吾（进苏区后化名周继吾）即将宋庆龄托带的密信呈递给在瓦窑堡留守的中共中央常委博古。董、张二人还谈到，国民党内孙科、于右任、张群、冯玉祥等均主联俄联共；蒋嫡系中也不是铁板一块，有的主张联红反日，有的主张联日反红；蒋介石本人有与红军妥协反日的倾向。①

博古立即电告在山西前线的张闻天、毛泽东、彭德怀和在陕北前线检查工作的周恩来。张、毛、彭3月2日复电要博古同董健吾等人一起到山西石楼，面商同国民党联络这一重大问题，并要周恩来一同前来。这时，董感到此行已经迁延多日，如前往山西石楼费时更多，为使国共双方迅速磋商大计，宜由中共对南京当局的意向作一答复，由他急回南京、上海复命。张闻天、毛泽东、彭德怀遂于3月4日12时致电"博古同志转周继吾兄"，同意他"即返南京"，明确表示中共"为联合全国力量抗日救国"，"愿与南京当局开始具体实际之谈判"，提出与南京当局谈判的五项条件："（一）停止一切内战，全国武装不分红白，一致抗日；（二）组织国防政府和抗日联军；（三）容许全国主力红军迅速集中河北，首先抵御日寇迈进；（四）释放政治犯，容许人民政治自由；（五）内政与经济上实行初步与必要的改革。"②董健吾第二天即带着这个密件离开瓦窑堡返南京。张闻天等的电文，在国共两党中央中断了十年联系、开始在国内重新直接接触之际，提出了同国民党当权派联合抗日的基本条件；电文中未提"反蒋"，而强调"停止内战，一致抗日"，第一次向蒋介石和南京当局表示，在"抗日"的前提下，"反蒋"的方针并不是不可变动的。

3月中旬，与董健吾同来陕北的张子华随博古来到山西隰县大麦郊地区（今属交口县）。张闻天同毛泽东、周恩来、彭德怀等一起，听取了张子华关于同曾养甫、谌小岑接触的情况汇报，了解到陈立夫、宋子文寻找共产党中央希望举行秘密谈判的具体情况，获悉国民党上层人物孙科、冯玉祥、胡汉民以及陈立夫等亲英美派有联俄联共一致抗日的意向。

就在这时，中共中央北方局联络处长王世英也来到这里，他向张闻天等中共中央领导人汇报了北方局同南京方面接触的情况。1936年1月，北方局代表周小舟已在吕振羽陪同下与谌小岑见面，打通了国共之间的关系。

3月16日，李克农也赶到石楼。他刚刚在3月4日至5日同张学良进行了第二次"洛川会谈"。李在3月5日已电党中央简要报告会谈结果，这时又当面向张闻天等党中央领导人详细汇报。关于对蒋方针，张学良1月19日第一次"洛川会谈"时即"不同意讨蒋"。③这一次会谈中更坦率陈述自己的看法，主张抗日必须"联蒋"。其时张学良因护送董健吾、张子华赴陕北，已经从董、张那里了解到南京当局正欲同中共中央秘密谈判联合抗日；彭德怀、毛泽东又于3月5日将中共中央提出的与南京当局谈判的五项条件告诉了张学良；④因此，他一方面更放心大胆地联共联红，一方面，更认为蒋有抗日可能。

1936年3月20日至27日，张闻天在山西前线主持了中央政治局会议（通称"晋西会议"）。这次会议的召开既是因为刚由莫斯科回来的刘长胜带来了共产国际"七

---

① 据1936年2月28日彭德怀、毛泽东致李克农电。
② 见《文献和研究》1985年第4期。
③ 据1936年2月20日洛甫、毛泽东、彭德怀给李克农的训令。
④ 见1936年3月5日彭德怀、毛泽东致张学良电。

大"决议的文件，需要进一步学习、贯彻；也是因为国共两党关系上发生了重大变化，对瓦窑堡会议确定的广泛的抗日统一战线策略方针，需要进行总结并作必要的调整、发展。

在晋西会议上，张闻天就共产国际七大决议和统一战线问题作了报告。[①] 他概括国际七大决议的主要精神为："一是集中力量反战反法西斯，二是建立广泛的统一战线。"以此衡量《瓦窑堡会议决议》，"基本上是同这些决议相符合的"。鉴于国际七大决议中关于欧洲的问题讲得多，关于中国的具体问题很少涉及，张闻天提出进一步贯彻国际决议的指导思想是："使之民族化，使之适合于我们的具体环境"。这是中共中央领导人首次明确提出要把共产国际指示"民族化"的思想，其实质就是不能将国际指示教条化、神圣化，而要把它同中国革命的具体实际相结合。张闻天的这篇报告，体现了这一指导思想。

在报告中，张闻天分析了1935年8月共产国际七大闭幕以后半年多来世界形势"新的变化"和在日本继续侵占华北情况下的中国国内形势。他指出，中国国内阶级关系有了新的变动，除了民族资产阶级"分化很明显"之外，"许多派别在抗日口号下表现活跃"，地主买办集团中有人"想找出路来联俄联共抗日"，"南京政府内部和一些军阀也在与我们接洽谈判"。这一切证明，在中国，尤其是华北，"爆发民族革命战争的局面正在形成"。在这种新形势下，"中国共产党的任务是，准备开展大规模的民族革命战争，反对日本帝国主义的侵略"。在战略任务上，张闻天反复强调，党的"中心任务是抗日"，"反对日本帝国主义尤其是中心"；在策略方针上，明确指出，"我们现在主张国内和平，联合对日"，"目前的关键，是建立统一战线——抗日的人民统一战线"，我们"必要而且可能与各种政治派别进行上层统一战线"。他认为，运用统一战线策略"没有死板的公式"，要依据不同的环境，利用每个事件。在各种阶层以至各种反动阶层中进行统一战线工作。他说："不分析反革命派别中的各个人，视同一律，就不能有统一战线。不用策略而只背诵教义，就不能有统一战线。"虽然报告中仍然把蒋介石看作"最反动的法西斯分子"的代表，但在策略上已经改变了"抗日"与"反蒋"并提的口号，而将"抗日"突出地放在"中心"位置，出现了用"联合抗日"取代"抗日反蒋"的趋向。经过会议讨论，对蒋的看法也有了改变，认为国民党中有民族改良派与民族革命派之分，蒋介石属于民族改良派。

张闻天还着重论述了实现上层统一战线的具体方针。他指出，应该"首先注意那些有群众的、有实力的、抗日的派别"；与各种政治派别、武装部队订立协定，可以先订部分的、地方性的协定。这种协定可以是公开的或秘密的，但一定要"着眼于争取广大群众"，要"讲原则"，协定订立后我们一定要"忠实遵守"。他还强调，在上层统一战线中，党决不抛弃自己的立场。要"宣传中国共产党的主张是唯一正确的主张"；对同盟者不放弃"严肃的批评"；对右派"进行最坚决的斗争，而不是迁就"。张闻天提出的这些原则，直接指导了当时正秘密进行着的同南京政府的谈判，以及同

---

① 张闻天1936年3月20日在政治局会议上的报告以《共产国际"七大"与我党抗日统一战线的方针》为题收入《张闻天选集》，以下引用该报告均据《张闻天选集》。

东北军、十七路军等地方实力派的联合工作。

关于统一战线的发展方向,张闻天没有照搬国际决议的规定,他从中国实际出发,指明:在中国建立统一战线的政权(抗日联军、国防政府),同欧洲各国相比,"有两点不同:一是革命的发展不平衡,二是已经有了苏维埃"。他提出了一个重要的指导思想:在中国,"有可能在某些地区中首先建立这种政府"。张闻天还论述了同国际决议指出的产生这种政府所需要的不同的、适合于中国特点的三个条件:一、某些地区的地主资产阶级的政权已严重地瘫痪,因而无力阻止这种政权的产生;二、最广大的群众已经奋起反对日本帝国主义与汉奸卖国贼,但还未进至争取苏维埃政权的斗争;三、一部分愿意抗日的当权者与广大群众公开要求同共产党、苏维埃与红军联合一致,抗日讨蒋。他还指出,建立这种政权不应"消极与等待",而要"从斗争中得来"。这些论述,成为独立自主地发展抗日根据地、建立抗日民主政权的指导思想。

张闻天的报告总结了瓦窑堡会议以来三个月开展统一战线工作的经验,回答了新形势下实践中提出的新问题,充实和发展了党的抗日民族统一战线策略,得到政治局的赞同。会议批准了3月4日张闻天、毛泽东、彭德怀在给董健吾电报中提出的同国民党谈判的五项条件,并明确指出:日本是最主要的敌人,国民党内正在分化,蒋介石、张学良都在动摇中,中央提出的五项谈判条件,不仅是对南京的而且也是与一切人交涉的基本条件和内容。会议还确定,与国民党军队的谈判集中于军委,与国民党的谈判集中于党中央常委,全部由常委指挥。会后,张闻天发表《关于抗日的人民统一战线的几个问题》①一文,概括了晋西会议关于统一战线问题的主要思想和政策原则。

1936年3月底4月初,蒋介石命陈诚率"中央军"十个师进入山西,配合阎锡山,拦阻红军东征,并命令东北军、十七路军等进攻陕甘根据地。在这样严重的情况下,中共中央都没有对晋西会议确定的方针动摇。在4月6日政治局会议上,张闻天仍然指出,"蒋介石内部起分化",我们的策略在军事上采取"坚决的行动","另一方面,还是积极的和他进行外交"②。也就是继续秘密谈判停止内战联合抗日问题。4月8日,张闻天从瓦窑堡致电仍在山西前线的毛泽东、彭德怀,谈当时应取的对策。毛、彭收到此电时,他们致张闻天论目前策略的电报刚刚拍发,毛、彭即在电文末尾注道:"此电刚发,接到洛甫来电,所说立场同意"。张与毛、彭相同的意见就是:"目前不应发布讨蒋令","我们的旗帜是讨日令,在停止内战旗帜下实行一致抗日","中心口号在停止内战"。③4月中旬以后,在蒋介石指挥下,阻截东征、"进剿"陕甘宁的军事形势更加严峻,但中共中央4月25日发表的《为创立全国各党各派的抗日人民阵线宣言》中,还是将"中国国民党"放在全国几十个党派的第一位,公开表示愿同"国民党"联合抗日;在5月5日发表的《停战议和一致抗日通电》中,也没有再提"讨蒋"、"反蒋"的口号,而是专谈"停止内战,一致抗日",甚至还有"促进蒋介石

---

① 见《中共中央抗日民族统一战线文件选编》(中),档案出版社1985年版。
② 张闻天1936年4月6日在政治局会议上的发言记录。
③《文献和研究》1985年第3期。

氏……的最后觉悟"的期望。可见，自2月国共恢复接触、3月晋西会议到"五五通电"，中共中央从实际出发，审时度势，确实从理论到实际都发展了瓦窑堡会议确定的抗日民族统一战线的策略，加进了争取南京政府、争取蒋介石，同他们联合抗日的内容。

应该看到，对"蒋"策略的变动这时还只是开始。当时，"不发讨蒋令"，不提"反蒋"口号，并不就是从"抗日反蒋"方针转变成了"逼蒋抗日"或"联蒋抗日"方针。从当时的文电、宣言、讲话可见，这样做，主要是出于策略考虑，是要"在讨日令旗帜下实行讨蒋"，"在停止内战一致抗日的大题目下，号召全国人民、蒋系官兵一致反对蒋介石接受广田三大原则，反对拦阻红军与捣乱抗日后方"。① 是因为"南京政府内部分裂为联日反共与联共反日两派"②，"联日反共或联共抗日，尖锐提到群众面前"③，采取这种策略"最能争取落后人民与蒋系部队"④，可以促使南京政府和蒋系内部的分化。但如前所说，张闻天等中共中央领导人是将国家、民族利益放在第一位的。2月以来，对蒋策略确是有了较大改变。在"抗日"与"反蒋"的关系上突出"抗日"为中心；公开对外不提"反蒋"、"讨蒋"口号，多用"抗日讨逆"取代"抗日反蒋"；在联合对象上，区分南京政府、中央军内部不同派别，从联合地方实力派进到联合蒋系中的联共反日派，如此等等。所以，5月5日"回师通电"发布之后，如果蒋介石确能有所觉悟，改弦更张，切实开始联合抗日的谈判，那么，中国共产党的方针由"抗日反蒋"转而为"联蒋抗日"，也就是自然的了。

然而，蒋介石并没有如中共"五五通电"所希望的那样"放下屠刀，立地成佛"。他这时不但没有真正"觉悟"，而且很不"明智"，以为红军撤回河西正是他用武力消灭红军的机会。所以，这时他毫无谈判诚意，反而调兵遣将，派汤恩伯和阎锡山的部队西渡黄河，协同高桂滋部和井岳秀部进攻陕甘苏区的东北部，要东北军和十七路军进攻陕甘苏区南部和中部，要"二马"（宁夏军阀马鸿宾、马鸿逵）的部队防堵红军西进。在国民党军队的合围、"进剿"之下，陕甘苏区逐渐缩小，连中共中央机关都不得不于6月下旬撤离瓦窑堡移往保安。既然蒋介石坚持其"攘外必先安内"的反动政策，执意反共灭红，共产党与红军当然只能与之抗衡、周旋。此时，对蒋介石的估计，在"联日反共"与"联共反日"对立的两派中，蒋毫无疑问被放到了"联日反共"的一边。所以，在东征回师陕北以后召开的中央政治局扩大会议（5月8日至9日）上，张闻天指出，此次蒋系部队开进山西拦阻红军东征，是突破了《何梅协定》不许中国军队在华北驻兵的限制，而实行了日本对华方针"广田三原则"中最重要的"共同防共"一条；中共中央政治局一致认为，要建立抗日民族统一战线，"东北军与国

---

① 1936年4月9日彭德怀、毛泽东致洛甫电，载《文献和研究》1985年第3期。"广田三原则"：日本外相广田弘毅1935年10月28日提出对华政策新方针，1936年1月21日明确为"对华三原则"：中国取缔一切排日运动；树立中、日、满经济合作；中日共同防共。
② 1936年5月20日林育英、张闻天、毛泽东等致朱、张、刘、徐等电，见《中共中央抗日民族统一战线文件选编》（中），第148页。
③ 张闻天1935年5月8日在政治局扩大会议上的发言记录。
④ 1936年4月9日彭德怀、毛泽东致洛甫电，载《文献和研究》1985年第3期。

防政府是全局关键","现在中心[是]促成西北国防政府成立"。为巩固与扩大根据地，粉碎蒋的"围剿"，会议决定，立即组织西方野战军进行西征，集中力量打击坚决反共的"二马"。①所有这一切，实在是被蒋所迫，不得不然。

就在这时，发生了"两广事变"。广东的陈济棠和广西的李宗仁、白崇禧1936年6月1日组织集会，正式提出要求南京政府对日宣战；接着，粤军与桂军以"北上抗日"名义联合出兵湖南。蒋介石则调兵遣将，进行拦阻。毛泽东于6月9日发表谈话声援两广"北上抗日"，张闻天于6月12日和14日连续主持政治局会议和常委会，讨论"西南问题"，会后发表了由他起草的《为两广出师北上抗日宣言》②。对两广"高举抗日义旗，出师北上"表示声援，声明"愿意同两广当局缔结抗日联盟共同奋斗"。

毋庸讳言，当时张闻天和党的领导人对地方实力派的抗日反蒋军事行动是支持的，对蒋介石的南京政府采取严厉"揭破"的态度，对蒋介石的军队采取分化政策，但公开宣言也没有重提"反蒋"口号，而是高举"抗日"旗帜，"要求南京政府立刻翻然改悟，答应两广要求，动员全中国的海陆空军北上抗日"，"要求蒋介石立即实现全国人民停止内战一致抗日的号召"，并没有放弃争取联合的立场。内部指示虽然没有改变"抗日反蒋"方针，但提出"我们的策略是在使这次发动持久，扩大，充实而转变为全中国人民武装抗日的神圣的民族革命战争"③，提出"在全中国我们号召其他一切抗日的武装的发动，要求南京政府出兵抗日，反对拦阻两广抗日，反对发动内战。同时利用一切机会扩大抗日救亡运动"。④实际上是"抗日反蒋"其表，通过武装发动与救亡运动来"逼蒋抗日"其实了。

国民党为解决"两广事变"引起的问题而定于7月10日召开五届二中全会。中共中央于6月20日致书出席这次国民党中央全会的"全体执监委员先生们"，再一次正式提议立即停止内战，立即联合起来，进行神圣的抗日战争。表示"盼望你们之中任何人走抗战的生路"，表示"我们随时都准备同贵党任何组织任何中央委员任何军政领袖进行关于合作救国的谈判"，⑤也没有把蒋介石排拒在门外，而同南京方面的秘密谈判则通过几条渠道一直在进行之中。

总之，从1936年2月至7月，毛泽东、张闻天、周恩来等一起，适应变动着的国际、国内形势，灵活地调整了对"蒋"策略。"抗日反蒋"方针开始有所改变。"反蒋"口号随着形势的发展和蒋氏对共产党与红军政策的变化，有强弱、隐显之别，但还没有完全放弃"抗日反蒋"的方针；已经有了"逼蒋抗日"以至"联蒋抗日"的意向和某些行动，但由于蒋氏坚持反共灭红政策而时生波折，"逼蒋抗日"的方针还未能完全确立。

---

① 据1936年5月8日至9日政治局扩大会议记录。"二马"，指宁夏军阀马鸿宾（第四纵队司令兼三十五师师长）、青海军阀马步芳（第五纵队司令兼一〇〇师师长）。
② 见《中共中央文件选集》(11)，以下引文据此。
③《中共关于两广出兵北上抗日给二、四方面军的指示》(1936年6月18日)，收入《中共中央文件选集》(11)。
④ 1936年7月6日张闻天、周恩来给冯雪峰的信。
⑤《中共中央致国民党二中全会书》，见《中共中央文件选集》(11)，第46页。

确定"逼蒋抗日"方针

改变"抗日反蒋"的方针,代之以"逼蒋抗日"的方针,是在1936年8月10日张闻天主持的中央政治局会议上决定的。会后,中共中央发表《致中国国民党书》,倡议第二次国共合作;对党内,发布了《关于逼蒋抗日问题的指示》。紧接着,张闻天又主持了9月15日至17日举行的政治局扩大会议,通过《关于抗日救亡运动的新形势与民主共和国的决议》。至此,抗日民族统一战线策略逐渐趋于完善,"逼蒋抗日"、促成第二次国共合作,成为抗日民族统一战线策略的主要内容。

"两广事变"的爆发和国民党、蒋介石为解决"两广事变"引起的问题于7月10日至14日召开的五届二中全会,是促使中国共产党根本转变对蒋方针的契机。

1936年上半年,在日本帝国主义侵略势力步步深入华北,又支持伪蒙军向绥东、绥北逼进的形势下,英美同日本的矛盾日益增长,国民党同日本的矛盾日益发展,国民党内亲英美派与亲日派之间的裂痕日益增大。蒋介石在对日外交上有改变妥协退让的表示,但还没有放弃同日本谈判。国民党内部主张联共抗日的爱国力量对当权者继续对日妥协退让更加表示不满,一些地方实力派利用抗日的旗帜反对蒋介石的统治,"两广事变"就是最突出的事件。这一切使得蒋介石的南京政府事实上已经不能继续执行对日不抵抗政策了。蒋介石在国民党五届二中全会上表示:"对于外交所抱的最低限度,就是保持领土主权的完整","假如有人强迫我们签订承认伪国等损害领土主权的时候,就是我们不能容忍的时候,就是我们最后牺牲的时候"。这次全会表明,蒋介石对内对外政策开始实际改变。虽然这种改变是不彻底的,但较之过去确实有了若干进步。对外,依然没有提出立即发动抗日战争,但已表示不再继续对日妥协退让政策(在会后9月至11月间南京政府外长与日驻华大使举行的七次会谈中,蒋对日外交确实较前强硬);对内,依然不愿意提出联合抗日的任务,但在"现代国家"、"统一安内"的口号及"国防会议"、"国民大会"等主张中确也表示了愿谈联合以至利用统一战线的意向。

南京方面在7月中旬国民党五届二中全会以后,即致函中共中央,提出新的国共谈判的四个条件。早在5月中旬,张子华第二次到陕北时,曾经带回谌小岑以个人看法名义转告的陈立夫提出的解决国共问题的四项办法:(一)欢迎共方武装部队参加对日作战;(二)共方武装参加对日作战时,待遇同中央军;(三)共方有何意见可向将成立的民意机关提出;(四)共方可选择一地区试验其政治经济理想。① 8月初,中共中央接到的这封"南京来信"(称"八月来信"),内中所提出的新的四条,同上述5月所提四条有较大变化,正如毛泽东指出的,南京方面"现在是着重统一"。② "八月来信"的文本至今未见,所提四条没有确切的记载,从8月10日中共中央政治局会议

---

① 谌小岑:《西安事变前一年国共两党联合抗日问题的一段接触》,见《文史资料选辑》第71辑,中华书局1980年版。

② 据毛泽东1936年8月10日在政治局会议上的报告记录。

记录来看，主要包括以下各点：（一）军队统一编制、统一指挥，取消工农红军名义；（二）政权统一，取消苏维埃政府名义；（三）容纳各派，集中全国人才；（四）共产党停止没收地主土地等政策。中心思想是"先统一后抗日"，要在国民党、南京政府和蒋介石的"集中统一"指挥与领导之下，实际解决军事、政治问题，然后进行抗日。这是贯彻国民党五届二中全会"统一安内"策略所采取的一个实际步骤。与此同时，周恩来也收到了内容相应的私人来信。

就在党中央研究国共关系出现的新形势，考虑应该怎样回答南京方面的"八月来信"，调整对蒋策略的时刻，潘汉年于1936年8月8日到达保安。潘在长征途中奉派到白区。他到上海后因情况变化，于1935年8月赴莫斯科，参加中共驻共产国际代表团的工作。1936年3月南京政府驻苏使馆武官邓文仪在莫斯科与中共驻共产国际代表团联络国共谈判问题。王明在与邓会见时提出，鉴于国共两党中央都在国内，谈判宜在国内进行，并写信介绍邓进苏区与中共中央联系（未成行）。后来，王明派潘汉年回国。潘于5月初到达香港。7月作为共产党的联络人，先在香港会见国民党的代表张冲，然后到南京与国民党的代表曾养甫会晤。潘要求即同陈果夫会谈，曾希望潘回陕北听取中共中央对两党合作谈判的意见（也就是对南京方面"八月来信"的意见）后，再来南京会见陈果夫。潘乃起程经西安赴陕北。到保安后，就在张闻天的窑洞内炕前支一张行军床住下。他立即向毛泽东、张闻天、周恩来等汇报了1936年春在莫斯科和最近在香港、南京同国民党方面联络的情况，还汇报了共产国际执委会书记处刚刚开过的讨论中国问题会议的精神（放弃"抗日反蒋"口号，以南京为首要谈判对手等）。南京方面急于要得到中共中央对他们所提新的四条的答复，更促使中共中央迅速作出决断。于是，张闻天在潘汉年回来之后两天，1936年8月10日，召集了政治局会议。

这次会议由张闻天主持，毛泽东作"报告"和"结论"。会议确定"和南京谈判"。关于谈判的方针和条件，概括起来为：承认南京是一种民族运动的大的力量，明确指出抗日必须反蒋现在不适合了，要与蒋联合，与南京合作；南京政府真正抗日，给抗日的民主，我们就同他讲统一，承认统一指挥，统一编制，同意取消红军名义、取消苏维埃名称，但要保证红军部队和根据地是在共产党的领导之下；提出停止内战、抗日民主、发动抗战等实际问题作为谈判条件。[①]

张闻天在会上作了重要发言[②]，比较全面地阐明了中国共产党在新形势下与蒋联合、与南京合作，结成抗日民族统一战线的策略思想。他认为，现在蒋介石、南京政府"战术有许多变动"，同时在策略上也"开始表现他的动摇"，"但不能说是基本的改变"。根据这样的估计，张闻天指出，我们的策略应该"不仅揭破他的欺骗，而是更要推动他的动摇"，也就是促使国民党、蒋介石及其军队的抗日倾向继续发展，转向真正抗日。至于怎样"推动"蒋"动摇"，怎样在承认南京政府和蒋的统一指挥又取消了红军、苏维埃名义的情况下，来争取共产党对统一战线的领导权，张闻天在

---

① 据1936年8月10日政治局会议记录。
② 以下引文与概述均见张闻天1936年8月10日在政治局会议上的发言记录。

发言中也作了比较全面的回答。他认为，除了"从实际行动来揭破"蒋的欺骗、退让、妥协之外，还要从以下各方面来争取领导权：一是"尽量发动群众斗争，来实现我们的领导"；二是"用统一战线来在他内部进行一切活动，特别是他的军队、他的组织内进行活动"，"联结很多力量"；三是提出"停止内战，民主自由"来"与蒋联合"；四是广泛运用统一战线来"巩固我们的力量"，"要巩固组织，扩大组织"，"把我们的党大大的巩固起来"，"巩固红军工作是非常重要的"，"要把红军力量（按：指一、二、四方面军三大主力）统一起来"。张闻天还指出，"要继续反对关门主义"。同时，他又提起大家对右的机会主义倾向的警觉，强调"防止蒋在统一战线中的叛变，记取1927年大革命的教训"。在毛泽东作了结论之后，张闻天最后又明确指出，要依据这次会议议定的内容，形成三个文件：一、公开宣言，二、秘密信，三、秘密文件。

会后，张闻天即同毛泽东、周恩来等一起，致力于落实这次会议决定，实行中国共产党对国民党、蒋介石方针的重大转变：从"抗日反蒋"到"逼蒋抗日"。

8月12日，洛甫、张浩、周恩来、博古、王稼祥、彭德怀、凯丰、毛泽东八位政治局成员联名致电朱德、张国焘、任弼时，通报八月会议的重要决定。①关于对国民党、蒋介石的策略方针，电文指出："认定南京为进行统一战线之必要与主要的对手，应与南京及南京以外之国民党各派，同时的分别的进行谈判。依据过去与南京谈判的基础，在忠实进行抗日准备，实行国内民主与实行停止'围剿'等前提之下，承认与之谈判苏维埃红军的统一问题。"电文提出"继续停战议和请蒋抗日的号召，目前阶段实行他不来攻我不去打，……他若来攻，则一面坚决作战，一面申请议和"，"在抗日进军路上，遇到蒋介石部队和其他部队，实行先礼后兵政策"等等，并说明"所有以上对南京的策略，都是为着分化南京，揭破其欺骗，孤立其首领，争取其群众，排斥其汉奸部分，而推动其爱国部分，使之走向真正抗日救亡的道路"。张闻天等人的这份电报是传达八月政治局会议精神的第一个文献。

接着，毛泽东、张闻天即起草文件：以书信形式发表的"公开宣言"《中国共产党致中国国民党书》②和"秘密文件"《中央关于逼蒋抗日问题的指示》。8月下旬，正是在文件已经起草但尚未定稿的时候，接到了共产国际执委会书记处8月15日致中共

---

① 电文见《三军大会师》下册，甘肃人民出版社1987年版，第603—604页。
② 见《中共中央文件选集》（11）。关于《致国民党书》的起草，周恩来1945年4月30日在中共七大会上发言说是"毛泽东同志写的"（见《周恩来选集》（上卷）第192页）。吴亮平在1981年12月6日同萧扬、张培森和笔者谈话，说"是张闻天同志起草的"。连庆浦在1981年12月4日同萧扬、张培森谈话，也说"是洛甫同志起草"。她说：我于1936年6月底到杨家园子，那是洛甫同志的驻地。几天后，去保安。中央在保安住定后，洛甫同志的文电就要我抄写，因为他觉得我写的字较好。后来我的工作定在中央机要科，任务就是抄报。洛甫同志起草的文电经我抄写的很多。《致国民党书》是洛甫起草，拿来让我抄写的。这里面有"贵党二中全会"等字样，当时给我的印象很深。笔者曾就这个问题向刘英请教。刘英说，当时重要问题闻天都同毛主席商量，商量后写成文件、电报。文件、电报张写得多些，但重要的写后都给毛看过，经毛修改。张很尊重毛，许多重大问题主导意见是毛的。写《致国民党书》的具体经过我记不清了。按当时情况，像这样的文件很难说是哪一个人写的。如果张起草了初稿，也必定请毛修改过。

中央书记处的电报。①"国际电报"认为,"把蒋介石和日寇等量齐观是不对的。这个方针在政治上是错误的,因为中国人民的主要敌人是日本帝国主义,在现阶段,一切都应服从抗日。此外,不能同时有效地进行既反对日寇又反对蒋介石的斗争"。"国际电报"指出:"必须采取停止红军同蒋介石军队之间的军事行动,并同蒋介石军队协同抗日的方针";"最好由中国共产党发表声明,主张建立统一的中华民主共和国";"争取同国民党及其军队达成协议和建立抗日民族统一战线",等等。八月政治局会议决定的"和南京谈判"、"与蒋联合"的方针,同共产国际上述"政治指示"精神、方向以至基本策略是一致的,但是,对蒋介石及他代表的南京当局"估计还是不足的"②。这主要表现在八月政治局会议在确定放弃"反蒋"方针实行"与蒋联合"政策的同时,仍然倾向于采取把蒋"击塌",使其"瓦解"、"破产"的"倒蒋"政策。毛泽东、张闻天、周恩来等得到8月15日"国际电报"以后,对抗日民族统一战线的实质与性质认识更加明确了,对南京方针就"完全转变过来"了。③

毛泽东、张闻天等在接到"国际电报"后采取的第一个重要行动,是对已经起草好的《中国共产党致中国国民党书》作必要的补充后,立即于8月25日发出。这封公开信是中国共产党"新的宣言",包括了建议第二次"国共合作",建立"统一的民主共和国"等新内容。

这封信义正辞严地指出,"九一八"以来,日寇乘虚而入,得寸进尺,沦亡惨祸迫在中华民族的目前,这完全是国民党及其政府的错误政策招来的。"如果你们还要继续内争,不把向内的枪口转到向外,不把退让的政策转到抗战,不把分离的局面转到团结,不把涣散的情况转到统一,则祸患之来,不堪设想,而诸位先生千秋万世的罪名亦将无可以挽回。"中共中央向国民党中央委员和全体党员大声疾呼:"立即停止内战,组织全国的抗日统一战线,发动神圣的民族自卫战争,抵抗日本帝国主义的进攻。"

这封信称蒋为"蒋委员长",承认他对国民党五次全会政策所作的新的解释"较之过去有了若干进步",表示"诚恳的欢迎这种进步";同时又对蒋认为目前"并未达到和平绝望的时期"、"[牺牲]并未达到最后关头"的说法提出批评。信件列数东北四省的沦亡,察哈尔大部的失去,冀东防共自治政府猖獗,冀察政委会的傀儡化,日本大军的进驻冀察,华北经济权的丧失,泛滥全中国的公开走私……直至华南自治运动的策动等等事实,说明"在全国人民看来,和平早已绝望,牺牲早已到了最后关头,除了发动全国人民全国武装力量的坚决的自卫战争外,中国领土主权的全部沦亡是无法挽救的"。

针对蒋介石、国民党强调"集中统一",这封信一方面承认当前全国人民"迫切

---

① 这份电报当时简称为"国际电报"或"政治指示"。1986年苏联出版的《共产国际与中国革命文献资料汇编》首次公布。《教学与研究》1988年第1期、《中共党史研究》1988年第2期先后发表了中译文。收到时间"8月下旬"据1936年9月8日洛、恩、博、泽致朱、张、任电,该电说"八月下旬国际有进一步指示"。

② 1936年9月8日洛、恩、博、泽致朱、张、任电,见《文献和研究》1985年第3期。

③ 张闻天1936年9月15日在政治局扩大会议上的报告记录。

要求停止内战，集中统一，以便一致抗日"，一方面指出"全国人民现在所要的是抗日救国的集中统一，而不是媚外残民的集中统一"。信件尖锐地揭露，连年不绝的内战与不统一，是国民党"攘外必先安内"政策造成的。"以这种错误政策，来求集中与统一，真是缘木求鱼，适得其反"。同时，信件又提出"民主共和国"的纲领作为"现代国家""集中统一"的纲领。在信件中，中共中央郑重宣言："我们赞助建立使全中国统一的民主共和国，赞助召集由普选权选举出来的国会，拥护全国人民和抗日军队的抗日救国代表大会，拥护全国统一的国防政府。"宣布在全中国民主共和国建立时，苏区成为其"一个组成部分"，红军愿意服从抗日联军总司令部的指挥，实际上对南京方面"八月来信"中提出的统一条件作了公开的具体答复。

这封信明确地提出了"国共重新合作"的建议。它向一切中国国民党人宣言，我们愿意同你们结成一个坚固的民族统一战线，去反对全民族的最大敌人——日本帝国主义，如像1925年至1927年第一次中国大革命时两党结成反对民族压迫与封建压迫的伟大的统一战线一样。信件向国民党尖锐地提出："还是同日本帝国主义及汉奸们一道，建立防共统一战线即亡国统一战线呢？还是同中国共产党及全国人民一道，建立抗日统一战线即救国统一战线呢？现在是已经到了决定的关头了"。公开信最后说："国共合作的关键，现在是在贵党的手中。""至于我们方面，是早已准备着在任何地方与任何时候派出自己的全权代表，同贵党的全权代表一道，开始具体实际的谈判，以期迅速订立抗日救国的具体协定，并愿坚决的遵守这个协定。"

前已指出，《中国共产党致中国国民党书》是八月政治局会议决定写的，直接的动因是答复国民党五届二中全会后南京方面的"八月来信"。所以，信中对国民党五届二中全会宣言和蒋介石报告的分析、批评，对他们公开所提纲领、方针和秘密所提谈判条件的评论、答复和建议；信中对中国共产党自"九一八"以来救亡图存的一贯主张和抗日统一战线政策的阐述，"国共重新合作"的建议，立即开始具体实际谈判的表态，以至"贵党"、"蒋委员长"的称谓，都表达了八月政治局会议的内容和精神，体现了张闻天提出的"揭破其欺骗，推动其动摇"的策略思想。同时，这封信又是在接读了8月15日的"国际电报"之后改定发出的，所以信件中加进了共产国际提出的"民主共和国"的口号。

八月政治局会议决定放弃"抗日反蒋"而采取新的方针。至于用什么口号来代替"抗日反蒋"，还在酝酿之中，语言一时没有确定。曾有过"请蒋抗日"（8月12日洛甫等致朱、张、任电）的提法，显然不够准确。"联蒋抗日"，虽然客观反映了策略的目的和主要内涵，但是对中共和蒋之间的关系、蒋的被动以及此事实现须经过一个过程等等，难以体现出来。因为蒋氏对抗日、对统一战线还是在动摇之中，他还并不真心想同共产党联合，他也还没有放弃对苏区与红军的包围和进攻。所以，还要通过政治、军事的各种斗争，造成一种局面，使得蒋介石别无选择，不得不同意建立这种以国共两党第二次合作为主要内容的抗日统一战线。既然"请蒋抗日"、"联蒋抗日"的提法均不贴切，抗日统一战线的建立又必然要经历一个对蒋逼迫的过程。那么，用一个"逼"字（起先用"迫"字），就最为恰切了。1936年8月30日在张闻天、林育英、周恩来、博古、毛泽东联名致朱德、张国焘、任弼时的电报中，第一次用"迫蒋抗日"来概括党中央放弃"抗日反蒋"后采取的统一战线的基本方针："迫蒋抗日,造成各种条件使国民党及蒋军不能不与我妥协,以达到两党两军联合反对日本的目的。"①

1936年9月1日,张闻天起草的中共中央《关于逼蒋抗日问题的指示》②在党内发布,向全党说明党的策略方针转变的内容和必要性。指示说："目前中国的主要敌人,是日帝,所以把日帝与蒋介石同等看待是错误的,'抗日反蒋'的口号,也是不适当的。""在日帝继续进攻,全国民族革命运动继续发展的条件之下,蒋军全部或其大部有参加抗日的可能。我们的总方针,应是逼蒋抗日。一方面继续揭破他们的每一退让,丧权辱国的言论与行动,另一方面要向他们提议与要求建立抗日的统一战线,订立抗日的协定。""我们目前中心口号依然是'停止内战一致抗日'","在逼蒋抗日的方针下并不放弃同各派反蒋军阀进行抗日的联合。我们愈能组织南京以外各派军阀走向抗日,我们愈能实现这一方针"。指示还向全党通报了国共两党将进行联合抗日的谈判;党中央赞助建立"民主共和国",届时"苏区可成为统一民主国的一个组成部分","红军将服从统一的军事指挥"。这个指示的发布,标志着"逼蒋抗日"方针的正式确定。这个指示精炼地阐述的策略、方针,成为抗日战争爆发之前中国共产党行动的纲领。从此,抗日民族统一战线工作进入了一个以"逼蒋抗日"、实现国共第二次合作为主要内容的新阶段。

提出"民主共和国"口号

在适时解决了最为迫切的对蒋方针问题以后,紧接着,张闻天又主持了9月15日至17日举行的政治局扩大会议,并在会上作《目前政治形势与一年来民族统一战线问题》的报告。

张闻天详细分析了国际、国内的形势变化,指出,统一战线,根据目前形势应有部分修改。他根据八月政治局会议和"国际电报"所作政治指示,总结了一年来抗日民族统一战线策略取得的许多成绩,肯定了瓦窑堡会议决议所确定的政治路线基本上是正确的,在此基础上,分析了认识上的不足,策略上的欠缺或失当,对新的形势下抗日民族统一战线的部分修改、调整,策略内容的充实、发展,作了系统的论述。张闻天指明,"各党派联合,主要是国共联合。"统一战线的口号是:"建立民主共和国"。现在的策略是:"实现联合国民党抗日"。即用各种办法推动正在动摇中间的国民党、南京政府和蒋介石走向抗日。张闻天对"停止一切内战一致抗日"作出新的解释:应反对反蒋战争,不应同情反蒋战争,主要的战争目标要放在抗日上面;对蒋的进攻,应站在自卫的立场上来反对。张闻天还强调:"我们在统一战线中要取得领导,这是我们基本任务。我们要保持我党的独立、纯洁。"③

---

① 《文献和研究》1985年第4期。
② 见《中共中央文件选集》(11),第89—91页。
③ 张闻天1936年9月15日在政治局扩大会议上的报告记录。

9月17日，会议通过了张闻天起草的《关于抗日救亡运动的新形势与民主共和国的决议》。①九月会议是八月会议的继续与深化。因而这个决议贯彻了八月会议的决定，又吸收了"国际电报"的意见，同时也鲜明地体现着张闻天本人在八月会议上阐述、九月会议报告中加以发挥与系统化的策略思想。

《决议》向全党阐明，"在目前形势下，有提出建立民主共和国口号的必要"。《决议》指出，"在日本帝国主义不断进攻之下，中国人民的抗日救亡运动现在已经进入一个新的阶段"。国民党南京政府"现在是在动摇的中间"。"在日寇继续进攻，抗日民族救亡运动继续发展，国际形势新的变动等条件之下，国民党南京政府有缩小以至结束其动摇地位，而转向参加抗日运动的可能"。"推动国民党南京政府及其军队参加抗日战争，是实行全国性大规模的严重的抗日武装斗争之必要条件"。

《决议》在准备进入国共合作、联合抗日的新阶段的关键时刻，及时提出了不少极其重要的统一战线的原则。如：绝不放松对于南京政府错误政策的严厉的批评与斗争；从广大人民的民主要求出发，领导群众的日常经济政治斗争，加强共产党在民族统一战线中的政治领导作用，决不放弃党对于苏区人民与原有武装力量的绝对领导；在统一指挥之下保持红军组织上与领导上的独立性，充分注意红军的扩大与巩固；扩大与巩固共产党，保障党在政治上、组织上的完全独立性和内部一致性，等等。如果说，实践证明，"民主共和国"的口号只是在宣传上发挥了作用，那么，这些策略原则则一直指导着共产党同国民党进行的复杂曲折的谈判。不仅如此，在整个抗日战争中，党在统一战线中都坚持和运用了这些原则，并在实践中有许多新的创造和发展。从这个意义上说，这个决议不仅对国共第二次合作的形成具有指导意义，而且对整个抗日战争的胜利也有深远的影响。

总之，九月会议后产生的"民主共和国决议"同八月会议后产生的"致国民党书"和"逼蒋抗日指示"一样，表明张闻天同毛泽东、周恩来等一起，善于使党的策略适应新的形势，变得更加完善，更加符合实际。这是指导中国革命走向胜利的重要保证。

和平解决西安事变

九月政治局扩大会议以后，中共中央为力促蒋介石停止内战，早开谈判，实现国共合作，联合抗日，即于9月24日派潘汉年携带中共中央起草的《国共两党抗日救国协定草案》离开陕北，前往上海；并准备派周恩来作为中共全权代表，同国民党谈判，签订《抗日救国协定》。然而，蒋介石对于中共的倡议却不予理会。在平息两广事变以后，立即增兵陕甘，"围剿"红军。在谈判桌上则翻云覆雨，态度强硬。他企图以军事进攻政治谈判双管齐下，一举解决西北问题，实现其"溶共"和收编红军的野心。中共中央在国民党军队猛力进攻之下，一方面，"从各方面造成停止进攻红军

---

① 全文收入《张闻天选集》，并见《中共中央文件选集》(11)。

的运动","以此迫蒋停止剿共"。① 另一方面,于11下旬组织了山城堡战役,显示红军的声威。在谈判中,则"并不坚持过高要求",同意"红军改名受蒋指挥"。② 然而,蒋介石仍一意孤行,反而严厉督责张学良、杨虎城"进剿"红军。

张学良、杨虎城两位将军为促使蒋介石放弃"剿共"政策,实行抗日救国,在多次进谏无效反被斥责后,决定进行"兵谏"。1936年12月12日凌晨,发动了震惊中外的西安事变。他们在西安东面的临潼华清池逮捕了蒋介石,在西安市内囚禁了从南京来的十几名国民党军政要员。事变后,张、杨立即通电全国,提出"改组南京政府"、"停止一切内战"等八项政治主张。怎样处置这个突发事变,一时之间成为国内各种政治力量斗争的焦点和国际上关注的一个重大问题。

事变发生后的第二天（12月13日）上午,张闻天主持中共中央政治局常委扩大会议,讨论处理西安事变的方针。由毛泽东作报告。与会者一致同意毛泽东的分析,肯定西安事变是抗日的义举,革命的行动。③ 但是,对处理事变的方针,由于事起突然,情况还不甚清楚,与会者认识不尽一致。应该说,这是正常的。即使有不当之处,也是难免的。

像通常一样,在这次会上,张闻天是倾听了报告和讨论后才讲话的。针对不同意见,他论述了西安事变暴露的主要矛盾和中国共产党应该采取的基本方针。④

在张闻天看来,会上有两点相互关联的主张是不妥当的：一、在政权问题上,主张以西安为中心,建立实质的"政府",以西北为抗日前线,影响全国,领导全国抗日。二、在对蒋介石的处置问题上,主张反蒋,提出审蒋、除蒋。认为应该在人民面前揭破蒋的罪恶,要求罢免蒋介石,交人民公审。

张闻天在讲话中指出,在抗日问题上,主要的矛盾是抗日派同"民族妥协派"（以蒋介石为代表）的矛盾。张学良在西安的这一"突变""是开始揭破民族妥协派的行动"。这个行动的意义是使整个局势"向着全国性的抗日方向发展"。从对西安事变矛盾性质与发展趋向的分析出发,张闻天提出了处理事变的根本方针："把局部的抗日统一战线,转到全国性的抗日统一战线。"并预见到我们党的工作也将有一个转变,"要转到合法的登上政治舞台"。在政权问题上,张闻天明确表示,我们"不采取与南京对立方针。不组织与南京对立方式（实际是政权形式）"。他认为张、杨提出的"改组南京政府口号并不坏",我们的正确策略应该"把抗日为最高旗帜","在军事上采取防御,在政治上采取进攻","发动群众威逼南京",以促成"改组南京政府"口号,而不是也不可能"控制南京"以至"打倒南京政府"。至于对蒋介石的处置,张闻天明确主张"对妥协派应尽量争取,与分化、孤立",明确提出"尽量争取南京政府正统"。这里所说的"妥协派"即"民族妥协派",是与"亲日派"、"投降派"、"卖国势力"相区别的,当时往往用来指蒋介石嫡系势力,其代表人物就是蒋介石；这里所说

---

① 1936年11月22日毛泽东、张闻天致潘汉年电,载《文献和研究》1985年第4期。
② 1936年11月12日毛泽东致潘汉年电,载《文献和研究》1985年第4期。
③ 据1936年12月13日常委扩大会议记录。
④ 张闻天1936年12月13日在常委扩大会议上的发言,载《党的文献》1988年第3期。以下叙述张闻天发言中涉及的别人发言内容,均见1936年12月13日常委扩大会议记录。

的"南京政府正统",自然首先包括扣留在西安的蒋委员长其人在内。

会上,对张闻天提出的策略和方针,常委们相当重视。但这次会后的文电,如当天中午毛泽东、周恩来致李毅(即张学良)电,14日红军将领致张、杨电,15日红军将领致国民党、国民政府电,16日的《红色中华》报,反映出最初几天没有离开以"西安为中心"与"审蒋"的设想来处理西安突发的事变。

事态的发展与各方态度的明朗,很快就证明按"以西安中心"和"审蒋"的设想来处理是不能和平解决西安事变的。事变发生后,国内外反应强烈而复杂。南京政府军政部长何应钦等亲日派力主"讨伐"张、杨;亲英美派(以宋子文、宋美龄为首)为保全蒋,主张用和平方式解决;地方实力派担心引发更大内战,大多数对张、杨不表示支持,几乎一致要求恢复蒋的自由。各国态度不一,日本极力挑拨中国扩大内战,得悉南京决定"讨伐",兴高采烈,坚甲利兵,引满待发。英美力求维持蒋氏统治,认为可以同共产党合作以对付日本;苏联《真理报》、《消息报》连发评论,指责张、杨,也希望事变和平解决。西安事变爆发后,中共中央立即应张、杨之邀决定派代表前往共商大计。12月17日周恩来等乘张学良的专机飞抵西安。周与张、杨先后会谈,并连续致电中共中央,报告西安局势变化,国内外对西安事变的反应,陈述自己对解决事变的意见。蒋氏被扣以后,事实上对蒋处置成了南京与西安对立的焦点。毛泽东、张闻天、博古等根据对事变后形势的进一步观察,逐步形成了和平解决西安事变的完整方案。

12月18日,中共中央致电国民党中央,指出"贵党果欲援救蒋氏,则决非调集大军讨伐张、杨所能奏效","武力的讨伐,适足以杜塞双方和解的余地"。此电提出"停止一切内战,一致抗日"、"将讨伐张、杨与进攻红军的中央军全部增援晋绥"等五项条件,申明"如贵党能实现上项全国人民的迫切要求,不但国家民族从此得救,即蒋氏的安全自由当亦不成问题"。①

12月19日,张闻天主持政治局扩大会议,第二次正式讨论解决西安事变的方针。这时,西安事变已经过六天。正如张闻天在会上指出的"在六天中,这事件的现象与本质都更充分"。② 19日的政治局扩大会议同13日的会议不同,它是在党中央领导核心意见一致,不失时机地作出了"和平调停"的决策后召开的。

会议由毛泽东作报告。他着重分析了事变影响的两重性,一方面是光明的方面,"能更促进抗日与亲日的分化,使抗日战争更为扩大";一方面是黑暗的方面,因为捉蒋,南京"把张杨一切抗日主张都置而不问","更动员所有部队讨伐张杨",内战有爆发与延长的危险。他又进而分析由此而来的西安事变的两种前途:胜利的前途或失败的前途。说明我们应该"分两手":一是"反对内战要求和平",一是"把阵线整理好,打击讨伐派"。他还说:"现在发表的通电与前次的电是有区别的,更站在第三者的立场说公道话。"毛泽东在报告中说明了党的策略方针是和平调停,使内战

---

① 《中共中央关于西安事变致国民党中央电》(1936年12月18日),载《文献和研究》1986年第6期。
② 此处及下文所引述的张闻天1936年12月19日在政治局扩大会议上的发言,载《党的文献》1988年第3期。

结束。①

张闻天在这次会上的讲话同毛泽东的报告相得益彰，特别值得注意的有以下几点：

其一，关于西安事变的两个前途，张闻天认为："一是全国抗日的发动，一是内战的扩大。"关于处理方针，指出："我们的方针应确定争取成为全国性的抗日，坚持停止内战，一致抗日的方针。"但同时提出"困难的前途亦应准备"，"失败的可能如弄得不好是有的，而且相当的大"。

其二，坚定地主张抗日而不反蒋。张闻天强调："我们应把抗日为中心"，"不站在反蒋的立场，不站在恢复反蒋的立场"，对"审蒋"主张，张闻天明确提出批评："要求把蒋介石交人民公审的口号是不妥的"。在对蒋处理这个关键问题上，张闻天这次讲话同13日的讲话精神贯通而态度明朗。他是最早把对蒋处置同抗日全局联系起来的、在这个问题上坚定不动摇的党中央领导人之一。

其三，在避免内战扩大、争取全国抗日的策略方面，张闻天发挥了毛泽东报告中"分两手"的思想，提出"我们应尽量争取时间，进行和平调解"，"我们应与张、杨靠近，应打胜仗，扩大影响，准备以防御战来反对内战"。张闻天将我们的"两手"概括为"和平调解"与"防御战"，成为和平解决西安事变的基本方针。

其四，对苏联的态度表示看法。西安事变后共产国际16日指示因电码错乱没有译出，重发的电文这时尚未到达（20日到），而苏联报纸从14日起对张、杨横加指责。如何看待苏联舆论成为统一内部思想的一个重要问题。张闻天对此解释说，苏联有难言之隐："只能这样说"，否则会引起"与南京对立"；同时又毫不含糊地指出，"这样的舆论，自然对局部的利益是有些妨碍的"；并斩钉截铁地表示，我们当然不能采取苏联这一立场。在当时情况下，这样解释最有利于统一内部思想。从这里也明白地看到，和平调解的方针是中共中央审时度势独立作出的决策，决非如长期流行的一种错误说法所谓屈从于苏联的压力或听命于共产国际的指示。

19日会议产生了两个主要文件，一个是公开发表的《中华苏维埃中央政府及中共中央对西安事变通电》，一个是党内发布的《中央关于西安事变及我们的任务的指示》。②"通电"在18日"致国民党中央电"的基础上前进一步，承认南京政府在全国的领导地位，将抗日救国代表大会改为和平会议，正式建议由南京召集，会址也由西安改为南京，表明放弃了西安中心的设想。对蒋的处置问题，虽然"通电"还说要交各党各派各界各军讨论，但基本纲领是团结全国，又以"蒋介石先生"指称，显然放弃了"审蒋"办法。这是中国共产党关于和平解决西安事变策略正式确定的标志。"指示"向全党系统地分析了西安事变产生的背景、原因，它的意义和两种前途，规定了解决西安事变的基本方针和党的任务，成为我党和平解决西安事变的纲领。从会议记录、文风等方面研究，大致可以判定，"通电"系毛泽东手笔，"指示"为张闻天所写。

---

① 据毛泽东1936年12月19日在政治局扩大会议上的报告记录。
② 均收入《中共中央文件选集》（11）。19日会后还有一个文件是中共中央和苏维埃中央政府《提议召集和平会议通电》。

从 13 日到 19 日两次重要会议及其产生的文件可见,张闻天是中国共产党关于西安事变和平解决策略的主要决策者之一。

19 日会后,张闻天为争取实现和平解决的方针进行了不懈的努力,其中特别值得一书的是 21 日中央书记处致周恩来电①。这个电报精辟地分析目前局势是"日本与南京右派联盟,企图夺取蒋系中派,造成大内乱,另方面是南京与各地左派企图调和,而中派在动摇中";我们与西安的策略"应扶助左派,争取中派,打倒右派,变内战为抗战"。提出初步改组南京政府,讨伐军退出陕甘,保障民主权利,停止剿共政策并与红军联合抗日,与同情中国抗日运动之国家建立合作关系等同蒋介石、陈诚等"开诚谈判"的六项条件,要求在此条件下"成立和平","在上述条件有相当保证时,恢复蒋介石之自由",以转变整个局势,达到"中国统一,一致对日"。这个电报确定的"放蒋"方针,是和平解决西安事变的关键一着。电文中提出的条件同 17 日周恩来、张学良商定的五个条件②相比,有所发展,更为具体、实际,也更全面。这六项条件随即成为西安与南京双方都同意的谈判基础。谈判结果,这些条件也为蒋与南京来人(宋子文等)"完全承认"③,蒋氏最后口头正式承诺的六项条件同中共中央书记处 12 月 21 日电中提出的条件基本上是一致的。

西安谈判的顺利进行与蒋介石的安然离开西安,当然是国内、国际各种力量交互作用的结果,但不能否认,中国共产党和红军是一个关键性的力量,而中共中央一致确定的正确方针及其总书记张闻天于 21 日以中共中央书记处名义致周恩来电所提谈判条件与"放蒋"方针,则起了决定性的作用。

西安之行

1936 年 12 月 25 日,蒋介石在口头允诺六项条件后恢复自由,张学良亲自送蒋经洛阳回南京。12 月 27 日,张闻天主持中央政治局扩大会议讨论"释蒋"后的形势与方针。他指出:"现在一般的说,结束内战的前途是占了优势。目前是向抗日战争的方向走。但是,我们应估计在这中间一些可能发生的障碍。我们应采取[措施]把中派的动摇最后的结束","我们应用一切力量,争取抗日前途的实现"。④ 当天,中共中央向党内发出《关于蒋介石释放后的指示》,⑤ 指出,"蒋介石的接受抗日主张与蒋介石的释放,是全国结束内战一致抗日之新阶段的开始。但要彻底的实现抗日任务,还须要一个克服许多困难的斗争过程","在斗争中推动以蒋介石为首的国民党中间派最后结束他们的动摇地位,而坚决走上改革内政,对外抗战的道路。"28 日,中共中央又针对蒋氏 26 日在洛阳的所谓《对张杨的训词》发表了毛泽东起草的《关于蒋介石声明的声明》,敦促蒋氏"不打折扣地实行他自己'言必信,行必果'的诺言,将全部

---

① 见《中共中央文件选集》(11)。
② 这五个条件见 1936 年 12 月 17 日周恩来致毛泽东并中央电,载《文献和研究》1986 年第 6 期。
③ 引自 1936 年 12 月 25 日毛泽东致彭德怀、任弼时电,载《文献和研究》1986 年第 6 期。
④ 张闻天 1936 年 12 月 27 日在政治局扩大会议上的讲话记录。
⑤ 见《中共中央文件选集》(11)。

救亡条件切实兑现",用实际行动"一洗国民党十年反动政策的污垢,彻底地改变他的对外退让、对内用兵、对民压迫的基本错误,而立即走上联合各党各派一致抗日的战线"。①

然而,蒋介石是不会轻易改正错误的。他回到南京以后,"障碍"果真就发生了。他不让张学良返回西安,导演了一出先"审",后"赦"、又"管"的怪剧,剥夺了张学良的自由;同时,调集了三十七个师的兵力分五路向西安进逼。1937年新年伊始,形势突趋险恶。西北上空战云密布,内战有一触即发之势。当此危急关头,张闻天同毛泽东、周恩来等一起,为制止内战、维护和平进行了不屈不挠的努力。

1937年1月2日,政治局会议讨论张学良被扣留后的形势与方针。张闻天分析形势,立足全局,提出对策,指出:"蒋的态度仍是在动摇中,我们的方针还是要争取他。"我们应将"主要火力向着亲日派,要蒋介石实现他自己的话,要与亲日派分离"。他认为,南京政府很难动员进行大的内战,重兵压境"主要还是一方面以武力来威胁,一方面来分化西北"。"要蒋脱离右派转向抗日,是要经过很多困难的,主要要依靠斗争与活动"。张闻天提出,"我们主要方针是巩固内部,与动员援助西安,反对内战","西北革命军事委员会应发表通电,说明现在情况,反对内战,要求放张学良回来,要求南京出兵援绥"。②

1月5日,张闻天、毛泽东联名致电在西安的周恩来、博古,贯彻1月2日会议精神。电报揭穿南京方面重新进逼的用心是要把东北军将领"吓得就范,然后慢慢宰割,孤立红军",提出目前的对策应该"三方面团结,真正的硬一下","使中央军不敢猛进"。此电还从文武两手作了具体部署。政治上,"速发拥蒋迎张通电";军事上,要彭德怀、任弼时"速令十五军团出陕南"。③当天,西安方面杨虎城、于学忠、王以哲等八位将领联名发表通电,揭露中央军"匪惟未遵令东撤,反而大量西进",完全违背了蒋氏离陕之前"有我在,决不任再起内战"之诺言,质问这样"以武力造急性之内战,而以封锁作慢性之迫胁""具何居心"。强硬表示,若将内战强加于人,则西北军民"惟有起而周旋,至死无悔!"④同时,红一军团以及红十五军团全部立即急行军南下。不数日,红军大部队即出现于西安附近,驰骋于商洛一带,有力地支援了东北军和十七路军。

1月5日这一天,张闻天、毛泽东还联名电令在上海的潘汉年"应速找宋子文弄清南京近日之变化",并即在上海与宋子文接洽,要宋子文实践诺言,履行周恩来在西安与蒋、宋商定的"停战撤兵"、"初步改组南京政府"、"释放政治犯"、"停止剿共,联红抗日"、"联俄并与英美合作"、"西北交张学良处理"等六项条件。⑤1月7日中共中央给刘少奇发出《关于西安事变宣传方针的指示》,1月8日中共中央和苏维埃中央政府发表《为号召和平停止内战通电》,在火力集中指向亲日派的同时,非常策略地

---

① 《毛泽东选集》第1卷,人民出版社1991年版,第247页。
② 张闻天1937年1月2日在政治局会议上的讲话记录。
③ 1937年1月5日张闻天、毛泽东致周、博电,载《文献和研究》1986年第6期。
④ 转引自申纯伯:《西安事变纪实》,中国文史出版社1986年版,第173—174页。
⑤ 《文献和研究》1986年第6期。

督促与逼迫在奉化"休假"的蒋介石实践诺言，制止内战危机。电文说："本党本政府认为此时蒋先生应挺身而出，制止祸国殃民之内战重新爆发。这对于蒋先生是可能的，因为今天参加进攻西安的中央军均愿听命于蒋先生。这对于蒋先生也是必要的，因为蒋先生曾经担保中国内战之不再发生。这次事变对于蒋先生之政治人格与其'言必信行必果'之格言，实为重大之试验。"①1月9日，张闻天、毛泽东又复电周、博，指出"保持西北目前局面，非不得已不开火，乃目前基本方针"。②中共方面为维持得来不易的国内和平局面真是不遗余力。

蒋介石摆好阵势以后，即于1月9日抛出关于东北军、十七路军和红军驻防地区的甲乙两种谈判方案。甲案大意是"东北军入甘，十七路军驻陕，红军返陕北，中央军驻西安和陇海线"。乙案不同处主要是十七路军调防甘肃，东北军东移河南、安徽，"三位一体"就自然解体了。蒋介石这时亮出这一手，真是极尽分化之能事。因为张学良返陕问题没有解决，又加上了一个部队的去向问题，两个问题的联系和解决的孰先孰后，以及甲乙两种方案的得失利弊，必然在东北军内部引起争论而产生裂痕。

果然，东北军内部很快就形成了壁垒分明的主和、主战两派。元老派主张在甲案基础上谈判，一些中下级军官结合起来的少壮派则主张首先要救张学良回陕，认为在张被扣的情况下进行谈判形同"叛变"。矛盾十分尖锐，形势极为严峻。

当此之时，周、博与洛、毛间电报往返不断。周恩来根据洛、毛电示，两致蒋函，要求撤兵、释张；并多方协调，坚持选择甲案，和平解决。

当时留在保安的两个中央政治局常委毛泽东、张闻天一起，运筹帷幄，作出全局性的决策。1937年1月21日，洛、毛致周、博电，认为当前问题的焦点在于"是否让步而确能停止战争"，提出"无论和战"应使东北军和十七路军将领及左派（即少壮派、主战派）"自己打定主意"，"我们处在建议与赞助地位"，"无论和战，红军主力应按前定计划出至陕南"等原则和部署。③与此同时，张闻天又指导白区党策动各方调停，维护国内和平。1月15日，张闻天致电上海地下党冯雪峰、潘汉年，要他们策动韩复榘、刘湘发表通电，主张和平解决，恢复张学良的自由；要他们设法找人向李宗仁、白崇禧活动此事；并请人向宋子文活动，"要他继续担负调解责任，表示我方拥护他调解之诚意"；还要他们通过杜重远向熊式辉探听何应钦等亲日派目前的行动方针，以便决定对策。潘汉年当天就向张闻天电告："已请大姐（按：即宋庆龄）同宋子文说项，设法由他负责调停"，"已派人去孙、冯、川、栏活动"，"已嘱杜重远、叶挺设法公开往南京"等。④就在这一天，刘湘、李宗仁、白崇禧联名发表通电，呼吁入陕中央军停止进攻，采取政治解决办法，并望蒋委员长立即销假回京，主持大计。⑤1月25日，张闻天又电北方局刘少奇，指出"大力策动各方和平解决西安问题，

---

① 《中共中央文件选集》（11），第156页。
② 引自中央档案馆藏原电。
③ 见《文献和研究》1986年第6期。
④ 引自中央档案馆藏原电。
⑤ 据1937年1月21日《红色中华》报道；程思远：《李、白主张西安事变应政治解决》 见《西安事变亲历记》，中国文史出版社1986年版，第322页。

此是目前时局中心关键",要他"用各种方法策动阎锡山出面调停"。①

正当中共中央为巩固"三位一体"、和平解决西安问题而多方努力的时候,东北军中主战派的势力在迅速扩展。由于蒋介石软禁张学良,并置共产党与西安方面迭次释张返陕要求于不顾,东北军中的少壮派"坚主强硬",不考虑接受甲乙两案。他们发起签名运动,为营救张学良,主张同中央军决一死战。而事实上西安三方的军事力量同南京相比处于明显劣势,打起来,徒然消耗了中国的抗战实力,不唯断送团结抗日的和平局面,即使单就救张一点而论,实力折损之下亦更为不利。周恩来、博古等做这些"左派"的工作,苦口婆心,终不奏效;彭德怀、徐海东到西安也同这批青年军官谈过,彭批评他们是"左派幼稚病",他们听不进去。②特别是1月21日东北军、十七路军高级军政负责人会议决定接受甲案之后,主战派更为愤激。他们的情绪影响到广大官兵和群众,遂在西安形成一种浓重的"主战"空气。内战危机又迫在眉睫了。

在这矛盾尖锐、形势险恶的时刻,张闻天于1月25日自延安启程,1月27日秘密来到西安。他立即同周恩来、博古等就形势和方针问题进行商讨。随后,秘密地住到王以哲的一个副官家里。③

就在27日夜里,东北军青年军官50余人在周恩来住处"请愿",提出八个问题,力主释张以后才能撤兵,反对就此和平解决。周恩来竭力说服,不听。会散后有人甚至当场扬言"如果你们不打,我们就与你们弄不好"。深夜,周、博又获悉他们中有的人已拟就暗杀名单,内有主和派和共产党人的名字。

第二天上午,博古到张闻天住地,告以夜间情况,说:现在形势很紧张,住在这里暴露了不得了。博古已准备好车辆送张闻天到泾阳县云阳镇红军前敌总指挥部去。④这时,如何争取"左派",成为和战的关键。张闻天在离开西安之前,给毛泽东并告彭、任一电⑤,分析西安和战形势,提出"我们的方针应该毫不迟疑的坚决为和平奋斗"。对于"左派"的政策,他认为应将"左派中之大多数分子"与"少数过激分子"区别开来,指出应"向左派公开表示我们坚决主张和平,反对内战态度,反对一切挑拨行为","争取左派中之大多数分子";"对极少数不能听[说]服的过激分子应与之斗争",万一开始挑拨行为(即实行暗杀或真的打起来),我们仍然"坚持不参加内战的决心"。这里提出的对"左派"特别是其中的"过激分子"的政策,以及发生突然事变时"坚持不参加内战"的立场,是针对性极强的坚决为和平奋斗的方针。此后,中共与红军对于"过激分子"就是这样做的,"二二事件"后也是按这里所说的立场来处理的。

---

① 引自档案。
② 据博古1937年2月11日在政治局会议上作的《关于西安事变的经过与结束》的报告记录。
③ 毛泽东1937年1月25日电告周恩来:"洛甫本日出发来西安。"博古在2月11日政治局会议上所作《关于西安事变的经过与结束》报告中说道:"这时洛甫同志来了,正是很尖锐的时候,很险恶的时候。"又据刘英:《在大变动的年代里》,连载于《人民日报(海外版)》1991年6月24日—7月4日,收入《在历史的激流中》、《我和张闻天命运与共的历程》。
④ 据刘英:《在大变动的年代里》。
⑤ 载《党的文献》1988年第3期。

张闻天 28 日到达云阳,当时彭德怀不在总指挥部,他立即同任弼时、杨尚昆和王稼祥(当时在那里养病,待机前往莫斯科治疗)商讨目前形势下的对策。当天即以个人名义致电毛和周、博,提出重要建议:军事上,红军主力主动"向渭北方面撤退";政治上,朱、毛对这一行动发表谈话,主张和平统一团结御侮,坚决反对新的内战,表示红军愿意服从南京中央政府的指导,并"要求蒋委员长立即销假视事,主持中枢"。电报说:"这一态度的表明,目前极端重要","如大家同意,即由泽东负责起来,谈话明日即广播。"①这时,西安方面与中央军的潼关谈判已有成议,东北军将把渭河南岸的部队撤到北岸,七天完成。在这向和平解决迈出实际步子的时候,张闻天同前敌总指挥部将领商讨后提出的主动北撤,公开表示反对内战,服从南京政府指导,敦促蒋氏实践诺言等建议,实在是一种与友军相呼应的、以退为进、争取主动的策略。29 日和 30 日上午,张闻天又连续致电毛和周、博,②申述支持和平方针和实行自卫战的原则。指出,目前方针仍应力争和平,目前形势要求和平问题迅速解决。认为即使和平绝望,战争或部分接触发生,红军应公开表示"不愿参加内战","愿为和平继续奋斗",只有在实行甲案后南京仍向我们进攻、破坏和平时,我方才"应实行自卫战"。

这时,西安方面和战之争更为激烈。29 日东北军团以上军官会议决定:在张学良返陕之前,坚不撤兵;中央军如再进逼,决一死战。同时,杨虎城不惜一战的打算也有抬头。到 30 日,主战派几乎完全控制局面,形成了不论红军参加与否均要决一死战的态势,红军的行动方针问题又一次提到了面前。在此紧急关头,周恩来、博古和叶剑英于 30 日下午将近 5 点钟赶到云阳,同张闻天和彭德怀、任弼时、王稼祥等共商对策。会议认为,我们的愿望是接受甲案,实现和平,但目前西安各派均主张同中央军抗战,这样,在红军面前就只有两个方案可供选择:或者友军打,我们不参加;或者同他们一起打。当然,不论打与不打,我们的为和平奋斗的基本方针不变。但如取前一种办法,势必同友军对立。所以如果打起来,只有一起打,在打的过程中争取实现和平。这次会议决定改变打起来也不参加的方针。当夜 10 点,与会者将商定的上述方针以"周、博、彭、任、王、洛"联名电告在延安的毛泽东、朱德、张国焘。深夜 12 点,毛、朱、张复电赞同,将当前行动方针概括为"三位一体,进则同进,退则同退",用这样的态度争取最后的和平。③30 日深夜党中央的决策使友军深为感动。31 日夜举行东北军、十七路军、红军三方最高军事会议,终于作出了坚决促进和谈成功的决定。

然而,东北军青年军官中的少数"过激分子"却不顾大局,2 月 2 日上午竟将东北军中最先坚决联共抗日、力主和平解决的王以哲将军枪杀了。周恩来在极端困难、危险的情况下,沉着处理善后,终于使事态得到控制,和平大局得到维持而没有崩坏。虽然如此,"二二事件"造成的损害是不可弥补的。张闻天听到这个不幸事件,

---

① 载《党的文献》1988 年第 3 期。
② 1 月 29 日电载《文献和研究》1986 年第 6 期,1 月 30 日上午电据中央档案馆藏原电。
③ 1 月 30 日深夜来往两电均见《文献和研究》1986 年第 6 期。

不禁摇头叹息。"二二事件"以后，东北军内部分裂，十七路军难以立足，西安方面顿时失去了同南京谈判的力量和地位。两支友军将任蒋宰割，张学良回陕无望，"三位一体"实现西北大联合的局面实际上解体了。

"二二事件"由于处理得当没有祸及全局，形势发展虽有许多曲折，但时代的主潮是谁也不可抗拒的。正如张闻天所估计的那样，蒋介石无法动员打大的内战，必然要被迫走上抗日的道路。蒋介石尽管软禁了张学良，瓦解了西安"三位一体"的局面，但是他迫于形势，不能不顺着"停止内战，一致抗日"的历史潮流而动。当张闻天2月初从云阳回到延安的时候，国民党为解决西安事变后方针政策问题而准备召开的五届三中全会会期已经迫近了。蒋介石在1937年2月5日确定了"对内避免内战"、"不说排日，而说抗战"、"各省物色品行方正之才"等关于时局的五项方针，并将它作为五届三中全会讨论结束内战和国共关系问题的根据。

为了巩固已获得的国内和平，推动全国抗日民族统一战线的形成，张闻天主持起草了《中共中央给国民党五届三中全会电》，于1937年2月10日发出。该电向国民党提出，在"和平统一团结御侮"方针下，将"停止一切内战，集中国力，一致对外"、"保障言论、集会、结社之自由，释放一切政治犯"、"召集各党各派各界各军的代表会议，集中全国人材，共同救国"、"迅速完成共同抗战之一切准备工作"、"改善人民生活"等五项要求定为"国策"。表示三中全会"果能毅然决然确定此国策"，则中共愿作出"在全国范围内停止推翻国民政府之武装暴动方针"、"工农政府改名为中华民国特区政府，红军改名为国民革命军"、特区内"实施普选的彻底民主制度"、"停止没收地主土地之政策"等四项"保证"。① 这是共产党对国民党一个大的原则上的让步，其目的在于解决国内两个政权对立的状况，便利于组成抗日民族统一战线，一致反对日本的侵略。

2月11日，张闻天主持政治局会议，博古作《关于西安事变的经过与结束》的报告。张闻天发言指出，西安事变的两种前途，由于中央采取和平方针，避免了内战，现在已经解决，"这一胜利历史意义很大"，"中国革命确实开始了一个新的阶段，内容是和平统一团结御侮"。我们以后的任务"主要是在'联蒋抗日'或'拥蒋抗日'口号下争取中派"，以实行对日抗战，"争取中派现在是最中心问题"，"基本工作还是着重保障和平"。他解释说，我们致国民党三中全会电就是要达到这个目的，它"是和平运动的重要文件"，是为着"打破亲日派的说话"。今后斗争还是存在，曲折是有的，但"斗争的方式要变动"，"所有工作要开始新转变"。② 会后，中共中央发布了《关于西安事变和平解决之意义及中央致国民党三中全会电宣传解释大纲》③。

《中共中央给国民党五届三中全会电》进一步推动了国民党内部抗日派对于亲日派的斗争。1937年2月15日至22日召开的国民党五届三中全会虽然没有制定出明确的抗日方针，没有检讨过去政策上的错误，没有根本放弃反共立场，但它所提谈判条

---

① 《中共中央文件选集》(11)，第157—158页。
② 张闻天1937年2月11日在政治局会议上发言记录。
③ 见《中共中央文件选集》(11)。

■1934年4月，西安事变和平解决后，中共领导人到机场迎接回到延安的周恩来。左三起：秦邦宪、张闻天、毛泽东、周恩来、彭德怀、林伯渠、萧劲光。

件与共产党致三中全会电所提条件接近，实际上开始接受国共两党合作抗日的政策，由内战和对日不抵抗的政策，向着和平和抗日的方向转变。至此，"逼蒋抗日"的方针取得了预期的效果，中国共产党的抗日统一战线策略取得了初步胜利。

　　西安事变的和平解决，结束了十年内战，促进了国共合作，它带来了一个划时代的历史性转折，抗日民族统一战线开始跨入一个新阶段。张闻天在西安事变刚刚发生的时候，能够坚持"逼蒋抗日"的方针，为和平解决提出比较确当的策略思想和处置方针；随着事变的发展，又正确分析了事变的两个前途，坚持和参与了决定中国共产党和平解决西安事变的基本方针；在事变发展后期，和战矛盾尖锐，形势险恶的关头，又亲临第一线，力主和平调解，同周恩来等一起作出了重大决策。总之，在和平解决西安事变的全过程中，张闻天恪尽了中共中央负总责者的职责，同毛泽东、周恩来、博古等配合合作，作出了杰出的贡献。

第十三章　跨入新阶段

迎接全国抗战的到来

1937年2月15日召开的国民党五届三中全会在实际上接受了国共两党合作抗日的政策。它标志着中国共产党从九一八事变起，特别是从1935年华北事件后，为"停止内战一致抗日"而斗争的阶段已经结束。然而，从"停止内战一致抗日"到全国对日直接抗战的到来，还要走过一个艰难困苦以至曲折变幻的准备阶段。1937年春天，中国革命又走到了一个大转变的关头。在一个旧的阶段结束、新的阶段开始的时候，为了使全党明确认识当前的形势、任务以及党的政策、策略，自觉地实行转变，做好迎接全国对日直接抗战新阶段到来的准备，张闻天在总书记的岗位上做了许多工作，恪尽了自己的职责。

关于在国民党五届三中全会后新形势下中国共产党的任务，在1937年2月15日发布的《中央关于西安事变和平解决之意义及中央致国民党三中全会电宣传解释大纲》即明确提出："今后的任务是巩固国内和平，实行对日抗战。"[①]3月3日，张闻天著文作了阐发。[②]他指出，"今后已经开始了停止内战一致抗日的新阶段"，"从这里到全国民族统一战线的实际建立与对日抗战的开始，还需要一个过渡的时期"。这个时期的奋斗目标，就是"促进全国民族统一战线的实际建立与对日抗战的实现"；放在中国共产党面前的具体任务，就是"巩固国内和平，准备对日抗战"。张闻天还着重说明了实行民主是完成任务、达到目标的前提。他提出，为了准备对日抗战，必须动员千千万万中国人民参加，为此应该立刻开放民禁，实施言论、出版、集会、结社的民主权利，彻底实行民主制度，使中国走上现代国家的民主共和国的道路。3月23日起，张闻天主持召开政治局扩大会议。这次会议有26人参加，首先集中讨论目前国

---

① 《中共中央文件选集》（11），第159页。
② 题为《巩固国内和平，准备对日抗战》，见《中共中央抗日民族统一战线文件选编》（中），第413—420页。

内政治形势与任务。由张闻天作报告。①

张闻天分析了国民党五届三中全会后内外政策的变动，指出：它在对内政策上，是主张和平统一的，而和平统一的目标是集中全力以抵御外侮，对国内问题主张不用武力手段解决，在民主问题上，也有相当表示；在对日政策上，"抗战"二字第一次出现在国民党文件中，对于汉奸行动也加以指斥；在对我们党的关系上，表示在他们所提的四个条件下可与共产党谈判，这些条件同我们所提的四条实际上是大同小异。② 根据以上分析，说明"国民党三中全会不论在对内、对外、对民主、对群众方面，都表示国民党政策开始了转变"。张闻天又分析了五届三中全会后南京政府部分改组、对日态度比较强化、同共产党继续谈判等事实，说明"南京国民党方面正在朝着抗日方向前进"，从此"中国国内形势开始了一个新的阶段"。

对于这一新阶段的特点与任务，张闻天作了历史的分析。他说，自"一二·九"运动到西安事变，是中国政治形势新时期的第一阶段，"这一阶段的中心一环，是停止内战"；西安事变的和平解决，开始了一个新阶段，这就是准备实际抗战的过渡阶段，其特点表现在南京政府开始转到抗日道路上来；一旦实现了抗战，中国的形势又要进到另一个新阶段。张闻天指出，在准备实际抗战这一阶段中，我们的任务"主要的关键是实现民主权利"。他强调这项任务的必要性："只有民主权利的实现，和平统一才有巩固的可能"；又看到完成这项任务的可能性："现在全国民众普遍要求民主"，"我们应该争取国民大会通过给以民主权利的决议"；还预见到围绕民主问题斗争的严重性："民主问题将来在我们与国民党的政治斗争中要成为争论的焦点。"

张闻天的报告还将共产党在新阶段中"争取领导权的问题"加以突出的强调，指出，从转向抗日达到准备实际抗战的过程中，"有很多斗争"，"可能发生各种曲折、困难"。在国际上有和平阵线与侵略阵线的斗争，在中国内部有亲日派与抗日派的斗争，中央政府与地方政府的斗争，还有民众与政府的斗争，独裁与民主的斗争。"在各种力量的斗争中，一个重要的问题就是争取领导权的问题。"张闻天指出，国共合作后，国民党"要同我们争夺领导权"，"共产党与国民党的斗争依然存在，只不过斗争的方式有了改变"。

对于在新的形势下"我们怎样取得领导权"的问题，报告作了明确的回答和全面的论述：一、坚持民族统一战线政策，坚持抗日救国的方针。民主与群众生活等问题的处理都要围绕于抗日问题。二、善于应用一切适用的斗争方式，从武器的批判转到批判的武器。不使用与国民党对立的斗争方式，改变过去革命的方式为改良的方

---

① 张闻天在1937年3月23日政治局扩大会议上的报告以《国民党三中全会后的形势与我党任务》为题收入《张闻天选集》。下文概述与引用均据《张闻天选集》。出席这次会议的26人是（按会议记录上的顺序）：李见珍、刘长胜、罗荣桓、郭洪涛、周建屏、蔡树藩、王观澜、张闻天、彭德怀、贺龙、朱德、任弼时、林伯渠、冯文彬、周兴、廖承志、徐特立、吴亮平、刘英、王林、杜理卿、博古、毛泽东、凯丰、李德、伍修权。

② 国民党五届三中全会通过的《根绝赤祸案》中提出的四个条件是：取消红军，取消苏维埃政府，停止赤化宣传，停止阶级斗争。这些条件可以作不同的解释。红军和苏维埃政府改了名称，从名义上看也可以说就是已经取消。中国共产党所提四条，即"给国民党三中全会电"中的"四项保证"，见本书第230页。

式（革命主义的改良），利用从上而下、从下而上的联系，利用公开的、合法的斗争方式，利用旧的形式为新的内容服务，等等。三、要加强白区党的领导，建立全国范围的工作，每个中心地区要有坚强的能独立工作的干部。四、苏区、红军中要特别加强党的领导。五、要重新教育干部，培养干部，使他们懂得新的政策，适合于新的要求。六、要保障党的领导，开展党的思想斗争。在目前，"左"的危险是主要的；另一方面，右倾的危险也在增长。要在两条战线的斗争中巩固党的团结一致，以保障我们的领导权的实现。不是在纸上，而是只有在艰苦的工作中，才能实现我们的领导权。

政治局扩大会议对张闻天的报告进行了热烈的讨论。毛泽东表示"完全同意"张闻天对国民党五届三中全会的估计。①

会后，张闻天写了《迎接对日直接抗战伟大时期的到来》一文，将准备实际抗战阶段的任务概括为"巩固国内和平，争取民主权利，实现对日抗战"。文章全面地分析了抗日民族统一战线形成的历史和西安事变和平解决后的形势与任务，对党为实现国共合作共同抗日所作的让步与妥协和党的独立性与批评自由，作出了全面的解释。这篇文章发表在1937年4月24日出版的《解放》周刊创刊号上，是张闻天在三月政治局扩大会议上所作报告主要精神的公开表述，它向国内外宣布了中国共产党对时局的看法、态度和立场。

为传达和贯彻三月政治局扩大会议的精神，4月3日，中共中央宣传部发布了题为《国民党三中全会后我们的任务》的宣传大纲；4月4日，中央书记处给刘少奇发去《关于坚持联蒋方针推动全国对日抗战问题的指示》；4月15日，中国共产党中央委员会发表《告全党同志书——为巩固国内和平，争取民主权利，实现对日抗战而斗争》。② 这几个重要文件，都是按照张闻天3月23日报告中阐述的重要思想和政治局扩大会议讨论的精神来写的，许多主要的提法甚至用语同张闻天的报告和文章是一致的。张闻天3月23日的这个报告在指导全党及时地、自觉地从"停止内战"过渡到"直接抗战"的准备阶段中发挥了重大作用，对国共合作的正式形成和民族统一战线的实际建立，提出了新的任务和策略，作出了新的部署。

按照三月政治局扩大会议的决定，为了动员和组织全党进一步做好迎接全国抗战伟大时期到来的准备，为巩固和平、争取民主、实现抗战而斗争，党的苏区代表会议（即党的全国代表会议）于5月2日至14日在延安中央大礼堂召开，有苏区、白区和红军代表二百多人参加。张闻天在会议第一天以《中国共产党苏区代表会议的任务》为题致开幕词。③ 他首先论述了当前的形势，指出停止十年内战，实现国内和平这种局面的取得"是党的政治路线的伟大胜利，证明了党的新政策的正确性"；同时说明，党中央给国民党三中全会电所作的四项保证，决不能解释为"共产党的投降"，它是两年来党的民族统一战线主张的必然结论，并不取消或降低共产党组织的独立性与批

---

① 据毛泽东在1937年3月23日政治局扩大会议上的发言记录。
② 以上各件均见《中共中央文件选集》(11)。
③ 已收入《张闻天选集》。

评的自由，并不放弃党对军队与政府的领导，相反的，正是为了争取共产党在全国的公开活动。

张闻天在开幕词中总结了过去十年来艰苦奋斗的历史。他指出，由于全党同志的努力奋斗、自我牺牲精神，我们创造了革命根据地与红军，保存与锻炼了领导干部和领导机关，能够有阵地的前进，推动了革命运动的发展，开辟了光明的前途。经过十年奋斗，中国共产党今天已经在全国人民心目中享有崇高信仰，成为全国人民所爱戴的党，她已经有资格成为民族统一战线的创始者与组织者，并成为其中的先锋与坚强的核心。张闻天同时也总结了这十年中中央犯过的许多严重错误。他指出，六届四中全会以来党中央的主要错误有五点，这就是："在白区群众工作中，对长期存在着的关门主义的恶劣传统没有能够克服，在国内战争中曾经犯过军事上的冒险主义与保守主义的错误，'九一八'事变后对新发生的阶级力量的某些变动不能及时的认识与利用，对中国革命的持久性缺乏深刻的了解，以及干部政策中有过某些错误等。"开幕词对十年历史的总结也有缺陷。它没有区分遵义会议前后不同的发展阶段，也没有指出六届四中全会后党中央政治路线的"左"倾错误。这是由当时的历史条件与全党的认识水平决定的。

张闻天的开幕词着重论述了怎样完成新阶段内"巩固国内和平，争取民主权利与实现对日抗战"的迫切任务。他指出，"国内和平之后，战争的最前线已经从苏区转移到白区了"，而"白区党的工作薄弱，是我党目前最大的弱点"，所以，"必须大大加强白区党的组织与领导"。同时，他还提出"使特区成为模范区"、"红军必须成为模范的抗日军，成为抗日战争的领导核心"的任务。

开幕词强调，"巩固我们的党，现在成为一切工作的核心"。对党的建设，张闻天提出了五点重要意见：一、加强党内马克思列宁主义的教育，学习马克思列宁的工作作风；二、发展党内民主与自我批评；三、彻底转变党的工作方式与群众工作的方式；四、实行正确的干部政策，团结忠实于党、同群众有联系、有独立工作能力、能遵守纪律的干部；五、同关门主义与增长着的右倾机会主义进行两条战线的斗争，肃清国焘路线。张闻天还强调，"取得共产党在民族运动中的领导权，是目前一切工作的中心"。他唤起全党警觉，"内战停止，并不是阶级斗争的消灭。阶级斗争将采取更复杂、更曲折的形式"，阶级的敌人将利用一切方法"同我们争夺领导权"。张闻天又一次论述了在统一战线中怎样取得领导权的问题，号召全党："积蓄我们的雄厚的力量准备持久战，使中国革命得到最后的胜利。"

毛泽东在苏区代表会议上作报告和结论（后分别以《中国共产党在抗日时期的任务》和《为争取千百万群众进入抗日民族统一战线而斗争》为题收入《毛泽东选集》）。

这次代表会议批准了遵义会议以来党的政治路线，为迎接全国抗日战争的到来，在政治上、组织上、思想上做了重要准备。

党的苏区代表会议闭幕以后，紧接着中共中央又召开了白区工作会议。这次白区工作会议是在迎接全国抗战的历史转变关头，在两年来负责分管白区工作的张闻天积极倡导下召开的。在1937年3月23日政治局会议上，张闻天就提出"要加强白区党的领导"，并肯定："北方局提议特别注意反对'左'倾，是有它的根据的。"①对刘少奇 3 月 4 日《关于过去白区工作给中央的一封信》②，他也作出了积极的回答。4 月 24 日中央政治局开会讨论苏区党代表会议的议程问题，张闻天提出白区工作还是要另外开会，"单独讨论"。③在党的苏区代表会议开幕词中，张闻天将白区群众工作中没有能够克服关门主义的恶劣传统列为六届四中全会后中央主要错误之一，并将"必须大大加强白区党的组织与领导"作为新阶段的重要任务提到全党的面前，要求"细心的总结几年来特别是二年来白区工作的经验与教训，以此来重新教育与培养坚强的干部"④。关于会议的主要任务，张闻天提出要总结十年内战时期（重点是瓦窑堡会议以来）白区工作的经验，讨论确定新阶段白区工作的方针任务和斗争策略，以大大加强白区党的组织与领导。出席会议的有北方局及其所属的北平、天津、河北、河南、山西、山东、绥远等地下党组织的负责人，共 30 人。准备派往上海主持地下党工作的刘晓参加了会议。张闻天主持了这次重要会议。

会议从 1937 年 5 月 17 日开始，由刘少奇作《关于白区的党和群众工作》的报告。⑤刘少奇强调党和群众工作不只是需要策略的转变，而且需要进行一个全新的、彻底的转变。他指出，党与群众工作至今没有取得全新的决定性的转变的原因，一是过去我们只在党内提出，形势变更了，策略也需要变更，而没有提出转变十年来所执行并坚信为正确的关门主义、冒险主义的历史传统；二是没有系统地具体地揭发与批评过去的恶劣传统，否定过去的错误原则，并且提出新的正确原则去代替。为了彻底转变今后的党和群众工作，必须着重地揭发与批评过去历史传统中的错误。

会议中途刘晓即前往上海。出发前，张闻天、刘少奇、毛泽东先后同他谈话。张闻天强调要学会做群众工作，群众工作群众化，要使群众运动自然地形成。他要刘晓到上海后警惕"左"倾机会主义的残余，不要搞关门主义。⑥

在讨论中，与会代表发生了不同意见的争论。争论的中心问题，就是如何认识"左"的历史传统，亦即过去白区工作的指导方针是否犯了"左"的错误的问题。讨论到 5 月 26 日告一段落。除了在会上进行争论以外，北方局有些同志还到张闻天住地反映情况，谈意见。那时，张闻天住在延安城内凤凰山麓一个四合院里。

为了统一思想，并引导会议向有利于团结的方向发展，自 1937 年 6 月 1 日至 4 日，召开了政治局扩大会议。⑦6 月 1 日，张闻天作报告，讲了三个问题：一、关于过

---

① 《张闻天选集》，第 142—143 页。
② 见《中共中央文件选集》(11)。
③ 1937 年 4 月 24 日政治局会议记录。
④ 《张闻天选集》，第 146—147 页。
⑤ 刘少奇报告的部分内容收入《刘少奇选集》上卷，人民出版社 1981 年版。本段以下叙述见该书第 57—58 页。
⑥ 刘晓：《上海地下党恢复和重建前后》，载《党史资料》第 6 辑。
⑦ 关于这次会议，有文章说是"政治局会议"，开会时间是"6 月 1 日至 3 日"（见《党的白区工作会议述略》，载《文献和研究》1987 年第 5 期）。据会议记录，这次会议开到 6 月 4 日。在毛泽东 6 月 3 日发言后，6 月 4 日发言的顺次有王震、冯文彬、彭真、朱理治、高文华、罗迈、刘少奇（刘的发言记录中有"我们的讨论，开了四天会"），最后由张闻天作结论。在这次会上发言的人除上举者外，6 月 2 日有刘少奇、罗迈、凯丰、林伯渠、吴亮平，6 月 3 日有朱德、博古、关向立。从在会上发言的人的身份可见，这次会议是"政治局扩大会议"。

去十年来政策的清算，二、目前党的中心任务，三、华北形势与华北党的任务。6月2日至4日，与会者进行了比较充分的讨论，争论相当激烈，气氛非常民主。毛泽东在6月3日作了重要发言，6月4日会议结束前张闻天作了结论。

　　毛泽东在发言中谈到"传统"问题。他说，首先要看到，我们党在15年中造成了革命的与布尔什维克的传统，这是我们党的正统，它包括了政治上、组织上、工作作风上的一切好东西，造成了阶级与全国群众信仰的伟大的党；同时也要看到，我们党内还有若干不良的习惯。表现在群众工作上的"左"的关门主义、冒险主义，与高慢的宗派主义，在宣传教育上不能深刻的普遍的联系实际，党八股等公式主义；党内关系上的派别观点、命令主义、惩办主义等。这种习惯，也可以说是传统。对于张闻天的报告，毛泽东说：洛甫的提纲是一个很好的东西。提纲第二部分最精彩，很好地解决了许多策略问题。毛指出，批评少奇的片面性是必要的，但不应否认他的全部。洛甫的分析中也证明这个不良的"左"的传统之存在，但对于少奇提出的问题"左"倾传统问题解决得不适当。毛肯定刘少奇1937年3月4日给中央的信和5月17日在白区工作会议上的报告，"基本上是对的，是勃勃有生气的，他系统的指出党在过去时间在这个问题上所害过的病症，他是一针见血的医生"。①

　　6月6日，白区工作会议继续进行。张闻天根据中央政治局扩大会议的精神作了《白区党目前的中心任务》的报告。这个报告分三个部分，标题与6月1日在政治局扩大会议报告相同。②张闻天指出："党在中国革命新时期内的中心任务，是建立全民族的统一战线，战胜日寇，实现民主共和国，并在这一统一战线内与民主共和国内取得共产党的领导作用。"报告分析目前形势的特点是国民党正开始转变但未彻底转变，国共正在走向合作但尚未达到合作，是从两个政权到一个政权，从暴动的革命到革命的改良的彻底转变。报告提出，"我们在国民党内部的方针是团结左派，推动与联合中派，分化右派，排除右派中的亲日派"；对国民党的中央与地方政权的方针是"推动政府走向民主化"。张闻天指出，为要建立全中国的民族统一战线，必须注意统一战线组织的广泛性、多样性，集中反对最主要的敌人，处理好统一战线内部斗争、上层统一战线与下层统一战线的关系。报告根据两年来的经验和目前形势的特点，系统论述了统一战线的策略原则，具有普遍的指导意义。

　　张闻天指出，"今天我们党内主要的危险是'左'倾关门主义"，它阻碍着统一战线的建立。张闻天认为"左"倾关门主义在党内过去未能彻底克服、现在又成为主要危险的原因，除了一般社会根源、政治根源和认识根源之外，还由于：根本不相信国民党有什么转变而反对同国民党进行统一战线；党内还存在着"左"倾总比右倾好些的观点。他提出为要消灭党内关门主义，必须加强党内马克思列宁主义的教育，学会用马列主义的方法分析时局，领导群众斗争，必须坚决开展反对关门主义的斗争，打破"左"倾总比右倾好些的观点。

　　关于领导群众斗争的策略问题，张闻天在《关于白区工作中的一些问题》的小册

---

① 据毛泽东1937年6月3日在政治局扩大会议上的发言记录。
② 报告的第二部分收入《张闻天文集》第2卷。

子中，刘少奇在报告中，已有详细论述。张闻天在这里着重指出，特别重要的是懂得这些策略原则后，"决不要机械的把这些原则当做死的公式去背诵，而是首先要真正细心的与谨慎的去分析当时当地的具体环境，探求革命形势的特点，体验群众的要求、痛苦与他们的每一呼吸与脉搏的跳动，再来决定适当的斗争的口号策略，工作的方法与方式"。张闻天还辩证地、历史地论述了公开工作与秘密工作的关系。他说明"利用合法"与"合法斗争"是党在白区工作中的一种重要形式，那种认为"利用合法就是合法主义"的观点是错误的。

6月9日和10日，刘少奇作会议结论，表示同意张闻天的报告，并对讨论中提出的一些具体问题作了说明。最后，全体代表表决通过了张闻天的报告和刘少奇的结论。这次会议发扬了民主，开展了从上而下的自我批评，系统地揭露和批评了"左"倾关门主义和冒险主义的错误，彻底否定了错误的白区工作指导方针，明确了革命新阶段党在白区工作的策略任务，以及为实现这一任务必须进行的党的组织工作和群众工作，对白区工作实行彻底转变，对全党进一步冲破"左"的思想禁锢，都起了积极的推动作用。不过，限于当时的历史条件和认识不足，同苏区代表大会一样，对六届四中全会后党中央领导路线的错误性质问题，没有取得一致认识。这当然同张闻天这时对这个问题也还没有完全解决有关。

国共谈判

在政治上、思想上、组织上做好迎接全国抗战准备的同时，张闻天还参与领导了共产党同国民党的谈判，促成了国共第二次合作的正式形成，抗日民族统一战线的实际建立。

国共两党之间的秘密谈判，从1936年2月底董牧师到陕北接头以后，就一直在进行着。西安事变的和平解决，实现了一年来秘密谈判的目标："停止内战一致抗日"。国共合作大局已定。1937年2月8日，国民党中央军和平进入西安。第二天，国共两党的正式谈判就恢复了。2月10日，中共中央发出《致国民党三中全会电》。张闻天起草的这个文件是对过去一年国共谈判的总结，又在实际上表明了共产党同国民党谈判的政治立场，公开提出了实现国共合作的条件。为了团结抗日，共产党作了很大的让步与妥协，但又坚持独立自主原则，绝不放弃对根据地与红军的领导权。以蒋介石为代表的国民党统治集团，同共产党合作抗日是被迫的。国民党三中全会在实际接受共产党国共合作共同抗日主张的时候，仍然宣称"无论用任何方式，必以自力使赤祸根绝于中国"[①]，所通过的决议也叫做《根绝赤祸案》。他们无时不忘限制、削弱共产党以至消灭共产党。这就决定了国共两党第二次合作谈判是一场尖锐复杂、迂回曲折的斗争。

"争取民主权利"是准备抗战阶段的关键。国共谈判就是共产党为争取民主权利

[①]《中国国民党第五届中央执行委员会第三次全体会议宣言》，转引自《中共中央抗日民族统一战线文件选编》(中)，第609页。

而同国民党进行合法斗争的主要阵地。在这一关系到能不能实现全国抗战的历史性的斗争中，周恩来一直是同国民党代表和蒋介石面对面进行谈判的主将。张闻天则配合、协同毛泽东，在延安运筹帷幄，进行领导。二三月间，周恩来、叶剑英同国民党代表持续了一个月的西安谈判，3月下旬周恩来同蒋介石在杭州的首次会谈，6月上旬至中旬周恩来同蒋介石在庐山的再度会谈，"七七"卢沟桥事变后，周恩来同博古、林伯渠于7月15日登庐山与蒋介石的第三次会谈，8月上旬周恩来、朱德、叶剑英飞抵南京出席国防会议并同蒋氏进行的第四次会谈：持续半年多的所有这四次会谈，张闻天都参与了领导。前方的周恩来正面交锋，机警坚定，后方的毛泽东和张闻天指挥若定，进退自如。他们互相商讨，审时度势，掌握了谈判的主动权，表现了高超的斗争艺术。

1937年2月9日，顾祝同（西安行营主任兼第一集团军总司令）到达西安。他被蒋介石委派担任两党谈判中的国民党代表。当天，共产党代表周恩来就同顾祝同进行会谈。深夜11点，毛、洛致电周恩来，请他以即将发出的"致三中全会电"作为"和宁方交涉之政治的立场"。军事方面，编制，提出开始出动抗日时编为12个师4个军，以林彪、贺龙、刘伯承、徐向前为各军军长，组成一路军，设正副总司令，朱德为正，彭德怀为副；军饷，按中央军待遇，或每月接济至少80万到100万元（法币）；如成立国防委员会，红军应派代表参加。党的方面，要求国民党不逮捕中共党员，不破坏中共组织，中共在红军中的组织领导不变。第二天中午，洛、毛电复周，对谈判内容作补充，说明军事机关、政治集会我方应派代表参加，政府则等抗日战争爆发后参加。2月11日，周恩来同顾祝同、张冲会谈。12日凌晨3时，洛、毛又就谈判策略与条件复电周，请注意在谈判时要对方实行"致三中全会电"中所提五条要求，以避免对方"迫我再让"；要提出或坚持扩大红军现有防地，对西路军"停战让防"，各省红军游击队就地改编，拒绝国民党向红军派遣政训联络员，经费须从2月领起等条件。① 12日，周恩来同顾祝同继续会谈。双方就共产党在适当时刻公开、苏区政府改为中华民国特区政府、红军改编为国民革命军、扩大民主（中共派代表参加国民会议，红军派代表参加国防会议等）、分期释放政治犯等问题达成了初步协议。

国民党三中全会后，谈判代表张冲于2月26日返回西安，随即和周恩来继续会谈。在这之前，中央书记处已复电同意周2月24日致洛、毛电中提出的谈判方针。在周恩来与张冲谈判过程中，双方意见的主要分歧是在红军改编后的人数与编制上。按中共中央批准的谈判方针，红军改编后，人数可让步为六七万，编制可改为4个师，每师3个旅6个团，约1.5万人，其余编某路军的直属队。② 但张冲临返西安时，蒋介石对他说：红军可以改编为3个师9个团，不可再加。③ 对此，洛、毛于3月初电复周恩来，同意张冲在谈判过程中提出的红军主力编4个师16个团、另编2个徒手

---

① 上引1937年2月9日、10日、12日张闻天、毛泽东致周恩来电，均见《文献和研究》1985年第4期。
② 1937年2月25日中共中央书记处给周恩来的复电。
③ 据1937年2月27日周恩来致中共中央书记处电。

工兵师8个团共6万人的意见；①后因南京方面对此议坚决不允，中央书记处电周："编制仍以四师为宜"，"但如蒋坚持三个师时，亦只得照办"。②由于共产党方面一再让步，至3月8日，周恩来、叶剑英同顾祝同、贺衷寒、张冲会谈，双方意见大体趋于一致，决定将一个月来的谈判作一总结，由周恩来写成条文，当晚电告蒋介石决定。③

正当国共谈判接近成议之际，国民党方面却突然横生枝节，制造障碍，于3月11日由贺衷寒提出一个修改案。按照贺案，红军改编三个师后每师人数只能1万，总共3万，且要服从南京和蒋的"一切命令"，政训人员由南京派人，各级副职也由南京派遣充当；"陕甘宁行政区"改为"地方行政区"，分属所在各省，取消"民选制度"一语，改"民选推荐"为"地方推荐"；在善后处理中，对停止进攻西路军置之不提。④总之，要把红军和苏区完全置于南京当局的直接控制之下，并欲以西路军的安危胁迫就范。当时西路军正孤军苦战于河西走廊。

毛泽东、张闻天接到周恩来关于上述情况的报告之后，即于3月12日以中央书记处名义致电周恩来并通告红军部队各军事首长，指出"贺顾所改各点，太不成话，其企图在于欲使我党放弃独立性，而变成资产阶级政党之附属品"，对他们所提"均须严拒申明无从接受"。电报指出，"在整个谈判中，必须坚持无产阶级党之政治立场"，"绝对不能迁就"。对谈判策略，针对两个星期来国民党方面"着着进迫"，提出我方"现应改换姿势"，"向之进攻"，坚持三个国防师（每师1.5万余人）组成某路军领导不变，苏区完整等最后限度的条件，并"申明西安无可再谈，要求见蒋解决"。⑤3月15日、16日，中央书记处又连续致电周恩来，要他要求迅速见蒋当面解决问题，为顾全大局，按照电报所列中央确立的15项谈判条件继续谈判。⑥

毛泽东、张闻天等在政治上采取的这一进攻姿态，促成了周恩来和蒋介石的直接会晤。1937年3月下旬，周恩来飞抵上海，由潘汉年陪同到杭州，和蒋介石进行谈判。4月初，周恩来回到延安，毛泽东、张闻天、博古、彭德怀、林伯渠等到机场迎接。随即召开政治局扩大会议，听取周恩来汇报。在杭州谈判中，蒋不得不承认国共分家十年招致军阀割据、帝国主义者占领中国的局面，但对分家之责不作检讨而诿过于鲍罗廷。他要中共不必说与国民党合作，只是与他合作，并要求商量一个永久合作的办法。当周回答最好办法是制订共同纲领时，蒋即要周速回延安商量合作和纲领问题。关于具体问题，蒋认为是小节，容易解决。当场允诺边区完整，红军改编后三个

---

① 3月3日周恩来收到的洛甫、毛泽东来电，转引自《周恩来年谱》（1898—1949），第355页。

② 周恩来1937年3月4日致中央书记处电说："顷见张冲，云南京复电只允三师九团，顾今早开会商量改为四师十二团，不能再多。"中央书记处对此答复的电报，周恩来于3月7日收到。

③ 1937年3月8日周恩来致中央书记处电，题为《周恩来关于一月来与国民党谈判结果向中央的报告》，见《中共中央抗日民族统一战线文件选编》（中）。

④ 1937年3月10日周恩来致中央书记处电。3月10日周会见张冲，得知顾祝同约贺衷寒、张冲对周恩来3月8日提案作了许多重大改动。周即电告中共中央。贺衷寒于3月11日将书面修改案交周。

⑤ 1937年3月12日中央书记处致恩来并告彭、任、张、贺、关、陈、聂、徐、程电，见《中共中央抗日统一战线文件选编》（中）。

⑥ 1937年3月16日中央书记处致周恩来电，见《中共中央抗日统一战线文件选编》（中）。

师人数不少于 4.5 万人、上设总司令部，国民大会国防会议中共可以派人参加等条件。蒋谈话的中心，是要拥护他做领袖。① 政治局扩大会议决定：在抗日救国十大纲领及国民党一大宣言基础上起草民族统一战线纲领，并提议在这个纲领基础上结合新的民族联盟（或党），并提出修改国民大会组织法、选举法的草案，准备提出修改宪法的草案，在全国范围进行民主运动以影响蒋；对具体问题，坚持在不妨碍苏区实行民主制度及共产党在红军中的独立领导的原则之下进行一切谈判。会议还确定谈判的策略，如进展顺利，则拟以党的名义发表合作宣言，争取公开；否则，待事变发展，促蒋让步。会后，张闻天、周恩来等进行了紧张的准备工作。

4月26日，周恩来飞抵西安，准备南行再次见蒋谈判。毛泽东、张闻天、博古一起，对同蒋第二次谈判的内容多次与周恩来电报往返进行商讨。5月9日，周恩来收到中央来电：同蒋会谈时解决国共两党关系的具体步骤是：一、确定共同纲领，二、发表共同宣言，三、发表边区政府及四个师师长以上首长名单，四、红军实行改编，南京释放政治犯。② 5月24日，洛、博、毛复周电提出此次赴庐山见蒋，"须谈两方面的问题：第一方面，关于纲领及苏区、红军、共犯、党报、经费、防地等问题；第二方面，关于对日、对英、对苏外交，国防军事、国防经济及国民大会、人民自由、政治犯等问题"。5月25日，洛、博、毛又复周电，关于见蒋谈判之问题，除同意来电所提者外，还应提出并询问蒋的外交方针、国防军事、财政准备等问题，须力争办到：确定特区政府委员九人，名单为：林伯渠、张国焘、秦邦宪、徐特立、董必武、郭洪涛、高岗、张冲、杜斌丞；红军设某路军总司令部，总司令朱德，副司令彭德怀（但准备让步设总指挥部），至少四个师，一师长林彪，二师长贺龙，三师长徐向前，四师长刘伯承，先行发表，政治部制度照旧（但准备让步设政训处）；取缔破坏民主运动、破坏两党合作、破坏红军苏区之行为；增加红军防地等。③

周恩来于6月4日抵庐山，6月8日至15日同蒋介石多次会谈。同上次杭州会谈相比，蒋的态度变化很大，设下许多新的障碍。他全然不顾先前关于制定合作纲领的提议，将周带去的《民族统一纲领草案》撇在一边，另外提出一个成立"国民革命同盟会"的主张，企图从组织上溶化共产党。对国共合作急需解决的具体问题，除同意红军改编后三个师人数可容至4.5万人、经费照一般规定发给，国防会议开会时可容共产党干部参加之外，推翻了杭州会谈时作出的不少承诺。蒋不同意在三个师上面设总司令部，而要在三个师以上设政治训练处指挥之；还要朱德、毛泽东出洋（或出来做事），各边区武装实行编遣后，其首领也须离开；不同意增加防地。还强调红军改编后部队可移防；陕甘宁边区政府，坚持由南京方面派正的长官（可由共方推择中央方面的人）；国民大会可指定共产党代表，但不以共产党名义出席；还要共产党避名干实，等等，其意图是不让共产党公开和保有独立性。周恩来对组织原则、军队编制、边区政府等都不同意。尤其是指挥与人事问题，与蒋争论很久不能解决。经宋子

---

① 据《中共中央关于与蒋介石谈判经过和我党对各方面策略方针向共产国际的报告》（1937年4月5日），见《中共中央抗日统一战线文件选编》（中）。
② 转引自《周恩来年谱》（1898—1949），第364页。
③ 1937年5月24日、25日洛、博、毛致周两电，均见《文献和研究》1985年第4期。

文、宋美龄、张冲往返磋商，仍无松动。周恩来只得返回延安。①

6月18日，周恩来回到延安，中央书记处立即商量对策。为了顾全团结抗日的大局，准备作出重大让步，拟定关于谈判的新方案。关于两党合作问题，新方案原则上同意组织"国民革命同盟会"，但要求先确定共同纲领；同意国共两方各推出同数干部组成同盟会的最高会议，以蒋为主席，承认其依据共同纲领有最后决定之权；我们运用同盟会使之成为在政治上两党合作的最高党团。关于目前具体问题之解决，新方案提出，中共准备7月中发表宣言；如蒋同意设立总的军事指挥部，红军即待其名义发表后改编，否则即于8月1日自行宣布改编；陕甘宁边区7月实行民主选举，在张继、宋子文、于右任三人中择一人任边区行政长官，林伯渠任副长官；力争朱德为红军改编后的指挥官，毛泽东不拒绝出外做事，但非到适当时机不去；等等。②周恩来又起草了《中共中央为公布国共合作宣言》，于7月2日交毛泽东、张闻天改定。

在拟定《中共中央为公布国共合作宣言》、《革命同盟会组织原则草案》③等文件后，周恩来、博古、林伯渠一起于7月4日离开延安到达西安，前往庐山同蒋第三次谈判。

他们到上海的当天夜间，"七七"卢沟桥事变发生了，全民族的全面的神圣抗日战争开始了。第二天，中国共产党就通电全国："平津危急！华北危急！中华民族危急！只有全民族实行抗战，才是我们的出路！"为促使国共谈判迅速达成协议，中共中央于7月14日向南京政府表示，"愿在蒋指挥下努力抗敌，红军主力准备随时出动抗日，已令各军十天内准备完毕，待令出动，同意担任平绥线国防。"④

然而，蒋介石对共产党的态度却十分冷淡。7月13日（或14日），周、博、林登上庐山，随即将国共合作宣言送给蒋，但蒋扣住不发。虽在民族危亡关头，他还是不愿让共产党公开合法。在谈判中，关于红军改编后的指挥和人事问题又发生了激烈的争执。蒋在这点上继续向后倒退。6月庐山会谈时蒋虽然对3月杭州会谈允诺的红军改编后三个师上设总司令部食言，但还是表示，三个师以上的政治机关可以代行指挥权，可是这次他又改口，要求红军改编后各师直属行营，政治机关只管联络，无权指挥。其用意是不让共产党独立指挥军队。对于蒋介石这一无理要求，毛泽东、张闻天为了团结抗日的大局，还是决定给予一定的妥协和让步。7月17日洛、毛致电周、博、林，提出："为大局计，可承认平时指挥人事等之政治处制度，请要求设正副主任，朱正彭副。但战时不能不设指挥部，以资统率。"但蒋介石不为中共一再退让所动，仍然坚持红军在改编后不设统一的军事指挥机关，致使谈判陷于僵局。

在这样的情况下，洛、毛在7月20日致电周、博、林，决定对蒋强硬："我们决

---

① 本段叙述的6月庐山会谈情况据《中共中央关于与蒋介石第二次谈判情况向共产国际的报告》（1937年6月××日）中转述的周恩来1937年6月15日关于谈判结果致中央书记处电。要朱、毛出洋，据周恩来《论统一战线》："我们要求各党派的合法地位，建立各党派的联盟，但他（指蒋）在庐山第一次谈话会上居然敢说：'请毛先生、朱先生出洋。'"（《周恩来选集》上卷，第195页）

② 《革命同盟会组织原则草案》的内容见《中共中央抗日统一战线文件选编》（中）所收中央书记处1937年6月26日致共产国际电。

③ 1937年7月14日毛泽东、朱德、彭德怀、贺龙、林彪、刘伯承、徐向前致叶剑英电。

④ 1937年7月20日洛、毛致周电，见《文献和研究》1985年第4期。

定采取蒋不让步不再与谈之方针。请你们回来面商之"。①周、博、林随即离开庐山，飞往上海，观察时局变化。

7月下旬，日寇又一次发起了侵占平津的进攻，在客观形势的推动下，蒋氏不得不改变其固执态度，派人捎话：红军迅速改编，出动抗日。周、博、林即于7月28日返回延安，张闻天立即召集书记处成员商定红军改编出动抗日事宜。决定主力红军集中在三原迅速改编，编为三个师，4.5万人，上设总指挥部，朱德为总指挥，彭德怀为副总指挥。

时局的发展使得蒋介石只能顺应国共合作、共同抗日的历史潮流。7月底，蒋邀共产党代表飞南京共商国防问题。中共中央乃派周恩来、朱德、叶剑英赴宁参加国防会议，并同蒋谈判。8月3日，洛、毛致电周恩来等，要周、朱、叶等商量国防计划，连同红军作战方针、步骤，一并于当天电告洛、毛，待决定后由周等将国防计划携往南京面交；并提出此次赴宁须求得发表宣言、确定政治纲领、决定国防计划、发表红军指挥系统及确定初步补充数量、红军作战方针等问题一同解决。②关于红军的作战方针、步骤，洛、毛8月1日致周、博、林电指出：红军的作战原则是"在整个战略方针下执行独立自主的分散作战的游击战争"；因此，"在开始阶段，红军以出三分之一兵力为适宜"，"其余兵力依战争发展，逐渐使用之"。③8月上旬，红军即确定出动路线"由韩城渡河，在侯马上车，到大同集中，然后转赴怀安、蔚县"。④

10日周恩来、朱德、叶剑英飞抵南京，参加国防会议，并同蒋介石等继续会谈。正在这时，8月13日，日军大举进攻上海，威逼南京。蒋介石急需红军出动抗日，国共谈判到了急切需要迅速解决的关键时刻。8月18日，洛、毛致电彭、朱、周、博，又致电周、叶，指出国民党方面提出要红军"分路出动"，是要分割红军，包含着很大阴谋，坚决不能同意。同日，中央书记处致电朱、周、叶，提出十项谈判条件。指出"目前最重要问题，须使党与红军放在合法地位"，要求国民党迅即发表中共宣言，同时蒋发表谈话，发表边区组织，发表总指挥部，确认红军充任战略的游击支队，执行独立自主的游击战争等各项条件。⑤

在形势发展的推动下，蒋被迫让步，僵持不决的红军改编后的指挥和人事问题终于解决。谈判结果，同意红军改编为国民革命军第八路军，任命朱德、彭德怀为正副总指挥（8月22日正式发表），八路军充任战略游击支队，执行只作侧面战、不作正面战，协助友军、扰乱与钳制敌人大部并消灭敌人一部的作战任务；同意将红军在南方的各路游击队改编为国民革命军新编第四军。还达成了在南京、上海等大城市设立中共代表团办事处和八路军办事处，在南京出版中共机关报《新华日报》（后因南京沦陷，《新华日报》于1938年1月11日在汉口创刊），释放在狱共产党员和政治犯等协议。

---

① 1937年8月3日洛、毛致周、博并告叶电，载《文献和研究》1985年第4期。
② 据《中共中央文件选集》(11)，第299页。
③ 同上。
④ 1937年8月17日毛致博、林、彭、任电，据档案。
⑤ 见《中共中央文件选集》(11)，第322—323页。

9月22日,《中共中央为公布国共合作宣言》由国民党中央通讯社播发;23日,蒋介石发表谈话。25日,张闻天、毛泽东联名致电周恩来、林伯渠等,指示当前宣传内容,指出:"我们宣言及蒋氏谈话宣布了统一战线的成功。建立了两党团结救国的必要基础","蒋谈话确定了共产党在全国的合法地位",今后问题是彻底实现三民主义与抗日救国十大纲领,打倒日本帝国主义,复兴中华民族。①至此,西安事变后持续一年半的国共谈判,以宣告国共第二次合作形成、抗日民族统一战线建立而胜利结束。

在这一持续一年半的关系到民族命运与国家前途的谈判中,张闻天同毛泽东、周恩来密切配合,表现了高度的坚定性和灵活性。谈判的结果,在红军和苏区方面,虽然取消了名义,进行了改编和改制,但保证了共产党的绝对领导;在国共两党关系方面,实现了国共第二次合作,共产党取得了公开合法地位而又保持了独立性。这就为共产党及其领导下的人民武装和根据地在为争取抗日战争胜利的战斗历程中不断发展、壮大,打下了坚实的物质基础和思想基础。

洛川会议前后

张闻天在1937年3月政治局会议上就已指出,一旦实现了抗战,中国的形势又要进到另一个新阶段。"七七"卢沟桥事变是全国性抗战的起点。从此,中国的政治形势从准备抗战的阶段跨入了实行抗战的新阶段。在抗日战争刚刚爆发的历史转折关头,张闻天又一次站到时代的前沿。

卢沟桥事变发生以后,中共中央立即在7月8日向全国发表《为日军进攻卢沟桥通电》,号召全民族实行抗战,团结起来,建筑民族统一战线的坚固长城,抵抗日寇的侵掠,驱逐日寇出中国!同日,向北方局发出动员抗日、准备在华北进行游击战争的指示。7月8日、9日,红军将领接连致电中国军政长官,请授命为抗日前驱。7月15日,周恩来代表共产党在庐山将《中共中央为公布国共合作宣言》交付国民党。同一天,中共中央书记处给各地党组织发出了《关于组织抗日统一战线扩大救亡运动的指示》。②蒋介石到7月17日也在庐山"茗叙"时发表谈话,确定了对日应战的方针。不过,这时蒋还是没有放弃妥协谋和。7月21日,中共中央书记处又发出《关于目前形势的指示》,指出事变的发展有两种可能,一种是积极的全国性的抗战,一种是让步、妥协;全国人民一致主张坚决抗战,反对动摇妥协,我们的任务是争取全国性抗战的实现。为此,主张实行全国军队的总动员,全国人民的总动员,实现国共合作,建立抗日民族统一战线,使政府机构民主化,肃清一切亲日派汉奸分子,进行统一的、积极的、全面的抵抗。实际上提出了一条全民族的全面抗战的路线。同时还指示红军立即改名,准备立即向华北出动,执行对日直接作战的任务。为了反对妥协退让,实行坚决抗战,中共中央又于7月23日用"万万火急"的通电方式,发表《为

---

① 见《中共中央文件选集》(11),第348—349页。
② 以上六个文件均见《中共中央文件选集》(11)。

日本帝国主义进攻华北第二次宣言》，系统地提出了实行坚决抗战的"八项办法"，充实了7月21日党内指示关于实现全国性抗战的主张。① 同一天，毛泽东写了《论反对日本帝国主义进攻的方针、办法与前途》②，就卢沟桥事变后的形势，分析了对付日本帝国主义进攻有坚决抗战与妥协退让两种方针和与之相应的两套办法，其结果是两种不同的前途，表示共产党人愿同国民党人团结起来，实行坚决抗战的方针和办法，争取胜利的前途。

在日本侵略者步步进逼之下，二十九军与平津守卫部队在7月下旬进行了激烈的抵抗，副军长佟麟阁、师长赵登禹牺牲。7月底，北平、天津相继失守。蒋介石7月29日在庐山发表谈话称，"今既临此最后关头"，"唯有发动整个之计划，领导全国，一致奋斗，为捍卫国家而坚持到底"。然而，在实际行动上，还是非常迟缓，非常不坚决与不彻底。中国共产党在准备抗战阶段提出的"争取民主"的任务没有实现，国民党从政府机构、军队制度、民众政策，到财政、经济、教育等项政策，大体上都还是十年来的老一套。蒋介石的抗战是单纯的政府抗战、军队抗战。

这种片面抗战路线，是无法发动全民族的全面抗战并领导抗战取得最后胜利的。所以，在跨入又一新阶段的转折关头，共产党同国民党争论的问题，已经不是应该不应该抗战的问题，而是如何争取抗战胜利的问题。围绕着"争取抗战胜利"这个中心，有一系列重要问题，如国共关系，军事战略，红军改编后的战略任务、作战方针、步骤等，迫切需要解决。

为了及时解决这些重要问题，制定抗日战争时期的纲领、方针和政策，在1937年8月，张闻天主持召开了党中央的几次重要会议——洛川会议之前的中央局政治会议（8月9日），著名的洛川会议（中央政治局扩大会议，8月22日至25日）和洛川会议之后的"统一战线座谈会"。

8月9日，中央局政治会议在延安举行。出席会议的有毛泽东、张闻天、凯丰、张国焘以及各方面负责人共19人。张闻天作了《平津失守后目前政治形势与党的任务》的报告。③ 在这之前，张闻天已经在8月2日写了《论平津失守后的形势》④ 一文。这篇文章是8月9日报告的基础。

张闻天指出：日本占领平津不过是对于中国本部的大规模侵略战的开始。这一战争推动着中国走向全国性抗战的发动。日本帝国主义的大陆政策，决不以取得中国的一部分领土为满足，它所要的是全中国。目前形势的发展，将必然从现在局部的应战的形势转变为全国性的抗战。张闻天肯定了南京政府已经作出了坚决抗战的表示，在实际行动上也有进步，同时也批评了徘徊不定、妄想偷安的妥协传统尚未完全克服，

---

① 7月21日指示、7月23日宣言均见《中共中央文件选集》（11）。

② 毛泽东的《论反对日本帝国主义进攻的方针、办法与前途》作于1937年7月23日，首次发表于《解放》周刊第1卷第12期。该期应于7月26日出版。由于发表有关平津战事的时评（几篇时评分别写于7月29日和30日），故该期推迟出版。此文收入《毛泽东选集》时改题为《论反对日本进攻的方针、办法与前途》。

③ 8月9日会议名称据会议记录。张闻天的报告记录以《平津失守后的形势与党的任务》为题收入《张闻天选集》。以下引用此报告均据《张闻天选集》。

④ 载《解放》周刊第1卷第13期，署名洛甫。

特别在实现民主政治与民主权利、释放政治犯方面进步很少,国共合作问题没有最后解决,不敢取消日寇在华的一切特权和活动,外交上没有摆脱消极状态。他指出,目前时局的主要危险是民族失败主义,是那种以让步妥协来停止日寇进攻的幻想,是对于英帝国主义的依赖性。

关于党的任务,张闻天在报告中提出:"目前我党的工作中心是争取全国性抗战的发动与胜利。"为了争取抗战的最后胜利,党必须独立地、积极地提出保障抗战胜利的纲领,促使国民党、蒋介石接受,从而在实际上起指导作用。在报告中,张闻天提出了实现"全国性民族抗战"的"八大纲领"。其要点为:一、停止中日和平谈判,宣布对日绝交,公布实行全国性民族抗战的坚决方针。二、动员全中国的海陆空军实行抗战。三、全中国人民的总动员。四、全面的对日抗战。五、改组政府组织。六、实现国共合作,建立抗日的民族统一战线。七、实现财政、经济、土地、劳动、文化、教育的新政策,巩固国防,改善民生。八、实现抗日的积极外交。张闻天在这里提出的"八大纲领",是在7月23日中共中央《为日本帝国主义进攻华北第二次宣言》中所提出的"八项办法"的基础上略加修改而成,同毛泽东在《论反对日本帝国主义进攻的方针、办法与前途》中提出的"八大纲领"大体上是一致的。

在讨论中,毛泽东提议增加为"十大纲领",作一个"决议案"。他说,纲领,宣言上有"肃反"无"教育",我的文章上有"教育"无"肃反"。现在我们要做一决议案,应做到尽有。所谓"全面的抗战","改良生活"要一条,"教育"要一条,原有八条再加上"坚决抗战"一条,"统一战线"一条则为"十大纲领"。① 张闻天赞成毛的意见,在讨论后的发言中表示,"十大纲领"写出来公布是需要的。②

关于国共两党关系,张闻天在报告中提出了抗日战争时期处理同国民党关系的五条原则:

一、坚持同国民党合作的方针,发挥其每个进步,批评其动摇与妥协。反对急躁病,不断推动它前进,逼它前进。另一方面,合作并不是投降,反对满足、迁就的投降倾向。

二、提出中国共产党独立的积极的主张,提出保障胜利的办法,来号召与团结全国群众,迫使蒋走向我们方面,使我党实际上起指导作用。

三、参加国民党所发起的一切合法团体与活动(如抗敌后援会等),扩大它们的群众基础与组织内部的民主,使之成为公开的广泛的统一战线的组织,同时不放弃利用一切公开的可能,独立的进行发动、组织与教育群众的工作。造成推动南京政府的力量,而不是与之对立。

四、争取党的公开与半公开,巩固与扩大党的秘密组织。加强在群众中与军队中的工作。

五、转变一切工作方式与方法,以适应目前的新形势。

这些原则,不仅在跨入新阶段的时候,而且在整个抗日战争时期,产生了深远的

---

① 据1937年8月9日毛泽东在中央局政治会议上的发言记录。以下引自此件者不另注明。
② 据1937年8月9日张闻天在中央局政治会议上的发言记录。

影响。毛泽东在讨论中特别说到：国共合作中的反倾向问题，完全同意（洛甫）报告，反对两种倾向，一是急躁病，一是适合国民党的适合主义。要保持组织的独立性，批评的自由。

会议讨论中也涉及军事问题。毛泽东指出，今日以前是准备调动，今日以后是实行开动。红军应当是独立自主的指挥与分散的游击战争。集团的作战对红军是不利的。应有戒心，保障红军之发展扩大。在这次会议之前，洛、毛在8月1日已就红军作战原则电示周恩来、博古、林伯渠。①同一天，中共中央还发出了《关于南方各游击区域工作的指示》。在部队改编问题上，已经有了1937年7月间何鸣率领粤边游击队千余人在谈判改编成议后突遭国民党军包围、缴械的教训，指示提出了"保存与巩固革命武装，保障党的绝对领导的原则"。②

8月9日政治会议后，毛泽东起草了《中国共产党抗日救国十大纲领——为动员一切力量，争取抗战胜利而斗争》和目前形势与任务的宣传鼓动提纲《为动员一切力量争取抗战胜利而斗争》，张闻天起草了《中共中央关于目前形势与党的任务决定》。这三个文件的起草，都在8月15日完成。③为贯彻8月9日会议精神，中共中央8月12日发出《关于抗战中地方工作的原则指示》④，文件提出的15条，包括了张闻天报告中提出的处理国共关系的原则和十大纲领的基本要求；中央书记处8月18日致电在南京谈判的朱德、周恩来、叶剑英，强调"两党合作须建立在一定原则上"，"红军充任战略的游击支队"，"在总的战略方针下，执行独立自主的游击战争，发挥红军之特长"。⑤由此可见，8月9日中央局政治会议为8月下旬的洛川会议作了充分的准备。

1937年8月22日晚上，中共中央政治局扩大会议在陕北洛川县城东北10多公里的冯家村（当时红军指挥部所在地）开始举行，会期4天，共22人出席。⑥张闻天主持会议，毛泽东作军事问题和国共两党关系问题的报告。

关于军事问题，毛泽东指出，抗日战争是一场艰苦的持久战。红军的基本任务是创造根据地，牵制消灭敌人，配合友军作战（主要是战略配合），保存与扩大红军，争取共产党对民族革命战争的领导权。毛泽东明确提出，红军的作战方针是"独立自主的山地游击战"，包括在有利条件下集中兵力消灭敌人兵团，以及向平原发展游击战争。独立自主是相对的，是在共同抗日的统一战略目标下的独立自主的指挥；着重于山地，是考虑便于创造根据地，建立起支持长期作战的战略支点。关于国共两党关

---

① 见《中共中央文件选集》(11)。
② 同上书，第301页。
③《中共中央关于目前形势与党的任务的决定》和宣传鼓动提纲《为动员一切力量争取抗战胜利而斗争》（内含《抗日救国十大纲领》）首次发表于《解放》周刊第1卷第15期（1937年9月6日出版），这时洛川会议已经开过，但文件所署时间均为1937年8月15日。
④ 见《中共中央文件选集》(11)。
⑤《中共中央文件选集》(11)，第322—323页。
⑥ 洛川会议出席者为（按原记录顺序）：张闻天、毛泽东、周恩来、博古、张国焘、凯丰、彭德怀、朱德、任弼时、关向应、贺龙、刘伯承、张浩、林彪、聂荣臻、罗瑞卿、张文彬、萧劲光、周建屏、林伯渠、徐向前、傅钟，共22人。有人说共23人，还有一人为周昆。

系，毛泽东指出，要坚持统一战线，巩固统一战线，同时要保持共产党在政治上、组织上的独立性，坚持统一战线中的无产阶级领导权。

张闻天在讨论时作了长篇发言，8月24日又作了补充报告，经过讨论后他又作了结论。①

张闻天从日本、南京政府、地方军政当局、群众、世界各国等五个方面分析了当时的政治形势，说明全国性的抗战已开始，从此进入了抗战的新阶段，我们的任务是动员一切力量来争取抗日战争的胜利。

张闻天分析了国民党内左、中、右三派的情况。南京方面"左派"坚决主张抗战，影响与地位增高，但今天还不能起决定作用。以蒋介石为代表的"中派"，开始有抗战的决心，这是基本的转变，是一大进步。随着这个基本转变，民主政治方面也有相当转变，国内各方面在共同抗日下团结统一也有改善，中央军在抗战中也表现甚英勇。但同时应该看到，南京政府的抗战是被逼的，因此就必然是消极抵抗，政府包办，限制于政府抗战而不愿意实行全民族动员的方针，并且不放弃一党专政，压抑人民，控制群众运动，这是严重的弱点，包含有招致抗战失败的极大的危险性。以汪精卫为代表的"右派"，在今天抗战空气压制下，不敢公开反对抗日，但暗中活动，与日本勾结，拉中派向右，散布民族失败主义。

从对政治形势的分析出发，张闻天指出，我们的总方针是要将已经开始的全国性抗战发展为全面的、全民族的抗战，动员一切力量争取抗战胜利，并从中来完成民主革命的任务——统一中国，建立民主共和国。这是以前没有做过的方式。在国共两党的关系方面，要坚持与国民党联合的方针，推动其前进；既反对"左"的急躁病，又防止右的尾巴主义、投降主义倾向，保持独立组织，批评自由。张闻天强调，只有共产党在抗战中取得领导权时，抗战胜利才得保障。他根据新的形势提出，对于如何使抗战取得胜利，我们要拿出办法、指出道路，这是争取领导权的基础。新的十大纲领，就是争取胜利的具体道路，要坚持《抗日救国十大纲领》的实现。

关于抗日战争战略的持久战，是张闻天补充报告和发言的一个重点。张闻天在8月22日发言中指出，争取抗战胜利，这是艰苦、持久、变化很多的斗争过程，要准备持久战争。在8月24日的补充报告中，张闻天说，国民党不愿意发动全国人民来抗战。这种抗战可能取得局部胜利（如上海、南口），但不能取得彻底的最后的胜利，相反的存在严重失败的可能！只有转变为全面的、全民族的抗战，才能取得最后胜利！他又指出，这种全面的全民族的抗战又是一场持久战。他说：要强调持久战的问题。不因胜利而骄傲，不因失败而丧气。持久战，包含进攻、防御、退守等，全面的全民族的抗战是艰苦斗争的过程。正因为目前抗战存在着弱点，可能发生挫折、失败、妥协、叛变的事件，可能发生新的大举进攻而我们不能抵抗只得撤退，但这还只是部分失败而不是全面失败。估计到这些情况，是为了使我们能够坚持，而不是失败主义。战争的坚持就是因为在战争过程中有许多困难。我们要在此过程中做文章，实现我们的主张，争取抗战的最后胜利。在此过程中，共产党必然取得领导权。他指

---

① 据会议记录。"补充报告"的名称据朱德发言记录："洛甫补充报告分析很细致，我是同意的。"

出，要看到日本的弱点，它的内部矛盾、经济力量脆弱等等，决定了它不能坚持持久战。

张闻天关于持久战的论述引起了热烈的讨论。毛泽东分析了中日两国各方面的情况，说明这些情况规定我们的战略方针是持久战不是速决战。其结果是中国胜利。毛泽东从战略高度对讨论作了概括，提出："用持久战，打倒日本帝国主义，建立民主共和国。"朱德在7月15日著文提出对日抗战"将是一个持久的艰苦的抗战"。① 听了张的补充报告、毛的发言后，他也讲了持久战的问题。他认为：持久战不能单凭消耗，主要的是发动群众。军事上是发动广大的游击战争。中心摆在支持华北的持久战，重点争取太行山及其以东地区。周恩来同意朱德的意见：首先在华北支持持久战。②

关于红军的作战方针与出动问题，会上讨论得也很热烈。张闻天指出：指挥问题上是独立自主原则，外面节制，要不妨碍我们的独立性；作战方面主要是游击战争，总的是赚钱则干，不赚钱不干。力量的使用也是如此。要稳重点，要很好使用。抗日是持久战，要保存我们力量，尽量扩大我们力量。我们宣言全部出动；看各方面情况，在有利时继续出兵。针对会上的一种意见，张闻天说：红军影响，并不靠出得快来决定。我们要看清革命的基本利益。要能打胜仗，发动群众，建立根据地，做出模范，才能真正提高信仰。正确的领导，模范的工作，谦逊的态度，艰苦的作风，准备持久战争，是我们争取领导权的要素。

8月25日，毛泽东作了总结。会议通过了《关于目前形势与党的任务的决定》和《抗日救国十大纲领》。洛川会议是中国共产党历史上的一次重要会议。它在抗日战争刚刚爆发的历史转变关头，提出了党在抗日战争中的纲领和政策，规定了党的全面抗战路线和独立自主原则，确定了持久战的战略方针和红军在敌后进行独立自主的山地游击战的作战方针，正确地指导红军实现从正规军向游击军、由运动战向游击战的战略转变，为实现党对抗日战争的领导，动员一切力量争取抗日战争胜利，奠定了政治思想基础。

洛川会议后，张闻天在8月27日即主持召开了统一战线座谈会。座谈、讨论在统一战线中"共产党吸引国民党抑国民党吸引共产党"③即谁影响谁的问题 其实质也就是统一战线中共产党与国民党谁领导谁的问题。在国共第二次合作成立，共产党经过十年斗争重新公开合法地走上全国政治舞台的时候，尖锐地提出这个问题是富有现实针对性和政治远见的。

张闻天在座谈会上作了两次发言。他特别提出"警觉性"问题，指出：投降主义的危险在增长，统一战线愈发展，右倾危险性要增长。有些同志常常只看到统一的方面而没有看到不统一的方面，只看到同而看不到区别，只强调一方面而忽视另一方面，这是不对的。张闻天认为，我们党本身也有右倾危险的因素。一是农民成分多，容易受人欺骗与引诱。女人、金钱、地位，诱惑力很大；人家灌米汤，就轻易相信人

---

① 朱德：《实行对日抗战》，载《解放》周刊第1卷第12期。
② 毛、朱、周的发言均据1937年8月24日的会议记录。
③ 讨论问题及张闻天的发言内容均据会议记录。

家。另一个因素是缺乏斗争经验，我们有土地革命的丰富经验，但其他斗争的方式就不熟悉，而国民党有相当经验、钱、人、地位都有。针对右倾投降危险，张闻天提出纠正和预防的主要措施。他特别强调要加强两条战线的斗争，反对在统一战线中的右倾投降主义；严重提出加强党内思想教育，特别是在统一战线中进行马克思主义的民族革命教育。他还指出不要将无产阶级意识变成神秘的东西，拿马克思主义方法来解决问题的就是无产阶级意识。

洛川会议以后，张闻天协同毛泽东大力贯彻抗日救国十大纲领，实现党在进入抗战新阶段的战略与策略转变。

针对国共合作成立后在统一战线中的投降主义倾向，张闻天、毛泽东以"洛、毛"联名及时致电上海党的负责同志，指出只知对国民党统一，处处迁就它的要求，而不知同它的错误政策斗争，是对于国民党的投降。这种倾向在部分左倾领袖和党员中是在增长。如章乃器这类左倾领袖今天起着把革命群众带给资产阶级的作用。对他们的错误主张（如"少号召、多建议"）应该在报纸上适当批评，对投降主义倾向必须开始斗争。电报指出，民族统一战线，不但不取消对于国民党的错误政策进行批评与斗争，而且只有在这一基础上才能使统一战线充实巩固起来，使之继续前进。在目前形势下应不失时机对国民党的错误政策采取攻势的批评与斗争。① 洛、毛于10月15日又致电朱德、彭德怀、任弼时，就对汉奸的没收政策，向全党说明"统一战线中的阶级路线"，指出"没收汉奸政策的主要内容是大地主"，"在一切汉奸分子之中，首先应坚决没收大地主"。②

为了推动国民党统治区群众性的抗日救亡运动的发展，中央书记处于10月17日发出指示，明确提出，群众工作中的尾巴主义与投降主义的危险，开始成为党内的主要危险。要求公开批评国民党对民众救亡运动的"统制"与"包办"（实际上是包而不办）的错误政策，力争救亡运动中共产党的主动性，坚持发扬民权、改善民生以动员群众的方针，独立自主的组织各种群众的救亡团体，开展多方面的救亡运动。③ 18日又指示应使民先队发展成为广大青年群众团体，并力争公开，要求"逐渐形成一个地区以至全国的青年救国联合会"。④ 对上海的救亡工作方针，洛、毛在1937年10月18日、11月12日两次作出指示，前一次要求扩大救亡团体的群众基础与独立民主的救亡活动，用事实揭发国民党及抗敌后援会包办政策的错误，以达到抗敌后援会的民主改造；后一次部署上海失守后公开救亡团体应转入秘密，工作方式也应转变，整个救亡运动中心将转移至武汉。⑤ 在西安，纠正了两党关系上的迁就倾向。张闻天完全肯定、坚决支持中共陕西省委于1937年10月10日致国民党陕西省党部的公开信，这封公开信批评国民党省党部包办的陕西抗敌后援会"统制"、"限制"、"压迫"民众救

---

① 洛、毛1937年10月13日致小平、刘晓并告博（古）、叶（剑英）、周（恩来）、胡（服）、林（伯渠）电，见《中共中央文件选集》（11），第365页。
②《中共中央文件选集》（11），第367页。
③ 同上书，第369—372页。
④ 同上书，第373—374页。
⑤ 同上书，第375、389页。

亡运动。张闻天在《解放》周刊上发表《中共陕西省委与国民党陕西省党部争论的真相》，以编者按方式对指摘公开信是"汉奸挑拨离间"进行了坚决的驳斥。①

对于南方各游击区的改编，同样坚持了独立自主的原则，对右倾机会主义错误作了纠正和防范。继7月闽西红军何鸣部被骗缴械后，9月又出现湘鄂赣边区在武汉谈判中丧失独立性的错误。洛、毛于1937年9月14日致电博古、叶剑英、周恩来并告林伯渠、董必武、朱德、彭德怀、任弼时，指出："统一战线下，地方党容易陷入右倾机会主义，这已成为党内主要危险，请严密注意。"指示否定原定条件，重定办法，坚持"国民党不得插进一个人来"等条件，并要其他各边区谈判时严戒踏此覆辙。②1937年10月1日，中央书记处又发出《中央关于南方各游击区工作方针的指示》③，指出南方各游击区是十年血战取得的南方各省革命运动的战略支点，国民党企图拔去这些战略支点，我们则要保持这些战略支点。根据国民党的要求把各区游击队完全集中，对于我们十分不利，故原则上不拒绝集中，但不应无条件集中。实际上，有的应在一切问题解决后集中，有的决不应集中。而对集中的部队，应拒绝国民党派人插入，国民党也不得干涉领导指挥及其作战。1937年10月12日，国民政府军事委员会正式宣布南方8省13个地区（不包括琼崖）的红军和游击队改编为新编第四军，洛、毛即致电博古、叶剑英并告周恩来、朱德、彭德怀、任弼时，坚持"集中五分之三为一军"的原则，指示坚决反对投降主义，反对国民党派遣任何人，"同时严防国民党之暗算，森严自己壁垒"。④这就保证了党对南方各地游击区和新四军的绝对领导。

在改革政治机构、参加政权问题上，张闻天在洛川会议的发言中表明了共产党独立自主的原则立场：要在确定抗日救国的共同纲领，允许共产党公开，发动群众抗战等条件具备后才参加政府，现在则还未到此时。9月25日，中央书记处就共产党参加政府问题发出一个决定草案，提出共产党准备参加全民族的统一战线的政府，但不参加国民党一党专政的政府，同时又提出了在特殊地区和敌占区可以参政，国民大会之类代议机构容许参加，国共两党的统一战线组织可以进行等推动政治民主化的灵活做法。⑤关于军队政治工作的建制，洛、毛指示迅速"恢复政治委员及政治机构原有制度"。⑥

张闻天同毛泽东一起还就陈独秀能否回党工作问题提出对待托陈派分子的原则。1937年8月下旬陈独秀作为政治犯被释出狱。罗汉在南京找叶剑英等，说陈愿意回到党的领导下工作。叶要罗去延安商谈。9月初，罗汉与李侠公到西安见林伯渠。林便致电张闻天，告叶介绍罗、李欲见你，谈陈独秀要求恢复组织关系并工作。9月8日洛、毛复电林，准罗、李去延安一谈。因大雨路阻（一个月后才能恢复通车）而未能成行。罗汉乃于9月9日致电中共中央：仲甫（陈独秀的字）等已经出狱，弟意中央

---

① 《解放》周刊第1卷第24期。
② 参见《中共中央抗日民族统一战线文件选编》（下），档案出版社1986年版，第37—38页。
③ 《中共中央文件选集》（11），第362—364页。
④ 《中共中央文件选集》（11），第380页。
⑤ 同上书，第345—347页。
⑥ 同上书，第377页。

为集中整个力量着眼,可敬劝他们回党工作。①9月10日洛、毛复林电,表示:"我们不拒绝与过去犯过错误而现在真心悔悟、愿意抗日的人联合,而且竭诚欢迎他们的转变",提出"在陈独秀等托派分子能够实现下列三条件时,我们亦愿与之联合抗日"。这三个条件是:一、公开放弃并坚决反对托派全部理论与行动,并公开声明同托派组织脱离关系,承认自己过去加入托派的错误。二、公开表示拥护抗日民族统一战线政策。三、在实际行动中,表示这种拥护的诚意。"至于其他关系,则在上述三条件实现之后可以考虑。"②张闻天、毛泽东还将此电内容转告在南京的博古、叶剑英和在上海的刘晓、潘汉年。此事虽因陈独秀拒绝公开发表声明而未获解决,但洛、毛提出的原则,对团结犯过错误或因其他原因离开中共而又愿意抗日的人员共同抗日,扩大抗日民族统一战线,是有普遍意义的。

全国性的抗战爆发以后,最为重要的当然是军事战线。毛泽东直接领导了军事战略的转变和八路军的军事部署,张闻天在论述持久战的战略思想和独立自主的游击战的战略方针等方面也作出了值得重视的贡献。

洛川会议以后,在九一八事变六周年之际,张闻天写了《论抗日民族革命战争的持久性》一文。③通过中日两国人力、物力、军事力量、国内矛盾、国际关系以及战争性质等的简要对比,说明日本很难实现其速战速决的战略,中国也很难在短时期内战胜日本,"中日战争谁胜谁负的问题,是不能在短时期内解决的。中日两国的战争,将带有持久的性质",中国"必须用持久战以战胜日本"。文章指出:"今天中国抗日民族革命战争胜利的关键,是动员全中国人民参加全面的抗战。"限制于单面的政府抗战,是十分危险的。"四万万中国人民,是我们取之不尽用之不竭的伟大力量的泉源。只有依靠这一伟大力量,我们才能进行持久战,才能最后战胜日本帝国主义。"张闻天指出,为了实现全面的全民族的持久战,必须做到:政府与人民结合起来,使现在的政府进步到全民的、民族的国防政府;军队与人民结合起来,成为人民的民族革命军,实现全国人民的总武装;同一切民族失败主义的情绪与思想作坚决斗争,使全国人民相信抗战的最后胜利必然是我们的;把共产党的抗日救国十大纲领变为全民族的行动纲领。

关于持久战的战略方针是在总结土地革命战争经验教训和民族革命战争的发展过程中逐步提出,由毛泽东充实、发展并构建为完整的思想理论体系的。1935年12月《瓦窑堡会议决议》指出:"为着同敌人作持久战而准备自己的持久艰苦工作罢。"④毛泽东在瓦窑堡会议后召开的党的活动分子会议上指出:"要打倒敌人必须准备作持久战。"⑤1936年4月张闻天在《关于抗日的人民统一战线的几个问题》一文又指出:"抗日战争不是几天几个月就能决定胜负的,这是一个持久战。"⑥1936年7月,毛泽东同

---

① 转引自《林伯渠传》,红旗出版社1986年版,第214页。
②《中共中央文件选集》(11),第335页。
③ 载《解放》周刊第1卷第17期,署名洛甫。收入《张闻天文集》第2卷。
④《中共中央文件选集》(10),第603页。
⑤《毛泽东选集》第1卷,人民出版社1991年版,第153页。
⑥《张闻天选集》,第94页。

美国记者斯诺谈话,充分估计了中日战争"拖得很久"的可能性,分析了中日双方的各种因素,说明战争的结果是"日本必败,中国必胜"。① 在西安事变和平解决,国民党五届三中全会召开以后,张闻天于1937年4月发表《迎接对日直接抗战伟大时期的到来》②,又一次提出:"我们的前途是光明的,然而这必然是一个持久的战争。"在1937年5月党的苏区代表会议开幕词中,张闻天也号召"积蓄雄厚的力量准备持久战,使中国革命得到最后的胜利"③。洛川会议第一次对持久战的战略思想进行了热烈、广泛的讨论,会议通过的《中央关于目前形势与党的任务的决定》明确指出:"应该看到这一抗战是艰苦的持久战。"张闻天的《论抗日民族革命战争的持久性》,就是在洛川会议对持久战讨论的基础上写成的一篇论述持久战的文章。此后,《解放》周刊陆续编发了彭德怀的《争取持久抗战胜利的先决问题》(第1卷第25期)、周恩来的《怎样进行持久抗战》(第30期)等研讨和指导抗日持久战的文章。所有这些,都为持久战理论体系的形成,为毛泽东的光辉著作《论持久战》(1938年5月)的诞生作出了贡献。

张闻天对毛泽东提出的我军以游击战配合友军作战和"独立自主的山地游击战"的作战方针是坚决支持的。1937年11月8日太原失守。在华北,以国民党为主体的正规战争基本结束,以共产党为主体的游击战争开始进入主要地位。张闻天于11月15日作《把山西成为北方游击战争的战略支点》④,总结卢沟桥事变以来山西抗战的发展过程和经验教训,既肯定阎锡山从"守土抗战"到组织"牺盟会"进而组织"战地动员会"的进步,又批评他未能突破片面抗战路线因而招致溃败。文章指出,在太原失守之后,"我们对于山西的前途并不悲观。八路军现在还坚持在山西,它正在大规模的发动民众,组织民众与武装民众"。"在山西已经开始了广泛的游击战争的新阶段"。文章宣告:"共产党在山西的方针,是把山西成为整个北方游击战争的战略支点,用以抵御日寇对西北与中原的前进。"张闻天用通俗的语言说明这个战略支点的伟大意义:"共产党要在北方做出一个模范的例子,证明给全国人民看:不论日寇军队的飞机大炮怎样利害,不论日寇怎样占领了我们的中心城市与交通要道,我们仍然有办法同敌人作战,消耗它,疲惫它,瓦解它,打击它,最后完全驱逐与消灭它"。他希望阎锡山及现在山西的一切力量同共产党一道干下去,坚持游击战争,争取抗战的最后胜利。

张闻天这篇文章提出的战略任务,同毛泽东关于太原失守后华北八路军任务和军事部署的指示是完全一致的。此后,八路军各部即在山西敌后农村进一步开展独立自主的山地游击战争,创建了晋察冀、晋西北和大青山、晋冀豫、晋西南等抗日根据地,山西新军也迅速发展壮大(到1939年底有9个旅50个团)。真是"八路助新军发展游击,收复失邑,成绩昭然"⑤。山西全省山区、乡村成为广大的敌后战场。阎锡

---

① 《毛泽东一九三六年同斯诺的谈话》,第111页。
② 参见《中共中央抗日民族统一战线文件选编》(下),档案出版社1986年版,第37—39页。
③ 《张闻天选集》,第149页。
④ 载《解放》周刊第1卷第25期,署名洛甫。
⑤ 引自1940年5月周恩来致阎锡山信,《周恩来书信选集》,中央文献出版社1988年版,第182页。

山深得其惠，感慨地说，现在共产党八路军在山西，是有十支洋烛的光，晋绥军是一支洋烛的光，中央军呢，只有一根香火的光。①

反对王明右倾投降主义

正当毛泽东和张闻天等为贯彻洛川会议决定，着手纠正和预防正在发展起来的右倾错误的时候，王明于1937年11月底从苏联回到延安，立即提出了比较系统的右倾投降主义的观点、主张。这样，在一个时期里，反对王明右倾投降主义成为党内斗争的重要任务之一。

王明于1931年10月离开上海，11月抵莫斯科。他从1931年11月10日起担任中共驻共产国际代表。以后又当上了共产国际执行委员会委员和主席团委员。他在六届四中全会以后实行"左"倾教条主义和冒险主义，对中国革命造成极大危害。但在共产国际策略转变的背景下，他也有所改变。在1935年筹备共产国际七大期间，他起草了《为抗日救国告全体同胞书》（即《八一宣言》），此后，在促进国共合作和开展抗日宣传方面做了一些有益的工作，对中国共产党从内战到抗战的转变，对国共合作和抗日民族统一战线的形成起了一定的促进作用。王明1937年11月启程回国之前，先后会见了斯大林和季米特洛夫。11月14日，苏联派专机送他回国，先到新疆迪化（乌鲁木齐），后到兰州，11月29日飞回延安。毛泽东、张闻天等都到机场欢迎。毛泽东致欢迎词，说王明从莫斯科归来是"喜从天降"。同志热忱，溢于言表。

这时，在山西前线领导华北敌后游击战的周恩来、彭德怀，北方局的刘少奇，在南方坚持三年游击战的项英，都汇集在延安。政治局成员中只有朱德、任弼时、王稼祥、邓发在外。王明一回来，就以钦差大臣自居，提议召开中央政治局会议。这次政

■ 出席"十二月会议"的部分政治局委员合影。左起：张闻天、康生、周恩来、凯丰、王明、毛泽东、任弼时、张国焘。

---

① 转引自任弼时：《中国抗日战争的形势与中国共产党的工作和任务》（1938年5月17日），见《中共中央抗日民族统一战线文件选编》（下），第125页。

治局会议从 1937 年 12 月 9 日开到 14 日，通称"十二月会议"。

张闻天在会上作政治报告，论"目前的政治形势和党的任务"。[①] 张闻天肯定洛川会议的决定是正确的，总结了共产党在争取抗战胜利中已经取得的成绩，这就是：国共合作成立，打开了统一战线的局面，提出了抗日救国十大纲领，在全国影响很大，并已在山西开始实行；八路军在华北起了阻止日寇进攻的作用，在抗战中起了模范作用并组织了新的民众武装；党在各省的组织开始或正在恢复，许多地方取得了公开活动，扩大了阵地。张闻天也指出了统一战线发展不够，动员群众力量不够和组织薄弱等我们工作中的弱点。关于党的任务，张闻天提出巩固国共合作、改造旧政府、建立国防政府、改造军队、发展群众救亡运动、坚持华北抗战、建立全国党的组织、培养教育干部、保证党中央的团结统一等十项。张闻天指出，前一时期党内有投降主义倾向的表现，如：何鸣部的被缴械，为迁就国民党而取消西安抗敌救亡会等，这是重犯陈独秀的右倾机会主义，我们应该警觉。在统一战线中必须保持我们的独立自主性。他同时也指出，独立自主不是离开统一战线。应充分利用公开与合法，打入各种群众组织去活动，广泛发动群众，用群众力量去推动国民党前进。关于华北抗战，张闻天认为，华北现在的抗战，我们起了决定作用。我们要使华北成为抗日统一战线的模范。在华北的主要任务是：坚持华北抗战，肃清汉奸，改善人民生活，武装民众，普遍建立党的组织，巩固党的领导。

在张闻天作政治报告之后，王明作了《如何继续全国抗战和争取抗战胜利呢？》的长篇发言。王明写了一个提纲，讲的时候作了许多发挥。[②] 可以看出，王明的发言是研究了洛川会议的决定、洛川会议以来中央的重要文电以及毛泽东的"十一月提纲"（即《上海太原失陷以后抗日战争的形势和任务》）以后作的，而且是针对着这些讲的。王明回延安以后，对党中央各方面工作都表示轻视与不满意；对洛川会议以来党中央在统一战线中的纲领、主张和实际工作中的处置，大多持否定看法；对张闻天的政治报告，也不以为然。王明在发言中虽然讲了一些要坚持抗战、坚持统一的正确意见，但是，在怎样巩固统一战线、怎样争取抗战胜利方面，他对党中央正确的路线、方针、政策批评很多，提出了一套比较系统的右倾机会主义的观点和主张。

在国共两党关系上，王明抹煞阶级矛盾，认为"今日决定敌友主要标准是抗日不抗日，不应以其他条件为友敌"，"对国民党不能用分成左、中、右三派的分法"，"应分成抗日派与降日派"；他反对在统一战线中坚持无产阶级的领导权，说"在全国政权与军事力量上，要承认国民党是领导的优势力量"，"空喊无产阶级领导是不行的。空喊领导只有吓走同盟军"；他否认统一战线中的独立自主原则，提出："今天的中心问题是一切为了抗日，一切经过抗日民族统一战线，一切服从抗日。"在抗战路线上，王明反对批评国民党的片面抗战，说什么"不要提得那样尖锐，使人害怕"；他还批评"要改造旧军队这是不策略的口号"。在八路军的战略方针方面，王明不顾蒋介石

[①] 报告题目及以下引述均据会议记录。
[②] 王明在十二月会议上发言的书面提纲见《中共中央文件选集》（10），发言另有记录。以下引述据会议记录或书面提纲。

限制、打击、削弱八路军的客观现实,说:"红军的改编不仅名义改变,而且内容也改变了","我们要拥护统一指挥,八路军也要统一受蒋指挥,我们不怕统一纪律,统一作战计划,统一给养","八路军新四军是要向着统一的方向发展",其实质就是取消人民军队的独立性;他还反对洛川会议以来对游击战的强调,说什么"游击战不能战胜日本"。在实行民主方面,王明主张"不要提出改造政权机构,而是要统一的国防政府";他甚至认为现在提出"肃清汉奸分子"的口号"过早",应是"在政府逐渐驱逐汉奸分子";在群众运动中,他反对成立自己的救亡团体与开展独立自主的救亡运动,不赞成打破国民党的统制与包办。在改善民生方面,他认为"关于改善人民生活问题,工人简单的只提出行会的要求也是不对的,防止过左的口号"。王明在发言中提出的观点和主张,归结起来,就是在统一战线中,共产党不要或削弱独立自主,放弃领导权;在军事上,八路军不搞独立自主的山地游击战。

王明说明,他的发言传达了共产国际和斯大林的指示,这就使与会的不少同志一时难以明辨是非,产生了某些思想混乱。张闻天一时也没有看清王明鼓吹的右倾投降主义的本质。12月12日所作总结性发言中承认了王明所指摘的某些所谓"错误"。但是,张闻天在总的路线、方针上没有动摇。张闻天在总结性发言中肯定:"对统一战线问题,自西安事变以来,统一战线基本上是正确的,并获得很多成绩。"张闻天又肯定:"洛川会议的方针用[动员]一切力量争取抗战胜利是正确的。"张闻天还肯定:"洛川会议决定独立自主的山地游击战,基本上是正确的。"并指出:"今后红军游击战还是主要的,有利条件下进行运动战。"他还肯定:"华北工作一般路线是正确的。工作有很大的成绩,统一战线工作有进步的。"王明对张闻天的总结性发言不满意,他批评张闻天没有指出统一战线中的中心问题是"对国共合作了解不够"。毛泽东在王明之后又一次发言,强调:洛川会议的战略方针是对的,统一指挥是相对的,红军的战略方针是独立自主的山地游击战,在有利条件下打运动战。①

由于毛泽东、张闻天等在根本的路线、方针问题上进行了抵制,十二月会议对统一战线和抗战问题没有重作新的决议。紧接着,从12月19日至22日张闻天又主持召开了重要的中央会议。19日他作了《目前抗战的形势与党的任务》报告,22日作"总的结论"。在"总的结论"中,张闻天进一步明确肯定,从《八一宣言》至今"党的路线是正确的"。他特别强调,虽然我们目前的主要任务是"求得统一战线更扩大和巩固,但并不放弃我们的基本原则——党的独立性。对八路军与新四军,不仅要扩大,而且要保证党的领导。我们必须扩大三五十万党能直接领导的军队,统一战线才能更有力些"②。毛泽东、张闻天坚持了正确路线,使王明的右倾错误主张在全局没有产生重大影响。

在十二月会议上,张闻天还就"组织问题"作了报告(12月12日)。经讨论作出增补王明、陈云、康生为书记处书记,由周恩来、王明、博古、叶剑英组成中共代表团负责与国民党谈判,由周恩来、博古、项英、董必武组成中共中央长江局,领导南

---

① 本段所引张闻天、王明、毛泽东发言均据1937年12月12日政治局会议记录。
② 据1937年12月22日会议记录,记录标题为"总的结论(讨论后22[日]洛甫同志结论)"。

部中国党的工作等决定。会上还议定，来往电报"党的交洛，军交毛，统战交王，王外出时交洛"。① 十二月会议最后一天（12 月 14 日），由项英和刘少奇先后作《南方游击区工作问题》和《华北工作问题》的报告，讨论后都由张闻天作了结论。②

会后王明即赴武汉，于 1937 年 12 月 18 日到达。在开展统一战线工作的同时，王明开始贯彻他的错误主张。12 月 25 日，他起草了《对时局宣言》，经长江局讨论通过，以中共中央名义发表。这个宣言在坚持全面抗战路线和独立自主原则的问题上，实际是从《抗日救国十大纲领》所确定的目标后退。12 月 27 日，王明发表《挽救时局的关键》一文，阐述他对国民党的无原则迁就退让的错误观点。王明还在讲演中宣传一切"统一"的主张，贬低游击战的作用，贬低争取实行民主、改善民生的意义。

这时，国民党在正面战场上迭遭败绩，南京陷落（1937 年 12 月 13 日）后更是一溃千里。他们需要利用共产党和人民的力量，又怕共产党和八路军发展，开始制造一些磨擦，发生了 1938 年 1 月 17 日国民党武汉当局唆使地痞、流氓捣毁刚刚创刊的《新华日报》营业部和印刷部的事件，发生了 1938 年 1 月《扫荡报》（国民党军事系统）和《血路》周刊（系）鼓吹国民党一党专政，挑起的"党派问题"论争。国民党方面还制造种种谣言诋毁共产党、八路军，采取诸如禁止成立游击队，不准八路军就地筹办粮食，不优待八路军新兵家属等办法限制共产党、八路军的扩大，甚至发生诬陷"汉奸"罪名拘捕共产党员的事件。日本帝国主义一面实施以占领武汉、西安为目标的第二期军事计划，一面施展政治阴谋，企图利用国共分歧制造分裂。在这样的形势下，怎样巩固国共合作，坚持继续抗战，党内需要统一认识和步调。

1938 年 2 月 27 日至 3 月 1 日，中共中央政治局在延安开会（通称"三月政治局会议"），主要讨论"目前抗战形势与如何继续抗战和争取抗战胜利"的问题。王明以此为题作政治报告。③ 他抱怨十二月会议对统一战线问题"没有写成一个决议"，对他阐述的政策"在党内的教育不够，没有许多新的论文解释"，还说"对国民党提议的意见也没有写出来，这是政治上的损失"，明显地表示了对毛泽东、张闻天等抵制他那一套的不满。王明虽然承认《对时局宣言》向国民党让步太多，但并未改变迁就主义的基本立场，和依靠国民党的正规战取得速胜的幻想。按照他的观点，在国共两党关系上，承认国民党的领导地位，尽量迁就国民党，服从中央政府；在军事问题上，强调巩固统一的军队，实行指挥、编制、武装、纪律、待遇、作战计划、作战行动七个"统一"；在战略方针上，要确定和普遍实行"以运动战为主，配合以阵地战，辅之以游击战的战略方针"；在民运工作上，要以合法、统一和互相合作为原则；在工作重心上，要集中力量保卫大武汉，而不是着力创造许多敌后抗日根据地。总之，王明还是要实行"一切经过统一战线"，亦即一切听命于国民党的主张，不要坚持统一战线中的领导权和独立自主原则。

在讨论中，毛泽东、张闻天、任弼时等先后发言，对王明的错误观点，表示了明

---

① 据 1937 年 12 月 13 日周恩来在政治局会议上的报告记录。
② 据 1937 年 12 月 14 日政治局会议记录。
③ 以下叙述王明在三月政治局会议的报告据会议记录。

确的否定态度。

张闻天在 2 月 28 日作长篇发言。这时，他对王明的右倾错误已经有了清醒的认识。关于国共两党关系，张闻天毫不含糊地提出共产党要争取领导权，保持独立性，巩固与发展党和人民的力量。他说：

> 历史决定了国共两党需要合作，但是合作中是存在着两党争取领导权的问题。中国资产阶级是有经验的。他们目前需要两党合作，但又怕我们发展；要利用共产党与人民的力量，但又害怕共产党与民众的力量。目前阶级斗争的形式更复杂了。我们要看到，与国民党有些磨擦是不奇怪的。我们的任务便是要推动国民党进步。与国民党吵一下是难免的，但注意不要分裂了。我们无论何时不要忘记要与国民党合作，但也必须时时保持戒心……
>
> 我们一方面要保持与国民党的合作，同时也要发展自己的力量，在巩固国共两党合作原则下求得我党力量的巩固与扩大。①

关于发展自己的力量，张闻天提出了极为重要的意见。他认为，"发展统一战线只与国民党谈判是不够的，必须用强大的民众力量来推动统一战线的发展。"他提出，党的力量要重新配备，不要平均使用力量。民运工作要投入更大力量，创造各地区根据地的工作要用很大的力量，与国民党谈判则不要许多负责同志去。他还特别就发展游击战争以创造许多根据地讲了一段话，同王明贬低游击战、轻视根据地、否定晋察冀边区的观点完全是针锋相对的。张闻天说：

> 讲一下游击战争问题。八路军要以一个师为单位，这样便于扩大，便于在战争中组织许多附属的游击队，并且使这些游击队又扩大起来，创造许多根据地。八路军要展开起来，在各地起核心的作用，依靠军队来开辟根据地，即抗日战争中的据点。像晋察冀边区的那种形式的政府，其他各地也要组织，也要来用这一形式。②

然而，王明并没有接受毛泽东和张闻天、任弼时等的正确意见。3 月初返回武汉以后，他就在自己 2 月 27 日报告的基础上写了题为《三月政治局会议的总结》的长篇文章，在党刊《群众》周刊第 19 期（1938 年 4 月 24 日出版）上公开发表，把自己的右倾错误观点当做政治局的意见加以宣扬。王明在武汉时期半年多时间里，虽然也做了一些有益的工作，但在统一战线和军事问题上，他贯彻右倾投降主义错误主张，在组织上，则向中央闹独立性，对党在南部中国的实际工作造成了危害。

对于王明在武汉时期的右倾投降主义错误，毛泽东、张闻天一起在中央内部进行了必要的斗争。关于这一时期的情况，张闻天曾有以下简要评述："事实上从王明

---

① 《继续抗战与国共关系》，见《张闻天选集》，第 158 页。
② 同上书，第 160 页。

到武汉后，我们在毛泽东同志领导之下，曾经同他的路线在许多具体问题上，在中央内部进行了必要的斗争，直到六中全会。但是，我们对于王明同志等某些错误的斗争，在这个时期内始终限制在中央内部。在公开的刊物上、会议上，我们并没有限制过他们宣传。他们在武汉《新华日报》上的一些重要文章，我们《解放》周刊上一律照登。"①

从三月会议后党中央对全党和人民军队的领导来看，张闻天在实际工作中对王明右倾错误的抵制和斗争是十分坚决的。张闻天同毛泽东紧密配合，根本不理王明那一套右倾主张，不失时机地指示各地积极创建、扩大、巩固抗日民主根据地，发展抗日人民武装，坚持了独立自主原则和放手发展抗日游击战争的方针。

3月21日，中央书记处致电刘晓并江苏省委，指出在西安、武汉危急以至失守的形势下，在敌人后方建立抗日根据地的极大可能，不仅已经被晋察冀边区的发展所证实，而且将由于敌占区的扩大而扩大起来；因此，要加强敌后方、战区与邻近战区的工作，扩大党的武装力量和民众运动，在敌占大城市"不要虚张声势"，并要从城市中调得力干部到农村中去领导游击战争。②3月24日，洛甫、毛泽东、胡服联名致电朱瑞，指出"摆在冀晋豫全区面前的中心任务，是以最快的速度创造冀晋豫边区成为坚持抗战的巩固根据地"，为此，要求完成建立完全在党领导下的有战斗力的若干游击团及地方游击队等任务。③4月20日，洛、毛、胡服致电聂荣臻、彭真，肯定晋察冀根据地的建立已经大体成功，指出"目前你们的任务中心是在各方面巩固已得的胜利，并在巩固已现有基础上去继续发展"，并提出"加强对部队的整理训练及党的工作"等意见。④4月21日，毛、洛、胡又联名致电朱彭、刘徐邓等，提出"党与八路军部队在河北、山东平原地区，应坚决采取尽量广大发展游击战争的方针，尽量发动最广大的群众走上公开的武装抗日斗争。"⑤5月14日，中央书记处电示长江局、东南局及项英，新四军应利用目前的有利时机，主动地、积极地深入到敌人后方去，"组织与团集无数的游击队在自己的周围"，"在大江以南创立一些模范的游击根据地"；⑥再次指示江苏省委，"目前中心任务，是加强对于乡村游击战争的领导，创立许多游击的根据地。"⑦5月中旬徐州失守后，又立即向长江局作出"武装民众，准备与发动游击战争"的具体指示。⑧毛泽东、张闻天等这一系列指示，坚定地反对了王明的右倾方针，有力地削弱和缩小了王明右倾错误的干扰和影响。由于领导正确，虽然日本侵略者步步进逼，正面战场节节失利，形势极其不利，处境极其艰难，但在敌后战场（特别是华北），却形成了抗日根据地和人民武装蓬勃发展的局面。这是独立自主地发展抗日游击战争方针战胜王明右倾投降主义的结果。

---

① 张闻天：《1943年延安整风笔记》。
② 《中共中央文件选集》(11)，第472—473页。
③ 同上书，第479页。
④ 同上书，第502—503页。
⑤ 同上书，第505页。
⑥ 同上书，第514页。
⑦ 同上书，第516页。
⑧ 同上书，第518页。

批判张国焘

在西安事变和平解决以后，党内还有一个重要的事情，就是对张国焘的斗争。在1938年4月张国焘叛逃之前，张闻天参与领导了对张国焘右倾机会主义路线的揭发批判；在张国焘叛逃之后，张闻天进行了坚决的申斥与清算。

1937年1月中共中央由保安过驻延安后，即在中央内部开始对张国焘错误的批判。张国焘不得不在2月6日写了检讨《从现在来看过去》，勉强承认自己"在政治上是原则性的错误，在组织上是组织路线的错误"。党中央于1937年3月27日至30日召开政治局扩大会议（通称"延安会议"），揭发批判张国焘的错误。会议出席者56人，包括红军军以上干部。在会上，张闻天从理论上比较系统地批判了张国焘反党反中央的种种谬论和他的错误路线的退却和军阀主义的实质。毛泽东、凯丰、朱德、贺龙等也都在会上作了深刻的批判。一些受迫害的红四方面军的干部揭发了张国焘的种种罪行。在无可辩驳的事实面前，张国焘在会上痛哭流涕，低头认错。许多同志提出，要给张国焘做组织结论，撤销其中央委员、政治局委员、红军总政委、军委副主席等职务，并开除其党籍。张闻天在3月30日会上代表党中央提议，暂时不给张国焘做组织结论，给他时间，让他在实际行动中改正错误。与会者多数同意这一提议。①1937年3月31日，中央政治局作出《关于张国焘同志错误的决定》。

会后，在党内和红军内广泛深入地展开了揭发、批判张国焘路线的斗争，但张国焘的中央委员和中央政治局委员的职务仍然保留。张国焘于1937年4月6日写了《关于我的错误》②，承认"我的错误是整个路线的错误，是右倾机会主义的退却路线和军阀主义最坏的表现，是反党反中央的错误"，表示以后绝对忠实于中央的路线。张国焘出席了1937年8月的洛川会议，表示愿意工作。党中央乃安排他担任陕甘宁边区政府副主席。可是，张国焘此后又翻悔，对自己错误的认识不仅没有前进，反而倒退，他表示根本不赞成中央反张国焘路线的斗争，根本不承认自己是路线错误。

1937年11月18日至24日在延安召开了党的活动分子大会，继续进行反张国焘路线的斗争。张闻天为这次历时七天的大会作了结论。③他运用唯物辩证法和客观存在的历史事实深刻地驳斥了张国焘为自己错误辩护的种种谬论和遁词。指出：退却路线、军阀主义与反党反中央，是国焘路线的三位一体。又诚恳地规劝张国焘必须立刻下决心改正自己的错误，严肃地正告：犯了错误的同志要不走到党外去，变为党的叛徒，只有自己下决心同自己的错误作斗争。不改正自己的错误，坚持自己的错误，结果必然会走到叛徒的道路上去。

在1935年9月12日的俄界会议上，张闻天曾预言张国焘右倾分裂主义的"前途必然是组织第二党"，不幸而被言中；张闻天这次所作的这个预言怎样呢？结果是又

---

① "延安会议"情况据：《张国焘年谱及言论》，解放军出版社1985年版；《中国共产党历次重要会议集》（上），上海人民出版社1982年版。
② 载《党的工作》第31期（1937年4月12日）。
③ 中央档案馆藏有这个结论提纲的原件，以下引述据此。

被言中了!

1938年4月,张国焘借祭黄帝陵之机,逃出陕甘宁边区,到武汉投降国民党,成为可耻的叛徒。

在延安的毛泽东和张闻天等对张国焘尽力挽救,终于未能制止他的叛变投降。在4月17日张国焘声明脱党、叛变后,随即采取断然的组织措施。4月18日中共中央作出了《关于开除张国焘党籍的决定》①,第二天又发出《中央关于开除张国焘党籍的党内报告大纲》②,向全党详细说明张国焘叛党的经过,深刻揭露其历史根源与现实的阶级斗争根源,表明党清洗张国焘这种叛党分子,更加健康与巩固地向前发展的严正立场。

如同每一个中国共产主义的叛徒在叛变之后照例要发表一个自首书一样,张国焘在1938年5月6日也发表了他的自首书——《张国焘敬告国人书》。中国共产党及时进行回击,在报刊上对张国焘的下流无耻的背叛行径和穷极无聊的造谣污蔑进行了揭露和批驳。张闻天于1938年6月7日写的《读了〈张国焘敬告国人书〉之后》③是分析、批判最为深刻有力的一篇。张闻天没有采取逐条驳斥的办法,而是抓住两个重点进行评论。一是抓住张国焘在党内的历史评论其本质,使人们认识他的"过去",说明"张国焘从来就不是一个真正的革命者,真正的共产党员,而是一个混在中国革命队伍中,混在中国共产党内的投机分子和破坏者"。一是抓住张国焘自吹"抗日"揭露其真相,使人们认识他的"今天",说明张国焘所说的"抗日"是他放的烟幕弹,实际上是要取消共产党实行投降,是要取消共产党的抗日民族统一战线。张闻天还从张国焘的"过去"与"现在"推测他的"将来",指出,张国焘"今天已经向着叶青、柳宁等人方面急进,在他们那里寻找朋友,已是无疑的事实";现在又向着当局卑躬屈膝、阿谀逢迎,其目的是"想在社会上找一个位置",那也是无疑的事实,而"张国焘的《敬告国人书》就是他的投标广告","究竟谁将是张国焘的主顾,我们是毫无兴趣的!"但张闻天预料,"也许有人要把张国焘当作可居的奇货吧,要利用他来做'反共'的'特务工作'吧"。

张闻天的预言果真又一次应验。张国焘脱党投靠了国民党。蒋介石把张国焘交给"军统"特务头子戴笠"运用"。张国焘在重庆正式加入戴笠的特务组织"军事委员会调查统计局"(简称"军统"),成了挂着"少将"军衔的"特种政治问题研究室"主任。从共产党的叛徒,变成国民党的特务,这就是张国焘寻找的他在社会上的位置,就是他政治上的归宿。

在六届六中全会上

在抗日民族统一战线策略方面,三月政治局会议以后,王明仍旧继续推行他的右倾投降主义主张。他在长江局的工作中仍然没有明确提出把工作重心放在战区和敌后,没有抓住有利时机在上海、南京、武汉及其他敌占城市附近放手组织共产党领导

---

① 此件公开发表于《新华日报》1938年4月22日。
② 见《中共中央文件选集》(11)。
③ 载《解放》周刊第42期(1938年6月20日出版),已收入《张闻天选集》。

的广大的游击战争和建立抗日民族根据地,在组织上继续违反党的民主集中制原则,破坏党的纪律。1938年5月徐州失守以后,毛泽东集中中国共产党全党的智慧,写了《论持久战》和《抗日游击战争的战略问题》两篇重要的军事理论著作,为反对王明的右倾投降主义提供了锐利的理论武器。在纪念中国共产党成立十七周年的时候,张闻天也在《解放》杂志上发表纪念专文,着重说明九一八事变以来七年间,在中国共产党同其他党派亲密合作,为建立民族独立、民权自由、民生幸福而共同奋斗的过程中,必须保持其政治上与组织上独立性的原因,反复论证"中共的独立存在与发展是绝对必要的"。①这同王明右倾主张也是针锋相对的。但完全解决问题还是通过1938年9月至11月召开的六届六中全会。在这次在中国共产党的历史上具有重要意义的会议上,张闻天坚定地同毛泽东站在一起。

六届六中全会于1938年9月顺利召开,同任弼时到共产国际汇报工作有密切关系,同王稼祥1938年8月初从莫斯科回到延安,带回共产国际的指示直接有关。前面已经说到,西安事变后王稼祥即从延安到西安待机赴莫斯科治伤养病。由于交通困难,他辗转多时,直到1937年7月初才到莫斯科,经治疗逐渐恢复健康。1937年11月,王明、康生、陈云离莫斯科回国,王稼祥即同邓发一起,担任中共驻共产国际代表。1938年三月政治局会议决定派任弼时赴莫斯科,向共产国际执委会报告"中国抗日战争的形势与中国共产党的工作与任务",请求共产国际和苏联提供援助,包括给八路军武器装备。任弼时于3月5日启程,3月底抵莫斯科,4月14日向共产国际执委会递交了书面报告,5月17日又作了口头报告。②共产国际执委会主席团于1938年6月通过了两个文件:《共产国际执委会主席团关于中共代表报告的决议案》和《共产国际执委会主席团的决定》,充分肯定和完全同意中国共产党的政治路线,明确支持和声援中国人民全民族的抗日斗争。1938年7月王稼祥回国。行前,季米特洛夫同他和任弼时谈话。关于中共中央的领导问题,季米特洛夫说:应该承认毛泽东同志是中国革命实际斗争中产生出来的领袖,请告诉王明,不要竞争了吧!③

当时,中国共产党是共产国际的一个支部。王稼祥带回共产国际的指示,从政治上肯定中共中央的政治路线,从组织上肯定毛泽东在全党的领袖地位,这就为完全否定和纠正王明右倾投降主义提供了重要的条件。因为王明对党中央的抗日民族统一战线策略和洛川会议确定的全面抗战路线和基本政策等说三道四、批评指责,打的都是共产国际指示的旗号,王明又处处以共产国际执委会主席团成员自居。王稼祥带回的国际指示无异于解除了王明右倾的武装。那时,抗日战争已进行了一年多,正处在由防御阶段转入相持阶段的转折关头,迫切需要总结全国抗战以来的经验和教训,克服王明右倾投降主义,统一全党的认识和步调,确定党在抗战新阶段的基本方针和任务。王稼祥回国,就将召开党的六届六中全会提上了议事日程。

---

① 《中国共产党十七周年纪念》,载《解放》第43、44期合刊(1938年7月1日),署名洛甫。

② 任弼时代表中共中央向共产国际执委会递交的书面报告和作的口头报告均收入《中共中央抗日民族统一战线文件选编》(下)。题为《中国抗日战争的形势与中国共产党的工作与任务》。

③ 王稼祥1967年底撰写的自述材料。转引自徐则浩:《王稼祥对六届六中全会的贡献》,载《文献和研究》1986年第4期。

为了做好充分准备，在六中全会之前，张闻天主持召开了中央政治局会议。会议从9月14日开始，至9月26日结束，连续开了12天（其间18日休息一天，不计在内）。①会议的第一项议程就是由王稼祥作《国际指示报告》。他传达了共产国际的决定和季米特洛夫的意见："中共一年来建立了抗日民族统一战线"，"中共的政治路线是正确的，中共在复杂的环境和困难条件下真正运用了马列主义。""在领导机关中要在毛泽东为首的领导下解决，领导机关中要有亲密团结的空气。"②

按照共产国际的指示，张闻天向毛泽东提出，党中央领导人的职务应该由毛泽东来担任了。毛泽东经过全面考虑，认为目前还不是提出这个问题的时候，要张闻天继续担当下去。所以，张闻天也就没有将这个问题提到中央政治局的同志中去讨论。有同志向张闻天提出以毛泽东为党中央总领导人的提议，张闻天按照毛本人的主张，也没有提到六中全会上去讨论。③事实上，在遵义会议后张闻天一直是尊重毛泽东在红军和党中央的领导地位的。王明回国后与党中央闹独立性，推行右倾机会主义，张闻天同毛泽东一起在中央内部进行了必要的斗争。现在有了国际如此明确的指示，他认为奉毛泽东为全党的领袖理所当然。不过，毛既然要他名义上仍任党中央总领导人，张闻天也就"没有表示坚决让位的态度"。

在政治局会议上，王明于9月20日作了题为《抗战形势与党的任务》的政治报告。毛泽东在9月24日作了重要发言，讲了后来在六中全会上所作政治报告《论新阶段》的要点。刘少奇在9月26日发言，批评王明报告中鼓吹的"一切经过统一战线"的右倾主张。张闻天在9月22日作了组织报告，9月26日又作了长篇发言。④他总结了党的五中全会以来取得的胜利，指出"国际批准党的政治路线，更能增进我们的自信心"。统一战线中虽然发生了逆流，国共之间有磨擦，但"总的方面是前进了"。统一战线是在矛盾中发展的，矛盾的解决促进运动的发展。张闻天指出，抗日战争现在是由第一阶段转到第二阶段即相持阶段。在这一阶段内，游击战、运动战将取代正规战成为战争的主要形式，民主问题等要进一步解决。他预计，武汉的保卫因没有具备一定的条件，是要失掉的。指出在武汉不能保卫时，要避免极大的牺牲，不守时我们也有办法。中国持久战的胜利，不在一个城市的得失。这同1938年8月6日张闻天、毛泽东等联名致王明等人电报中所指示的"保卫武汉重在发动民众，……务须避免不利的决战，至事实上不可守时，不惜断然放弃之"等方针是完全一致的。⑤张闻天还着重提出在党内要进行教育，提高党员的警惕性，要加强理论学习，最重要的问题是在实际工作中学习，打通马列主义的难关。

中央政治局会议经过深入的讨论，在会议最后一天，对六届六中全会（扩大）的

---

① 会议日期据会议记录。出席人员据记录上的顺序为：毛泽东、张闻天、王明、康生、朱德、项英、王稼祥、周恩来、博古、陈云、刘少奇、彭德怀。
② 王稼祥：《国际指示报告》，载《文献和研究》1986年第4期。
③ 据张闻天：《1943年延安整风笔记》。本段下文引语也引自此件。
④ 以上王明、毛泽东、刘少奇、张闻天的发言均据1938年9月14日至26日政治局会议记录。下文概述与引用张闻天的发言亦据此。
⑤《中共中央文件选集》（11），第538页。

中共六届六中全会主席团成员合影。左起：毛泽东、彭德怀、王稼祥、张闻天、朱德、秦邦宪、王明、康生、项英、刘少奇、陈云、周恩来。

议程作出决定。最重要的变动是，由毛泽东作政治报告，王明只作关于国民参政会的报告并负责起草政治决议案。同时决定，由张闻天主持开幕式，致开幕词，作组织报告；由王稼祥传达共产国际指示。政治局会议还决定对各中央局的组织进行调整，撤销长江局，分别成立南方局和中原局。①

1938年9月29日，扩大的六届六中全会在延安桥儿沟礼堂开幕。这是中国共产党在莫斯科召开第六次全国代表大会以来出席人数最多的一次中央全会。到会的有中央委员和候补中央委员17人，中央各部门和各地区领导干部30余人。张闻天在开幕词中对党自1934年1月六届五中全会以来的五年历史作了总结，他说：

> 这五年中间有过许多重大的事变。反对五次"围剿"的英勇斗争，二万五千里的长征，中央到达陕北地区，创立陕甘宁抗日根据地，渡过黄河东征，以及后来的西征——这是一系列艰苦卓绝的斗争。由于日寇进攻华北，引起国内外形势的变化，我党在一九三五年发表了"八一宣言"和十二月决议，一九三六年促成了西安事变的和平解决。一九三七年，"七七"事变发生，实现了全面抗战，中国革命发展到了抗日民族战争的新阶段。现在抗战已经进行一年多了。
>
> 在这许多具有伟大历史意义的事变中间，中国共产党为中华民族和中国人民解放而英勇斗争，发挥了模范作用。②

开幕词提出这次全会的主要任务是：在抗战的新阶段前面，总结一年三个月民族抗战的经验与教训，正确估计目前形势，克服当前困难，使抗战走向胜利的前途；要确定明确的方针，使我们党进一步发挥先锋、模范作用，使我们党成为广大的群众性

---

① 据1938年9月26日政治局会议记录。
② 张闻天：《中共六届六中全会开幕词》，见《张闻天选集》，第223页。

的党，以保证抗战的胜利。

毛泽东于 1938 年 10 月 12 日至 14 日作的政治报告《论新阶段》是这次全会的中心议题。毛泽东对 15 个月来抗战的经验进行了总结，对当前抗战形势作了科学分析，对巩固和扩大抗日民族统一战线从理论与实际结合上作了历史的辩证的论述。张闻天于 1938 年 10 月 15 日作了题为《关于抗日民族统一战线的与党的组织问题》的报告。①毛泽东的政治报告"规定了我党政治路线"，是起指导作用的，"组织工作就是要保证这条政治路线的完成"。张闻天的组织报告确实体现了组织工作与政治路线之间的这种关系，是同毛泽东的政治报告密切配合，互相呼应的，是从统一战线的组织工作与党的组织工作方面对政治报告的贯彻与发挥。

毛泽东在政治报告中第一次提出"马克思主义中国化"的方针。他说："马克思列宁主义的伟大力量，就在于它是和各个国家具体的革命实践相联系的。对于中国共产党说来，就是要学会把马克思列宁主义的理论应用于中国的具体的环境。成为伟大中华民族的一部分而和这个民族血肉相联的共产党员，离开中国特点来谈马克思主义，只是抽象的空洞的马克思主义。因此，使马克思主义中国化，使之在其每一表现中带着必须有的中国的特性，即是说，按照中国的特点去应用它，成为全党亟待了解并亟须解决的问题。洋八股必须废止，空洞抽象的调头必须少唱，教条主义必须休息，而代之以新鲜活泼的、为中国老百姓所喜闻乐见的中国作风和中国气派。把国际主义的内容和民族形式分离起来，是一点也不懂国际主义的人们的做法，我们则要把二者紧密地结合起来。"②

张闻天在组织报告中提出"组织工作中国化"的方针。他说："马克思主义的原则、方法是国际性的，但我们是在中国做组织工作，一定要严格估计到中国政治、经济、文化、思想、民族习惯、道德的特点，正确认识这些特点，再来决定我们的斗争形式、组织形式、工作方法。我们要的是国际主义的内容，民族的形式，我们要使组织工作中国化"。他指出："将外国党的决定搬到中国来用，是一定要碰钉子的。所以不仅要懂得马克思主义的原则，而且要在民族环境中来实现这些原则"；'我们要有原则性，还要有具体性，要根据各地的情况实现我们的原则，这就是马克思主义"。③

在谈到宣传教育工作时，张闻天又提出了"马列主义中国化"的方针。他说："宣传马列主义，提高全国的理论水平。特别要注意于以马列主义的革命精神与革命方法，去教育共产党员与革命青年。并以此去研究中国革命的实际问题，研究中国历史与中国文化的各方面。要认真的使马列主义中国化，使它为中国最广大的人民所接受。"④

---

① 张闻天在六届六中全会上所作组织报告的提纲见《中共中央文件选集》(10)，中共中央党校出版社 1985 年版，其中"绪论"部分以《组织工作要中国化》为题收入《张闻天选集》。
② 毛泽东《论新阶段》的一部分，以《中国共产党在民族战争中的地位》为题收入《毛泽东选集》第 2 卷。毛泽东将"使马克思主义中国化"改为"使马克思主义在中国具体化"。见该书第 534 页。
③《张闻天选集》，第 225—226 页。
④《中共中央文件选集》(10)，中共中央党校出版社 1985 年版，第 622 页。以下引用组织报告均据该书。

张闻天在会议上发言中还指出，要使马列主义在中国具体化，要坚持独立地分析中国情况，研究和把握中国社会发展规律和阶级斗争规律，据此确定党的路线和政策，而不能从空想、感情和书本公式出发。要不怕抛弃马克思列宁主义中某些不适合中国情况的个别结论，例如城市统制乡村一般是对的，但在中国革命中则是走乡村包围城市的道路。应当经常开展自我批评，经常总结经验，勇于纠正错误，领导同志应老实地向下层学习，党应向人民大众学习。

张闻天提出的上述方针，阐发的上述思想，丰富了辩证唯物主义的认识论和方法论，是他学习和运用毛泽东思想，总结中国革命经验教训的结果。

张闻天在组织报告中分析了抗日民族统一战线的特点。他提出，在统一战线中，要"善于把握总路线，克服一切障碍，坚持抗战，坚持统一战线，坚持国共长期合作的方针"。要承认统一战线内部（国共两党合作）事实上是不平等的（力量上、合作形式上、政治上），又要善于使不平等成为平等；要看到统一战线（两党合作）的发展是不平衡的，善于运用不平衡，使不平衡走向平衡；要用一切办法帮助和影响国民党，使之进步，但发展统一战线，又要善于同顽固分子、动摇分子、妥协分子作斗争，打破一切"防共"的阴谋。张闻天总结反磨擦斗争的经验，提出注意软硬的"分寸"："要有软有硬，有退让有进攻。但以防卫为主要形式，软到不丧失自己的立场，硬到不破坏统一。"

张闻天特别强调，"在统一战线中保持党的独立性，反对投降主义倾向"。他指出，在抗战中放弃党的独立性的投降倾向主要表现在：忽视党在抗战中的作用，忽视党的巩固与发展，及自己力量的壮大；迁就友党，放弃自己立场。这种危险仍然存在，党必须在反对投降主义倾向方面继续努力。同时，张闻天又提出了"同'左'的关门主义也必须坚持斗争到底"的任务，指出只有开展两条战线的斗争，才能使统一战线的巩固与发展和党的巩固与发展，成为相互为用的因素，使两者间的一致性真能表现出来。

组织报告分析了不同地区的不同任务与革命的历史教训，由此决定党在今天的工作重心"首先应放在敌后方、战区"。张闻天指出，应记住过去革命中的两个教训：一是革命武装力量的重要，革命军队在革命中所起的决定作用及革命根据地的意义；一是同国民党挤得太紧容易造成分裂，应该有相当的分区的活动，各自发展。张闻天提出："敌后方的任务是，大规模的公开的发动、组织、坚持、扩大游击战争，打击、消耗、困疲敌人以达到收复失地，保卫国土，创立抗日军队、抗日政权，建立抗日根据地，以准备将来全国的反攻。"张闻天在报告中强调，要独立自主地创立发展抗日根据地与民主政权，八路军、新四军要"大胆利用已有的合法权，扩大自己"，共产党要发挥抗战的推动者与组织者的作用，保持党的独立性，并壮大自己，但应善于隐蔽自己的力量，不要太突出。

针对当时复杂的环境与党内的实际情况，如张国焘叛逃，王明违犯组织纪律等，张闻天提出了"提高党的警觉性"、"发展党内民主与巩固铁的纪律"、"巩固党内团结"等重要任务。六中全会通过了《关于中央委员会工作规则与纪律的决定》、《关于各级党委暂行组织机构的决定》、《关于各级党部工作规则与纪律的决定》等几个组织建设的文件，以健全党的民主集中制，巩固党的团结和统一。

张闻天在组织报告的结论中提出建立一个强大的统一战线和建设一个强大的党的奋斗目标，并概括了实现这一目标必须具备的四个条件：坚定的正确的政治立场，灵活的革命的实际主义，前进的艰苦奋斗的精神，大众的民主主义的作风。

张闻天在六届六中全会上的组织报告，并不限于狭义的"组织工作"，而是带有广泛的路线、方针、政策意义，不少内容显然是对王明右倾投降主义与违犯组织纪律的批评。经过六中全会之前的政治局会议，经过六中全会上毛泽东的政治报告，王稼祥传达共产国际指示的报告，张闻天的组织报告，王明的右倾机会主义实际上已经破产。张闻天在延安整风中曾说过，"六中全会在毛泽东同志领导下，实质上推翻了王明路线。王明这时候碰了三个钉子（一个是蒋介石的钉子，一个是中央内部的钉子，一个是王稼祥同志从国际带来的钉子），所以气焰也小些了。"[①] 六中全会同意政治局会议对各中央局的调整，决定王明留在延安工作，实际上结束了王明对南部中国党的工作的领导及其右倾投降主义错误。

---

① 张闻天：《1943年延安整风笔记》。

第十四章　主管宣传和干部教育

党内职责的变动

毛泽东不止一次赞叹："洛甫这个同志是不争权的。"① 张闻天全心全意为党工作，确是没有个人的野心和权欲。长征途中张国焘挟重兵向党争权，张闻天主动提出"让权"：将自己的总负责人职务让出来（毛泽东不同意，此议作罢）。王明于1937年11月底从莫斯科回到延安后，张闻天主持了十二月政治局会议，决定扩大中央书记处，由张闻天、毛泽东、王明、康生、陈云五人组成。这时有一篇访问记仍称张闻天为"中共中央总书记"，② 他特别郑重其事地在1938年4月12日武汉《新华日报》上刊登了《张闻天（洛甫）启事》，声明："中共中央设有由少数同志组织之书记处，但并无所谓总书记。"

自遵义会议以来，在党中央内部，张闻天奉毛泽东为红军与全党领袖，毛泽东尊重张闻天党中央负总责者的地位，他们互相合作，直到六届六中全会。从遵义会议到六届六中全会之前这三年半多的时间里，中共中央的许多重要电报，都由"洛毛"或"毛洛"联名发出。从1937年十二月政治局会议之后，到1938年9月六届六中全会之前，张闻天实际上仍然是主持中央常务工作的领导人。在此期间的三月政治局会议、六中全会前的政治局会议以及六中全会的开幕式，都是由他主持的。不过，在六中全会之后，张闻天按照共产国际指示的精神，按照六中全会关于以毛泽东为首准备召开中共七大的决议精神，就主动地将党内负总责的工作移交给毛泽东了。

张闻天对自己职责变动的过程，后来（1943年）作过这样的叙述：

> 六中全会期间我虽未把总书记一职让掉，但我的方针还是把工作逐渐转移，而不是把持不放。自王明留延工作后，我即把政治局会议地点，移到杨家岭毛泽东同志处开。我只在形式上当当主席，一切重大问题均毛主席决定。特别是在七八月政治局会议之后（所谓"神仙会议"），我实际上是做了宣传教育部门的工作。

---

① 王震：《杰出的马克思主义理论家和革命家——忆闻天同志》，见《回忆张闻天》，第13页。
② 广州《救亡日报》记者洛基写的访问记，载该报1938年3月26日。

> 自"神仙会议"后，……我一方面提出要把我的名义上的书记职务完全解放，（在任弼时、周恩来二同志未回国前提过，在他们回来之后，我更正式提过，我自己及中央秘书处在1940年5月间也搬了过去，实际上把我的全部工作交了出来了。）另方面，我尽量推掉自己的工作（如出版发行部、文委、西北工委等），只管宣传部及马列学院一部分工作。①

从这两段话可见，一、自1939年初起（即王明到重庆参加国民参政会后回到延安并留在延安工作），张闻天实际上不再在党内负总的责任了。但在形式上，中央的会议还是由张闻天主持，中央秘书处也还一直跟着他。二、1939年七八月政治局会议后，张闻天实际上只负责宣传部与干部教育部的工作。他曾几次提出不再担任总负责人的名义，没有被采纳。三、1940年5月，张闻天与中央秘书处都搬到毛泽东居住的杨家岭。这时，张闻天将党内负总责的全部工作交出，实际上只是具体负责宣传教育部和马列学院的工作了。

这里需要指出的是，在中共六届六中全会之前，宣传工作与干部教育工作在中共中央内部主要就是张闻天过问的。1937年4月，《解放》周刊创刊，张闻天任主编；1937年12月起，中央宣传部部长由张闻天兼任；1938年5月马列学院创办，张闻天一直兼任院长。当然，六中全会以后，宣传和干部教育就成了张闻天的主要工作了。他除了继续担任上列职务以外，从1939年2月起，又兼任了干部教育部部长（1940年初宣传部与干部教育部合并为宣传教育部，部长仍为张闻天）；《共产党人》杂志于1939年10月创刊，他又是这个刊物的编辑（即主编）。1941年3月中央决定调整刊物，《解放》、《共产党人》两个刊物扩大编委，都由张闻天"负总责"，吴亮平和罗迈分别为"编辑主任"。②六中全会后于1939年初成立的中央西北工作委员会（主持陕甘宁边区以外的西北陕、甘、宁、青、新、蒙各省地下党的工作，尤其是少数民族工作），虽由张闻天兼任书记，但日常工作都交给罗迈和贾拓夫负责。所以，从六中全会以后到延安整风之前这三年间，张闻天的主要工作是在党的理论建设、干部教育、宣传鼓动、文化工作等方面。在这些方面，张闻天成绩卓著，建树良多，不愧为杰出的马克思主义理论家、宣传家和教育家。

同时也应该看到，虽然六中全会后张闻天的工作重点转到了宣传教育方面，但是，他在党内仍然是有威信、有影响的领导人之一，他的党内负总责的具体工作又是逐步移交的，即使是主要职责移交后，中央秘书处还一直由他管着（1940年从蓝家坪搬到杨家岭后仍是如此），所以，在六中全会后的相当时期内，对于全党的工作，对于有全局影响的事，张闻天还是一直关注着，并发挥着相当重要的作用。

为了扩大与巩固抗日民族统一战线，以支持长期抗战，争取最后胜利，张闻天继续做了许多工作。1939年6月，为纪念中国共产党成立十八周年，张闻天写了《在民族自卫战争最前线的岗位上》一文，③以抗战两年来的事实，分析中国一部分上层资产

---

① 张闻天：《1943年延安整风笔记》。
②《中央关于调整刊物问题的决定》（1941年3月26日），见《中共中央文件选集》（11），第627页。
③ 载《新中华报》1939年6月30日。

阶级及少数上层分子对于争取民族抗战的不彻底性、妥协性与动摇性，指出目前时局的主要危险是他们准备停止抗战与投降妥协，"防共反共"就是他们投降妥协的实际准备，号召全人民动员起来，克服投降危险，击破"防共反共"逆流，使中国的抗战坚持到最后胜利。接着，7月3日至6日召开的政治局会议通过了《中央为抗战两周年纪念对时局宣言》，提出"坚持抗战到底反对中途妥协！巩固国内团结反对内部分裂！力求全国进步反对向后倒退！"① 在1939年8月政治局会议上，张闻天又进一步分析武汉、广州失守后的形势变化，说明过去"统一战线中的统一性比较突出"，现在"内部磨擦增加，统一战线中的斗争性突出了"。所以，当前党的任务，是要在坚持国共合作、坚持三民主义的前提下，团结一切进步的力量，与妥协、投降、退步的倾向作坚决的斗争，把统一战线推向前进。他指出，推动斗争的核心是共产党与八路军、新四军。斗争的形式主要是政治斗争，但也不能完全照搬过去的办法，"要采用谈判以外的更多的办法"，"也不是完全采用退却、消极的防御"。在全国范围内，党的工作的"主要任务是巩固党的组织，一般停止发展"。②

经过一年多抗日反磨擦斗争之后，在胜利的形势下右倾危险仍然存在，而"左"倾危险又在许多地区大大增长了。张闻天在1940年8月写了《抗日民族统一战线中的"左"倾危险》一文，③ 具体阐发刚刚通过的《中央关于目前形势与党的政策的决定》（1940年7月7日抗战三周年纪念日）中关于纠正在执行统一战线政策中的"左"倾错误的内容。张闻天详细分析了"左"倾危险的八种重要表现：对于实行抗日民族统一战线政策本身的动摇；不肯细心的、审慎的、深入的去研究与分析统一战线的不同对象而采取不同对策；不愿意或不会用一切方法去接近一切抗战的人们，不会"交朋友"；要求太高，求成太急；斗争时不会利用各种矛盾，在一时一地集中力量，打击当前的最主要的坏人；不肯认真遵守有理、有利、有节的原则；民主精神不足与党包办一切的工作作风；对于"阶级立场"、"党性"、"忠实可靠"、"清白纯洁"等等名词的片面理解。他对这八个方面"左"的表现进行了深入细致的剖析，提出了纠正的方法。他明确指出，一个干部不但要有马列主义的原则，而且要掌握马列主义的策略；不但要接受与了解党的政治路线，而且要有实现这个路线的方法。为了正确执行抗日民族统一战线策略，必须彻底击破历来党内存在着的"左倾比右倾好些"的错误观点。这些分析与论述，对当时纠正"左"倾错误，加强对全党的策略教育，是有重要意义的。

1940年10月起，蒋介石发动第二次反共高潮。1941年1月，更变本加厉，悍然制造了震惊中外的皖南事变，在茂林地区拦袭北移途中的新四军皖南部队，造成惨重损失。蒋介石于1月17日又以国民党军事委员会的名义发布命令，掩盖事实真相，反诬新四军"叛变"，宣布取消新四军番号，并将被扣的军长叶挺"革职"、"交军法审判"。中共中央于1月20日、23日、29日连续举行政治局会议，讨论时局和方针。张闻天在这三天会上作了插话和发言。关于事件的性质，张闻天在20日插话指出：

---

① 《中共中央文件选集》（12），中共中央党校出版社1991年版，第143页。
② 张闻天：《支持长期抗战的几个问题》，见《张闻天选集》，第237、239、242页。
③ 载《共产党人》第10期（1940年9月20日），收入《张闻天选集》。

"今天国民党整个国策的中心是放在'剿共'上面。"在以后两次会上的发言中又指出,"日蒋还有矛盾",要"利用"和"扩大""日蒋的矛盾及日与英美的矛盾",否定了认为这个事件表明蒋氏"降日"的判断。张闻天也不同意认为国共合作将要迅速破裂的估计,指出要"争取延长全国破裂的时间",认为"我们要孤立他们,使我们打几个胜仗,积极打破他们反共的计划","坚定的进行政治上的进攻,公开的批评蒋介石的谈话,提出我们的要求来争取群众,揭破国民党的武断宣传,分化国民党的内部"。同时,张闻天明确反对过激方针,指出:"暂时不应提出打倒蒋介石、打倒国民党与国民政府的口号,也暂时不提建立国防政府的口号,而应提出改革政府"。①

除了上面讲到的这类比较重要的方针、政策方面的问题之外,党中央内的一些具体问题,若干重要的实际工作,也还是由张闻天来过问和处理的。

这类事例是很多的。

例如,茅盾从延安到重庆工作及他请求恢复党籍的事,就是张闻天亲自处理的。沈雁冰(茅盾本名)是中国共产党最早的党员之一,大革命失败后亡命日本,与党组织失去了联系。可是,他仍然为党的事业而奋斗。1940年5月茅盾脱离盛世才的虎口,带着全家从迪化(今乌鲁木齐)经西安来到延安,在这里生活和工作了四个多月。9月下旬,周恩来从重庆致电党中央,盼望茅盾到重庆工作,担任郭沫若等退出第三厅之后另外组织的文化工作委员会的常委委员,以加强国统区文化战线的力量。张闻天从杨家岭来到桥儿沟茅盾的住处,将电报交茅盾看,向他讲述文化工作委员会成立的经过,说恩来想请你去重庆,是考虑你在国内外的名望,影响和作用会更大些。不过,这只是建议,如实在愿意在延安,也不必勉强。茅盾表示服从党的调遣,同时又倾吐自己十多年来的心愿,请求党中央研究恢复他的党籍。张闻天对茅盾是很了解的。在他编著的《中国现代革命运动史》的"中国共产党的产生"一节中就写到,1920年各地共产党组织发生了分化,又吸收了一些新的分子进来,沈雁冰(在上海)就是在这一时期入党的人之一。②

根据茅盾的历史和对党的忠诚,当然是可以恢复党籍的。③不过,张闻天与中央书记处的同志研究了茅盾的请求以后,认为在现阶段,茅盾还是在党外,对今后的工作,对人民的事业更为有利。张闻天又到茅盾住处,将中央的意见告诉茅盾,希望他能理解。茅盾服从中央的决定,把两个孩子(沈霞、沈霜)留在延安,自己又踏上新的征程。④

再如,周恩来被江青撞伤的意外事故也是张闻天处理的。1939年7月10日周恩来骑马到中央党校去作报告,途中恰巧碰上江青在那里跑马。江青骑的马突然因狗吠

---

① 《张闻天文集》第2卷,中共党史出版社1994年版,第123—124页。

② 张闻天:《中国现代革命运动史》,中国人民大学出版社1987年版,第144页。茅盾1981年恢复党籍时,此书所载即为文献依据之一。

③ 事实上1928年10月9日中共中央曾复信中共东京市委,表示可以允许恢复党籍,其时中共东京市委组织因环境险恶不能立足,未曾接获此件而致延误。据唐天然:《1928年中共中央曾考虑恢复茅盾党籍》,载《江海学刊》1991年第4期。

④ 茅盾离延安的经过见他的回忆录(二十六)《延安行》,载《新文学史料》1935年第1期。

而受惊,失去控制,迎头奔来,周恩来马惊坠地,右臂骨折。后因有致残之虞,不得不送到苏联治疗。这是一个偶发的意外事故。事情发生后毛泽东非常生气,将江青剋了一顿,还坚持一定要给处分。周恩来后来不得不从苏联医院里打电报给张闻天,请张酌情处理。张很费踌躇。因为当初毛、江结合,党内颇有议论。口头、书信、电报反映的意见都汇集到张闻天那里。张不便把这些函电转给毛看,遂致函毛,大意说,你与贺子珍合不来另外结婚,谁都没有意见;不过,按江青在上海的表现,似不合适。这封信毛读完后当场扯了,第三天就在合作社摆酒两桌,宣布结婚。张闻天当然不在宾客之列。现在为这意外事故,如何处理?但毛又坚持。这时正值马列学院组织党员下乡调查,江青是第二期学员,张闻天让她一起下乡,就算将这事处理过去了。

又如,1941年1月皖南事变后,张闻天接连给八路军驻兰州办事处主任伍修权发去多封急电,具体指导撤退、隐蔽办法。

在张闻天署名签发的电报中,有《新华日报》干部人选、经费一类决定,也有商购假眼、催寄手稿(为草明、于黑丁、罗烽等作家)、购置新出剑桥近代史等外文书籍等琐事。

总之,张闻天这时并非全然不问中央内部日常工作,但毫无疑问,工作的重点已经从全局转到局部,从全党转到部门,理论宣传和干部教育是他担负的主要职责了。

延安马列学院

1938年5月5日,是共产主义学说的创始人马克思120周年诞辰,延安马列学院就在这一天正式开学。校址设在延安城北七八里的蓝家坪,土石山上的一排窑洞就是校舍,同杨家岭隔延河相望,紧邻中共中央宣传部和张闻天住的窑洞。从创办开始,张闻天就兼任院长,直到1941年7月改组,前后有三年多时间。先后在这里受过他教育与熏陶的学员有八九百人。延安马列学院是中国共产党创建的第一所攻读马列主义的比较正规的学校,是当时延安的最高学府。为了办好这所学校,张闻天倾注了心力。他的辛勤耕耘结出了丰硕的果实。马列学院培养与重新教育了一批坚强的干部,提高了全党的理论水平,它还创造了丰富的办学经验,在中国的干部教育史上写下了令人难忘的篇章。

诚然,创办与建设马列学院是张闻天作为党内著名教育家的主要实践活动,但是,他对干部教育的关心与实践却并非从马列学院开始。在这之前,他在这方面已经做过不少实际工作,并作出若干理论概括。

早在1933年3月,张闻天刚从上海进入中央苏区不久,就在瑞金洋溪创办了"马克思共产主义学校"(中央党校的前身)。他曾亲任校长,并主讲《中国革命基本问题》。长征途中,该校与中国工农红军大学(简称"红大")的人员合编为"干部团",一直未散。在落脚陕北前后,张闻天在政治局的几次会议上都提到,为了迎接新的形势,要在组织上扩大与巩固党,要大量培养干部。1935年11月10日,张闻天率中央机关进驻瓦窑堡后,随即恢复学校建制,正式定名为"中共中央党校"。稍后,

延安马列学院旧址——蓝家坪

新的红军干部学校也在安定县建立起来（1936年2月）。在张闻天起草、政治局会议通过的《瓦窑堡会议决议》中指明："必须大数量的培养干部。党要有成千上万的新干部，一批又一批的送到各方面的战线上去。不是把领导才能每条都教好了，才给干部以工作，而是放这些干部到斗争中去，使他们从斗争中去学习。"①

1936年5月东征结束之后，恢复、扩建"红大"的计划提到5月20日政治局会议讨论。毛泽东提出了"红大"的教育方针、教育内容、教学方法以及组织领导等一整套计划。会后，"中国人民抗日红军大学"即于1936年6月在保安成立。张闻天和毛泽东都亲自担任教员。张闻天对第一期学员讲授《中国革命基本问题》，对中国革命的性质、任务、对象、动力、领导、前途等问题，作了深入浅出而又透彻的分析。他还在"红大"讲过哲学。②

与此同时，张闻天还利用东征结束后中央机关处于相对稳定的时机，明确提出组织在职干部开展马列主义理论学习的任务。他在中央机关全体工作人员（近50人）大会上指出，"学习马列主义理论是刻不容缓的任务！"他通俗地解释列宁的没有革命的理论就没有革命的运动的著名论断，分析党的理论水平不高的情况和原因，启发大家学习的自觉性。他还组织中央机关的干部到"红大"听课。每到听课那天早晨，张闻天总是提早一点从自己的窑洞里走出来，到中央秘书处窑洞外边那块草地上，叫秘书处、宣传部、组织部的同志一道去"红大"听课。在张闻天提议下，中央机关干部于1936年10月成立了马克思主义研究会，先学辩证法，每周座谈一次。在张闻天的启发与引导下，对哲学范畴的座谈讨论，联系着当时国内外的形势与党的政策，进行得生动活泼。当年的参加者回忆说："记得在学习辩证法关于形式和内容的范畴时，正是干部中对于中央提出的关于民主共和国口号有争论的时候。有的同志认为民主共

---

① 《张闻天选集》，第78页。
② 李华生：《回忆张闻天同志在陕北的革命业绩》，见《回忆张闻天》，第108页。

和国是资产阶级政权的形式,我们提这个口号不好理解。闻天同志最后给学习讨论作了总结。他从形式与内容的辩证关系上透彻地分析了这个问题。他用旧瓶可以装新酒的比喻说明,在一定情况下旧形式也可以表现新内容,并且指出我们共产党人要掌握形式与内容的规律,为的是更好的掌握各种形式(包括斗争形式、组织形式、工作方式方法),为实现党的目标而奋斗。"①

西安事变和平解决以后,中国国内形势开始了一个新的阶段。随着国共第二次合作的成立,中国共产党将公开、合法地登上中国的政治舞台,成为全国的群众性的党。它要在更为复杂、更为曲折的斗争中,战胜一切困难与阻力,取得与保证自己在抗日民族统一战线中的领导权。在大变动的年代里,面临新的形势,新的任务,即使是经过长期战争考验、经过长期地下工作锻炼的干部,也迫切需要学习。为此,张闻天在1937年3月政治局会议上提出,"要重新教育干部,培养干部,使他们懂得新的政策,适合于新的要求"。②在接着召开的党的苏区代表会议上,张闻天又进一步明确提出"加强党内马克思列宁主义的教育","加强红军干部的军事、政治、文化的教育"的任务。③在白区工作会议的报告中,他更进而强调:"党内教育问题,现在特别重要。在思想上用马克思列宁主义的武器武装全党同志,是党目前争取民族统一战线中的领导权的最主要的任务。必须使全党同志了解学习马克思列宁主义的重要,养成学习理论的兴趣,只有这一武器能够使我们在各种复杂的环境下,正确的解决问题,而不犯严重的错误。"④

这时,干部教育之所以迫切需要加强,还有一个重要的原因,是大量革命知识青年来到延安。西安事变发生以后,中国共产党力主和平解决,在全国人民特别是在全国青年中的声望空前提高。从1937年1月起,北平、天津、西安及全国各地大批有组织的党员、团员、民先队员、青救会员和非党的革命知识青年,成群结队,热情洋溢地奔赴延安,参加抗日,参加革命。这是1925—1927年大革命后党的历史上的一件大事,意义深远。张闻天对这批革命知识青年非常重视和爱护。当他发现北平来延安的学生途中遇阻时,即致电北方局刘少奇,要他注意组织,⑤同时指示陕甘省委要做好沿途的招待工作。⑥大批革命知识青年来到延安,亟待进行培养训练,使他们成为党的干部和红军的干部。党中央立即采取措施,将"红大"改名为"抗大"(中国人民抗日军事政治大学),扩大招生。1937年1月开学的抗大第二期,就招收了609名知识青年。以后逐期增加,第三期(1937年8月—1938年4月前后)招收知识青年616人,第四期(1938年4月—12月)招收了来自全国各地的青年以及海外华侨和国际青年共4655人。张闻天亲自为抗大第二期第一队学员(大多是红军的军、师、团级干部)讲授《中国现代革命运动史》,并组织编写了教材。在抗大第三期同学毕业的

---

① 李华生:《回忆张闻天同志在陕北的革命业绩》,见《回忆张闻天》,第108页。
② 张闻天:《国民党三中全会后的形势与我党的任务》,见《张闻天选集》,第143页。
③ 张闻天:《中国共产党苏区代表会议的任务》,见《张闻天选集》,第148页。
④《中共中央文件选集》(10),中共中央党校出版社1985年版,第262—263页。
⑤ 1937年1月24日洛甫致胡服电。
⑥ 李华生:《回忆张闻天同志在陕北的革命业绩》,见《回忆张闻天》,第109页。

时候，张闻天作了《论待人接物问题》的讲演。

七七事变全国抗战爆发后，在洛川会议上，张闻天在讲话中谈到教育问题。针对国民党不让创办"陕北大学"，他指出，"学校仍然要办，弄得精点"。他还肯定"抗大这期是有成绩的"，同时指出组织工作还差，政治工作还不够，要提高教员的积极性。① 在1937年十二月会议上，张闻天作政治报告，提出要"才大与加强抗大，培养大批军政干部，到处派人去"。认为"在统一战线中更要提高马列共产主义教育，特别加强党校工作，培养能够深入群众的干部，能够应付统一战线局面的干部，使干部适应于新的条件"。②

1937年秋冬至1938年春，经党中央决定，又先后创办了"陕北公学"、安吴堡（在陕西泾阳县云阳镇北）"战时青年训练班"和"鲁迅艺术学院"。对于这些学校，张闻天也很关心。张闻天虽然不是"鲁艺"的发起人，但"鲁艺"发起创办之前，毛泽东曾与张闻天商讨，"鲁艺"的教育方针曾经过中央书记处讨论。"鲁艺"创办后，张闻天于1938年4月20日为鲁艺成立纪念特刊题词："认识大时代，描写大时代，在大时代中生活奋斗，站在大时代的前卫为大时代服务——这就是现代文艺家的使命。"张闻天应邀到陕北公学讲演，他的影响深广的《论青年的修养》就是讲演的记录。张闻天还亲自过问过安吴堡青训班逮捕宣传托洛茨基派观点的学员的事。他致电青训班负责人说，青训班办在国民党统治区，这是由于西安事变时形成的特殊的历史条件，国民党正在想种种办法要取缔青训班，现在并非政权机关的青训班竟然逮捕人，这正好给国民党一个借口，因此必须坚决纠正这个错误，立即把人释放。③

为了适应抗战新形势，在不长的时间里恢复和创办了培养党、政、军干部的党校、抗大、陕公等学校，甚至还办起了专门造就文艺人才的鲁艺，延安的干部教育事业发展是迅速的；从斗争中学习，在实际中锻炼，用马克思列宁主义武装干部，使他们掌握新政策，适合新要求，干部教育的方针是明确的。随着形势的发展，全党同志越来越了解学习马克思列宁主义的理论的重要。正如毛泽东所说："指导一个伟大的革命运动的政党，如果没有革命理论，没有历史知识，没有对于实际运动的深刻的了解，要取得胜利是不可能的。""普遍地深入地研究马克思列宁主义的理论的任务，对于我们，是一个亟待解决并须着重地致力才能解决的大问题。"④ 而在延安，还没有一所专门研读马列主义理论、着重培养有更多理论修养的干部的学校。为此，中共中央于1938年春决定创办"马克思列宁学院"（简称"马列学院"），由张闻天兼任院长。

马列学院创办之初，张闻天亲自领导，精心擘划，诸如调干部、订计划、请教员等事都直接过问。他甚至还对应考的青年亲自进行口试，决定是否录取。

---

① 据会议记录。
② 据会议记录。
③ 据胡乔木：《回忆张闻天同志》，见《回忆张闻天》，第16页。关于"西安事变时形成的特殊的历史条件"，胡乔木文中有以下说明："那时红军驻在泾阳、三原等地，红军开往山西抗日前线后，除为便于在西安、延安之间的运输、交通和其他联络，在由三原到洛川等县城设联络站以外，还曾在泾阳县属的云阳镇设有留守处，在安吴堡也曾有伤员留驻，两处都在三原以西不远的地方。"
④ 毛泽东：《中国共产党在民族战争中的地位》，见《毛泽东选集》第2卷，人民出版社1991年版，第533页。

马列学院第一期（也称第一班）学员七八十人，其中"一二·九"运动之后入党的知识青年大约占 1/3。这部分人在入学之前，大多已经在中央党校、抗大、陕公、安吴堡青训班或中组部训练班经过短期学习，入学时又经过笔试与口试，政治上和理论上都具有一定基础。另外将近 2/3 学员，是参加革命战争多年或在国民党统治区做过多年地下工作的老干部，其中有些还是有资望的红军高级指挥员和地下党领导人，有的是抗战爆发后刚刚从白区监狱中保释出来的老党员。青年知识分子和老干部，这两部分人组合在一起学习，对互相取长补短，达到理论与实际的统一，是很有利的。马列学院前后办了 5 个班，第二、三、四班各 100 多人，第五班不到 100 人，学员的基本构成大体都是如此，只是比例有些变动。马列学院还为准备参加中共七大的代表专门开过两个班（一百多人），那就完全是各地区、各方面的主要骨干了。

张闻天亲自领导马列学院教学计划的制订及实施。学院开设六门课程：政治经济学、哲学、马列主义基本问题、党的建设、中国现代革命运动史、西洋革命史。学校专职教员的配备是一流的。副院长王学文讲授"政治经济学"，他是一位造诣很深的学者，30 年代中国社会性质问题论战中马克思主义阵线方面的主将。讲授"马列主义基本问题"的是吴亮平，他是张闻天在莫斯科中山大学的老同学，那时他们就合作翻译过马克思的《法兰西内战》和恩格斯的《社会主义从空想到科学的发展》。在中央苏区，吴担任过国民经济部部长。斯诺来访，同毛泽东谈话，就是他当的翻译。著名哲学家艾思奇讲授"哲学"，来延安之前，他所写的《大众哲学》已经在进步青年中广为流传了。"中国现代革命运动史"和"西洋革命史"的教员分别是杨松和陈昌浩，他们都去苏联学习过，陈昌浩还是红军中有名的领导人之一。"党的建设"前部分党建理论是康生讲课，后部分党建基本问题分别请刘少奇、陈云、李富春等作专题报告。刘少奇的《论共产党员的修养》，陈云的《怎样做一个共产党员》，就是给马列学院学员作的报告。

除了以上六门课程之外，张闻天从学院创办一开始，就重视党的方针、政策和当前重大现实问题与理论问题的学习与研究。他很重视毛泽东的报告和著作。马列学院开学不久，正值毛泽东在延安抗日战争研究会发表《论持久战》的讲演，张闻天每次都要各组派学员和院部的同志一起去听讲。后来，他又亲自约请毛泽东到学院作报告。毛泽东的《战争和战略问题》、《反对投降活动》、《新民主主义论》的部分内容，都是在马列学院作过的讲演。毛的其他重要著作，差不多每篇发表时，张闻天都让组织学员认真学习。毛泽东的著作武装了全党，同时也是马列学院理论学习的指导思想。马列学院的政治方向，始终是同以毛泽东为代表的党的政治路线完全一致的，不存在任何对立或抵制。

张闻天非常重视敌后、战区和国统区的实际工作经验。有领导同志从前线或大后方回延安，只要有机会，他都亲自请他们来学院作报告。周恩来的《国内外形势与大后方统一战线》，朱德的《形势与华北抗日游击战争》，彭德怀的《华北战场》，邓小平的《华北抗战形势与敌后根据地建设》，彭真的《关于晋察冀形势》，董必武的《关于大后方形势》以及贺龙、张鼎丞等的报告，都丰富了教学内容，促进了理论与实际的结合。

张闻天自己除了亲自讲课，主持课堂问答以外，经常就党内重大事件、党中央重要的方针和决定作报告。马列学院开学不久，张闻天作了一次批判张国焘叛变投敌的报告，反复阐明"必须党指挥枪，决不能枪指挥党"的道理。[①] 1938年11月党的六届六中全会开完以后，他立即向马列学院师生传达。一共作了六七次报告，详尽地阐述毛泽东所作政治报告《论新阶段》的精神，结合历史与现状，精辟地阐述了党在抗日战争中的战略与策略，不指名地批判了王明的右倾错误主张。[②] 1940年7月7日抗战三周年纪念日，中央作出《关于目前形势与党的政策的决定》。马列学院曾停课专门进行研究和讨论，张闻天对讨论中提出的问题作了七次集体解答。[③] 正如当年一篇题为《策略教育在马列学院是怎样进行的》文章所说，上述这些报告以及对中央各种决议、指示、宣言的研讨，对党报、党刊的阅读、座谈，"使同学们有了实际的收获，由此，他们接受了抗战中某些经验与教训，使一般马列主义理论原则的学习充实了实际的生动的内容，因此，保证了他们在学习生活中接触实际问题，参加国内党内的政治生活，并从中来学习党的策略在各种环境、各个时期、不同工作部门具体运用。"

由此可见，张闻天对马列学院必须坚持理论与实际一致的办学方针，是很明确的。不仅如此，他的认识，在马列学院的实践中又有发展和深化。上一章已经提到，张闻天在六届六中全会的组织报告中提出的"宣传马列主义、提高全国的理论水平"、"使马列主义中国化"[④] 的任务，同毛泽东在政治报告中讲的"马克思列宁主义的伟大力量，就在于它是和各个国家具体的革命实践相联系的。对于中国共产党说来，就是要学会把马克思列宁主义的理论应用于中国的具体的环境"[⑤]，精神是贯通的。关于党校的教育方针，张闻天提出首先是"理论与实际的联系，特别着重于马列主义的革命精神与方法的教育，着重于拿实际问题来说明马列主义的原则"[⑥]。1940年2月，张闻天又在总结马列学院经验的基础上起草了《中央关于办理党校的指示》，强调"巩固与发展党"，是办理党校以加强对干部的马列主义教育的根本目的，规定"求得理论与实际的一致，是党校教习的中心目标"，同时又指出，"在学校生活中为了求得这种一致，应该同在实际工作中不同。为了使学生切实了解马列主义的精神和方法，应该经常研究与讨论党中央与党的领导机关的各种文件与指示，应该经常多请当地的和外来的负责同志报告各种时事问题及各种实际工作的情况与经验。这些均应成为党校的主要功课之一部。"[⑦] 在张闻天直接指导下，马列学院正是以马列主义的基本理论和中国革命的实践经验来培养、教育干部的。

为了"使学生切实了解马列主义的精神和方法"，张闻天要求学生认真读书，养

---

① 据曾彦修：《根深不怕风摇动——怀念张闻天师》，见《回忆张闻天》，第135页。
② 据宋平：《深切怀念张闻天同志》，见《回忆张闻天》，第148页。
③ 理群（邓力群）：《策略教育在马列学院是怎样进行的》，载《共产党人》第13期（1940年10月）。
④ 《中共中央文件选集》(11)，第709页。
⑤ 《毛泽东选集》第2卷，第534页。
⑥ 《中共中央文件选集》(11)，第710页。
⑦ 《中共中央文件选集》(12)，第302—303页。

成自学的习惯。学校采取在教员指导下以个人自习（即自己读书）为主的原则，对于文化、政治水平较高的学员则引导与帮助他们去直接阅读与研究马恩列斯的基本著作。

为帮助学员切实弄懂所学课程的原理，同时也为了检查教学效果，张闻天确实花了心血。吴亮平给第一班讲"马列主义基本问题"，每讲完一个问题，张闻天就来主持一次课堂问答。每隔一两个星期他还要来给大家"照"一次"相"，更给学员们留下极深刻的印象。所谓照相，是学员们给一种课堂问答起的别名。差不多每星期六下午，同学们在山下那间土墙泥顶的大教室里集合，张闻天便就一周所学的各门课程综合提问。通常都是先由他提问并点名回答，被点名的人站起来讲，如不充分就找第二、第三人讲，然后由他指点。提的问题很活，围绕所学的原理，而又联系到当时国际的形势、抗战的实际。开始学生们有点怕，怕自己回答不好出洋相，后来就慢慢体会到这种方法启发思考，促进理论联系实际，都喜欢这种生动活泼、自由讨论的"照相"了。有时张闻天有事，不能来"照相"了，大家就会感到失望。

除了教学以外，张闻天还组织全院干部、学员参加延安的大生产运动。1939年，他亲自在全院大会上作动员报告，说明开荒种粮的意义，下达打粮148石5斗的生产任务。他自己的伙食单位是在中宣部和中央秘书处，两个单位开了几百亩荒山。

张闻天在马列学院对基础理论的学习与研究也是很重视的。马列学院除办学员班外，还成立了一些研究室，有马列主义研究室、政治经济学研究室、哲学研究室、中国革命问题研究室等。

为了让学员和广大干部读到马克思、恩格斯、列宁、斯大林的原著，还设立了编译部，专事翻译。对翻译人员规定任务，平均每天译1000字，一年完成36万字。

1940年春，张闻天还请刚从苏联回来在中宣部窑洞暂住的师哲在马列学院办了一个俄文班，吸收中宣部干部参加。他希望有一部分人经过学习能借助字典读原文，甚至翻译。他常向师哲询问教学情况。为了让大家好好学，他把自己的字典借给大家用，还捐出自己的一本俄文版《列宁主义问题》给大家当课外读物。①

1939年，他组织了一个《资本论》学习小组，参加者有王首道、王学文、吴亮平、王思华、艾思奇、何锡麟、邓力群等十来个人。隔周在张闻天的窑洞里学习讨论半天，不论溽暑寒冬，从不间断，一直坚持到把《资本论》第一卷的25章全部学完，整整花了一年多的时间。每次讨论都由张闻天亲自主持。第一次由他讲学习体会。他着重讲了《资本论》为什么从商品、货币讲起的问题。以后讨论由小组成员轮流作各章的中心发言人，读懂了的，讲心得体会，没读懂的，提出问题，充分讨论。碰到重点、难点，不惜花费时间，反复研究。为了学懂第一章第四节"商品的拜物教性质及其秘密"，共讨论了三次。为了理解马克思的原意，还常常把《资本论》的德文原版与中、英、俄、法、日文等译本，对照起来分析和研究。小组成员中，王学文研究《资本论》多年，王思华是《资本论》译者，吴亮平、何锡麟都是翻译马列著作的学者，

---

① 据师哲：《我所知道的张闻天》，载《人物》1991年第5期；吴文焘：《师表》，见《回忆张闻天》，第126页。

在组长张闻天主持下的小组讨论，内容之丰富，钻研之深入，可以想见。①

张闻天一向认为，我们党的干部应该"敢说话敢做事"、"肯负责，不怕负责"，②所以，在马列学院内，他特别提倡发挥党内民主，提倡在学习中敢于怀疑，敢于提出问题，敢于发表意见，与同志式的辩论问题的作风。无论是理论课程的学习，还是党的文件的研读，或是各种辅导报告的消化，都要学员们进行民主讨论。班里常举办辩论会。在平房面前摆上一张桌子就辩论开了，有讲正面意见的，有讲反面话当"反派"的，争论激烈，印象深刻。为了让学员能有比较和鉴别，学院的阅报室公开陈列包括国民党顽固派报刊在内的各种观点的读物。1939年国民党发动第一次反共高潮的时候，延安几个学校在中央党校礼堂组织了一个辩论会。马列学院被分配当国民党一方，因为有材料的便利、而站在共产党立场反驳的一方又准备不充分，辩论的结果反共的观点竟没有被驳倒。这个消息第二天就传到毛泽东那里。他对马列学院的同志说，我去驳一驳你们，看能不能驳倒。《新民主主义论》中"驳顽固派"等内容，最初就是到马列学院讲的。③马列学院的这种民主学风和比较研究的方法，使学员们对马克思主义的观点理解得深透，掌握得牢固，有利于培养敢作敢为、敢独立思想的干部。

中国名记者范长江在《中国的西北角》（1936年出版）中写到经过长征的张闻天的学者风度，说他"不似曾过万重山者"。在马列学院的工作中，张闻天虚怀若谷的风范，平易近人、循循善诱的作风，给人留下难忘的印象。上上下下都亲切地称呼他"洛甫同志"，有什么问题想不通可以直接找他谈。按照张闻天关于自己培养教员的意见，一位从马列学院毕业不久的年轻人被选定讲"马列主义基础"课。他在散步时向张闻天表示难以担当。张闻天反复叫他"不要怕、大胆去讲吧！"说自己到重庆教书时，有些学生比我年纪大，而且还是女生，那时自己没有系统学过马列主义，但要宣传革命，"我都不怕，你已经系统学习过三年了，怕什么？"他还说，你不要去想什么马列学院的"小教员"，你就想你是在宣传马克思主义的ABC，就不怕了。临末，张闻天还从窑洞里取出一幅写好的字送他，文为："根深不怕风摇动，树正何愁月影斜。"又是说服，又是鼓励，这位年轻人鼓足勇气走上了讲台。④1940年十月革命节前，德国法西斯军队打到莫斯科城下，为声援反法西斯战争，马列学院决定排演德国作家沃尔夫所作反对法西斯暴行的话剧《马门教授》（剧本由萧三译，张闻天校，陈波儿导演）。被分配演马门教授妻子一角的学员怕影响学习，找张闻天请求免演，说："洛甫同志，我不想再演戏了，我是来读马列主义的呀！在来马列学院之前，成（仿吾）校长还说要我们读好《资本论》哩！"这位女同学在马列学院建院两周年纪念时演高

---

① 据何锡麟：《在洛甫同志领导下从事编译和研究工作》，见《回忆张闻天》，第118页；访问何锡麟谈话（1990年8月16日）。
② 引自张闻天：《关于抗日民族统一战线的与党的组织问题》，见《中共中央文件选集（11）》，第707页。
③ 据邓力群：《我对延安马列学院的回忆与看法》，见《延安马列学院回忆录》，中国社会科学出版社1991年版，第18页。
④ 据曾彦修：《根深不怕风摇动——怀念张闻天师》，见《回忆张闻天》，第136—137页。

尔基的《母亲》，相当成功。张闻天笑着说："噢，是小母亲吗？请坐，请坐，那次演得不错嘛。《资本论》要读，戏也要演。现在朋友有难，咱们不能袖手旁观呀！纪念十月革命节，声援反法西斯战争，这是共产党员应尽的义务啊！"张闻天一番话，打通了她的思想。①

张闻天对干部、学员的生活、学习、工作关怀备至。他常与同学们聊天，打听伙食办得怎样，甚至问到每月1元5角"边区票"的零用钱怎么支配。②对编译人员，每月发生活补助费4元5角，仅比毛泽东、张闻天少五角钱。张闻天得到了外文版的书刊（有些是张闻天专门请在香港、重庆的同志买的），就亲自送到编译人员的住地。编译部在马列学院的后山。张闻天的窑洞同他们的住地相隔一个山坳，他总是不怕劳累，爬山走去。③1940年，范文澜到马列学院任历史研究室主任，主编《中国通史简编》。张闻天问他有什么困难，只管说。范踌躇半天，说缺少书，自己的书都在国民党统治区。张闻天请他放心，立即让地下党设法将范文澜的书从开封运到了延安。书有五六十箱，绝大部分是线装的。运来后全部放在杨家岭新落成的中央办公厅巨石建筑里。这批书成了中央图书馆的藏书来源之一。冬天寒冷，张闻天还将自己的一件皮袄送给了范文澜。④

张闻天对干部和青年的爱护特别突出地表现在对他们的大胆使用上。马列学院领导机构的干部除总支书记张启龙、秘书长朱光等老干部外，大部分是从学员中选拔的。当时参加学校领导机构工作的宋平、邓力群、马洪、安平生、孙鸿志等都是二十多岁的青年。还有一些学员选拔当了教学人员和研究人员，如王光伟、田家英、曾彦修、李清、吴俊扬等，那时大都才20出头，王光伟稍年长些，也不到30岁。

张闻天亲手创建并直接领导的马列学院，办学三年，应该说是成功的。正如李先念（他是该校第一班学员）在致延安马列学院建校50周年纪念集会的一封信中所概括的，"它是我们党创建的第一所攻读马列主义的比较正规的学校，对提高党的理论水平做出了很大贡献，它培养了一批具有马列主义基础知识的干部，并帮助许多经过长征和在国民党区域长期斗争的干部总结经验、学习理论；还为中央研究院的建立提供了条件。所有经过马列学院及中央研究院学习和锻炼的干部，以后在各个时期的艰苦斗争中，在各条战线的广泛实践中，可以说，都起了应起的骨干作用。"⑤

延安马列学院在1941年5月毛泽东作了《改造我们的学习》报告后改组为马列研究院，7月又改组为中央研究院。可见，它的改组是适应着延安整风形势的要求。应当承认，毛泽东在报告中批评的现象在马列学院确实是程度不同地存在的，但是，如果由此而认为马列学院教学方针有问题，甚至一言以蔽之为"教条主义大本营"，显然是不恰当的。如上所述，从张闻天办学的指导思想到三年办学的实践来看，是一

---

① 据王丹一：《馨香的岁月——延安马列学院生活片断散记》，见《延安马列学院回忆录》，第139—140页。
② 据吴文焘：《师表》，见《回忆张闻天》，第123页。
③ 据何锡麟：《在洛甫同志领导下从事编译和研究工作》，见《回忆张闻天》，第120页。
④ 访问刘英谈话（1985年10月26日）。
⑤ 《延安马列学院回忆录》，第1页。

贯重视理论与实际的结合，是很强调理论联系实际的。从马列学院毕业的学员，绝大多数都感到，通过这一段学习，初步获得了马列主义理论的基础知识，对党在抗日战争时期的路线、方针和政策有了比较清楚的认识，对整个新民主主义的理论和政策也有了比较全面的了解，特别是大大提高了思想水平，坚定了共产主义信念，懂得了共产党员应当具有的党性修养，是终生受益、永世难忘的。这些收获，显然不是在理论与实际完全脱节的教学方针下所能得到的。这恰好说明马列学院在整体上是贯彻了理论与实际结合的方针，并取得了成效的。

整体上贯彻了理论与实际结合的方针而又存在着若干理论与实际脱节的毛病，马列学院工作中的这种矛盾性，应该从党的思想路线的发展中得到解释。从创办马列学院到1941年毛泽东作《改造我们的学习》报告，对理论与实际统一的认识有一个深化的过程。在1938年六届六中全会上，毛泽东强调了"使马克思主义中国化"，"马克思主义必须和我国的具体特点相结合"，"要学会把马克思列宁主义的理论应用于中国的具体环境"；张闻天强调了"要使组织工作中国化"，"要认真的使马列主义中国化，使它为中国最广大的人民所接受"。但那时毛泽东号召全党来一个"学习竞赛"的侧重点还是"普遍地深入地研究马克思列宁主义的理论"，张闻天对"理论与实际联系"的认识侧重点是"考虑中国的特点"、"在民族环境中来实现这些原则"。① 在教学中，要"着重于拿实际的问题说明马列主义的原则"。② 到1941年提出"改造我们的学习"之后，认识获得了一个新的飞跃。毛泽东提出"矢"和"的"的关系："'的'就是中国革命，'矢'就是马克思列宁主义"，找"矢"是为了射"的"；特别是他又提出"实事求是"，对马克思主义认识路线作出了新概括。这就使全党对理论与实际的统一的认识有了极大的提高。从这样的认识高度来看马列学院和它的院长，应当说当时对于理论与实际的联系的认识和理解还没有达到内在的、深刻的水平，还未能从整风所提出的思想路线的高度来认清理论与实际的关系，对什么是理论，什么是知识，也就没有达到后来毛泽东在整风报告中所讲的那样全面的认识。这就造成了马列学院虽然认真贯彻了理论与实际统一的方针而又不同程度地存在着不够重视实践、不够重视实际的缺点。

同延安整风统一起来历史地、全面地评价马列学院，可以看到，马列学院实际上是中国共产党在政治路线成熟之后向着解决思想路线过渡中的一个产物，如果说它的产生是适应了全党普遍加强理论学习的要求，那么它的改组又是适应了全党在理论与实际结合上的深入与提高。特别可贵的是，继续担任马列研究院和中央研究院院长的张闻天，在这一深入与提高的过程中，又以亲自长期到陕北、晋西北农村调查研究的实际行动，在理论与实际的结合上登上了一个新的台阶，为全党树立了光辉的榜样。

编著革命史教材和出版马列著作

1939年2月17日中共中央书记处发出通知，为统一领导中央直属各学校的教

---

① 《张闻天选集》，第226页。
② 《中共中央文件选集》(11)，第710页。

育工作和党政军民各机关的干部教育,"特决定组织干部教育部,以洛甫同志兼任部长"①。本来这项工作就是由张闻天兼任部长的中央宣传部负责的,现在另设了专门的领导机构,在张闻天的领导下,延安和全党各学校和机关的干部教育工作就进一步开展起来了。至1940年初,宣传部与干部教育部合并为宣传教育部,张闻天兼任部长。他及时总结各学校、各机关干部教育的经验教训,经过中央研究,连续发出了《中央关于干部学习的指示》(1940年1月3日)、《中央关于办理党校的指示》(1940年2月15日)、《中央关于在职干部教育的指示》(1940年3月24日),对教育方针、教育计划(包括不同程度干部分类学习的课程标准)、教学原则与方法、教科书的编辑发行等都作了明确、切实的规定。1940年8月13日中央宣传部又发出了《关于加强干部策略教育的指示》,干部教育工作进一步得到了加强。②

1940年10月,中央宣传部对延安的在职干部教育作了总结,指出:"一年多来的延安在职干部教育,已经发动了最大多数在职干部学习的积极性,并把这种积极性组织成为经常性。……在教育制度上,我们已经有了比较完整的建设,如:小课与大课之相辅而行,指导员与支部教育干事的确立,巡回教育制与顾问团制的采用,各种研究组与研究会的推行,一般大讲演的举行与干部教育中策略教育的开始等等。在学习方法上,我们有过许多创造,并积累了一些好的经验;在今年5月总检查中,曾经发现了许多模范的学习小组。总之,延安的在职干部教育,正在继续展开和不断的前进。"同时也指出存在着策略教育不够、许多干部未能养成自习与独立思考的习惯等弱点。③ 在总结经验、揭示弱点的基础上,张闻天领导宣传教育部从当时实际情况出发,对不同地区、不同方面的干部教育提出了新的要求,作出了具体指示。1940年10月,中央宣传部先后就"抗日根据地在职干部教育中的几个问题"、"各抗日根据地内党支部教育"、"提高延安在职干部教育质量"、"大后方党的干部教育"、"华北联大教学任务、方针等问题",发出指示,④ 推动了延安、各根据地以及大后方干部教育的发展。

张闻天是党的干部教育事业的开创者之一,他的贡献是多方面的。除了前述创办马列学院和上述对干部教育的全面领导以外,要数《中国现代革命运动史》这部教材的编著与马列著作的编译出版了。

张闻天认为,"供给教材"是党内教育首先需要解决的问题,"供给各地教员、教材、教育计划、研究讨论大纲"是党中央和宣传部的责任。⑤ 所以,张闻天十分重视教材建设。刚到陕北,他就指导宣传部的同志编写过一本简明通俗、图文并茂的《党员课本》(共32课),亲自修改定稿。⑥ 他甚至还亲自组织与指导编写了一套抗日根据地小学语文课本。⑦ 当然,最为著名的是他亲自编著的《中国现代革命运动史》。这是一

---

① 《中共中央文件选集》(11),第24页。
② 以上列举的四个文件除3月24日一件收入《中共中央文件选集》(11)外,其余三件均收入《中共中央文件选集》(12)。
③ 《中共中央文件选集》(12),第524页。
④ 以上列举的文件均收入《中共中央文件选集》(11)。
⑤ 《中共中央文件选集》(11),第711页。
⑥ 李华生:《回忆张闻天同志在陕北的革命业绩》,见《回忆张闻天》,第106—107页。
⑦ 董纯才:《追思与怀念》,见《回忆张闻天》,第110页。

部用马克思主义观点系统地分析自鸦片战争以来中国近百年历史的教本，是用马克思主义观点研究和编写中国革命史、中共党史的开创之作之一。

在党内教育中开设党史、革命史课程方面，张闻天称得上是一位先驱者。1933年出版的教本《中国革命基本问题》，就是他在江西瑞金马克思共产主义学校讲课的记录整理稿。他共讲三讲，一为"中国革命的社会经济基础"，二为"1925年至1927年中国大革命"，三为"大革命时期的中国共产党"（铅印本未收第三讲）。这本书对中国近现代革命历史作了比较具体的分析，根据地内的干部学校都采用它做教本，是后来的《中国现代革命运动史》的雏形。1936年"红大"恢复，张闻天又一次讲授了《中国革命基本问题》。周恩来1936年7月10日在安塞会见埃德加·斯诺时曾介绍此书说："书中虽有一些史实和分析上的错误，但仍算是现有最好的一本书。"7月19日张闻天同斯诺在保安长谈，用"正反合"的哲学观点，精辟地分析了大革命以来中国现代革命历史的发展阶段，表现了他在这个领域的深厚造诣。①

1937年春，"红大"改名为"抗大"，打算将《中国革命基本问题》这门课程发展为《中国现代革命运动史》。课程内容的侧重点是"中国革命运动的经验教训，党在各个革命时期的政治路线与具体政策"②。这对重新训练老干部和培养青年知识分子以适应抗日民族统一战线的新形势是很有必要的。可是，当时既没有教材又没有教员。虽然共产党的早期宣传家恽代英、萧楚女在大革命时期分别编写、印行过中国现代革命运动史方面的教材，③但在延安很难找到。那时，延安可以找到的是李鼎声（平心）编著的《中国近代史》，这部书就成了张闻天主要的参考书。

为编好教材并培养教员，张闻天亲自将开设这门课程的任务承担起来。他在抗大组织了一个"中国现代革命史研究会"，参加者有刘亚楼、张爱萍、杨兰史、莫文骅等。朱德总司令不是研究会的成员，但参加活动。张闻天首先指导大家自学，要大家找有关的书籍，认真阅读研究，然后组织讨论。张闻天说明全书框架，提示每讲要点，并明确分工，每人写一讲。各人写好后交给他修改。在做过这番认真准备之后，张闻天亲自在抗大第一队（军、师级高干队，还有个别国民党抗日将领参加）从头至尾讲了一遍，朱总司令和研究会成员都去听讲。尔后，各人以张闻天的讲稿为蓝本，依据听讲学员的实际水平，对自己所讲的一讲加工修改。除朱总司令去第二队（也是高干队）讲课外，其他人都是去团以下干部队或学生队讲。为使理论问题寓于历史过程的叙述之中，大家作了不少努力。经过教学实践检验的讲稿，又作补充修饰，上下连贯成书，最后由张闻天审阅修改定稿。④1937年冬，这部张闻天主编的《中国现代革命运动史》由延安解放社铅印出版，用的名义是"中国现代革命史研究

---

① 斯诺：《红色中华散记》第12篇"洛甫论党的问题"。
② 引自张闻天《党的宣传鼓动工作提纲》中关于课程内容的规定，见《张闻天选集》，第305页。
③ 恽代英：《中国民族革命运动史》，1927年3月15日印行，全书七讲，从"反清复明到鸦片战争"讲到"五卅运动"。萧楚女：《民族革命运动大纲》，1927年3月印行，列为广州"农民运动讲习所丛书"。
④ 《中国现代革命运动史》成书经过据莫文骅：《〈中国现代革命运动史〉的写作经过》，见《中国现代革命运动史》，中国人民大学出版社1987年版，第415—418页。

会编"。

这本书从 1840 年鸦片战争写到 1927 年广州起义，内容生动具体，文笔流畅，深刻地总结了鸦片战争以来历次革命运动和重大政治事件的经验教训。出版以后，立即产生了很大的社会反响。在"孤岛"上海，在武汉等地，都相继翻印，流传全国。当时中国共产党在延安和各抗日根据地的各类院校，无论开设"中国革命基本问题"课程，还是"中国现代革命运动史"、"中共党史"课程，一般都以这本书为教材或蓝本。此后，范文澜等许多人写的关于中国近代史、中国革命史方面的著作，都是参考了这本书的。直到新中国成立前，解放区各种干部学校都以这本书作为课本。从抗日战争到解放战争，它先后出了十多个版本，印行在二十次以上。可见它是一本深受读者欢迎、适合干部学习的教本。

《中国现代革命运动史》建立了比较完整的结构框架和叙述体系。全书分七讲，从鸦片战争开始的旧民主主义革命时期，讲到五四运动为发端的新民主主义革命时期。前三讲为"太平天国革命运动"、"戊戌变法与义和团运动"、"辛亥革命"。后四讲为"五四运动"、"中国共产党的产生与中国工人运动的发展"、"中国国民党的改组与国共合作"、"一九二五——二七年的中国大革命"。这样讲法，讲清了近百年来中国反帝、反封建革命斗争的全过程，使人对中国革命发生、发展的原因及历史过程，对中国共产党领导的新民主主义革命的背景、性质和意义，有清晰完整的概念；对只有共产党才能救中国、才能领导资产阶级民主革命取得胜利，半殖民地、半封建的中国不可能走资本主义道路的道理，有较为深刻的理解。每一讲都先分析革命运动发生的时代背景和这类革命运动的历史渊源，然后用翔实的史料，生动具体地评述历史过程，最后论述经验教训，使读者把感性的历史知识提到客观规律的理性高度来理解和认识。

坚持马克思主义所要求的逻辑的与历史的方法的统一，是这个教本的一个显著特点。张闻天遵循关于历史发展的终极原因必须到物质生活的生产方式中去寻找，社会革命的最深刻的根源存在于社会基本矛盾之中的历史唯物主义观点，在说明中国现代历次革命运动的发生、发展时，特别注重社会经济结构及其变动情况的分析。同时，张闻天又能够用世界眼光来认识中国历史。因为既然西方帝国主义的大炮轰开了中国闭关锁国的大门，现代中国的历史进程就同帝国主义对中国的侵略，同世界的历史变动息息相关了。作者还成功地运用了历史比较方法，坚持对具体历史事件进行具体分析，许多论断新颖独到、中肯贴切。例如，作者认为义和团运动"是南方太平天国运动在当时落后的北方之变态的再版"，"义和团虽然是一种迷信的农民组织，可是它又带有一种民族思想与反对统治阶级的情绪"。而太平天国同历史上的农民战争相比有它的新特点，它是"中国过去历史在新周期的再现"。在鸦片战争后中国社会正酝酿着新变动的情势之下，太平天国这样的农民战争"恰成资产阶级民主革命的序幕，在客观上正是更明显地谋为中国资本主义的发展扫清道路的"。又如，作者将戊戌变法的失败同日本明治维新的成功作比较，指出"戊戌变法的失败，证明用改良主义的方法，自上而下来改造中国，使中国走上资本主义的道路是不可能的。"

这本教材中最精彩的篇章，是对各次历史运动经验教训的总结。张闻天开设《中国现代革命运动史》这门课的目的，是要通过史的学习，记取中国革命运动的经验教训，理解并掌握当前党的路线、方针、政策，因此，每讲的经验教训部分自然是他最下功夫的地方。例如，关于太平天国，书中讲到，农民革命领袖洪秀全，当年是何等的英明果决，在领导革命取得胜利的过程中起了不可磨灭的作用。但到了后期，却是"近小人、远贤臣"，个人专断、昏迷猜忌，发动一场内乱，残酷迫害功臣忠良，造成令人痛心的自相残杀的惨局。作者以痛切的笔触道出这一历史的悲剧，给人极深刻的教训。对于第一次大革命历史的总结是张闻天写得最为深刻、细致的部分。张闻天以其在丰富的革命实践中取得的正反两方面的经验教训来反思1925—1927年大革命的历史，对武装斗争、土地问题、群众运动、国共合作等关系革命成败的重大问题进行了历史具体的、深刻的总结，对陈独秀右倾机会主义作了透彻的、及有说服力的批判。张闻天指出，大革命遭到极可痛心的挫败，首先是陈独秀的机会主义完全不了解"革命的根本问题，是政权问题"（列宁语），"而政权最重要的工具便是武装"。张闻天揭发了从中山舰事件起陈独秀在武装问题上不可宽恕的错误，直到四一二政变后最紧急关头自动地将武汉工人纠察队的武装缴械的叛卖罪行，用血的教训阐明这样一条真理："中国国民革命要得到彻底胜利之先决的条件，必要变更旧的官僚机构和雇佣军队系统，而创造直接民权和真正国民武装。"这样具体而深刻的历史经验的总结，为党在抗日民族统一战线中坚持独立自主原则，巩固和发展人民军队和抗日根据地，提供了历史的殷鉴和理论的根据。

　　自然，这本书也存在一些不足。由于当时参考资料很少，全党对于历史经验还没有来得及进行系统的总结，因此书中若干史实欠准确，若干论断未必得当，这是在所难免的。总的说来，由于张闻天深厚的理论功底、良好的文字素养，对中国国情与中国革命历史的深入研究，使得这本中国现代革命运动史著作达到了很高的水平。在中国现代学术史和政治思想史上，张闻天及其《中国现代革命运动史》都有一席之地。胡乔木在1988年指导编写《中国共产党历史》时仍然把它作为一个范本，说张闻天的这本书是按照他自己对局势和历史发展规律的判断来写的，那时毛泽东对这些问题还没有作出论断。全书一气呵成，看起来很流畅，有极大的可读性。[①]《中国现代革命运动史》教材的下限是1927年大革命失败。张闻天后来在马列学院又接续讲了《两次革命高潮之间的反动时期》、《十年苏维埃运动》，加上传达六届六中全会详细地讲述党在抗日战争中的"战略与策略"，实际上一直讲到了抗战。[②]可惜这些讲课的内容未能增补到这本教材中去。

　　张闻天为马克思主义经典著作的编译出版，也倾注了大量的心血。20世纪20年代在莫斯科留学期间，他就翻译出版过马克思的《法兰西内战》和普列汉诺夫的《马

[①] 据胡乔木1988年8月9日就中共中央党史研究室编写的《中国共产党历史》上卷修改问题与有关同志的谈话记录稿。这次谈话以《写党史要有政治上的观察和把握》为题编入《胡乔木谈中共党史》，人民出版社1999年版。评论《中国现代革命运动史》的话参见该书第293、296页。

[②] 据邓力群：《我对延安马列学院的回忆与看法》，见《延安马列学院回忆录》第15页；宋平：《深切怀念张闻天同志》，见《回忆张闻天》第148页。又，《两次革命高潮之间的反动时期》当时曾将记录整理稿油印成讲义发给学员，惜迄今未找到。

克思主义基本问题》等著作。此时，为了做好这项工作，特地在马列学院内成立了一个专门机构编译部，张闻天亲自兼任编译部主任。他管得很具体，抽调干部，个别谈话，了解工作进度和困难，审阅部分译稿等等，他都过问。编译部起初不到十人，他还组织延安其他单位的一些同志参与这项工作。他提出的目标很明确，第一期集中力量编译出版"马恩丛书"10册，第二期编译出版"列宁选集"20卷。在他的领导下，这项工程有组织、有计划地开展，终于克期竣工，前后花了将近六年。这30本书的翻译出版，不论对于全党的理论学习，还是对于马克思列宁主义在中国的传播，都是一件大事。它扩大了马克思列宁主义的宣传阵地，为广大干部提供了学习和掌握马克思列宁主义基本理论的精神食粮，适应了党中央大量培养干部的迫切需要。

张闻天认为："除阅读与研究我们出版的马列主义书籍以外，也还有许多书籍，可以作为我们增进知识的辅助读物的。"因为"马列主义是人类文化知识最高的发展，学习马列主义必须有很丰富的、具体的社会知识与科学知识做基础"。[①] 为此，在他倡导下，延安编辑出版了《抗战中的中国丛书》、《西北丛书》、《文化教育丛书》等知识读物。他还提倡读鲁迅的杂文和小说，认为这是"每个干部所必须研究的读物"，[②] "现代中国的青年，从鲁迅先生的作品中可以得到很多有益的、宝贵的东西"。[③] 为此，他指导刘雪苇编选了两本集子，一本是《鲁迅论文选集》，一本是《鲁迅小说选集》，"作为青年所必需的读物"。在1940年10月19日鲁迅逝世四周年纪念日，他专为《鲁迅论文选集》写了序言。这两个选本曾在抗日根据地广为流传，对鲁迅著作的学习、鲁迅精神的发扬，对结合中国国情来学习马列主义，起了很好的作用。

论青年修养和党的建设

张闻天是全党公认的理论家。在六届六中全会前后，他除了致力于干部教育基本教材的建设和马列著作的翻译出版以外，还在他主编的公开刊物《解放》和党内刊物《共产党人》上发表了不少重要文章，对陕公、抗大、马列学院作过多次重要讲演。其中影响最为深广的是：1938年论青年修养的讲演和1939年到1940年论党的建设的文章。

张闻天1938年4月在陕北公学的讲演《论青年的修养》和7月对抗大第三期毕业同学的讲演《论待人接物问题》，是传诵一时的两篇名文。[④] 抗战初期投身抗日洪流的青年，许多人都读过这两篇文章。张闻天在民族抗战大时代的背景上，论述了抗战初期的革命青年应该怎样将共产主义理想同抗日战争的现实结合起来的问题，在执行统一战线策略中怎样处理好人与人之间的关系问题，提出了时代精神对共产党人的要求。所以，张闻天这两篇文章不仅是对青年修养的一般论述，而且提出了共产党员党

---

① 张闻天：《提高干部学习的质量》，见《张闻天选集》，第297、296页。
② 同上书，第297页。
③ 张闻天：《关于编辑〈鲁迅论文选集〉的几点声明》（1940年10月19日），载《鲁迅论文选集》，1940年10月延安出版。收入《张闻天文集》（第3卷）时改题为《〈鲁迅论文选集〉序言》。
④ 两篇文章分别载《解放》第39期（1938年5月22日出版）和第65期（1939年2月28日出版），后以单行本广为流传。两文均收入《张闻天选集》，以下引文均据《张闻天选集》。

性修养的具体内容和严格要求。

《论青年的修养》从革命者与时代关系的高度来谈个人修养问题，它紧贴着抗战的现实，围绕着青年的理想这一青年修养的核心问题，结合着青年的特点（优点与弱点）展开论述。张闻天谆谆教诲即将奔赴战区、敌后从事抗日武装斗争和统一战线工作的青年，第一，"要有坚定的高尚的理想"。他指出，同"空想"不同，理想是建筑在现社会的物质基础之上的东西，适合于人类社会发展的必然趋势，所以它是可以实现的。抗日救国，实现民族独立、民权自由、民生幸福是我们今天的理想；共产主义社会是我们将来的理想。他启发、引导青年，把自己的理想建筑在结实坚固的科学的基础之上。第二，"要为实现自己的理想奋斗到底"。张闻天分析了青年的弱点：往往对革命的持久性和困难性估计不足，受不住旧社会思想习惯的压力，经不起一切物质上的诱惑，以及缺乏足够的忍耐与坚定而往往有动摇性。指出这些弱点常常是使青年不能坚持自己的理想而奋斗到底的原因。第三，"要学习实现理想的办法"。张闻天扼要地阐述了从了解情况、决定方针任务到开始实际工作这一过程中的思想方法和工作方法，嘱咐青年，为了完成坚持抗战，最后战胜日寇的中心任务，要善于根据不同地区的具体情况，来决定实现这个中心任务的具体办法，并以极大的灵活性、机动性与创造性来实现自己的理想，因为情况在变动着，至死不变的东西是没有的；而"一切先进的革命的理论，我们也只能当作行动的指南而不能当作教条。一切先进的革命理论，也要在实践中充实自己与发展自己的"。第四，"要同群众在一起去实现自己的理想"。他详细地阐述了党的群众路线，勉励青年，要下决心到群众中去，要善于使群众根据自身的经验来了解我们的领导的正确，要向群众学习，在群众斗争中学习，领导群众前进。

《论待人接物问题》是《论青年的修养》的姊妹篇。它着重就实现理想的办法问题深入开掘，探讨了在建立、巩固、扩大抗日民族统一战线的要求下，革命者在具体工作中如何处理好人与人之间的关系问题，同样是一篇论述党性锻炼的重要文章。张闻天没有简单地从待人接物的一般态度、方法上看问题，而是将待人接物问题放到是否适合于中国革命的要求、怎样有助于抗日民族统一战线的高度来认识，要求在待人接物问题上，不仅估计到中国社会各阶级在革命中的地位、作用及其相互间的区别，而且要估计到中国人所有的民族的、社会的、历史的、文化的、思想的、风俗习惯的各种传统与特点。张闻天认为，对共产党员来说，待人接物问题首先是一个个人修养和党性锻炼问题。所以，在这方面的第一个要求，"就是要有伟大的胸怀与气魄"，要能够打破一切成见、一切公式、一切小圈子、一切私人的好恶等的限制，而容纳各种人材，使用各种人材。这种在抗日总原则下的"博爱"、"宽宏大量"、"兼容并包"的态度，是建立广泛的抗日民族统一战线的必要条件。在这方面的第二个要求，"就是要有中国古代哲人那种所谓'循循善诱'与'诲人不倦'的精神"。决不要为人们觉悟程度的不齐而表示失望，决不要轻视或鄙视任何思想落后与思想复杂的人；决不要以强迫命令的方法去让人们接受我们的意见；决不要对什么人都使用千篇一律的八股文章和老调；对于人们的错误和缺点，要诚恳的劝导；要善于根据当时当地的具体情形，群众的具体要求和情绪，去进行教育群众和说服群众的工作。

关于待人接物的态度和方法问题，张闻天作了细致的分析与阐述，提出了这样一些具体的要求：谦逊与和气，尊敬与仁爱，自我批评的精神，真诚、坦白与婉转，言而有信，以身作则，群众工作中敬谨而周密。这些要求，弘扬了民族文化中的优良传统，体现了马克思主义道德观与中国传统道德观中的精华的结合。

张闻天的这两篇文章使广大青年深受教益，启发和引导他们将加强党性锻炼、个人修养同高尚的理想和实际的工作两个方面联系起来，同坚持抗战、争取抗战最后胜利的目标和巩固扩大抗日民族统一战线的任务沟通起来，产生了积极、深远的影响，以致引起日本宣传机关的注意。1939年东京出版的《支那共产党之现势》收录《论青年的修养》，编译者称张闻天是"中共军中第一论客"，说中共及其领导的军事斗争已经成为"世界一大难题"，是日本对中国作战的一个"肿瘤"，而中共领导的"思想游击战"比他们的武装游击战更其可怕。①

1939年8月，中共中央政治局会议作出《关于巩固党的决定》，提出"在思想上政治上组织上巩固党"的任务，这是继六届六中全会关于党的组织建设的几个决定之后，全面加强党的建设的重要文件。决定指出："为着巩固党，必须加强对党的各级干部的教育工作"，"巩固党的中心一环，就是加强党内马克思列宁主义的教育，阶级教育与党的教育"。②1939年10月，《共产党人》创刊。这是中共中央对党内的唯一刊物，要求全党同志必须阅读的。毛泽东在《〈共产党人〉发刊词》中指出，这个刊物的任务是"帮助建设一个全国范围的、广大群众性的、思想上政治上组织上完全巩固的布尔什维克化的中国共产党"。③从创刊号开始，张闻天在《共产党人》杂志上先后发表了六篇论述党的建设的文章，④对建设一个全国的、群众性的、巩固的党的伟大工程作出了积极的贡献。这组文章从中国实际出发，对党的组织建设、思想建设、作风建设中的基本问题，作了深刻的论述，体现了张闻天自己在六届六中全会的组织报告中提出的"组织工作中国化"的要求。

一、提出以"理论与实践的统一"来完成党的历史使命

张闻天指出，"我们党内的很大弱点，即是还有很多同志善于背诵马列主义的教条，善于背诵上级党部的决议，善于根据自己主观的愿望而提出'包罗万象的工作计划'，或是善于纵谈自己经过的许多历史事实，善于夸张自己丰富的实际经验，然而对于认真的去了解具体情况，认真的去收集具体材料，认真的去分析与研究这些材料，从这些材料中得出一定的结论，则表示不愿意，表示轻视或表示完全无能。"这常常是党的政治路线不能具体实现、党的经验不能向前发展的主要原因。他还指出，"不根据于客观的主观，不根据于现实的理想，不根据于具体情况的工作计划，也许

---

① 转引自程慎元：《张闻天研究在日本》，载《党的文献》1991年第2期。
② 《中共中央文件选集》（12），第156、157页。
③ 《毛泽东选集》第2卷，第602页。
④ 这六篇文章是：《共产党员的权利与义务（"党建"笔记之一）》（1939年9月22日，载创刊号）、《略谈党与非党员群众的关系》（1939年11月7日，载第2期）、《党的工作中的一个基本问题——了解具体情况》（1940年1月26日，载第4期）、《提倡朴素与切实的工作作风》（1940年5月16日，载第7期）、《更多地关心群众的切身问题》（1940年6月20日，载第8期）、《关于党的两种工作方式》（1940年7月27日，载第9期）。

是美丽的、动人的，然而它在客观的、现实的世界面前，是必然要破产幻灭的。这是历史上一切主观主义者、一切空想主义者的悲剧。"所以，张闻天依据马克思主义的认识论提出：正确的了解当前的具体情况，是党正确的决定具体任务的出发点，也是党使这些任务能够实行的基础。特别在中国这样的地方，由于政治经济发展的不平衡，……因此对于当前具体情况的了解，尤为重要。""只有在正确了解当前的具体情况之后，钉子才可不碰，事情才做得通。"

张闻天强调实践的重要，指出："我们要在实践中把握现实各方面运动的规律，我们要根据于这些运动规律来指导我们的实践。"要达到理论与实践的统一，"必须要有不怕麻烦，不怕琐碎，实事求是的探讨的精神"，"必须要有马列主义创造的、批判的精神"，"要有打破一切成见、一切陈腐的公式的勇气"。

二、提倡朴素与切实的工作作风

张闻天指出："朴素就是有什么讲什么，就是老老实实，就是真实的意思。"共产党是全世界最彻底革命的党，是建筑在科学理论基础上的党，"我们丝毫也不用掩盖事情的真相，来欺骗或安慰别人与自己。如果不是这样，我们的政治路线与策略就不能建筑在真实的基础之上，我们就会发生错误，遭受失败。"张闻天强调"共产党人要有面对赤裸裸的现实的勇气，要有说老实话的勇气"，"要反对那种吹牛、夸大、粉饰、掩盖、装腔作势、华而不实、形式主义、风头主义等毛病。"

张闻天指出："切实，就是说，我们的工作要适合于实际；就是说，要根据于老老实实的认识，根据于具体情况的了解，来决定当前的具体工作；就是说，要经常检查已经开始的工作，把已经开始的工作进行到底。"共产党是革命的党行动的党，是言行一致的党，"我们要在切实的点滴工作中来实现我们崇高的、远大的理想"。张闻天强调"实际工作，要一点一滴去做，一步一步前进"，"要反对那些讲大话，订大计划，而不肯或不会脚踏实地切实工作的空谈家"。

张闻天还论述了在革命形势顺利与困难两种不同条件下党的两种工作方式："发展"与"巩固"，指出党的领导的任务就在于根据形势的变化及时指导实行工作方式的转变。当时正值日本侵略军不断"扫荡"，国民党顽固派制造反共逆流，在华北许多地区的党、后方的党以及陕甘宁边区的党处境转向困难的时期，张闻天阐述了党中央关于在全国许多地区急需实行从发展的工作方式到巩固的工作方式的转变的指示。他指出，在全国时局逆转、革命力量遭受围攻与"扫荡"的条件之下，党的工作"不能不从广泛的、大刀阔斧的、偏重于量的方式转变到深入的、精雕细刻的、偏重于质的方式了"。为了提高一种工作的"质"，"我们必须对于这个工作有具体的、深入的了解，有精致细密的宣传组织工作，有经常的检查与督促，有把一种工作计划贯彻到底的埋头苦干的决心与忍耐心。"这一番话，也是对"切实"的工作作风的阐发。

三、强调必须正确处理党与群众的关系

党与群众的关系问题，是党的建设的根本问题。张闻天分析党与群众这对矛盾的丰富生动的各个侧面，结合着对"左"的和右的两种错误倾向的批评，从理论上阐明了正确认识和处理党群关系的原则，阐述了党的群众路线的理论与方法。

张闻天从共性与个性、普遍性与特殊性来分析党与群众的关系，认识党在群众中的地位:"党是群众(这里主要指工人群众,同时也指非工人的劳动群众)中的一部分,而同时又是群众中先进的、觉悟的、马列主义的、有组织的一部分。因此,它必须同群众有密切的联系,同群众生活在一起,处处依靠群众;同时它必须保持它的特性,不溶化于群众的大海中,而成为群众的政治领袖"。基于这样的分析与认识,他提出了党与群众正确关系的基本原则:"同群众在一起,而又领导群众,是群众的学生,而又是群众的政治领袖"。从这一基本原则出发,张闻天从政治思想、物质利益、工作方法、组织形式、相互关系等几个方面阐述了正确处理党群关系的具体原则,强调"群众的实践是测量党的领导之是否正确的最后标准","只有在不断解决矛盾、克服矛盾的过程中,才能正确的解决党与群众的关系"。他还针对当时在扩兵、征粮等战争动员工作中存在的不关心群众切身问题的恶劣倾向,进行了尖锐的批评,指出某些部门和同志中"产生了脱离群众、同群众对立、把党所领导的组织当作凌驾群众的'办差机关'、'官僚机关',而党员变成了站在群众头顶上的'党老爷'、'党官'的严重现象。这对于党、对于革命实是一个最大的危险"。他提出要"更多的关心群众的切身问题","我们不但要善于向群众提出革命的要求,而且也要善于满足群众向革命提出的要求"。

四、提出党章应该规定共产党员的权利与义务

中共六大制定的党章以及六大之前的党章都没有规定党员的权利与义务。张闻天较早地看到这是一个欠缺。在初到陕北指导编写《党员课本》时,第一次将"党员的权利和义务"作为党的基本知识写进了课本。①1939年3月,联共(布)第十八次代表大会通过的党章增加了"党员权利"的规定,这是联共(布)十七大的党章所没有的,对"党员义务"也新增了内容。张闻天及时地向中共全党介绍了联共党章的新内容,党的组织建设方面的这一新发展,并建议在中共七大制定新党章时,应从中国的具体情况出发,拟订条文,对"党员的权利与义务"作出规定。张闻天认为,"党员权利"的规定,对中国党"有极大益处","特别在建立党内民主的、健全的、生动的、前进的、团结的生活方面,有很大意义"。关于"党员义务"中有关遵守纪律、精通业务一条,张闻天提出根据中国现在的情况,应包含安心于自己所负担的任何革命工作,而且包含应该把这工作做得好的意见。他希望大家对"党员的权利与义务"问题进行讨论。

张闻天的建议得到全党的赞同。在党的第七次全国代表大会于1945年6月11日通过的党章中,明确规定了党员的四项"义务"与四项"权利"。党的组织建设上的这件大事,张闻天是有首先倡议之功的。

从六届六中全会的组织报告到《共产党人》杂志上的这组党建文章,张闻天在党的建设方面留下了宝贵的精神遗产。

宣传鼓动提纲和文化工作政策

宣传家张闻天也是一位组织工作的能手。他兼任宣传部长,工作抓得具体而有条

---

① 李华生:《回忆张闻天同志在陕北的革命业绩》,见《回忆张闻天》,第106—107页。

理。他每周三持一次部务会议，除各科科长以外，中央青委、边区党委和总政宣传部的负责同志也经常参加，讨论宣传工作和政策，还研究《解放》周刊的选题。宣传部只十来个人，工作繁多，在他领导下，有条不紊，忙而不乱。遇有开创性的事，他总是亲自组织办理。1940年初，党中央决定将"历史唯物论与辩证唯物论"作为高级课程之一，要求党的高级干部首先学习。①张闻天亲自组织和主持报告会，请博古等同志讲解。报告会在杨家岭小礼堂举行，每周一次，连续开了四次，在延安的中央委员和各部门负责同志都参加了。②为了开展国际宣传，1941年初，延安出版了一种兼用英、俄、法三种文字的独特的32开毛边纸油印刊物《中国通讯》，也是张闻天亲自召开座谈会，进行动员，组织"社会力量"（包括美国籍大夫马海德和印度籍大夫巴思华在内）办起来的。③当然，张闻天对党的宣传工作的领导，主要的还是方针、政策的确立与工作方式方法的指导。其中最重要的建树，一是通过对宣传工作经验教训的总结，确定党的宣传鼓动工作的基本规范和标准，一是对抗战文化运动提出了一系列方针政策。

早在1932年，张闻天就提出"转变我们的宣传鼓动工作"的要求。经过长期的实践，1940年10月，在他指导下，中央宣传部作出了《关于充实和健全各级宣传部门的组织及工作的决定》；1941年6月，中央宣传部又公布了张闻天写的《关于党的宣传鼓动工作提纲》。④这两个文件，尤其是后一个文件，可以看作是张闻天对到那时为止的党的宣传工作经验的总结，也是张闻天对今后宣传工作指导思想的概括。其中所作的若干论断和提出的任务与要求，确定了宣传工作的规范和标准，在党的宣传工作的建设上具有深远的影响。其要点是：

一、明确党的宣传鼓动工作的任务，是在宣传马列主义的理论、党的纲领与主张、党的战略与策略、在思想意识上动员全民族与全国人民为革命在一定阶段内的彻底胜利而奋斗。这种宣传与鼓动，同时包含有对共同思想进行联合、对敌对思想进行斗争的两个方面。

二、规定宣传鼓动工作的范围。宣传鼓动是意识形态方面的活动，范围非常广泛，举凡一切理论、政治、教育、文化、文艺等等均属宣传鼓动活动的范围。凡关于国民教育、党内教育、文化工作、群众鼓动、对敌伪宣传、出版发行、通讯广播等工作均应受宣传部的直接领导。

三、概括了党的宣传鼓动工作的特点、基本原则和方法。党的宣传鼓动工作是以马列主义为指导的。其特点是所宣传的理论、纲领、政策等是符合于客观真理与客观发展规律的，是符合于全民族与全国人民利益的，是与党的行动相符合的。其基本原则是：必须掌握党的路线与政策，循着建立最广泛的统一战线的道路来进行；必须正确估计客观环境、了解并区别具体情况和对象；必须根据群众自身的政治经验，使群

---

① 《中共中央文件选集》（12），第227页。
② 茅盾：《重逢闻天在延安》，见《回忆张闻天》，第160页。
③ 吴文焘：《师表》，见《回忆张闻天》，第126—127页。马海德是黎巴嫩人，后加入中国籍。
④ 这两个文件分别收入《中共中央文件选集》（12）（13），《关于党的宣传鼓动工作提纲》又收入《张闻天选集》。

众接受；必须善于使用一切宣传鼓动方式和工具，尤其要使现代的印刷业、无线电及电影等成为有力工具。

四、说明宣传与鼓动的区别，规定宣传鼓动工作各主要方面党内教育、文化运动、出版发行、通讯广播、群众鼓动工作的性质、任务和要求。

五、论述了宣传工作与组织工作的相互关系与有机联系，明确宣传鼓动工作的领导与组织系统以及干部培养的任务与要求。

文化工作是党的宣传工作的一个重要领域。从五四新文化运动的热情战士成为中共中央主要负责人之一的张闻天，虽然再也无暇进行文学创作，但对文化运动（包括文艺运动）是一直关注的，对从大后方来到延安的文化人是非常关心的。在他兼任宣传部长期间，他对抗日文化运动不断进行指导，为建立广泛的抗日文化统一战线作了不懈的努力。张闻天对文化问题的论述颇多，主要有：

1937年11月14日，张闻天在陕甘宁特区"文化救亡协会"（简称"文协"）成立大会上，作了题为《十年来文化运动的检讨及目前文化运动的任务》的长篇报告（通称"文化运动"报告），总结了第二次国内革命战争期间的文化运动，规定了国共合作、共同抗日时期文化运动的任务。

1938年4月20日，张闻天为祝贺鲁迅艺术学院成立题词："认识大时代，描写大时代，在大时代中生活奋斗，并在大时代的前卫为大时代服务——这就是现代文艺家的使命。"

1938年7月，为慰劳参加延安抗战戏剧节的文艺工作者举行宴会，张闻天在席间讲话，论述学习旧形式和学习外国的问题。

1940年1月5日至7日，张闻天在陕甘宁边区"文化界救亡协会"第一次代表大会上，作题为《抗战以来中华民族新文化运动与今后任务》的长篇报告（通称"文化政策"报告），①全面地总结了中国新文化发展的历史，系统地论述了中华民族新文化的方向、性质和任务。

1940年9月，张闻天为中共中央起草了《发展文化运动》的党内指示，指导并直接推进了国统区和根据地抗战文艺运动的发展。

1940年10月，张闻天为中共中央宣传部、中央文委草拟了《关于各抗日根据地文化人与文化团体的指示》，具体地规定了党对文艺工作者及一切文化工作者应该采取的政策。

1941年6月，张闻天为中共中央宣传部起草了《党的宣传鼓动工作提纲》，其中对文化运动的意义、任务、政策作了简明扼要的规定。②

在这些报告和文件中，最为重要的是1941年1月在陕甘宁边区"文协"第一次代表大会上所作的"文化政策"报告。张闻天在对新文化运动作历史考察与理论探讨的基础上，对发展抗日文化运动的任务、策略、方针、政策作了较有系统的、较为全

---

① 报告全文载《解放》第103期（1940年4月10日出版）。先后收入《六大以来》（下）、《延安文艺丛书·文艺理论卷》（湖南人民出版社1984年版）。《张闻天集》以《中华民族新文化的内容与性质》为题节选部分内容。

② 以上三个文件均收入《张闻天选集》。

面的论述与阐发。当年茅盾读了此文和毛泽东在同一次大会上的讲演《新民主主义的政治和新民主主义的文化》（即《新民主主义论》）后，非常钦佩，称这两篇文章"运用马列主义理论，对过去作了精密的分析，对今后提供了警辟的透视与指针"，是"中国新文化史上的一件大事"①。与报告的理论阐述相应，张闻天主持制定了若干政策文件（前面已列出文件名称），具体地指导了抗日文化运动的发展。

关于新文化的内容，张闻天提出"民族的、民主的、科学的、大众的"四个要求，并指出"为抗战建国服务，以民族的、民主的、科学的与大众的因素作为自己内容的中华民族新文化的性质，基本上是民主主义的"。他对比分析了新文化与三民主义的关系、新文化与社会主义的关系，阐明新文化"基本上是民主主义的"性质，阐明社会主义文化在抗日战争时期要为着彻底的民主主义的新文化而奋斗，为抗日文化统一战线奠定了理论基础。张闻天又分析了文化工作的特点和文化人的特点，说明文化工作同其他领域与部门相比有其自身的特点与规律，要考虑到作为意识形态的共同规律，又要注意各文化部门的特殊规律，还要重视传播媒介的多样性与传播渠道的曲折性，以及文化人作为单独工作的精神劳动者、"灵魂匠人"的特点和这些特点导致的长处与短处、优点与弱点。

从新文化的内容与性质出发，从文化工作与文化人的特点出发，张闻天论述了抗日文化统一战线的性质以及组织上和工作方式上的特点。

张闻天首先强调抗日文化统一战线的广泛性。他指出："一切文化人，只要他们赞成抗日，均应在抗日的目标下团结起来，不论他们在文化上所做的工作同抗日有无直接关系。"这是就参加抗日文化统一战线的人员与他们从事的工作来说的。就思想上来说，张闻天认为："文化统一战线是思想上的统一战线。因此，凡各文化人对于当前某个政治问题或某个文化问题有共同思想上的一致，即可联合起来。"这是十分广泛的。再从内容来说，文化统一战线并不要求全部做到新文化内容民族的、民主的、科学的、大众的四点要求，而"只要对于上述要求中的一个要求或一个要求中的一点要求有所贡献，即可成为新文化的一个组成部分"。这样的阐述，说明了中国共产党的抗日文化统一战线政策是最广泛地团结除汉奸文人以外一切文化人的政策。为了实现广泛性，张闻天还提出了多样性的主张。他认为，"新文化运动中，除抗日的统一战线外，应该有各种各样的广泛的文化统一战线。""文化人之间，除以抗日不抗日作为团结的分界线外，还可以在关于文化的各种方面与各种问题上进行统一战线。"他具体地说明了可以有各种各样的、不同层次的文化统一战线。在强调抗日文化统一战线广泛性、多样性的同时，张闻天又指出了它还有斗争性的一面，必须坚持社会主义文化的先锋的与指导的作用，只有这样，才能求得更充实的与坚强的统一。同时，他还提出将抗日根据地建设成文化根据地的任务，要求"在全国新文化运动中能够起先锋与模范作用"。

对于抗日文化统一战线在组织上和工作方式上的特点与原则，张闻天也作了重要的提示。他指出："统一战线的组织，不应有很严密的集中的组织生活"，"要避免规

---

① 茅盾：《论如何学习文学的民族形式》，载《中国文化》第1卷第5期。

定许多规则，条例去限制他们的文化活动"；"应保证统一战线内的文化工作者有发表、辩论、创作与生活的充分民主与自由"，"应经过民主的方式来解决各种争论。应当提倡自由辩论与讨论的风气"；"关心他们创作的命运这是发展与巩固文化统一战线的最重要的方法"；要在尊重、帮助、同情文化人的方针下，"引导"他们"接触实际的斗争，了解当前的政治问题，接近与深入大众，向大众学习"，来纠正缺点，克服弱点，经过实际锻炼，"使他们具有鲁迅一样坚定、明确、切实、勇敢及为解放大众而奋斗到底的优良的品质"。

根据抗日文化运动发展的情况，张闻天进行了及时的指导。1939年12月，国民党顽固派发动了抗战期间的第一次反共高潮，政治压迫与思想统制随之加剧，一度时间，国统区的抗日文化运动（包括抗战文艺运动）出现了一个相对沉寂的局面。面对这种情况，张闻天为中共中央起草了《发展文化运动》的党内指示。这个指示于1940年9月10日发布。

《发展文化运动》强调"在国民党统治区域很可能广泛发展与极应该广泛发展的一项极端重要的工作，是抗日文化运动。这项工作的意义在目前有头等重要性"，指示国统区的党组织，"应把对文化运动的推动、发展及其策略与方式等问题经常放在自己的日程上"，并就如何推广与深入这个运动加以切实的研究。这个文件规定了国统区文化运动的方针与策略，指出："对于文化运动的进行，应该联合一切不反共的自由资产阶级（即民族资产阶级）与广大的小资产阶级的知识分子共同去做，而不应使共产党员尖锐突出与陷于孤立。"并提出"在反对复古、反对大资产阶级的文化专制政策、反对日寇汉奸的奴隶文化等方针之下"动员群众，推进运动。这一方针与策略，是针对国民党顽固派的文化统制提出的积极对策，确实对抗日文化运动和抗战文艺运动起了推进作用。有一系列重要事件发生在文件下达之后。如：9月下旬，郭沫若愤然退出政治部第三厅；10月10日，茅盾以非党员身份离延安赴重庆，以加强国统区文化战线的力量；11月，逼使国民党在其军队政治部之外设立文化工作委员会，并支持郭沫若出任主任，使之成为进步文化人活动的中心；等等，都是同张闻天写的这个党内指示的精神有关或一致的，其中有些事情，张闻天也是与闻其事的。此后，以重庆为中心的国统区进步文艺运动从沉寂中昂奋起来，相继出现了"雾季戏剧"的高潮和讽刺作品的兴盛，这同文件的正确指导也不无关系。

《发展文化运动》同时提出在根据地推行文化运动也都应该采取"与一切不反共的资产阶级知识分子及小资产阶级知识分子联合去做，而不应由共产党员包办"的方针。同年10月，张闻天又为中共中央宣传部、中共中央文化工作委员会起草了《关于各抗日根据地文化人与文化团体的指示》，说明党对文化人应取的正确态度，具体地规定了做好文化人与文化团体工作的原则。张闻天认为，首要的问题是"应该重视文化人，纠正党内一部分同志轻视、厌恶、猜疑文化人的落后心理"。[①] 在对文化人有了一个正确的认识以后，应该采取正确的政策，其要点是：

[①] 此件以《正确处理文化人与文化团体的问题》为题收入《张闻天选集》。以下除单独注明者外，均引自《张闻天选集》。

第一，提倡民族化、大众化的文艺，使文艺工作者到民众中去锻炼，在民众中活动。①

第二，采取一切方法发表文化人的作品。因为"文化人的最大要求，及对于文化人的最大鼓励，是他们的作品的发表"；而文化人的作品，"就是他们对于革命事业的最大贡献"，"发表他们的作品也即是推广文化运动的最主要的方式"。

第三，保证文化人充分的写作自由。"党的领导机关，除一般的给予他们写作上的任务与方向外，力求避免对于他们写作上人为的限制与干涉。"那种"给文艺作家规定具体题目、规定政治内容、限时限刻交卷的办法"，"是完全要不得的"。

第四，正确开展对作品的批评。张闻天指出，"对于文化人的作品，应采取严正的、批判的、但又是宽大的立场"，"力戒以政治口号与偏狭的公式去非难作者，尤其不应出以讥笑怒骂的态度"。

第五，采取同情、诱导、帮助的方式去影响文化人进步，"使他们接近大众，接近现实，接近共产党，尊重革命秩序，服从革命纪律"。共产党人，文化统一战线工作者，应该"善于尊重共同工作的文化人，其人格、其事业、其创作与意见"，应有"足够的气量"，"求大同而弃小异"，同文化人共同工作，共同生活。张闻天还特意指明，"对于文化人生活习惯上的过高的苛刻的要求是不适当的"。

张闻天在文件中提出的这些指导意见，正确阐明了党与文化人的关系，是切合实际的文化政策和文艺政策。从实践来看，周恩来、张闻天、陈毅等领导同志都是这样做的；从革命圣地延安，到东海之滨盐城，各抗日根据地也都是这样做的。无论对抗日根据地、还是对国统区，在广泛团结文化人（包括文艺工作者），推动文化运动的发展方面都起了积极作用。

关于文化团体的工作，张闻天吸取30年代"左联"、"社联"存在的"第二党式"的缺陷的教训，对抗日文化统一战线下的文化团体的组织、任务、作风等方面作了相当具体的、切合文化工作实际的规定。

他认为，文化团体主要应该是专业团体，"各种不同类的文化人（如小说家、戏剧家、音乐家、哲学家等），可以组织各种不同类的文化团体，如文学研究会、戏剧协会、音乐协会、新哲学研究会等"，当然，这些团体也可以联合起来，成立文化界救亡协会之类的联合团体。在团体成员的吸收上，"不在数量之多，而在质量之好"。关于文化团体的任务，文件规定"一般是：介绍、研究、出版、推广各种文化作品；吸收与培养各方面的文化人材；指导大众的各方面文化活动；联络文化人间的感情与保护他们切身的利益；组织文化人向各地报纸杂志写稿；介绍并递寄他们的作品或译著到全国性大书局出版；向外面的及大后方的文化团体进行经常的联络。"此外，在文化人比较集中的地方，还可设立"文化俱乐部"一类设施，供文化人集会、娱乐，设"创作之家"一类住所，让他们安静地从事创作。至于文化团体的工作，张闻天反复多次指出：应该倡导民主、自由的作风。他说过，文化的、研究的、考察的团体，

---

① 张闻天：《支持长期抗战的几个问题》，见《张闻天选集》，第241页。

都应该"提倡自由研究、自由思想、自由辩论的生动、活泼、民主的作风"。①

总之，在延安文艺座谈会之前，张闻天在确定党的抗日文化统一战线与有关方针、政策，指导抗日文化运动与抗战文艺运动方面，是发挥了重要作用的。他的文化思想在总体上当然没有达到毛泽东《新民主主义论》、《在延安文艺座谈会上的讲话》的高度。然而应该看到，他的许多思想理论观点，诸如关于中国新文化运动发展过程与特点的历史概括；关于新文化内容的深刻分析和新文化性质的全面理解；关于文艺工作者与工农群众"融合"、"到民众中去锻炼，在民众中去活动"的主张；对于民族化、大众化的提倡；关于大众化包含提高与通俗化双重任务，既要反对通俗化变为庸俗化，又要防止提高变为脱离群众的主张；关于批判地利用旧形式与外国形式，创造新文化的新形式的意见；对于"近代中国最伟大的文学家、思想家、革命家"鲁迅的高度评价和对鲁迅精神的发扬；等等，同毛泽东的文化思想与文艺思想精神是完全相通的，方向是完全一致的，甚至可以说，在毛泽东文化思想与文艺思想的形成过程中，张闻天有其积极的贡献。

---

① 张闻天：《抗战以来中华民族的新文化运动与今后任务》第 12 节。

第十五章　整风前后

"还账"与"补课"

六届六中全会后,张闻天把主要工作转移到宣传教育方面,兢兢业业,开拓进取,在党中央领导下,无论是在延安和各根据地,还是在国统区,干部教育、理论宣传、文化运动以至普通教育,都有章可循,按部就班地逐步开展起来。张闻天并不满足于已经取得的成绩,但也没有发现党内有什么特别严重的问题。毛泽东则不同。他高瞻远瞩,看到在全党内还存在着相当严重的分歧,其根源在于思想作风的严重不纯。

诚然,遵义会议批判并纠正了土地革命战争后期的"左"倾错误,六届六中全会批判并纠正了抗战初期的右倾错误,但是,由于没有来得及在全党范围内对党的历史经验进行总结,因此既往党的历史上两条路线的是非没有分辨清楚,也不可能从思想方法的高度对"左"、右倾错误的根源进行深刻的总结,这样,就必不可免地在指导思想上又会产生分歧以至对立,必不可免地在另一种条件下以这种或那种形式重犯"左"倾或右倾错误,给革命事业带来损失。这就是说,从遵义会议到六届六中全会,从军事上、组织上、政治上批判并纠正"左"倾和右倾错误是十分必要的,但是还不够,还不能完全解决问题,还必须在思想上解决问题,必须端正思想作风、思想路线,才能实现政治上的统一,行动上的一致。特别是在当时日寇向根据地残酷扫荡,国民党顽固派发动反共高潮,抗战形势极其困难的情况下,在大批小资产阶级成分(农民和青年知识分子)进入党内的情况下,如果不能解决好思想路线和作风问题,要战胜困难,夺取抗日战争的胜利就将是不可能的。

严重的突发事件,尖锐的党内矛盾,摆在中国共产党的面前。

1941年1月蒋介石背信弃义,阴谋策动了皖南事变,致使新四军皖南部队主力几乎全部覆灭。从内部原因来看,这同新四军主要负责人的错误有关。项英坚持南方三年游击战争、组建新四军有功,但对统一战线中的独立自主原则认识不足;对党中央"向北发展,向敌后发展"的方针理解不够,措施不力;对部队的转移迟疑犹豫;北移时对国民党顽固派反共阴谋的严重性估计不足,对应付突然事变的准备不充分;在顽固派进攻时又处理失当。这次突发事件招致严重损失,从主观方面检讨,说明已被六届六中全会纠正的王明的右倾机会主义残余并没有肃清,甚至在某些地区还严重地存在。

王明在延安,问题更为突出。王明同博古是六届四中全会到遵义会议前第三次"左"倾路线的代表,给予党和革命造成异常巨大损失的主要责任者;王明又是抗战初期提出右倾投降主义并在武汉长江局推行右倾错误造成严重损失的主要责任者。可是,他从1938年底从重庆回到延安以后,两年多来不仅始终没有认识错误、改正错误,反而坚持错误,甚至将错误说成正确,还进而攻击毛泽东的指导思想。实际上就是要以他的教条主义和宗派主义的立场、观点、方法来对抗以毛泽东为代表的马克思主义的立场、观点、方法。

1939年5月,王明撰写《抗日民族统一战线诸问题》,仍然坚持"一切经过统一战线"的主张。1939年6月,他又将1938年发表过的一篇文章的部分内容改题为《十七年来的中国共产党》重新刊载,继续宣扬他在1938年写的《三月政治局会议的总结》等文中的错误方针。特别严重的是,到了1940年,王明特意将1931年7月初版、1932年再版的《为中共更加布尔塞维克化而斗争》(初版书名为《两条路线》)一书第三次出版,并在1940年3月19日专门写了一篇"三版序言",哗众取宠,把他的"左"倾冒险主义代表作,当做"学习党的建设和中共历史"的材料,硬塞给"成千累万的新干部新党员"和"延安各学校"。1940年11月,他又在《共产党人》第12期上发表《论马列主义确定策略的几个基本原则》,大谈中国共产党的历史,一点不作自我批评,俨然以"国际路线"正确代表自居。王明一方面坚持自己在土地革命后期和抗战初期的错误,并兜售自己的错误理论,另一方面又诋毁、攻击毛泽东的著作。他说,《新民主主义论》在中国革命的所有基本问题(如对革命性质、阶段、动力、革命前途的估计,关于领导权等问题)上,同列宁主义是矛盾的。"新民主主义"实际上是反列宁主义、反社会主义的理论和行动纲领,是中国民族资产阶级的理论和行动纲领。①

王明宣扬的观点和他的这些做法,实际上是向以毛泽东为代表的党中央的挑战,他尖锐地提出了怎样看待党的历史特别是十年内战后期(1931年初至1934年底)和抗战初期党内两条路线斗争的历史,怎样指导新民主主义革命,怎样对待马克思列宁主义这样一些重大问题。王明流毒全党的"左"、右倾机会主义理论和主观主义、宗派主义作风如果不廓清,不克服,王明提出的这些重大问题如果不澄清、不解决,就无法保证"中国共产党的统一与团结",就无法"争取和保证抗日战争最后的胜利",六届六中全会决定的"在较短时期内召集"中国共产党第七次全国代表大会也没有条件实现。②

张闻天负责干部教育工作,遵循的是六届六中全会"马克思主义中国化"的方向。1940年以中央书记处名义发出的关于干部教育的几个指示,都经中央讨论通过,得到

---

① 王明在他的《中共五十年》中追述了他当时对毛泽东说的这些话。见现代史料编刊社出版的该书第15—16页。刘英向笔者也谈过此事。

② 引文出自《中共扩大的六中全会关于召集第七次全国代表大会的决议》(1938年11月6日),见《中共中央文件选集》(10),中共中央党校出版社1985年版,第720—721页。

毛泽东同意。可是，在实际工作过程中，干部教育中确实还存在着理论与实际脱节的问题。张闻天在马列学院的工作中贯彻了理论与实际统一的方针，并专门写文章提倡过这个方针，可是，从"实事求是"、"有的放矢"这样的要求来看，也还存在着教条主义的残余。而追根溯源，学风上的问题正是一切"左"、右倾机会主义的思想根源之所在。

毛泽东面对当时这样的情况，即"鉴于遵义会议以前，主观主义与宗派主义错误给予党与革命的损失异常之大，鉴于遵义会议以后党的路线虽然是正确的，但在全党内，尤其在某些特殊地区与特殊部门内，主观主义与宗派主义的残余，并没有肃清，或者还很严重地存在着"，①遂于1941年春尖锐地提出反对主观主义，并由此开始，从上而下，逐步在全党发动起一个伟大的马克思主义的思想教育运动——延安整风运动。

1941年3月和4月，毛泽东为出版他的旧作《农村调查》一书写了"序言"和"跋"。重申"没有调查就没有发言权"，提倡"眼睛向下"，表示"和全党同志共同一起向群众学习，继续当一个小学生"，批评那种"下车伊始"就哇啦哇啦地发议论，"钦差大臣"满天飞的作风。②接着，5月19日，毛泽东在杨家岭新落成的中央大礼堂作《改造我们的学习》的报告，批评学风上的主观主义，倡导树立"有的放矢"、"实事求是"的马克思列宁主义的学风。指出："不注重研究现状，不注重研究历史，不注重马克思列宁主义的应用"，都是极坏的作风；"在全党推行调查研究的计划，是转变党的作风的基础一环"。③在延安高级干部中间，自然地引起了对四中全会以来中央领导路线是否正确，怎样以从实际出发的观点，而不是以教条主义的观点对待马列主义、使马列主义基本原理同中国革命的实际相结合这些问题的思考与探讨。

张闻天一方面接受批评，竭力在实际工作中遵循毛泽东指示的方向前进，1941年6月张闻天为中共中央宣传部起草的文件《党的宣传鼓动工作提纲》就是朝着这个方向所作的努力；另方面内心感到委屈。他后来叙述1940年下半年到1941年上半年的思想状况时写道：当时我有点苦闷，有时也发点牢骚，说毛主席似乎"不公平"，看人有点"偏"。一个人在一件工作上，他看中意了，就只看见他好的方面，另一个人什么地方不满意了，就什么都是坏的。中央决议通过的，照着做了又来驳斥（如关于干部教育的几个指示，确经中央看过，而且特用中央书记处名义发出的）因此事情不好办。同时我精神也准备着，大工作做不了，就做小工作也可以。别的同志有时提议，要我找毛主席当面谈谈，我有时想不谈也就算了，我为如何，以后证明，我何必急于人家了解！④不过，张闻天后来还是"下了决心找毛主席当面谈了"。第一次，是在1941年六七月，"我到枣园找毛泽东同志谈了一次话，他谈的很温和，似乎还不愿批评我。"第二次，毛约了康生、陈云、任弼时一起同张闻天谈话。他严厉地批评了

---

① 《中共宣传部关于反对宗派主义的宣传要点》（1942年1月26日），见《中共中央文件选集》（13），中共中央党校出版社1991年版，第227页。

② 《毛泽东选集》第3卷，人民出版社1991年版，第791页。

③ 同上书，第801、797、802页。

④ 张闻天：《1943年延安整风笔记》，下段引述亦据此件。

张闻天一阵。说张一事不懂，偏要人家依，不依则打；说张不顾全大局，无自我批评精神。还给张闻天下了五个字的评语：狭、高、空、怯、私。

毛泽东的这些批评，同张闻天的实际是不符合的。跟毛泽东过去每每称赞张是"明君"，不争权，作风民主这些评语也是矛盾的。张闻天听了很委屈。从中央苏区后期，到长征路上，直至抗战初期，他同毛一起，站在第一线，同博古、李德，同张国焘，同王明，进行了坚决的、尖锐的斗争，何怯之有！他拥戴毛泽东为全党、全军的领袖，自己甘当"配角"，使毛的正确方针、主张畅通无阻，还一次又一次主动让权，真是毫无自私自利之心。他跟着毛泽东，和全党同志在一起，脚踏在中国的土地上，实现了从内战到抗战的转变，开创了历史新局面……这几个字的评语，从何说起呢？不过，毛在报告和谈话中对张在六届四中全会后在上海临时中央和中央苏区所犯"左"倾错误的分析，对教条主义的批评，是深刻的。张闻天服从真理，顾全大局，对毛的那些过火批评，"听了虽然不服"，"抱有抵触情绪"，但没有去辩解，仍然坦诚地承认自己的错误。

毛泽东领导中央政治局多次讨论党的历史上的路线是非及其思想根源问题，连续作出了《关于增强党性的决定》（1941年7月1日）、《关于调查研究的决定》（1941年8月1日），并于1941年9月10日起召开政治局扩大会议（至10月22日结束），检讨党的历史上特别是第二次国内革命战争后期的政治路线问题。毛泽东在9月10日会议开始时作重要报告，指出六届四中全会至遵义会议前党中央领导所犯的错误是路线错误，它比立三路线的"左"倾形态更完备，时间更长，后果更惨，其思想根源是主观主义和形式主义。他明确提出要在全党内反对主观主义和宗派主义。

张闻天听了毛泽东的这篇报告之后，在当天会上就发言表示拥护，说："毛主席的报告，对党的路线的彻底转变有极大的意义。"他赞成清算四中全会以后到遵义会议以前的错误，赞成反对主观主义。他诚恳地表示："过去我们对苏维埃后期的错误没有清算，这是欠的老账，现在必须偿还。""反对主观主义，要作彻底的清算，不要掩盖，不要怕揭发自己的错误，不要怕自己的瘌痢头给人家看。"除了"还账"即"清算"历史错误之外，张闻天还就怎样从根本上克服主观主义提出"补课"的要求。他说："过去国际把我们一批没有做过实际工作的干部提到中央机关来，是一个很大的损失。过去没有做实际工作，缺乏实际经验，现在要补课。"①

从九月政治局会议起，张闻天停止了自己的实际工作，集中研究了许多党的历史文件及毛泽东的全部著作，从党史上认识到毛泽东的路线是中国共产党的正确路线，自己从莫斯科带来及四中全会后发挥的一套是完全错误的。毛泽东不但是政治家、军事家，而且是理论家的观念此时在张闻天心中建立起来，张闻天对毛泽东心悦诚服的感觉也从此时发展起来。②在9月29日的中央政治局扩大会议上，张闻天作了系统发言，确认土地革命后期"路线是错误的"，再一次诚心诚意地检讨错误，明确地承担

---

① 《张闻天选集》，第313页。
② 张闻天：《1943年延安整风笔记》。

责任。他说：

> 对于中央苏区工作，同意毛主席的估计，当时路线是错误的。政治方面是"左"倾机会主义，策略是盲动的。军事方面是冒险主义（打大的中心城市、单纯防御等）。组织上是宗派主义，不相信老干部，否定过去一切经验，推翻旧的领导，以意气相投者结合，这必然会发展到乱打击干部。思想上是主观主义与教条主义，不研究历史与具体现实情况。从"九一八"、大水灾、冲破三次"围剿"、四中全会等决议开始，便已发生了"左"的错误，这些错误在五次反"围剿"中发展到最高峰，使党受到很严重的损失。我是主要的负责者之一，应当承认错误。特别是宣传错误政策上我应负更多的责任。我们的错误路线不破产，毛主席的正确路线便不能显示出来。但应该说没有当时来中国的外国人的支持，我们的错误不会有这样有力的发展。①

张闻天是从"左"倾的党中央领导集团中首先觉悟而分化出来的成员。他在遵义会议前就同"左"倾的中央领导发生了严重的分歧；在遵义会议上为结束"左"倾的统治作出了重大的贡献；自遵义会议以来，又坚持了正确路线，立下了大功。尽管如此，他却没有居功透过，掩盖历史上的错误。对于1931年初至1934年底期间的错误，从遵义会议到瓦窑堡会议、苏区代表会议、洛川会议直至六届六中全会，他一再进行检讨，以期记取历史的教训而避免重犯。只是受环境与认识的限制，在这之前，没有认识到是政治路线的错误。经毛泽东在这次会上指明，张闻天即诚恳地承认土地革命战争后期党中央领导所犯的"左"倾错误是路线错误，并从政治上、军事上、组织上、思想上全面地揭发错误，负责地承担错误的责任，深刻地检讨错误的根源。不仅如此，张闻天还表示要用实际行动克服主观主义、教条主义的毛病，解决理论与实际脱节的问题，并且明确表示离开中央机关，到下层去做实际工作的愿望。张闻天责己如此之严，对党如此之忠诚，令人敬佩。他的服从真理、修正错误的精神，为第三次"左"倾路线统治时期犯错误的同志做出了样子。罗迈（李维汉）在10月22日会上的发言中，谈了自己对博古、洛甫两人的"观感"：对博是"敬而畏"，对洛是"敬而爱"。②这的确说出了张闻天在党内同志心目中的印象。

---

① 《张闻天选集》，第314页。关于以王明、博古为代表的第三次"左"倾路线发生、发展的过程，全党有一个认识过程。1941年10月13日组织的清算过去历史委员会（成员为毛泽东、王稼祥、任弼时、康生、彭真）在毛泽东主持下起草的《关于四中全会以来中央领导路线问题结论草案》说：四中全会虽有缺点和错误，但"基本上是正确的，因为它反对了李立三的错误路线与罗章龙的反党行为"。认为1931年5月9日中共中央决议案《目前的政治形势及党的紧急任务》，是第三次"左"倾路线的"萌芽或胚胎"；同年9月2日中共中央决议案《由于工农红军冲破第三次"围剿"及革命危机逐渐成熟而产生的党的紧急任务》，是第三次"左"倾路线的"起点或出胎"。这些观点反映了1941年9月至10月中共中央政治局扩大会议对于第三次"左"倾路线的看法。张闻天发言中对第三次"左"倾路线发生时间的看法同这次会议的看法是一致的。

② 罗迈在1941年10月22日政治局会议上的发言记录。

陕北、晋西北调查

为了用实际行动响应党中央、毛泽东整风的号召,张闻天在参加九月政治局扩大会议后,即下决心到农村去调查研究。1942年1月22日召开的中央书记处工作会议,同意他赴绥德和晋西北考察的计划。于是从中央几个部门抽调了九名干部(包括张闻天夫人刘英),组成"延安农村调查团",由张闻天担任团长,出发调查。

■农村调查途中的张闻天与刘英

1942年1月26日清晨,在晨光熹微中,张闻天率调查团从杨家岭出发,中央办公厅负责人李富春、杨尚昆送行至道旁。

张闻天最初选定的调查研究地区是晋西北。① 这一地区位于同蒲铁路以西,北起左云、右玉,南至汾阳、离石,是抗日战争时期开辟的根据地。这里没有经过土地革命,实行的是减租减息、"四大动员"(又称"四大号召",即动员号召地主、富农和其他农民献金、献粮、献鞋和扩大军队)等抗战时期的农村政策,因而比陕北老根据地更有普遍意义。调查团离开延安后即向山西进发,张闻天用的化名就叫"张晋西"。

调查团经延川、清涧,于2月2日到达绥德②。这里是三五九旅的驻地。旅长王震对张闻天很敬重。当时居住条件差,王震把自己住的窑洞让出来,张闻天执意不要。

---

① 据《洛甫同志在晋西北的言论(记录)》"抄者记言"(1942年11月15日)。这份材料共收张闻天讲话记录11篇,现藏中央档案馆。晋西北区是晋绥边区的前身。1940年2月党中央指定组成晋西北军政委员会;11月成立晋西北军区。1942年9月改称"晋绥军区"。同时,成立中共中央晋绥分局。张闻天离开晋西北,时在1942年9月11日,故本文均沿晋西北。

② 张闻天的行踪日程据张闻天:《农村调查日记(1942年1月26日—9月25日)》。以下凡在此期间的活动不另注明者均据此。

经再三劝说,他才勉强答应,还笑着吟诵《诗经》上的两句诗说,这"真是"唯鹊有巢,唯鸠居之"①了。张闻天一行在这里住了三天。他同王震、袁任远、苏进等同志推心置腹地交谈。谈及自己30年代初所犯错误,毫不隐讳,也没有一点消沉之意。

1942年2月14日,正是农历除夕,张闻天一行到达黄河岸边的彩林村渡口。这个村子堪称"塞上江南",属于当时新设的位于神木、府谷两县之间的神府县。张闻天原打算由此东渡黄河进入晋西北地区。由于当时敌人的冬季"扫荡"仍在继续进行,调查团在这里过了春节以后,只得折回陕甘宁边区。张闻天率领调查团来到贺家川,这个地处窟野河畔

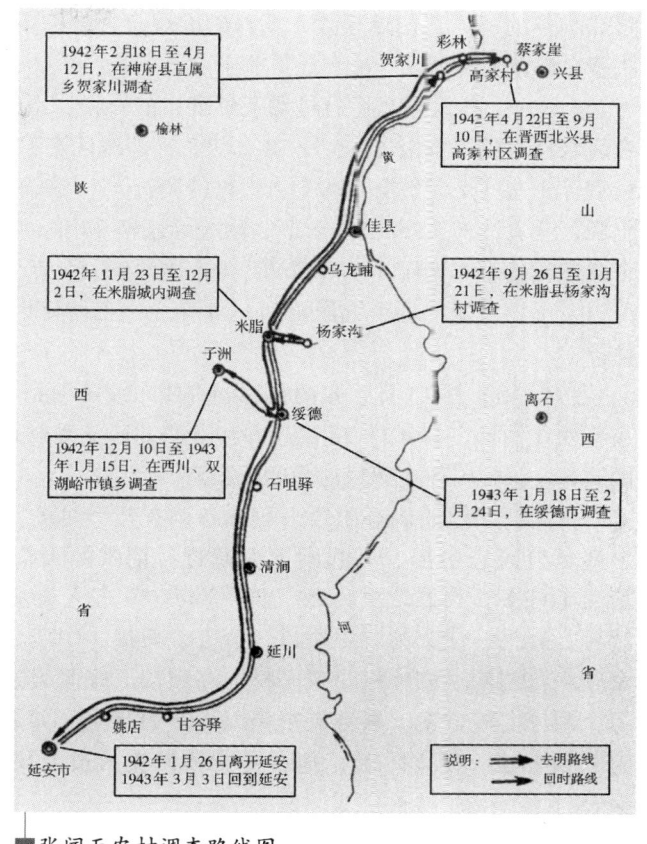

■ 张闻天农村调查路线图

的大村庄是神府中共分委和县政府所在地。这次调查研究工作就从这里开始。

张闻天认为,调查研究是为了熟悉群众,检查党的政策法令。要真正达到这个目的,必须深入到自然村。关于调查的对象、重心,张闻天认为应是生产力和生产关系,由此而及上层建筑。②

张闻天将调查团分成四组,在神府县直属乡调查了八个自然村:贺家川、孟家沟、贾家沟、阎家山、尚家庄、西山上、路家南圪、崔家峁。张闻天亲自调查贺家川。调查很深入,统计非常具体。如关于生产力的情况,了解当地各种土地类型及其等级,各种作物在各种土地单位面积上的播种量、施肥量和常产量,各种牲畜的使役量、产肥量、租用借用办法、全年的经济效益、各种草料的消耗量等,牛、驴、猪、羊、鸡、兔的粪各有什么特点,适于什么土壤、什么庄稼,为什么高粱产量低仍然要种它,为什么贫穷人家不能种小麦、不能种大蒜头,都了解得清清楚楚。张闻天还带调查团的同志在贺家川赶了一次集,看到有专养公驴拉到集市上来配种的,配种一次收三斗黑豆,而养公驴这行当则被视为"贱业"。张闻天告诉县里同志,毛驴几乎是

---

① 《诗经·召南·鹊巢》首句。
② 据张闻天:《神府调查经验谈》。《农村调查日记》1942年4月19日记有"提纲";4月22日晨调查人员会议上讲话时有详细记录,记录收在《洛甫同志在晋西北的言论(记录)》中。

陕北唯一的畜力,用处很大,要打破旧观念,鼓励多养配种公驴,养种驴的人多了,收费自然就会降低。

4月初,各组同志将通过调查整理出的材料,汇集到张闻天那里,张闻天综合研究后亲自写成调查报告。5月18日印就,即送延安毛泽东、中央书记处、中央党务研究室等。这就是《贺家川八个自然村的调查》①。这篇调查报告在1943年10月即公开出版,全文约5万字,分41节,附统计表格38张,用确凿的材料叙述了贺家川等八个自然村的基本情况(1—8节)、生产力(9—19节)和生产关系(20—34节)的状况以及上层建筑的各个方面(35—41节),在此基础上对农村经济发展的趋势作出了估计。

1942年4月13日,张闻天率调查团东渡黄河到达兴县,又因敌情关系,未能深入晋西北内地,自4月22日起即在晋西北区党委驻地兴县碧村及兴县范围内的村庄做调查。张闻天住在碧村对面的任家湾。

张闻天和他的调查团原来只准备调查几个村子。晋西北区党委的同志表示想派一些负责同志参加,一起到下面调查,请张闻天指导。这样,兴县调查的队伍就扩大了许多,晋西北党、政、群干部有40多人参加进来,调查的范围为十四个自然村:碧村、任家湾、黑峪口、唐吉、桑蛾、中庄、高家村、西坪、赵家川口、冯家庄、花园沟、柳叶村、碾子村、高家沟。张闻天亲自设计调查表格,商定调查组织,制订实施方案。兴县调查仍以生产力与生产关系为主题,深入自然村按户调查为基本方法。出发之前,他召开全体调查人员会议,作了《神府调查经验谈》的报告。

张闻天到兴县调查不久,敌人于1942年5月起对晋西北抗日根据地发动大规模"扫荡",直奔晋西北地区的政治中心兴县。在紧张激烈的反"扫荡"战争中,调查团与晋西北党政机关部分人员随敌情变化,自5月中旬至8月中旬,三次疏散到黄河西边神府县境。②张闻天虽在黄河两岸来回奔波,但对调查工作却一点也不松懈。张闻天亲自调查了任家湾和碧村,整理出调查报告《碧村调查》,着重研究土地占有变化和租佃关系。其他同志在张闻天指寻下分别写出各个自然村的调查材料(可惜这些材料都已亡佚,估计是1947年3月党中央从延安撤退时销毁了)。

6月底《碧村调查》等兴县14个自然村调查材料分别整理完稿以后,张闻天即有计划地在七八两月连续召开座谈会,将研究工作引向深入。在阶级关系问题(7月8日至9日,三次)、土地问题(7月13日至14日,两次)、租佃关系问题(7月23日

---

① 《贺家川八个自然村的调查》,1943年10月由中共西北中央局调查研究室出版,署名延安农村工作调查团,书名为《陕甘宁边区神府县直属乡八个自然村的调查》。1986年9月人民出版社将这调查报告同《晋西北兴县二区十四个村的土地问题研究(报告大纲)》合在一起,以《神府县兴县农村调查》的书名出版(后引此书不再标明版本),署名张闻天。

② 据张闻天《农村调查日记》载:1942年5月16日因敌入兴县,于早上过河;5月21日上午过河东、返任家湾原住地。这是第一次。第二次,6月25日因敌情关系转移河西,晚12时到后杨家沟;7月20日下午过河回任家湾。第三次,8月9日情况紧张又过河西;8月17日上午动身,下午2时回任家湾旧址。此外,张闻天还因牙痛于7月31日下午同甘泗淇一起过河西诊治,8月4日下午返回河东。

至26日，四次）、村政权工作问题（8月18日至23日，六次）等座谈会上，张闻天作了多次重要发言（留有记录者七次）。此外，还有两次正式的报告会：7月27日至30日作《土地问题研究》报告，8月30日至31日作《村政权及其他》报告。①

张闻天在兴县调查时还写了《兴县十四个自然村的土地问题研究》。②这个研究报告大纲对这一未经土地革命的地区，在抗日战争期间农村阶段关系的变化、土地占有的变化、借贷关系的情况等作了分析，特别着重分析了租佃关系的变化与执行政策的状况，提出切实掌握新民主主义经济政策，发展农村经济的意见。

在第二次紧急疏散到神府县的后杨家沟村之后四五天，迎来了中国共产党21周年的生日。为纪念党的生日，张闻天召集参加兴县调查的全体成员，连同驻在该村的晋西北后方机关的干部，共约六七十人，于7月1日晚在打麦场上集会，由他发表讲话，专门论述毛泽东在中国革命过程中无可比拟的伟大作用。那天晚上，皓月当空，凉风轻拂，高原景色，壮丽绝伦。张闻天不是鼓动家，讲话不徐不急，娓娓道来，自然畅达，出自心声。他扼要地叙述了党成立21年来的历史，取得的胜利和经历的挫折，讲了陈独秀投降主义、立三路线、张国焘路线等的错误和危害。也讲了土地革命后期在白区及苏区工作中的严重错误和损失。他反复强调，中国革命过去的历史证明，有了毛泽东同志的领导，革命力量就会逐渐壮大，就会逐渐走向胜利，就可以转危为安；如果不听毛泽东同志的意见，或反对毛泽东同志的领导，革命就会遭受挫折，就会转胜为败，就会从顺利走向困难。他反复说明，21年来中国革命的历史证明，中国革命如果离开了毛泽东同志的正确领导，就不可能取得胜利。反之，今后的中国革命，有了毛泽东同志的正确领导，不管环境多么困难，最后一定能取得胜利。他极其明确地指出：中国革命21年来的最大收获和最大成就，就是在长期革命斗争中，形成了久经考验的、英明正确的党的领袖毛泽东同志的领导，这是中国革命必然会取得最后胜利的可靠保证，也是我们纪念党的生日时全党值得庆幸的一件大事。③

从这篇讲话可以看出，张闻天对毛泽东是怎样由衷地钦佩与深刻地了解。

张闻天到兴县调查时，全党整风已经开始，他注意将调查研究同整风结合起来，注意从整顿三风（即反对主观主义以整顿学风，反对宗派主义以整顿党风，反对党八股以整顿文风）的高度来观察和分析问题。1942年5月7日，张闻天在晋西北区党委座谈整顿三风的会上发言，结合实际事例具体地分析了主观主义、宗派主义、党八股的种种表现，强调整风学习要"从实际工作中学习。研究22个文件，了解其精神，根据精神解决实际问题"。他还指出，晋西北同样存在着主观主义、党八股，而且很严重。在8月31日报告中谈基层领导工作时，张闻天也指出，领导方式的严重缺点

---

① 均见《洛甫同志在晋西北的言论（记录）》。
② 此文当时没有刊印。收入《神府县兴县农村调查》一书，题目改为《晋西北兴县二区十四个村的土地问题研究（报告大纲）》。
③ 张闻天1942年7月1日晚"纪念党的二十一周年"的讲话内容，有当时听讲者马洪、尚明、段云、曾彦修、雍文涛、薛光军、薛一平的回忆文章，题为《回忆张闻天同志的一次重要讲话》，载《人民日报》1979年8月27日，收入《回忆张闻天》一书。

是三风不正。①

曾有人以为张闻天出发调查是为了"躲风"。其实,从张闻天在1941年九月政治局扩大会议上的发言就可以判断,这种说法纯属无稽之谈。张闻天曾说,九月政治局会议后,"为了不阻碍毛主席整风方针的贯彻,同时为了使自己多多少少同实际接触一番,所以决心出发、考察一时期";还说,当时"以为我好好的做调查研究工作,实际接触群众,也就等于整风了"。②可见,张闻天出发调查,不但不是为了"躲风",而且正是为了搞好整风。他在兴县将调查研究同整风有机结合起来,也是他拥护整风,用实际行动参加整风的很好注脚。

然而,张闻天对当地三风不正的批评却引出了麻烦。本来,张闻天领导的兴县调查,成绩显著,当时晋西北区机关参加工作的同志对这次调查研究都很满意、很兴奋。他们说,这次调查对他们帮助很大,他们这次真正接触了农村,接触了老百姓,知道他们过去的领导如何不合实际等。③但当时的晋西北负责同志从延安回来却很不以为然,认为调查团搞的这一套东西,完全要不得,说调查也可以是主观主义的。张闻天后来曾说过,在晋西北工作的不足之处主要是"很老实的发表了自己的意见,批评了我所看到的各种三风不正现象(这种现象在晋西北是很严重的),没有很好的估计到区党委及其领导同志的威信"。④既然人家不欢迎,张闻天即决定结束在晋西北的调查。晋西北区机关参加调查的人员都要求对这次调查研究工作作一总结,张闻天提议把他们集中起来完成此事,也遭拒绝。兴县调查就这样不善而终。

离开兴县以后,张闻天在兴县调查的基础上,于10月7日写成一篇2000字的理论文章:《发展新式资本主义》。⑤文章简要分析兴县二区十四个自然村897户的阶级成份,说明"资本主义生产成份在农村是很微弱的,封建的成份,即地主与农民的成份,还占优势"。张闻天指出,"封建剥削制度是落后的。资本主义生产方式,是现时比较进步的,可使社会进化的。"他对比分析了封建的和资本主义的经营方式的不同,生产力的高低也大不相同,说明资本主义的经营"对全社会更有利"。张闻天指出:"发展新式资本主义是新民主主义经济的全部方向和内容,也是将来社会主义的前提。"同时他又指出:"我们所提倡的新式资本主义,与欧美的旧资本主义不同。我们有革命政权和革命政策,调节社会各阶级关系。凡可以操纵国民生计的工商业,均握在国家手中。"在文章最后,张闻天不无针对性地得出以下结论:

> 中国社会将来才是社会主义和共产主义,今天则要实行新民主主义,就是新式资本主义。因为中国太落后,只有走过新式资本主义的第一步,才能走社会

---

① 据《洛甫同志在晋西北的言论(记录)》。
② 张闻天:《1943年延安整风笔记》。
③ 同上。
④ 同上。
⑤ 这篇文章张闻天生前没有发表过,1989年出版的《中共党史资料》第29辑首次刊载,编者另拟标题《关于农村发展新民主主义经济的一个问题》。"新式资本主义"一语,毛泽东1944年也曾用过。1948年毛泽东提出今后不用这个词语,名字还是叫新民主主义经济好。

主义的第二步。社会主义和共产主义，是我们的理想。发展新式资本主义，是我们现时的任务，也是我们当前的具体工作。若把理想当现实，乱来一阵，会弄糟糕的。

当时，党实行抗日民族统一战线的农村政策。1942年1月中央政治局通过的《中共中央关于抗日根据地土地政策的决定》确定的基本原则之一，是"承认资本主义生产方式是中国现时比较进步的生产方式，而资产阶级、特别是小资产阶级与民族资产阶级，是中国现时比较进步的社会成份与政治力量。富农的生产方式是带有资本主义性质的，富农是农村中的资产阶级，是抗日与生产的一个不可缺少的力量"，所以，"党的政策，不是削弱资本主义与资产阶级，不是削弱富农阶级与富农生产，而是在适当的改善工人生活条件之下，同时奖励资本主义生产与联合资产阶级，奖励富农生产与联合富农"。张闻天在这篇文章中论证的中国农村必须利用资本主义以发展生产力，以创造社会主义的前提，对党的农村政策作了很好的阐述和发挥。

张闻天率延安农村调查团离开兴县后转回黄河西岸陕甘宁边区。从9月26日起开始以米脂县杨家沟为中心的农村调查。

米脂县杨家沟是全国罕见的一个地主经济集中的村庄。这里聚居着马姓55户大、中、小地主。最大的一家殷实地主马维新，是当地地主集团实际的代表人物。他家保存着起自清道光二十五年（1845）直到眼下百年的大量买地、典地、收租、放债、雇工、经商和日常生活收支等各种账簿。张闻天知道后，如获至宝，让人前去商借。马维新比较开明，把这些账簿全拿出来任凭张闻天他们研究。账簿真多，一次堆满半间房，还换了几次。张闻天一本一本翻阅，还亲自同调查团的秘书马洪一道核算。马洪打算盘，张闻天则拉计算尺（这把计算尺还是他在美国留学时买的，已随身带了十五六年），刘英帮着抄数据、材料，忙了几十天。张闻天风趣地说：马克思在伦敦

——张闻天同农民交谈

大英博物馆里算资本家的"账本子",写了《资本论》,我们想要弄明白中国的经济,也不能不研究马太爷的"账本子"啊!①

在算账和调查、访问的基础上,张闻天同马洪、刘英等进行了深入的研究,然后由马洪执笔写出调查报告初稿,交给张闻天反复修改写定。这部《杨家沟地主调查》②,细致地解剖了马维新这个地主从18岁代替父亲管理家务起39年的经济活动,详尽地分析了马维新兼并土地的活动,他的租佃关系、借贷关系、雇佣关系,以及商号经营情况,统计出1912—1941年30年来马维新一家的收支情况,还参照其他材料统计出1894年以来近50年杨家沟一带的年成。调查报告以翔实可靠的材料说明,封建地主阶级如何以地租剥削为基础,同高利贷和商业剥削结合在一起,对农民残酷剥削和掠夺土地,以至大地主如何对中小地主进行弱肉强食的土地兼并的情况。这是一个具有很高学术价值的调查报告。这样一种具体充实的同类性质的调查和报告,在中国极为少见。

离开杨家沟之后,张闻天在米脂城内作了短期调查(11月23日至12月2日)。从12月10日起至1943年1月15日,主要在绥德西郊河川地区及双湖峪(今属子洲县)作经济调查,涉及盐滩、煤窑等工业。从1月18日起至2月24日,在绥德市作商业调查。就在这时,张闻天接到要他立即返回延安,参加中央政治局会议的通知。于是,张本人即中断调查,在1943年3月3日回延安。其他同志仍继续调查。但绥德调查搜集的材料,大多没有来得及整理。

通过陕北、晋西北调查,张闻天对于中国农村经济实际进行了具体的深入的研究,得到关于农村生产力与生产关系现状和发展趋势的比较系统的认识,对当时农村政策的执行情况及调整办法也提出了自己的看法。这些真知灼见,有的当时就受到重视,有的以后才为人们所注意。

张闻天指出,陕北、晋西北的土地占有,总的说来是从封建式的土地占有的集中向着农业小生产的分散发展。这里的农业生产主要是原始的小生产,所以这种趋势有利于生产力的提高,是进步的。充足的人力,再加上充足的畜力,就是农业小生产者的崇高理想。土地革命或减租减息,激发了农民的劳动积极性,在没有战事、政策得当的条件下,土地生产力的恢复、提高不需要多长时间。然而,小生产经济无法使用比较进步的生产工具,劳动力的所有与使用存在矛盾,畜力的大量和合理使用受到妨碍,肥料的产量与适当使用也大受影响,因此分散的小生产还是影响生产力的发展,土地生产力总的说来是低下的。这就说明,一方面现有农村经济可以战胜根据地面临的困难,支持长期抗战;另一方面,要重视政策的真正执行与必要调整,以利于农村生产力的发展。

关于农村阶级、阶层的状况及其变化动向,张闻天指出:资本主义生产成分在农村是很微弱的,农村人口的大多数是中农、贫农小资产阶级成分;地主在量上减少,其每户经济削弱,富农在量上增加,其每户经济缩小,贫农一部分上升为中农,一部

---

① 据曾彦修:《根深不怕风摇动——怀念张闻天师》、刘英:《身处逆境的岁月——忆闻天》,见《回忆张闻天》第141、331页。

② 《杨家沟地主调查》于1957年5月以《米脂县杨家沟调查》的书名由三联书店出版,署名延安农村工作调查团。1980年3月由人民出版社重版。

■1942年9月16日，张闻天同调查团的同志在神府彩林谷子地边合影。

分则下降，有些最终将成为雇佣劳动者，而中农是农村经济户的主要力量。张闻天认为，应该从中农中分出"富裕中农"一项，因为"中农中的富裕中农，是代表农村中较高生产力的一个阶层"，"以后农村经济的发展，将是中农经济的继续发展。一部分贫农将上升为中农，中农将变为更加富裕的中农。这种大多数农民的向上发展，是新民主主义社会的特点"。①毛泽东在1933年《怎样分析农村阶级》一文中已提出过"富裕中农"这一阶层，张闻天则将"富裕中农"这个阶层放到了重要的地位，对它的作用、发展方向作出估计，在这个具体问题上丰富和发展了毛泽东关于农村阶级分析的思想。

张闻天从阶级关系变动中看出，农村经济的发展，将是封建势力削弱，个体小生产经济发展，中农向富农发展，地主向富农转化，发展趋势是资本主义经济。②

根据这一发展趋势，张闻天以是否有利于生产力发展为根本出发点，提出我们现时的农村经济政策应是"切实掌握新民主主义的经济（政治）政策（三分封建，七分资本主义）"，是"积极推动资本主义经济的发展（三分封建主义七分资本主义）"。③张闻天曾将这种在新民主主义下的资本主义称为"新式资本主义"。与此相应，张闻天提出了一系列具体政策建议。他认为，在当时地主向经营地主、富农发展，新政权应该帮助，给地主打通这一出路；限制富农发展是不对的。④1941年以来的土地买卖，"带有土地调剂、调整、解决一部分土地问题的进步性质，应让其自由发展"，"以后土地问题的解决，除继续采取'迫'、'挖'的方法外，还应采取'拉'的方法，即

---

① 引自《神府县兴县农村调查》，第59、60页。
② 据张闻天1942年7月9日讲话《农村阶级关系问题》（记录稿）。
③《神府县兴县农村调查》，第116、88页。
④ 张闻天1942年7月9日讲话《农村阶级变化问题》（记录稿）。

转变其生产方式的方法。这即是提倡资本主义式的经济"。①对于租佃关系、借贷关系，他主张实行要求地主减租又规定农民部分交租，反对高利贷又要交息还本这样的两重性政策，调整和稳定租佃关系，活跃农村金融，以发展农业生产，提高土地生产力。

张闻天的这些观点与建议是从实际中来的，同党中央当时实行的政策，其方向和精神是一致的。中共中央继1942年1月28日作出《关于抗日根据地土地政策的决定》之后，2月4日又发出《中央关于如何执行土地政策决定的指示》，指明："在经济上，目前我党的政策，以奖励资本主义生产为主，但同时保存地主的若干权利，可以说是一个七分资本、三分封建的政策。"②与中央文件对照，张闻天调查研究后得出的主要结论，在某些问题的阐述和论证上有独到、透辟之处，有些政策建议对党中央已经规定的政策有所充实、有所发展。

出发归来

张闻天离开绥德赶回延安，是为了参加中共中央政治局会议。这次会议从1943年3月16日至20日举行。会议通过了《关于中央机构调整及精简的决定》，推选毛泽东为政治局主席、书记处主席，决定书记处由毛泽东、刘少奇、任弼时组成。从此，张闻天正式离开了书记处，但他仍然是中央政治局委员，同时担任新设立的政治局和书记处的两个助理机关之一的中央组织委员会的委员。③

对于自己在党内职务的变动，张闻天思想上早有准备，也就安之若素了。他集中精力总结一年多来调查研究的体会，于3月27日写成《出发归来记》④，作为向党中央的报告。

张闻天出发调查的根本目的是为了"补课"，补缺乏基层实际经验这一课。他总结一年多的调查工作，认为最重要的收获在于"冲破了教条的囚笼，到广阔的、生动的、充满了光与热的、自由的天地中去翱翔"，认识到"以后有向着接触实际、联系群众的方向不断努力的必要"。这是张闻天思想发展过程中的又一次飞跃。这次飞跃主要是在哲学世界观方面，因此带有根本性质。从此，他完全地、彻底地摒弃了主观主义的学风，自觉地向着理论与实际联系、领导与群众结合的方向不断前进。

张闻天体会到，只有同实际、同群众保持经常的联系，才能把握生动活跃的、变化多端的现实生活，正确地决定我们的任务与政策。他说："一个真正唯物论者的起码态度，就是一切工作必须从客观的实际出发，必须从认识这个客观的实际出发。""整顿三风，对于一个共产党员是否有实际的效果"，可以拿他是否从实际出发办理一切事情这个标准加以测量。张闻天从自己到陕北、晋西北调查的实践中概括出

---

① 《神府县兴县农村调查》，第90—91页。
② 《中共中央文件选集》(13)，第295页。
③ 《中共党史大事年表》，人民出版社1987年版，第160页。中央组织委员会由刘少奇、王稼祥、康生、陈云、张闻天、邓发、杨尚昆、任弼时组成，刘少奇兼书记。
④ 《出发归来记》全文收入《张闻天选集》。以下引述均据该书。

知识分子出身的党员实现自我改造的途径：首先是彻底击破阻止他们走向实际的思想壁垒，然后是在行动上真正同实际、同群众接触起来。他认为，延安一年来的整风运动已经做了第一步工作，现在必须以第二步的工作来充实。张闻天还进而指出："接触实际，联系群众，这是一个共产党员的终身事业"，应该"真心诚意向着接触实际、联系群众的方向长期努力下去"。他从哲学的高度阐明，这个方向没有尽头，但只要努力去做，就会有好的结果。"这个无穷的方向，也就这样在我的长期努力所获得的有限的结果一能够被一步一步地体现出来"。反之，"任何共产党员，即使他过去既接触实际，又联系群众，只要他一旦脱离实际、脱离群众，他就会硬化起来，走进老布尔什维克的博物馆，做历史的陈列品"。

张闻天认为，是否真正的唯物论者，不仅在于口头上是否承认和宣传唯物论的普遍原则，主要看实际行动是否真能这样做。张闻天的可贵之处正在于此。他一旦把握了真理，就身体力行去实践真理。出发归来后，他又立即投身于对陕甘宁边区工业的调查；抗战胜利后，张闻天即主动要求到东北从事地方工作，都说明他是言行一致的真正的唯物论者。

在《出发归来记》中，张闻天还结合一年多的切身体验，对调查研究的意义、对象、原则、方法作了系统、深刻的论述。

张闻天认为："调查研究是从实际出发的中心一环"；领导干部同实际、同群众保持联系的一个又简便、又生动、又实际的办法，是抓住一个典型的村或乡或一个市镇进行深入调查研究；而"亲自动手"的主要意义是亲自接触实际、接触群众、接触最下级的干部。关于调查研究的对象，张闻天指出，"'从实际出发'，首先应该是从生产力与生产关系所结合成的社会生产状况出发。所以调查研究的首要对象，也应该是生产力与生产关系。"至于具体的调查对象的确定，张闻天提出"着重典型"的原则，即在同一类事物中选择典型来调查研究。关于调查研究的方法，张闻天具体阐发了毛泽东1941年9月13日在《关于农村调查》一文中对于"对立统一"方法的论述，提出"调查研究工作的主要方法是分析与综合"。他指出：分析与综合是一个对立统一。这就是从模糊的、笼统的具体印象到抽象，再从抽象到明确的、充满丰富内容的具体概念之认识过程。在调查研究的具体方法方面，张闻天在实践中也有丰富与发展。除了开调查会之外，采取了按户调查、个别谈话、问卷分析、实地考察等方式，同时重视书面文献、材料的搜集。张闻天还强调调查与研究相结合，调查材料应经常整理、补充校正；调查初步完成，即应在当地加以研究。

从这里可以看出，张闻天是从理论与实际的结合上接受并且阐发了毛泽东关于调查研究的理论和方法。

张闻天从绥德回到延安后，曾同刘英一起去看过一次还在养病的王明。王明对张闻天说：这次整风，主要是惩我们莫斯科回来的同志的，尤其是你。1940年3月恩来同志从莫斯科治伤后返回延安，传曼努伊尔斯基（共产国际执委主席团委员）的话说，你是我党的理论家。毛主席听了这句话大发脾气说，什么理论家，背了几麻袋教条回来。所以要特别反对你。王明还说，自己太不懂人情世故了，什么话都随便说，所以遭了毛主席的忌。毛主席此人实在太厉害，真是睚眦必报。孟庆树（王明的妻子）也在一旁插嘴帮腔。①张闻天听了王明这番话，立即警觉到他是有意挑拨，没有附和。他在后来追述此事经过时写道："王明讲话，立即提起了我的警觉性，觉得他是有意挑拨，所以我当时讲话很少，态度也冷冷的。我说，我们过去确有很多错误，应该好好反省。"②在中共七大大会发言中，张闻天也特别提到，对于利用党总结第三次"左"倾路线错误进行挑拨离间的阴谋，应该好好的警惕与戒备！③

张闻天参加三月政治局会议后，就在延安进行工业调查。这可以说是绥德工商业调查的继续。1943年4月2日，张闻天在陕甘宁边区政府直属各公营工厂会议上就"关于公营工厂的几个问题"发表讲话。他指出，必须明确认识"公营工厂的任务有三，即供给公家的任务，发展边区经济的任务，培养管理工厂干部的任务"。为了办好公营工厂，张闻天提出，必须把统一供给、统一定货及分散制造的原则确定下来，以解决供、产、销的矛盾；必须改变工厂是行政机关供给部门的性质，实行"经济核算制"，计算成本与利润，定出各种指标，使产品"不但数量多，而且价廉物美"；必须贯彻工厂管理一元化的方针，在厂长集中领导下，团结一致为完成生产任务奋斗，反对同厂方对立的经济主义、平均主义、无政府主义的偏向。他特别指出，工厂内党和工会的工作要有一个"彻底的转变"，"必须以完成工厂的生产任务为其基本内容"，党和工会的教育与活动必须"对提高工人的劳动热忱与劳动纪律有帮助"，否则应该停止。5月9日，张闻天还给难民工厂写信，号召参加向模范工人赵占魁学习的"赵占魁运动"。张闻天的讲话和信先后发表在1943年5月1日和5月19日的《解放日报》上，对边区公营工业贯彻整风精神，纠正官僚主义、自由主义倾向，对公营工厂的改革与建设，对边区职工运动的发展，具有指导意义。就在公开发表张闻天讲话的同一天，中共中央发布了《关于目前各抗日根据地职工运动的决定》。张闻天的讲话同中央决定的精神是完全一致的。

从1943年秋天起到1945年4月中共七大召开，张闻天参加中央政治局和高级干部党史上两条路线问题的学习讨论，历史问题决议的起草，中共六届七中全会（下节叙述）。1944年春，中央政治研究室改组，成立中央政治材料室，张闻天兼任主任。这时，他迁居枣园，工作任务不重，生活轻松愉快，闲来下下围棋，还种点草莓、西红柿之类。

1944年6月以后，筹备出版《参考资料》。张闻天亲任主编，他的秘书邓力群、徐达深做助手。他亲自动手，搞了一本大事记。每两个星期，材料室的几个同志到他住处商讨一次，议论形势，商量选题。选题商定以后，他总是亲自承担一二个题目，从收集、整理材料到起草和誊写，都自己动手；写成后都送给大家征求意见，然后亲自改定，孜孜矻矻，一丝不苟。他确定将研究美国（特别是美国经济）和研究国民党分别作为国际问题和国内问题的重点。在这个铅印的内部刊物上，他以"记者"名义发表了《最近美国对华动向》、《十二中全会后国民党的动态》等九篇详尽的国内外

---

① 张闻天：《1943年延安整风笔记》；访问刘英谈话（1991年9月6日）。
② 张闻天：《1943年延安整风笔记》。
③ 洛甫：《中国共产党第七次全国代表大会发言草稿》，1945年5月4日铅印稿，第6页。

重大问题的评论文章,为党中央和党内高级干部及时提供了对于国内外形势与动向的有分析的具体材料。对于其他承担选题的同志,张闻天总是叮嘱首先占有大量确凿的材料,要学会用马克思主义的立场、观点、方法整理、分析材料,从中引出科学的结论,有多少材料说多少话,切忌主观臆测、凭空推断,切忌看到一点支毛就妄加引申。政治材料室的同志写出文稿以后,张闻天总是和作者一道反复讨论、修改,直到定稿。经过他的言传身教,政治材料室的同志提高了各自的研究水平,在研究工作的实践中逐渐树立起正确的学风。邓力群在四十多年后回忆这段经历时写道:"我自己从事实际问题研究的第一课,是从这时开始的。第一课的老师,就是张闻天同志。由于他的教导和示范,使我开始懂得,做研究工作,走什么样路,才能取得应有的效果。这样的教导和示范,使我终生难忘。"①

总结历史经验

1943年9月上旬至10月下旬,张闻天出席了在此期间举行的中央政治局会议,批判抗战初期王明右倾投降主义的错误。从10月10日起,张闻天参加党的高级干部对于党的历史和路线是非问题的重新学习和研究。中央组织的这次党内历史上两条路线斗争的学习,是整风运动的深入与提高。出席七大的代表和高级干部700多人参加了学习和讨论。12月初,中央政治局又开会进一步讨论六大以来党的历史问题,特别是检讨六届四中全会到遵义会议这四年间的路线是非。张闻天同李富春、杨尚昆、聂荣臻等编在一个学习组里。讨论的地点就在杨家岭张闻天的窑洞里。气氛是严肃的,也是平和的。毛泽东在9—10月政治局会议上强调,检讨错误必须采取历史的方法、从实际出发的方法、批评和自我批评的方法,对犯错误的同志,必须实行"惩前毖后、治病救人"的方针。这次高级干部研究党史,正是按照这个方针进行的。

在这次集中学习之前,已经经过了1942年开始的全党整风,《六大以来》、《六大以前》和《两条路线》等重要文件汇集已经先后编出,所以通过这次学习、回顾、讨论,对六大以来特别是六届四中全会以来的路线是非的认识与评价,就比1941年九月政治局会议的认识与评价更加完整、深入与全面了。在此基础上,中央要求每个七大代表和高级干部写一份"自传"。张闻天对自己进行了无情面的解剖。经过内心的矛盾、悔恨与不平的情绪的交替这样一个痛苦的过程,于1943年12月16日写成一篇近四万字的自传,题曰"反省笔记"。② 笔记分十个部分:一、入党以前;二、入党;三、莫斯科学习时期;四、四中全会到遵义会议前;五、从遵义会议到十二月会议前;六、从十二月会议到六中全会;七、从六中全会到九月政治局会议;八、出发一

---

① 邓力群:《坚持对共产主义的忠贞和深情——为老师闻天同志八十五岁诞辰而作》,见《回忆张闻天》,第26页。本段关于政治材料室的情况据此文,并据访问何锡麟谈话(1990年8月16日)、访问徐达深谈话(1991年9月9日)。

② 这篇笔记的部分内容以《从福建事变到遵义会议》为题收入《遵义会议文献》,人民出版社1985年出版。该书称这篇笔记为《1943年延安整风笔记》。原件藏中央档案馆。

年;九、一九四三年;十、最后的几句话。

张闻天的这篇笔记,后来被称为《1943年延安整风笔记》。在笔记中,张闻天扼要地叙述了自己的经历和思想发展过程,几乎绝口不谈自己对革命事业的贡献;而对于自己六届四中全会后所犯的"左"倾路线错误,进行了系统的、深刻的揭发、批判,毫不含糊地承担应负的责任,表现了高度的自我批评精神。在笔记中,对曾经参与的历史事件和与此相关的同志,他都负责地一一说明事实的真相,客观地评价其功过是非。这篇笔记,既是张闻天从自我批评的角度写出的一部自传,又是从一个重要领导人的侧面反映党的曲折发展历程的珍贵史料。

张闻天写完这篇笔记之后,便送到毛泽东那里请他过目。毛泽东看后立即到张闻天的窑洞里来,说:我一口气把它读完了,写得很好![①]1943年12月28日,中央政治局发出《关于〈反对统一战线中机会主义〉一文的指示》,明确指出,"自遵义会议以来,九年之中以毛泽东同志为首的中央的领导路线是完全正确的","现在除了王明博古以外,一切领导同志都是团结一致的"[②]。这些论断,包含着对张闻天历史功绩的肯定,也包含着对张闻天的自我批评精神及整风笔记的肯定。

对于两条路线学习中提出的许多问题,中央政治局进行了讨论。张闻天参加了这些讨论。1944年3月,政治局对几个重要问题,如关于研究历史经验应取何种态度的问题;关于党的六大的评价的问题;对六届四中全会至遵义会议时期中央的领导路线问题应作两方面分析;关于1931年上海临时中央及其后由此临时中央召开的五中全会是否合法的问题;关于党内历史上的宗派问题等,作了结论。毛泽东1944年4月12日在延安高级干部会议上和5月20日在中央党校第一部就路线学习、时局和作风问题作讲演(两次讲演后来整理成《学习和时局》一文),传达了中央政治局的结论,对自1941年九月政治局会议开始的几次关于党的历史的讨论和1943年10月起进行的全党高级干部的两条路线问题学习、讨论作了一个总结。持续将近四年的党史两条路线问题的讨论,大大地帮助了党内思想在马克思列宁主义基础上的统一,为1945年召开中共七大作了重要的准备。

本来,在1941年九十月间召开政治局会议时,中央就组织了"清算过去历史委员会",并起草了《关于四中全会以来中央领导路线问题结论草案》(以下简称《结论草案》)。[③]由于当时全党还没有开始整风,党内高级干部尚未深入研究党的历史问题,《结论草案》也有待充实、修改,所以就暂时搁置起来了。到了1944年春天毛泽东主持政治局会议对若干重要问题作了结论以后,党中央又重新提出起草历史决议问题。1944年5月10日,中央书记处会议决定组织"党的历史问题决议准备委员会",成员

---

① 访问刘英谈话(1985年10月22日)。张闻天在1969年6月28日写的一份材料中也提到,他的"口头和书面检讨,在'七大'上也作了自我批评,都得到过毛主席的鼓励"。
② 《中共中央文件选集》(13),中共中央党校出版社1985年版,第143页。博古不久也有了转变,1944年5月19日参加了"党的历史问题决议准备委员会"。
③ 清算过去历史委员会于1941年10月13日由中央书记处会议决定组织,由毛泽东、王稼祥、任弼时、康生、彭真五人组成,以毛泽东为首,委托王稼祥起草文件。档案中存有当时起草的文件,题为《关于四中全会以来中央领导路线问题的结论草案》。

为：任弼时（召集人）、刘少奇、康生、周恩来、张闻天、彭真、高岗。5月19日又增补了秦邦宪。5月21日起，党的六届七中全会开始举行。从此时开始，《决议》的起草工作经过了将近一年，直至1945年4月20日在六届七中全会上原则通过（后经七届一中全会修改，于同年8月9日在七届一中全会第二次会议上一致通过）。

《关于若干历史问题的决议》是一个重要的历史文献。它总结了建党以来的历史经验，对于若干重大历史问题作出了正式结论，从政治上、军事上、组织上、思想上批判了六届四中全会至遵义会议期间中央的"左"倾领导路线；高度评价了毛泽东运用马克思列宁主义解决中国革命问题的杰出贡献；系统地概括了中国新民主主义革命的理论、路线、方针、政策。它是整风运动的重要成果，使全党尤其是党的高级干部达到马克思列宁主义、毛泽东思想基础上的团结一致，为中共七大的召开在思想上作了充分准备。《关于若干历史问题的决议》是一个集体创作。是以毛泽东思想为指导，又是在毛泽东直接指导和参与下完成的。张闻天作为负责起草历史决议的准备委员会的成员，不仅认真参加了总结历史经验的讨论，而且在历史决议反复修改的过程中发挥了积极作用。

前面已经写到，张闻天在1941年九月政治局扩大会议上的发言中，就已接受毛泽东的批评，从政治、军事、组织、思想四个方面检讨了"左"倾路线的错误。这同1941年10月以后起草的《结论草案》和最后通过的历史决议关于这方面的内容大体上是吻合的。前面也已写到，张闻天在1941年九月政治局会议后研究了党的历史文件，学习了毛泽东的著作，认识到毛泽东是正确路线的代表，不仅是政治家、军事家，而且是理论家；在1942年农村调查中纪念党的二十一周年生日时，他发自肺腑地论述了毛泽东在中国革命过程中的伟大作用；在1943年12月的"整风笔记"中，他又以切身经历的正反两方面的事实对同一主题作了具体叙述。这同历史决议的精神也是一致的。张闻天在历史决议起草过程中的主要作用，是他曾对历史决议的一个草案稿进行了修改，使之成为后来通过的《决议》的基础。毛泽东在1945年春对《决议》草案稿的修改，就是在张闻天修改稿的抄清件上开始的。①

从现存《决议》的有关档案来看，张闻天动笔修改《决议》稿是在重新起草历史决议的工作已经进行了一个阶段以后。在这之前，任弼时在1944年5月起草过一个稿子，这个稿子主要来源于1941年的《结论草案》，在结构、内容和文字上，与《结论草案》基本相同。在"任稿"之后，有一份胡乔木起草的《决议》草案稿。此稿共四个问题，其中第二个问题（第三次"左"倾路线的错误）和第三个问题（第三次"左"倾路线错误的根源）一些基本思想也是来源于《结论草案》。在结构和写法上，"胡稿"与"任稿"有较大不同，主体框架在某种程度上比较接近后来的《决议》。任弼

---

① 张闻天在《关于若干历史问题的决议》起草过程中的作用和以下叙述的起草经过，采用冯蕙的观点。见冯蕙的两篇文章：《毛泽东领导起草〈关于若干历史问题的决议〉的经过》（《文献和研究》1986年第2期）和《再谈〈关于若干历史问题的决议〉的起草经过》（《党的文献》1990年第2期）。

时对"胡稿"修改过两次，主要是集中了集体讨论中提出的意见，对第三次"左"倾路线的错误，写了提纲式的七个要点。

张闻天的修改是在这之后进行的。档案中有一份张闻天修改的稿子，他修改所用的底稿是毛笔抄写的（其中只有两页例外，是"胡稿"的复写件），没有题目。可惜的是，档案中所存的张闻天修改过的这件文献不全，缺后半部分，只有前面三个问题。第一个问题，概述了1924年第一次国共合作至1937年抗战爆发期间的革命斗争历史和党反对陈独秀右倾投降主义和张国焘分裂主义的斗争。在这个问题的末尾，张闻天加写了三段话，对毛泽东的历史地位作了高度的概括和充分的评价。其中比较重要的是第一段："尤其值得我们骄傲的，是十年内战更使我党马列主义的理论与中国的实际结合起来了。以毛泽东同志为代表的马列主义理论与中国实际统一的思想，在内战中有了极大的发展，给中国共产党指出了正确的行动方向。而毛泽东同志终于在内战的最后时期确立了他在中央的领导，这领导，无疑的，将保证中国共产党在以后的完全胜利。"第二个问题，叙述大革命失败到抗战爆发这一期间党的历史，讲到了八七会议、1927年十一月扩大会议、六大、立三路线、三中全会、四中全会、临时中央、五中全会、遵义会议等。张闻天在末尾也加了一段话，指明毛泽东的历史功绩："大会欣幸的指出：党经过了自己的一切成功与失败，终于在毛泽东同志领导下，在思想上，在政治上，在组织上第一次达到了这样的一致与团结！这是要胜利的党，是任何力量不能战胜的党！"第三个问题，讲第三次"左"倾路线的错误，改变了以前的稿子从思想上、政治上、军事上、组织上四个方面分析的写法，而是综合地讲七点，基本上是按照提纲式的七个要点写的（后来还曾有稿子增加为八点）。对这个问题，张闻天作了较多的修改和增补。

张闻天修改过的稿子有一个抄清件，共五个问题，包括了张闻天修改稿手迹所缺的第四个问题（第三次"左"倾路线的社会根源）和第五个问题（克服党内错误的态度和方针）。至于在这两个问题上，张闻天作了哪些修改和增补，因材料缺失，不得而知。不过，有一点是可以确定的，张闻天修改稿的抄清稿所讲的五个问题，基本上就是后来《决议》的二、三、四、五、六部分。

1945年春天，毛泽东在"张稿"上亲自动笔修改。他把题目定为《关于若干历史问题的决议（草案）》，对内容、结构、文字先后修改了六次，补充了重要的内容，增写了《决议》的第一部分，将第六部分最后两段独立出来为第七部分，对第三次"左"倾路线的错误重新改写，将原来讲的八点恢复为从政治（包括军事）、组织、思想三个方面进行分析（到7月24日的印稿又把军事方面独立出来成为四个方面），等等。其间，毛泽东在作了第二次修改后于1945年3月24日在稿子首页上写了一个短简给任弼时："请邀周、朱、洛、刘（如在此时）看一下，是否这样改，然后印若干份，编号发给四十多个同志，再集他们座谈一次，就可成定议，再交七中通过。"可见，张闻天在《决议》最后定稿阶段也是主要参与者之一。

张闻天对于毛泽东从1941年到1945年通过整风解决党内历史问题的工作非常佩服。他说，毛泽东同志对于马克思主义的学习，历来采取郑重与谨慎的态度；他对于中国革命的每一个问题的处理，也是采取这样的态度。他始终保持着清醒的头脑，他不为自己的与群众的一时的感情冲动所支配；他善于调查研究，善于吸收各方面关于某一个问题的各种意见，而不受任何偏见的影响；他善于反复考虑一个问题的矛盾的各个方面，权衡其各个方面的轻重，并且善于等待其成熟后，然后加以处理。这次关于党内历史问题的解决的经过，就是他怎样解决一个重要问题的方法的范例。①

在中共第七次全国代表大会上

《关于若干历史问题的决议》经 1945 年 4 月 20 日中共六届七中全会全体会议基本通过，4 月 21 日，就召开了中国共产党第七次全国代表大会预备会。毛泽东作《中国共产党第七次全国代表大会的工作方针》的报告，指出大会的方针是"团结一致，争取胜利"，号召"全党团结，如兄弟姊妹一样，为全国胜利而奋斗，不达胜利誓不休！"②张闻天被选入七大主席团。预备会通过的七大主席团由以下 15 人组成：毛泽东、朱德、刘少奇、周恩来、林彪、彭德怀、康生、陈云、陈毅、贺龙、徐向前、高岗、张闻天、彭真、任弼时。

1945 年 4 月 23 日，七大开幕。毛泽东在 24 日作政治报告《论联合政府》，朱德作军事报告《论解放区战场》，刘少奇作《关于修改党章的报告》。在 5 月 2 日的全体会议上，张闻天作了长篇发言，着重论述毛泽东政治报告最后一段关于新的工作作风——"这主要的就是理论和实践相结合的作风，和人民群众紧密地联系在一起的作风以及自我批评的作风。"③

张闻天诚恳地检讨了自己在相当长时期内存在的理论脱离实际、脱离群众、缺乏自我批评的小资产阶级作风，以及由此而导致的六届四中全会到遵义会议这一时期的"左"倾路线错误，以错误的教训，说明"党内小资产阶级的思想与作风对于党与中国革命，会起一种怎样的破坏作用"。张闻天又说明，"遵义会议后（实际上我从长征开始，即同毛泽东在一起在中央内部反对当时中央的另一部分同志的军事路线），一般说来，我是在毛泽东同志的领导下工作，故没有发生路线错误。"张闻天实际上以亲身经历的遵义会议前后正反两方面的历史经验，生动、具体地论证了毛泽东代表的理论和实践结合、联系群众、自我批评的作风，是领导党和革命取得胜利的无产阶级的作风；党内同"左"倾错误的斗争，是无产阶级思想同小资产阶级思想的斗争；不克服小资产阶级思想与作风，我们党的车子就不能继续前进，中国革命的胜利是不可设想的。

张闻天向七大全体代表坦诚地叙述自己在整风运动中的切身体验，思想转变过程中的痛苦历程，说明"我的无产阶级的灵魂，就是这样，慢慢的在斗争中占了上风"。他通过两种思想作风的对比，深刻地分析了小资产阶级知识分子出身的革命者的弱点：一是"骄傲"，一是"轻浮与急躁"，其本质就是"脱离群众"；毛泽东的思想与

---

① 洛甫：《中国共产党第七次全国代表大会发言草稿》（1945 年 5 月 4 日铅印稿），第 13—14 页。
②《毛泽东在七大的报告和讲话集》，中央文献出版社 1995 年版，第 1—16 页。
③ 引文见《毛泽东选集》第 3 卷，人民出版社 1991 年版，第 1094 页。张闻天的发言据中央档案馆藏七大文件洛甫：《中国共产党第七次全国代表大会发言草稿》（1945 年 5 月 4 日铅印稿）。

中共七大主席台一角。右起：李富春、彭真、陈毅、张闻天、彭德怀。

作风"是老老实实的思想作风，它无限深刻而同时又是无限浅显"，"是马克思主义在中国的发展"，其全部精神，就是毛泽东在政治报告中所说的"全心全意为中国人民服务"的精神，"向人民负最后和最大责任"的精神。张闻天指出，把握这种精神，建立群众观点，是中国共产党当前的迫切任务。能够这样做了，"那末，我们的骄气就可消失了，轻浮与急躁的态度就可改正了，个人主义、宗派主义就可没有了"。张闻天表示："我以后必须以虚心的态度，以郑重与谨慎的态度来在实际行动中学习毛泽东同志的思想与作风，以达到真正为人民大众服务的目的。"

张闻天这篇发言，不仅又一次虚心诚恳地对自己曾经犯过的错误作了深刻的检讨，不仅对自己三年来参加整风运动的收获和体会作了实事求是的总结，而且以切身的体验，从理论与实际的结合上，深刻地解剖了小资产阶级的思想和作风，阐发了毛泽东代表的党的理论和实际结合、联系群众以及自我批评的优良作风，对全党三年来的整风运动也给予了科学的概括与评价。

张闻天在七大全体会议上的发言受到大会代表的欢迎。毛泽东在 5 月 24 日的大会上作《第七届中央委员会的选举方针》的报告时说，有些同志作了很好的自我批评，这些自我批评，我们大会同志都一致欢迎。① 其中最受欢迎的，就是张闻天和周恩来。

毛泽东在 5 月 24 日报告中，还明确地肯定了张闻天以及其他犯过路线错误又改正了错误的同志的历史功绩。他说："在最近的十个年头之内，从 1935 年 1 月的遵义会议到现在的第七次代表大会，这十个年头之内的中央是一种什么样的状况呢？中央委员会主要的成员，是四中全会和五中全会选举的，六次大会选举的现在只剩下五位，就是说现在的 25 位中央委员中，绝大多数是四中全会、五中全会选举的，就是翻筋斗的两次全会选举的。六中全会也选了三位。恰恰在这十年中，筋斗翻得少了一点，乱子闹得少了一点，我们的工作还算有进步。这一条经验是不是很重要的呢？是

---

① 据档案。

一条很重要的经验。1935年1月的遵义会议，就是积极拥护四中全会的人，也就是在第三次'左'倾路线中犯过路线错误的人，出来反对第三次'左'倾路线，他们和其他同志一道反对这条'左'倾路线。现在把这个账挂在我身上，我要声明一下，没有这些同志以及其他很多同志反'左'倾路线的一切同志，包括第三次'左'倾路线错误中的很重要的某些同志，没有他们的赞助，遵义会议的成功是不可能的。第二次是六届六中全会，大家知道，六中全会是一个重要的关键，没有六中全会，今天的局面不会有这样大。当时如果不克服那么一种倾向，即对放手动员群众这样一条路线不赞成、有所畏惧、心甘情愿地把自己束缚起来的倾向，如果不赞成放手动员群众，发展自己，发展八路军、新四军，扩大解放区，不被国民党反动派的政策所束缚同时又不脱离统一战线这个原则，那么，今天的局面就不一样。参加六中全会的是一些什么人呢？还不就是这么一批人。没有过去犯过错误的同志对这条路线的赞助，六中全会就不可能纠正右倾投降倾向。"① 毛泽东在6月10日的大会上，因王稼祥在前一天中央委员的选举没有当选，所以特地向代表们讲王稼祥的功劳，"希望大家选他"。讲话中又一次肯定张闻天的功绩。他说："遵义会议是一个关键，对中国革命的影响非常之大。但是，大家要知道，如果没有洛甫、王稼祥两位同志从第三次'左'倾路线分化出来，就不可能开好遵义会议。同志们把好的账放在我的名下，但绝不能忘记他们两个人。"②

在1945年6月9日七大中央委员的选举中，张闻天以较多的票数当选，成为中共第七届中央委员会44名正式委员之一。七大闭幕后，在6月19日党的七届一中全会上，选举了中央政治局，13人当选为政治局委员，张闻天是其中之一。这13位政治局委员是：毛泽东、朱德、刘少奇、周恩来、任弼时、陈云、康生、高岗、彭真、董必武、林伯渠、张闻天、彭德怀。

---

① 《毛泽东在七大的报告和讲话集》，中央文献出版社1995年版，第162—163页。
② 毛泽东：《关于第七届候补中央委员选举问题》，见《毛泽东在七大的报告和讲话集》，中央文献出版社1995年版，第231页。

第十六章　在东北

从延安到哈尔滨

1945 年 8 月 15 日，日本天皇发表《终战诏书》，中国人民经过 14 年抗战取得了最后胜利，自九一八事变后沦陷 14 年的东北得到光复。不久，张闻天就同许多干部一起奔赴东北工作。

早在 1945 年 4 月，中共七大就已经预见到抗日战争即将胜利，提出了争取东北的战略任务。因为东北幅员辽阔，物产丰富，有较好的重工业基础，而且北靠苏联、东邻朝鲜，战略地位十分重要。在打败日本侵略者之后，如果得到了东北，中国革命就有了更加巩固的基础。而 1945 年 8 月东北的光复，同苏联红军 8 月 9 日进入中国东北给予日本关东军严重打击是分不开的。这时明显地出现了有利于以中国共产党为代表的人民力量解放全东北的形势。所以，我解放军延安总部于 1945 年 8 月 11 日即发出命令，要原东北军吕正操、张学思、万毅诸部和李运昌部立即分头向察哈尔、热河、辽宁、吉林进发，准备接受日、满敌伪军投降。[①]8 月 29 日，党中央又指示晋察冀和山东准备派往东三省的干部和部队，应迅速出发，进入东北，控制广大乡村和中小城市，大大的放手发展。[②]与此同时，中共中央即在延安各机关、学校抽调干部向东北进发。9 月 11 日，党中央又决定从山东调四个师分散经海道进入东北，迅速发动群众壮大力量，争取我党我军在东北的巩固地位。[③]党中央这时确定以控制东北广大乡村和中小城市为目标，是考虑到苏联政府在 1945 年 8 月 14 日已同国民党政府签订了《中苏友好同盟条约》及关于大连、旅顺口、中国长春铁路等几个协定，苏方在得到中长路、旅顺口等权益的同时，作出了将东三省交还给国民党政府的保证，我军难以占领铁路干线和大城市。

正在党中央密切关注东北形势，考虑全国的战略方针与力争控制东北的对策时，

[①] 见《中共中央文件选集》(15)，中共中央党校出版社 1991 年版，第 219 页。
[②]《中央关于迅速进入东北控制广大乡村的指示》，见《中共中央文件选集》(15)，第 258 页。
[③]《中央关于调四个师去东北开辟工作给山东分局的指示》，见《中共中央文件选集》(15)，第 274 页。

东北苏军总司令马利诺夫斯基的代表卫斯别克，在进驻沈阳的我军司令曾克林陪同下，于9月14日乘专机飞抵延安。当天下午，刘少奇主持召开政治局会议，曾克林作了详细汇报；苏军代表提出为执行同国民党政府签订的条约，要我军撤出沈阳、长春与平泉等城市。当时东北的形势是，抗战时被迫撤退到苏联远东的原东北抗日联军随苏军一起回到了东北，抗联领导人被安排掌管地方工作（如辽宁为冯仲云，吉林为周保中，黑龙江为李兆麟）；我挺进东北的先头部队已进驻沈阳并分路向辽宁各地进发，并同抗联部队取得联系；远在西南的国民党军队暂时还迟不上出山海关；而当时苏军预定在11月底将全部撤离东北，如果抓住时机，及早部署，我方可得先机，就有条件独占东北。会议讨论了对苏军要求如何答复等对策，决定成立东北局，派彭真、陈云、叶季壮等即同曾克林等飞往沈阳。9月19日，政治局又一次开会讨论，依据当时形势，决定以"向北发展，向南防御"为全国战略方针，确定"目前我全党全军的主要任务是：继续打击敌伪，完全控制热察两省，发展东北并争取控制东北"，并就此向全党发出了指示。① 还作出调罗荣桓到东北工作，由山东调三万兵力进入东北发展并加以装备等一系列决定和部署。

这时，张闻天向中央提出到东北从事实际工作的请求。刘少奇在9月17日给当时在重庆谈判的毛泽东的电报中转告了张闻天的请求。② 张闻天的请求很快得到党中央的批准。从8月到10月，中共中央先后派出包括张闻天在内的中央委员10人（七大选出的中央委员共44人）、候补中央委员10人（候补中央委员共34人），率领2万名干部、11万大军挺进东北。

张闻天是10月下旬乘飞机离开延安的。那几天刚好有一架美军飞机到延安。张闻天就同高岗、李富春、王鹤寿、陈正人、何克全（凯丰）、陈光、朱瑞、郭述申、刘英及一名机要员共11人（这架飞机只能坐11人）搭这架飞机飞抵河北邯郸。然后由陆路前进，或骑马，或坐大车，走了一个星期，于11月1日到达太行地区。在这里受到刘伯承、邓小平的热情接待。张闻天等人在晋冀鲁豫军区司令部休息了两三天，又继续前进，11月8日抵玉田，11月13日抵承德，总算坐上了火车。当时铁路交通很乱。火车没有煤烧，烧的是豆饼。站上水塔坏了，上水靠大家涌提盆端。火车开开停停，到朝阳已无法再开，遂改乘汽车到锦州，才又换上火车，终于在11月20日晨到达东北局所在地沈阳。

这时，东北局势发生了很大变化。蒋介石一方面同毛泽东和平谈判，签订《双十协定》，另一方面又积极准备内战。他采取关内停、关外打的政策。10月中下旬任命负责东北的军、政长官，空运刚收编的伪满洲国部队1000多人到长春和哈尔滨，还求助于美国海军，海运国民党政府军队两个军至秦皇岛。11月1日，国民党军队发起对山海关的进攻，并于11月16日占领了山海关，接着沿北宁路作"平压式"推进。蒋介石依靠美国继续空运、海运他的精锐部队，企图"击灭"进入东北地区的人民军

---

① 《中央关于向北发展向南防御的部署》，见《中共中央文件选集》（13），中共中央党校出版社1987年版，第147页。

② 《中共中央文件选集》（15），第279页。

队，独占东北。面对这样的形势，张闻天看到，他们从延安出发前夕党中央预定的集中主力，与国民党争夺辽宁、安东，然后掌握全东北的方针①应该改变。

在到达沈阳的当天，张闻天、李富春、高岗、凯丰四人到东北局商谈工作。在那里吃晚饭，饭桌子上为东北当前的战略方针问题讨论开了。张闻天和高岗的意见是：苏联要履行它同国民党政府签订的条约和协定，把沈阳等大城市交给国民党。现在国民党军队已占了山海关。力量对比是敌强我弱，我们在东北尚缺乏群众基础。所以，我们的方针应当避开大城市，到农村去发动群众，建立根据地。②这种意见，同党中央11月20日给东北局的《关于东北撤出大城市后的中心任务的指示》③，同11月22日党中央给重庆代表团电报中提出的"让开大路，占领两厢"的东北工作方针，正好不谋而合。

■ 东北工作时期的张闻天

张闻天在沈阳只逗留了三四天，即同高岗、李富春、王鹤寿、方强、刘英等一起，乘苏军的运煤车前往哈尔滨。哈尔滨当时是北满分局所在地，书记陈云已先期到达。张闻天、高岗这一批人是东北局根据中央指示派往北满分局的领导干部。这时他们都化装成商人模样，在一节闷罐子车厢里席地而坐，向目的地进发。车到长春，又被管车站的一苏军大尉拦住。口头交涉无效，只得把一只他想要的三节长手电筒给他，于是得到一个专用火车头，拉了这节车厢直驶哈尔滨，于11月26日到达。

张闻天等冒着大雪，在哈尔滨南岗的一幢小楼——北满分局的秘密机关里找到了陈云。陈云听了简要汇报后，立即同张闻天、高岗一起就东北工作的方针问题进行了认真的讨论。在陈云主持下，决定就这一重大问题给中央发电报。张闻天根据三人讨论的意见拟稿，陈云又同他一起反复推敲、修改，写成《对满洲工作的几点意见》④，由"陈、高、洛"联名于11月29日和30日用电报分两次发给东北局并中央。

陈、高、洛的电报指出，苏联对东北的政策基本上包括两方面：一方面，把沈阳、长春、哈尔滨三大城市及长春铁路干线交给国民党；另一方面，援助我党在东

---

① 《中央关于集中主力拒止蒋军登陆给东北局的指示》，见《中共中央文件选集》(15)，第364页。
② 1945年11月20日晚争论情况据1967年6月14日《质询张闻天记录》；刘英：《为了建设巩固的战略后方——忆张闻天在合江》，见《张闻天在合江》，中共党史资料出版社1990年版（后引此书不再注明版本），第139页。
③ 见《中共中央文件选集》(15)。
④ 该文收入《陈云文选》第1卷，人民出版社1995年版。以下引文见该书第299—302页。

北力量的发展。苏联军队原定于11月底撤退完毕,现在又开回。这一方面是为了确保将三大城市及长春铁路干线正式移交给国民党;另一方面,也是为了以实力为后盾,拒绝美国力量直接渗入东北。得到美国积极支援的国民党军队,现在已经占领了山海关到锦州一线,正集结部队,准备向三大城市及长春铁路干线前进。电报指出,在这种形势下,"我们必须承认,首先独占三大城市及长春铁路干线以独占满洲,这种可能性现在是没有的";提出当前东北工作的基本方针:"应该不是把我们的全部注意力集中于这三大城市,而是集中必要的武装力量,在锦州、沈阳前线给国民党部队以可能的打击,争取时间。同时,将其他武装力量和干部,有计划地主动地和迅速地分散到北满、东满、西满,包括广大乡村、中小城市及铁路支线的战略地区,以扫荡反动武装和土匪,肃清汉奸力量,放手发动群众,扩大部队,改造政权,以建立三大城市外围及长春铁路干线两旁的广大的巩固根据地。我们必须经过战争及根据地之建立,以达到包围歼灭大城市之敌及钳击长春铁路干线,使我们能够在同国民党的长期斗争中,取得全局的优势",而在今天,我们"必须大胆主动地撤退"。

陈云、张闻天、高岗提出的东北战略方针,在重大的历史转折时刻、新的复杂条件下,成功地运用了毛泽东关于农村包围城市、最后夺取城市的策略思想,是把党中央夺取东北的战略决策同东北复杂多变的实际情况结合起来的一个范例。12月9日,中央表示"完全同意"陈、高、洛《对满洲工作的几点意见》。12月28日,毛泽东为中央起草《建立巩固的东北根据地》的指示,指明东北斗争的艰苦性,确定党在东北的任务是在距离国民党占领中心较远的城市和乡村,建立巩固的根据地,发动群众,逐步积累力量,准备在将来转入反攻。

张闻天还同陈云商量了今后工作的安排。他指着地图说,佳木斯这一片,像一把沙发椅,背靠苏联,一边是朝鲜,是极好的战略后方。陈云就说,那你就到那里去吧。于是,报东北局并中央任命张闻天当合江省委书记。①12月5日,东北局决定陈云、高岗、张闻天、张秀山、李兆麟为北满分局委员。12月7日,张闻天肩负着建立巩固的战略后方的使命,离开哈尔滨,前往合江省省会佳木斯。

宁安蹲点

当时,哈尔滨到佳木斯的铁路尚未恢复通车,所以,张闻天绕道牡丹江前往,12月8日抵牡丹江市,在这里听取了工作汇报。由于这里到佳木斯的铁路也不通,12月13日,张闻天一行只得分乘两辆苏军卡车,离牡丹江赴佳木斯。时值隆冬,这一带丘陵蜿蜒,冰封雪盖,卡车沿公路驰行,密密的森林随山势起伏。行至林口,突然遇到叛匪袭击。护送的苏联红军用转盘冲锋枪扫射,将土匪赶走。张闻天一行就在林口火车站旁的苏军司令部里住了下来。经了解,林口所在的勃利地区,本来已由我方控制,这两天收编的武装土匪部队突然叛变了(袭击张闻天一行的就是其中一股),一

---

① 据刘英:《为了建设巩固的战略后方——忆张闻天在合江》,见《张闻天在合江》,第40页。

时间十分混乱、危急。同行的合江军区司令员方强建议张闻天暂时不去佳木斯,由他和几个军队干部先去。经请示北满分局同意,张闻天等人遂折回牡丹江市。

张闻天不愿意耽在城市里,他想利用这个时机进行典型调查和建立根据地的试点工作。他征求了牡丹江省委书记李大章的意见,决定化名"张平之",以北满分局代表的身份前往宁安蹲点,同时指导整个牡丹江地区的工作。

宁安是镜泊湖下的一个古老的小县城,清澈的牡丹江穿城而过。"九一八"以后,这里是东北抗日联军重要的活动地区之一。敌伪统治期间,党组织一直坚持着地下斗争。到"八一五"光复时,县城里还有六位地下党员。光复后,1945年11月成立了中共宁安县总支部,接管了县政府,组织了革命武装警卫团和宁安东北人民民主大同盟,工作有了一定开展,但还没有公开党的领导和建立新政权,群众还没有发动起来,我方还没有站稳脚跟。国民党在宁安有相当大的势力。1945年10月,成立了宁安国民党党务专员公署,并组织三青团、蓝星社,进行反动活动。同时,国民党又委任两个惯匪郑云峰、马喜山为牡丹江省先遣军正副司令。他们盘踞宁安县南部山区乡村,奸淫掳掠,扩充实力,威胁着宁安县城和牡丹江市。张闻天带领十几个干部来到宁安时,面对的就是这样一种严峻的共产党和国民党互相争夺的局面。宁安这座古城到处留有战争的痕迹。炸毁的江桥没有修复,工厂没有复工,发电厂也没有修好,夜间一片漆黑,还不时听到城里城外零星枪声。

张闻天在12月20日左右到宁安后,即向县里干部作了《目前时局和任务》的报告,提出宁安县和牡丹江地区当前的主要任务是:大胆发动群众,进行剿匪斗争,解决土地问题,建立可靠的军队和新政权。① 张闻天在宁安蹲点四个多月,基本上完成了这些任务。

1945年12月25日,张闻天就领导成立了宁安县"反奸清算工作团",有70多名机关干部、革命青年参加。张闻天对他们进行了集中短期培训,于1946年1月4日分成三个工作团下乡。按照张闻天的部署,三个团分别到江南、石岩等村屯,宣传中国共产党的土地政策,调查土地状况和阶级关系,开展反奸清算斗争,发动群众。这里的农民同整个北满一样,大多数是从山东、河北"闯关东"来这里开荒的。他们热烈拥护共产党的主张,要求尽快分配敌伪土地。张闻天本拟在1月22日召集三个村子的农民积极分子和工作团同志开一个座谈会,通过他拟订的一个没收分配敌人土地大纲。就在这时,叛变的土匪部队突然袭击石岩村,将工作团的负责干部杀害了。张闻天即改变计划,决定工作团于1月底暂时撤回县城总结。这次工作团下乡的一个重要收获,是摸清了宁安农村的土地情况。通过初步研究,张闻天提出了《关于处理满拓地、开拓地的意见》②,并拟订了《敌人土地没收分配条例》。

从宁安农村的土地关系,张闻天了解到"满拓地"、"开拓地"这种东北地方特有的土地占有状况。日本侵占东北时期,先后通过"东亚劝业会社"和"满洲拓殖株式会社"(为日本拓务省办,后扩大为"满洲拓殖公社",名义上同伪满政府合办),以

---

① 据张闻天1968年5月3日写的材料;访问刘贤权谈话(1988年2月28日)。
② 此为张闻天1946年1月18日给中共中央北满分局的电报,标题是收入《张闻天选集》时编者加的。

强行低价"收买"和无偿没收等形式夺占了大量土地。其中分配给日本移民和移民团（称为"开拓民"或"开拓团"）的称"开拓地"，暂时租给中国农民以待分给日本移民的称"满拓地"。这些土地不少是从中国地主手中夺取的，然而，许多地主在土地被夺后又成了土地经理人，继续进行租佃剥削。日本投降以后，他们提出"物归原主"的口号，企图维持和恢复他们的土地占有权。张闻天认为，党中央确定的抗战胜利后实行减租减息的政策对于这里的情况是不完全适用的，本地地主提出"物归原主"同我党的土地政策和反奸清算政策是相对立的。根据实际情况，张闻天提出："被没收的土地（按：指满拓地、开拓地）不应退还原主，而应重新分配给无地与少地的农民，变为他们的私产。"他还针对按劳动力多少分配土地的主张，提出"分配土地按应得土地者每户人口之多少为标准"。①张闻天于1946年2月18日即将他的这些政策主张发电报告北满分局。

依据这些政策原则拟订的《敌人土地没收分配条例》于1946年1月29日由宁安县临时参议会会议通过（2月22日又经牡丹江市临时参议会会议通过）。随后，张闻天即组织了有250多人的"反奸清算、分配敌伪土地工作团"，亲自担任总团长，下设六个工作团，于2月10日第二次下乡。到1946年3月底，宁安全县完成了分配任务，10万无地少地的农民（占全县总人口的60%）分得了67000垧土地，人均分地六亩六分，满足了贫雇农的要求。张闻天提出的关于没收满拓地、开拓地分配给无地少地的农民的政策主张，在3月20日东北局《关于处理日伪土地的指示》中作出了正式规定。②宁安县分配土地的经验由延安新华总社于1946年4月26日播发全国各解放区。

张闻天在领导宁安县完成分配敌人土地的任务以后，又抓紧进行基层政权建设，成立人民武装，组织群众团体，发展生产运动。各区、村都成立了以当地朴实可靠的农民为主的保安队。按照张闻天起草、县政府通过的条例，大体统一了区乡政权组织。张闻天出席了县农民代表大会，亲自部署了全县的春耕生产。张闻天还制订了《关于区乡政府生产工作的决定》，规定区乡干部必须参加生产，并提出"组织生产与消费合作社"，按期分红，实行公私兼顾原则。张闻天还领导筹备成立绥宁省政府（起先称"牡丹江省"），并为绥宁省政府拟定了施政纲领，在1946年5月初苏军回国之前建全了省、县两级政权。

张闻天在领导群众工作的同时，组织、指导了剿匪斗争。张闻天到达宁安的时候，牡丹江地区收编的部队正纷纷叛变，12个团有7个团全部叛变，其余几个团叛变的也不少。受国民党委任后叛变的土匪聚集数千之众，威胁宁安和牡丹江地区的安全，影响发动群众。张闻天到宁安后，强调对现有部队整训。在他指导下，整训部队2000人，清洗了坏分子，把这批部队真正掌握在我们手里。与此同时，张闻天又急电北满分局，请派主力部队前来剿匪。1946年1月底，东北人民自治军三纵队二支

---

① 《张闻天选集》，第349页。
② 《关于处理日伪土地的指示》于1946年3月20日发出，它规定："所有东北境内一切日伪地产、开拓地、满拓地以及日本人和大汉奸所有地，应立即无代价分配给无地和少地的农民贫民所有"。

队（1000人）奉派到达宁安县海林镇。支队长田松与政委李伟立即同牡丹江地区司令员李荆璞、政委李大章商定剿匪部署，报请张闻天批准。张闻天主持召开了第一次宁安会议，统一干部思想，决定先打马喜山匪部，并打通和间岛、合江的联系。张闻天还同田松、李伟谈话，要求他们要"坚决给敌人以歼灭性的打击"。主力部队连续作战19天，毙、俘二千余人，活捉了匪首，于3月16日结束南面剿匪。地方部队自3月14日起进行北面战斗，于27日胜利结束。剿匪的胜利为宁安3月底完成分配敌伪土地提供了可靠的保障。4月初，张闻天又召开了第二次宁安会议，决定把军队分散，扩大阵地，进一步肃清土匪，发动群众，武装群众，建立根据地。为了集中统一领导，4月10日成立了绥宁省政府。①

张闻天到宁安以后，还对知识分子的状况进行了调查研究，并开展了争取、团结、教育知识分子的工作。对于东北的知识分子，不少人认为他们在敌伪统治下接受了14年奴化教育，是依附于敌伪势力的。张闻天不这样看。1946年3月的一天，他同李大章和诸志远（牡丹江市市长）谈知识分子问题。他说，对东北知识分子状况，我进行过调查研究。他们受过14年奴化教育，存在着这样那样的缺点。但应该肯定，绝大多数人是爱国的。因此，我们应该采取争取、团结、教育的政策。现在，革命形势发展很快，急需大批干部，青年知识分子经过短期训练，即可充实政府机关，把那些"三朝元老"的旧伪人员清洗出去。②张闻天在宁安就是从对知识分子的这种估计出发，从革命的全局出发，来进行工作的。

初到宁安时，张闻天就去看学生们组织的"普罗剧团"演出的话剧《幸福的栏杆》。这出戏描写一个穷画家被他热恋的阔小姐赶出了花园。画家临走前站在栏杆外朝里望着说："不能到栏杆里边，难道在栏杆外边望一望也不行？"张闻天第二天找演员们座谈。他就这个细节指出这个戏流露的小资产阶级情调。他勉励青年们应该走到栏杆外面来，走到革命队伍里来，接近劳苦大众，演劳苦大众，演革命英雄。青年们在张闻天的启发教育下，将抗联女英雄赵一曼的事迹搬上了舞台，许多青年加入了"民主大同盟青年联合会"。③张闻天还提议创办了一所新型的学校——宁安学院。张闻天请当地有名望的老先生杨锦山当院长，自己亲自主讲《中国革命和中国共产党》与《社会发展史》。这所学院创办之初，国民党地下组织同共产党斗争很尖锐。有的人反对上政治课，一次提了99个问题刁难老师。张闻天利用回答这些问题的机会，用大量事实揭露国民党祸国殃民的罪行。反革命组织还企图暗杀张闻天。有一次他们在玻璃棒子里装上炸药放到讲台底下，企图在张闻天讲课时引爆。他们的阴谋被公安人员发现，在张闻天讲课前把它清除掉了。在场的师生非常惊讶和气愤，张闻天仍像往常一样从容不迫地讲课。④

---

① 宁安地区剿匪经过据张闻天1946年5月15日在北满分局扩大会议上的发言记录。
② 据诸志远回忆文章，载《星火》1981年第1期。
③ 据孙光：《张闻天同志在宁安》，见《回忆张闻天》，第174—177页。
④《回忆张闻天》，第178页；另据罪犯白雪岩供词。白在1946年5月1日供认，在3月中旬，他们经过密谋策划，"〔把〕炸药装在玻璃棒子里，下晚放在讲台底下，炮子通在墙外边，赶到第二天张政委上政治课时候，他去讲话的时候，在外头点着，就能炸死他。"

除了在宁安学院讲政治课以外，张闻天还给宁安小学教员讲习班讲课。牡丹江市办起青年训练班以后，他还从宁安到牡丹江为这个班上课，每周两次，直到结业。青年们非常爱听他的课，亲切地称他为"我们的教授"。

就是这样，张闻天在宁安和牡丹江吸引和教育了一大批青年知识分子走进革命队伍中来，充实了党的干部队伍，为根据地的建设培养了新生力量。

张闻天在宁安度过了到东北以后的第一个冬天。短短四五个月，他对日伪统治了14年的宁安的政治、经济、文化、社会生活进行了调查研究，由此对东北的基本情况做到了心中有数；短短四五个月，他领导了反奸清算、清剿土匪、分配土地、建党建政等工作，迅速改变了敌伪残余和国民党势力猖獗的局面，将宁安建成一个初具规模的根据地，并在实践中初步形成了比较切合东北实际的一套办法。宁安成为北满58个县中工作搞得最好的5个县之一，得到北满分局的好评。1946年4月20日，陈云在给东北局并转中央的报告中写道："北满六十五个县，我已占的五十八个县中，农民已经发动者十六个县，宾县、宁安、木兰、方正、通河五县更普遍深入，其余仅在开始。"①

建设战略后方——合江

1946年5月，春回大地，牡丹江至佳木斯的铁路全部打通，张闻天遂告别宁安，于5月11日达佳木斯就任合江省委书记。

合江地处我国东北角，原是黑龙江省的一部分。伪满洲国将东北分为9个省，才有"合江省"的建置。黑龙江、松花江、乌苏里江在这里汇合，冲积成一片平原，称为"三江平原"。小兴安岭、张广才岭、老爷岭、完达山从西、南、东三面将这片平原环抱。绵延不断的深山密林，形成一道天然屏障。整个合江省像一张宽大的沙发，省会佳木斯，就在这张沙发的中间。它背靠着向有"林海雪原"之称的群山叠岭，面对着一望无际的黑土地。东、北两面，都同苏联隔江相望。境内交通发达，物产丰富，真如《松花江上》所吟赞的，"那里有森林煤矿，还有那满山遍野的大豆高粱"，是十分理想的战略后方。当时，合江省管辖一市二十六县和三个煤矿区。

张闻天到佳木斯后，即赴哈尔滨出席北满分局扩大会议（5月14日至23日），讨论贯彻中共中央《五四指示》（即1946年5月4日中共中央《关于清算减租及土地问题的指示》）、建设根据地等问题。这时，东北战事正紧。国民党军队凭借美国装备和运输优势，于1946年5月19日夺取四平街，5月23日和28日相继占领长春、吉林，并叫嚷要北犯哈尔滨、牡丹江等城市。6月6日，国共双方达成停战15天的协议。在谈判停战时，张闻天就估计，停战是暂时的，东北战争可以发展成为全国的战争；强调要树立准备长期的大规模战争的思想。②面对当时东北敌强我弱的形势，我方准备在必要时撤出哈尔滨，退守佳木斯。这样，合江省战略后方的地位就更加突出了。张闻

---

① 《北满根据地建设的进展状况》，见《陈云文选》第1卷，人民出版社1995年版，第303页。
② 据张闻天1946年5月18日在北满分局扩大会上的发言记录。

天肩负的任务,就是要把合江建设为巩固的根据地,使之成为同国民党进行长期斗争的战略后方。

张闻天从哈尔滨回到佳木斯后,随即对合江的情况和前一时期的工作进行了调查研究。他同先期到达这里的省工委和省军区的负责同志一起,认真分析了全省形势。当时,合江的形势还相当紧张,共产党的处境还十分困难。半年多来,在当地抗联干部和关内来的干部共同努力下,虽然从苏军手里接管了省、县两级政权,但由于没有来得及发动群众,打击敌伪势力,伪旧人员依然受到重用,有的甚至窃据要职,勾结匪特,策划暗杀和叛乱;虽然初步建立了自己的武装,但由于对土匪采取了收编加委的错误政策,在国民党军向东北节节推进的形势下,这些部队纷纷叛敌,人民武装力量还不够强大;虽然进行了剿匪斗争,打散了大股土匪,但只是击

■ 张闻天在佳木斯合江省委办公楼前

溃而没有消灭,在国民党军占领长春、吉林的形势下,土匪活动又猖獗起来。张闻天认为,过去合江工作的主要问题是认真贯彻执行中央去年12月《建立巩固的东北根据地》的指示不够,没有放手发动群众,建立巩固的根据地。产生问题的原因,主要是对抗战胜利后阶级矛盾已上升到主要地位,对国民党决心要打内战,对敌强我弱的力量对比等缺乏应有认识,因而缺乏必须经过长期艰苦的反复斗争才能取得胜利的思想准备,还想沿用抗战时期的统一战线政策,从而导致不能把立足点放在放手发动群众,特别是放手发动农民群众方面。

1946年6月上旬至中旬,张闻天主持省委会议,总结经验教训,统一思想认识。

6月20日,他在省委扩大会议上讲话①,对合江省当前的工作,提出"一个中心(发动群众)、三项任务(剿匪、生产、支前)",即以放手发动群众、进行土地改革为工作中心,完成消灭土匪、恢复和发展生产、支援前线三项紧急任务。他号召全省干部"丢掉和平幻想,走出城市,到农村中去,继续发扬不怕吃苦、不怕流血牺牲的精神,和合江人民同生死、共患难",去争取我们事业的胜利。会上,张闻天宣布了东北局的决定:把原省工委改为省委,张闻天任书记,李范五任副书记,李延禄任省政府主席。

---

① 1946年6月20日张闻天在合江省委扩大会议上的讲话,以《建立巩固的东北战略后方》为题收入《张闻天东北文选》,黑龙江人民出版社1990年版(后引此书不再标明版本)。

张闻天这年46岁，正当盛年。在合江工作两年间（1946年5月至1948年5月），他高瞻远瞩而又脚踏实地，面对错综复杂的矛盾和艰难险阻的局面，保持清醒的头脑，富有卓越的胆识。他总是从实际出发，总揽全局，把准方向，制定和掌握正确的政策，发动和依靠群众，积极而又稳妥地完成各项任务，逐步将合江省建设成巩固的根据地，在东北解放战争中发挥了战略后方的作用。

当时，发动群众，建立巩固根据地的最大障碍是匪患。因此，剿灭土匪成了合江省最紧迫的任务。张闻天直接领导了合江的剿匪斗争，取得了彻底的胜利。

在整个北满，合江地区土匪数量最多，头目最大，活动最猖獗。其中尤以谢文东、李华堂、张雨新、孙荣久等四大股匪为最，人称"四大旗杆"。每股都麇集千余人。他们都是政治土匪，翻云覆雨，大多开始接受我方收编，后又叛变接受国民党"委任"，也有先受国民党加委，后受我方收编又反叛的（如张雨新）。1946年1月至5月土匪受到我军很大打击，被迫退出了依兰等县城和铁路、公路交通线。但他们只是被打散，"四大旗杆"等匪首依然潜伏待机。当1946年4月上旬苏军撤离东北，国民党军占领沈阳、长春之后，这些土匪又卷土重来。四五月间，"四大旗杆"和一些股匪在合江省许多地方窜扰，攻城掠地，气焰嚣张。张闻天到任后，即于5月30日发出他为省委起草的《关于剿匪工作指示》，要求各部队"不要以将土匪击溃击散或消灭其一部后为满足，而即将部队撤回原防休整。相反的，应不辞一切辛苦疲劳，穷追敌人，务期将其大部或全部消灭"。①合江部队遂与6月17日到达合江的三五九旅密切配合，向土匪进攻，经两个多月作战，解除了富锦、绥滨之围，收复了刁翎、同江、宝清等县城，使合江土匪呈现崩溃没落趋势。

但是，大土匪头子"四大旗杆"都还没有擒获，相当一部分土匪骨干尚未消灭。张闻天又不失时机地于8月6日发出他为省委起草的《关于最近剿匪部署的决定》，指出："我们对剿匪任务，仍然不能有丝毫放松。如果我们放松了，则今天分散的土匪，明天又会集中起来，今天将要消灭的土匪，明天又会蔓延起来，因而使我们将要完成的工作，又得重新做起。"《决定》要求"武装群众"，"在短时期内形成当地人民防匪自卫的能力，建立人民的堡垒"，实行军事与政治的密切结合，军队与地方工作团的完全合作，决定指出："只有在军队掩护下，把群众真正发动起来，合江土匪的最后的与彻底的消灭才有实现的可能。"关于剿匪战术，提出"采用奔袭、奇袭、穷追与伏击者击的方法"，出现较大股匪则集中围歼，溃散后则分散清剿。②8月7日，东北局调任贺晋年为合江军区司令员。张闻天同他商谈剿匪问题，向他说明，合江根据地的建设，对我党我军在东北的成败关系重大，嘱咐他一定要完成清除匪患的任务，改变这里的混乱局面。③接着，张闻天又主持了合江军区军政干部会议（9月22日至30日），统一对目前形势的认识，对整军和剿匪作出部署。张闻天作了总结报告，在肯定成绩的前提下指出存在的某些严重问题，如"八一五"光复不久后对土匪

---

① 《张闻天文集》第3卷，中共党史出版社1994年版（后引此书不再注明版本），第278页。
② 《张闻天文集》第3卷，第310—312页。
③ 贺晋年：《我记忆中的张闻天同志》，见《回忆张闻天》，第199页。

采取收编、加委的错误政策；清剿战术上采用击溃战，未能抓到匪首，清除匪患；干部中存在着和平享乐思想和脱离士兵、脱离群众的军阀主义作风；等等，认为有必要整顿军队。张闻天提出今年冬季一定要彻底完成消灭土匪的任务。省委并决定建立军分区，明确划分剿匪区域，限期完成任务。张闻天强调，我们的剿匪方针应是消灭不是争取，是"杀头"不是"洗脸"。血的教训说明，对于合江顽匪，不用武力打垮他们，是决不会投降的。在剿匪战术上，张闻天不赞成打击溃战，主张以穷追堵击相配合，采用"三猛战术"（猛打、猛冲、猛追），实行以毙俘匪首，消灭股匪为目标的歼灭战。

就在这次会后不久的10月初，发生了合江军区第五支队副司令杨清海与匪首李华堂勾结，在依兰叛变的事件。10月末，萝北县城凤翔镇又被刘山东股匪攻入。张闻天得到报告，立即亲自带领军区直属部队乘火车前往救援。车到鹤岗后，张闻天又立即命部队分两路向凤翔进攻。刘匪闻讯，当天中午就从凤翔匆忙逃遁。根据土匪再度猖獗的情况，张闻天与省军区首长于11月8日联名发出训令：必须迅速纠正和平整军思想，对每股土匪要指定专人包打，限期一个月内消灭。

10月初发生依兰叛变事件后，贺晋年即亲自率领部队沿牡丹江向南追击李华堂匪部。他执行了"猛打穷追，打楔堵击，彻底消灭"的清剿方针，不顾疲劳，不惜伤亡，连续作战，几次横跨牡丹江，追歼顽匪于林海雪原之中。在人民自卫武装和广大群众配合之下，经过我军穷追猛打、反复清剿，几股顽匪先后被歼。贺晋年通过电台经常向张闻天请示汇报。张闻天千方百计满足剿匪部队进入深山老林后补给的需要，十分重视贺晋年剿匪斗争中创造的经验。1946年11月20日，"四大旗杆"中的谢文东，被追剿得弹尽粮绝，逃窜到依兰县牡丹江边的一个小山村，在土地庙中烧香求神时，被我军生俘。依兰前线胜利消息传来，张闻天非常高兴，立即总结了依兰剿匪胜利的经验，以贺司令员答记者问的方式，在1946年11月28日的《合江日报》上发表，有力地推动了全省的剿匪斗争。过不多久，"四大旗杆"中的又一匪首张雨新被击伤后抓住。12月12日晚在刁翎大盘道又活捉了李华堂。在深山密林中藏了三个月的孙荣久，也于1947年春被桦南县农民自卫队逮回。由于采取了正确的方针和战术，"四大旗杆"匪首全部落网，合江剿匪取得了决定性的胜利。张闻天在春节前的一次大会上说，去年土匪特务到处横行，社会混乱不安，今年，老百姓能过一个和平快乐的新年了！①

土地改革是根据地建设的中心工作，发动群众是完成这项中心工作的关键。张闻天说得好："现在，蒋介石手里有个'法宝'，叫美式装备的几百万军队。我们也有个'法宝'，就是给农民以土地。只要依靠这个'法宝'，实行土地改革，把农民真正发动起来，我们就完全可以战胜国民党的几百万军队"。②

张闻天1946年5月出席北满分局会议回佳木斯以后，立即抽调各方面干部400

---

① 张闻天1947年1月19日在追悼死难烈士大会上的讲话，转引自施松寒编写的《张闻天年谱（1945年8月—1948年5月）》，见《张闻天在合江》，第391页。

② 张闻天：《建立巩固的东北战略后方》（1946年6月20日在合江省委第一次扩大会议上的总结报告），见《张闻天文集》第3卷，第281—282页。

人，组织下乡工作团，进行土改试点。他提出，创立合江根据地的首要任务，是以佳木斯为中心，控制佳木斯与勃利、富锦、兴山、汤原、依兰之间的铁路、公路与水路交通线及其两侧的广大乡村。工作团首先在上述地区的主要市镇及四周乡村先搞据点，然后把点与点联成线，并把点扩大到面。① 张闻天确定佳木斯近郊的桦川县为省委的试点，自己亲自领导。他将全省三分之一的工作团摆在这一个县，自己深入到村，亲自抓了一个点：桦川县二区会龙山屯。张闻天要求工作团所到的地方，第一步，开展反奸清算斗争，发动群众，组织农会，集中力量打击地主阶级当权派，除掉骑在人民头上的"南霸天"、"北霸天"一类汉奸恶霸；第二步，广泛发动群众，平均分配土地，彻底变革农村封建土地制度。同时，在斗争中武装农民群众，建立革命政权，发展党的组织，把广大农村建成巩固的根据地。1946年六七月间，试点地区反奸清算斗争就全面发动了起来，有的地方已开始分配敌伪土地，个别地区清算地主的办法已开始实行，发展快的地方开始由点到面推开，但也有少数工作团还在城市内进行反奸清算，还没有下乡。

这时，东北局扩大会议于1946年7月7日通过《东北的形势与任务》决议（通称《七七决议》），要求动员大批干部下乡，发动农民群众，创造根据地。按照《七七决议》精神，张闻天于7月18日为省委起草《关于工作团工作的指示》②，要求"对于下乡工作必须有最大的决心与热忱"，要"认真发动群众工作，首先即是发动农民的工作；而农民正是我们力量取之不尽的源泉"。张闻天在这个文件中提出，必须认清农村工作中的两条路线，揭发与批评"上层路线"，坚持"平民路线"，在农村中掀起一场"扫荡一切旧制度与旧秩序的革命风暴"，"坚决打击反动派，给群众以实际的利益"；在工作方法上，不应由工作团包办代替，而要首先抓住积极分子，依靠他们，教育他们善于同基本群众结合在一起进行斗争，并扩大和组织积极分子队伍；必须大量采取公开、合法、大胆、放手的方法，突破一点后，便应放手地向前发展，在迅速的实际行动中动员群众，长期停留于调查研究而不行动，会使群众斗争情绪低落，"小手小脚"不能满足群众的要求；同时，应该动员更多的新老干部下乡参加工作团。7月末，张闻天主持全省干部会议，贯彻《七七决议》。他在总结报告中进一步强调发动群众的重要性。他说，"什么叫世界大事，就是群众觉悟"，"东北大事，就是东北老百姓觉悟"，"我们要使群众"自己起来为自己获得土地、牛羊而斗争。群众有组织的武装起来，就是觉悟了，"人民觉悟，就是打不烂的工事"。发动群众起来，成为人民战争，是我们唯一的巧妙办法。为此，张闻天提出要"大官做小事"，"坚决下农村"。他说："什么叫政治家？给人民解决了土地、房子、牛羊问题，他就是伟大的政治家，就是人民承认的政治家。"他指出："觉悟的群众，觉悟的武装，还要有饭吃，有衣穿，这三者就是做好建立巩固后方的条件。"③ 张闻天对北满一带新解放区解决土地问题的方针非常明确，这就是："放手发动农民群众，以革命的手段把地主阶级的

---

① 据1946年7月4日张闻天、李范五致中共中央东北局电，见《张闻天东北文选》，第25页。
② 见《张闻天文集》第3卷，295—299页。
③ 张闻天在1946年7月28日作总结报告。这篇报告收入《张闻天文集》第3卷，编者加标题为《目前东北形势和合江的任务》，引文见该书第305—309页。

政权打倒，建立起以工农为主体的民主政府。而要做到这一点，必须在反奸清算中使农民直接的无代价的取得敌伪及豪绅恶霸地主的土地、房屋与牲畜。"①

7月全省干部会议以后，立即再次抽调新老干部下乡，加上东北局派来的工作团（团长陈伯村，在东安试点）和干部，这时在合江农村进行土改工作的干部达到1500人。从6月工作团下乡起，到10月底五个月时间，在合江省的部分县市（15个）内开展了轰轰烈烈的群众运动，掀起了一场摧毁封建土地制度的革命的暴风雨。这是合江土改的第一次斗争浪潮。经过这次浪潮，有35万农民获得了20余万垧熟地，他们普遍建立了农会，成立了农民自卫队，并涌现出了5000多新的本地区、乡干部和积极分子。张闻天看到合江农村的这些空前伟大的变革，高兴地说："共产党员开始在合江省生根了。"②但同时张闻天又清醒地看到"我们的根底还很浅的"，工作中还存在着"左"的和右的偏差。他及时地于1946年11月上旬召开全省群众工作会议，12月10日又为省委起草了《进一步深入土地斗争》的指示，领导合江农村革命深入发展，争取彻底解决土地问题。

在合江土改第一次浪潮中，"左"的偏差的主要表现是有些地方损害以至侵犯了中农的利益。张闻天十分注意执行巩固地团结中农的政策。工作团下乡不久，他就针对平分土地中的问题指出，穷人分好地、富人分坏地的办法会影响大多数农民内部的团结，"要争取大多数，我们还必须紧紧抓住中农"。③随后，又从防止"左"的偏向的高度指示各工作团注意，要"多方设法争取中农到贫雇农方面来。为此，在物质分配时，有意识地分配一部分给中农，不要小气。许多事情要设法使中农参加一份，不要把他们排斥在外面，或冷在一边。至于损害他们的利益，那更是不应该的了。"④但是，在实际工作中，损害以至侵犯中农利益的情况还是时有发生。1946年11月7日，张闻天在《五个月群众工作总结》⑤（全省群众工作会议总结发言）中指出："我们在执行阶级政策上还有'左'的偏差，这主要的表现在团结中农（包括佃中农）的不够及对富农（佃富农在内）与小地主的照顾不够。"为了纠正"左"的偏差，提出农村中阶级路线的口号应该是："依靠贫农雇农，紧紧团结中农，争取富农，争取或中立小地主，集中力量打击恶霸地主。"并规定了一些政策，"其中特别重要的是对于政治上犯错误的中农（如当过屯长、甲牌长、地主狗腿之类的人），可以实行政治清算，但不能实行经济清算，侵犯其经济利益。对普通中农更应特别注意，不但决不能侵犯其经济的与政治的利益，而且更应时刻的加以照顾，使其参加斗争，参加农会，使其与贫雇农结成巩固的同盟。"张闻天反复阐明紧紧地团结中农的重要。在土改中，这样做了可以进一步孤立恶霸地主，进一步树立贫雇农的优势，组成农村反封建的革命大军，斗垮封建势力，否则，势必搞乱阶级阵线，贫雇农也会因脱离其他群众而孤立，

---

① 张闻天：《对土地问题的意见》，见《张闻天选集》，第356页。
② 张闻天：《五个月群众工作总结》，载《合江日报》1946年11月14日，引文见《张闻天文集》第3卷，第322页。
③ 张闻天致桦川下乡工作团陈勉信（1946年7月24日），见《张闻天选集》，第355页。
④ 《在放手发动群众中应注意之事项》（1946年9月1日），见《张闻天文集》，第3卷，第315页。
⑤ 以下引文均见《张闻天文集》第3卷，第323页。

土改不但搞不彻底，甚至会招致失败。在土改后，贫雇农将大量地上升为中农，他们和老中农都是农业生产的主力军，如果土改中侵犯了中农，那就不仅会打击这些中农的积极性，而且会使贫雇农害怕劳动致富。这实际上是破坏农村生产力，不利于国家经济建设的发展和人民民主政权的巩固。

随着土改运动的发展，张闻天和合江省委还作出了一系列正确对待中农的具体规定。如划阶级、定成份时，规定凡雇工或出租土地收入不超过总收入百分之二十五者一律按中农对待；平分土地时，中农不愿意打乱平分不要强迫，可以实行"中间不动两头动"（只把地主、富农和贫雇农的土地打乱平分）；分浮财时，对中农实行"只进不出"原则；在农会中，在保证贫雇农占绝对优势的条件下，中农亦应参加领导，村政权的领导成员中，中农代表不少于四分之一；等等。

张闻天在发现与纠正"左"的偏差的同时，又看到相当一部分地区存在着右的偏差。这些地区虽然将反奸清算、平分土地做了一遍，但并不彻底，积极分子队伍不纯，地主威风没有打倒，土地没有真正分到无地、地少的农民手里。群众把它叫做"半生不熟"地区。11月初，陈云去南满工作路经佳木斯，张闻天向他谈了合江土改中存在的"半生不熟"问题。陈云即写信向东北局反映。11月7日，张闻天为合江省群众工作会议作总结发言，明确指出，急于求成的急性病的结果，"使工作半生不熟，以至这类地区的工作不但需要重新做过，而且做起来有时比新开辟地区还要困难得多，这真是'欲速则不达'。"① 会后，张闻天即到省委的试点桦川县和该县的会龙山屯调查研究"煮熟夹生饭"的问题。东北局也于11月20日发出《关于解决土地改革运动中"半生不熟"问题的指示》，要求东北各省把"半生不熟"的夹生饭煮成熟饭，彻底解决土地问题。这个指示是陈云于11月7日致函东北局领导成员建议研究解决这个问题之后发出的。陈云的信就是听了张闻天所谈情况和意见，又到牡丹江作了了解之后写的。

张闻天直接指导了桦川县委召开的全县干部会议（11月17日至23日），对"夹生饭"问题进行了初步讨论。经调查，全县"半生不熟"的村

■ 张闻天与刘英农村调查期间在鹤岗一户农民家中

---

① 《五个月群众工作总结》（1946年11月7日），见《张闻天文集》第3卷，第324—325页。

子有 83 个，占工作总村数的 53%，全县总村数的 43%。为了进一步摸准情况，解决问题，张闻天冒着数九严寒，三下会龙山屯，重煮"夹生饭"，总结典型经验，指导全省土改深入发展。

1946 年 11 月中旬的一天，张闻天在蔡藜（桦川县县委书记）陪同下来到会龙山屯，通过几次座谈，了解到：这个屯的农民还没有同地主真正展开斗争。现任农会会长曲景春是个老好人，怕得罪地主，前任会长于坤和地主勾结，第一任会长李焕章已经升任区农会会长，他包庇于坤，非常可疑。张闻天要蔡藜和工作团查清李焕章、于坤的问题，调查本屯洪玺亮等三家地主的发家史，多做宣传，启发群众的阶级觉悟。经过调查，查清李焕章是钻到农会组织中来的暗"胡子"（即土匪），与土匪、地主内外勾结，干了许多坏事，坏人于坤被发现监押，就是他灌醉放哨的人以后放跑的。张闻天于 12 月 22 日再次到会龙山屯，发动群众斗争李焕章。时值数九寒冬，夜间气温摄氏零下 40 来度，张闻天还亲自出来参加积极分子会议，鼓动大家起来斗争。第二天，又出席公审李焕章的群众大会。会后，张闻天交代蔡藜对会龙山屯 72 户挨家逐户调查，写出调研报告（经调查 72 户中地主 3 户、富农 2 户、富裕中农 2 户、中农 25 户、佃中农 10 户、贫农 12 户、佃贫农 18 户），自己又到桦川县几个基点村作调查研究。在 12 月末调查了悦来区陈家围子"半生不熟"的情况以后，张闻天总结出"夹生饭"有假分地，瞒黑地，转移浮财，斗近不斗远，没有烧旧契、换新照、划地块、插牌子，胜利果实没有全部分到群众手里，部分民兵基干队被地主操纵，地主加强各种活动等八种具体表现。在 1947 年 1 月 5 日的省委例会上提出，要有信心在深入土地斗争中去解决"夹生饭"问题。1 月 7 日，张闻天第三次到会龙山屯，经过访问、座谈，摸清这里"半生不熟"的主要表现是干部不纯、不强，地主瞒黑地。张闻天在蔡藜陪同下用了半个月时间，在会龙山屯重煮"夹生饭"。群众第一次斗争地主洪玺亮，迫他交地契，后来发现这些地契都是些荒地；于是又发动群众再斗这个狡猾的老地主，迫使他低头认罪，交出 90 多垧好地和青苗，当场就把旧地契烧了。对另外两户瞒黑地的地主也进行了斗争。同时，改选了村干部，成立了新农会和自卫队，重新分配了斗争中得到的 191 垧土地。会龙山屯的农民这才真正翻身当家做了主人。

又有一天，张闻天获悉桦川县长发屯区农委主任李大胡子与土匪勾结的情报，经调查属实，决定枪毙李大胡子，发动群众。他在县委书记蔡藜陪同下，冒着大北风烟泡，乘载重汽车在摸黑前赶到李大胡子的老家靠山屯。第二天出席群众大会讲话。当场枪毙了李大胡子，从轻处理一批罪恶较轻的土匪。群众情绪振奋，扫除了障碍，煮熟了"夹生饭"。①

张闻天在桦川和会龙山屯蹲点取得了煮"夹生饭"的经验，各工作团也都在实践中做出了成绩，在此基础上，张闻天于 1947 年 1 月 23 日至 2 月 4 日主持召开了第二次合江省群众工作会议，提出坚决消灭"夹生饭"，在春耕前争取完成合江省的土改

---

① 据马加回忆录《飘泊生涯》之二十九《北风烟泡》，载《新文学史科》1997 年第 3 期，马加时任桦川县长发屯区土改工作团副团长。

任务。1月26日，他为会议作了题为《论群众工作中的诸问题》的总结发言。①

张闻天在总结发言中分析了产生"夹生饭"的原因，提出了"熟饭"的标准，说明消灭"夹生饭"的中心关键就是坚决执行阶级政策，真正贯彻群众路线，选好积极分子。他总结前一段放手发动群众的经验，从合江（乃至整个东北）阶级斗争的实际出发，提出并强调要"消灭封建法西斯集团"。张闻天在1946年12月为合江省委起草的文件《为进一步深入土地斗争》中，已经指明"农村斗争的主要敌人是恶霸地主"。通过这次群工会议，他又作了重要的补充，进一步指明，在土改中，"我们所要打击的这个主要敌人，是一个日寇倒台后保留下来的封建法西斯集团"，"这个集团中包含有地主、汉奸、特务、警察、土匪、封建迷信团体中的坏头目"，而"恶霸地主是这个集团的中心人物"。张闻天阐明，这场反对以恶霸地主为中心人物的封建法西斯集团的土改运动，必然是政治的、经济的、军事的与思想的斗争的结合。他用形象的语言指出，封建土地制度是"穷根"，封建法西斯集团是"坏根"。"坏根"是维护封建土地所有制"穷根"的上层建筑，挖掉"穷根"是与挖掉"坏根"的斗争密切结合着的。如果不把"坏根"挖掉，不用一切方法把这个封建法西斯集团从各方面打倒、打垮、打烂，农民即使一时分得土地、牲畜，也是不可靠的；但挖掉"坏根"的斗争，归根到底，必须把这一封建法西斯集团的经济基础挖掉。因为，"只有挖掉了'穷根'，'坏根'才会丧失它的物质基础"。所以，一定要用一切方法把斗争引导到分配土地、牲畜的斗争上，把恶霸地主的土地、牲畜清算出来分配给农民，才算真正解决了土地改革的根本问题。

1947年2月群工会议之后到5月春耕之前，合江全省进一步放手发动群众，将"夹生饭"煮成"熟饭"，取得很大成绩，基本上解决了土地问题。1947年6月，张闻天又主持召开了全省群众工作会议。这次会后，在继续消灭"夹生饭"的同时，一个起浮财、挖坏根的运动（又称："砍大树、挖底产运动"，简称'砍挖运动'）也在合江省某些地区开始发动起来。农民群众把恶霸、地主藏匿在地窖里的枪支弹药、金银财宝挖了出来，把他们隐瞒的黑地、黑马查了出来……这是土地改革运动的深入，这是彻底消灭地主阶级的举动。张闻天按照中央与东北局的指示，从合江省的实际出发，站在这个运动的前头，指导它健康地向前发展。

1947年7月28日，张闻天为合江省委起草了《关于生产时期彻底消灭封建势力的几个问题》②的指示，赞扬"农民群众向他们的剥削者与压迫者取回土地财产、枪支武器，是真正的物归原主（真正的"土地还家"，"财物还家"），是天经地义的正义的行动"；指出：在砍挖运动中"一切监视、逮捕、审讯、挖地窖、起浮产、清查黑马黑地、登记保管、评定等级、分配果实等工作，都应全部交给群众办理，切不要由少数干部与积极分子包办代替或强迫命令"。张闻天强调："必须坚决执行'依靠贫雇农，紧紧团结中农的方针'"，"任何忽视和侵犯中农利益的行动，必须严格制止"；必须纠

---

① 此文最初刊载于《合江日报》1947年2月15日，全文共12个问题，其中第四、十二两个问题收入《张闻天选集》和《张闻天文集》第3卷；《张闻天东北文选》收入全文。

② 最初刊载于《合江日报》1947年9月4日，收入《张闻天东北文选》。

正把斗争同生产脱离的偏向,"起浮财挖坏根的斗争,应该不是妨碍生产,而是为了促进生产";必须"将全部斗争果实,迅速分配给群众";必须"深入检查,及时发现问题,纠正偏向"。面对这场轰轰烈烈的彻底消灭地主阶级的群众运动,张闻天要求全省各级领导干部:"到运动中去,以全部热情,鼓励千千万万劳动农民在彻底翻身的道路上勇敢地与坚决地前进,给他们撑腰,搬掉他们前进道路上的一切绊脚石,同时以清醒的头脑,注视运动中的一切优点与缺点,及时地发扬优点,纠正缺点,使运动走向胜利,这就是我们当前的领导任务。"

在"砍挖运动"中,也出现了"左"的倾向,特别是在1947年9月全国土地会议以后掀起的平分土地高潮中,"左"的倾向相当严重。在东北,其突出表现,就是在1947年冬先后刮起了两股风:"扫堂子"风和进城"挖浮财"风。张闻天保持清醒的头脑,坚定地顶住了这两股歪风。

所谓"扫堂子",就是让地主、富农"扫地出门,净身出户",把他们的财物都挖出来分掉。1947年冬,东北一些地方在充分满足贫雇农要求的口号下,为了更多地挖浮财,开始在村内"扫堂子",后来发展成以区甚至以县为单位联合"扫堂子"。这股风越刮越猛,打击面也越来越大,一些中农特别是富裕中农被当做地主、富农斗了,财产被分了。当时《东北日报》和有的省报大量报道"扫堂子"的经验,号召仿效这种做法。合江有些干部也沉不住气了,责问省委为何不发动"扫堂子",甚至怀疑、埋怨省委右倾;个别地方也有已经搞起来的。面对这股风,张闻天毫不含糊地表态:"'扫堂子'的做法是'左'的东西,不能搞。"他指示《合江日报》,对《东北日报》和别省省报刊登的"扫堂子"的经验和社论一律不予转载。张闻天还冒着风雪,赶到桦南、富锦等县委了解情况,耐心说服县委的同志要顶住"扫堂子"风。他听说桦川县有一个区一夜之间平分了20多户中农的财产,连夜把这个区的负责同志找来汇报,研究措施,坚决制止了这种做法。他了解到桦川县大赉岗区用诉苦、说理而没有用净身出户的办法斗垮了地主,即加以肯定,在全省推广其经验。他还带领干部考察刮过"扫堂子"风的地区,用事实教育干部认识这种"左"的做法实际上对土改起了破坏作用,引导大家一起来顶住"扫堂子"风。由于张闻天的坚定,在东北某些省刮得很厉害的"扫堂子"风没有在合江刮起来。

在农村刮"扫堂子"风的同时,东北一些地方的农民为了挖地主的浮财,纷纷进城没收他们兼营的工商企业的财物。合江省几个县的农民派几百辆大车来到佳木斯城外,准备进城挖浮财。是支持,还是制止?佳木斯市委负责同志感到为难。让农民进城,私人工商业会被一扫而光;不让进城,又怕说成包庇地主、资本家。矛盾非常尖锐,情况十分紧急。张闻天亲自召集有关干部开会讨论如何处理。他在会上提出问题启发大家思考:土改的目的和任务是什么?是消灭封建土地所有制,还是消灭资本主义私有制?这个问题使大家豁然开朗,认识到《中国土地法大纲》规定"保护工商业者的财产及其合法的营业,不受侵犯"是正确的,符合革命发展的阶段论。张闻天还用事实说明,认为东北只有敌伪资本而无民族工商业与私人资本,或者认为现时已有国营工商业和合作社,没有私人工商业也不要紧,这些认识都是不符合实际的,错误的。农民随便进城"挖浮财"的做法是同我党现阶段的工商业政策相违背的,如不及时制止,合江各城市私人工商业在短期内将有全部被搞垮的危险。他说:把铁工厂、木工厂分了,开春谁给农民生产和修理农具呢?把被服厂分了,谁给部队战士缝衣服呢?农民进城,看起来,眼前多分了一点浮财,但从根本上说却损害了国家和人民的利益,包括贫雇农的利益在内,对发展生产、繁荣经济、支援前线与满足农民本身的需要都是不利的。他还说,资本主义私有制,最终是要消灭的,但现在还不到时候,时候不到过早消灭,就要犯"左"的错误。他还用自己在第三次"左"倾路线期间犯错误的教训,来提高干部们的理论水平和政策水平。① 认识统一以后,张闻天起草了《在平分土地运动中保护工商业》的指示,规定地主兼工商业者除没收其封建剥削部分外,其他一律不动,凡在1946年3月前之纯工商业者,不管其过去出身是否地主、富农,一律保护;还规定农民不得直接查封工厂、商店,更不得没收工商业者的财产,查封没收必须经市、县公安局或政府批准。这个指示于1948年1月12日报东北局并转中央,1月26日作了若干文字修改后刊登在29日的《合江日报》上。由于制止及时,使"起浮财"的风没有在合江刮起来。合江的这一正确做法,立即得到党中央的肯定。党中央1948年1月31日指示东北局,合江省保护工商业的文件"经修改后,可适用于整个东北各地"。

在顶住两股"左"倾歪风的同时,张闻天领导的合江省委针对合江省部分干部对土改运动认识上的"左"的错误倾向,毅然决定于1948年2月9日至20日召开全省群众工作会议,就对合江土改运动的估计和重大政策问题展开讨论。会上,有些同志认为合江的土改运动还不彻底,提出应以"把地主的浮财挖净"和"将来地主不会翻把"作为衡量彻底与否的标准,做不到这两条,就不能讲土改搞彻底了,说什么《中国土地法大纲》的"纲底"就是充分满足贫雇农的要求。不同意这种看法的同志同他们进行了争论。

张闻天在会议最后代表省委作了《合江农村的新形势与新任务》的总结报告②,从土改的性质、目的、任务,说明合江省土改在经过反奸清算、重煮"夹生饭"、"砍挖运动"以及平分土地等一系列斗争之后,已经取得了胜利。他指出,完成土改的主要标准是:在经济上,消灭了地主富农封建半封建的剥削,满足了农民目前必需的生产需求;在政治上,地主富农阶级被打倒,农民阶级当了权,原来的统治者被统治了。张闻天从是否改变了生产关系与政权性质的根本上分析,作出了"合江全省大部分地区已经基本上完成了土地改革的任务"的科学估计,并据此提出农村工作重心"必须及时的,坚决的从土地斗争转入生产斗争,从平分土地运动转入到生产运动","今后我们的任务,就是用一切力量,动员全体农民,发展生产"。

张闻天还提出了今后农村工作的方针、政策。他指出,"为了充分发展生产,提高农村生产力,改善农民生活,今后必须大大提倡在农民个体私有经济基础上,组织互助合作的劳动"。这种互助合作,是"今后发展农村经济的总方向"。同时,从农民的个体经济中将产生一部分"新富农经济"。"这样的新富农,对于发展农村的生产

---

① 据刘英:《为了建设巩固的战略后方》,见《张闻天在合江》,第147页。
② 最初刊载于《合江日报》1948年2月19日、20日,全文共三部分十二节,其中第二、七、十二节选入《张闻天选集》,编者另拟题为《从土地斗争转入生产斗争》;《张闻天东北文选》收入全文。

力，有其一定的进步作用。"应该允许其存在与发展。

1948年春，在张闻天为书记的合江省委的正确领导下，一场轰轰烈烈的大生产运动在合江大地蓬勃地开展起来。张闻天又及时发现先进典型，推广先进经验。他表扬了全省第一个大型排水工程"富锦致富大壕"，推广了勃利县抢垦屯、桦南县王家屯、集贤县小明甲屯、桦川县四合屯等组织互助组、开展大生产运动的经验。大生产运动取得了实效，为支援东北解放战争奠定了坚实的物质基础。

张闻天领导合江土改的成绩，得到东北局的赞扬。1948年3月，东北局在《关于平分土地运动的基本总结》中指出，各地在运动中发生了若干错误偏向，但"有些地区则掌握政策较稳，如合江省即是这样一个例子"。

城市工作也是合江省工作的重要组成部分。合江拥有佳木斯、鹤岗、鸡西、双鸭山、南岔等一批中等城市和工矿林区，还有一二百个小城镇，是城镇工商业相当发达的地区。张闻天在城市工作中同样注重调查研究，从实际出发，制定了一系列正确的工商业政策。

张闻天到佳木斯后在城市工作中首先碰到的一个问题是：在反奸清算中怎样对待日伪的配给店和加工业。其中牵涉到一个理论性很强的重大问题：东北是否存在民族工商业和私人资本。日本帝国主义强占东北时期实行专卖配给的"经济统制"，指定商店和加工厂销售和生产受"统制"的商品，包括生活必需品。有一种观点认为，在这种经济统制之下，东北的工商业都是"敌伪资本"，不存在私人资本和民族工商业。张闻天经过调查研究，认为东北工商业的主要部分属封建官僚买办资本，已经收归国有，但也有相当数量的民族资本，其间有的行业也有买办成分。对配给店和加工业应该分析它们的不同性质。大加工厂、大配给店为汉奸资本所掌握，清算没收，没有问题。对其中罪大恶极者应该镇压，毫不留情。如对号称佳木斯八大家的大汉奸、大买办曲子明，张闻天果断决定，公审后枪决。但小加工厂、小配给店则只是按日伪规定的工价和配售价格得到收益，并非汉奸资本。他们经常受到日寇的压迫，特别在1940年实行经济统制后，受到的打击很大，故对日寇不满，同汉奸资本亦有矛盾。不过由于他们直接影响群众生活，也常有克扣配给物资等损害群众利益的行为，群众也要求进行清算，这是正当的。在此基础上，张闻天按照《五四指示》精神，提出解决办法。通过省委会议讨论决定，1946年7月4日下达了《城市清算运动中应注意事项》的文件。① 张闻天从理论上强调："我们对待城市工商业资产阶级与对待封建地主阶级的政策，应有原则的区别。清算地主阶级的目的，是在消灭其封建剥削，而清算配给店和加工业，则只是收回其不应取得的意外之财及限制其过于苛刻的额外剥削。"从而在政策上规定，清算的项目，主要是群众已交款项而未配给群众或少配给群众的配给品，或群众虽未交款项但已经从敌人那里领到的配给品。指出：对历年克扣的部分，老百姓要求清算是正当的，应该支持，被清算者应该认错赔罪，但在经济处理上则采取有限的罚款形式，以不使被清算者的工商业倒闭，不影响其正常的营业与生产。这就恰当地解决了群众的当前利益和长远利益的关系，防止了"左"或右的

---

① 见《张闻天选集》，第351—353页。

偏向。

经过约两个月的清算斗争，在政治上进一步发动了群众，在经济上也基本满足了群众的要求。这时张闻天又为合江省委及时起草了《在放手发动群众中应注意之事项》①的文件（9月1日发布），指示各地把注意力适时地转到工商业的恢复与繁荣上面去。9月21日，省委又发出了《关于恢复工商业的一些指示》②，明确规定一律停止对城镇工商业者的经济清算，并针对当时出现的新情况决定：被没收的民族资本家企业，原主愿继续经营的，应发还；废除地方政府附加的各种杂税和额外摊派；军警机关及部队，不得任意扣押一切正当商人的货物来往，并保障其生命财产的安全；立即纠正任意提高工人工资的偏向，实行劳资双方有利的分红制度。由于采取了这一系列措施，工商业者对党的发展与保护民族工商业的政策有了认识，经营积极性普遍高涨，佳木斯市工商业出现了初步的繁荣局面。

为了进一步发展生产，繁荣经济，支援前线，张闻天又及时总结发展与保护工商业的实践经验，于1946年11月为省委起草了《发展工商业的若干政策问题》③的决议（11月7日通过）。这个"决议"从对于资本主义与对于封建主义政策的根本原则区别着眼，大胆地提出："为繁荣工商业、改善人民生活、支持长期战争，必须承认，大量的吸收私人资本，发展私人资本主义，是非常重要的任务。"这个"决议"正确处理了贸易、税收、信贷、物价和劳资关系等方面的问题，规定了一系列有利于恢复和发展私营工商业的具体政策。如规定：鼓励私人贸易的发展，不能不顾一切地、片面地提高工资而引起工商业的衰落；取消各种不合理的杂税，一律采取合理负担的办法，使税收政策成为调节公私关系、促进私人工商业发展的有力杠杆；在物价政策上要有利于工业品的输入与农产品的输出，使工农业产品价格比例适当，不致相差太远，等等。"决议"还指出，对私人资本的投机操纵、囤积居奇的破坏性要作必要的斗争。这个"决议"还从现实经济生活中存在的矛盾出发，对"小公家"的经济作出种种限制与禁止的规定。当时东北称省、地、县所掌握的公有经济为"大公家"，党政军各机关、单位所有并经营的经济为"小公家"。张闻天分析了这种"小公家"资本固有的矛盾与弊端："小公家的资本，一般都是为了解决本单位供给上财政上的需要，往往只照顾本单位的局部，不照顾全局，容易与民争利，破坏政策"，提出"小公家资本的活动范围应该受到限制"，规定"小公家"的以下活动应在禁止之列："它们使用各种特权同私人资本争利的一切举动是应该禁止的"；除军区可在服从政府法令和受省贸易公司指挥下经营商业之外，"其他小公家的贸易，连粮食的贸易在内，一律禁止"；"小公家的各种商店，必须在最短时期内宣告结束"。为什么禁止"小公家"经营？张闻天指出，"小公家"依靠军政特权经商，不但破坏了工商业政策，而且也损害了自己：既解决不了自己的供给问题，又腐化了自己的一部分干部，实在是利小害大。张闻天对党政机关经商采取断然禁止的措施，及时防止了党政机关的特权和腐败，对干部的清廉在制度上作了一定的保证。

---

① 见《张闻天东北文选》，第51—52页。
②《张闻天东北文选》，第55—56页。
③ 见《张闻天选集》，第358—364页。

1946年11月，在土改的高潮中张闻天就对保护和发展工商业作出这样全面、系统、明确、具体的政策规定，是难能可贵的。在这项"决议"的指导下，合江省私营工商业得到迅速恢复和发展。此后，在1947年冬至1948年初的平分土地运动中，如前所述，张闻天又坚定地及时制止了进城"起浮财"风，不仅使合江全省私营工商业免遭破坏，而且因政策正确而使私营工商业得到发展。佳木斯市1948年3月18日至27日仅10天时间，就增加了66家工商业户。到1948年5月，佳木斯市工商业户达3383户（其中工业为798户）；合江全省的工商业户为12369户（其中工业为2739户）。[1]

正确执行党的知识分子政策，在实际斗争中培养教育青年知识分子，使他们成长为党和人民的优秀干部，是张闻天一贯的主张和作风。在合江省两年间，这方面的业绩非常显著。除此之外，他还妥善地对待伪满时期遗留下来的知识分子，化消极因素为积极因素。其中处理伪满佳木斯市市长段宝坤一案，充分显示了张闻天的胆识。

佳木斯市委在讨论怎样处置段宝坤时发生争论。一部分同志认为段当伪市长才四个来月，时间短、民愤小，他主要是搞技术的，我们正准备开采双鸭山煤矿，需要技术人员，主张让段戴罪去开矿；一部分同志认为段是伪市长，在佳木斯官衔最大，是最大的汉奸，比他官小得多的都镇压了，不毙他，恐怕群众通不过。张闻天听了汇报后说：问题不在时间长短，看他到底有没有血债。张闻天要市里认真调查，还亲自看了段的案卷。经调查了解，段自1932年在东京帝国大学采煤系毕业回国后，的确一直做技术工作，且学有专长，出版过地质采矿的专著。在弄清情况后，张闻天主持省委会议进行讨论，并作了总结。他说：段宝坤是伪满市长，是大汉奸，属敌我性质，应该从严处理。但从严不等于统统要枪毙。现在有两种处理意见，哪一种正确呢？可以说都正确。但权衡利弊，前一种办法对人民好处多，这就是让段戴罪立功，劳动改造，造福于民，不论从当前或长远看，都比后一种办法较有利。[2] 后来，段宝坤到双鸭山煤矿，既做工又搞技术，原煤产量很快就大大超过省政府的计划。在党的教育和工人的监督下，段不仅改造了自己，还带出了一批技术人员，的确收到了造福于民的效果。

张闻天在合江非常重视干部培养和建党工作。他一到合江就注意在群众运动中物色和培养新苗子，把他们吸收入党。他高瞻远瞩地强调："东北人民的事情，没有千千万万新的东北干部，是决然办不了的"；同时又满腔热情地看到，"这种干部，经过这次群众运动，已经大批地涌现出来了，我们应当拍掌欢迎东北新干部的产生，并用我们的一切力量，帮助他们在阶级斗争的锻炼中成长、发展与成熟起来"。[3] 他提出在土地斗争中积极慎重发展党员的方针，强调第一批新党员的发展一定要打好基础。从1946年夏季开始，党员人数发展到3000多人。1947年秋平分土地运动前，省委要

---

[1] 据东北局秘书处1949年1月18日编印的《东北城市情况的几种统计参考材料》之八：《合江省工商诸业统计》。
[2] 据张如屏：《张闻天同志在佳木斯》，见《回忆张闻天》，第206—207页。
[3] 张闻天：《进一步深入开展土地斗争》（1946年12月10日），见《张闻天文集》第3卷，第351页。

求在年底前将党员人数增加一倍，并制定了加快发展的具体措施。到 1948 年 2 月土改结束时，全省有秘密党员 4000 余人，占农村人口的 3‰；70% 的屯建立了党支部。

张闻天从 1946 年 5 月到佳木斯主持合江省委工作，到 1948 年 5 月离开，在这里整整两年。他贯彻执行了党中央的方针、政策，又对合江的情况进行了调查研究，对自己的工作实践进行了理论概括，在若干方面充实和丰富了党中央和东北局的方针、政策。由于张闻天的卓越领导，合江军民干群团结奋斗，完成了把合江建设成为巩固的战略后方的任务，有力地支援了整个东北解放战争。张闻天日后回顾在合江两年的历程，觉得这是他战斗一生中心情很舒畅的一段。

探索经济建设基本方针

1948 年 5 月，张闻天带着对东北实际的深入了解和根据地建设的丰富经验，离开佳木斯，前往哈尔滨，担任中共中央东北局常委兼组织部长。

这时东北战场上敌我力量对比发生了根本变化。1948 年 3 月东北野战军冬季攻势结束后，东北 97% 以上的土地和 86% 以上的人口已获解放。我方在东北地区的军力和经济力都超过了敌人，已经具备了与敌人进行战略决战的条件。中国人民解放军在全国五大战场也都由防御转入反攻和进攻，整个革命事业已进到夺取中心城市、争取全国胜利的阶段。在新形势下，张闻天思考的重点放到了如何实现战略重点的转移，探索新民主主义革命胜利后经济建设的基本方针上面，而东北这一完整地区的解放、土改运动的胜利和工业建设的恢复与发展，为他的理论思维提供了实践基础。

自从 1927 年大革命失败、毛泽东开创农村包围城市、武装夺取政权的道路以后，20 多年来，党的重心一直是在农村。随着解放战争的发展，许多大、中城市相继解放，党中央和毛泽东即及时提出城市工作的"方针是建设、而不是破坏"等指示，开始注重城市工作。张闻天则根据中央指示精神，从东北实际出发，在东北土改基本完成、解放战争转入反攻的新形势下，及时提出了必须实现工作重心的转移：从乡村转入城市。他提出了"要加强城市工作，把注意力向这方面转移"的新任务，阐明了在新形势下"城市领导乡村"的战略思想。① 张闻天运用生产力与生产关系对立统一的规律观察问题，指出：解放战争进入反攻阶段，中国人民解放军要进行攻坚战和大兵团作战，军火、被服等等的需要，靠乡村的小生产是无法满足的；军需品的运输，只是依靠乡村也不行，必须要有城市工业的支持。这就是说，战争发展的进程要求大大发挥城市的力量。同时，土改完成之后，为了巩固工农联盟，也需要将工作重心转入城市。土改之后，改变了旧时代城乡对立、城市剥削乡村的关系而为互助合作的关系。农民提供粮食、原料给城市，但他们也向城市提出了新的要求。他们要农具、要日用品，将来还要机器、要文化、要科学技术。只有加强城市工作，满足农村

---

① 此处及本段以下引文均见《城市的地位和城市工作中的阶级路线》，见《张闻天选集》，第 388—389 页。

的需求，才能巩固工农联盟。这种重心转移之必要，从根本上说，是由城市在社会生产中的地位决定的。张闻天提出，"城市代表更高的生产力，代表工业、技术、科学与文化"，"城市代表最先进的工人阶级"，"因此，它应该而且有资格领导农村。"他还说明"城市领导乡村"的实质，就是"工业领导农业"，"工人阶级领导农民"。"离开了代表先进生产力的城市工业和城市工人阶级，社会不能前进，社会主义也不能实现。"

为了稳健地实现这个转移，做好城市工作和经济工作，张闻天在合江省工作期间就注意研究东北的经济构成，思考经济建设的基本方针，到东北局工作以后，在这条探索的道路上不断前进，作出了杰出的贡献。1948年7月18日，张闻天在东北局召开的各县组织部长、宣传部长联席会议上作《新民主主义的经济结构与农村经济的发展前途》的报告，就分析了新民主主义的主要经济形式及我们的基本政策。①8月31日，由于城工部长王稼祥患病，张闻天受东北局委托，在东北首次城市工作会议上作总结发言，②具体分析城市阶级关系和经济结构，提出了党在城市工作中的阶级路线（即政治路线、策略路线）：依靠被压迫被剥削的无产阶级及半无产阶级，团结独立劳动者和知识分子，联合中、小资本家，反对和打倒封建地主、官僚资产阶级及其代理人。接着，在上述"报告"、"总结"的基础上，张闻天为东北局写成意义深远的《关于东北经济构成及经济建设基本方针的提纲》③（以下简称《经济提纲》）。1948年11月2日，东北全境解放，张闻天起草、经11月23日东北局会议通过的《全东北解放后的形势与任务决议》④又非常及时地指出，东北现在已经开始了一个"进行经济建设的新的时代"，"东北党为了完成巩固东北与支援全国的双重任务，其应该掌握的中心环节，为发展东北经济，建设东北的新民主主义的经济基础"，"东北全党今后必须把经济建设的任务放在压倒一切的地位"。并提出，为此，要有文化建设的配合，要正确处理无产阶级与资产阶级这一基本的阶级矛盾，要加强职工运动与工会工作，要加强人民政权的建设，要加强党在东北一切建设中的领导等任务。1949年12月，张闻天改任东北财经委员会副主任。他继续深入调查研究，进一步从不同角度丰富了对各种经济成分及其相互关系发展趋势的认识，为正确执行经济建设方针提供了新的依据。上述的报告、发言、文件、决议，集中反映了张闻天在中华人民共和国建立前夕的经济思想，它相当系统、全面地从指导思想与基本方针、政策方面设计了一幅新民主主义经济建设的蓝图，勾画了从中国国情出发，经过新民主主义走向社会主义的道路。

张闻天首先指出，解放后的东北经济由五种经济成分构成。这就是：国营经济、合作社经济、国家资本主义经济、私人资本主义经济、小商品经济。这是张闻天学习与运用列宁的经济学说，结合中国东北的实际情况而提出来的。张闻天在1933年就曾学习列宁的方法，初步分析过土地革命后中央苏区的经济构成（详见本书第八

---

① 见《张闻天东北文选》，第185—190页。
② 见《张闻天选集》，第384—395页。
③ 同上书，第396—417页。
④ 见《张闻天东北文选》，第225—232页。

章）。1948年夏，他又具体分析了东北的经济构成。在1948年7月18日东北局召开的各县组、宣部长联席会议上，张闻天明确地把新民主主义的主要经济形式规定为五种：（1）国家经济，或叫公营经济；（2）国家资本主义经济；（3）私人资本主义经济；（4）小商品经济；（5）合作经济。（此外，报告中将"游牧经济"也列为经济形式之一）这在中国共产党历史上是第一次提出。1948年8月31日在东北城市工作会议的总结报告中，他又一次提出了五种经济成分。此外，他没有再提"游牧经济"，而将外国（主要是苏联）在东北经营的工商业列为一种，借用外国主要公司的名称，称为"秋林经济"，认为也应予以重视。本来，关于新民主主义的经济构成问题，很早就为党中央所关注。毛泽东1947年12月在《目前形势和我们的新任务》中曾提出："新中国的经济构成是：（1）国营经济，这是领导的成分；（2）由个体逐步地向着集体方向发展的农业经济；（3）独立小工商业者的经济和小的、中等的私人资本经济。这些，就是新民主主义的全部国民经济。"①张闻天在《经济提纲》中所作的论断和分析，则又前进了一步。他全面、系统、深刻地分析了五种经济成分的性质、地位、发展方向及其相互关系，并据此确定东北经济建设的基本方针，为中国共产党制定新民主主义经济建设方针提供了新的依据。张闻天在《经济提纲》及此后若干论文、报告和决议中，着重阐述了这样一些经济思想：

一、提出以国营经济为主体，多种经济协调发展的经济建设基本方针

张闻天指出，国营经济是社会主义性质的经济，是新民主主义政治的主要经济基础，是新民主主义向社会主义过渡的决定性条件。国营经济掌握着国家的经济命脉，在国民经济中居于领导地位，影响与决定着整个国民经济的发展进程和社会主义方向，也是实现国家工业化的根本保证。他同时指出，为了发挥国营经济在国民经济中的主导作用，必须切实改变国营经济中不少单位管理很差，以致经常赔本等状况，加强经济核算，实行科学管理，否则，国营经济难以成为新民主主义经济的支柱。

张闻天分析了国营经济与私人资本主义经济的关系，指出在彻底消灭帝国主义、封建主义与官僚资本主义的压迫以后，它们在经济上的矛盾和斗争，是"新民主主义社会中的基本矛盾"，但它们之间，排他性与共存性又是同时存在着的。新民主主义的国家经济，应利用私人资本主义经济有利于国计民生的积极方面，限制它的消极方面，并且通过国家资本主义的途径引导私人资本主义经济向着有利于社会主义的方向发展。张闻天还指出，要充分认识国营经济与私人资本主义经济在经济上的竞争，"将要决定新民主主义社会将来的发展前途，到底是过渡到社会主义社会，抑或过渡到普通资本主义社会"。应该把恢复与发展国营经济放在新民主主义经济建设最主要的地位，"任何把恢复与发展私人资本主义经济放在国民经济第一位的观点，是错误的。"

与此同时，张闻天也明确指出，以发展国营经济为主体，不是束缚而是促进各种经济成分的普遍发展。否认私人资本主义经济、小商品经济等其他经济成分的存在和发展及其不可替代的有益的补充作用，企图过早地消灭非国营的其他经济成分，也是

---

① 《毛泽东选集》第4卷，人民出版社1991年版，第1255—1256页。

错误的，有害的。这是因为我国现实生产力的水平还很低，新民主主义国家掌握的物质技术基础还不发达，国营经济更不可能去囊括社会经济的一切领域，需要其他经济成分在各自的适应范围内"分工合作，各得其所"，从而把全社会的经济力量都充分地组织起来。

张闻天在对五种经济成分及其关系进行科学分析，正确认识新民主主义社会性质的基础上，提出了一条新民主主义经济建设的基本方针："以发展国营经济为主体，普遍地发展并紧紧地依靠群众的合作社经济，扶助与改造小商品经济，容许与鼓励有利于国计民生的私人资本主义经济，尤其是国家资本主义经济，防止与反对商品的资本主义经济所固有的投机性和破坏性，禁止与打击一切有害于国计民生的投机操纵的经营。"按照这条经济建设方针，新民主主义国家就可以把整个社会经济组织起来，按照经济的客观规律协调发展。

二、依据农民小商品经济的规律和特点，提出发展供销合作和生产合作是发展农业、引导小生产者走上社会主义道路的基本途径

张闻天指出，在小商品经济发展的过程中，无产阶级与资产阶级必然会发生在农民小生产者中争取影响与争取领导权的斗争。农民小商品经济是站在十字路口的经济。作为劳动者，农民小生产者愿意在无产阶级领导下向合作经济方向发展；作为小私有者，又容易接受资产阶级的影响。要引导农民小商品经济向社会主义方向发展，必须经过比较长期的教育与斗争。无产阶级在领导农民起来消灭封建制度以后，必须采用经济上的办法组织与领导农民小生产者，而不能用行政手段（那是完全不中用的，而且是很危险的）。这种经济上的办法，就是合作社。所以，张闻天提出，土地改革完成以后，应在承认农民个体私有经济的基础上，根据自愿和两利的原则，组织互助合作。这种农民之间平等互惠的劳动关系，有别于农民与地主富农之间的封建半封建的剥削与被剥削的生产关系，是一种新的即新民主主义的生产关系。张闻天看到，农民小生产者在生产上的互助合作，可以解决农具、耕畜、劳力不足等困难，对于提高农业生产力，增加农民收入是有利的。但是，随着农业生产力的提高及城乡之间联系的加强，如果只有这种劳动互助的生产合作，而没有供销合作，则缺乏一条把农民小生产者与国家经济联系起来、结合起来的"桥梁"和"纽带"。而农民小商品经济是依赖于市场的，土改后的农产品又必然会大量商品化，农民迫切希望供给他们廉价的工业品，又以公道合理的价格收买他们多余的农副产品。这种流通的任务单靠国营的贸易机关和国营商店的渠道是不可能完全承担的，还有不小一部分仍然由私人资本主义经济的商业资本完成。私人资本在商业活动中不可避免地要对农民实行中间剥削，侵犯农民的利益，有时甚至操纵市场，哄抬物价，造成金融不稳，破坏国营经济，影响国民经济的发展，于国于民都有害。为了正确引导农民小商品经济的进一步发展，把国营经济与农民小生产者直接联系起来，张闻天认为应该特别重视组织供销合作社。他提出，先在流通领域里建立供销合作，然后进到生产合作，即"从供销到生产"的农业发展的基本途径。主张当前应在农民中普遍建立供销合作社，使它成为在经济上指挥农民小生产者的司令部，组织农村生产与消费的中心环节。

张闻天对供销合作社的性质、任务也作了论述。他指出，供销合作社应是城市和

乡村的一切劳动人民群众的普遍的经济组织，其任务是供给农民所需的生产资料和生活资料，收买农副产品与国家进行交换，使国营经济有保障地得到丰富的原料、粮食和农产品，即在广大范围内在生产与消费者之间担负社会分配的任务，逐步由供销合作社代替私人商业资本的地位，有力地限制农民的商业投机，削弱城市资本与农民小生产自发势力的联系，以保证农民小生产者跟随无产阶级前进。因此，供销合作社是国营经济领导农民小生产者的有力助手和可靠的同盟军。国家应从资金、税收、货源等多方面给予必要的帮助和支持，使供销合作社得到巩固和发展。张闻天还指出，从中央到地方要建立供销合作社的组织系统，制定切合实际的一套办法章程，还要加强领导，把供销合作社有步骤、有重点地办好。

此后，张闻天了解到吉林省汪清县组织、发展供销合作社的经验，非常高兴，一方面将汪清经验批送《东北日报》发表，一方面又让邓力群（时在东北局巡视团工作，他向张闻天推荐了汪清县的经验）集中力量研究。①1948 年 12 月，张闻天又为东北局主持起草了《关于发展农村供销合作社问题》的决议草案，进一步提出："发展合作社的道路，必须遵守'从供销到生产'的规律"；赢利"按股分红"。②这个决议草案，得到东北局的同志一致同意。

三、从私人资本主义的二重性出发，提出国家资本主义是私人资本主义发展的方向

张闻天一直认为，民主革命胜利后还不能立即进入社会主义社会，需要有一个新民主主义的阶段，它的基本任务是消灭封建半封建的生产关系，大大发展社会生产力，为实现国家工业化，过渡到社会主义社会奠定物质基础。在新民主主义时期，私人资本主义经济有有利于国计民生的一面，在一定限度内的发展是必然的，必要的，并不可怕。凡是国营经济或合作社经济力量所不及的地方，私人资本主义经济的相应发展，在生产与交换上都对新民主主义的经济建设有一定的积极意义，决不可轻视，更不应该过早地采取消灭政策。但同时也应看到，"一切私人资本主义经济，即使是国家资本主义经济也罢，既然是资本主义，就必然包含有投机和操纵的本质"，带有破坏性。无产阶级的方针是，鼓励私人资本主义经济有利于国计民生的方面，限制其不利方面，并对其固有的投机性和破坏性作必要的斗争。张闻天指出，这种斗争是今后经济战线上的经常任务，正确掌握好"鼓励与限制"、"联合与斗争"，是新民主主义经济建设需要认真对待、正确解决的新课题。

张闻天根据列宁关于国家资本主义的理论，总结了东北的实践经验，在中国首次提出"国家资本主义"的经济范畴，继在城工会议总结报告中提出"公私合营"形式之后，又在《经济提纲》中明确提出出租制、加工制、订货制、代卖制等四种具体形式，阐明了国家资本主义经济是利用、限制私人资本主义的最好形式，是私人资本主义经济的发展方向。

---

① 据邓力群：《坚持对共产主义的忠贞和深情——为老师闻天同志八十五岁诞辰而作》，见《回忆张闻天》，第 27—28 页。

②《张闻天选集》，第 427、432 页。

张闻天认为，新民主主义的国家按照国民经济的发展需要，采取加工、订货、代销等几种具体形式，给资本家进行生产或交换的一定必要的条件，给予原料、粮食以及运输等等的便利，保证他们取得一定的利润。这样，国家就可以从人民的需要出发，吸引私人资本为国家服务，并把私人资本置于国家的监督之下，充分利用它有利于国计民生的积极方面，有力地限制它的消极方面，使它成为新民主主义经济体系中的一个组成部分，向着有利于社会主义的方向发展，经过长期的经济上的和平竞争，过渡到社会主义。

张闻天的《经济提纲》于1948年9月15日向党中央发出的时候，党中央刚刚于9月8日至13日在河北平山县西柏坡开过政治局扩大会议。会上，毛泽东、刘少奇都就资产阶级民主革命完成以后中国内外的主要矛盾、新民主主义社会经济构成和建设方针等重大问题发表了意见。毛泽东还嘱托刘少奇就新中国经济成分的分析作进一步思考，草拟文件提请不久将召开的七届二中全会讨论。正在这时，他们收到了张闻天这份在调查研究和工作实践基础上产生的、理论与实践结合的《经济提纲》，立即给予高度重视。毛泽东肯定这个提纲，说问题提得很好，内容正确，并提出了具体的修改意见。① 刘少奇对提纲作了精心修改。毛泽东于10月26日披阅全稿，作了修改并写了批示。随后这份《经济提纲》即印发东北局、华北局和部分领导同志征求意见。1948年11月6日中共中央致电东北局，肯定这份《经济提纲》"很好"，准备转发全党，进行教育，"并作为各解放区经济建设的方针"。②

在1949年1月8日的中央政治局会议上，毛泽东在论述经济建设方针时就采用了张闻天《经济提纲》的概括。毛泽东说："今后对经济构成是应有一个通盘的认识。国营经济是带社会主义性质，合作经济也是带社会主义性质并向社会主义前进的，国家资本主义经济、私人资本主义经济和个体经济，那个东西基本上（是）对的，但要注意两条战线的斗争。"③ 在1949年3月5日中共七届二中全会上的报告中，毛泽东从对中国基本国情的科学分析出发，对经济建设的方针、政策作了全面的、科学的论述，其中对经济构成问题用简洁的语言作了明确的论断："国营经济是社会主义性质的，合作社经济是半社会主义性质的，加上私人资本主义，加上个体经济，加上国家和私人合作的国家资本主义经济，这些就是人民共和国的几种主要的经济成分，这些就构成新民主主义的经济形态。"④ 这一事例，生动地说明毛泽东思想是党和人民集体智慧的结晶，张闻天也是对毛泽东思想的形成和发展作出过重要贡献的党的卓越领导人之一。

作为东北局常委兼组织部长，张闻天在干部选拔、调配、教育、培养等方面做了大量工作。他从全东北解放后的新形势和新任务出发，提出"大量提拔与培养新干

---

① 据1949年9月3日中共中央东北局常委会发言记录（系发言人转述）；薄一波：《若干重大决策与事件的回顾》上卷（修订本），人民出版社1997年版，第23页。
② 1948年11月6日《中共中央给东北局的电报》，载《文献和研究》1983年第1期。
③ 转引自薄一波：《若干重大决策与事件的回顾》上卷（修订本），第24页。
④《毛泽东选集》第4卷，人民出版社1991年版，第1433页。

部"①的方针，指出这是解决干部困难问题的主要方法。他说："三年来，在东北战争与土改的巨大革命浪潮中所涌现出来的大批新干部，已经经过了相当的锻炼与培养。在这一基础上，大量地进一步地提拔其中的优秀分子，现在已经是时候了。"1948年10月6日至19日召开的东北局高级干部会作出决定，在最短时期内使区级职务都由新干部担任，使县级职务除县长、县委书记、公安局长及少数县委部长、个别县府科长外，也由新干部来充任，并在各种工作部门增设由新干部担任的副职，给新干部以学习的机会。这个决定的贯彻，保证了东北派出1.2万名干部（其中新干部1万名）随解放大军入关南下，同时也解决了东北全境解放后各地区、各方面干部的急需。

除此之外，张闻天还受党中央和东北局的委托，迎接从香港前来东北解放区准备参加新政协的民主人士。1948年9月20日左右，张闻天代表东北局从哈尔滨赶到朝鲜北部港口罗津，迎接第一批从香港乘海轮北上的四位民主党派负责人：沈钧儒、蔡廷锴、章伯钧、谭平山。张闻天向他们转达了毛主席和中共中央欢迎之意；并说明为安全起见，先请他们到哈尔滨暂住，现在我军已经在北宁路发起攻势，一俟北宁、平绥铁路线打通后，或接他们到华北开会，或由中共中央代表到华北解放区的各民主党派、团体代表前往哈尔滨开会。②第二批郭沫若等30余人于12月初到达。这时辽沈战役已经结束，东北局已迁到沈阳。张闻天同郭沫若五四时期就互相熟悉，在新中国出世的前夕，相逢于人民当家做主的城市，把手交谈，格外高兴。1948年除夕，李济深、茅盾、章乃器、邓初民、朱蕴山、卢绪章、洪深、彭泽民、梅龚彬、施复亮（存统）、吴茂荪、孙起孟等20余人，在潘汉年等的巧妙安排下，从香港秘密乘上一条苏联船，直航大连。张闻天代表中共中央和东北局专程前往迎迓。③茅盾在30年后回忆到达大连时的情景，仍然抑制不住内心的激动。他写道："1949年元月7日，轮船驶进了大连港。大家蜂拥到甲板上贪婪地眺望这片神圣的自由的土地。啊，我们来到了！我们终于胜利地来到了！在码头上欢迎的人群中，我看见了张闻天顾长的身影，他正挥舞着双手在向我们致意！"④

在辽东省委

1949年3月5日至13日，张闻天出席了在河北省平山县西柏坡召开的中共七届二中全会。会后经北平返回沈阳。

4月，东北局决定调整行政区划，将抗日战争胜利后国民党政府设置的东北九省（辽宁、辽北、安东、吉林、松江、合江、黑龙江、嫩江、兴安）改为六省（辽东、

---

① 张闻天为东北局机关报《东北日报》主持起草了以此为题的社论。载1948年11月9日该报。收入《张闻天选集》。以下引文与概述见该书第419、422、424页。
② 据1948年9月18日中共中央致东北局电，见《中共中央解放战争时期统一战线文件选编》，第205—206页。
③ 据邓力群谈话（1992年12月29日）。邓力群当年随张闻天前往大连。
④ 茅盾：《我走过的道路》（下册），人民文学出版社1988年版，第462页。

辽西、吉林、黑龙江、热河、松江)五市(沈阳、鞍山、本溪、抚顺、旅大,后又增长春、哈尔滨二市),统由东北行政区管辖。张闻天奉调担任中共辽东省委书记,于1949年4月下旬到达省会安东(今丹东市)。

辽东省由原安东省和辽宁省划出的台安、盘山、辽中三个县及辽北省划出的五个县合并而成,辖5个市28个县,人口859万,与辽西省隔辽河相望。① 长白山脉由北向西南斜贯全省,物产丰富,交通发达,工农业生产都有一定基础。省会安东是个在清朝光绪初年才开埠的新兴城市,与朝鲜的新义州隔鸭绿江相望,为东北南部第一门户。它西南的大东沟,是著名的木材集散市场。甲午战争中,北洋水师与日本舰队悲壮的黄海大战就发生在那里的海域。20世纪20年代,是辽东境内各市县工商业繁盛的时期。但自从日本军国主义入侵以后,特别是伪满康德六年(1939)实行经济统制以后,就普遍地陷于萧条了。从1946年到1948年三年间,辽东几经国民党军队的袭扰抢掠,兵燹加上天灾,经济遭到很大破坏。解放以后,农村实行了土地改革,城市进行了反奸清算,工农业生产有所恢复,人民生活有所改善,但总的说来,张闻天来到辽东的1949年,既是辽东人民胜利前进的年代,也是辽东人民度过的困难岁月。

张闻天担任辽东省委书记的十个月,就是在辽东贯彻落实七届二中全会决议,实现工作中心转变,领导辽东人民发展生产、改善生活、战胜困难的十个月。

辽东省委于1949年5月9日正式成立以后,在张闻天领导下很快调整、建立了组织机构,配备了干部,全省工作迅速恢复到正常状态。从6月2日至11日召开全省县团以上干部大会,传达七届二中全会决议。张闻天作传达报告,"中心内容是关于成为目前全党压倒一切的中心任务的经济建设,特别是工业建设的问题"。② 他根据

■张闻天任辽东省委书记期间与安东工作的部分同志合影。左起:张闻天、刘子载、徐达深、吴仲廉、邓力群、刘英、王楷、边章五。

---

① 据《辽东省概况介绍》,载《辽东行政导报》第1期。
② 张闻天在为贯彻中共七届二中全会而召开的辽东全省干部大会上的讲话(1949年6月9日)。

七届二中全会决议的精神,联系辽东省当前的具体实际情况,并针对干部的思想,详细分析说明了关于经济建设中许多理论上、政策上以及党的领导和工作作风上的问题。这次会议着重从思想上检讨了过去忽视城市工作、忽视工业、忽视工人工作、忽视对工厂企业和合作社的领导等存在问题,研讨了今后如何组织辽东全党实现全面转变,把工作中心由农村转到城市,并使城市工作和农村工作、使工人和农民、使工业和农业密切联系起来的问题。会后,张闻天团结省委一班人进行了扎实具体的工作,领导辽东全省实现了工作中心的转变,使辽东省的工农业生产很快得到恢复和发展;与此同时,张闻天又继续对经济建设的方针、政策进行探讨,作出了重要的贡献。

在城市工作中,张闻天首先指导安东市实现了工作转变。安东市自1947年6月第二次解放后工作是有成绩的,但是市委过去的工作方针没有以"依靠工人阶级发展生产"为中心,长期把工作重点放在街道,结果是面向贫民,而忽视了依靠工人群众及争取知识分子的工作,忽视了头等重要的经济建设任务。安东市委1949年工作计划仍以街道建政为全年的中心任务,说明了整个城市工作的方针基本上仍未改变。在张闻天指导下,安东市委经过一个多月讨论研究,确定市委以领导城市生产建设为中心任务,特别注意加强工业生产及财政、经济、金融、贸易的领导,贯彻"依靠工人阶级发展生产"的总方针,把工作重点由街道转向工厂企业部门。还具体规定造纸、纺织、胶皮、丝织、机械、金属精炼等六家大厂归市委直接领导,市委成员分工掌握各工厂工作,市委应保证与监督各厂生产任务的完成。张闻天及时总结安东市工作转变的经验,推动全省城市工作的转变。为了统一领导全省财经工作,张闻天在省委内组织了一个财经会议,吸收各有关主要企业部门的干部参加,张闻天亲自担任财经会议主任。①

由于敌伪的长期统治和解放后没收敌伪财产的结果,在辽东省的工矿企业中,国营和公营(指省和市县经营,后来又称地方国营)企业占极大优势。全省国营企业职工9.8万人,省营企业职工1.5万人;私人工业1.8万户,从业人员3.5万人,可见私资绝大多数是小资本家,在整个工业中所占比例很小。以安东市的工业为例,国营、公营资本约占94.5%,私资仅5.2%;私资经营的工厂雇佣工人100人以上的只有一家,50人以上的一家,20人以上的九家。②张闻天从辽东的实际出发,十分重视国营、公营经济的发展,指出:"在发展工业生产中,发展国营、公营是最重要的,是基本的。"③为此,他具体地指明:生产、生活与教育,是工厂企业工作中的三件大事,其中生产是主要的,基本的。要使一切工作都以生产为中心,把生产搞好。生活的改善是发展生产的结果,教育也是为了提高工人的生产积极性。他又指明:管理、技术、劳动,是生产中的三大问题。解决这些问题的目的,是为了提高劳动生产率。党组织必须切实负担起正确解决这些问题的责任来。他还强调,为了发展生产,必须发扬与依靠一切劳动人民的积极性,这就提出了"面向群众、发扬民主"的任务。张闻天精辟地指出:"民主不应是形式的,而必须有内容的。发展生产应该是发展民主的中心

---

① 本段内容据辽东省委给东北局的关于五六两月工作的综合报告(初稿打字稿)。
② 以上数据据《辽东省第一届党代表会议》,载《东北日报》1949年10月23日。
③ 张闻天:《面向生产,面向群众》,见《张闻天东北文选》,第286页。

内容。"① 在当时的历史条件下,张闻天和辽东省委在工矿企业中连续发动了检查浪费运动、创造新纪录运动,把工人职员的积极性调动起来,使工矿企业的生产管理水平逐步提高。东北局在 1949 年 10 月的一个批复中肯定辽东省反浪费检查运动"是抓住了公营企业建立经济核算制的首要环节"、"给今后企业化的工作打下了基础"。当群众的积极性已经发动之后,张闻天又及时地提倡群众性创造新纪录运动,提出"规定合理的技术定额"、纠正工资问题上的平均主义,实行"超额累进工资制"和"超额奖励"等意见,将群众的劳动热忱与技术及管理有机结合起来,引导群众运动向着不断提高劳动生产率的方向发展,促进工厂生产逐步实现真正企业化。② 这些符合经济工作规律的主张和办法,在当时还很少有人顾及。

私人资本在辽东经济中虽然比例不大,但张闻天仍然十分重视。正如他所指出的,在工业方面,私人资本和小手工业方面还有很大加工生产力;在商业方面,营业中私商还略占优势。估计私人工商业今后还会逐渐得到改造和发展。③ 张闻天到辽东后,对私人资本主义问题作了调查了解,发现自从纠偏防右后,在正确发展私人资本主义上还存在有若干带有盲目性的"左"的思想与"左"的作风。在 6 月上旬全省县级以上干部会议上,这种"左"的思想与作风又有若干反映。为了纠正这些"左"的思想与作风,张闻天在为这次干部会做结论时,根据七届二中全会决议和刚刚收到的中央给东北局关于在对待私人资本主义问题上纠"左"的指示电,对发展私人资本主义的重要性与必要性加以强调。④ 会后,张闻天一方面立即采取措施,纠正"左"的偏差;一方面对私人资本主义问题进一步研究,写出报告。

七八月间,张闻天接连为辽东省委起草了《关于调整城市劳资关系的决定》(1949 年 7 月 12 日)、《关于贯彻"公私兼顾"方针的若干决定》(1949 年 8 月 2 日)。⑤ 前一个决定列举了劳资关系中六种不正常的现象,并作出了调整劳资关系的十项规定,首先要求"在干部中进行反复的教育,去克服工人运动中片面强调工人利益的'左'倾思想的残余"。后一个文件中列举了贯彻"公私兼顾"方针时存在的八种不正常的现象,并作出了在继续加强国营经济及合作经济的领导力量的总方针下促进私人资本主义正常发展的八项决定。要求在干部中解释,私人资本的正常发展在今天还有进步的作用,应该采取积极扶持的态度;公营企业应集中力量于主要生产部门,这样可以腾出一定的经济地盘给私人资本,吸收私人资本,投入生产事业。⑥ 在 9 月中共安东市第一次代表会议上,张闻天将"发展私人资本主义的企业"列为当前任务之一,指出"必须想尽各种办法去发展有益于国计民生的私人资本主义的企业";"在发展私人资本中,要反对'左'的与右的偏向。既要反对对私资的过高要求及把私资限制太

---

① 此处引文与以上概述均见张闻天:《面向生产、面向群众》,见《张闻天东北文选》,第 286、288 页。
② 张闻天为《辽东大众》起草的社论《如何组织与推动新纪录运动》,载该报 1949 年 10 月 20 日,引自《张闻天东北文选》,第 292、293 页。
③《辽东省第一届党代表会议》引述张闻天报告,载《东北日报》1949 年 11 月 23 日。
④ 据档案中存张闻天复电的印件,题为《两点声明》(1949 年 6 月 9 日)。
⑤ 两个决定均收入《张闻天东北文选》。
⑥《张闻天东北文选》,第 283 页。

死，又不能使私资无限制的发展，无限制的剥削。'公私兼顾、劳资两利'的方针必须坚持。为了保护私营企业中工人利益及发挥私人资本的积极性，订立劳资的集体合同的办法，应贯彻下去。"①

张闻天进一步研究东北私人资本主义问题的结果，就是1949年7月19日写成的给中共中央东北局的《关于东北私人资本主义的报告》②（以下简称《报告》）。这是一篇理论与实际、历史与现实、政治性与学术性结合的报告。要评介这篇研究报告的内容，就不能不牵涉到1948年8月的东北城工会议、1949年四五月间刘少奇的天津调查以及1949年5月31日中央给东北局的指示电等。

事情的原委是这样的：1949年四五月间，刘少奇在天津多次发表讲话，论述正确对待民族资本主义的问题。他按照毛泽东提出的"公私兼顾，劳资两利，城乡互助，内外交流"的方针和七届二中全会确定的城市政策，说明民族资产阶级不是我们今天的斗争对象，私营工商业在一定范围、一定时期内的发展，是新民主主义经济政策所允许的，并批评了在对待民族资产阶级问题上出现的"左"倾情绪和行为。一位原东北局社会部负责人在5月19日听了刘少奇的报告以后，于5月20日给刘写信，片面反映1948年夏东北城工会议上张闻天的所谓极左。说张闻天在结论中说"你们为什么要去注意私人工业呢？听其自生自灭垮了就垮，我们不能负责，这种右倾思想要不得"。结果大家垂头丧气而返。绝大多数与会的干部不同意，但没人提出，因为怕右倾，但问题并没有解决。刘少奇接读此信以后，于1949年5月31日为中央起草了《关于对待私人资本主义政策问题给东北局的指示》，列举在天津巡视期间发现的对待私人资本主义的种种偏差，批评"这是一种实际上立即消灭资产阶级的倾向，实际工作中的'左'倾冒险主义的错误路线，和党的方针政策是在根本上相违背的"。指示电指出："据说在东北城市工作中也有这种倾向，希东北局立即加以检讨并纠正。"③中央把这个电报转发给各中央局、市委和各野战军前委，指出"如果不克服此种错误，就是犯了路线错误"，要求各地党委"据以检查自己的工作，认真克服对待民族资产阶级的'左'倾机会主义错误"。④

对于中央的这个指示电，张闻天采取冷静谦虚、实事求是的态度。他于1949年6月9日先就关于私人资本主义问题给中央发了复电。在这份称为《两点声明》的复电中，张闻天首先说明事实真相："去年我在城工会议做结论，是因稼祥同志有病，临时受到东北局的委托的，结论提纲曾经过东北局讨论过，并且不久即由我把它写成了关于东北经济构成的提纲草案，当时我对于私人资本主义的观点，也已全部写进去了。此文件经过讨论通过后，曾发给中央并曾在去年9月高干会及今年2月高干会二次发到与会同志中去讨论过，这些会议×××同志亦曾参加过，但当时并未听到过反对的意见。……至于×××关于去年城工会议及其关于我的所谓结论的反映，我个人觉得还缺少真实性。"

张闻天所说情况是真实的。1948年8月31日张闻天为东北城工会议作总结发言

---

① 《张闻天东北文选》，第286页。
② 这个报告已收入《张闻天选集》。
③ 原东北局社会部负责人之一致刘少奇信及中共中央1949年5月31日给东北局的指示电均据档案。
④ 据档案，并据薄一波：《若干重大决策与事件的回顾》上卷，第57页。

的当时,在东北城市工作中纠"左"的工作,根据党中央和东北局的指示,已经进行了一个相当时期,"左"的偏向已经和正在得到纠正。而在这次城工会议上一些同志的发言中也暴露出某些右的偏向。所以,张闻天在总结发言中谈城市工作开展两条战线斗争时批评了右的偏向。张闻天指出:"由于前一时期集中力量纠'左',现在右的倾向又出现了一些萌芽。在少数同志中间,暴露了一些右的观点。有人说,对工人和资本家要'一视同仁,不要偏心'。我们是共产党人,不论何时何地,总是要偏向工人的。有人不是站在无产阶级立场同资产阶级联合,而是觉得'劳资之间只有合作,没有斗争'。有人甚至说:'工人养活资本家,资本家也养活工人';'究竟是穷人养活富人,还是富人养活穷人,还要研究。'劳动创造世界,工人的剩余价值养活资本家,这是马克思主义的基本观点。难道这还要研究,还能改变吗?"张闻天又说:"在实际工作中,有些同志对工人关心少,对资本家关心多,听工人的话少,听资本家的话多。对于工人群众,我们一定要关心他们的劳动和生活,倾听他们的呼声,否则就不成其为无产阶级政党。当然,关心工人,并不是说要把工资提高到不适当的水平。听工人的话,也不是说不要听资本家的话。资本家的话也要听,但是要站在工人阶级的立场上去听。"同时,张闻天也指出:"另一方面,也还存在着明显的'左'的观点。例如,有些人根本反对纠偏,还自认为代表群众利益。其实他们只代表群众的眼前利益和经济利益,不代表群众的长远利益和政治利益。"张闻天强调:"我们必须在党内经常从两条战线上开展斗争,反对'左'右偏向,克服地主、资产阶级和小资产阶级的思想,并且在这种反偏向的斗争中锻炼自己的思想。这样,我们才能正确地掌握阶级路线,做好城市工作。"[①]

在张闻天的总结发言中,并不存在对待私人资本主义的"左"的偏差。纵观张闻天从1946年5月到合江担任省委书记后在城市清算运动中防止和纠正"左"的偏差,在土改运动中始终执行保护和发展民族工商业的政策,直到1948年9月在东北城工会议总结发言的基础上写成《经济提纲》,可以说,张闻天是党内坚持反对"左"右偏向,制定与执行对私人资本主义正确政策的主要代表之一。张闻天在6月9日给中央的复电中表示,将对这个问题进一步深入研究,7月19日的《关于东北私人资本主义的报告》就是他研究的结果。

《报告》对1945年"八一五"解放后东北私人资本主义的发展过程作了历史的、具体的分析,用很短的篇幅清晰地叙述了三年多来东北私人资本主义的发展史。《报告》指出:大体说来,从"八一五"到全东北解放(实际时间可算到1949年3月),是私人资本主义发展的第一个时期。中小资本家利用战争时期比较不正常的条件,得到了相当的"自由发展"。其中大部分私资是利用物价的波动与不平衡来进行商业活动;工业的发展走向小型、分散,而且是盲目的、无计划的、游击性的、抓一把的。显然,"这是循着无政府的老资本主义的方向发展的一种自发的运动"。在这种情况下,东北局去年9月确定采取全力恢复控制经济命脉的国营工业与商业的方针是正确的。全东北解放后,物价、原料与市场的条件,发生了根本变化,带有极大自发性的比较

[①]《张闻天选集》,第394、395页。

"自由发展"着的私人资本面临歧路,开始表现出停滞与萧条的状态,东北私人资本主义的发展已是转入第二时期。《报告》认为,这一时期私人资本主义要得到健全与正常的发展,必须循着新民主主义经济体系所铺设的轨道走去。今后发展东北私人资本主义的方向与办法问题,必须从东北经济建设的全局着眼,加以根本解决。张闻天设想,在国家经济建设计划中给私人资本指定一定的活动地盘,在原料与市场方面给以一定的照顾,并在税收政策、价格政策、劳动政策、运输政策、借贷政策等方面给以一定的有利条件,逐步引导它循着我们所需要的方向发展,使之成为新民主主义经济体系中的一个附属的有机部分。

张闻天在《报告》中总结了三年多来对私人资本主义政策的各个方面,指出在这个问题上党的领导方针以及实际工作中发生过的一些"左"右摇摆,并具体分析了目前在对待私人资本主义问题上"左"的偏差的主要表现,说明在实际工作中,在公私兼顾、劳资两利、税收政策等方面发生的这些"左"的偏差,其思想根源主要是对私人资本主义在东北经济体系中的必要性与重要性的程度认识不足,党内"'左'比右要好"的残余思想也还或多或少存在。张闻天同时还指出,干部中右倾思想也仍然是有的,而且批"左"中右倾思想一定又会乘机抬头,应保持头脑清醒。

从张闻天的《两点声明》和《报告》可以看出,在纠正对私人资本主义的"左"的思想与做法这个总的指导思想上,张闻天同党中央给东北局的"指示电"是完全一致的,在东北三年多的实际工作中,他对高岗的"左"倾错误也是有抵制的。但在对当时"左"的错误的估计以及在对待私人资本主义政策问题的某些看法上,张闻天根据东北的情况作了一些具体的分析。其一,张闻天将党的指导方针正确与否同实际工作中的偏差加以区分,他指出了刚进东北时在城市反奸清算中"扩大了打击面";在土改后期,在私人资本主义问题上有"严重的'左'倾错误";在1948年秋冬季贯彻中央与东北局"纠偏必须防右"的方针①下,右的观点迅速得到纠正。"自此以后,党对私人资本主义的方针,一般是正确的,但在实际工作中的偏差也仍然是有的,尤其是防右后的'左'的偏差。为了进一步发挥私人资本家的积极性,纠正一切这类偏差,尤其是'左'的偏差,今天极为必要。"②其二,对错误严重程度的估计,张闻天区分了不同阶段的不同程度,认为目前在东北实际工作中存在着的,是"一些'左'的偏差","一些'左'的思想和做法"。其三,张闻天强调,为了正确贯彻中央、东北局关于对私资的方针,应该"在党内进行两条战线的斗争,去克服党内在这一问题上的'左'右摇摆"。他还颇为尖锐地指出:"说'左'比右好,是错误的。说'左'比右难于克服些,因而'不妨右一点'的思想,也是不正确的。"③平心而论,张闻天本人在东北工作期间,在对待私人资本主义的政策问题上,在对私人资本主义政策的掌握上是能够及时地、坚决有力地抵制与纠正"左"右偏差的。

在农村工作中,张闻天在实践中也有不少创造。

---

① "纠偏必须防右"的方针是在1948年11月10日新华社社论《在结束土地改革的地方纠左必须防右》中提出的。
② 《张闻天选集》,第461页。
③ 同上书,第454页。

张闻天到辽东以后,即深入农村进行调查。不久,他就当前农村工作中带有方向性的三个重大政策问题提出建议,在1949年5月一个月内连发三份电报(17日、22日、23日)告东北局并报毛泽东。

其一,要正确认识和对待土改后农村经济的新趋向

张闻天及时地分析了东北农村土改后经济上发生的种种新情况,认为这些新情况,表现出以下几种趋向:多数农民生活有改善,阶级分化已开始,农业人口向城市工矿业转移,土地的所有与使用有更趋于合理的新的调整。"这些趋势是农村生产力与社会生产力要求向上发展的各种不同的表现。"①在新情况面前应清醒地正视农村中阶级分化的实际情况,既不要粗心大意、熟视无睹,也不要过分夸大阶级分化的危险而表示恐慌,或采取不必要的行政手段,来加以限制。我们在农村中经济政策的基本方针应该是继续采取发展供销合作社与劳动互助等办法,进一步提高农村生产力。在具体政策方面,张闻天提出:"凡有利于土地的合理使用,及有利于工矿业副业的发展,即凡有利于社会分业的发展的租佃关系及买卖、移居,我们不应反对。"②

其二,发展劳动互助要反对强迫命令和放任自流

张闻天指出,强迫命令的产生是由于认识上的糊涂观点,"其结果必然使农村生产力的发展受到障碍,使党脱离群众"。张闻天从当时、当地的实际出发,认为应该"承认农民中自发的插犋换工,是最能为农民接受的组织起来的初级形态",同时又说明,"这种初级形态的具体表现也是多样性的,在各时各地都不尽相同,因而也不能千篇一律到处硬搬硬套"。他还指明,劳动互助组织"是不能主观地任意提高的","这里任何的急性病都是有害的"。③这些论述,是针对东北局领导人高岗的"左"的意见说的,不仅在当时有现实指导性,而且在认识论和方法论上给人启迪。

其三,农村党员要为合作化方向而斗争

张闻天指出:"今天在农村共产党员面前提出了发财致富的两条道路,即新富农的道路与合作化的道路"。面对这样的矛盾,张闻天认为,"在党内应加强反对资本主义思想的教育",应该向农村党员指明,"新富农的剥削贫雇农的道路,同共产党员是不相容的","只有经过合作社的道路才能使大多数农民发财致富",所以,"应该教育农村共产党员,坚决为农村合作化的方向奋斗"。但作为整个农村政策,张闻天认为,我们党在农村中"不能不容许少数新富农的产生与其在某种程度内的发展"。④后来他还明确指出,"当新富农,我们不能反对,也不应该反对。租佃、雇佣、典押、买卖,在政府规定的条件下,都是允许的。新富农经济,比之单干,是意味着劳动生产力的某种提高"。⑤

在辽东工作中,张闻天继续积极扶持供销合作社这个新生事物,从理论上到实

---

① 《张闻天选集》,第448页。
② 同上书,第448页。
③ 同上书,第450—451页。
④ 同上书,第453—454页。
⑤ 张闻天:《把辽东省的生产建设提高一步》(1950年2月3日在辽东省第一次人民代表会议上的讲话),载《辽东大众》1950年2月8日。

践上正确处理合作社为群众服务与赢利分红的关系，采取了正确的新民主主义的方针。

在农村创办供销合作社，在流通领域架起一座国营经济领导农民小商品经济的桥梁，使千千万万小生产者跟随无产阶级与共产党前进，这在党内是得到普遍支持的。但是，在某些具体做法上，当时特别突出的如供销社是否要实行赢利分红的问题上，在东北局以至党中央内部，是存在着较大分歧的。反对供销合作社实行赢利分红的意见认为，这样做，会把合作社变成钱多的少数人剥削多数人的资本主义的"合股商店"，赢利分红是资本主义性质的。张闻天不同意这种观点。七届二中全会后，张闻天即总结各地供销合作社的实践经验（如最早创办供销合作社的吉林省汪清县的经验），针对集中反映在《东北日报》社论草稿《发展农村供销合作社的几个问题》中的不赞成赢利分红的种种观点，写了党内通信《关于农村供销社赢利分红等问题的意见》①，对这个问题作了全面、系统的论述。张闻天认为，不应把为群众服务与赢利分红对立起来，对目前合作社的赢利分红问题应当进行分析。供销合作社所取得的利润，同私人资本家的剥削有根本区别。一方面，它从国营经济批发工业品时得到利润；一方面是从购买农民的农副产品中取得利润。这种利润是反对商人资本家的中间剥削得来的，是既有利于国家，又有利于群众的合理的利润。利润中的一部分作为公共积累，扩大合作社的业务和规模，扶助社员群众的生产，经营文化、卫生等社会集体事业。更为重要的是，随着公共积累的增多，它既可以为社会主义农业合作化准备必要的物质条件，又可以利用资金购买新农具，开发新技术，促进农业生产的不断发展，从而逐步过渡到社会主义，利润的另一部分，实行按股分红。依据社员群众的实际觉悟水平，开始分红可适当地多一些，以吸引更多的农户入社入股，随后，公积金可适当多一些。多入股的多分红，但同样只有一票的权利。因此，不必担心钱多的少数人会夺取供销合作社的领导权。只要在国营经济领导下，实行为群众服务的正确方针，供销合作社就可以越来越好，赢利分红，社员群众生活水平可以不断提高。供销合作社实行赢利分红，能够不断发展农业生产，不断提高农民群众的生活水平，使大家共同富裕起来，说明这个原则是社会主义性质的而不是资本主义性质的。

张闻天担任辽东省委书记以后，在实际工作中积极宣传和贯彻组织和发展供销合作社的新民主主义方针。

在5月给中共中央并报毛泽东的电报中，他指出："在今后农村生产力发展过程中，农民最关心的是供销问题"。"今后使农村走向集体化的道路是先供销合作然后生产合作。供销合作是今天促进农村生产的发展与准备农村集体化的中心环节。"②在6月全省县以上党员干部会上，张闻天又特别强调了发展农村供销合作社的重要意义。这次干部会后，各县市党委都重视了这项工作，做出了许多成绩，但有不少地方犯了急性病，要求过高过急，甚至摊派股金，强迫命令。在张闻天主持下，辽东省委即于7

---

① 这篇通信已收入《张闻天选集》，以下概述据此。
② 见《张闻天选集》，第45页。

月5日作出《关于巩固与发展农村供销合作社的若干决定》,[①]提出"秋收以前仍是农忙季节,本省合作社工作的重点,应以改造旧的、巩固新的为主,在可能与需要的情况下,进行个别的发展",并指出"在改造和巩固工作中,必须克服形式主义的作法"。"决定"要求立即着手建立对分散的区、村合作社进行统一领导的机构省总社和县联社,总结交流经验,大批培养干部,准备秋收后进一步发展与巩固各地合作社。随后,召开了辽东省第一次合作代表大会,于1949年8月1日作出《关于合作工作几个问题的决定》[②],进一步明确"供销合作社的任务,是扶助社员发展生产","应在为群众服务的方针下,实行经济核算,适当的积累资金,并在一定程度上满足社员分红的要求";"合作社的组织与发展,是根据群众的实际需要,采取由小到大,由简单到复杂,掌握一点推动全面;不能要求过高,操之过急,而发生强迫命令,脱离群众的毛病。"这个决定对供销社的组织领导问题、国家经济与合作经济的关系问题、合作社干部的作风问题以及入股、分红以至赊账、价格差别等具体政策都作了规定,是一个关于供销合作社的比较完整的文件。关于"分红",文件作如下规定:"村社每三个月结账一次,如有盈余,应按下列比例分配之:公积金25%,公益金5%,职员奖励金5%,余者按股分红。"在1949年9月5日东北局常委会讨论合作社问题时,张闻天坚持供销社"要有利润",认为"没有利润在原则上不通";还指出:"收购方面,社为国家服务,应得到报酬。"他还坚持供销社赢利要"分红",表示在中央、东北局来决定取消之前,"我还照辽东省委指示做"。[③]

关于供销社可以不可以给社员分红的问题,新中国成立前后一直有争论。在一次中央会议上,不赞成分红的刘少奇和主张分红的张闻天争论得很激烈。快到吃中午饭了,毛泽东站起来,当着刘、张二人的面,边走边说:"少奇同志,我不支持你的意见,我是支持洛甫的。"[④]

在张闻天的正确领导下,辽东农村供销社得到积极而又稳步的发展。以营口县为例,自1949年8月至年底,供销社数量增加了一倍,平均每三个行政村就有一个供销社。1950年继续发展,供销社的数量比1949年增加了将近13倍。供销社在满足群众供、销需要方面实实在在地解决问题,有力地促进了农副业生产,确实起到了提高农村生产力的作用,同时,社员又从赢利分红中得到实惠,生活有所改善,所以供销社在群众中威信很高。

供销社的发展同农村副业生产紧密联系。张闻天在深入实际调查研究,掌握宽甸、营口、桓仁、海龙、凤城等县大量典型材料的基础上,指出副业生产"在农村生产中占一个很重要的地位(至少占农村总生产量的20%)","农民生活上升的最主要的一个因素,就是副业生产。"[⑤]在部署秋收后各县工作时,他将"动员群众搞副业生

---

① 载《辽东行政导报》第2期。
② 同上。
③ 1949年9月5日张闻天在东北局常委会上三次发言记录。
④ 薄一波:《回忆刘少奇同志建国初期的一些经济建设思想》,载《人民日报》1989年11月13日;另见薄一波:《若干重大决策与事件的回顾》上卷。
⑤ 张闻天:《把辽东省的生产建设提高一步》(1950年2月3日在辽东省第一次人民代表会议上的讲话),载《辽东大众》1950年2月8日。

产"作为"冬季农村工作的中心",并要求把整顿与发展供销合作事业"与副业生产及改善人民生活结合起来"。①他还从农村剩余劳动力的出路,从整个社会分工的发展这样的高度指出它的发展方向。他说:"副业,对于一部分人是可以变成专业的。副业是农村分工分业的开始,将来会有专门养鸡、养猪、养蚕、养蜂、淘金、运输等等新的行业出现。这对于提高社会生产力作用很大。"②这是站在现实经济生活的前沿,发现新生事物并切实地加以指导和提高的真知灼见。

作为省委书记,工作千头万绪,张闻天善于"弹钢琴",围绕着经济建设这一压倒一切的中心任务,他把政权建设、文化建设以及青年团等各个方面工作分别轻重缓急,有条不紊地抓起来,显得从容不迫,游刃有余。

为了完成经济建设的任务,必须特别加强人民政权的建设。张闻天早在1948年11月为东北局起草的《全东北解放后的形势与任务》的决议中就指出:"没有人民代表会议制这种新国家的政权形式,我们就不能巩固新的人民的统治,并实现党对于人民大众的有力的领导。"提出党应积极领导人民群众建立这种制度,实行人民的民主,密切政府同人民的联系,同政府机关中的官僚主义作斗争,同时又"必须切实避免人民代表会议及其选举的形式主义"。③1949年7月31日,中央催促各地城市应从速召开各界人民代表会议,老解放区应召开乡、县、省及全区域的人民代表大会或代表会议。④张闻天在辽东省积极贯彻执行,建立人民代表会议制成为8月以后全省工作的重点之一。8月中旬省委即发出指示,要求各市必须在9月份召开第一次人民代表会议。⑤在10月下旬的省党代会上,张闻天对在冬季中由村到区、由县到省逐级召开人民代表大会或人民代表会议作了部署,会后又连续发出指示,及时进行指导。⑥同时,他以安东县作为试点,指导县委书记于镜清先后于11月上旬在前阳区新安村组织召开村人民代表大会,12月上旬在前阳区组织召开区人民代表大会,并写出总结经验教训的两篇通讯。张闻天亲自修改后在《辽东大众》报上发表,还配发了社评《介绍安东县新安村人民代表大会试点经验》和短评《把区人民代表大会开得更好一些!》。省委办公室对全省30多个县市有关人代会的答复、指示,差不多都经过张闻天批改、签发,除作为文件印发以外,有些还在《辽东大众》报或《辽东通讯》(内刊)上发

---

① 中共辽东省委1949年10月4日给东北局关于秋冬季工作计划的请示(打字稿)并见《辽东省第一届党代表会议》引述张闻天报告,载《东北日报》1949年10月23日;又,《辽东大众》于1949年12月2日发表了题为《领导副业生产冬季农村工作的中心》的社论。

② 张闻天:《把辽东省的生产建设提高一步》(1950年2月3日在辽东省第一次人民代表会议上的讲话),载《辽东大众》1950年2月8日。

③《张闻天东北文选》,第230页。《全东北解放后的形势与任务》于1949年11月23日通过。1948年11月30日中共中央发出《关于新解放城市中组织各界代表会的指示》。

④ 引自《共和国走过的路——建国以来重要文献选编(1949—1952)》,中央文献出版社1991年版,第92页。

⑤ 中共辽东省委《关于召开市人民代表会议及党的代表会议的指示草案》(1949年8月16日)(打字稿)。

⑥ 1949年11月中旬辽东省政府发出《关于冬季普遍召开人民代表会的指示》,11月21日省委办公室发出《关于召开村人民代表大会的问题给各县委的信》,接着省委又发出《关于召开县人民代表会议及区人民代表大会或人民代表会议几个问题给各县、市委的一封信》。

表。为了向群众深入宣传，张闻天还指导省委宣传部的同志编写了《群众路线讲座》和《人民代表会讲座》，从10月中旬起在《辽东大众》报上连载，并分别编成小册子出版发行。

在领导辽东建立人民代表会议制度的过程中，张闻天反复地突出强调以下两点。一是充分发扬民主。他指出："我们国家的政权制度是基于民主集中制的人民代表大会制，这是一种新型的国家形式"①；"会议开得好或坏，决定的关键在于是否发扬了民主"②。一是解决经济工作中的实际问题。张闻天在为省委起草的各种指示中分别规定，各市人代会关于今后任务的讨论，"应以'如何反对浪费、厉行节约'及'如何发展私人工商业、调整劳资关系'二问题为中心"；"县人民代表会议的主要内容应是发扬民主，讨论副业生产和合作社中所要解决的主要问题"；"村人民代表大会上，必须紧紧地抓住发展副业生产，联系着发扬民主、转变作风这个中心，以解决当前的实际问题。"

张闻天十分重视青年工作。他到辽东时，全国第一次团代会刚开过。省委即充实了省团委的组织，并决定召开辽东省第一届青年工作会议。1949年5月26日，张闻天在会上发表《关于青年团应做的几件事情》的讲话。③他明确指出："团的工作要为经济建设服务，为生产服务。"他说："我们青年任务是要建设新中国。东北的敌人已经被打垮了。生产建设就成了最重要的任务。青年团要领导青年搞劳动生产。"工厂中的青年团员"主要是把生产搞好"。商业、银行、税收等经济部门中的青年团员，"也应学会搞生产、搞业务"。他强调："劳动生产，这是青年人的头等任务，也是测量一切的标准"；"那个青年在生产中表现好，就是先进的；不好，就是落后的。这是测量团员好坏的主要标准。"这就把青年团的工作重心引导到了为经济建设服务上去。在他主持下，省委会议一年间研究了九次青年工作。经张闻天指导并亲自批改，《辽东日报》发表了《加强党对青年团工作的领导》、《重视农村团员的作用》等十几篇文章。在省委党校内附设了青年干部训练班，一年间办了三期，培训了县，区及总支的团干部370人。④

在宣传教育工作方面，张闻天指导宣传部门根据城市特点，利用电影、戏剧、音乐、报纸、广播等各种工具宣传经济建设。张闻天特别重视发挥党报的作用，经常把城乡经济建设中的先进经验、典型事例推荐给《辽东大众》，还不时亲自撰写社论。审阅《辽东大众》的大样是他每天必做的"功课"。在他具体指导下，党报成绩显著。省的日常领导，大体做到经过报纸，这样，各地方党政干部对报纸也重视起来。

重视组织干部学习是张闻天的一个显著特点。他到辽东后不过两个月，就成立了省级机关学校，把省委、省府、省军区，安东市委、市府以及各直属机构的所有干部都组织起来学习。根据干部的文化、理论水平和工作经验分编三个班。能看懂理论书

---

① 张闻天1949年10月25日在辽东省第一届党代表会议上的报告。
② 辽东省委10月13日给东北局的报告《各地人民代表会议的初步总结》。
③ 载《辽东大众》1949年5月28日，收入《张闻天东北文选》。
④ 杨海波：《洛甫同志是怎样领导青年工作的》，载《中国青年》第45期，转引自《新华月报》1950年9月号，第1058—1059页。

籍旳县团级以上老干部,编入研究班(154人),首先学习列昂节夫的《政治经济学》,每天读书两小时,每星期三下午全班讨论。具有高中文化水平和一定工作经验的新干部和文化、理论水平较低的县团级干部,编入政治班(2006人),学习解放社编的《社会发展简史》、薛暮桥著《政治经济学》和唯物史观中"阶级、国家政权、民族"等几章。此外,文化程度较低的干部及一般勤杂人员,编入文化班(1562人),按程度分编甲、乙、丙三组,学习国文、常识、算术三种文化课,每晚上课两小时。省委除领导整个机关学校外,直接掌握研究班的学习,张闻天亲自担任研究班班长。经过张闻天的组织、领导,围绕经济建设的干部文化、政治、理论学习在辽东蔚然成风。到1949年12月全省机关学校有37处,学员18783人,学习制度正规,干部水平都得到提高。①

张闻天同文艺有特别的因缘。只要工作稍有闲暇,他就会到白山艺术剧院和白山文工团去走一走,对演员鼓励一番。他是内行,看完演出总是可以提出一些中肯的意见。为了培养我们自己的舞蹈演员,在他支持下还派青年到鸭绿江对岸向朝鲜著名舞蹈家学艺。在1950年1月辽东省文代会上,张闻天发表了长篇讲话。他指出,在人民取得政权以后,文艺应该"在推动经济建设与培养新的意识形态上起到应有的作用"。他阐明:"生产建设愈益成功,国家会愈益巩固,而人民的生活亦会愈益改善,这就是新国家的新法则。""在新国家内必然要大量产生出具有新思想新道德的新的人物",这种新人物的成长"并不是和平的、一帆风顺的,而是要经过同旧社会遗留下来的、带有旧思想旧道德的各色旧人物作斗争的"。他着重指出,"认识新国家的新法则与这种新旧之间的斗争,对从事文艺工作的同志来说,是非常重要的。"他希望文艺工作者表现在经济建设中平凡的人所做的平凡的事情。他说:"乍看起来,他们好像是些'小人物',其实他们是最伟大的,是拿破仑、秦始皇也决不能比拟的;他们所做的事情,乍看起来,好像是些'小事情',其实,那才是关系千千万万人民生活的真正的大事情。"②这些论述,具体地发挥了毛泽东关于描写"新的人物"、"新的世界"的思想。特别是关于文学艺术应该通过新与旧之间的矛盾来歌颂新的人物,以推动经济建设与培养新的意识形态的论述,相当简洁地讲清楚了取得政权之后人民大众的文学艺术担负的任务及实现这一任务的主要途径,既反映了文艺与生活、文艺与政治、经济的关系,也符合文艺创作的基本规律。

张闻天在1942年到1943年在陕北、晋西北进行农村调查之后,曾表示"对于负责一个乡,一个区,一个县的党、政工作,发生了很大的兴趣。觉得这些工作是最接近群众的。"③张闻天在东北四年多的地方工作,可说是如愿以偿。在1950年2月3日辽东省第一次人民代表会议上,张闻天在会上讲话,赞扬全省各条战线上的英雄模范。他一连讲了二十几个典型人物的先进事迹,娓娓道来,如数家珍。接着,张闻天动情地说:"过去的无名英雄,现在应该是有名的英雄了。因为现在是劳动人民的时代啊!这些最平凡的人物,就是真正的英雄,就是历史的创造者!"全场顿时响起

---

① 据辽东省委《关于五、六两月工作的综合报告》和《辽东省七个月来的工作报告》。
②《辽东大众》1950年1月16日报道1月13日《洛甫同志在省文代会上的讲话纪要》。
③ 张闻天:《1943年延安整风笔记》。

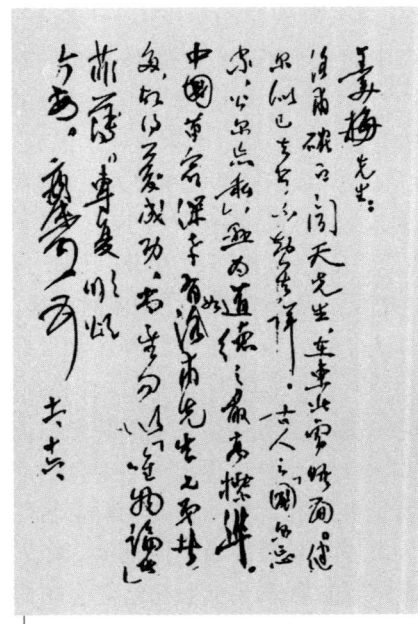
郭沫若给张龚梅回信手迹

雷鸣般的掌声,持续了好几分钟。对于一个真正的共产主义者来说,和人民群众血肉相连、心心相印,得到群众的信任、拥护,就是最高的奖赏。

张闻天全身心扑在工作上,他的家乡南汇在1949年6月获得了解放,他也没有及时同家人互通音信。这可把家乡的亲属急坏了。张闻天1925年到苏联留学是秘密前往的,没有回家同父母妻女告别,以后也一直没有回过家。1932年他的母亲思儿成疾,曾在上海《新闻报》上登载启事:"荫皋,母病危,盼见儿,速归。"张闻天见了,怀疑是国民党特务设的圈套。当时白色恐怖笼罩上海,国民党政府悬赏一万元重金要他的头,当然无法回乡探视。①过了若干年后,斯诺的《西行漫记》出来,家人方才知道闻天在陕北,当了共产党的总负责人。不过,张闻天的母亲早在1933年就已去世了。抗战期间国共合作,成立统一战线,妹夫马景园与张闻天曾有书信来往,不久又断了联系。父亲盼望有朝一日能再见到两个儿子,但未能如愿,1942年4月12日心肌梗死猝发病故。在长长的暗夜里,亲属们受尽了煎熬。现在天亮了,该是回来的时候了,可是久久不见闻天、健尔两兄弟的消息。人生多舛,不免引起许多猜测。张闻天的族叔张龚梅同郭沫若有旧,于是在新中国成立后给郭写信,打听闻天兄弟的下落。没过多少日子,收到了郭沫若的回信,信中写道:

> 洛甫确即闻天先生,在东北曾晤面。健尔似已去世,不知其详。古人云"国尔忘家,公尔忘私",悬为道德之最高标准。中国革命深幸有如洛甫先生兄弟者多,故得庆成功。

郭沫若的这封信,不仅高度评价了张闻天、张健尔兄弟,而且道出了中国革命成功的一条规律。

---

① 访问马景园谈话(1981年1月11日)。悬赏通缉事见1931年9月《中国国民党中央执行委员会秘书处第19126号公函》,存南京中国第二历史档案馆。参见本书第七章。

第十七章 外交十年（上）

准备到联合国去

张闻天在辽东工作得很有声色。忽然，在1950年1月19日晚间新闻中听到广播，中央派他担任中华人民共和国出席联合国会议和参加联合国工作包括安全理事会的会议及其工作的代表团的首席代表。第二天（1月20日）《人民日报》登载了外交部部长周恩来为任命张闻天为出席联合国首席代表给联合国的照会和张闻天的简历。

为什么这消息来得这样突然呢？

事情的原委是这样的：1950年1月7日凌晨1时，在莫斯科，苏联外交部长维辛斯基紧急约见毛泽东（毛泽东1949年12月16日抵莫斯科对苏访问，同斯大林谈判签订《中苏友好同盟互助条约》等问题），建议中华人民共和国外交部给联合国安理会去一个声明，否认前国民党政府代表蒋廷黻继续为安理会中国代表的合法地位；如果中国发了这个声明，苏联准备采取一项行动，即如果蒋廷黻仍留在安理会为中国代表，则苏联将拒绝出席安理会。这可以看作是苏联对美国总统杜鲁门1950年1月5日声明作出的反应。杜鲁门在这个声明中明确表示了美国无意保护退踞台湾的国民党残余力量。毛泽东当即答复维辛斯基，表示中国外交部可以发表这样的声明。① 中国是联合国的创始国之一，又是联合国安理会的五个常任理事国之一。1949年9月30日，中国人民政治协商会议就已通过决议，否认国民党集团的代表出席第四届联合国大会的资格；同年12月15日，周恩来外长又致电联合国，指出中华人民共和国中央人民政府是代表中国人民的唯一合法政府，国民党集团已丧失代表中国人民的任何法律的和事实的根据，要求立即取消所谓"中国国民政府代表团"继续代表中国参加联合国的一切权利。所以，毛泽东当场表示接受苏方的建议，是十分自然的。

1950年的1月8日，中华人民共和国中央人民政府外交部部长周恩来即照会联合国大会主席罗慕洛、联合国秘书长赖伊并转安全理事会会员国苏联、美国、法国、英国、厄瓜多尔、印度、古巴、埃及、挪威政府，声明："中华人民共

---

① 见《关于就否认前国民党政府在安理会的合法地位发表外交部声明的电报》，见《建国以来毛泽东文稿》第1册，中央文献出版社1987年版，第219页。

和国中央人民政府认为中国国民党反动残余集团的代表留在联合国安全理事会是非法的,并主张将其从安全理事会开除出去,特此电达,并希采纳照办为荷。"①此后,安理会为国民党集团代表问题斗争颇为紧张,苏联支持中国声明,英美法等多数国家反对。为了使斗争向有利于我的方面发展,毛泽东同意苏方1月13日晚向他提出的建议,向联合国去电派遣中国的代表出席联合国会议,以代替国民党代表。当晚10时,毛泽东从莫斯科致电刘少奇,告以此议,提出"代表团首席人选请中央考虑电告,待恩来到此商决"。②这时周恩来正乘火车在赴莫斯科途中。

在北京的刘少奇经商量后提名章汉夫为首席代表人选。毛泽东立即于1月18日下午4时半,同车行至斯维德洛斯克的周恩来通电话商量。觉得章汉夫资望方面有不够之处,可做副手,出席联合国中国代表团首席代表以张闻天担任为适宜。③这是恰当的。早在1945年,联合国制宪会议拟按美苏英三国首脑雅尔塔协议于4月在美国旧金山召开时,中共中央就曾经准备派张闻天参加中国代表团,后因中共七大召开,改派了董必武。

1月18日毛泽东与周恩来电话商定后,随即于下午5时半电告刘少奇,并发去致联合国照会文稿,"请于明十九日发出并公开发表"。还对刘少奇说,这项决定"惟未事先征得洛甫本人同意。请你于发表之同时去一电给洛甫,说明因时间关系不及征求他同意,请他谅解"。并指示:"新华社发布新闻时,须介绍张闻天是中共中央委员,曾参加二万五千里长征及各项革命工作。"④

按毛泽东的意见,1950年1月19日,中国外长周恩来向联合国发出照会并由新华社公开发表。周恩来的照会追述了1月8日照会的内容后说:"现在我再通知你们,主席先生和秘书长先生,中华人民共和国中央人民政府业已任命张闻天为中华人民共和国出席联合国会议和参加联合国工作、包括安全理事会的会议及其工作的代表团的首席代表。"照会要求,对"以张闻天为首席代表的合法的中华人民共和国的代表团,何时可以出席联合国及其安全理事会的会议并参加工作"的问题,迅速给予答复。⑤新华社同时发表了《张闻天简历》,全文如下:

> 今日为中央人民政府任命为中华人民共和国出席联合国及其安全理事会会议并参加其工作的代表团首席代表张闻天,现年五十岁,江苏省南汇县人。现任中国共产党中央委员和中央政治局委员,中共中央东北局常委,和东北人民政府委员。张闻天于1925年参加中国共产党。1931年以后,参加党中央领导机关的工作。在1934年冬至1935年冬中共中央领导中国人民革命军队举行著名的二万五千里长征时,张闻天是这一长征的领导组织中的一员。1945年中共第七

---

① 新华社北京1月8日电,引自《新华月报》1950年2月号,第841页。
②《建国以来毛泽东文稿》第1册,第235页。
③ 同上书,第242页。
④ 同上。
⑤ 照会和简历均为新华社1月19日电。引自《新华月报》1950年2月号,第841页。

次代表大会上继续当选为中央委员。

张闻天对任命他为出席联合国首席代表一事,事先一无所知,感到突然,但接读中央来电以后,也就谅解中央临事局促的特殊情况了。再说,对国际问题,张闻天向来是关心和感兴趣的。早在20年代前期,他在美国留学时就写过国际问题专论《赔款与战债》;在苏联留学期间,担任过莫斯科中山大学《国际一周》编委会主席;30年代初,在上海写过许多有关各国对华关系的时评;遵义会议后任党中央总书记期间,更是随时注视与研究国际形势与各国对华政策的发展变化;40年代初为了开展国际宣传,他在延安创办了用英、俄、法三种文字印发的《中国通讯》;1944年他又领导改组后的中央政治材料室,主编党内刊物《参考资料》,他自己专门研究并撰写了评述美国对华动向、美英远东战略、国际货币金融会议以及准备组织战后国际和平机构(后来即为"联合国")的华盛顿顿巴敦橡树林会议等一系列文章;在东北从事地方工作,仍然眼观世界风云,亲自做系统的国际问题大事记。现在党中央既然需要他到联合国去工作,他虽对地方工作有所留恋,但还是服从全局的需要,接受这一新的任务。

1950年2月12日张闻天向辽东省委、省政府机关干部作了关于国际形势与辽东省工作任务的讲话,13日即告别安东前往北京。在火车上,他对同行的工作人员说:"我们原来搞地方工作的那一套用不上了,今后要研究国际问题和外交政策,不然就没法完成新的任务。"又鼓励说:"国际问题也没有什么大了不起,只要有决心、肯学习,抓住不放,也一定能够钻进去。"①

2月14日,张闻天抵北京。中央办公厅主任杨尚昆把他一家和随行干部接到中南

■1950年2月13日,张闻天(左一)离开安东赴京从事新中国外交工作。图为他与欢送的同志告别。

---

① 何方:《张闻天同志和研究工作》,见《回忆张闻天》,第262页。

海颐年堂暂住（不久张闻天即在景山后街甲1号安家）。过了春节，张闻天立即为到联合国去做紧张的准备工作。随着中央从各地选调的一批干部先后到达，中华人民共和国驻联合国代表团正式成立。团长张闻天，副团长李一氓。主要干部有冀朝鼎（出席联合国经社理事会代表）、孟用潜（出席联合国托管理事会代表）、耿飚（军事代表）、秘书长刘贯一和专员刘彬、陈忠经、钱三强、王铁崖、陈叔亮、郑森禹等。鉴于调来的同志大多数都没有同外国人打过交道，张闻天就组织大家学习外交业务，研究国际形势，特别是美国对华政策和当时联合国的斗争。根据党中央和外交部的部署，为我国恢复在联合国的合法席位进行一系列工作，准备随时前往联合国。他还根据各人的情况分配任务，并和外交部内有关单位及一些大学建立联系，进行合作。一时间，代表团所在的北京东城南小街赵堂子胡同2号俨然成了一个新设的研究机构。张闻天自己也系统研究美国侵华的历史和现状，还亲自跑书店，上图书馆，搜集有关书籍、资料，连整套《筹办夷务始末》（清朝的外事文件汇编）都不惜花钱买来。①

1950年6月25日，朝鲜战争爆发。美国在对朝鲜进行武装干涉的同时，于6月27日派遣它的第七舰队进入台湾海峡，武装侵略中国领土。9月15日，美军又在朝鲜仁川港登陆，很快越过三八线向中朝边境进逼。为保家卫国，中国人民志愿军于10月25日跨过鸭绿江，进行抗美援朝战争。这时，张闻天领导驻联合国代表团为揭露美帝国主义对朝鲜和对我国台湾和台湾海峡的侵略，做了一系列工作，有些重要活动至今鲜为人知。

例如，1950年轰动世界的伍修权在联合国的发言，张闻天就曾参与主持起草。伍修权是作为中国政府特别代表前往联合国的。1950年11月28日，伍修权在安理会上作了控诉美国武装侵略中国领土的长篇发言，列举大量事实，明确指出："台湾是中国领土不可分的一部分，美国政府的武装力量侵占了台湾，这就构成了美国政府对中国公开直接的武装侵略行为。"发言着重批驳了各种"台湾地位未定论"，特别是美国总统杜鲁门1950年6月27日声明中鼓吹的"台湾地位的确定须待对日和约的签订"的谬论。这篇义正辞严、锋快凌厉的发言，主要是张闻天和乔冠华（当时担任外交部政策研究委员会副主任委员）根据党中央确定的原则写的。②

除了为重要外交活动准备材料之外，张闻天还组织代表团的同志配合当时政治需要，研究并撰写美国侵华史，《美国侵略台湾的真相》（发表于苏联《真理报》），编写了《中外知识手册》，整理了台湾和西藏问题的系统材料，还为《人民日报》和其他报刊写了不少国际问题评论性文章。有些重要的评论张闻天亲自动手。如1950年12月21日《人民日报》的社论《美帝国主义在亚洲的败北》就是张闻天撰写的。社论严正声明："我国人民不能不关心与我们有密切利害关系的一切东方问题和其他重大的世界问题，帝国主义者在对中国问题和与中国有密切利害关系的一切东方问题上，如果忽视中国人民的意志，都一定会碰得头破血流。"并重申，立即全部撤退美国及其他国家在朝鲜的侵略军队，立即撤退侵略我国台湾的美国武装力量，并使我国

---

① 访问何方谈话（1990年11月30日）。
② 访问徐达深谈话（1991年9月9日）。

在联合国获得应有的地位,是中国人民的坚定主张,也是保障亚洲和平的唯一道路。

此外,张闻天还参与了外交部一些重大国际问题的讨论。1951年初,外交部内就朝鲜战事发展前景问题讨论得很热烈。张闻天认为,当时苏联不愿卷入,美国不敢也无力扩大战火,在经过一段时间较量之后,会寻求双方可以接受的办法,战争不会拖得太久,也不至于引发第三次世界大战。关于对日和约问题,张闻天也参加了讨论。

就任驻苏大使

如果国际形势循着正常的轨迹发展,50年代初期张闻天就将在纽约曼哈顿岛的东河畔开始他的外交生涯。但历史总是有曲折,美国等帝国主义国家不甘心新中国顺利发展,他们不仅设置障碍阻挠中国恢复在联合国的合法地位,而且还操纵多数通过反华决议。十分明显,在短时期内我国是难以进入联合国了。在这样的情况下,斯大林决定苏联停止抵制,重返安理会。中国驻联合国代表团只得解散,张闻天的岗位也从本该前去的纽约移到了莫斯科。

1951年2月,周恩来征求张闻天的意见,或者到中央拟设置的国际活动指导委员会,或者去驻苏使馆。张闻天选择了后者。他认为既然走上外交战线,就应先到第一线去,在实际工作中学习、锻炼。这也正好符合中央的意图。因为当时我国首任驻苏大使王稼祥有病不能返任,而建国初期我国外交执行"一边倒"的方针,同苏联缔结了《中苏友好同盟互助条约》,驻苏大使这个职位相当重要,是不能够长时间空缺的。

1951年3月21日,正式发布中央人民政府已任命张闻天为中华人民共和国驻苏维埃社会主义共和国联盟特命全权大使的消息。他利用赴任前的空隙,到上海、杭州、广州等地作了一番考察。他认为,只有了解国内实际,外交工作才能很好配合。4月13日,张闻天即偕夫人刘英(驻苏使馆参赞、使馆党委书记)及随行人员乘飞机离开北京赴莫斯科,4月15日到达。张闻天告别莫斯科已经整整20年了。1931年初他潜行回国从事地下斗争的时候,中国一片漆黑。如今,中国人民已经站起来了。一个光明的中国屹立在世界的东方。他作为这个伟大国家的使节重新踏上这片红星照耀的土地,心中充满着"天翻地覆慨而慷"的豪情。稍事休息后,张闻天于4月18日即向苏联最高苏维埃主席团主席什维尔尼克递交了

■1951年4月13日,张闻天离京赴苏联就任。图为他同送行的同志挥手告别。

国书。

当时驻苏使馆设在莫斯科东城克鲁泡特金巷13号,是沿用中国使馆旧馆址,房子既小又旧。张闻天同全馆同志同甘共苦,他们夫妇二人只住两间房子,其中一间还兼做大使的办公室。他花了半个月的时间,做广泛、深入的调查,对建馆一年多工作的成绩和问题、干部队伍状况、同志相互关系等作了全面了解。在调查研究的基础上,张闻天即决定采取措施,整顿、改进驻苏使馆的工作。①

1951年5月4日,张闻天在驻苏使馆全体工作人员大会上讲话,对过去使馆工作的成绩与问题作了初步估计,着重指出研究驻在国情况和国际关系是驻外使馆的一项根本任务,只有完成这项任务,才能处理好两国关系和双边事务,并发挥党和国家耳目的作用。他宣布,今后使馆工作要充分发扬民主,调动大家的积极性;为了加强调研工作,使馆专门增设研究室,负责研究国际形势和苏联情况;他号召全馆干部都要抓紧学习与研究;在生活管理方面,确定成立俱乐部,下分教育、生活、娱乐三个委员会。

这次大会以后,张闻天采取的第一个实际步骤是进行思想整顿。他亲自主持民主会议,让大家畅所欲言,把心中的意见和盘托出。针对大家反映的情况和问题,张闻天进行实事求是的总结,对过去工作中的是非作出公正的结论,使大家心悦诚服。当时使馆工作人员中还存在一种思想认识问题,就是觉得在驻苏使馆工作"好像流放在一个远离祖国的孤岛上"一般,感到寂寞。张闻天严肃地批评了所谓"孤岛"思想,解决了对驻在国的基本认识与基本方针问题。经过思想整顿,全馆同志很快在思想一致的基础上实现了团结。

第二步就是抓干部学习,建立干部学习制度,提高干部的政治和业务水平。在5月4日讲话中,他明确规定经常的学习内容为俄文、时事、苏联一般知识和苏联建设经验四个方面。为了了解苏联的一般情况,他和几个使馆干部一起到书店买了两套苏联十年制学校的教科书。他自己把历史、地理、逻辑、生物、文学史等十几种课本都看了一篇。张闻天历来重视政治学习,经常组织大家进行国际形势和党的政策的学习讨论,定期举行时事报告会,由他自己或请别人作报告。对基本政治理论的学习也抓得很紧,根据干部不同的文化程度分班,提出不同要求。对干部的业务学习他也非常重视,说这是使外行变成内行的唯一途径。无论政治学习还是业务学习,张闻天都亲自参加讨论,倾听干部发言,然后作一些启发性或总结性的讲话。大家都敬佩他知识的渊博,思想的深邃,特别是那种勤奋学习、循循善诱、诲人不倦的精神。

在进行思想整顿和抓干部学习的同时,张闻天又从使馆工作任务的实际需要出发,逐步建立使馆的各种组织机构,改变起初由秘书处包办日常工作的情况。在大使之下,设办公厅及商参处、武官处,办公厅下有秘书处、领事部、行政处、研究室、

---

① 此处及以下叙述张闻天初到驻苏使馆的情况据下列材料:曾涌泉:《外交工作的杰出改进者和领导者》(收入《回忆张闻天》);何方:《张闻天同志和研究工作》(收入《怀念张闻天同志》,湖南人民出版社1981年版,经增补后又收入《回忆张闻天》);李汇川:《好学不倦的楷模》(收入《怀念张闻天同志》);访问李汇川谈话(1990年12月4日);外交部张闻天研究组裴坚章、萧扬、于武真、倪立羽:《张闻天和驻外使馆建设》(纪念张闻天九十诞辰学术讨论会论文)等。

留学生管理处、机要室、文化参事等。为了加强集体领导，组织了馆务会议，在大使主持下领导使馆各部门工作，处理全馆性的重要事务。

在思想建设和组织建设打下一定基础后，张闻天及时地提出提高使馆工作的政治水平的要求。张闻天就任驻苏大使时，中国驻外使馆处在初建时期，一些同志把使馆工作局限于交际来往、节日的礼宾活动，以为只要能够应付门面就可以了，而不能也不知道从多方面开展使馆工作。这种情况，在建馆初期是难免的。但是，驻苏使馆已经建立一年多，在已经初步学会了使馆必须进行的礼节性的和事务性的外交业务以后，就不能再满足于这一点了。再者，当时中苏两国关系发展很快，驻苏使馆的工作头绪颇多，有商务谈判、文化交流、留学生管理、武官工作、领事工作以及使馆的一般工作等等，如果把这些业务工作仅仅当做一件件具体的技术性事务来完成，那就会陷入事务主义以至形式主义的圈子中去，其结果是影响这些业务工作的质量。张闻天提出提高使馆工作的政治水平，就是要提高处理这些业务工作的政策性，研究其规律性，发现其中带有全局性的政治性的问题，加以解决。

为了提高整个使馆工作的政治水平，张闻天特别要求加强对国际形势和驻在国的研究。他认为，将研究结果向国内及时地、正确地反映与报道，应该是使馆的最重要的政治任务。为此，张闻天在到任后首先亲自领导了调研工作。张闻天选择善于搞调研的一些同志在使馆内成立了研究室，开始以国际形势和苏联外交、苏联国内情况和建设经验两个方面为对象进行认真而有系统的研究。他认为，不只是研究室要搞调研，各单位都应结合本身业务研究苏联相应的情况。他提出"大家都来做研究工作"的要求，并亲自作了一个调研工作计划，征求使馆其他领导干部和大家的意见后确定下来。张闻天不仅领导大家搞调查研究，而且自己也定了研究课题：苏联的农业问题及农业集体化的经验教训。他对苏联十月革命以来农业的发展情况、问题，各个时期有关农业的决定和农业组织的章程，从方针政策到技术细节，都进行了系统的研究。力求从苏联农业的成败得失中取得借鉴。他随时留心搜集同他的研究题目有关的材料。有一次同一位留学生交谈，当他得知对方学的是水利专业时，立即发问：苏联种一亩小麦需要用多少水？还和这位同学一起将公顷和亩的用水量进行换算。①

大使亲自抓调研，使馆成立研究室，这在我国驻外使馆中是一个创举。在张闻天的言传身教下，驻苏使馆的调研工作很快开展起来。研究室成立不到一个月，就开始向国内报送研究成果。第一篇调研报告就是在张闻天直接指导下写成的《关于朝鲜停战的和谈问题》。1951年四五月间，朝鲜战场上第五次战役正激烈进行，张闻天经过全面研究，分析了整个世界格局和交战双方力量相对平衡，经过五次战役的较量双方大体上相持在三八线上的现实，提出了自己的看法。他认为美国实在打不下去了，更不敢把战火扩大到中国，不得不另寻出路；苏联则竭力避免介入；中朝方面也很难把美国完全赶出朝鲜半岛，拖下去并不有利。所以，张闻天认为通过谈判达到停战会被各方所接受。到第五次战役结束后，这种趋势更加显露。但当时研究室的同志思想并不一致，有的人一时扭不过弯来。张闻天就以这期间英美和苏联等各方的活动和舆

---

① 访问左东启谈话（1984年5月25日）。

论,说明和谈已由舆论的酝酿变成官方的活动,而且美国当局也表示出了它对和谈的兴趣。有根有据的事实和无可辩驳的逻辑力量把大家说服了。1951年6月20日,在他指导下的第一篇调研报告(当时称"时事报道之一")终于写成了。报告以丰富的事实和严密的分析说明:美国"企图在对它有利的一定条件下取得和谈与停战";"美国当局在目前有在三八线求得停战的趋向";这种停战"只是在不放弃对台湾和三八线以南的南朝鲜的占领的条件之下的单纯停火"。而提出停战的方式很可能是经过"联合国军"总司令李奇微,"由双方军事代表开会取得停战协议",因为这样做可以避开对中国的承认以及台湾等问题而只谈军事上的停战。[①] 报告建议我中央领导作好和谈准备。党中央领导同志对这篇报告极为重视,周恩来和外交部提出:以后此类报告应以急电发回。事态的发展证明张闻天的分析与估计是正确的。1951年6月23日,苏联驻安理会代表马立克提出交战双方谈判停火与休战作为解决朝鲜武装冲突的第一个步骤。我国在6月25日纪念朝鲜战争一周年的《人民日报》社论中支持这一建议。李奇微也于6月30日向朝鲜人民军和中国人民志愿军建议举行谈判。1951年7月10日,朝鲜停战谈判就在开城正式开始举行。当然,停战谈判是一场长期、曲折、复杂的斗争,朝鲜停战达成协议,那已经是1953年7月27日了。

留学生、实习生工作也是驻苏使馆的一项重要工作。为了为新中国的经济建设培养骨干,在建国前党就派了一批学生到苏联各大学学习各种专业。张闻天到任后,发现对他们的学习、生活没有专人管理,诸多不便。1951年夏,又有首批出国研究生、实习生赴苏攻读,其中许多人在国内已是讲师、助教,还有一些是参加过革命战争的老干部(包括少数如钱信忠那样的红军时代的干部)。张闻天对他们的学习安排十分关心,让曾涌泉、徐达深兼管这方面的工作,他自己还亲自过问。同时,他建议由高

■ 张闻天(左一)和刘英(左三)到列宁格勒看望中国留学生时与驻苏使馆工作人员合影。

[①] 引自这篇调研报告的打字稿第2、3、4页,这篇报告后署的日期是1951年6月20日。

教部派出得力干部,在使馆内建立留学生管理处,专门负责管理留学生事务。高教部采纳了这个建议。留学生管理处成立以后,张闻天又进一步明确由使馆党委领导,其任务是代表国家管理留学生,加强对党团员的政治生活与组织生活的领导,加强对留学生的经常的思想教育,保证不出"废品",培养大学生成为新中国的高级建设人才、青年专家,培养研究生成为高级科学家、教育家。他对留学生提出"政治坚定,业务精通,作风正派,身体健康"的基本要求;还针对留学生的思想状况提出了11个需要经常强调进行教育的问题,包括业务与政治的统一,理论与实践的一致,爱国主义与国际主义的一致,对劳动的正确态度,爱护国家财产与节约作风,等等。① 张闻天还指导成立中国留苏学生总会,亲自推荐当时正在莫斯科动力学院学习的李鹏任留苏学生总会主席。② 对于配成整套派赴苏联各类工厂学习技术和工厂管理的实习生,张闻天建议国内派出专门管理这一大批实习生的参赞,列入商参处的工作范围。这对培养好我国工业管理干部和技术干部起了很好的作用。

张闻天对大家的业余生活也很关心。驻苏使馆建馆以后,长期没有一个活动场所。随着工作人员和留学生的增加,解决集体活动场所的要求更为迫切。张闻天几次察看使馆后院,反复考虑,最后下决心要管理人员无论如何要想办法把一个旧仓库腾出来,加以修缮,改为俱乐部。从此使馆的同志有了开会、阅读报刊和娱乐的地方,留学生也能常来使馆聚会了。

当年任驻苏使馆公使衔参赞、协助张闻天工作的曾涌泉回忆起张闻天时,由衷地称张闻天是"外交工作的杰出改进者和领导者"。他总括张闻天就任驻苏大使后几个月的工作说:"闻天同志的领导艺术是在统一思想的基础上健全组织,运用组织的力量推动工作,使大使馆这部机器的各个部件灵活地运转起来,使每个部门、每个人的积极性、创造性都调动起来。这样,就使全馆工作十分活跃,面貌焕然一新。"他赞扬"闻天同志把驻苏使馆改造成一个模范单位"。③

巡视驻东欧六国使馆

张闻天赴苏联之前,中央和外交部就确定张闻天为外交部分党委驻欧特派代表,不仅对我驻苏使馆支部,而且对我驻东欧各国使馆支部负责领导。所以,在对驻苏使馆进行了三个月的思想整顿、组织建设和业务建设以后,张闻天就接受中央和外交部的委托,以外交部分党委驻欧特派代表的身份到我国驻波兰、民主德国、捷克斯洛伐克、匈牙利、罗马尼亚、保加利亚六个国家的使馆或使团(当时驻民主德国的外交机构称使团)逐一进行视察,从7月25日至9月15日,历时50天。我国驻东欧六国的使节是从1950年7月至10月间先后派出的。张闻天这次巡视的目的,是了解六国使馆建馆以来的情况,解决驻外使馆的任务和应该怎样开展工作的问题。

---

① 转引自外交部张闻天研究组裴坚章、萧扬、于武真、倪立羽的论文:《张闻天和驻外使馆建设》,第16页。
② 据钱信忠:《悉心育才》,见《回忆张闻天》,第277页。
③ 曾涌泉:《外交工作的杰出改进者和领导者》,见《回忆张闻天》,第252页。

从事外交工作时期的张闻天

张闻天每到一处，都深入了解情况，听取从大使到一般工作人员的意见，结合整顿与建设驻苏使馆的经验，谈自己对驻社会主义国家和人民民主国家使馆任务与工作的看法。他还帮助各个使馆解决若干存在问题。如有些使馆不够团结，张闻天做工作沟通上下关系，消解矛盾与隔阂，促进了团结。再如，发现工作人员中开始滋长一种倾向，对政治问题逐渐不感兴趣，以每天上下班、应付一些事务为满足，生活上讲求安逸享受，缺乏积极进取精神，导致使馆内政治空气有些稀薄。张闻天对这种倾向提出批评，要求纠正。张闻天在视察期间给这些使馆很多帮助，深受各使馆的欢迎。

张闻天在巡视结束以后，于9月18日在莫斯科给外交部写了《关于我驻东欧各使馆工作中存在的几个基本问题及其处理意见的报告》[①]，认为"各使馆工作已基本上完成了它们第一阶段的任务"，"作为使馆生存之所必须的条件，现已具备了"，"目前各使馆工作的中心问题，就是如何在今后把使馆工作提高一步"。报告针对各使馆工作中存在的问题提出改进和提高使馆工作的各项建议。张闻天指出："必须把使馆今后工作的重心，转向研究与报道驻在国的内部情况及其国际关系问题（国际问题包括在内）"。为此，建议各使馆都应成立或加强研究室或研究组，由大使、参赞直接领导，并调动大家钻研业务的积极性，指出"研究驻在国情况固然是学习，但将研究所得经常向外交部作报道，这就是工作"，"学习为了工作"，要求"要认真去学习与研究驻在国内外的情况与他们的语言"。张闻天发现使馆有些同志对驻在国存在着片面的看法，他将这些看法概括为"对于驻在国的一些带有若干盲目性的狭隘民族主义的与非国际主义色彩的看法"，提出应该正确认识东欧各兄弟国家，"在一切问题上真正贯彻国际主义，不把爱国主义理解为狭隘的民族主义，不把民族自尊心错认为民族自大或民族排外主义。"张闻天还提出各使馆内部组织需作适当调整，各部门要明确分工，整个使馆工作要改变看守门面的被动应付局面，积极开展对外工作。

外交部及分党委对张闻天这个巡视驻东欧六国使馆的报告表示"完全同意"，于1951年11月3日为转发这个报告起草了给驻苏联及东欧各使馆并各支部的指示电

---

① 该件存外交部档案馆。

报。毛泽东于1951年12月13日阅读这个报告和为转发这个报告而写的指示电后批示"很好，照发。"① 外交部即将这个报告发给这些使馆，"作为对苏联及东欧各使馆今后工作的补充指示"，并通报我各驻外使馆。外交部为转发这个报告而写的指示电特别指明："目前各使馆的工作中心，是逐渐转向于研究与报道驻在国内部情况及其国际关系（驻苏大使馆并应作国际问题专门的研究）。"并要求各使馆根据外交部规定的1951年的工作任务与张闻天的报告，检讨和总结使馆一年来的工作。②

明确使馆的主要任务和工作方向，是张闻天巡视驻东欧六国使馆的积极成果。关于了解驻在国情况的任务，在驻东欧各国使节赴任之际，外交部曾做过交代；1951年3月，外交部又一次提出过研究驻在国情况的任务。但是，这一点在大家思想上没有形成深刻的印象，因而实际工作中不怎么重视。张闻天就任驻苏大使以后，随后在巡视驻东欧使馆及所作报告中，鲜明地把研究驻在国情况及其国际关系作为使馆工作中心或使馆最重要的政治任务提出，而中央和外交部又肯定了这一意见并作为对驻苏联、东欧使馆的补充指示下达，只是在这时，大家思想上才真正明确起来，真正懂得了使馆工作的任务和方向。这对我国驻外使馆的工作起了极大的推动作用。从此，各驻外使馆相继成立了专门的研究室，并使研究驻在国情况逐渐成为风气，能够更自觉地充当党和国家的耳目，做好中央的参谋。

当时担任驻匈牙利大使的黄镇曾对人说过，我们本来不清楚使馆工作应该怎样做，闻天同志来巡视，帮助我明确了应该往什么方向努力。耿飚也认为张闻天的巡视报告"有力地推动了使馆工作。这对了解驻在国情况和国际关系，执行对外政策和培养外交干部，都起了良好的作用。"③ 耿飚在去瑞典途经莫斯科时，张闻天也对他谈了使馆工作任务问题，说大使的工作重点是调研，不要陷于事务，不要只注意搞礼宾，强调研究驻在国情况和国际关系是使馆的一项根本任务，也是做好其他工作的基础。耿飚回忆这些往事时，说自己得到过张闻天"许多有益的教诲"。④

张闻天提出的驻外使馆的根本任务以及对苏联、东欧兄弟国家应该采取国际主义的态度，是得到中央肯定的、正确而及时的。但是，在实际工作中也不是没有一点片面的地方。党中央和毛泽东确定的"一边倒"的方针，对于张闻天说来，不单在策略上认为是必要的，而且在感情上也是容易接受的。他又肩负友好使节的重担，总担心中苏关系出这样那样毛病，所以对一些不满苏联的思想、看苏联缺点多的思想批评较多；在设计、交货等问题上看自己的缺点、责备自己的多些。诸如此类的不足，引起国内一些同志的不满或不快，是完全在情理之中的事。至于对苏联历史上和现实中存在的许多问题，在斯大林逝世之前，张闻天缺乏认识，这种历史的局限，更是难以突

---

① 见《建国以来毛泽东文稿》第2册，中央文献出版社1988年版，第571页。

② 引自外交部为转发张闻天巡视驻东欧六国使馆后的报告给苏联及东欧各使馆并各支部的指示电（11月3日稿，12月13日发）。"通报我各驻外使馆"语，据耿飚《怀念张闻天同志》。见《回忆张闻天》，第40页。

③ 转引自外交部张闻天研究组裴坚章、萧扬、于武真、倪立羽的论文：《张闻天和驻外使馆建设》，第10页。

④ 耿飚：《怀念张闻天同志》，见《回忆张闻天》，第39、40页。耿飚建国初任驻瑞典王国大使（1950.9—1956.2）、驻丹麦王国公使（1950.10—1955）。

破的。

关心国内经济建设

张闻天自己在驻苏使馆的工作中确实把研究苏联经济、政治情况,为国内建设服务这一中心任务与送往迎来、会见宴请等礼宾活动之间的关系处理得很好,工作安排得井然有序,没有陷入应付门面的事务圈子中去。

作为大使,张闻天的礼宾活动是频繁的。每年"十一",要举行盛大的招待会,宴请宾客数百人。来而不往非礼也,苏联十月革命节,同我建立邦交的20来个国家的国庆节,当然得前往致贺。像朝鲜、蒙古等兄弟国家的领导人访苏,要应邀出席欢迎会、答谢会;外国领导人访华,途经莫斯科,也要到机场去迎送。与我建交国的驻苏使节,或新到,或离任,有礼节性的拜会。受权与苏联有关部门进行谈判,签订各种协定、协议、换文这类仪式也不时有之。更不用说我国各种代表团访苏,要准备,要迎送,要接待,要指导了。在外交场合,张闻天总是从容不迫,文质彬彬,表现出他那独特的学者外交家的风度。在参加必要的礼宾活动之后,张闻天还是把心思放在研究苏联社会主义建设经验和当前政治、经济动态上,放在落实国内工业化建设迫切需要得到的经济技术援助上。这既是责任心所驱使,也是他的兴趣所在。所以,在结束巡视驻东欧六国使馆以后,张闻天工作的重点就转移到为国内经济建设操劳和服务上来了。

■1952年12月12日至19日宋庆龄(前排右三)率领中国代表团出席在奥地利首都维也纳举行的世界和平大会,途经莫斯科。张闻天(右二)和苏联妇女反法西斯委员会主席波波娃(前排右四)等在莫斯科火车站迎送。

张闻天对苏联工业化的经验花了许多精力进行研究。对国内建设计划也很关心。国家计委将有关材料随时寄来，他都认真阅读。在经过一番学习研究以后，他于1952年1月16日给党中央、毛泽东写信，提出自己对中国工业化问题的建议。① 他对我们国家能够"迎头赶上"先进的资本主义工业国满怀信心，认为"我们完全有把握以较快的速度来实行我们的工业化"。同时，他又提出"稳步前进"的指导思想，说明中国的工业化不能离开中国现有的各种条件，离开了各种条件而要加速工业化"是一种急性病"。他提出，实现中国工业化的方针，首先要发展重工业，而且要一开始就建立具有最先进水平的重工业工厂。信中指出，要"把我国工业化的基础放在现代化重工业之最新的科学技术的成就的水准之上"，"一开始就真正建立起最新式的、最进步的、最现代化的工厂之工厂"。看起来，这样做需要较长的时间，但是，这些工厂一经建立，"它们就会无可比拟地加速我们工业化的速度，节约我们的人力、物力与财力。建设这样的工厂，是中国工业化的真正捷径。"他在信中还提出许多具体建议。在地理布局上，他提出在进一步建设已有的东北的第一个钢铁中心的同时，"立即在西北开始建立第二个钢铁中心，并准备在西南和中原方面建设第三个钢铁中心"；在时机把握上，他建议不能等到一切条件都准备充分之后再开始，"我们要现在立即开始"，在克服困难的过程中创造一切必要的条件；在资金和外援利用上，他反对分散，认为应集中使用有限的资金和有限的外汇，用于"全国性的具有决定性的工厂"。张闻天还提出实现中国工业化要把自力更生同取得外援（在当时主要是"苏联的援助"）"正确结合起来"。根据当时中国的条件，他主张轻工业工厂的建设和各种日用的机器与工具的生产"我们应当尽量自力更生，自己设计，自己生产"，而现代化重工业项目的建设则要取得苏联的援助。在1952年1月24日和25日，张闻天又接连给周恩来并毛泽东写信，反映在同苏联和东欧国家商务谈判、工业订货中存在的问题，认为订购成套设备有利于我国工业化建设，货单不应多变，国内对驻外使馆的请示不能迟迟不复，建议把请示报告制度同答复指示制度结合起来。

周恩来接读张闻天1月16日来信后，立即将他的信送毛泽东和党中央领导同志传阅，并于1951年2月8日电复张闻天，说来信"所提的实现中国工业化的方针及许多具体意见都是很好的，我们正在为此方向努力"。还告诉他，"将由陈云同志详细函复"。刘少奇在周恩来写的复电稿上批示："关于工业化问题，请陈李注意随时提到中央会议。"② 对1月24、25两日来电，周恩来也即于28日复电表示"电中基本意见都是对的"，"已请陈云同志邀请有关部门同志研究后给你具体答复"。在陈云主持下，中央财经委员会党组干事会专门讨论了张闻天的1月来信。会后，由陈云、薄一波、李富春联名向周恩来并中央写了报告，"同意闻天同志的基本精神"，并规定了12项具体解决办法。例如，规定驻外商务机关请示的电报，在电到之日七天内，中贸部必须答复。同时，各订货厂矿对中贸部查询的电报，必须在五日内复答。中央于3月7日将陈、薄、李的报告电告张闻天参阅。③

---

① 该件和下文提到的1月24日、25日两信均存外交部档案馆。
② 见《张闻天》生平画册》第209图。陈李，即陈云、李富春。
③ 以上引述各电均据档案。

1952年初，我国正进入国民经济恢复时期的第三年，在国民经济全面恢复之后，怎样进行现代化经济建设的问题开始提上考虑的日程。事实上，在美帝国主义采取敌视我国的封锁、禁运政策的情况下，新中国现代化工业建设在其起步阶段只能争取苏联的经济、技术援助。而斯大林为领袖的社会主义苏联在新中国刚刚诞生之时，就伸出了友谊之手，对中国经济建设和国防建设提供援助。1950年2月，在缔结《中苏友好同盟互助条约》的同时，签订了《关于苏联贷款给中华人民共和国的协定》，确定苏联以年利1%的优惠条件，在五年内向中国提供3亿美元贷款，供中国偿付苏联为帮助恢复和发展中国经济而出售给中国的设备和器材。在此后不长时间里，苏联同意援建50个规模巨大的工程项目，帮助我们进行设计，供应设备，传授技术，代培人才。当然，苏联对中国的援助是有偿的，互利的，苏联从中也得到它所需要的原料、物资等好处。总之，在张闻天就任驻苏大使的时候，取得苏联援助，是建设中国现代工业基础的关键。这项事业已经开始，而更大规模的援建工程项目正在酝酿筹划之中。张闻天作为驻苏大使、特委书记，作为中共中央政治局委员，他不单为我国工业化的方针和途径不断提出建议，供党中央决策参考，而且在他的岗位上殚精竭虑，为取得苏联的援助，建设现代化的重工业基础，做了许多工作。我国第一个五年计划的基本任务之一，是集中主要力量进行以苏联帮助中国设计的156个建设单位为中心的、由限额以上的594个建设单位组成的工业建设，建立中国的社会主义工业化的初步基础。这"156项工程"，总的是周恩来、陈云、李富春主持，张闻天则是在苏联落实"156项工程"的总负责人。"156项工程"是一个总称。其中1950年商定的50项，是张闻天到任后逐步落实的；1953年5月15日中苏签约，增加91项，成为141项，1954年又增加15项，成为156项，这些项目的确立都在张闻天大使任上。

当时驻苏使馆最繁忙的是商务参赞处。那么多基本建设项目的设计和成套设备的供应，需要同苏方交涉、同国内联系，谈判涉及许多经济、科技部门，专门性强，门类繁多，还有与这些项目相应的苏联专家的赴华工作（为"156项工程"到中国工作的苏联专家前后达3000人），我国工程技术人员和技术工人的赴苏实习（在50年代到苏联实习的各种"实习生"约近2万人），也都需要妥善安排。张闻天刚到驻苏使馆时，商参处只有一位参赞，无法领导这么繁重的工作。张闻天认为，驻苏使馆商参处的工作不能照常规来做，一定要从实际需要出发，突破框框。首先要加强领导。他同外贸部部长叶季壮商量，确定派李强前来负责领导商参处。并选配了衣钦堂、刘放、徐达深、丁丹四位商务参赞，一人管中苏一般贸易，二人专管"156项工程"、军事订货和科技合作，还有一人管实习人员。①与此同时，要求有懂行的专家参与商参处工作。按照张闻天的建议，冶金、采矿、电力、机械以及汽车、拖拉机和飞机制造等各有关工业部门派来重要的技术负责干部，作为各该部的总订货人，参加使馆商参处工作。总订货人同各工业部派出的专家组成订货小组，同苏方相应部门进行对口谈判。确定项目之后，从初步设计到技术设计及施工图，从工厂规模、选择厂址、试车生产到未来发展，以至工艺流程等都要商谈。国内来的贸易代表团，驻在莫斯科的总

---

① 访问徐达深谈话（1991年9月9日）。

订货人，同苏联有关部门谈判的情况，包括各个项目谈判的进程、出现的问题，都向大使汇报、请示，张闻天都亲自过问，有的直接处理，重要的向中央请示。

张闻天不仅对谈判、签约的过程进行指导，而且对实施过程中发生的问题，及时处理。在外交部档案库中保存着许多"莫斯科台来"的电文，记录着张闻天对我国现代化工业建设的劳绩。例如，1952年6月24日这一天，张闻天就我国航空工业建设问题向国内发回两份电报。① 当时苏联已帮助中国建设六个主要的飞机修理与备件厂，中国的航空工业将步入自己制造飞机的阶段。张闻天在前一个电报中转达了苏方对我国航空工业建设的意见，认为"应采取现代化的生产方式大规模地建设飞机制造工业"，"而不应用手工业的生产方式"；"掌握备件制造是航空工业由修理走向制造的关键"，"飞机制造工业的发展只有在能充分掌握了修理与备件制造以后，过急是没有用的"。电报还提出飞机制造厂设计的两种办法和是否需要按1951年中苏议定书继续建设另外一些飞机修配厂的问题，请中央及早确定。此后不久，中共中央即批准了航空工业在三到五年内由修理走向制造的方针和任务，中国的航空工业就是这样开始起步。到1954年7月，南昌飞机厂试制初教与教练机成功并正式投产了。1956年8月，沈阳飞机厂试制的我国第一架喷气式飞机歼5试飞成功了。人们当然不会忘记，内中也有张闻天付出的心血。

1952年6月，张闻天在到阿拉木图视察我领事馆工作、了解苏联中亚各共和国情况之后到乌鲁木齐，检查中苏协定在新疆的项目的执行情况。他听王震（新疆分局书记、新疆军区代理司令员和政委）介绍了驻疆部队广大官兵节衣缩食、开拓创业的经过，又看了纺织厂、发电厂、农机厂、水泥厂、汽车修配厂、露天煤矿等工矿企业，对在短短两年多时间中取得的成绩"很感满意"，认为可以说新疆"今天已是全国各少数民族地区中比较先进的地区了"。张闻天在乌鲁木齐还专门就知识分子政策和科学技术作用问题作过一次报告。他指出：新疆当前的中心任务是经济建设，在经济建设中，"懂不懂科学有决定意义"。②

除了对上面列举的这样一类对重要的具体工作和对特定地区的关注之外，张闻天的主要精力还是倾注于协助中央对中苏关系总体的擘划与宏观的决策。1952年8月，周恩来率领中国政府代表团访问苏联，张闻天为代表团成员之一。代表团征询了苏联政府对我国试编出的《五年计划轮廓草案》的意见，商谈了苏联援助我国进行经济建设的具体方案。9月22日周恩来、陈云等离莫斯科回国，代表团由李富春率领，继续同苏联有关部门广泛接触，征询意见，商谈苏联援助建设的具体项目，长达九个月。张闻天作为代表团重要成员，又是驻苏大使，一直参与其事。谈判的结果，于1953年5月15日签订协定，将苏联援建项目由原已定妥的50项增加到141项。

1953年是我国开始执行第一个五年计划、进行社会主义建设的第一个年头，同苏

---

① 6月24日第一电（编号119）抬头为"周总理并中财委、重工业部、中贸部并报毛主席"；第二电（编号120）抬头为"周总理并中财委、重工业部、中贸部"。以下引文引自第一电。

② 据：1952年6月13日张闻天致周总理并报毛主席的信；张闻天1952年6月5日的报告；王震：《杰出的马克思主义理论家和革命家——忆闻天同志》，见《回忆张闻天》，第13、14页；邓力群：《坚持对共产主义的忠贞和深情——为老师闻天同志八十五岁诞辰而作》，见《回忆张闻天》，第30页。

联的贸易在当时的工业建设中具有关键意义,而我国从苏联进口成套设备等货物又同"一五"计划直接联系在一起。张闻天在1953年初集中精力同李富春等一起,认真研究了1953年中苏贸易总货单,于1953年2月21日与李富春、叶季壮、李强等联名给毛泽东、周恩来以及陈云等有关方面负责人写信,就研究结果作出详细报告。① 张闻天、李富春等认为,"苏方交来之货单是经过慎重考虑研究的,进口方面绝大部分满足了我们的需要"。他们在这个报告中,反映了在谈判中苏方对我们正在讨论、编制中的"一五"计划的意见,认为"发展速度太快","要注意成比例地发展,不可跳跃过大"。张闻天、李富春等认为,苏方对我国"一五"计划的这些意见,"是符合于我'稳步前进'的方针的,也是符合于经济发展的规律性的"。与此相应,"在对苏贸易的发展上,同样不可设想过大的跳跃前进,趋势也是须成一定比例的向前发展。"这份报告,受到党中央的重视。

张闻天在与李富春等向国内提出这份报告后即回国述职。不到两天,斯大林逝世,张闻天又作为中国代表团成员之一随团长周恩来赴莫斯科吊唁并参加了葬礼。接着,又到布拉格参加捷共中央主席、捷克斯洛伐克总统哥特瓦尔德的葬礼。3月24日回国后,张闻天同回国述职和休假的驻外使节一起赴安徽、山西、陕西等地参观、考察。6月中旬,出席中央政治局召开的两次扩大会议。在6月15日第一次会上,毛泽东提出"党的任务是在十年至十五年或者更多一些时间内基本上完成国家工业化和社会主义的改造"。"一化三改造"作为党在过渡时期的总路线和总任务提出来了。张闻天在讨论时积极支持李维汉提出的经过国家资本主义特别是公私合营这一主要环节,改造资本主义工业的方针。② 毛泽东要张闻天参加6月中旬举行的全国财经工作会议,以便了解国内情况。但没有开几天,张闻天就因病到外地治疗了。病愈返莫斯科任所,已是8月下旬。③

9月上旬,张闻天根据毛泽东提出的过渡时期总路线的精神和国内经济建设形势的需要,领导驻苏使馆中共特委对商参处的工作进行了检查。9月10日,张闻天在特委会议上讲话,肯定商参处一年来做了不少工作,完成了一部分任务,执行方针、政策基本正确,但也存在若干问题。他分析了商参处工作不能很快进步的原因,并提出改进的意见。④ 会后,商参处会同各总订货人和一些负责干部一起,对三年来委托苏方设计、成套设备订货及聘请专家等工作的情况、存在问题、经验教训进行了认真的总结。在张闻天指导下,驻苏使馆商参处于1953年10月20日写出了《关于委托苏联设计工作中的一些问题及意见》的总结材料,详细检讨了各有关部门在确定基本建设项目和搜集原始资料、请求设计和设计的分工以及批准设计方面存在的种种问题,在具体指出这些问题的基础上,提出"基本建设事关百年大计,设计工作的好坏又是基本建设成败的重要因素之一"的指导思想,要求严格执行两国间的一切规定,要求健

---

① 张闻天、李富春、叶季壮、李强、江玥致主席、总理、陈主任、薄、曾、贾副主任,并外贸部雷、徐、李、孔副部长(1953年2月21日)。以下引文引自该件第3、4、5、6页。
② 据李维汉:《回忆与研究》(下),第744页。
③ 据张闻天:《给北京铁道学院邓级同志》(1967年10月15日)和张闻天在第三次全国外事会议上的第二次书面发言(1959年9月5日)。
④ 据外交部档案馆存档案。

全组织机构,改善搜集原始资料的组织工作,提高原始资料的质量并按期交出资料,以保证设计的质量及按期完成设计。① 张闻天认为,顺利解决委托设计中存在的问题,达到上述要求非常重要,指出:"这类总结不但对提高商参处同志的工作水平有帮助,而且对国内有关部门也有用处。"他于 1953 年 11 月 2 日将这份总结送国内时,还特地给国家计委负责同志并中央与毛泽东写了信,希望引起重视。信中写道:"我认为以上诸问题之能否顺利解决,对 141 个改建与重建的企业之能否按时建设完成,关系极大。望中央采取紧急而有效的办法,使这些问题能得到及时的解决。"②

1953 年底,委托设计中的问题暴露得更为严重。按照 1953 年 5 月 15 日协定及过去已签合同的规定,在苏联援建的 35 个国防企业中,有 28 个项目我国应在 1953 年年底以前完成设计任务书;还有另外 38 个企业我国应在 1953 年年底提交设计任务书和设计基础资料,但是到期都没有完成计划。张闻天于 1954 年 1 月 5 日即向国家计委负责人并周总理与毛主席发出"特急"电报,报告委托苏方设计中的这两大突出问题,指出:"这种情况很可能造成设计工作的普遍延期,同时也将推迟设备交付及建厂的进度,如不尽速采取有效措施,将会影响到我国五年计划的完成。"他郑重提出,"建议国内对此事的处理加以催促"。③ 从字里行间可以感受到身在莫斯科的张闻天对国内的工业现代化建设是怎样地关切与焦灼。

对于苏联政治的动态,张闻天也悉心观察,捕捉重要迹象,及时向国内报告。

1953 年 3 月斯大林逝世以后不久,张闻天就敏锐地注意到了苏联党内开始提出反对个人崇拜问题。他及时指导驻苏使馆研究室和《人民日报》驻莫斯科记者调查研究苏联的宣传动态,写出《苏联宣传工作中的几个问题》和《苏联共产党员反对宣传工作中的教条主义》两篇报告,于 1953 年 12 月 25 日报中共中央宣传部。中宣部随即在《宣教动态》1954 年第 3、4 期刊载。1954 年 3 月 27 日张闻天又将他指导驻苏使馆研究室所写题为《苏联宣传中对斯大林提法的改变》的报告报送中共中央办公厅。在 1953 年 12 月的报告中,就已着重介绍了 1953 年 7 月以后苏联反对党的宣传中的个人崇拜,揭露社会科学(包括历史学、哲学)以及文学艺术中个人崇拜的表现,从理论上批判个人崇拜,强调人民群众的决定作用和党的集体领导等情况。1954 年 3 月的报告更进而比较有分析地介绍了一年来苏联宣传中对斯大林提法的一些改变,说明这种改变从 1953 年 4 月起已露端倪,到 7 月后十分明显。主要表现在两个方面:一是纠正过去对于斯大林的功绩提得过高、有些个人崇拜的偏向,对于苏联各方面的成就,强调群众的功绩和党的集体领导,斯大林个人的功绩则很少提到,更不单独叙述;二是纠正过去把斯大林和列宁相提并论,甚至比列宁提得还多些的情况,强调斯大林是列宁的继承者。毛泽东读后写了批语,说这三件研究报告"都是重要文件,宜作为内部文件,印发给在京及各地的中委,候补中委"。④ 据统计,在 1953

---

① 这份总结材料存外交部档案馆,引文见该件第 8 页。
② 张闻天致高岗、富春同志并报中央与主席(1953 年 11 月 2 日)。
③ 张闻天致国家计划委员会高主席、李、贾副主席并报周总理与毛主席(1951 年 1 月 5 日)。
④ 毛泽东的批语写于 1954 年 4 月 28 日。见《建国以来毛泽东文稿》第 4 册,中央文献出版社 1990 年版,第 484 页。

年和 1954 年两年内从莫斯科发回国内的有关这方面的材料共有 25 篇,大部分转载刊登于内部刊物。① 其中如《苏联纠正反世界主义斗争中的某些偏向》一文,又一次引起毛泽东的重视,指示"此件值得一看,请少奇同志考虑是否转发地委以上各级党委"②。从这些事实可以看出,张闻天不单关心国内经济建设,而且同时也关心着党和国家的政治生活。在苏联发生重大变化的时候,他领导使馆切实地充当了党和国家的耳目。

出席日内瓦会议

1954 年是新中国成立后五年间外交工作最为活跃、对外关系全面展开的一年。4 月,张闻天在驻苏大使任上被任命为外交部副部长,成为协助总理兼外长周恩来开展工作的主要外交官之一。在这一年里,张闻天两次回国参加重要会议:一次是 1 月 28 日回国参加中共七届四中全会。③ 他拥护中央关于增强党的团结的决议,揭露与批判了高岗在东北和调到中央后的错误,并自觉地检讨自己过去在同高岗共事和往来中嗅觉不灵,没有发现高的个人野心和阴谋活动;一次是 9 月在北京出席第一届全国人民代表大会第一次会议,他当选为人大常委会委员。在外交活动中,最重大的事件是出席这年 4 月 26 日至 7 月 21 日在瑞士日内瓦举行的关于朝鲜和印度支那问题的国际会议。

这次日内瓦会议是苏、美、英、法四国外长柏林会议(1954 年 1 月 25 日至 2 月 18 日)建议召开的。1953 年 7 月 27 日朝鲜停战协定在板门店签字,远东局势趋向缓和。但是,由于美国的阻挠,朝鲜停战协定规定召开的政治会议未能如期召开,美国还企图延长甚至扩大法国在印度支那进行的殖民战争。英、法两国也从自己的地位和利益出发各有打算,法国想从绵延八年之久的印度支那战争泥沼中自拔,英国则盘算着充当东西方之间的调停人,以提高在东南亚的发言权。所以,当苏联外长莫洛托夫在柏林会议上提出召开包括中华人民共和国在内的日内瓦会议,以讨论和平解决朝鲜问题与恢复印度支那和平问题的建议以后,英国和法国都倾向于同意。美国虽然没有放弃从朝鲜、印度支那和我国台湾三个方向威胁我国的战略部署,但刚上台的美国总统艾森豪威尔也有寻求办法改变美国在亚洲的被动局面的设想。因此,经过谈判,美国也改变了原来的反对态度,终于达成召开日内瓦会议的协议。

尽管美国坚持在柏林会议公报上写明,"经取得谅解,无论是邀请参加上述会议或举行上述会议,都不得被认为含有在任何未予以外交承认之情况下予以外交承认

---

① 据外交部赖万宁、荣植编:《张闻天年谱·外交工作时期》(初稿打印本),第 39 页。
② 毛泽东的批语写于 1954 年 7 月 31 日。见《建国以来毛泽东文稿》第 4 册,第 524 页。1954 年 8 月 5 日中共中央向各地转发了《苏联纠正反世界主义斗争中的某些偏向》一文,该文主要介绍当时苏联报刊批评思想文化战线个别部门对于历史遗产和现代外国科学技术成就持全盘否定的错误态度的情况。
③ 七届四中全会于 1954 年 2 月 6 日至 10 日在北京召开。1954 年 1 月 18 日,毛泽东致"少奇同志并书记处各同志"电报中说:"又张闻天同志宜通知他到会。"(《建国以来毛泽东文稿》第 4 册,第 439 页。)

之意",① 但终究抹煞不了这样一个事实:中华人民共和国与苏联、美国、英国、法国并列,作为世界五大国之一出席日内瓦会议。这实际上是新中国成立以来第一次以大国身份参加国际会议,也是新中国在国际事务中发挥重要作用的一个转折点。美国处心积虑遏制新中国的影响,可是它终究无法阻挡这个东方巨人登上国际政治舞台的步伐。

中共中央和政务院对这次会议十分重视。1954年3月1日,毛泽东亲自电调在朝鲜板门店参加朝鲜停战谈判的乔冠华、黄华等同志速回北京,参加日内瓦会议筹备工作。② 4月14日,经毛泽东批准,张闻天被任命为外交部副部长(仍兼驻苏大使)。4月19日,我国政府正式任命周恩来总理兼外长为我国出席日内瓦会议代表团的首席代表,副外长张闻天、王稼祥、李克农为代表。中央对我国代表团专门作了指示,要求在会议上"加强外交和国际活动,以破坏美国的封锁禁运、扩军备战的政策,以促进国际紧张局势的缓和",并且要尽一切努力达成某些协议,"以利于打开经过大国协商解决国际争端的道路"。③

1954年三四月,准备工作在国内、国外同时紧张进行。4月上旬,为了摸清这次会议的底细、协调民主和社会主义阵营的行动,周恩来两次秘密飞往莫斯科。张闻天负责联系,并陪同会见赫鲁晓夫、莫洛托夫等人。中、苏、越三方也进行了磋商,都认为必须大力争取在印度支那实现停战。莫洛托夫建议中国多去些人,主要是学习、

■ 出席日内瓦会议的中国代表团在会场上。前排左起第二人为周恩来、左三为张闻天,左一为李克农。

---

① 《日内瓦会议文件汇编》,世界知识出版社1954年版,第1页。

② 据《建国以来毛泽东文稿》第4册,第461页。当时乔、黄均任朝鲜停战谈判中国人民志愿军代表团党委委员,后乔为我国出席日内瓦会议代表团顾问,黄为代表团发言人。

③ 引自王炳南:《中美会谈九年回顾》,世界知识出版社1985年版,第5页。

练兵。当时苏联代表团是 200 多人，中国代表团确定去 180 多人。4 月 21 日，周恩来率领代表团飞抵莫斯科，张闻天与之会合。中国代表团在莫斯科停留两天，还请苏联副外长葛罗米柯介绍了国际会议斗争的经验。

1954 年 4 月 24 日下午，我国代表团抵达日内瓦。先期到达的代表团秘书长王炳南已经安排好了住地。代表团大部分人员住在市内的几家饭店，周恩来、张闻天等领导人住在郊外莱蒙湖畔查尔索瓦镇的一座别墅里。别墅不大，是一座带尖顶阁楼的二层楼房，但有一个很空旷的花园，长着各种树木花草，也没有怎么整修，颇有点莺飞草长的景象。不知谁给了它一个带有中国味的译名："万花岭别墅"，就叫开了。

4 月 26 日，日内瓦会议在国联大厦开幕，首先讨论和平解决朝鲜问题。张闻天作为中国政府代表团的代表之一同周恩来一起出席。他们并排端坐在放置着"PEOPLES REPUBLIC OF CHINA"标牌的坐席上。出席会议的有苏、英、法、美四国外长莫洛托夫、艾登、皮杜尔、杜勒斯，朝鲜外务相南日，韩国以及派兵以"联合国军"名义参加朝鲜战争的其他 12 个国家的代表。关于和平解决朝鲜问题的讨论，开会 15 次，持续 51 天，虽然苏、中、朝三国代表作了种种努力，终因美国无理阻挠和蛮横破坏，未能达成任何协议而于 6 月 15 日宣告中断。

在朝鲜问题开始讨论后将近两周，日内瓦会议从 5 月 8 日起开始讨论恢复印度支那和平问题。出席会议的除五大国代表外，还有越南民主共和国、越南国、老挝王国和柬埔寨王国的代表。会议开了一个多月还没有取得什么显著的进展，主要在两个问题上争执不下。一个问题是，越南停战以后，越南民主共和国为一方，法国和南越为另一方，双方武装力量将分别集中到越南北部和南部的集结区，南北集结区之间的界线究竟划在什么地方？与此相关的另一个问题是，在要不要集结区与分界线等问题上，老挝和柬埔寨问题如何同越南问题区别对待。

在日内瓦会议期间，周恩来显示了他那卓越的政治家和外交家的智慧、才华和风度，张闻天同王稼祥、李克农等一起出色地充当了副手。屋子里拥挤，又怕有窃听器（会议开始前进行安全检查查出了一些），他们白天多是在院子里散步或树阴下小坐时交谈问题。每天晚上，周恩来都要同张闻天等一起听取各方面的汇报，阅读国内、国外来电，讨论、研究会议内外的各种反应、动态和应该注意的问题，商量对策，然后分别进行各种活动，或起草文件、报告、发言、建议等等。互相宴请，互相拜访，是进行会外协商的重要方式。英国外交大臣艾登是日内瓦会议两主席之一。中英之间的建交谈判也在会议期间进行。周恩来同艾登的互相宴请与拜访，张闻天都陪同进行。苏、中、朝、越是这次会议的一方，会外频繁接触，会上紧密配合。兄弟国家之间除利用互相宴请的机会研究讨论之外，张闻天还经常陪同周恩来到莫洛托夫住处碰头。有时是中、苏双方商量，有时是中、苏、朝、越四国代表讨论。莫洛托夫、范文同也到中国代表团驻地来，但因怕装有窃听器，谈话时开上水龙头或放唱片，又影响谈话，所以到莫洛托夫住处去交谈的多。总之，在日内瓦会议期间，张闻天相当忙碌，中国代表团卓有成效的活动中有他的一份智慧与劳绩。

就在朝鲜问题的讨论未果而终，印度支那问题的讨论停滞不前之际，打破僵局的机会出现了。1954 年 6 月中旬，法国拉尼埃政府因国内矛盾尖锐化而辞职，倾向于

■ 代表团的同志在驻地的树阴下交谈。中坐者为张闻天、左一为周恩来、右二为王炳南、左二为师哲。

早日结束印度支那战争的孟戴斯－弗朗斯政府于 6 月 13 日上台。中国代表团抓住这个有利时机，经与苏联和越南商定，在 6 月 16 日会议上提出《中国代表团关于解决老挝和柬埔寨问题的建议》，其中心思想是印度支那三国的问题既有联系，又有区别，在适用同时实现停火、进行国际监察等原则时，应照顾到各该国的特殊情况。这个包括六点建议的方案表现的公正态度和协商精神，像一阵清风，给僵持了一个半月的会议注入了活力。6 月 19 日，九国代表团的日内瓦会议就停止在柬埔寨和老挝的敌对行动问题达成协议，至此，关于恢复印度支那和平的难题之一得到解决。但是，还有一个确定越南南北临时军事分界线问题有待解决。这是一个更为困难的、争持不下的问题。

  6 月 19 日会后，中国代表团即集中精力为解决南北分界线问题而努力。这时印支战争双方司令部的代表自 6 月 2 日起已在日内瓦举行多次会议，研究停止敌对行动后双方军队的重新集结地区等问题。周恩来和张闻天等都看到，西方国家特别是法国在印度支那追求的目标是划线而治，固定现状；越南民主共和国有些人希望能一下统一越南，但从当时双方力量对比来看实际上是不可能的。经与苏、越两方在会下讨论，一致认为，还是南北划线，争取北纬 16 度线以北的一块完整的根据地，巩固北方，以利将来的统一。①

  日内瓦会议的外交部长级会议自 6 月下旬至 7 月中旬暂时休会。张闻天于 6 月 21

---

 ① 关于划线问题三方一致的看法，据王炳南：《中美会谈九年回顾》，第 13 页。

日离开日内瓦返回莫斯科,继续关心着日内瓦会议的工作,寻求解决南北划线等问题的办法。7月8日,张闻天返回日内瓦。当天即同留在日内瓦率领中国代表团继续参加会议和工作的李克农一起,与莫洛托夫、范文同就促使会议达成妥协、恢复印度支那和平的问题进行会谈。当晚,张闻天与李克农一起宴请了法国代表团的代理团长。第二天即出席继续举行的限制性会议,我国代表团就老挝、柬埔寨停战后运入军队和武器等问题发表重要意见,得到苏联代表团的支持。在这段时间里,周恩来于6月23日到瑞士伯尔尼会晤法国新任总理孟戴斯－弗朗斯,促进他实现停火的决心,摸清他不会放弃北纬17度线的底盘。7月3日至5日周恩来在广西柳州同胡志明主席会谈,7月10日途经莫斯科又同苏联领导人会谈,协调彼此看法。三国一致认为,在分界线问题上提出过高要求,孟戴斯－弗朗斯难以接受,而反易被美国所乘;应该力争达成妥协,把战争停下来。张闻天也从莫斯科带来一份驻苏使馆研究室于7月4日写成的研究报告《英国的所谓亚洲洛迦诺计划》,指出"英国希望那里(按:指印度支那)的战争有条件地停止下来,在越南实行分治,并划定一条分界线,使双方的军事力量撤退到分界线以后;在柬埔寨与老挝实现中立化,既不使那里有革命军队与政权,也不使那里有美国的军事基地和受美国的控制",在大国保证上,"英国可以起更大的作用。"①

周恩来于7月12日返回日内瓦以后,中国代表团立即投入了紧张的斡旋工作。苏、英、法外长也反复磋商。7月18日和19日,英国代表团同中国代表团就分界线问题频繁地交换意见。至7月20日下午,范文同同孟戴斯－弗朗斯终于达成协议,南北两集结区以北纬17度线、9号公路北约20公里的六滨河(又名贤良河)为界。②7月21日,日内瓦会议举行最后一次全体会议,经过75天的工作,终于就恢复印度支

■日内瓦会议期间,张闻天(右)陪同周恩来(左)拜会会议两主席之一英国外交大臣艾登(中)。

---

① 引自该件打字稿第9页,该件存外交部档案馆。
②《当代中国外交》,中国社会科学出版社1988年版,第59页。

■ 1954年11月29日，张闻天（前排左三）以中华人民共和国政府观察员身份出席欧洲国家保障欧洲和平和安全的莫斯科会议。

那和平问题达成了停止敌对行动的协议和解决政治问题的原则协议。

在日内瓦会议期间，张闻天还参与商讨了在我国对外关系上有影响的两件要事。一是在日内瓦进行了中美接触。从6月5日起，双方代表就侨民和留学生问题进行六次接触商谈，成为此后持续15年、会谈136次的中美大使级会谈的前奏。一是同英国"半建交"，于6月17日达成中英互换代办的协议，使1950年5月起一直搁浅的建交谈判向前跨进了一大步。

日内瓦会议结束后，张闻天即陪同周恩来于7月23日离开日内瓦飞抵柏林，从7月23日至25日对民主德国进行了正式访问。接着于7月26日从柏林到达华沙，从7月26日至28日陪同周恩来访问了波兰。7月28日抵莫斯科，又陪同周恩来访问苏联。7月30日上午送周恩来离莫斯科去蒙古人民共和国访问。

根据印度支那停战协定，越南、老挝、柬埔寨三国的战火停熄下来，亚洲出现了和缓趋势。但是，欧洲局势又面临严重恶化的危险。苏联政府于11月13日建议召开讨论建立欧洲集体安全体系问题的全欧会议，并邀请中国派代表以观察员身份出席。张闻天受中国政府委派与会。会议在11月29日于莫斯科开幕。张闻天代表中华人民共和国政府致词，"认为：这次会议虽然没有美、英、法和其他西欧国家的参加，但是它对欧洲集体安全和世界和平事业无疑会有极重大作用。"12月1日张闻天在会上发言，代表中国政府表示"将充分支持本会议就保障欧洲和平和安全所作出的决定和将采取的一切措施"。①

1954年秋冬张闻天完成的另一项重要使命，是进行中国与南斯拉夫的建交谈判。

---

① 见《新华月报》1955年第1号，第139页。

新中国成立之初，南斯拉夫即予承认，并表示愿与新中国建立外交关系。但此事一直被搁置下来，其原因，诚如后来毛泽东对南斯拉夫同志所说：过去我们听了"共产党和工人党情报局"的话，有对不起你们的地方。[1]1954年，苏联纠正了对南斯拉夫关系上的错误，实现了两国正常化。在形势变化的情况下，南斯拉夫通过外交渠道，多次表示同中国建交的愿望。1954年10月13日，张闻天会见前来中国驻苏使馆做礼节拜访的南斯拉夫驻苏大使。南大使追述四年前南政府即承认中华人民共和国但始终未获答复一事，代表政府明确提出希望两国之间能够很快建立正式的外交关系，并互派大使。当天，张闻天即两致外交部并周总理、党中央电，第一电报告会见南驻苏大使经过，请示如何答复。第二电建议即同南斯拉夫建交，说明了四点理由。[2]1954年10月18日，中共中央致电张闻天：中央同意即与南斯拉夫建立外交关系，并决定由你代表中国政府在莫斯科同南斯拉夫驻苏大使进行建交谈判。[3]张闻天受命后进行了细致认真的准备。建交谈判进展比较顺利，经过诚挚的商谈，至12月中旬达成协议。1955年1月10日两国发表建交公报，宣布中华人民共和国和南斯拉夫联邦人民共和国之间正式建立外交关系。[4]此时，张大使已在进行离任前繁忙的辞行拜会了。

张闻天准备卸任大使回国。起先我国外交部没有按惯例向驻在国政府领导人或外交部打招呼，所以当决定卸任时，苏方感到突然、意外。莫洛托夫在与张闻天交往和合作中建立了信任和友谊，深感张闻天是在国际斗争中可以互相配合协作的朋友，很想挽留，但又不知道张闻天离任的原因。遂命苏联驻华大使罗申在北京摸底。为此，罗申邀请师哲喝茶聊天。[5]其实，卸任回国是张闻天自己在日内瓦会议后提出的，没有什么特殊原因。[6]中央同意调他回国专任外交部副部长，但为接任人选的选择费了一些时日。现在中央已确定刘晓接任驻苏大使，并为苏方接受，他就可以离任了。莫洛托夫了解到张闻天卸任回国是本人的愿望，也就不便挽留了。1月17日，苏共中央主席团举行内部宴会为张闻天饯行，当时的主席团成员差不多都出席了。这当然主要是同中苏两国关系当时所处状态相应的。

1955年1月19日，张闻天告别莫斯科回国，车站送行场面之隆重，为其他国家大使离任所未见。[7]

---

[1] 转引自《当代中国外交》，当第34页。
[2] 以上经过情况，据张勉励：《中国与南斯拉夫建交始末》，《当代中国史研究》2006年第3期。
[3] 《建国以来毛泽东文稿》第4册，第580页的注释〔1〕。
[4] 据《新华月报》1955年第2号，第44页。
[5] 据师哲：《在历史巨人身边》，中央文献出版社1991年版，第185页。
[6] 访问刘英谈话（1992年4月13日）；师哲：《在历史巨人身边》，第185页。
[7] 据外交部档案馆存驻苏使馆《报告张大使离任时的礼节问题》（1955年1月20日）。

第十八章　外交十年（下）

外交部常务副部长

1955年1月下旬，张闻天回到北京，2月1日就到外交部上班。他担任外交部常务副部长兼党组副书记，协助兼任外交部长的周恩来主持外交部部务。

经过半个月的调查研究和多次党组会议、办公会议的讨论，张闻天于2月中下旬提出了改进外交部领导工作的意见和改进外交部工作的制度、措施。要求加强部的集体领导，加强对政治和业务的日常领导，加强对国际问题和外交政策的研究，加强同群众的联系，加强对干部的培养、教育和团结的工作，改善组织机构、提高工作效能，加强党的工作，对诸如外交部各司的职责范围、驻外使节回国述职、新设使领馆的筹建以至文电处置等事项也都订立了制度。

张闻天的工作和生活是很有秩序的。他欣赏"既有德国式的准确、又有美国式的灵活"这句话。通常情况下，他晚上不熬夜，早晨起得早。在院子里稍稍散步以后，就拿一把藤椅坐在凉台上看文件了。上午8点以前，准到办公室。坐下来就专

■张闻天和周恩来在一起
（摄于1954年）

心致志地阅读当日新闻，批阅电报、文件、"案子"。10点钟敲响，召开部领导碰头会，邀请与讨论的问题有关的单位负责同志列席，处理日常外交业务，落实中央和总理指示，或就某些问题向上提出建议和报告。这是张闻天建立的外交部每日办公会议制度，天天如此。日常工作问题大都在这个会上商量解决，避免了公文旅行，提高了工作效率。① 此外，张闻天为加强部对驻外使馆的领导还建立了一些制度。如，建立了部向驻外使领馆的定期通报制度和使领馆向国内的请示报告制度，从而加强了内外通气和对驻外使领馆的政策领导。又如，为了加强和统一对国际宣传的指导工作，拟订了外交部指导国际宣传工作办法，建立了对外宣传工作会议制度。当时涉及对外关系的部分国际宣传的指导工作归外交部管，为此，每两周张闻天召集一次从事国际问题宣传的负责同志和各主要新闻单位负责同志的座谈会，先拟出两周宣传要点，进行讨论，使各主要新闻单位在国际宣传方面有比较明确的方向和依循。

在外交部的集体领导得到加强、工作有了相当改进以后，张闻天又花很大力气，抓外交部业务水平的提高。他认为，由于有党中央领导和全国人民作后盾，我国的外交工作取得了很大成绩，但是，外交部的业务水平同形势发展和工作需要还有不小的差距，工作只能说大体上完成了任务。也就是说，上下左右要外交部办的事大体办了，应该由外交部自己主动办的事却办得较少，已办的质量也还不高。② 所以，从1955年4月起，张闻天就提出"努力提高业务水平"的号召，并从改进各司工作和加强调查研究两个方面来入手落实。

张闻天要求外交部各专业司（领事、礼宾、国际、新闻、总务、人事、行政）和各地区司（苏东、欧非[后分为西欧、非洲]、亚洲[后分为一亚、二亚、西亚北非]、美澳[后改为美大]）以及条约委员会（后改为条约法律司）对各自的工作进行回顾总结，明确自己的职责范围、工作方针和任务，提出改进措施，然后向外交部部务会议汇报，进行讨论。从5月下旬讨论礼宾工作、总务工作开始，一星期研究一个司（及司局单位），花了半年时间，把外交部所有司局单位的工作讨论了一遍。在这之后，从1955年11月到1956年1月，又召开三次部务会议，分别对我国驻苏联、东欧，驻东南亚，驻西、北欧的使馆工作作了总结。

为了提高业务水平，张闻天把调查研究加以突出的强调，并采取了具体落实的措施。他在1955年3月5日的部务会议上就将"加强调研工作"作为改进工作的重大问题提出，指出应克服"领导者和调研工作脱节"、"调研工作和当前工作脱节"这两个问题。4月9日，在外交部全体干部会上他号召钻研业务，特别是加强形势与政策的研究。他要求各级领导同志挤时间研究问题，既要研究分管的地区、国家的形势，又要研究本身业务工作中的重大问题。他还要求各个司建立研究组，并将外交部政策委员会改组为研究室，协调部内各单位的研究工作。他还倡议创办了《外事研

---

① 据何方、萧扬同笔者的谈话（1990年11月30日）、访问陈国泰谈话（1990年12月3日）。何是外交部党组秘书、办公厅主任，萧是张闻天的秘书，陈是张闻天的机要秘书。

② 参阅张闻天：《努力提高业务水平》，见《张闻天选集》，第465页。

究》《业务研究》两种刊物,刊载部内各单位和驻外使馆的调研成果。①6月7日,张闻天又主持部务会议,专门讨论如何改进部内和驻外使馆的调研工作。他提出部内的调研成品分为三种形式:一是外事调研,是对各国基本情况和重大国际问题的较有系统的研究;二是临时通报,是对当前国际动向和临时问题的研究和报道;三是业务研究,对领事、礼宾、条约、法律、总务、人事等各种专业问题进行研究。关于驻外使馆调研工作的方针与范围,他提出:以当前动向为主,以驻在国为主。②11月3日,张闻天在外交部科长以上干部会议上作《克服落后,努力提高业务水平》的讲话③,指出:"提高业务水平,关键在于加强调查研究工作。调研工作是一切日常业务工作的基础。"提出调研工作"为解决当前的外交工作任务服务"的方针,要求"各地区司要加强研究时局动向,及时提出看法和对策","动向研究不仅限研究某些个别具体事件,还要研究地区性全球性形势及其发展趋向";要求"各专业司要加强研究各种专门业务,总结经验,使之系统化、条理化",经过调查研究,"把繁杂的专业工作搞出一个章法来"。1956年3月,张闻天为外交部起草了《关于驻亚洲各使馆调查研究工作中的几个问题》的文件,提出"要深刻认识调查研究工作是使馆最重要和最基本的业务之一",要求使馆必须经常结合当前国际形势的发展,研究驻在国的动态,特别注意研究驻在国同我国的关系和改进双方关系的可能性,及时向国内反映情况和提供建议,发挥国家耳目的作用,并对各使馆调查研究的范围作了分工。

在张闻天的组织、指导、督促、推动下,外交部和各驻外使馆的调研工作蔚然成风,大大地提高了业务水平,为党中央对重大国际问题的决策提供了重要依据。

凡事多作调查研究,对于张闻天本人来说,已经成为习惯。1955年,中国国际关系中最重大的事件是参加在万隆举行的有29个国家参加的亚非会议。张闻天在1954年日内瓦会议期间就同周恩来一起研究过当年4月底科伦坡五国(印度尼西亚、印度、巴基斯坦、缅甸、锡兰)总理会议拟议中的这次会议了。1955年二三月间,他主持了两次外交部办公会议,根据党中央和毛泽东、周恩来的指示,研究了在亚非会议上我方的发言要点。周恩来率代表团出席亚非会议期间,由张闻天代行外长职务。会前一周(4月11日),发生我出席亚非会议代表团人员包用的座机"克什米尔公主号"因特务破坏而被炸坠毁事件,张闻天主持讨论对策和我国出席亚非会议代表团安全问题,并立即同英国代办交涉。他还主持起草了4月12日中国外交部就此事发表的声明,组织了4月17日北京各界人民追悼"四一一"遇难烈士大会,以及其他善后事宜的处理。

万隆会议于4月18日开幕以后,张闻天密切关注会议进程,组织研究民族独立运动问题,发表了精辟的见解。亚非会议闭幕后,张闻天又立即在对这次会议作出估

---

① 据外交部档案并曾涌泉:《外交工作的杰出改进者和领导者》,见《回忆张闻天》,第254页。
② 据外交部档案并张闻天的秘书做的工作记录。以下凡据外交部档案者一般不再一一注明。
③ 这个讲话的部分内容,以《努力提高业务水平》为题节录收入《张闻天选集》,以下引文引自该书第466、467、469页。

计的基础上提出宣传方针。此后经过将近一年的研究,在1956年3月驻亚洲各国使节会议上,他提出了题为《关于执行我国和平外交政策中的一些问题》的文件,作了《关于国际形势和外交工作中的若干问题》的总结报告。这是外交工作中的两个重要文件。① 前一件根据党中央和我国政府历次指示,以及外交部和驻外使馆五年多外交实践,将执行我国和平外交政策中的一些问题,综合成十二条方针原则;后一件用马克思主义的立场观点分析国际形势,对亚非地区各类国家的社会性质、政权性质、外交政策及其发展趋势作了透彻的说明。

张闻天在外交部工作中注意通过各种方式做调查,其中最富个人特色的要算星期日散步了。在日常生活中,张闻天是个平和淡泊的人,他不抽烟、不喝酒,没有什么癖好,除了星期六间或跳跳舞之外,可以称得上爱好的就是散步,特别是沐浴在大自然中的散步。久而久之,利用散步休息,调查了解情况,成了张闻天的一个习惯。在辽东省委,在驻苏使馆,机关的同志住得靠近,上下班时候碰上聊一聊,每天傍晚散步时遇到谈上一阵子,很方便。到北京以后,大家住得比较分散了,上下班匆匆来去,张闻天就经常约一些单位的同志星期天一同散步,作比较自由而深入的交谈。有一段时间,他几乎每周约一个单位的领导干部一起散步。例如,他曾约国际关系研究所所长孟用潜同去中山公园散步几次,一边散步,一边交谈,详细询问研究所的干部和工作情况,了解对某个问题有些什么看法,还商量确定一些研究题目。② 苏欧司司长陈楚于1955年5月随彭德怀赴华沙参加华沙条约缔约国会议归来,张闻天即约他和苏欧司副司长一起到天坛聊天。张和陈等同乘一车,车上带了热水瓶、小茶几等。在古柏森森的天坛公园,他倾听陈楚谈这次会议的情况和苏欧司的工作。张闻天从中不仅直接了解了苏东动态,而且直接接触了干部。③

张闻天在重视调查研究工作的同时,也注意把交际工作放到应有的地位并加以改进。他为1956年3月召开的使节会议起草了《关于亚洲国家使馆交际工作中的几个问题》的文件。针对当时对外交际活动目的性不够明确、内容比较贫乏、范围比较狭窄等问题,文件指出:"驻外使馆的主要任务是在政治上代表国家进行对外交涉、谈判、缔结条约、参加国际会议,以及处理同其他国家在斗争和合作中的政治、经济、文化等各方面的事务,并且作为国家的耳目,了解驻在国及其他有关情况。交际工作是服务于和服从于这些任务的。"交际工作的目的是"联络感情,了解情况,宣传自己,影响对方",要求以调研工作为基础,充实交际活动的政治内容。认为交际活动的范围应扩大,形式应灵活多样。"只要可能和有利,应该同最大多数国家的人物发生接触和建立联系";在资本主义国家和民族主义国家,应该特别注意开展同驻在国各种倾向的上层人物的接触和来往,善于跟他们交朋友,在同我国关系较差的国家里,更应注意这点。

---

① 两个文件的印件均存外交部档案馆。前一件已收入《张闻天选集》,后一件节录部分内容收入《张闻天文集》第4卷,题为《对亚非形势中若干问题的看法》。
② 据何方:《张闻天同志和研究工作》,见《回忆张闻天》,第261页。
③ 访问陈楚谈话(1990年12月10日)。据陈楚告,此事在1959年庐山会议后被诬为特务活动,说陈送情报,张接情报,家里不便,故到天坛。

致力外交战线基础建设

张闻天对我国外交工作的开展充满信心。他在1955年11月就深刻地指出:"国际形势在发展,我国的外交战线在扩大,要同我国交往的国家日益增多,许多未建交的国家终究要同我们建交,联合国终究要让我们进去,就连美国也不得不同我们来往。"[①]他看到长远的发展与需要,极为重视我国外交干部的培养和国际问题与对外关系研究工作的开拓,从1955年夏天起,就亲自领导外交战线的基础建设。他提出先要建立四个专业机构,即一所学校、一个研究所、一家出版社、一座图书馆。为实现这一当时看来相当宏大的计划,张闻天亲择其劳,费了许多心血。

1955年6月,张闻天提出以中国人民大学外交系为基础,创办一所外交学院,专门培养外交干部和研究国际问题的干部。这个提议得到周恩来的支持。筹办工作立即在张闻天直接领导下进行。他多次主持办公会议,讨论筹建外交学院的工作。从调配干部到邀请苏联专家,他都亲自过问,还亲自同他们谈话。他还亲自踏看为外交学院选择的校址,劝说学院负责人接受。9月,学院创办起来,头两年一直由他直接领导。开学不久,他即去作形势报告,成立周年时又去讲话。他很关心外交学院的教学水平,经常过问外文教学和外交业务教学的情况,对提高教学水平和师资质量提过许多中肯的意见。例如,1957年12月25日,他亲自主持《中华人民共和国对外关系》讲义编写小组会议,希望能编出一本有中国特色的教材,开好这门课程。这项工作后来未善而终。原因是1959年庐山会议后康生说这是张闻天搞的"小花园",被砍伐掉了。对国际法的理论和教学,张闻天也倾注了极大的热情。

国际关系研究所(后改名为中国国际问题研究所)的筹建是在1956年。张闻天认为对国际问题的研究应该注意当前的动态与对策,使其直接为现实的外交工作服务,但仅仅做到这点是不够的,还应该有对国际关系和外国的系统研究,特别是研究一些中长期的、带全局性的、战略性的重大问题。要很好地完成这一任务非得有专门的研究机构不可。张闻天向周恩来和党中央提出:要成立一个专门研究世界经济和国际关系的机构国际关系研究所。建议得到批准后,他立即主持各项筹备工作。他亲自找刘少奇商量,要求调内定出任南开大学校长的孟用潜担任所长,得到刘少奇和中组部部长安子文的支持。1956年6月,他在外交部主持了两次会议,讨论国际关系研究所的筹建工作,决定成立以孟用潜为首的筹委会,解决机构、人员调配、图书资料等问题。为了办好这个研究所,他亲自点名选调一些研究人员,还直接指导拟定研究课题,所址的选择,甚至连外文书报的订购都亲自过问。经过一年筹备,国际关系研究所于1956年11月24日正式成立。研究所成立后,他又亲自指导这个所的工作,不仅同所领导商谈办所方针、研究业务,有时还和研究人员谈话,参加研究所的学术讨论,还倡导创办了刊物《国际问题研究》。[②]原外交学会办的《国际问题译丛》也划归

[①]《努力提高业务水平》,见《张闻天选集》,第465页。

[②] 据:外交部档案;何方:《张闻天与新中国的国际问题研究》,见《张闻天研究文集》,中共党史资料出版社1990年版,第335页;萧扬1992年5月25日向笔者的忆述。

该所。

张闻天的目光没有局限于自己领导建设的这个所。在建设专门机构的同时，他非常重视推动全国国际问题学术研究的开展。他认为，应根据各单位和各人的具体情况，确定不同的研究重点，既有一定的分工，又有必要的合作和协调。例如，外事部门以研究国际形势和对外政策为主，大专院校和专门研究机构则以系统的理论研究为主。单是1958年，他就组织了两个重大课题的理论研究。一是主持关于战争与和平问题的研究。他指定几个同志专门研究马列的有关论述，自己也反复阅读马列的原著，后来还编辑出版了《列宁论战争与和平》的小册子，写了一批论文（他自己也写了一篇）。另一个是组织关于国际法基本理论的研讨。他邀请外交部的专家顾问周鲠生等和北京大学、中国人民大学、外交学院、政法学院的国际法教授、教师和外交部条法司的同志共几十人，在1958年11月、12月和1959年5月开了好几次会，对西方和苏联的国际法理论进行了广泛的探讨，就总结我国的实践、建立新中国自己的国际法体系提出了各种设想，对国际法的教学和编写教科书的问题也作了讨论。每次开会，张闻天都发言，反复阐述自己对于国际法问题的一系列观点。他特别强调，要系统地总结和研究无产阶级在国际斗争中的战略与策略，作为新中国国际法理论这一学科的主干。他有一篇题为《关于国际法理论和教学的一些意见》的讲话稿，是1958年11月底赴武昌参加八届六中全会的途中在火车上定稿的。

张闻天关于建立一个国际问题专业出版社的愿望，经过一番努力后也在1957年1月得到实现。当时中宣部国际宣传处处长姚溱建议，将原附设在人民出版社内而以世界知识出版社名义出版国际问题书刊的这部分分立出来，扩大业务范围，成立独立的世界知识出版社。张闻天觉得这个建议切实可行。"世界知识"是30年代胡愈之创办的老牌子，50年代初即并到人民出版社，现在再独立出来，恢复重建，扩大业务，再好不过。对这个出版社，张闻天真是关怀备至。当时有一种意见，要将《世界知识》杂志改为内刊。张闻天立即找张际春（时任中宣部副部长）谈，说明这个刊物是国内进行国际问题教育和普及知识的工具，对外是宣传我国和反映我国外交政策的重要窗口，刊物创刊于1934年，历史长，影响大，还是宜乎公开出版。他对刊物管得很细。例如，为建议刊物增设一个栏目，以利用外论来对我国不便评论的某些外国事件进行批评，他专门给党中央写了报告。他多次号召外交战线上的同志写稿支持出版社，并且具体布置外交部各地区业务的同志参加编写《世界知识年鉴》（50年代初期名《世界知识手册》）。除刊物外，张闻天非常重视图书的出版。当时新中国的国际问题研究还处于起步阶段，成果不多，论著很少，他就提出先多翻译出版一些外国有关世界经济和国际关系的图书，而且经常亲自推荐一些外文书籍请出版社组织人员翻译。

对培养外交干部、开展国际问题研究、进行国际问题与外交政策宣传等具有重大影响的三个基础"工程"外交学院、国际问题研究所、世界知识出版社，在两年多的时间里陆续诞生了。只有建立国际问题专业图书馆的计划，由于各种原因一时没能实现，主要是短期内无法收集到大量藏书和资料。但是，张闻天并没有放弃这个计划，他通过了解全国各地有关国际问题的藏书以及清朝和民国外交档案存放的情况还亲自察看了外交系统的图书资料，最后决定集中力量先把研究所的图书馆办好，使它逐步起到全国性的国际问题图书资料中心的作用。

历史的原因和张闻天一贯的谦虚作风，使张闻天作为新中国国际问题研究、外事教育的开拓者鲜为人知，但他在这方面的业绩是不会磨灭的。

改进对驻外使馆的领导

在1958年2月陈毅接替周恩来担任外交部长时，中共中央曾经考虑是否需要张闻天留在外交部，周恩来主张张闻天继续留任，认为他在外交部工作做得比较认真仔细。其中一个突出的事例，就是到我国各驻外使馆巡回视察。这种工作在张闻天之前似乎没有外交部的领导人做过。[①]

张闻天有过1951年巡视我国驻东欧六国使馆的经验，体会到这是对驻外使馆实行具体领导的有效办法，也是外交战线领导干部把调查研究与指导工作结合起来的好形式。所以，他到外交部工作以后，就继续运用这种方法，并加以发展，将巡视使馆与使节会议联系起来。这是张闻天在改进对驻外使馆领导的实践中进行的创造。

前面已经提到，1956年3月起张闻天主持了第二次使节会议。这次会议按地区分别召开。3月开驻亚洲各国使节会议，5月开驻苏、欧国家使节会议。为了开好驻亚洲各国使节会议，张闻天总结了新中国外交工作的实践经验。他针对驻亚洲各国使馆工作中的问题，准备了报告大纲《关于国际形势和外交工作中的若干问题》，提出三个文件：《关于执行我国和平外交政策中的一些问题》、《关于亚洲各使馆调查研究工作中的几个问题》、《关于亚洲国家使馆交际工作中的几个问题》，得到与会同志的肯定，及时地指导了各使馆的工作。在5月驻苏、欧国家使节会议上，张闻天就国际形势与使馆工作作了多次发言，并于5月22日、23日作总结，形成了两个重要的指导性的文件：《关于我国同苏联和人民民主国家关系中的一些问题》和《驻社会主义国家使馆任务》。

为了调查了解驻亚洲各国使馆的工作情况，具体指导它们开展工作，张闻天在1957年3月18日至7月9日花了三个多月时间，巡视了我国驻印度、巴基斯坦、印度尼西亚、缅甸四国使馆和驻印度孟买、印度尼西亚雅加达两个领事馆。针对这些使领馆的情况，特别是它们面对的驻在国的复杂的政治、经济形势，提出了许多富有远见的、指导性的意见。

在驻印度尼西亚使馆，张闻天明确指出：印度尼西亚目前的主要矛盾是民族矛盾，民族、民主力量还不占压倒优势，人民民主革命不是印尼今天的任务，印尼共产党参政还远，不要把中国的革命方式搬到印尼使用。印尼政局如何发展，现在就下结论未免太早。苏加诺如果走得太快，会被人推翻，需要冷静分析。[②] 后来印度尼西亚政局的剧变，完全证实了张闻天的远见。驻缅甸使馆面对的是在奈温政变后如何看待缅

[①] 据胡乔木：《回忆张闻天同志》，见《回忆张闻天》，第19页。

[②] 张闻天1957年6月16日在驻印度尼西亚使馆党委会上的发言。转引自外交部张闻天研究组裴坚章、倪立羽、萧扬、于武真的论文：《张闻天外交政策思想初探》，第5页。

甸的和平中立问题。张闻天指出:"缅甸的和平中立政策是由国际国内政治形势决定的。国内外情况如无重大变化,这个政策不会改变。这个政策对我对缅甸都有利,我们应该支持它。"① 他通过对缅甸政治派别的分析,启发使馆干部看清总的趋势而不为一时的现象所迷惑。

张闻天在巡视期间对1956年的匈牙利事件、苏伊士运河事件等国际重大事件、我国对外政策和国内情况等作了介绍和评述,大大拓展了使领馆干部的视野。他还进一步强调使馆的首要任务是"更深入、系统、全面地了解驻在国情况和更好地掌握政策"。有的使馆内部存在一些问题,影响工作,张闻天提出发扬民主、加强团结、改进领导、改进工作的要求,帮助解决了一些矛盾。

1958年7月,张闻天在布拉格主持了中国驻欧洲及埃及等16国使节会议。1953年和1956年的两次使节会议都是在北京召开的。在国外开这样规模的使节会议,还是第一次。当时同中国建交的国家共26个,出席这次会议的驻外使节占了五分之三。他们中间有刘晓、王炳南、柯柏年、韩念龙、宦乡、王国权、曹瑛、陈家康、冯铉等,称得上是50年代外交使节的一次盛会。

张闻天在7月4日会议开始时传达了八大二次会议精神,7月14日会议结束这一天作了最后发言。张闻天在"如何改进部对使馆工作的领导"这个题目下肯定了巡视使馆是领导使馆、加强国内外联系的一项有效办法。他还提出应推行派人到使馆了解

■1958年7月,张闻天在中国驻捷克斯洛伐克使馆主持召开中国驻欧洲国家和阿联使节会议期间同与会同志合影。

---

① 张闻天1957年7月5日在驻缅甸使馆党委会上的发言。转引自外交部赖万宁、荣植编写的《张闻天年谱·外交工作时期》(初稿打印本),第107页。

情况、个人通信、大使回国时相互交谈等办法。他强调"驻外使馆是执行对外政策、了解国外情况的一支有力的队伍，……今后应该更多地发挥、使用使馆的力量"。他指出，"在国外，使馆是一切涉外工作的总口"，"在交涉、调研、对外活动、指导代表团工作、培养干部等各个方面，特别是使馆内部工作，今后都要给使馆更多的权力"，"有关执行外交政策和两国关系的问题，要更多地征求使馆意见，同时也要求使馆更多地提出建议"。①

这次使节会议召开之前，张闻天视察了驻波兰和匈牙利使馆，会议结束后又巡视了驻民主德国、瑞典和苏联使馆。他把巡视使馆的意义提到克服官僚主义的高度来认识，说：最近中央负责同志每年总有四个月下去，外交部就是下使馆，到处看看，了解情况，联系群众。这比写官样文章好得多。我们是开路的，以后还会有人来。②

对国际问题和外交政策的卓越见解

作为外交部常务副部长，张闻天的主要工作是主持外交部日常工作。我国外交的方针、政策和重要措施都是党中央、毛泽东制定和直接掌握的，外交上的大事又都由周恩来亲自领导、贯彻执行，办案、礼宾等工作周恩来也直接过问。外交工作授权有限。张闻天虽然参与决策讨论，或提出一些建议，但对中国外交的全局说来，他的作用是有限的。作为外交部长的第一副手，张闻天要向国家权力机关就若干对外关系问题作报告、说明，当然也有不少谈判签字、送往迎来、握手干杯的外事活动，但重大的外交活动，如出国访问、出席国际会议等，他参加得较少。在外交部将近五年，只是在1958年随总理周恩来和外长陈毅访问朝鲜，1959年4月赴波兰出席华沙条约缔约国和中华人民共和国外长会议。加之他不喜欢出头露面，所以在我国外交战线上并不显得活跃。他的主要精力是放在改进外交部和驻外使馆工作和进行基础建设方面，是在国际问题和外交政策的研究方面。这既是党中央交给他的任务，也是他个人比较感兴趣的工作。以理论家而为外交家的张闻天，在实际工作中，对国际问题和我国的外交政策发表了许多卓越见解，在外交思想理论方面作出了重要的贡献。

对于和平与战争的估计，在50年代无论在理论上还是实践上，都是一个大问题。张闻天认为，"和平还是战争，已经成为世界政治的根本问题，保卫世界和平是全世界人民当前的基本任务"③。在谈到战争问题时，他总是把战争与和平联系在一起，从来没有把战争与革命联系在一起。在他看来，战后的世界并没有出现世界社会主义革命的形势，在一个相当的时期里，世界革命还不可能提到日程来。在和平与战争问题上，他认为主要趋势是和平而不是战争。在1956年2月21日的一次会议上，张闻

---

① 张闻天：《在驻欧洲国家和阿联使节会议上的最后发言》（1958年7月14日），引文见该件第25页。
② 张闻天1958年6月29日对驻匈牙利使馆全体人员的讲话。
③ 转引自外交部张闻天研究组裴坚章、倪立羽、萧扬、于民真的论文《张闻天外交政策思想初探》，第1页。

天就提出"战争（指世界大战）必不可免的论点是需要修改的"。[①] 同年 8 月，在为出席中共八大准备的发言稿《论和平共处》中，张闻天更明确指出："新的世界大战有可能避免"，"战争并不是注定不可避免的。"[②] 他深刻地分析了第二次世界大战后国际形势发生的根本性变化和当时国际间的力量对比，指出"国际间的和平共处，不仅是必要的，并且也是必然的。""实现和平共处，这就是当前国际上的主要趋势，也是任何力量所阻挡不了的潮流"。同时，他又清醒地指出，"当然，我们也不能低估战争的危险。我们必须提高警惕，巩固国防，为维护我国的独立和领土完整，为保卫世界和平而斗争"。[③] 此后，针对各种不同情况，张闻天多次说明他对世界和平与战争问题的估计。如在发生了波匈事件和苏伊士运河事件后，张闻天在 1957 年 1 月 15 日外交部部务会议上的报告中说："社会主义阵营和帝国主义阵营双方防线已定，双方都不愿打大战"；"但是在总的和缓趋向中矛盾很多，也可能发生局部战争"。同年 5 月 22 日在卡拉奇向驻巴基斯坦使馆干部作报告时，张闻天就 1956 年的重大国际事件分析世界局势，说明美国"它怕国际形势和缓，但也怕真正打起仗来"，"今天它要打大战，还没有准备好"，指出"世界总的趋势，是和平、发展，避免战争的可能性愈来愈大，但曲折和波浪式的起伏，经常会有的，不可能直线发展"。

1957 年 11 月 2 日，张闻天在《人民日报》发表《为和平奋斗的四十年》一文，公开重申了他的看法："第二次世界大战后国际形势发生了新的根本变化"，"战争不再是不可避免的了"。张闻天指出，"现在，和平的力量已经超过了战争的力量。帝国主义要发动一次新的大战已经更加困难了"；同时他又指出，帝国主义总是企图恢复他们的黄金时代，要"从局部战争和制造事件的办法着手，以期达到自己的目的"。张闻天在这里对战后世界总的形势及在这种形势下"战争"的地位和作用的分析是有其独到之处的。在 1958 年八大二次会议以后，张闻天学习了毛泽东对国际问题的战略思想，又进一步对敌我之间防御与进攻的战略地位作了阐述，指出美国为首的帝国主义国家搞的北大西洋组织等，对社会主义阵营"基本上是防御性的"，"是要把共产主义的洪水拦在共产主义世界里，不放它出去冲毁资本主义"；"但是，美帝国主义对于敌我之间的中间地带，却主要是进攻，是侵略"。[④] 这是继 1956 年指出美国侵略集团将"向它的盟国进行扩张，侵犯这些国家的主权和民族利益，从军事上、经济上和政治上控制他们"[⑤] 之后，对敌我战略态势的又一次更为明确的分析，而且使用了毛泽东 1946 年提出的"中间地带"的概念。此后，国际形势的实际发展确是如此。局部战争大多发生在"中间地带"，局部战争也没有发展成为世界大战。

那么，战争与和平的可能性哪一种更大一些呢？对这个问题，张闻天没有模棱两可，他明确回答："两种可能都应估计到"，"但这样讲并不是把战争与和平的可能性

---

① 张闻天在部务会议上的发言。
②《论和平共处》，见《张闻天文集》第 4 卷，中共党史出版社 1995 年版，第 225、242 页。
③ 同上，第 225、218、242 页。
④ 张闻天 1958 年 6 月 17 日在外交部党组扩大会议（通称务虚会）上的发言纪要。
⑤《论和平共处》，见《张闻天文集》第 4 卷，第 223 页。

看成是一半一半、半斤八两。二者的比例应该是三七开、二八开，最少也是四六开。总之，看起来争取十年的和平的可能性很大。如果十年打不起来，以后就更不易打起来了。"① 在这个问题上，张闻天始终坚持两点论，但又是有重点论。事实证明他的估计是全面的、正确的。

从对战争与和平问题的战略估计出发，根据列宁关于和平共处的理论，在1954年我国与印度、缅甸倡导了和平共处五项原则。周恩来是这一著名原则的提出者和实践者，张闻天则在阐释、推广方面作出了重大贡献。

1956年3月张闻天提供给第二次使节会议讨论的《关于执行我国和平外交政策中的一些问题》②和同年8月为准备在党的八大会上发言而写的《论和平共处》，是两篇重要文件，从理论上和政策上对和平共处五项原则作了全面深刻的论述和明确具体的规定。张闻天从深刻的历史根源与现实的力量对比，从理论根据与物质基础等方面，分析了和平共处这种总趋势的必然性和必要性，得出了"社会主义国家同资本主义国家之间的和平共处是不可避免的"的历史判断。他指出："互相尊重主权和领土完整、互不侵犯、互不干涉内政、平等互利、和平共处的五项原则，是我国和平外交政策的基本原则，而不是一时的策略措施。"倡导并恪守和平共处的五项原则，"是我国坚定不移的长期不变的国策"。③ 他提出，"不同的思想体系，不同的思想观点，决不能成为国家间不能和平共处的根据"，"我们还要努力争取使五项原则成为国际关系的普遍准则"，"争取在五项原则的基础上同一切国家和平共处"。

更加值得重视的是，张闻天提出和平共处五项原则不仅适用于社会制度不同的国家，而且也适用于社会制度相同的国家。在1956年3月的文件中他就已说明："我们在坚持和平共处五项原则的基础上同世界上所有国家建立和发展关系"；在5月23日驻苏联东欧地区使节会议上作总结发言时，就已分析了社会主义国家的一致性和特殊性、差别性，指出："社会主义国家都是独立的主权国家，独立自主地执行着自己的对内和对外政策，解决着自己革命和建设中的问题"，对别国的问题，"不得进行直接干涉"，"把一个国家的意志强加于另一个国家，是不容许的"；在8月的发言稿中更明确指出："和平共处的五项原则，不仅适用于世界上资本主义和社会主义两个不同体系的国家之间，而且也适用于同一个体系的国家之间。"④ 张闻天写下这些意见，提出这些原则，是在1956年2月苏共二十大和6月发生波兹南事件之后，这是他对和平共处五项原则在特定条件下的重大发展。1956年10月初，又发生了匈牙利事件。10月下旬，刘少奇、邓小平访问苏联时，根据处理波兰和匈牙利事件的经验教训，提出了社会主义国家和各国共产党之间的关系必须建立在独立原则和平等原则的基础上的意见。在中国的建议下，苏联政府于10月30日发表了一项宣言，表示社会主义国家相互关系只能建立在完全平等，尊重领土完整、国家独立和主权，互不干涉内政的基础之上。11月1日中国政府发表声明，强调："社会主义国家都是独立的主权国家，

---

① 《在布拉格使节会议上的最后发言》，见《张闻天文集》第4卷，第299页。
② 此件已收入《张闻天选集》，以下引文中凡出自此件者不另注明。
③ 《论和平共处》，见《张闻天文集》第4卷，第226页。
④ 同上书，第231页。

同时又是以社会主义的共同理想和无产阶级的国际主义精神团结在一起的。因此，社会主义国家的相互关系就更应该建立在五项原则的基础上。"

张闻天还指出，以五项原则为基础的和平共处政策，"是维护世界和平和发展国际合作的全面的政策"[①]，包含着丰富的、生动的内容："和平共处，这不仅指各国之间的相互关系中不使用任何武力，而且也指保证各国的主权、领土完整、政治独立和平等地位，不干涉他国内政，用谈判和其他和平手段在尊重各国合法利益的基础上解决各种争执问题，同时根据平等互利的原则，发展各国之间的政治、经济、社会和文化上的全面合作。"对于贯彻执行和平共处五项原则中的各种具体问题，张闻天提出了一系列应该遵循的政策原则和主张。例如，和平共处的形式可以"多种多样"，"不必强求一致"；"要同不同思想体系的国家内不同思想观点的人物，寻找思想的接触点和共同点"；"坚持平等协商精神"，"对所有邻国，一律执行睦邻政策，主动地用谈判协商的方式，解决同它们之间的一切争端，消除同某些国家曾经有过的历史上的仇恨隔阂"；"坚持互不干涉内政的原则，反对把自己的意志强加于人"；"坚持平等互利的原则"，在处理国家之间的实际问题时，要考虑和照顾到双方的利益；要有"实事求是、谦虚老实的态度"；"既要反对民族自卑感，也要反对大国主义的思想和作风"；[②] 等等。这些论述，都阐发、扩充或深化了周恩来提出的和平共处五项原则。

在第二次世界大战以后，亚非地区民族独立运动空前发展，殖民主义体系走向土崩瓦解，民族主义国家纷纷建立。国家要独立，民族要解放，已经成为时代的历史流潮。我国东南部邻国印度、缅甸、巴基斯坦、印度尼西亚等国又都是刚刚走上独立道路的民族主义国家，所以，怎样认识和对待这一类型的国家，成为50年代中国外交的一个非常重大的问题。从1956年3月使节会议的报告，到1959年6月外交部务虚会上的讲话[③]，张闻天对亚非民族主义国家的性质、特点和发展趋势，对我们应取的方针、政策，作过深刻的分析，有不少精辟的见解。

张闻天指出：第二次世界大战后亚洲和非洲的民族独立运动绝大多数是由民族资产阶级领导的，它们的独立是经过斗争和妥协的道路取得的。近几年来，亚非拉"民族独立运动的总的趋势是继续高涨，前途是乐观的"。这些国家独立后，民族资产阶级仍然保持着领导地位，执行自己的"中间路线"。在对内政策方面，主要是用改良主义的办法发展民族经济；在对外政策方面，主要是实行和平中立，不参加军事集团、不签订军事条约、不承担军事义务，即"不结盟"，既同帝国主义国家保持密切联系，也同社会主义国家发展政治、经济、文化的关系。"这种中间路线是在特定的历史条件下，即在两大阵营对立的历史条件下产生的，是我们时代的特点。"

张闻天分析了一些民族主义国家的政策，指出它们提出的计划经济以至建设社会主义类型的社会等主张，"在实际上，并不能建设社会主义，而只是在利用国家政权的力量，强化民族资本，发展资产阶级领导的国家资本主义"。这"在现在的历史条

[①] 《论和平共处》，见《张闻天文集》第4卷，第230页。
[②] 同上书，第235—240页。
[③] 对张闻天这篇题为《关于若干国际问题的意见》（1959年6月27日）的讲话，毛泽东于1959年7月5日批示："印发各同志，很可以一看。"遂作为"庐山会议文件十一"印发。下段引文据此件。

件下，还有它一定的进步作用"，在一定程度上反映了人民的愿望，因而得到人民的一定支持。张闻天全面分析了和平中立政策，指出这种对外政策是中间路线的主要方面，现在在亚非拉已经成为一个主要趋势。①

张闻天指出："反对殖民主义，走民族独立、和平中立和发展经济的道路，已经成为亚非各国的普遍要求，成为亚非当前形势发展的总趋势。"②因此，我们对亚非国家的基本方针是："坚持和平共处的五项原则，支持和平中立国家，推动和平中立趋势的发展，尽量扩大和平地区；同一切亚非国家加强或建立友好关系，在平等互利的条件下发展同它们的经济合作和文化关系；同情和支持亚非国家和人民的反殖民主义、要求民族独立、发展经济、实行工业化的愿望和它们为此所进行的斗争。"③张闻天还特别强调："根据亚非国家的情况和当前的历史条件，要贯彻执行这一方针，就必须支持这些国家的民族资产阶级及其代表人物（其他阶级的民族主义者也包括在内）。"④从那以后到现在，四五十年过去了，历史已经证明，张闻天的这些主张是完全正确的。

张闻天为什么在民族独立运动和民族主义国家的问题上表现得如此清醒与自觉，能够作出切合实际的分析、判断和提出正确的方针、政策呢？根本的一条是他从变化了的客观实际出发，突破了理论上的框框。

在1955年万隆会议后，张闻天同外交部研究室的同志一起进一步深入研究民族独立运动。在研究过程中，张闻天提出：过去我们总是说，十月革命后民族问题已经成为世界无产阶级革命的一部分，并且除了早期的土耳其以外，殖民地半殖民地国家的资产阶级一般已经不能领导民族独立运动了，独立后也不可能实行资本主义和资产阶级专政了；而只能由无产阶级单独或参加领导，独立后也只有经过新民主主义走向社会主义。对于我们中国来说，历史已经证明，这是完全正确的。但是，对于第二次世界大战以后整个世界的民族问题来说，对于一百多个殖民地半殖民地来说，情况却并非如此。国家独立和民族解放的历史潮流中，民族资产阶级不但能够发挥领导作用，而且在多数情况下还非它莫属。取得独立的国家除少数例外，一般地也只能实行资本主义和建立资产阶级性质的政权。⑤上述思想，在1956年3月使节会议的报告大纲中有充分的体现，张闻天有一段话直接表述了这一重要思想：

> 目前在亚非国家中，有些国家民族资产阶级已经居于领导地位，并且执行着民族改良主义和和平中立的政策。在另一些国家里，民族资产阶级的力量也日益抬头，并且有可能逐渐取得政治上的领导权，他们执行的政策也会是在不同程度上的民族改良主义和和平中立政策。同时在当前的历史条件下，这些国家如果

---

① 据张闻天：《关于国际形势和外交工作中若干问题的报告大纲》（1956年3月31日）。
② 张闻天：《对亚非形势中若干问题的看法》（1956年3月31日），《张闻天文集》第4卷，第204页。
③ 同上书，第207页。
④ 同上。
⑤ 据何方：《张闻天同志和研究工作》，见《回忆张闻天》，第271页。

不发生国际上和国内的重要变化,工人阶级一般的还不大可能在短期内树立起政治上的领导,因而也还看不到有哪一个国家能够在不久的将来经过人民革命胜利的道路而进入社会主义。因此,在相当长的时期内,民族资产阶级还有它的重要作用,民族改良主义还有它一定的发展前途。①

张闻天的这些思想是坚持马克思主义的基本原理和战后具体历史条件相结合的结果。理论的清醒带来方针、政策的正确。战后的形势已经表明,民族主义还有强大的生命力,民族主义国家是同盟军,属于人类进步力量;民族主义国家面临的主要任务是独立、和平、发展,而不是人民民主革命和向社会主义转变。所以,我们应该十分珍惜同这些国家的友好关系,支持它们争取独立、和平、发展的斗争,"不应当企图把它们拉到社会主义阵营中来,而应当根据和平共处的五项原则继续发展同他们的友好合作关系。"②张闻天不同意把中国革命看成一切殖民地半殖民地的样板,不同意支援已经取得民族独立的国家继续武装斗争和进行人民主义革命。他反复强调:"革命决不能输出。革命与否,如何革命,都是各国人民自己的事情。每一个国家革命的经验,对别国只有参考的价值,机械搬用是完全错误的。"③

张闻天在民族独立运动和民族主义国家问题上的创见,同毛泽东对这一问题认识的发展是相通的。1955年5月26日毛泽东会见印度尼西亚总理时讲到,"第二次世界大战产生了两种结果:第一,产生了像中国、波兰、捷克斯洛伐克等由共产党员管事的国家;第二,像在印度尼西亚、印度、缅甸这样的许多亚非国家中,民族主义者所领导的运动使这些国家成为独立或者接近独立自主的国家。"④毛泽东在1958年9月2日接见巴西记者时明确地说:"我在《新民主主义论》中讲到,第二次世界大战爆发以后,不可能再出现基马尔式的土耳其那样的国家;殖民地和半殖民地的资产阶级,要就是站在帝国主义战线方面,要就是站在反帝国主义战线方面,没有其他的道路。事实上,这种观点只适合于一部分国家,对于印度、印度尼西亚、阿拉伯联合共和国等国家却不适用。它们不是帝国主义国家,也不是社会主义国家,而是民族主义国家。拉丁美洲也有许多这样的国家,将来还会多。"⑤将张闻天的论述同毛泽东的论述相互参读,可以看出张闻天并不"教条",他的马克思主义者的科学精神和理论勇气实在令人钦佩。

在执行我国和平外交政策的过程中,张闻天还提出过许多精辟的外交政策思想。

他对我国外交工作的目的和任务十分明确。他指出:"一个国家的对外政策是它的国内政策的延续,并服从和服务于它的国内政策"⑥;它"必须以我们的国内工作为基

---

① 《对亚非形势中若干问题的看法》,《张闻天文集》第4卷,第207页。
② 同上书,第206页。
③ 《关于执行我国和平外交政策中的一些问题》,见《张闻天选集》,第476页。
④ 引自《党的文献》1992年第1期,第29页。
⑤ 同上书,第30页。
⑥ 《为和平奋斗的四十年》,载《人民日报》1957年11月2日。

础，为加强和巩固我们的国力服务"①；"我国人民今后的基本任务是进行伟大的社会主义建设。而为了社会主义建设，除去国内的一切条件以外，还必须有一个良好的国际环境。所以保证持久和平，争取同各国和平共处和友好合作，是我国外交的主要任务"②；"我们在外交上的一切活动，都是为了一个目的，这就是为我国保证一个良好的国际环境，以利我国人民的社会主义建设。"③

为了争取一个和平的国际环境，以利我国的社会主义建设，张闻天主张建立广泛的国际和平统一战线。他指出："必须坚持和平共处的五项原则，争取和团结一切可能争取和团结的人和国家，为维护世界和平、发展国际合作而奋斗，为解放我国的领土台湾而奋斗。"④他认为，和平统一战线要以和平、独立、友好为旗帜，最中心的口号是和平。他指出，"亚、非、拉丁美洲地区是我们的广阔的活动天地，那里大有文章可做"⑤，要把更多的和平中立国家"团结到国际和平统一战线中来"⑥；"中立倾向在西方资本主义国家也得到了广泛的发展"，"中立主义的发展是当前国际形势中的一个重要特点"，"已经成为阻止侵略势力发动战争的一种特殊形式"，⑦因此，许多西方资本主义国家也应成为国际和平统一战线团结与争取的力量。从国际和平统一战线而不是国际革命统一战线出发，张闻天指出，外交工作的主要工作对象是各国当权派。他提出："要同各国各种派别的各种人物，进行广泛的接触，特别是同统治集团各派人物交朋友。各国间的和平共处，就是要同各国统治集团中各派人物和平共处；各国间的友好合作，也是同这些人物的友好合作分不开的。撇开他们、越过他们去搞和平共处和友好合作，是达不到目的的，也是不适当的。同这些人物建立友好合作关系，对双方国家和人民，对整个和平事业都有利。"⑧

在新中国成立后到50年代中期，张闻天将执行我国和平外交政策"应该具有充分的信心和勇气"特别加以强调。⑨到1958年八大二次会议以后，他又进一步提出"在国际关系中，对外政策中，公开地树立起我们的方向"⑩，"在外交上，我们要有站起来了的中国人的气派"⑪，"要表现出中国人民的英雄气概"⑫。关于新中国外交风格的特点，张闻天作过多次论述和概括，认为应该是："立场明确，旗帜鲜明，说理透彻"；"合乎实际的谦虚和深刻的自信相结合"；坚持原则性而又"力求灵活，争取主动"；"朴

---

① 《关于执行我国和平外交政策中的一些问题》，见《张闻天选集》，第478页。
② 《论和平共处》，见《张闻天文集》第4卷，第226页。
③ 同上书，第241页。
④ 同上。
⑤ 《关于若干国际问题的意见》(1959年6月27日)。
⑥ 《关于国际形势和外交工作中若干问题的报告大纲》(1956年3月)，第28页。
⑦ 《论和平共处》，见《张闻天文集》第4卷，第223页。
⑧ 《关于执行我国和平外交政策中的一些问题》，见《张闻天选集》，第477页。
⑨ 同上书，第479页。
⑩ 张闻天1958年6月17日在外交部党组扩大会议(通称务虚会)上的发言纪要。
⑪ 张闻天1958年7月14日《在布拉格使节会议上的最后发言》，见《张闻天文集》第4卷，第305页。
⑫ 张闻天1958年6月14日在外交部党组扩大会议(通称务虚会)上的发言纪要。

■ 张闻天和毛泽东在一起（摄于1955年）

素大方，既不寒酸，也不豪华"。① 他非常强调外交工作要"实事求是"、一切从实际出发，反复提倡"勤俭办外交"。他指出，"在外交工作中，要使主观的需要和客观的可能结合起来。只有照顾到双方的需要和双方的可能，事情才能办成。"② 关于对外经济技术援助，张闻天主张"要搞一点"，但要"量力而行"。③ 我们自己的东西还不多，还穷，我们并不要和发达国家在这方面竞争，我们主要的还是靠正确的外交政策和积极的对外活动，特别是把国内的事情办好。他反对不根据实际可能条件下的盲目积极性，甚至尖锐地指出"不要打肿脸充胖子"④。他反对对外工作中的铺张浪费和形式主义，主张礼宾工作要简单朴素。为了贯彻"勤俭办外交"的方针，张闻天一直奔走呼号。还在1953年4月回国述职时，他就曾向毛泽东主席建议，以后每年的"五一"和国庆，不必都邀请许多外宾，进行大规模的庆祝，特别是两次阅兵花费太多，可以考虑减少以至取消。毛泽东表示同意，并要他和贺龙一起拟订方案。后因迅即返任，没能着手此事。回外交部工作后，他曾多次研究改进和简化礼宾规格问题，参照国际惯例和各国做法，提出具体建议。他主持起草了《关于交际活动中的一些问题》的报告，于1956年6月2日送请周恩来总理和邓小平、习仲勋副总理审批。⑤ 而在外交战线十年的工作实践中，这些风格和精神，在张闻天身上得到了始终如一的、生动的体现。

---

① 据：张闻天1958年6月2日在外交部党组扩大会议（通称务虚会）上的发言纪要；《关于执行我国和平外交政策中的一些问题》，见《张闻天选集》，第478页。
② 见《张闻天选集》，第477页。
③《关于若干国际问题的意见》（1959年6月27日）。
④ 据：张闻天1957年5月22日向驻巴基斯坦使馆干部的报告；何方：《张闻天和新中国的国际问题研究》，见《张闻天研究文集》，第347页。
⑤ 据何方：《张闻天和新中国的国际问题研究》，见《张闻天研究文集》，第347页。

第十九章 庐山蒙冤

忧虑与沉思

1959年6月中旬,张闻天刚动过一个小手术(切除脂溢性疣),出院不久,接到中央通知:7月初在庐山召开中央政治局扩大会议。是否参加,由他自己决定。在张闻天的工作日程表上,6月19日起是外交部务虚会,会期一周,6月下旬结束。同7月初庐山会议没有冲突。庐山会议预定的议题是:总结经验,纠正错误。张闻天深感重要。6月2□日,他顺便到彭德怀家聊天,问到彭德怀去不去庐山。彭德怀说:这一家伙跑了东欧七国和蒙古人民共和国,刚回来,太疲劳,不想去了。张闻天劝他:中央开会,还是去好。能多少听一听也好。①

张闻天对参加庐山会议态度积极,完全是出于对国内经济形势的关切。他看到1958年"大跃进"和农村人民公社化运动中"问题和缺点不少",深为忧虑,期望通过这次中央政治局扩大会议,能够认真加以总结,"把这些问题和缺点的性质弄清楚",吸取教训,使相当严重的"左"倾错误得以纠正。②张闻天是外交部常务副部长。他的职务要求他纵观世界风云,洞悉国际形势,提出对外关系的方针大计,并实际处理种种外交事务。谁都知道,外交是内政的延续。维护国家的尊严和利益,发展国际关系,最终是要促进国内经济与社会的发展。而当今世界,离开了经济、军事实力,也就很难有强有力的外交。何况,张闻天还是中央政治局候补委员,他对经济理论与实际工作多年来一直怀着极浓厚的兴趣。

事实上,早在1958年春,"大跃进"之风刚起于青苹之末,张闻天在一度兴奋之后就曾表示怀疑;及至全民炼钢和人民公社化运动的热浪在全国翻滚,张闻天即在不同场合表示异议并进行抵制;从1958年11月郑州会议中央开始纠正"左"的错误起,张闻天在党中央或外交部的各种会议上发表了许多分析批评"左"倾错误的意见。

---

① 据张闻天1959年8月9日在庐山会议上的发言,见《张闻天同志自庐山会议以来的主要发言和检讨汇编》(1962年12月)。以下叙述张的言行、思想,凡引自"汇编"者,一般不另注明。
② 据张闻天1959年7月26日在庐山会议小组会上的发言。

1958年1月，毛泽东在南宁会议上批评1956年周恩来、陈云等的"反冒进"，把他们当时实事求是地纠正经济工作中的急躁冒进偏向说成是"右倾"、"促退"。在批评"反冒进"的思想指导下就提出了"大跃进"的口号。3月，成都会议上毛泽东继续批判"反冒进"。一些不切实际的动员口号在这两三个月间相继喊响，急躁冒进的"左"倾错误开始发展起来。① 张闻天没有参加这两次会议。他对南宁会议上毛泽东严词指责"反冒进"，思想上是"有抵触的"，"认为有冒进也要讲"。对于1956年一度出现的"冒进"，张闻天当时就认为应该反对。他在1957年视察中国驻巴基斯坦和印度尼西亚使馆时，都谈到国内建设的问题是搞得"冒进"了，有主观主义，要求过高过大，经济建设追求最先进标准，忘了我们是很落后的基础，对外也是打肿脸充胖子。这时他也注意到党内民主问题，对毛泽东过分看重个人威信，随意批评中央其他领导同志，这种党内生活不够正常的情况，表示忧虑。

1958年4月，张闻天到上海、杭州调查，看了工商企业、农村和科研机构共40个单位。他为当时"十五年赶超英国"的奋发热情所感染，对"大跃进"颇为乐观，对我们国家和民族的前途充满希望和信心。他在调查途中接连给周恩来、陈毅并毛泽东写了三个报告（4月13日、25日、26日），表达了这种感受。在调查中他也注意到了基层出现的速度过高、求成过急等问题的苗头，了解到片面强调勤工俭学引起社会和学校的不满，他也不赞成到处锣鼓喧天送喜报这样的形式主义做法。4月26日，他在修改秘书根据他的授意起草的报告时，加上了一句话，意思是说，尽管在好形势下也有一些问题和缺点，但是只要我们注意，这些缺点是可以克服的。后来，他又觉得大跃进、十五年赶超英国，毕竟才开头，前不久毛主席在南宁会议和成都会议上又接连批评"反冒进"，讲注意克服缺点的话还是要审慎，所以，又把加上去的这句话删掉了。②

5月8日凌晨，毛泽东读到张闻天4月调查期间写的三个报告，感到同自己的思路合拍，立即挥笔给张闻天写信赞扬，说4月26日的报告写得"最好"，"你这个人通了，我表示热烈的欢迎和祝贺。我一直不大满意你。……今天看这个报告，引起了我对你热情欢迎。"毛泽东也赞成张闻天关于调查研究的建议，说"你的建议完全正确。外交部同志们轮流实行"。③这样热情洋溢的信，已经好多年没有见到了。

1958年8月，北戴河会议确定钢产量翻一番等高指标，通过在农村普遍建立人民公社的决议。会后，在全国很快形成了全民炼钢和人民公社化运动的高潮。运动一哄而起。张闻天对此非常关切。10月6日，他和夫人刘英一起赴东北考察。这时土高炉已在东北遍地开花，运动呈现出极大的盲目性。人们还不知道那里有没有矿石就往那里跑，用石头来砸矿石，将钢窗铁门回炉，花费了大量的劳力和成本，而炼出来的铁质量差，根本没法用。张闻天看着满天红光，对吉林省委负责同志说：这样盲目上

---

① 据张闻天1959年7月26日在庐山会议小组会上的发言。此处和下文所说成都会议情况，均据《〈关于建国以来党的若干历史问题的决议〉注释本》，人民出版社1983年版，第305—306页。

② 据萧扬：《忆庐山会议前后的张闻天同志》，见《回忆张闻天》，第304页。

③《建国以来毛泽东文稿》第7册，中央文献出版社1993年版，第212页。

山，反而慢；这样蛮干，得不偿失。① 东北之行所见所闻使张闻天心中非常不安。他提前结束了这次考察，10月26日返回北京。当时外交部院子里也在搞小高炉。张闻天让停下来：原料没有，煤炭没有，硬要炼，不是白贴钱吗？对此，国家机关党委很有意见，批评外交部炼钢铁不积极，要点名登报。张闻天在向有关负责同志解释后才算免掉。此后，外交部的几座小高炉也没有再闪出火光来。那时，机关搞人民公社也刮起一阵风。个别部的党组书记还持枪在大门口站岗四小时。张闻天在外交部党组会上公开说：这是胡来，赶浪头，浪费人力、物力。②

这时，"大跃进"和人民公社化的不良后果已经不断暴露出来。1958年11月，毛泽东召集郑州会议（中央工作会议，11月2日至10日），开始着手纠正已经认识到的错误。郑州会议前后，张闻天的思考，更多地深入到导致"左"倾错误的"左"的理论观点和指导思想上面。对当时流行的错误理论和倾向明确地表示了他的否定性的意见。

对当时盛行一时的急于向共产主义过渡的观点和做法，张闻天明确表示反对。1958年10月，他看到中央某部长与苏联新闻工作者代表团的一份谈话记录，上面讲到共产主义，说中国照原来那样的速度，年工业增长15%，就是一百年也到不了共产主义，现在共产主义可以快一点。③ 张闻天觉得这种看法太"左"了。在武昌会议的小组会上，张闻天在发言中对此不指名地提出批评，说有的同志同外宾谈话中随便这么讲，不谨慎。当时有一种空气，似乎共产主义就在眼前了，以为办了人民公社，实行供给制，吃食堂，就是共产主义了。有些县甚至宣布两年进入共产主义。张闻天很不赞成。他多次说过：我们有些人太热衷于共产主义，不考虑进入共产主义要有物质基础。

关于破除资产阶级法权的讨论，张闻天也看出理论上的谬误。1958年10月13日，《人民日报》转载张春桥《破除资产阶级的法权思想》一文，这种"破除资产阶级法权"的"左"倾理论正好迎合了毛泽东当时的一些想法。毛泽东认为，体现按劳分配的工资制有很大的弊病，在社会主义社会不是非要实行不可的制度，甚至认为进城以后改供给制为工资制，是一个倒退，是向资产阶级让步。因而一度主张废除工资制，恢复供给制。所以，毛泽东欣赏此文，亲自为《人民日报》写了编者按，认为张春桥此文鲜明地提出了当前一个重要的问题，肯定张文基本上是正确的，拨出篇幅展开讨论。张闻天一开始就对张春桥的文章大不以为然，认为"破除"论在理论上是混乱和错误的，在实践上是十分有害的。在1958年11月讨论郑州会议精神的外交部党委会议上，张闻天集中讲资产阶级法权问题。他充分论证，按劳分配不是资产阶级法权。在11月17日至18日中央政治局会议上，讨论郑州会议文件，张闻天着重强调社会主义阶段内按劳分配的原则，但有的负责同志说，要着重强调两条战线的斗争，因而讨论未能展开。在另一次政治局会议上，张闻天批评了当时许多地方取消计

---

① 访问刘英谈话（1985年4月3日）。
② 据刘英：《身处逆境的岁月——忆闻天》；萧扬：《忆庐山会议前后的张闻天同志》，两文均收入《回忆张闻天》。
③ 引自《八届八中全会文件汇集》。

件工资的做法,又立即被有的同志顶了回去,说"不是取消,是共产主义风格大大发扬,是工人自己提出来要取消"。① 张闻天对夸大主观能动性,强调政治挂帅而忽视经济规律的思想也不以为然,担心产生过左的倾向。报上有些文章批判"条件论",提出"人有多大的胆,地有多大的产"、"不怕做不到,只怕想不到"之类的口号,张闻天谈起来觉得实在是太幼稚,太可笑了。对那些违反起码的唯物主义常识的说法,张闻天忍不住给以热辣的嘲笑。

张闻天出席了1958年11月28日至12月10日在武昌举行的中共八届六中全会。这次会议讨论通过了《关于人民公社若干问题的决议》。决议指出:不应当无根据地宣布农村人民公社"立即实行全民所有制",甚至"立即进入共产主义";在今后一个历史时期内,人民公社仍应保留按劳分配制度,人民公社的商品生产和商品交换,必须有一个很大的发展。对此,张闻天是赞同的。他表示同意刘少奇那时所作的分析,实际上"大跃进"只是起了个"演习"的作用,看看发动群众搞建设究竟能产生多大威力。② 在外交部传达八届六中全会精神时,张闻天还说到了"大跃进"和农村人民公社化运动出现"左"的偏差的一些原因。他说,只凭干劲不行,抢先、抢风头都是违反马列主义的,不能光靠干劲,也要靠技术,靠人海战术是不行的。大炼钢铁,违反按比例发展规律,违反科学,造成经济失调。

张闻天从1958年10月东北调查到武昌会议以后这段时间思考的成果,在1959年1月外交部科以上干部会议上的发言中得到了相当充分的阐述。这篇题为《谈自己的几点体会》的报告③,针对着"大跃进"和农村人民公社化运动中的"左"倾错误,从理论上进行广泛、深刻的分析,已经具有日后那篇著名的《庐山发言》的雏形。在报告中,张闻天从不断革命论和革命阶段论来说明"不能把社会主义和共产主义混淆起来";"建立社会主义和向共产主义过渡是两个阶段,必须分清","要想超越阶段是不对的"。他指出,"'按劳分配'是社会主义经济规律,也是社会主义分配原则,不是资产阶级法权","在社会主义条件下,'按劳分配'是唯一平等的分配标准"。他还说:"要求目前实行按需分配,是一种平均主义思想,攻击'按劳分配'就是攻击社会主义。"对于精神和物质的关系,张闻天说:"过分强调主观能动性而忽略了物质条件也是不对的。人改造物质世界,归根结蒂要发展生产,光凭主观想象是不行的。"建设社会主义"需要冲天的干劲,也需要一定的物质技术条件","强调前者是唯心主义,强调后者是机械唯物论。两者结合才是马列主义"。针对全民炼钢运动,张闻天谈了重点突出和按比例发展的法则。他说,我们现在搞"以钢为纲",而"纲与目必须相适应,才能一马当先,万马奔腾;否则元帅走得太快,其他东西就会掉队。我们在大跃进中,还有某些方面比例失调现象,重点突出不能离开有计划地按比例发展的原则"。对于生产与生活的关系,也即政治与生活的关系,张闻天认为,"使用群众积极性而不关心其生活条件,可以支持一个时期,不能持久"。在"动员群众的政治积极

---

① 引自《八届八中全会文件汇集》。
② 据萧扬:《忆庐山会议前后的张闻天同志》,见《回忆张闻天》,本段以下所述均据此文。
③ 这份报告的文本现存外交部档案馆。

性和照顾群众的生活"这两条中,"我们前一条是成功的,后一条做得还不够"。他还讲到了冷与热的关系,说现在大家干劲冲天,温度很高,成绩很大,"但有些地方冷静不够,甚至作风上发生虚假,不实事求是等问题",指出"破除迷信要相信科学"。张闻天还将对问题的认识提到哲学的高度,谈了他结合中国这一段实践学习"对立统一法则"的体会。他指出,"冷与热,政治与生活,成绩与缺点,劳动与教育,提高与普及,民主与集中,大集体与小自由,统一意志与心情舒畅,爱国主义与国际主义"等等的对立统一,都丰富了这一法则。他着重指出:"每一事物都有两面性。过分强调了一面,就会否定另一面。"他强调"要遵守这一辩证法的基本原则","要纠正片面性"。

1959年3月7日,张闻天偕夫人刘英视察中国驻越南大使馆后回国,在广西南宁、桂林,广东湛江、海南岛、广州调查考察了20天。所到之处,都可以看到"大跃进"以来"左"的错误造成的恶果。一路上,张闻天心情沉重。他这时已经注意到,问题的严重性还在于党内外的民主生活受到严重损害,使得正确意见受到压抑,虚报浮夸之风盛行。讲话要看上面喜好,不敢讲真话,怕摇白旗,怕戴帽子。云南饿死了人都不敢说。张闻天对这些问题多有议论。他说,问题很严重,不能光讲成绩啊!

在广州调查之后,张闻天直接前往上海,参加在那里先后举行的中央政治局扩大会议和八届七中全会(4月2日至5日)。在七中全会的小组会上,张闻天发言强调实事求是,公开批评大办钢铁。有人当场说他是老右倾,有人说他过去搞"左"倾,现在搞右倾。他都置之不顾。在发言中,他还讲了经济工作中的平衡问题。他举广西为例,说有矿,没车运输,有汽车没汽油,没零件,因此有矿石也运不出来,说明不讲平衡是不行的。①

在这次会上,毛泽东提倡学习"海瑞精神",说要学海瑞,要敢于讲话,不怕警告,不怕降级,不怕没有面子,不怕开除党籍,不怕离婚,不怕杀头。在讨论时,张闻天发表了一点不同意见,着重讲了民主的两个方面。他觉得单有毛泽东讲的这一面还不够。他说:海瑞精神固然要提倡,但更重要的是民主气氛,要使人讲话不害怕。领导方面也要造成让人家愿意提不同意见的空气。这是对党内民主生活不正常的一次相当尖锐的批评,说明张闻天这时对产生"左"倾错误而又迟迟得不到纠正的政治原因已经有了清醒的认识。

八届七中全会结束,从上海返回北京,张闻天与李先念同坐一节车厢,途中交谈国内的经济工作。张闻天谈到当时存在的种种问题:基本建设项目上马太多,人力、物力、财力分散不集中,浪费大,结果少;工业产品质量差,大量积压,并影响对外出口信誉;农产品购销计划完不成,影响生产和人民生活;财政发生大量赤字;等等。李先念当时是国务院副总理兼财政部长,对"大跃进"中的许多做法也不满意。思想与情绪同张闻天差不多,所以两人谈话相当融洽。②

---

① 以上均据《八届八中全会文件汇集》。
② 据张闻天1967年12月29日写的材料《给经济所大联合小组诸同志》。

4月27日至28日，张闻天在波兰华沙出席了华沙条约缔约国和中华人民共和国外长会议。会后，向我国驻波兰使馆同志讲话，针对"大跃进"中头脑发热的情况指出，"解放思想，不能脱离实际，那就悬空。破除迷信，是叫按实际考虑问题。"[①]5月上旬，张闻天取道莫斯科回国。他在莫斯科逗留了一个星期。5月10日，在驻莫斯科中国人员全体会议上作报告，明确指出去年"大跃进"的种种缺点：计划不周，平均主义，浮夸，骄傲看不起人。[②]6月，参加了外交部党组会议（通称"务虚会"）和中央政治局会议。他又从外交与宣传两个方面，对国内工作发表了意见。张闻天在外交部务虚会的总结发言中指出，1958年在对外关系方面自以为是的偏见和骄傲自大的态度是不恰当的，强调不能把我们的做法强加于人。他还指出"大战的可能性仍然存在，但是一天天在减少"。国内建设速度特别是重工业发展速度不要那么急。在宣传方面，当时有一种意见，主张压低了的指标不公布，宣传中要少讲缺点，多鼓劲。张闻天对这种主张很不以为然。他认为，掩饰缺点并不能鼓劲。6月20日和23日下午，中央政治局讨论指标问题时，张闻天在会上发言，主张向人民讲实情，如实公布经过压低的指标；认为宣传中主要讲成绩，缺点也应讲一点。但有的同志听不进去，责备张闻天讲丧气话。张闻天说，把缺点摊开可以动员群众，是不会泄气的。以至在会上顶了起来。[③]

在中央会议上，张闻天一次又一次地发言批评"左"倾错误，可是一次又一次地不仅不被采纳，而且受到反驳、责备甚至奚落。这使他"觉得似乎中央不准讲反面意见"，"心中对中央只讲反右，不讲反'左'是有点意见的"。[④]有一次开会回家，他对夫人刘英不无感慨地说："现在不能讲缺点，一讲缺点，就有人扣帽子。"又说："愈是不要我讲，我愈是要讲。我脑子里就是存在着这些东西，不能不讲。"[⑤]从这些话中可见，在做过党中央总书记的张闻天，清醒地看到了错误的症结之一是个人专断与个人崇拜的滋长，解决的关键是党内民主问题。

在中国共产党的高层领导干部中间，当时看到"左"倾错误严重的人，为数不少，但能够看清产生错误的原因而又敢于直言诤谏的人，就不是很多了。其中一个杰出的代表，就是为人民共和国立下赫赫战功的元帅彭德怀。他是政治局委员、国防部长。

张闻天和彭德怀，一文一武，一个温和深沉，一个刚烈直率，适成对比。但对党和人民，两人怀着一样的忠贞；待人处事，两人都很朴素切实。所以他们性格虽异，感情却很融洽。在战争年代，他们有过不少令人难以忘怀的情谊。新中国成立后，彭搞国防，张搞外交，在两条不同战线上为新生的共和国操劳，很少交往。张闻天1955年初从苏联回国以后，同彭德怀的过从才逐渐多起来。

---

① 据萧扬当时所作记录。
② 同上。
③ 这次会上争论经过据当事人在会议上发言所述，见《庐山会议文件汇集》和《八届八中全会文件汇集》。
④ 张闻天1959年8月9日在庐山会议小组会上的发言。
⑤ 访问刘英谈话（1985年3月）。

■1959年4月，张闻天和彭德怀在华沙波兰政府举行的招待会上。右一为苏联外交部长葛罗米柯。

1959年4月，张闻天要到华沙出席华沙条约缔约国与中华人民共和国外长会议，恰逢彭德怀率领军事代表团往访东欧各国，4月24日启程，第一站也是华沙。为了节省开支，张闻天及随行人员搭乘了彭德怀的专机。张、彭两人一起坐在前舱（不想此事也会成为口实，在庐山会议后期被追查）。彭德怀6月13日回国，几天后，张闻天同他在中南海不期而遇。两个忧国忧民的政治局成员，谈话的主题很自然地集中到当前国内的困难局面上来。1958年冬武昌会议后，彭德怀曾回湖南调查，先到湘潭县的乌石（彭的故乡）、韶山，后又到平江。了解到粮食没有收好，而上报数字高得吓人。一位伤残的老红军还教给他一首歌谣："谷撒地，薯叶枯，青壮炼铁去，收获童与姑，来年日子怎么过，请为人民鼓呓胡。"① 这次从国外回来，第二天黄克诚又向彭谈了山东、甘肃等地出现粮荒的情况。彭德怀同张闻天谈话中，讲了不少1958年9月以后种种"左"的错误，还说到有一个省群众中发生了大量的浮肿病，认为"情况很严重"。匈牙利人均每年吃40公斤肉，还出了匈牙利事件。要不是中国工人农民好，党中央、毛主席威信高，也会发生"匈牙利事件"。彭德怀说，中央也应该作些检讨，讲些缺点，总结些经验。张闻天也认为错误确实很严重，谈了些虚报浮夸的现象，大炼土铁土钢不合算之类的意见。他赞成彭德怀的看法，中央应讲些缺点，总结造成缺点的经验。张闻天还说到毛泽东4月29日写的一篇"党内通讯"，已经产生好的效果，但对用个人名义下发，感到只是突出了个人作用。还说到，现在有些意见不好提，集体领导搞不起来。两人对国内问题的看法相同，谈得很投机。②

6月30日，张闻天启程赴庐山，与北京上山开会的人同乘一火车专列前往武汉。又是一次巧合，他同彭德怀、贺龙、康生在一节车厢。车上随便交谈，又自然地谈论起"大跃进"以来的情况。彭德怀认为形势非常严峻，张闻天也忧虑"大跃进"以来

---

① 据《彭德怀自述》，人民出版社1981年版，第266页。
② 这次谈话的内容，据张闻天1959年8月9日在庐山会议小组会上的发言，同年8月28日在第三次全国外事会议上的书面发言《我的检讨》，以及萧扬：《忆庐山会议前后的张闻天同志》。谈话中说到的"党内通讯"，是写给省、地、县、公社、队、小队六级干部的，讲了包产、密植、节约粮食、播种面积要多、讲真话等六个问题。关于个人作用，张闻天在1962年9月17日八届十中全会西南组会上的发言中说，"记得似乎是指通讯好像讲到下面可以不执行上级决定这一点"。

出现的许多问题。①

就是这样,张闻天和彭德怀都清醒地看到了"大跃进"和人民公社化运动以来问题的严重性,并且从不同的角度和层面上抓住了产生"左"倾错误的要害,一个怀着"不要我讲,我愈是要讲"的忠贞,一个想着家乡父老"要为人民鼓咙胡"的嘱托,一起登上了庐山。

山雨欲来

张闻天同彭德怀、李富春、贺龙、康生等人于7月1日下午7时到武汉,当即登上"江新"号轮,顺流东下,翌日晨抵九江,上岸后驱车直上庐山。这批人到达以后,中央政治局扩大会议正式开幕了。出席会议的,除中央政治局成员外,有各省、市委第一书记,党中央和国务院部分部、委负责人,约70人。

毛泽东是6月29日登上庐山的。上山之前,他一路视察了河北、河南、湖北、湖南四省。6月29日在船上,同各大协作区负责人座谈,征求对形势看法,谈了准备在庐山会议上讨论的问题。7月2日毛泽东召开常委会,到会的常委为刘少奇、朱德(6月30日上山)、周恩来(7月1日上山)。毛泽东再次讲话。常委会确定就毛泽东提出的读书、形势、任务等19个问题②,请与会者讨论。常委中,陈云、邓小平因健康原因没有上山,林彪在会议前期也不在山上。

毛泽东用三句话估计去年的形势:"有伟大的成绩,有不少的问题,前途是光明的。"(后来采纳湖南省委书记周小舟的提法,即"成绩伟大,问题不少,前途光明"十二字真言)那么,问题在哪里呢?毛泽东认为,基本问题有四个:综合平衡,群众路线,统一领导,注意质量。其中根本问题是没有搞好综合平衡。在毛泽东看来,"大跃进"中的问题从第一次郑州会议以来九个月,已经认真纠正。"问题不少"主要是指过去,现在则已步入"前途光明"的境地。他认为盲目性、"共产风"、虚夸、主观主义等问题已经基本纠正,平衡问题又有了一套解决的办法,"现在形势又好转了"。毛泽东并没有提到"大跃进"和人民公社化运动的根本问题是指导思想"左"倾。毛泽东在讲话中说,八大二次会议的方针是对的,"要坚持";赶超英国的口号,也是对的,"还要坚持";对"大跃进",毛泽东也是肯定的,他要促进派对于人们对"大跃进"的怀疑、批评"硬着头皮顶住"。显然,毛泽东的意图是通过这次庐山会议,使高层领导干部统一思想,鼓起气来,继续沿着他指示的航向"大跃进"。与此相应,会议开法,按毛泽东所提19个问题,分组讨论,畅所欲言,形成"纪要",发给全党。预计半月左右散会。

---

① 据张闻天1959年8月7日在庐山会议小组会上的发言。
② 毛泽东提出的19个问题是:(1)读书,(2)形势,(3)今年的任务,(4)明年的任务,(5)四年的任务,(6)宣传问题,(7)综合平衡问题,(8)群众路线问题,(9)建立和加强工业企业的各项管理制度和提高工业产品质量问题,(10)体制问题,(11)协作区关系问题,(12)公社食堂问题,(13)学会过日子问题,(14)三定政策,(15)农村初级市场的恢复问题,(16)使生产小队成为半核算单位,(17)农村党团基层组织的领导作用问题,(18)团结问题,(19)国际问题。引自《〈关于建国以来党的若干历史问题的决议〉注释本》,第326页。

庐山会议开始后即分六个小组讨论，张闻天参加华北组。① 与会人员白天开会讨论，晚上看戏、跳舞，闲时游山赋诗，气氛相当轻松，在庐山会议前期有"神仙会"之称。

张闻天到过许多国家，游历过许多名胜。但登临庐山，却是平生第一次。庐山这地方，素称"神仙之庐"。它飞峙在长江、鄱阳湖之间，雄奇峭拔，葱茏青翠，堪称"秀甲东南"。加之峰峦林壑之间，云雾飘忽，变幻无穷，确有一种神秘莫测的氛围。"不识庐山真面目"的名句就是对这种氛围的渲染。这里海拔 1000 米上下（最高峰汉阳峰 1747 米），盛夏平均气温 23℃左右，是江南不可多得的避暑胜地。从 19 世纪 80 年代起，沙俄和大英帝国的殖民者就率先在这里构筑他们的"安乐窝"。后来，这块宝地又受到蒋介石的青睐，成为他的"夏都"和训练军、政、警、特的基地。经过

■庐山会议前期的张闻天

几十年的经营，山上牯岭（因状似牯牛而得名）有半月形的整洁街市，是名不虚传的"云中之城"。长冲、芦林等地，建筑了许多别墅，高低错落，镶嵌在林木云雾之间。张闻天素性酷爱大自然，这回来到匡庐胜境，一有机会就爬山、散步。上山后头几天，张闻天游白司马（白居易）花径，往仙人洞"纵览云飞"，登小天池、望江亭遥望长江，至含鄱口远眺鄱阳湖，沐浴在庐山的自然风光和人文景观之中，得到很大的满足。7 月 5 日，毛泽东批发张闻天的《关于若干国际问题的意见》，说"很可以一看"，列为会议文件。② 在华北组会上，他还应约作了一次关于国际问题的系统发言。这些，张闻天当然是高兴的。

不过，张闻天的心境还是像庐山的云雾一样，不得开朗。他读了会上发的苏联《政治经济学教科书》第三版，同国内形势联系思考，感到"左"倾的错误带来的后果非常严重，而最高领导似乎还没有警觉。每念及此，不免忧从中来。在这种时候，能作点自由谈的，就是彭大将军了。

张闻天和彭德怀在山上比邻而居。牯岭镇北，沿一条山涧而下，称为东谷，是有名的别墅区。参加庐山会议的人，都住在这里。张闻天住河东路 177 号，彭德怀住河

---

① 从 7 月 2 日至 15 日，分华北、华东、华中、华南、西南、西北、东北六个小组讨论。华北组共 10 人。开会地点在 267 号楼。

②《关于若干国际问题的意见》是张闻天 1959 年 6 月 27 日在外交部务虚会议上的发言纪要。

东路176号。两栋小别墅都是长方花岗岩砌墙,红漆铁皮盖顶。出177号的矮院墙,向上走二三十步,就是176号的院子了。院子里长着庐山特有的柳杉,挺拔而妩媚,还有松、柏、梨、榆,错杂其间。林子疏密有致,站在室外,并不妨碍两座房子的主人招手呼应。彭德怀往下去会场或上大路,张闻天往上走,拜访别的同志,都要经过彼此的住处。茶余饭后,两人碰到一起,自然会聊上几句。

张闻天同彭德怀随心交谈的内容,主要是这样三个方面:一是关于"大跃进"中的问题,二是庐山会议的情况,三是党内民主问题,涉及到毛泽东的个人专断和党内的个人崇拜。

比较起来,张闻天审慎沉稳。思想的波涛在他的脑海中汹涌翻腾,而在小组会上,他只是平静地倾听别人的发言。彭德怀则不然,他憋不住。他参加的是西北组。308号会议厅里,不时响起彭大将军那浑厚而略带嘶哑的声音。从7月3日到7月10日,七天小组会(5号休会),天天发言、插话。① 当时大家心中所有而嘴上不敢说或不便讲的意见,彭德怀都直言不讳。他批评头脑发热、全民办钢铁是"左"的东西,人民公社办早了些;他谈到种种浮夸、虚假现象,批评主观主义,不按经济规律办事;他强调要认真总结经验教训,指出"我们党内总是'左'的难以纠正,右的比较好纠正,'左'的一来,压制一切,许多人不敢讲话"。

这时,张闻天正在考虑用什么方式表达自己的意见。7月10日左右,他决定给毛泽东写信。他对自己的秘书萧扬说,我们来合作,给毛主席写一封信吧。他交给萧扬一个简单的提纲,又同他谈了要写什么,大体说来7月21日发言的内容这时基本上都已有了。他交代萧扬要写得具体些,使问题形象化,才能让人认识到问题的严重性。②

认识到问题严重,并尖锐地将它摆出来的,当然不止彭、张两人。朱德在会上就指出:去年成绩是伟大的,但对农民是劳动者又是私有者这一点估计不够,共产搞早了一点;食堂如果暂时都垮了,也不一定是坏事;我们应当让农民致富,而不是让他们"致穷"。朱德还提出要研究经济工作中的管理体制问题。经济核算、各负盈亏、商品交换、协作等,都要搞出一套规矩来。③ 讨论中有的同志认为"成绩伟大",在高级干部中是没有怀疑的,最重要的是第二句"问题不少,经验很多"。大跃进中有许多经验教训,值得认真总结。比如刮"共产风";计划不周,忽视比例关系,不按计划办事;不注意质量,多快与好省分家;等等。④ 有的同志提出了一个问题:"以钢为纲","钢铁元帅"等等口号,通俗是其好处,可是各级干部对这个口号的理解不同,因此发生了不利的副作用,建议不用这一类口号,还是说有计划、按比例好些。⑤

会上发过两个材料。一个是党外的反映:《国家机关党外人士听了国内经济情况解释后的综合反映》;一个是军队的反映:《少数营团干部对经济生活紧张有抵触情

---

① 彭德怀从7月3日至10日在西北组会上的发言,后经整理在8月2日《庐山会议简报》第48号上刊登出来,当作供批判的材料。
② 据萧扬:《忆庐山会议前后的张闻天同志》。
③ 朱德1959年7月6日在华中华南组会上和7月8日在东北组会上的发言。
④ 赵尔陆1959年7月6日在华东组会上的发言。赵时任第一机械工业部副部长。
⑤ 据会议简报华中华南组讨论情况,未标明发言人姓名。

绪》。党外人士中有人认为去年大跃进，还不如前几年没有跃进；全民炼钢的口号不正确；群众运动有偏差；人民公社化运动的速度太快了；等等。广州军区四十二军集训团的营连干部中有些人说："公社成立得太快了，太早了，不合乎规律"。他们认为，经济生活紧张是由于路线上有错误引起的。毛泽东批发了这两个材料。然而，这两个材料对"大跃进"和人民公社化运动根本上予以否定的意见并没有受到与会者的有力批评。在毛泽东那里，"否定一切"的材料还有好几件，有所谓党外"右派"龙云、陈铭枢、章伯钧、罗隆基的"攻击"，也有天津党内一些干部的"议论"。

毛泽东认为，对形势的认识不一致，就不能团结；要党内团结，首先要思想统一。所以，7月10日，毛泽东在组长会议上又一次发表长篇讲话，他批评党外"右派"否定一切，批评党内有些干部说去年"大跃进""得不偿失"。他说：要承认缺点错误。但从全局来说，这是九个指头和一个指头的问题。算总账不能说"得不偿失"。他认为，"大跃进"和人民公社化运动中的问题，经过郑州会议、武昌会议、上海会议，到这次庐山会议，已经逐步认识、解决了。现在腰杆子逐渐硬起来了。毛泽东坚持多、快、好、省不会错，不相信公社会垮，还一再坚持农村公共食堂和社员分配中的部分供给制，对工农业生产的计划指标也仍然设想过高。毛泽东还反唇别人的批评，说自己就是要"好大喜功"，就是要"偏听偏信"，再过15年赶上英国，这些人就没有话讲了。

毛泽东一方面确实想纠正错误，另一方面对缺点、错误的严重性估计不足而对纠正的状况显然又估计过高。他的这些主张和看法，以至他的心态，当时在一部分高级干部中，特别是在那些积极批评"反冒进"、积极鼓吹"大跃进"的高级干部中，也是存在的。他们从毛泽东的讲话中得到鼓舞，从7月11日起，在会上就更加理直气壮地批评"得不偿失"论了。还有一些人是看眼色行事的，他们更是跟着风向跑。从这时起，会议的气氛就不那么轻松了。

对于一些同志护短，不愿多谈缺点和教训，对于毛泽东不能虚心听取对"大跃进"和人民公社化运动的比较切实的批评意见，张闻天深为不安。张闻天让秘书萧扬起草了给毛泽东的信。稿子拟就后，他看了不甚满意，搁下了。大约在7月12日，张闻天在彭德怀那里谈话。两人都觉得会议开了十天，讲缺点、总结缺点的经验不够，如何是好？彭德怀说了想给毛泽东写信的想法，希望会议把问题摊开，搞得深一点。他们都认识到毛泽东在党内威信极高，期望毛泽东采纳他们的意见，亲自出来将缺点讲透，使"左"倾错误能够顺利地得到纠正。彭德怀在信中要说些什么，向张闻天谈过，张闻天大体知道。7月14日信稿写好后，彭给张看。张说我不看了。彭德怀半开玩笑地说：你怕搞宗派呀！彭就念给张听。张闻天出于礼貌，听了一段，就走了。[①] 党内生活的经验，在张闻天心里划了一条潜在的警戒线，他要避免两人串通写信的嫌疑。如果党内生活正常，两个政治局成员交换意见，甚至联名写信向党中央主席提出批评，也是完全正常的事。

[①] 以上经过据：张闻天1959年8月7日在小组会上的发言，8月28日在全国第三次外事会议上的书面发言；彭德怀8月13日在八届八中全会上的发言；《彭德怀自述》，第269页。参见张闻天7月21日的发言，彭德怀7月14日的信。

彭德怀的信尖锐、明快地揭露了"大跃进"以来的主要问题。他在肯定 1958 年成绩的前提下,指出现时我们所面临的突出矛盾,"是由于比例失调而引起各方面的紧张",就其性质看,"也是具有政治性的"。他认为,出现一些缺点错误的原因是多方面的。客观因素是我们对社会主义建设工作不熟悉,没有完整的经验;在思想方法和工作作风方面,主要的问题是:"1. 浮夸风气较普遍地增长起来","吹遍各地区各部门"。"2. 小资产阶级的狂热性,使我们容易犯左的错误。"在 1958 年的大跃进中,"把党长期以来所形成的群众路线和实事求是作风置诸脑后了"。他还指出,党的历史经验证明,"纠正这些左的现象,一般要比反掉右倾保守思想还要困难些。"

7 月 14 日下午,彭德怀将写好的信直送毛泽东亲收。7 月 16 日,毛泽东在信上加上"彭德怀同志的意见书"的标题,指示"印发各同志参考"。① 并且对政治局常委几个同志提出:"评论这封信的性质"。② 这时,毛泽东通知林彪、彭真、黄克诚、宋任穷、安子文等人上山。小组作了调整,将地区打乱,重新编过。张闻天编在第二组,组长为柯庆施,通称华东组。

同毛泽东的预期并不一致,在各组评论这封信的"性质"的讨论中,并没有出现大多数同志否定或反对彭德怀这封信的情况。许多人同意彭信的基本观点,肯定他的精神。其中有些人还表示要"学习",认为应"提倡",有些人对所谈问题还作了补充和发挥。他们同时也指出这封信的有些提法,用词的分寸,有缺点,可斟酌。在会上公开表示这种态度的有二十多人。③ 7 月 19 日黄克诚在第三组发言,比较全面地阐述自己的观点,支持彭德怀的意见。小组内只有罗瑞卿、谭震林发言批评,黄同谭、罗争论了一通。④ 当然,也有不少人对彭信中这样那样的提法提出质疑,以至表示异议。这些提法主要涉及缺点的性质(是否"政治性的")、程度("浮夸风"是否"吹遍各地区各部门")、原因(是否"小资产阶级狂热性")。其中也有些人认为这些提法也不是不可以,有的则认为多说几句、多加分析就清楚了。在讨论时发言认为彭信总的看法有问题的有五六人,认为许多提法有问题因而不大赞成的有六七人。其中有些人也赞成彭德怀有意见就讲出来的坦率态度,认为这种精神是好的。

对彭信公开表态否定的人虽然不多,但其中有几位说话是很有分量的。还有一些表面上没有正面表示否定态度,实际上否定的倾向性十分鲜明的人。如柯庆施挂帅的所谓"左派"司令部,西南区负责人的所谓专门对付主张缺点讲透的俱乐部的俱乐部,"理论家"康生等,加上毛泽东批发彭信后调上山来的林彪,力量相当可观。他们中有的人竭力鼓吹彭信矛头所向是"针对主席"的,说什么"小资产阶级狂热性就是'左'倾路线错误了","路线错误那就要更换领导了",还说彭在拉队伍,等等。

当然,依毛泽东在党内的崇高威信、领袖地位,起决定作用的还是他本人的态度。不久,隐约传出消息,毛泽东在划船时,曾谈及彭信说:什么小资产阶级狂热

---

① 《建国以来毛泽东文稿》第 8 册,中央文献出版社 1993 年版,第 358 页。
② 据《〈关于建国以来党的若干历史问题〉注释本》第 331 页。当时在庐山开会的常委为毛泽东、刘少奇、周恩来、朱德。
③ 此处及以下数字据《庐山会议文件汇集》之九统计。
④ 据《黄克诚自述》,人民出版社 1994 年版,第 250 页。

性，我现在不表示态度。大约在7月20日，毛泽东不能容忍彭信和对彭信的支持，已经在庐山上传播开来。由于意见分歧而已经紧张起来的空气显得更加紧张。对彭德怀，对主张把缺点讲透的人们，构成了一种强大的压力。参加庐山会议的中央政治局成员，各省、市委第一书记以及党中央和国务院各部委负责人，谁都感到，一场政治风暴正在庐山上空翻卷。

七月二十一日的发言

张闻天完全清楚，在形势这样紧张的时刻，跟彭总同调，继续谈论缺点，总结经验教训，是不合时宜的。然而，他还是下决心发言。他怀着一种期望，自己的一席谈，也许能促使毛泽东醒悟，或者能说服更多的同志一起规劝毛泽东，那岂不是大有利于党和国家！这回，张闻天自己动手准备提纲。提纲写得相当详细，在32开白纸上，用圆珠笔密密麻麻写了五六张，还用红铅笔做了好几种醒目的记号。

在张闻天准备提纲的过程中，田家英曾来过一个电话，向他"通风"，要他如果发言的话，"大炼钢铁"的问题别讲了，因为"上面"有不同看法。所说"上面"指谁，不言而喻。张闻天上山后同田家英、吴冷西、胡乔木、陈伯达、李锐等"秀才"们时有接触，观点也是相近的。他们知道张闻天有言要发。田家英感受到风暴将至，怕他在这险要时刻出事。张闻天接过电话对秘书萧扬约略谈了一下田家英的意见，说："不去管它！"随即，继续准备他的提纲去了。7月21日上午，胡乔木也曾经给张闻天打过电话，劝他少讲一些。① 秘书萧扬也向张闻天表示担心：从会议的气氛看，准备的这个发言不合潮流，后果怕很难说。但张闻天没有任何动摇。7月21日上午，他把发言提纲最后准备完毕，站起身对萧扬说："我准备的就是这样了。"他的那些意见久已郁

——张闻天与工作人员在庐山合影

---

① 胡乔木：《回忆张闻天同志》，见《回忆张闻天》，第19页。

结在胸，为了党和人民的利益，非一吐不可。

7月21日下午，张闻天准时步入第二小组（习惯称华东组）的会场250号楼，神态仍像往常一样。他关照萧扬跟他同去。虽然会上有华东局的两位同志担任记录，他还是要萧扬同时记录，以便会后能迅速地将发言整理成文。①

这天下午的会，就是张闻天一个人发言。他整整讲了三个钟头。会场上的气氛相当紧张。张闻天的话多次被打断。有些人，包括组长柯庆施在内，抢着插话，表示不同意张闻天的意见。但张闻天毫不让步，只是重复自己的观点，或者就像不曾被打断那样，按照原来的思路讲下去，一直把他列出的13个问题讲完。这13个问题是：（1）大跃进的成绩，（2）缺点，（3）缺点的后果，（4）对缺点的估计，（5）产生缺点的原因，（6）主观主义和片面性，（7）政治和经济，（8）三种所有制的关系，（9）民主和集中，（10）缺点讲透很必要，（11）光明前途问题，（12）关于彭德怀同志的意见书，（13）成绩和缺点的关系。会议最后，柯庆施说了一句："洛甫同志把意见都说出来，是好的。"至于意见是否正确，他没有说；但从他的插话来看，批判的立场是很鲜明的。

就是这一篇发言，给张闻天换来了两顶帽子：彭德怀"反党集团"副帅和"右倾机会主义分子"。张闻天从此被撤职罢官，离开了中国的政治舞台，在逆境中含冤受屈，煎熬了整整17年。

现在，这一篇发言已经收入了1985年出版的《张闻天选集》。历史的过滤器终于清除了蒙在张闻天头上的污泥。张闻天在庐山会议上的发言，成为那一时期中国共产党人正确思想的代表之一。它的深刻思想与理论价值为人们所称道，所重视。

第一，张闻天的发言用丰富、确凿的材料，论证了缺点的严重后果，并对纠正缺点的状态作出了确当的估计

指明"大跃进"和人民公社化运动中存在那些缺点，这并不是张闻天的独到识见。在这个问题上，认识也没有多少分歧。会上发给大家讨论的《庐山会议诸问题的议定记录（草稿）》（以下简称《议定记录》）将其概括为比例失调、共产风、命令主义和浮夸风三条，大家没有多少异议。然而，当对问题的研究再深入一步，论到缺点的后果、缺点的严重程度，认识就深浅不一了。张闻天高人一筹之处首先在于，针对包括毛泽东在内的许多人对缺点的严重程度及造成的严重后果认识不足，从理论与实践的结合上，对上述缺点逐条进行了犀利的、有说服力的分析，促人警觉，发人深省。

对于"比例失调"一条，张闻天认为应指出这是由于"指标过高，求成过急"引起的，要看到它"造成了很大的损失"。

张闻天把批评的锋芒首先集中在最为严重的钢铁问题上。他指出：钢铁指标过高，其他指标也被迫跟着上，就造成生产的紧张和比例失调，引起很大损失。对钢铁的作用片面强调，结果就破坏了按比例发展的法则。张闻天进而批评"全民炼钢"的

---

① 张闻天准备提纲及发言情况，除注明者外，均据萧扬：《忆庐山会议前后的张闻天同志》，见《回忆张闻天》，第314—315页。

口号。这在当时是最犯忌的问题。"全民炼钢"是"大跃进"的标志，否定了它，也就在实际上否定了"大跃进"运动。彭德怀的信中讲"全民炼钢"是"有失有得"。"失"在前而"得"在后，已经引起非难。张闻天却不顾这些，顶风而上。他毫不含糊地说："'全民炼钢'的口号本身是不妥当的。全民炼钢的方法也有问题。"进而指出损失的严重性："不单是赔了50亿元，最大的问题还在于7000万至9000万人上山，抽去农村中的主要劳动力，打乱了工农业劳动力之间的正常比例关系，使农、副业生产遭受很大损失。"对于庐山会议上争论已久的得失关系问题他也提出质疑："我们承认全民炼钢运动有意义，但其得失关系可以研究"。在这里，张闻天对于对"得不偿失"、"有失有得"的种种批评，实际上采取了否定的立场。

张闻天在发言中还指出：1958年粮食估产过高，1959年粮产指标过高，"也造成了损失，使吃、用发生了问题"。他还用大量数据和材料说明，由于指标过高、求成过急、比例失调，生产和基建方面产生了一系列问题，如：基建战线太长，新增工人太多，许多企业产品生产不成套，原材料缺乏，经常停工待料，产品质量下降，许多出口商品在国外信誉扫地，国家资金、物资大量积压、浪费，等等，令人信服地得出结论，由"全民炼钢"引发的比例失调，确实"给各方面造成很大损失"。

对于"共产风"这一条，张闻天也不是就事论事，而是从全局着眼指出损失的严重。他不仅讲了"共产风"在农村造成的"损失"，而且分析了"共产风"引起的连锁反应，造成经济生活各个方面的"紧张"。他说，"共产风"是"大错误"，"农村除受七千万人上山的影响，又对粮产估计过高，办起公共食堂，实行'吃饭不要钱'，而且闹了一阵'放开肚皮吃饭'，因而浪费粮食不少。'一平二调'，打击了农民积极性，生产无人负责，损失很大。"同农民关系的局部紧张，又反映到各个方面。张闻天指出：反映到市场上，就是供应紧张。不仅个人消费品的供应紧张，而且生产资料的供应，即生产部门内部的工业与农业之间、各工业部门之间的供应关系也紧张；反映到财政金融上，是结余用完，货币不能回笼，只好靠银行增发钞票，这就很危险；还有，国家的物资后备减少了，许多后备用掉了，确是相当紧张；还有，外贸也很紧张，进口多，出口少。张闻天认为："经济生活中这些方面的问题，应该同整个比例失调问题联系起来考察，不能夸大，但是要重视。"这就从事物的相互联系中抓住了问题的症结。

对于虚报浮夸、强迫命令这一条，张闻天也从宏观上指出其损失：一是"造成信誉损失，使我们党在人民中、在国内外，失掉了信用"。二是"造成很不好的风气，群众中本来是有不同意见的，但是不允许讲话，不允许怀疑，怀疑了就给扣帽子，'怀疑派'、'观潮派'之类"。

除了《议定记录》草稿上所列三条之外，张闻天还补充了一条，就是"下放太多，体制紊乱"，指出其后果是"造成了半有计划、半无政府状态，发展了某些地方的本位主义、地方主义，破坏了各地区之间的协作关系"。

关于纠正缺点的状况，张闻天认为这些缺点还不能说都已得到纠正。他指出，"比例失调至今还没有扭转，我们也是至今还在背这个包袱，还在被动。各个部门还在动荡"；全民炼钢对农业、副业、手工业产生了严重影响，"这个包袱，我们也是至今还在背着";"虚报现在还有","强迫命令也还有";等等。事实证明,张闻天的这种估计是清醒的、切合实际的。同时,张闻天又对纠正缺点的艰巨性作了充分的估计。他说:"纠正缺点,例如把比例调整好,也需要相当时间。可能有些问题现在还没有发现。""有了正确的决议案,能否一下子贯彻得很好,也不一定。而且,旧的缺点纠正了,新的还会产生。"在当时,能够这样客观地估计困难,看到还有潜在问题的人,是极少的。

第二,张闻天在发言中深入分析了产生缺点的主观原因,针对当时存在的问题,探讨了在中国建设社会主义的根本指导思想和重要理论问题。这是《庐山发言》中最精彩、最深刻的部分

当时人们都把产生缺点的主要原因归结为"缺乏经验",将原因推向客观。张闻天指出"缺乏经验既是主观的,又是客观的","从研究、总结经验的角度看,尤其应该着重从思想方法、思想作风方面寻找原因"。那么,从主观方面来看,原因何在呢?

首先,张闻天从哲学思想的高度,指出问题出在"主观主义和片面性"。

他说:"对于主观和客观、精神和物质关系的了解有片面性。有一个时期,把主观能动性强调到荒谬的程度。干劲虽大,但是强调得过了分,还反对讲条件,这就造成了主观主义。这是违反马列主义哲学的基本原理的。有良好的愿望是好的,但是还要考虑实际可能。好大喜功也是好的,但要合乎实际,否则就会弄巧成拙,欲速不达,好事变坏事。说坏事也可以变成好事,是就可以接受经验教训而言的。坏事本身并不是好事,我们要尽可能不办坏事。"这一段话,击中了"左"倾错误指导思想的要害。张闻天还再次拿钢产指标做例子,说明凭愿望、想当然的高指标,"正好看出我们的主观主义"。

其次,张闻天抓住政治和经济的关系这个根本问题,指出指导思想上的错误或含混不清。

张闻天有针对性地对政治和经济的关系进行了辩证的分析。他说:"按照马列主义学说,政治是经济的集中表现。因此,领导经济要政治挂帅,这是对的。但是光政治挂帅不行,还要根据客观经济规律办事。客观经济规律不能否定,只能利用它来为我们服务。经济有经济的规律,它与政治、军事的规律不一样。但是,搞经济工作,不按照客观经济规律办事,同样是要吃亏的。"他尖锐地批评有的人看不起经济规律,认为只要政治挂帅就行,有的人公然违反客观经济规律。他指出,"我们的经济活动,总是受经济规律约束的","我们一定要按经济规律办事,不能光凭主观愿望,光凭政治上的要求"。他特别强调,"今天总结经验,应该着重从经济规律上进行探讨。今后任务,也不能单纯从政治任务的角度考虑,而是一定要合乎经济规律的要求。"

对于违反客观经济规律的理论上的错误论调和实践上的错误做法,张闻天也坦诚地提出批评。关于综合平衡问题,当时有一种说法,以"平衡是相对的,不平衡是绝对的"的"法则"来为"大跃进"带来的严重失调辩护,甚至认为就是要冲破平衡,不平衡是好事。张闻天澄清了这种误解,指出在经济建设中的任务正是要"找出相对

平衡，利用相对平衡，按照相对平衡办事"。张闻天特别强调"经济核算"，批评"有一个时期，我们的建设有不计成本、破釜沉舟的偏向，说是要算'政治账'。其实，'政治账'同'经济账'是统一的，不能把它们对立起来。"他强调从中国"一穷二白"的实际情况出发，有限的资金"应该严格控制使用"，"摊子不能铺得过大。要反对大少爷作风，反对满不在乎，大而化之，以为从政治上算个大账就行。"[①] 张闻天还着重指出，搞"经济工作，要学点科学技术知识"。对于"大跃进"中许多违反科学的做法，他也提出了尖锐的批评。

总之，在张闻天看来，马克思主义指导下的经济工作应该是科学：既按客观经济规律办事，又具有科学根据，运用先进的技术和知识，实行科学的管理。

复次，张闻天对产生缺点原因的解剖还进一步深入到对生产关系理论认识的偏颇上。他指出，刮"共产风"，搞"一平二调"，从主观上看，主要是对所有制和按劳分配原则的认识出了问题。在急于过渡到共产主义的"左"倾思想指导下，否定集体所有制和个人所有制，所谓"破除"资产阶级法权，平均主义，是导致"共产风"的理论根源。针对认为社会主义是单一的公有制社会的误解，急于由集体与全民两种所有制向单一的全民所有制过渡的倾向，张闻天在发言中指出："集体所有制的历史使命还没有完成，它还有生命力。现在的问题是要把它巩固、稳定下来……现在不要强调它的改变。""至于消费品个人所有制，到共产主义社会还是存在的。"而在现在农村，"个人所有的东西比消费品还多一些，如自留地、小农具"。这就从生产关系上阐明了社会主义时期集体所有制和个人所有制的内容、作用和地位。

张闻天又将生产关系中的所有制问题同分配问题紧密联系在一起进行探讨。他强调"要坚决贯彻按劳分配"，反对搞平均主义，建议"取消'吃饭不要钱'"，主张"缩小供给部分"。他还指出："贯彻按劳分配，就要强调保护消费品个人所有制。"在人民公社化运动中产生的供给制、公共食堂，是背离按劳分配原则的，但在当时却被认为是新生事物。是否肯定和坚持它，甚至被看作是是否肯定和坚持社会主义、共产主义的标尺。张闻天不顾这些，他从理论上判明其是非，说："现在有些人把供给制、公共食堂等同于社会主义、共产主义，怕取消供给制就不够进步，退出食堂就不是社会主义。其实，这完全是两回事，是两个不同的范畴。社会主义并不一定要采取供给制、公共食堂这种办法。"

张闻天还将生产、分配同消费联系起来，阐明社会主义的"穷富观"和"公私观"，从理论上批评了平均主义及其在现行政策上的错误。他说："生产愈多，消费也应该愈多。对于穷和富的观念，要慢慢改变。按照多劳多得原则，劳动好，对国家贡献大，所得报酬就多，生活就富裕，富是由于劳动好。这样的富对个人好，对国家好，它是应该的，光荣的。由于不爱劳动，好吃懒做而使生活穷苦，是活该，是可耻的。在社会主义社会，个人利益和集体利益是结合的，不能否定个人利益。共产主义风格、为集体牺牲个人的思想，这些可以宣传，可以用来要求少数人、先锋队、先进分子，但是不能当做制定现行政策的根据。如果社会主义不能满足个人物质、文化需

---

① 刘英：《身处逆境的岁月——忆闻天》，见《回忆张闻天》，第326页。

要,就没有奋斗目标,社会主义也就建设不起来。"他指出,不是要把富的向穷的拉平,而是要把穷的向富的提高。"想来一个拉平,用平均主义的态度对待贡献大、生活富裕的农民,批判多劳多得而生活较好的人,说他们有资本主义思想,等等",这种错误做法应该纠正。

最后,张闻天从关系执政党成败、存亡的一个根本问题党内民主作风问题上来探讨产生缺点的原因。在张闻天看来,这是造成"大跃进"以来种种问题而又长期不能得到纠正的一个根本原因,而矛盾的主要方面,不在群众而在领导,不在党内的高级干部,而在上面的决策者。张闻天在这里以彻底的唯物主义者无所畏惧的精神,坦诚地讲出下面这样一篇逆耳的忠言:

> 讲一下党内民主作风问题。主席常说,要敢于提不同意见,要舍得一身剐,不怕杀头等等。这是对的。但是,光要求不怕杀头还不行。人总是怕杀头的,被国民党杀头不要紧,被共产党杀头还要遗臭万年。所以,问题的另一面是要领导上造成一种空气、环境,使得下面敢于发表不同意见,形成生动活泼、能够自由交换意见的局面。

他说,他欣赏《议定记录》草稿中这样一段话:"……必须在全党干部中间提倡说实话,提倡实事求是的讨论。对于有些问题的认识一时可能有参差不齐,只要大家在实际行动中遵守纪律,那么这种现象是完全正常的,允许的。应该通过真正同志式的交换意见,逐步达到一致,不要采取粗暴武断办法,不要随便扣帽子"。并强调说:"这个问题对我们当权的政党特别重要";"总之,民主风气很重要。要造成一种生龙活虎、心情舒畅的局面,才会有战斗力。"

张闻天对判别是否具有民主作风提出了一个标准,就是能不能听所谓"反面意见"。他说:"听反面意见,是坚持群众路线、坚持实事求是的一个重要条件"。他认为,我们当权的政党"不要怕没有人歌功颂德,讲共产党英明、伟大,讲我们的成绩,因为这些是客观存在的事实。怕的是人家不敢向我们提不同意见"。他指出这里有一条界线,就是"决不能因为人家讲几句不同意见,就给扣上种种帽子"。张闻天尖锐地批评:"过去一个时期就不是这样,几句话讲的不对,就被扣上帽子,当成怀疑派、观潮派,还被拔白旗,有些虚夸的反而受奖励,被树为红旗。为什么这样呢?为什么不能听听反面意见呢?刀把子、枪杆子,都在我们手里,怕什么呢?真正坚持实事求是、坚持群众路线的人,一定能够听,也一定会听的。"他说:"毛主席关于群众路线、实事求是的讲话,我认为是讲起来容易做起来难,真正要培养这种风气不容易。"

张闻天这一番话,有婉曲的弦外之音,有坦诚的直言讽谏,显然,希望毛泽东能够听。为了党和人民的利益,他顾不得个人的毁誉得失,希望阻遏给革命事业带来严重损失的个人崇拜。

第三,张闻天在发言中还对"彭德怀同志的意见书"发表评论,公开表明支持的立场张闻天发言的内容其实就是从理论与实际的结合上对彭信的全面支持。然而张闻天没有到此为止。他特意正面发表评论，肯定彭德怀的"这份意见书提出了一些问题，中心内容是希望总结经验，本意是好的"。对于彭德怀信中为人所诟病的七个问题，张闻天以同志式的讨论方式说明自己的看法。例如，有些人认为，彭德怀关于各方面关系的紧张具有政治性的说法"不恰当"。张闻天说：看怎样讲。在刮"共产风"时，各方面关系确实紧张。有些人对彭德怀信中关于浮夸风的严重程度有不同看法。张闻天提醒大家注意，他讲浮夸风，是从北戴河会议时对粮食估产过高说起的。还说，浮夸风确实是严重的，是很大的问题，现在也并不是已经完全解决。到会的许多同志都觉得，"小资产阶级狂热性，使我们容易犯'左'的错误"这句话说得"过火"了。张闻天却说："这个问题不说可能更好一点，说了也可以，究竟怎样，可以考虑。但是，刮'共产风'，恐怕是小资产阶级的狂热性。"如此等等。张闻天这一番话，有澄清，有辩护，有赞同，有发挥，也有不少是对彭信有欠周到之处的补苴罅漏。他以理服人，举重若轻，将对彭德怀信的一切误会、曲解、非议、责难，像拂拭蛛丝一样轻轻抹去。在这充满风险的紧张时刻，张闻天仍然坚持真理，坚持独立见解，是多么难能可贵！

历史已经证明，这篇发言是运用马克思列宁主义对"大跃进"以来的经验教训进行的全面、深刻、科学的理论总结，是对中国社会主义建设的规律从经济上、政治上、思想上进行的科学概括。它不仅在当时有着尖锐的现实针对性，而且在整个社会主义建设时期都有指导和警戒的意义。这篇发言又是用科学理性精神和无私无畏的革命气概，反对个人崇拜，争取党内民主的篇章。张闻天以他在庐山会议的这篇发言，为执政的中国共产党的党员、干部提供了有关党内民主的颠扑不破的理论，同时也为他们树立了为实现党内民主而奋斗的榜样。

被打成"反党集团"

应该看到，张闻天的发言和彭德怀的信一样，不能不受时代的局限。对"三面红旗"，张闻天是肯定的；对"大跃进"和人民公社化运动，也说成绩是主要的。然而，毛泽东认为"有方向性问题"。在毛泽东看来，"大跃进"和人民社会化运动是群众的创造，是他积极倡导和热情支持下搞起来的。这是在中国建设社会主义的正确路线。运动中出现的问题是某些暂时的、局部的缺点，发现及时，有些早已克服，有些正在克服之中。毛泽东从他对社会主义的理想和他对社会主义建设的路线、方针出发，看不到、也不承认自己领导的"大跃进"、人民公社化运动错了。他听不进彭德怀、张闻天的一片忠言，反而认为这是当时一股很大的右倾思潮的代表，是同国内外反动势力对我们的进攻相配合、相呼应的。而来自党内特别是党中央内部的这种猖狂进攻，比来自党外的进攻更为危险。因此，必须对已经成为主要危险的党内右倾机会主义进行反击，粉碎他们的猖狂进攻。基于这种错误的判断和逻辑，毛泽东在"硬着头皮顶住"顶了若干天以后，断然决定猛烈反击。

1959年7月23日，星期一，早晨，毛泽东让刘少奇召集全体会议，他在会上讲话。毛泽东指出，现在党内外夹攻我们，无非是讲一塌糊涂。他们的话是基本不正确或不正确的。他又说，据我观察，有一部分同志是动摇的，属于"基本正确，部分不正确"一类。但他又认为，这部分中的"有些人"问题的性质是十分严重的。他说：有些人在关键时就是动摇的，在历史大风浪中就是不坚定的，立三路线，王明路线，高饶路线，现在又是总路线，站不稳，扭秧歌。是资产阶级的动摇性，是右的性质。他们也说大跃进、总路线、人民公社正确，但讲话有方向性问题。他们不是右派，可是自己把自己抛到右派边缘去了，跟右派还有30公里，相当危险。毛泽东对彭德怀信中所写、张闻天发言为之辩护的"比例失调"、"小资产阶级狂热性"和"有失有得"等，逐一作了批判。他以反语讥讽说，我有两条罪状：一条叫1070万吨钢，大炼钢铁，一条叫人民公社。还有总路线，是虚的。见之于行动是工业、农业。最后毛泽东生气地说：你人民解放军不跟我走，我就找红军去，我看解放军会跟我走。

　　毛泽东这一篇讲话使大多数与会者都感到无比震惊。他们万万没有想到，庐山上的争论竟会发展到如此严重的地步！本来纠"左"的会议，一下子来了180度的大转弯，变成了反右。

　　张闻天同彭德怀碰面了。彼此的心情，是紧张、忧虑、愤激搅和在一起。两人都说，不能讨论缺点了；不能批评，批评有危险。①但在行动上只能表示拥护。

　　毛泽东讲话当天下午，张闻天就在第二组讨论会上表示"拥护"。说自己对总路线没有动摇，主席说不要动摇，这是"很重要的警告"；前次发言中讲了许多缺点，有些认识可能有错误，愿加以检查。接着，在7月24日，张闻天又发了一次言。他的思路还是沿着指出缺点、总结经验、民主作风的轨迹走。他说：我没有经验，是从旁边看的，与整个群众运动联系得不够。同时，觉得你们不大愿意听，我们要讲缺点，你们要讲成绩，这主要是看问题的角度不同。又说，大家把不同的看法，不同的意见，经常讲出来，经过争论，认识一致了，问题就解决了。现在有顾虑的人还是不少的。彭总写了一封信，引起大家争论，能把问题看得更清楚。不怕扣帽子，不乱扣帽子，不怕争论，有话就讲，大家认识一致了，没有负担了，这就是心情舒畅。有什么就讲什么，就没有什么紧张了。我有时也想，不关我的事，我讲不讲，我是搞外交工作的，讲了以后还有些后悔，我何必讲呢！紧张状态的确是存在的，养成民主风气很重要。②

　　这时，柯庆施挥舞"棒子"对张闻天迎头痛击了。柯庆施批评张闻天主张从主观主义、片面性方面来检查总结"不是实事求是的态度"，认为"恰如其分的帽子还要戴，否则就是是非不分了"。③

　　7月26日，张闻天在小组会上违心的作了检讨。张闻天首先讲7月21日发言的思想过程以剖明心迹。他说：参加庐山会议前，对成绩没有怀疑，但认为问题和缺点也不少，希望在庐山会议中能把这些问题和缺点的性质和程度弄清楚；参加庐山会议

---

① 谈话经过据张闻天1959年8月9日在小组会上的发言，8月28日在全国第三次外事会议上的书面发言，彭德怀1959年8月13日在八届八中全会上的发言。
② 张闻天1959年7月24日的发言已收入《张闻天文集》第4卷，中共党史出版社1995年版。
③ 柯庆施1959年7月24日在小组会上的发言。

后，对有些同志怕讲缺点，心中有些不满，觉得既然要总结经验，那就要讲缺点。因此在小组会上，在肯定了大跃进和总路线以后就大讲了一通缺点，还批评了一些不愿意讲缺点的论点。我当时自以为这样做是出于责任感，目的是为了帮助同志，并不怀疑自己立场有什么问题。接着讲听了毛主席讲话的思想，说：讲话"使我大吃了一惊"，但是，开始时对主席所说的立场问题、动摇问题体会不是那么深刻。当时以为自己的立场是拥护总路线和大跃进的，在上次发言的开头、中间和结尾也都讲了这一点。最后，张闻天只能从为什么不讲成绩、正确的经验而强调缺点、反面的经验这方面来拷问自己，承认"实际上"确是"立场问题、动摇问题"。原因是由于"相当脱离实际、脱离群众"，等等。张闻天后来曾经隐约地剖白过为什么作这样过头的检讨。他说："毛泽东同志的威信，不是他个人的威信，而是全党的威信。损害毛泽东同志的威信，就是损害党的利益和全国人民的利益。所以，必须像保护眼睛一样保护以毛泽东同志为首的党中央的团结，保护党中央和毛泽东同志的威信。对于这一点，我这次感触最深，体会也最深。"① 可见，他是抱着一种顾全大局、相忍为党的精神，去接受不公正的批判的。

就在毛泽东7月23日上午讲话以后，到7月26日短短三四天内，庐山上又发生了一些事情，促使批判迅速升温，风暴更加强劲。

7月23日夜间，参加《议定记录》起草小组的三位"秀才"聚在一起，他们对毛的讲话根本不同意，情绪很激烈。议论一番之后，即相约到黄克诚处商谈。三人还想到毛那里去争辩一顿，被黄劝阻。三人将走时，恰好彭德怀进来（黄和彭同住在176号）。而他们走出去时，又恰巧被管安全、保卫的人撞见。此时聚会，"密谋策划"什么？十分可疑。②

没有资格上庐山的人中，同彭德怀、张闻天一样批评缺点、错误的也大有人在。毛泽东收到洋洋万言的长信，作者李云仲，东北协作区委员会办公室综合组组长。他向毛泽东主席率直进言：最近一年来，犯有"左"倾冒险主义错误，而且在一个较短的时间内，"左"倾冒险主义思潮曾形成一个主流。他认为，1958年第四季度以来是以钢为一切，全民大搞土法炼铁是失败的；公社化运动跑得太快了，生产关系的变革离开社会生产力向前"飞跃"，对生产力起了破坏作用。他还指出，党内未能造成坚持原则的风气，迎合情绪却很严重，因此主观主义得以通行无阻。

毛泽东对底下的直率批评也听不进去，益发认为右倾问题严重。1959年7月26日，毛泽东就李云仲的信写了《关于一封信的评论》，③认为李云仲"是一个'得不偿失'论者，某些地方简直是'有失无得'论"；这封信表明，党内外右倾"大有猖狂进攻之势"，其苗头和趋势"已经出现在地平线上了"。毛泽东把这篇2000多字的评论作为自己7月23日"那次讲话的补充"，印发到会同志。

从7月27日起，批判迅速升级，会议贯彻"事是人做的，对事，也要对人"、"要划清界线"的方针，出现了"一边倒"的形势。毛泽东连连批发各种材料，指导这一场反右倾

---

① 张闻天1959年8月13日在八届八中全会上的发言。
② 访问李锐谈证（1985年4月10日）。
③ 见《建国以来毛泽东文稿》第8册，中央文献出版社1993年版，第377—381页。

斗争，并亲自主持常委会，首先是集中力量打倒彭德怀。对张闻天的批判，也完全同彭德怀牵扯在一起。批判的内容又同他们在党的历史上的是非与同毛泽东的关系相联系。

7月31日至8月1日，毛泽东在他的住处"美庐"楼上会客室召开常委会。他指责彭德怀"历来有野心"，是"内有二心，外似张飞"，"在几次路线中都摇摆"，同他的关系是"三七开，融洽三成，搞不来七成"。同时又批张闻天，说"洛甫是理论家，这次犯错误"，"洛甫的马克思主义哪里去了？你们要瓦解党，这回是有计划、有组织、有准备，从右面向正确路线进攻。"就这样，所谓彭德怀、张闻天"右倾反党集团"的冤案已经铸成。不过，还需要经过一个合乎党章的程序，才好作结论处理。

8月2日，八届八中全会开幕。毛泽东讲话，号召反右。他提出，反"左"必出右，现在不是反"左"，而是反右。现在是右倾机会主义向党猖狂进攻的问题。他把张闻天列入"不能改"之列，说王明没有改，洛甫也没改，又旧病复发，他还在发疟疾，一有机会就出来了。

同一天，毛泽东给张闻天写了一封信①：

闻天同志：
　　怎么搞的，你陷入那个军事俱乐部去了。真是物以类聚，人以群分。你这次安的是什么主意？那样四方八面，勤劳艰苦，找出那些漆黑一团的材料。真是好宝贝！你是不是跑到东海龙王敖广那里取来的？不然，何其多也！然而一展览，尽是假的。讲完没两天，你就心烦意乱，十五个吊桶打水，七上八下，被人们缠住脱不得身。自作自受，怨得谁人？我认为你是旧病复发，你的老而又老的疟病原虫远未去掉，现在又发寒热症了。昔人咏疟疾词云："冷来时冷的在冰凌上卧，热来时热的在蒸笼里坐，战时节战的牙关挫。（忘一句）真个是寒来暑往人难过。"同志，是不是？如果是，那就好了。你这个人很需要大病一场。昭明文选第三十四卷，枚乘《七发》，末云："此亦天下之要言妙道也，太子岂欲闻之乎？于是太子据几而起，曰：涣乎若一听圣人辩士之言，涊然汗出，霍然病已。"你害的病，与楚太子相似。如有兴趣，可以一读枚乘的《七发》，真是一篇妙文。你把马克思主义的要言妙道通通忘记了，于是乎跑进了军事俱乐部，真是武文合璧，相得益彰。现在有什么办法呢？愿借你同志之箸，为你同志筹之。两个字，曰："痛改"。承你看得起我，打来几次电话，想到我处一谈。我愿意谈，近日有些忙，请待来日。先用此信，达我悃忱。

毛泽东
八月二日

这封信以调侃的笔调开头（"怎么搞的，你陷入了那个军事俱乐部去了。真是物以类聚，人以群分。"），以讽刺的反语揶揄（"真是武文合璧，相得益彰"）。信中首次给彭、张等人取了一个组织名称"军事俱乐部"，于是，张闻天的罪名成了反党

---

① 以下信的全文引自《八届八中全会文件汇集》。

军事俱乐部的"副帅"。张闻天自我解嘲说:"哪有什么'军事俱乐部',要说'文化俱乐部'倒还差不多。"① 彭、张往来,都是正常的。两人对国内形势和党内生活有相似的看法,共同的忧虑。他们都是志洁行廉、正道直行的共产党人。他们在庐山上写信、发言,完全是为党和人民的事业竭忠尽智,磊落光明,怎么能说是"武文合璧",有目的、有准备、有计划、有组织地结成"反党联盟"呢?毛泽东分析张闻天犯所谓右倾机会主义错误的原因首先是"旧病复发","疟疾原虫"没有根治。毛泽东默写出一首昔人咏疟疾的词②来指摘张闻天的病根,又从汉赋中撷出一篇枚乘的《七发》,说张闻天"很需要大病一场",然后像楚太子那样,一听"要言妙道",才能"涊然汗出,霍然病已"。其实,张闻天7月21日的发言正是一篇马克思主义的"要言妙道"。而且张闻天也没有讳言自己历史上的错误:"'左'的毛病我犯过,那是盲动主义的路线错误。"张闻天在说明自己为什么有庐山上这一篇发言时又说:由于过去犯过"左"倾路线的错误,所以对"左"的偏向特别敏感,容易反"左"。③ 可见,张闻天的庐山发言不是什么"旧病复发",而恰恰是根治了旧病而又取得了免疫力的结果。

然而,在8月初的庐山上,张闻天只有继续深刻检讨之一途。可是,张闻天实在转不过弯子,几次落笔,不能成文。此时,唯一能够帮助他的就是秘书萧扬了。他同萧扬商讨以后,先由萧扬执笔,于8月2日当天,写成一篇长约万言的自我检讨。张闻天稍稍作了一点修改,感到许多地方是违心的,但也无可奈何。他说:现在只能这样了。

在这篇检讨里,张闻天不得不承认自己犯了"政治性的严重错误"。他从对群众运动的态度这一高度分析批判自己的错误,归结到"没有站稳左派立场,觉察这种右倾情绪、右派思想、右倾活动,并且同它进行斗争,却反而强调缺点,强调防止'过火',防止'冒进',表现泄气,表现干劲不足,信心不足",说自己"当了中间派","是从左向右摇摆的结果,右倾的结果"。

张闻天觉得,这个关可以过去了。8月3日,张闻天将自我检讨送出的同时,给毛泽东写了一封信:④

主席:

你八月二日的信,我读过了。衷心感谢你对我的关怀和指示。这一次我确是患了一场政治的急性寒热症。头脑好像给魔鬼缠住了似的,塞满了"要讲缺点,要从缺点总结经验"的魔道,使我头脑发胀,发热,发烧,神志不清,胡言乱语。蒙尔七月二十三日当头一棒,我才如梦初醒,知道病中所说,根本错误,

---

① 据萧扬:《忆庐山会议前后的张闻天同志》。萧扬写道:"至于'文化俱乐部',闻天同志可能是指他同乔木、家英、李锐、冷西同志的来往。这种来往也是正常的。"见《回忆张闻天》,第3—9页。
② 毛泽东在信中引的是明代金陵陈全作《正宫·叨叨令·疟疾》,只中间忘了"疼时节疼的天灵破"一句。此曲全文如下:"冷来时冷的在冰凌上卧,热来时热的在蒸笼里坐;疼时节疼的天灵破,颤时节颤的牙关挫。只被你害杀人也么哥,只被你害杀人也么哥,真个是寒来暑往人难过。"
③ 张闻天:《我的检讨》(1959年8月2日)。
④ 以下信的全文引自《八届八中全会文件汇集》。

急欲收回小组发言记录稿，但泼水难收，已经悔之晚矣。这使我又烦恼，又苦闷。但是正像你所说的"自作自受，怨得谁人？"除了自己赶快恢复健康，使头脑完全清醒过来，给自己所放毒气做一番消毒工作之外，是没有别的办法的。蒙同志们多方帮助，送药送水，我的温度下降了，病好起来了，头脑也清醒过来了。于是我伏案而作自我检讨，长约万言。今特呈上，务请多加指点。现在想来，放出毒气，虽然是坏事，但消毒之后，对身体健康却有好处，真是坏事又变成了好事。自我检讨写好后，沉痛的心情开始感觉舒畅些了。满天云雾消散了，又是明朗的青天。年近花甲，旧病复发一次，想能增加身体的抗毒能力，也许能因此多活几年，在主席和中央的正确领导下好好为党工作。

敬礼。

张闻天
一九五九年八月三日

这封信，从情致到辞章，同毛泽东8月2日来信，都有一种适称的应和。在轻快的文笔、恳切的言辞之下，收信人不难触摸到寄信人那颗希冀得到理解、谅解的心。张闻天说到自我检讨写好后的心情，用了一句充满诗情的语言："满天云雾消散了，又是明朗的青天"，来表达自己的期待。

然而，云开日出的时刻并没有到来。

八届八中全会拉开帷幕以后，人们自然支持毛泽东发动的斗争。还有一些人急如星火，贯彻会议精神，送呈"正面"材料，"反面"典型，以及国际、国内的各种动态。

7月29日、8月1日，毛泽东批转"内参"，其中有一件材料，报道1959年7月18日赫鲁晓夫在波兰波兹南县波拉采夫生产合作社的群众大会上发表的讲演。赫鲁晓夫讲苏联早期建立了公社，结果"许多这样的公社都没有什么成绩。于是党走了列宁所指出的道路"。赫鲁晓夫还说："看来，当时许多人还不太明白：什么是共产主义和如何建设共产主义。"7月22日《纽约日报》刊登一则电讯，认为赫鲁晓夫讲演中谈论公社的一番话，是暗指中国共产党人1958年秋天的一些说法，那时他们曾说，建立公社是真正的通向共产主义的道路。毛泽东在批语中说："将来我拟写文章宣传人民公社的优越性。一个百花齐放，一个人民公社，一个大跃进，这三件，赫鲁晓夫们是反对的，或者是怀疑的。……这三件要向全世界作战，包括党内大批反对派和怀疑派。"①

在当时的庐山风云中，这件材料的严重性在于使人把彭、张的意见同赫鲁晓夫联系起来，前不久张闻天同彭德怀坐同一架飞机去的华沙，他们经过苏联，还一起同赫鲁晓夫碰过杯呢！"是不是从外国取了经回来了？"庐山上有人捕风捉影、射出这样的箭来。毫无根据地追逼所谓"里通外国"，成了吓人的问题之一。

着意逢迎的人，是揣摩毛泽东的心思，提供批判的武器。最长于此道的，要数康

---

① 《建国以来毛泽东文稿》第8册，中央文献出版社1993年版，第391页。

生。8月3日，康生将斯大林在1928年至1929年反对联共（布）党内右倾危险的两个报告摘出几段，专修一函，送毛主席一阅，以为"可供我们这次反右倾斗争的参考"。① 同一天，康生在小组会上发言。他说，苏联在十月革命胜利后十年出了布哈林右派，我们胜利十年后出了彭、张的右倾路线。我们现在的情况、条件、环境与苏联当时不同，但争论问题的性质，也是工业发展速度与农村集体化生产的问题。当时联共党内的右倾分子说，苏联那种工业发展速度，可以使国家灭亡；现在彭、张也说由于大炼钢铁和公社运动为起因，把一个国家搞成这样紧张。简而言之，按康生的逻辑，彭、张就是中国的布哈林。这个罪名真是可怕得吓人。康生是一个有"理论"的阴谋家。党内洞察其奸者，为数不多，张闻天可算得一个。康生要在张闻天身上施展他的阴谋伎俩是不足为怪的。所幸毛泽东对康生的比附并不怎么看重，只批了五个字："印发各同志"。

特别受到毛泽东重视的是一份题为《马克思主义者应该如何正确地对待革命的群众运动》的材料。这份材料选录毛泽东和列宁的若干有关论述。毛泽东看到后，写批语称赞道："他算是找到了几挺机关枪，几尊迫击炮，向着庐山会议中的右派朋友们，乒乒乓乓地发射了一大堆连珠炮弹"。毛泽东发出诘问："共产党内的分裂派，右得无可再右的那些朋友们，你们听见炮声了吗？打中了你们的要害没有呢？"毛泽东感到，提到如何对待群众运动的高度，这才击中了要害。

随着这场斗争的展开，重心逐渐倾斜，从关于"大跃进"、人民公社化运动缺点的争论，集中到同毛泽东是否合作的判别。路线和理论上的是非，完全归结到拥护还是反对毛泽东这一个焦点。张闻天没有估计到，作出8月2日那样过头的检讨以后，"乌云还没有散，星星还没有出来"。② 几天来同志们的"送药送水"使他看清，他必须在"路线"与"反党"两点上，深刻认识错误，也许只有这样做了，事情才能了结。所以，此后张闻天都从实际反对总路线、反对毛主席这个纲上检讨。他只守住一条防线：自己主观上没有想推翻毛泽东的领导。

8月9日小组批判会后回到住处，张闻天心情沉重，一句话也不说，随即重又坐上车子，让开到牯岭镇外。他走到瀑布云崖头的望江亭，在苍茫的暮色中，伫立在一块巨岩边，眺望着长江两岸昏暗的原野，许久，许久，才慢慢回过身来，对秘书萧扬说：他们在追"秘密反党计划"，好像谁先发言，谁后发言都是有组织、有计划的！又说：这种做法危险——没有什么材料，想这样逼出一个"有计划有组织"来。他眼中流露出愤激和疑虑。经受了这些日子的冤屈、玷辱，他内心的痛苦难以名状，而对党和国家前途的担忧更使他无限的怅惘。

8月10日，经过将近十天的批判斗争，在第三组会上，黄克诚谈出所谓"斯大林晚年"问题：7月23日晚，参加起草《议定记录》的三位秀才向黄谈到，多少年来

---

① 康生致毛泽东信（1959年8月3日）。康生摘录的斯大林的两个报告是：1928年10月19日的《论联共（布）党内的右倾危险》（从《列宁主义问题》第288—299页摘出），1929年4月的《论联共（布）党内的右倾》（从《列宁主义问题》第300—362页摘出）。此外还从《列宁主义问题》第344页上摘录了一段列宁引用的恩格斯关于用德文古字"公团"或法文"公社"来指称无产阶级国家的文字。

② 引自张闻天1959年8月7日在小组会上的发言。

诸事顺利，主席骄傲了；大概是主席年纪老了，有些问题的决定变得很快；主席23日讲话，是否经过常委讨论还是他一人意见。按照讲话精神发展下去，很像斯大林晚年，没有集体领导，只有个人决定。彭德怀、张闻天之间也曾有过类似议论。于是，庐山上的风暴又陡然增加了几级。

从8月13日开始，"反党集团"成员在中央全会上逐个检查、批判，每人半天。第一个上台的就是张闻天。毛泽东则不断用他的笔，进行申斥，发表议论。8月15日，他在一篇批语中斥责彭德怀、张闻天等共产党内的分裂派，右得无可再右的那些朋友们。① 8月16日，毛泽东作出"共产党的哲学是斗争哲学"，"党内斗争，反映了社会上的阶级斗争"等论断，从而判定庐山斗争的性质："庐山出现的这一场斗争，是一场阶级斗争，是过去十年社会主义革命过程中资产阶级与无产阶级两大对抗阶级的生死斗争的继续。"② 同一天，毛泽东还乘兴写下一篇文字，讲解枚乘《七发》，以挞伐他认为泄气、悲观、糜烂、右倾的人们。③

也就在8月16日这一天，八届八中全会通过《关于以彭德怀同志为首的反党集团的错误的决议》，指责"以彭德怀同志为首的反党集团进行分裂党的活动，由来已久"，他们"在庐山会议期间和庐山会议以前的活动，是有目的、有准备、有计划、有组织的活动"，其错误是"具有反党、反人民、反社会主义性质的右倾机会主义路线的错误"。《决议》把彭德怀、张闻天等对"左"倾错误的正确批评，说成是"把那些暂时的、局部的、早已克服了或正在迅速克服中的缺点收集起来，并且加以极端夸大，把我国目前形势描写成漆黑一团"，"向党的总路线、向党中央和毛泽东同志的领导举行猖狂进攻"；进攻的实质就是要代表资产阶级和上层小资产阶级的利益，组织机会主义的派别，破坏社会主义革命。《决议》判定"彭德怀和他的同谋者、追随者，本质上是在民主革命中参加我们党的一部分资产阶级的代表"。

《决议》从对社会主义社会的"左"的认识出发，认为"党的总路线、大跃进、人民公社运动的胜利，显然注定了资本主义经济和个体经济的最后灭亡"，因而"以彭德怀同志为首的反党集团""就迫不及待，利用他们认为'有利'的时机兴风作浪"。

经过历史的检验，显而易见，这个决议是以"左"倾思想为指导作出的，对于彭德怀、张闻天等的指责都是不符合历史、不符合实际的，是完全错误的。实践证明，彭德怀、张闻天的意见是正确的，庐山会议反右是错误的；彭德怀、张闻天都是伟大的无产阶级革命家、忠诚的马克思主义者，决不是"资产阶级的代表"。但是，在1959年8月的庐山上，八届八中全会却认为来自党中央内部的进攻最为危险，因而"坚决粉碎以彭德怀同志为首的右倾机会主义反党集团的活动，不但对于保卫党的总路线是完全必要的，而且对于保卫党的以毛泽东同志为首的中央的领导、保卫党的团

---

① 这篇批语题为《关于如何对待革命的群众运动》(1959年8月15日)，见《建国以来毛泽东文稿》第8册，第447—448页。
②《机关枪和迫击炮的来历及其他》(1959年8月16日)，见《建国以来毛泽东文稿》第8册，第451—453页。
③《关于枚乘〈七发〉》(1959年8月16日)，见《建国以来毛泽东文稿》第8册，第456—458页。

结、保卫党和人民的社会主义事业,都是完全必要的"。会会通过的另一个决议,就是《为保卫党的总路线、反击右倾机会主义而斗争》。于是在庐山会议闭幕之后,紧接着,一场"反右倾"斗争在全党和全国开展开来。这场斗争给中国共产党和社会主义事业造成了严重恶果,在政治上,使得从中央到基层的民主生活进一步遭到严重损害,加剧了个人专断和个人崇拜的发展;在经济上,"反右倾"后的继续"大跃进",使国民经济遭受重大损失,给人民群众带来巨大灾难;在理论上,错误地将党内矛盾和社会上的阶级斗争等同起来,是日后形成"左"的"无产阶级专政下继续革命理论"的开端。

第二十章　罢官后的求索

下庐山

8月18日，张闻天下山。

下山之前，张闻天读到毛泽东的《关于枚乘〈七发〉》、《机关枪和迫击炮的来历及其他》。毛泽东在后一件的末尾写道："为了帮助犯错误的同志改正错误，就要仍然把他们当作同志看待，当作兄弟一样看待，给以热忱的帮助，给他们以改正错误的时间和继续从事革命工作的出路。必须留有余地。必须有温暖，必须有春天，不是老是留在冬天过日子。"自从庐山会议转入反右倾起，张闻天曾几次希望见见毛泽东，却一直未能如愿。毛泽东的这些话，使他的心头又出现了一线青天。8月18日上午，张闻天在下山之前，给毛泽东写了一封短信，表示要同自己的昨天"永远决绝"，"希望能在北京，再见到你，并希望你多多指导"。毛泽东立即批示"印发各同志"，还拟题《洛甫同志八月十八日上午庐山临别赠言，给毛泽东》，并在批语中表示："我以极大的热情欢迎洛甫这封信。"①

8月20日，张闻天回到北京，夫人刘英已在家里等待。她在北戴河已经获悉庐山风暴。见面之后，难免稍有抱怨："你做外交工作，经济问题何必去多讲呢！"张闻天却平静地说："后悔就不对了，后悔又有什么用呢？事情都已经发生了。"晚上散步，来看他的身边工作人员何方也为他庐山发言惹祸惋惜。张闻天讲了一番哲学上偶然与必然的关系，说不上山也可能不发这个言，但那是偶然性；有意见要讲，则是必然性。他还引用唐代散文家韩愈的话说："'物不得其平则鸣。'脑袋里装了那么多东西，心里有那么多话，能够不说吗？我是共产党员，应该讲真话！"②

这"讲真话"三字，确是张闻天的可敬可佩处，也是他的可悲可叹处。套用一句韩愈的话，张闻天"之鸣信善矣"，然而"不知天将和其声而使鸣国家之盛耶？抑将穷饿其身，思愁其心肠，而使自鸣其不幸耶？"③历史已经铸定，张闻天的"鸣"给他

---

① 《建国以来毛泽东文稿》第 8 册，第 461 页。
② 刘英：《身处逆境的岁月——忆闻天》，见《回忆张闻天》，第 323 页。何方，时任外交部办公厅副主任，从 1949 年起即在张闻天身边工作。"物不得其平则鸣"，见韩愈《送孟东野序》。
③ 此处套用的话，出自韩愈的《送孟东野序》。

带来的是"不幸"。不过，张闻天和屈原以来的旧时代的人物不同，他并不"自鸣其不幸"，他还是坚韧不拔地鸣社会主义中国的兴盛！而党和人民，终将"和其声"的。

但这时张闻天还有所期待，因为毛泽东对他的信表示"以极大的热情欢迎"，在一个批语中说"必须有温暖，必须有春天"，庐山会议决议也说"应该采取满腔热情的态度"。

然而，事实上，冬天没有过去，下山以后接踵而来的，是一场暴风雪！全国外事系统开会，集中火力，批判斗争张闻天。主题完全离开了庐山发言的是非，而是翻历史老账，追根本不存在的"军事俱乐部"和"里通外国"。一盆盆污水泼到被批判者的身上，对一切问题都要当场交代明白。"里通外国"追逼特紧。对这个问题，在庐山上曾有人问及，张闻天即严正声明："是完全没有的。现在没有，将来也不会有。"①想不到下山之后，这种子虚乌有的事竟成了重点。张闻天受到莫大的侮辱，伤心之至。在会场上，他的眼泪只能往肚里流；回到家里，同亲人相对默坐，就禁不住潸然泪下了。他跟刘英说："说别的什么，那是观点不同，说我'里通外国'，真是冤枉！"②在这个问题上，张闻天也只能听凭审查了。

喜、怒、忧、思、悲、恐、惊，这情态方面的七种表现，中医称为"七情"。几个月来，除了头一个"喜"字同张闻天无缘，其余六个字，他都占全了。张闻天已值花甲之年，无论胸怀坦荡，豁达大度，也经受不住如此沉重的打击。各种疾病先后袭来。先是高血压病犯了。血压猛增，引起晕眩、心悸。他不能休息，仍然撑持着去接受批判。到9月中旬，在庐山上已经开始发作的前列腺肥大症又突然加剧了。尿中毒威胁着他的生命。他实在无法支撑下去，被送进医院。只是到这时，对张闻天的问题才从批判斗争转入又一个阶段——专案审查。但是，外交部的"反右倾"运动并未就此打住，而是继续向深广处推进。经过两个多月的斗争，许多同志受到株连。那些跟张闻天工作时间较长的，或者先后给张闻天当过秘书的，或者被认为同张闻天关系密切的干部，都被打成"张闻天反党集团"成员和"右倾机会主义分子"。

"特约研究员"

张闻天于1959年9月住进医院，10月20日动了前列腺切除手术。预后不理想，伤口多次反复，只得在1960年初再做一次手术，绵延到2月底，总算慢慢痊愈。

庐山会议决议指明，"把彭德怀同志和黄克诚、张闻天、周小舟等同志调离国防、外交、省委第一书记等工作岗位是完全必要的。"下山之后，经八九月间召开的国务院会议，张闻天正式被撤职罢官。③此后，张闻天虽然还有政治局候补委员的名义，但一切实际工作都没有了。这是怎样的悲凉和痛苦！但张闻天还是振作精神，决心"赶

---

① 张闻天1959年8月9日在小组会上的发言。
② 刘英：《身处逆境的岁月——忆闻天》，见《回忆张闻天》，第325页。
③ 8月25日、9月16日国务院第91次、第92次会议通过国务院任免的各项名单。张的外交部副部长职务被解除。

上时代的潮流"①。他对刘英说:"我不能闲着!我要工作。大的工作干不了,就做小的工作。"②

1960年元旦,张闻天大病未愈,在给毛泽东的信中就委婉地表达了要求工作的愿望:"希望早日投入到战斗的行动中去"。

3月7日,张闻天刚刚出院,又写信给党中央和毛泽东、刘少奇,"要求中央能给我分配一点工作",表示"愿意在中央政治局研究室当一个研究员或通讯员",或"到下面做点地方工作"。

4月1日,张闻天又给毛泽东写信,表示"想多少做点工作",并说"很希望你能接见我一次"。4月23日,他再次致函毛泽东,企盼能在毛到外地去之前见一面。6月11日,他在给毛泽东的信中仍然表示"如果你能找我谈谈那就更好了"。但都没有下文。

张闻天找总书记邓小平面谈,请求安排工作。邓小平建议张闻天,今后可以找几个助手,研究一些国际问题。③张闻天即于1960年10月8日致函党中央、毛泽东:"我希望在最近时期内能够给我分配一点工作",并提出能在国际问题研究方面"出一点力量"。

此后,张闻天又找刘少奇谈,那时刘在一线主持中央工作。刘少奇对他说,最好不要做外事工作了,劝他以后在中苏关系一类问题上采取回避态度。关于工作问题,刘说,还是搞经济吧,你可以同李富春具体商量。④

张闻天从同刘少奇的谈话中意识到"里通外国"的谣诼尚未澄清,心里感到苦恼。不过,经济工作是张闻天很乐意干的,所以他在10月21日即写信约见当时担任计委主任的李富春。⑤李富春对张闻天很热情,说我们这儿正需要像你这样懂经济理论的人,欢迎你来。可是,过了没有几天,张闻天接到李富春的复信,李在信中表示歉意,流露出经请示未获同意、无可奈何的意思。⑥

11月中旬,中央组织部副部长帅孟奇找张闻天谈话,告诉他中央决定让他到经济研究所当"特约研究员"。⑦中央决定的时间为11月12日。经济研究所属中国科学院哲学社会科学部(简称"学部"),是一个学术研究机构。"特约"云云,意为并不需要担负实际的研究任务,只是找个单位安排一下,实际是让他"赋闲"。张闻天对地位、权力并不在乎,重要的是能实实在在为人民谋利益,所以他对这种安排倒也并不怎样介意。回家告诉刘英,笑着说:"只要有事做,就行。"他立即通过中国科学院党委介绍到哲学社会科学部,同经济研究所所长孙冶方接上头,于11月21日就去经济所报到了。⑧

报到那天,他就同孙冶方、邝日安(副所长)、冯秉珊(总支书记)等商谈,提出来经济所的学习计划:通读《资本论》,同时了解中国经济学界正在研讨的问题。

---

① 见张闻天1960年1月1日致毛泽东信,据张闻天选集传记组存原信复印件。以下引用的致毛泽东信件,均存张闻天选集传记组。
② 刘英:《身处逆境的岁月——忆闻天》,《回忆张闻天》,第325—326页。
③ 据张闻天1968年6月写的材料《我同刘少奇的关系》。
④ 这次谈话内容据张闻天1961年1月20日致毛泽东信,1968年6月写的材料《我同刘少奇的关系》。
⑤ 据张闻天1960年10月21日致李富春信。
⑥ 刘英:《身处逆境的岁月——忆闻天》,见《回忆张闻天》,第326页。
⑦ 据张闻天的"履历表"。
⑧ 同上。

孙冶方表示赞成，指定学术秘书孙尚清经常给张介绍我国经济学界的情况。孙冶方还提到，当时所内中心工作是编写一本社会主义政治经济学教科书，为此经常举行一些有关问题的学术讨论会，如有兴趣，欢迎参加。张闻天非常乐意。①

在家里，张闻天立即进行书刊"大换班"，把那些英文版的、俄文版的国际问题、外交业务方面的书籍搬到楼上去，把原有的各种各样经济学著作，借回来的各种书刊以及经济所送来的各种书籍（所外编写的社会主义政治经济学教科书，当时已经有十多种版本），期刊、资料安放在工作室的书架上，还跑到书店去选购了不少国内外的经济著作。他乐于做一个潜心钻研的学者，他真的以一个经济学研究工作者的诚心干起来了。

张闻天在1961年1月20日写给毛泽东的信中说："中央已分配我到科学院经济研究所当一个特约研究员。我觉得这工作正合我的心愿。我现在一方面参加研究所方面一些经济问题的研究讨论，另一方面阅读一些有关文件与书籍，最近还想读一读《资本论》，然后再准备出去做些调研工作。自知年老力衰，能力有限，思想方法上还有问题。在这方面也搞不出什么名堂来，但仍愿努力为之，无负于一个共产党员应负的责任。"在庐山蒙冤之后，张闻天仍能泰然处之，潜心研究，这需要多么宽阔的胸怀，多么坚强的意志！更何况，莫须有的"里通外国"的沉重包袱，不仅压在他那被刺伤的心上，②而且株连所及，他的夫人刘英也因无从揭发"里通外国"而被定为"严重右倾"，撤销了外交部部长助理、监委书记、部党委委员的职务，甚至还要以反对毛主席的罪名开除她的党籍。后因刘英上书毛泽东申辩，毛作了批示，这才作罢。但刘英从此离开了外交部，被安排到近代史研究所工作。③

科学的共鸣

张闻天到经济研究所当"特约研究员"，孙冶方是很欢迎的。早在20年代，孙冶方就认识张闻天了。1925年秋，孙冶方与张闻天坐同一条苏联运煤船离开上海，前往莫斯科中山大学学习。1927年毕业后，孙冶方先在东方大学担任政治经济学讲课翻译，后又回中山大学担任翻译。④孙冶方本名薛萼果，去莫斯科时才17岁。那时张闻天并没有注意到这个无锡小伙子。30多年以后，张闻天蒙冤遭贬，来到经济所，一见面，孙冶方就叙出莫斯科的这段旧谊，格外亲切。经济所的年轻人，则是在同张闻天的接触中了解他，进而敬重他的。孙尚清忆述过他同张闻天初次交谈的感受。他是接受孙冶方交代的任务，到张闻天家里，去汇报、座谈经济学界情况的。他在去张闻天家的路上，曾想张不久前在庐山会议上被批判，政治上受到严重打击，到经济所来也许是为了消磨时光，不会认真研究经济学。"但一见面，我发现自己想错了。他毫无心灰意冷的表现，不但非常细心地听取我的介绍，而且详细地作笔记，还不时地提出问题，询问各种观点和论据。这样就使我原来准备的简要情况介绍提纲，变得不中用

---

① 报到与商谈二作情况，据张闻天1968年5月17日写的《关于我同孙冶方关系的补充》。
② 张闻天1961年1月20日致毛泽东信中说："在'里通外国'问题上，对我说来，实属莫须有的事情，……嫌疑的包袱，对我还是一个沉重的负担啊！"
③ 访问刘英谈话（1989年7月30日）。
④ 冒天启：《孙冶方生平简介》，见《孙冶方选集》，山西人民出版社1984年版。

了。我们的谈话变成了无拘无束的学术座谈会,一直谈下去,竟足足谈了三个半天。因此他在我心目中的印象发生了急剧的改变,由我原来设想的一个受打击的混日子的'大官',变成了一个学识渊博、谦虚好学、善于与人平等地讨论问题的令人尊敬的学者。"①

另一位年轻人陈瑞铭,是 1960 年 7 月从莫斯科大学经济系毕业回国的。他听说张闻天第二天要到他所在政治经济学研究室参加学术讨论会,惊喜万分。他回忆当时情景,写道:"脑子里不禁想,鼎鼎大名的张闻天会是个什么样子的人呢?待见到他本人时,则感到有些一般化,未免产生了几丝失望情绪。他是那么地温雅、淡泊、慈祥、平易近人,说话又是那么地轻声慢语,还带着浓重的吴语口音,类似于朱自清、叶圣陶那样的教授、学者。""闻天同志虚怀若谷,每写完一篇文稿,总是交给研究人员讨论。一次讨论时,一位青年同志谈他的意见,最后说:'总之,我个人认为,闻天同志的上述提法未免有些破定(绽)。'张闻天仔细听完他的意见,微笑着说:'你的意见有些道理,不过,你这个"破定"的提法未免有"破绽"哟。'张闻天的幽默把大家都逗乐了。"②

张闻天同青年研究人员的关系很融洽。60 年代初经济困难,没有什么吃的。研究室内有人提出,隔一段时间到高级餐馆聚餐一次,大家凑份子,敲老革命的竹杠,让他们出大头。张闻天、孙冶方等欣然同意。张闻天等老同志每次出 40 元左右,年轻人只出 1 元或 5 角。陈瑞铭回忆道:"餐桌上,闻天同志和大伙儿有说有笑,亲如一家。一次吃完烤鸭,闻天同志建议两位青年人把鸭架子包好带回家去,因为他们的妻子正怀孕。闻天同志正像和风春雨,'润物细无声'。"③

当然,张闻天给予研究人员主要的教益和影响是在学术上。他在经济研究所参加的最重要的学术活动,是《社会主义经济论》的审稿座谈会。

《社会主义经济论》是孙冶方主持、经济研究所集体编写的一部社会主义政治经济学理论著作。它坚持联系生产力去研究生产关系,运用马克思主义的科学方法(抽象法),把逻辑与历史统一起来,以社会主义全民所有制的产品为出发点(当时只能如此),把以最小的社会劳动消耗有计划地生产最多的满足社会需要的产品作为贯彻整个体系的红线,把价值范畴贯穿于全书,从经济过程入手(称为"过程法")分析社会主义的生产过程、流通过程、社会再生产过程,从而揭示社会主义经济发展的内在规律。它力图创建社会主义政治经济学的新体系。这部著作从 1959 年 11 月开始编写。在这之前一年,1958 年 11 月 9 日,毛泽东在郑州会议期间写信建议各级干部读两本书(斯大林的《苏联社会主义经济问题》和《马恩列斯论共产主义社会》),指出:"要联系中国社会主义经济革命和经济建设去读这两本书,使自己获得一个清醒的头脑,以利指导我们伟大的经济工作。"并建议"将来有时间可以再读一本,就是苏联同志们编的那本《政治经济学教科书》"。在庐山会议期间,1959 年 8 月 15 日,毛泽东为印发《经验主义,还是马克思主义》给参加庐山会议各位同志写了一封信,信中说:"建议读两本书。一本,哲学小辞典(第三版),一本,政治经济学教科书(第三

---

① 孙尚清:《张闻天同志在经济研究所的日子》,载《人物》1980 年第 1 辑。
② 陈瑞铭:《关于张闻天的点滴忆述》,见《张闻天建议开放市场的报告》,中共党史出版社 1995 年版,第 43—44 页。
③ 同上。

版)。"孙冶方主持编写的《社会主义经济论》,可以看作是对毛泽东提倡阅读和研究政治经济学的响应。经过一年努力,这部书到 1961 年 1 月底写出了"初稿"。1961 年 3 月 1 日至 5 月 12 日,在北京西郊香山,举行《社会主义经济论》中心编写小组扩大会议,审阅并讨论这部集体写出的 210 万字的书稿。①

张闻天为适应经济研究工作,首先是为参加《社会主义经济论》的审稿,做了认真的准备。他把《资本论》通读了一遍,阅读了苏联新出版的两本社会主义政治经济学的书和国内一些单位编写的"政治经济学教科书",还读了不少有关社会主义经济学的文章和小册子。②

在香山开审稿会时,孙冶方原想请张闻天临时参加一些他感兴趣的专题讨论会,但张闻天却说,所有经济理论问题他都有兴趣,坚持和一般研究人员一样,在香山住下来,参加全部审稿、讨论活动。两个多月,只有取书、拿衣服回家几趟。③然而,就是这样的一次堂堂正正的学术活动,后来竟被指责为"张孙联盟"的反党活动,而张闻天的参加,被诬陷为"坐镇指挥"。④

在一系列重大的社会主义经济理论问题上,张闻天同孙冶方的观点完全一致。他们都看到了那几年存在的突出问题,在所有制上,搞"穷过渡",追求"一大二公",急于实现单一的全民所有制;在分配制度上,刮"共产风",搞"一平二调",急于

1961 年春,张闻天参加《社会主义经济论(初稿)》香山讨论会时,同与会同志合影。前排左一为孙冶方,左二为张闻天。

---

① 据《〈社会主义经济论〉初稿的讨论意见和二稿的初步设想》(1961 年 6 月),见孙冶方《社会主义经济论稿》,人民出版社 1985 年版。在香山讨论会之前,1960 年 12 月 30 日在中央高级党校开了一次《社会主义经济论》编写工作会议,张闻天参加并作关于按劳分配问题的即席发言。(据中宣部内部材料)
② 据:张闻天 1961 年 7 月 8 日致毛泽东信;1968 年 5 月 17 日写的材料《关于我同孙冶方关系的补充》;孙尚清:《张闻天同志在经济研究所的日子》。
③ 据:孙尚清:《张闻天同志在经济研究所的日子》;刘英:《身处逆境的岁月——忆闻天》。
④ 据孙冶方、骆耕漠、孙尚清、李泽中:《严谨的治学态度》,载《光明日报》1979 年 8 月 26 日。

向按需分配过渡;在经济建设中,不算经济账,搞高指标,违背经济规律,特别是违背价值规律。关于社会主义政治经济学的研究,他们都认为不能脱离现实,同时又应运用抽象法,应该从客观存在的实际出发,研究社会主义经济运动的客观规律,其目的,不是为当前某些具体经济政策做辩护,而应当为制订正确的建设方针提供对客观经济规律的正确认识,提供理论依据。对于社会主义政治经济学的研究对象,张闻天同孙冶方的认识也是一致的。张闻天在不少地方说过:"社会主义政治经济学,固然以研究生产关系为主,但它一方面必须联系生产力,另一方面又必须联系上层建筑来研究生产关系。"[①] 社会主义政治经济学研究生产关系之所以必须联系生产力,是因为我们要研究的生产关系不是静止的、孤立的,而是在运动中的、发展着的生产关系;我们必须研究生产力的发展如何促进生产关系的改变,和生产关系的改变如何促进生产力的进一步发展。[②] 要在研究生产关系中研究生产力和生产关系的矛盾:生产关系内在矛盾的规律,即表现生产力的生产关系和所有关系的对立统一规律。[③] 张闻天指出,研究社会主义经济之所以必须联系到它同上层建筑的相互关系,是因为社会主义经济基础和上层建筑是有机的统一体,社会主义经济不同于资本主义经济,它是由党和国家自觉地根据被认识的经济规律来组织和领导的。[④] 在理论基础和方法论原则方面,孙冶方反对形而上学的自然经济观和唯心论的上层建筑决定论或唯意志论,[⑤] 这也是同张闻天一贯的思想一致的。同时他们都认为,研究经济学的人必须学点哲学,也应懂些历史,否则不容易理解经济规律。

1961年春在香山,中国两位杰出的理论家同一群经济学界的学者相聚一堂,探讨社会主义经济规律,研究书稿编写,是当代中国学术史上的一件盛事。张闻天和孙冶方的崇议宏论,犹如黄钟大吕,和鸣激荡,感染着、启迪着写书班子的每一个人。

会议期间,张闻天对于编写社会主义政治经济学著作如何学习《资本论》的逻辑、结构、方法等问题,做了多次精辟的系统的长篇发言,深刻地论述了他的"学而不套"的主张。可惜,他发言的记录至今没有找到。所幸在他的《社会主义经济学笔记本(5)》中,有若干关于香山会议的记载,其中题为《香山会议中所涉及的一些问题的感想》,是一篇比较完整的发言提纲,从中可以大略窥见张闻天在香山审稿座谈会上发言的主要内容。在笔记第一部分"一般感想"中,张闻天写道:

(1)[《社会主义经济论(初稿)》]已经画了一个轮廓。从茫无头绪到略有

---

① 张闻天:《关于斯大林论社会主义基本经济规律及其它》(铅印本),第21页。参见《社会主义经济若干理论问题》,《张闻天选集》第521页。
② 张闻天:《略论社会主义建设时期的工农关系》(打字本),第20页。
③ 张闻天:《关于生产关系的两重性问题》,载《经济研究》1979年第10期,收入《张闻天文集》第4卷。
④ 《关于社会主义和共产主义的要点》,《张闻天选集》,第547页。参见《关于斯大林论社会主义基本经济规律及其它》。
⑤ 孙冶方在《要懂得经济必须学点哲学》中写道:"这种形而上学观点主要是表现在把未来的共产主义社会的经济(以及社会主义社会中的全民所有制经济的内部关系)看作是像原始社会一样的实物经济,即没有抽象劳动、价值、价格和货币等概念的自然经济。"这种唯心论则是"否认或者轻视经济规律的观点,就是把政治同经济对立起来的那种观点,就是不用客观的经济规律来说明经济现象和经济问题,而是相反,用政治和思想意识上的原因来代替客观经济规律的观点。"

门路，但有些问题，还不清楚，需要进一步研究。已经爬过了几个山头，但还有许多山头要爬，只有不怕困难，才能爬上高峰。

（2）照《资本论》的写法，证明是正确的；但不够彻底、深刻。原因，对《资本论》的研究与体会都不够。只说到了一部分。还需要继续学习。特别是，如何对《资本论》的范畴加以改造和继承？对《资本论》的范畴，不要硬套，但应该充分利用马克思在这方面的遗产。建议：研究人员要读过《资本论》，未读者要补课。

（3）对党的政策和我国实际经验是抓紧的，但体会不深，材料的掌握也不够。特别最近一年来的党的方针。所以往往一具体就变成了历史账，抽象变成了空洞。

比较系统的学习党的政策和调研工作（熟悉一个有关经济单位）的必要。

关于中国经验和他国经验的介绍。

如何以中国为背景，但也能充分吸收他国经验，特别苏联的经验。

（4）许多问题，力求在政治上论证是好的，但不够。经济问题，首先要从经济上来论证，不是从政治上。政治首先是经济的集中表现。

（5）批评一些修正主义的错误观点是需要的。但如何首先把问题论证明白，然后批评。先立后破。这样有说服性。

在写法上，要防止武断、谩骂、乱戴帽子。要贯彻百家争鸣的方针，在学术上要有民主商讨的精神。实事求是的谦虚的态度是科学家的态度。学风与文风。

张闻天关于要改造和继承《资本论》的范畴、首先要从经济上论证经济问题、要先立后破、要采取实事求是的谦虚的态度等观点，都不是无的放矢的空论，对与会者很有启发。

孙冶方对张闻天的意见很重视。香山审稿座谈会后形成了一份文稿：《〈社会主义经济论〉初稿的讨论意见和二稿的初步设想》，这份文稿在编入孙冶方的《社会主义经济论稿》一书时，特别说明："审稿过程中张闻天同志曾多次参加讨论会，这篇文稿也吸收了他的一些观点。"在1983年2月孙冶方生命最后时刻定稿的《〈社会主义经济论〉导言（大纲）》中，同样可以看到包含着张闻天的一些精辟的观点。从这些文稿中，可以看到当代中国两位杰出的经济学家学术的友谊和科学的共鸣。

思想的波涛

张闻天有一个好习惯，就是开卷动笔。庐山会议以后，事实上剥夺了他发表文章的权利，但无法禁锢他的思想。他说：思想的波涛是禁不住的！这时他的思考、感受，他对国内问题和国际问题的看法，主要是通过读书笔记来记录和表述的。

张闻天的读书笔记有三种。一种是读书时写在书上的批语。随读随写，有感即发，简捷明快，思想多有精粹处。一种是就某一专题写成的文章，定稿之后，打印出来，专送毛泽东和党中央，"作为内部参考资料"。还有一种，是读书时联系实际，写下的心得体会，是为"个人研究用和备忘用"的。正因为这种笔记不是为上报或发表而写，所以写得比较自由，观点表达得也就比较明朗、尖锐和深刻。这种笔记写在正规的笔记本上，是名副其实的笔记。张闻天最为珍惜，也最有价值。

1961年夏天，张闻天到青岛过暑期。从7月15日至9月16日，两个月时间，专心致志地研读《资本论》，结合评论《政治经济学教科书》，研究中国社会主义建设中的政治经济学问题。他经常临窗沉思，伏案书写；海滨漫步，兴之所至，也常同夫人刘英从《资本论》中马克思的观点讲到我国经济翻车的原因和入轨的办法。在青岛期间，他写了两本读书笔记，封面标明为"社会主义政治经济学笔记本"，共178页，约六七万字，内容涉及社会主义社会各个方面，有对当时流行的"左"倾观点的批评，有对社会主义基本问题的论述。①

8月2日，张闻天在笔记中论社会主义的任务。他写道：

> 建设和巩固社会主义，是当前压倒一切的任务。……
> 必须指出：发展生产力，提高人民生活水平，是社会主义建设中的首要任务。……现在是要利用有利的生产关系，即社会主义生产关系发展生产力。

8月10日、11日，他用10页篇幅写了《关于按劳分配提纲》②，针对当时流行的"左"的观点和误解，张闻天对按劳分配涉及的方方面面作了扼要的分析。他指出：按劳分配"这是社会主义原则"，"不实行这一原则，就不可能过渡到共产主义"。"按劳分配是一个伟大的共产主义学校"。他深刻地阐明："按劳分配是自觉劳动的分配原则，但也带有强制性（不劳动者不得食）和不平等性（多劳多得）。""按劳分配所带有的资产阶级法权，是必要的，必然的，正是适合于实际情况的。要消灭这种法权残余，就要经过按劳分配阶段。"他明确指出："社会主义、共产主义就是为了人们生活得更好。怕说生活，怕生活好了就会资本主义化，这是一种错误的思想。""不去谈多劳多得，怕谈多劳多得，实际上对社会主义不是有利，而是有害。"他对物质利益和个人利益加以区分，说："计较物质利益，并不只是计较个人利益，也是计较国家、集体的利益。"他不赞成"政治第一，物质第二"的口号，认为"物质利益和思想教育是分不开的"。他说，"不能否定，物质利益对群众是一个巨大的推动力量。""改善生活的愿望无疑是推动人民群众积极参加革命、发展生产的伟大动力。""政治教育，必须有适合于当前经济政策的具体内容。不能脱离实际，成为空谈，说大话。""把公社农民的生活提高到富裕农民的水平，这应该是理想，不应该反对。"

8月16日和17日的笔记明确地批评进入社会主义时期后阶级矛盾仍然是主要矛

---

① 1985年出版的《张闻天选集》从"社会主义政治经济学笔记本（6）"中选收了《关于按劳分配提纲》、《当前的主要矛盾已不再是阶级矛盾》《社会主义经济若干理论问题》；从"社会主义政治经济学笔记本（7）"中选收了《关于社会主义和共产主义的要点》。1995年出版的《张闻天文集》第4卷选收了《读孙冶方同志的〈价值论〉》。

② 此文收入《张闻天选集》，见该书第507—514页。

盾的观点。他写道：

> 把社会主义的基本矛盾，说成是两个阶级（资产阶级、无产阶级）和两条道路的矛盾，说在社会主义的发展过程中，这一矛盾贯彻始终，这是否把阶级矛盾与斗争扩大化了？把社会主义建设问题上许许多多不同的意见，都看成是两个阶级、两条道路的斗争，就必然要乱戴帽子，任意开展斗争了。"双百"方针当然也不可能实现了。
>
> 我国的情况是，在从1949年到1957年的时间内，社会的基本矛盾是两个阶级、两条道路的斗争，但在1958年后，就不能这样说了。同资产阶级思想残余的斗争是长期的，但不能说今后两个阶级、两条道路的斗争还是社会主义的基本矛盾。

写于1961年8月17日至29日的一组笔记（收入《张闻天选集》时题为《社会主义经济若干理论问题》）和写于9月6日至15日的《关于社会主义和共产主义的要点》，都在批判错误观点的同时又带有社会主义论纲的性质。

前一篇，针对代表国内流行的"左"倾观点的一本政治经济学教科书而发，就关于生产关系和生产力、关于人与物的关系、关于平衡与不平衡、关于眼前利益和长远利益、关于资产阶级法权、关于党的领导和一长制、关于社会主义社会内部的矛盾和统一、关于所谓两条道路的斗争等基本理论问题，简捷明快地表示了自己的见解，从理论上澄清了是非。

后一篇长达54页，针对1958年以来关于社会主义的两种错误认识和实践（一种是急于向共产主义过渡，一种是把整个社会主义历史阶段看做是从资本主义向共产主义的过渡），相当系统地论述了社会主义社会的性质、特征和它的发展规律。张闻天指出："社会主义不是从资本主义到共产主义的过渡时期（从无产阶级专政的胜利到社会主义生产方式的完全胜利，在中国大约有八年时间是这样的过渡时期），它本身就是共产主义，不过是初级阶段的共产主义。""把社会主义看作是一个没有独立经济形态的从资本主义到共产主义的过渡时期，在理论上是站不住的，在政治上也是不利的。"他还指出："在社会主义阶段内，由于生产力的发展，社会主义本身也有自己的发展阶段"，"社会主义本身就有不同的小的阶段"。针对1956年实现农业合作化以后又继续不断变更生产关系、搞人民公社化运动的情况，张闻天指出："生产关系的调整是否适合，要看它是否促进了生产力的发展，增加了物质生产。""社会主义生产关系建立之后（即在社会主义改造完成之后）"，"基本上适合于生产力发展的需要。因此，当前的任务是利用社会主义生产关系来发展生产力。"他告诫道："一切生产关系的调整，都必须冷静估计当时生产的具体条件及改变后对生产可能发生的利害关系，不能保守落后，也不能轻举妄动。""脱离发展生产力的需要而不断调整生产关系，不但不利于生产力的发展，而且会妨碍生产力的发展。"张闻天的这些论断，经过四十多年的实践检验，愈加显示出它的理论力量和科学远见。

张闻天理论思维的深邃，突出地体现在突破教条的束缚，灵活地运用马克思主义

在经济研究所时期的张闻天

原理来解决前人和同时代人未能解决的问题。这在他读孙冶方《论价值——试论"价值"在社会主义以至共产主义政治经济学体系中的地位》一文后写的几段读书笔记中表现得非常鲜明。①

他称赞"孙冶方同志《论价值》一文（经济研究 N9，1959）写的比较好，很有思想性和启发性。他企图打破几十年来对于'价值'问题形成的陈旧看法。"他进而提出，"现在应该研究在社会主义下价值的表现形态及其作用"。针对长期在我国经济学界居于统治地位的认为价值规律同计划经济和国家对经济的领导作用不相容的观点及种种所谓理论，张闻天指出："关于价值规律的防止、限制和提高警惕等说法，表示人们还不能掌握这个规律，运用这个规律，因而在这个规律的自然作用面前表示恐惧。""当一个规律（价值规律在内）被认识以后，它不但不能起破坏作用，而且可以很好的为人们所利用，造福于人类。"张闻天支持孙冶方对理论上否定共产主义社会的"价值"概念导致实践中轻视经济效果的批评，进一步指出："的确，在我们干部中，价值概念非常薄弱。只要完成任务，就不计一切，不计代价。这也是供给制的影响。怕计算，反对斤斤计较物质利益，把物质利益等同于个人利益，反对算小账，反对算经济账"，都是错误的。这样，张闻天从根本上触到了否认客观经济规律的"左"倾错误指导思想的要害，把价值概念从理论直接而鲜明地引入了经济实践。

张闻天还看到，经济学界对马克思《资本论》经济范畴的使用"有一种恐惧，怕在使用中犯修正主义错误"，"同时使用时却又照搬原来的意义，而不去指明旧形式下的新内容"。他毫不含糊地指出："只要说明《资本论》的范畴在社会主义起了根本的质的变化之后，这些范畴的充分运用不但无害，而且有利。"为什么这样说呢？张闻天指出，第一，"因为这些范畴虽然表现资本主义社会的特殊性，但也表现一切社会化社会生产的共同性"。第二，因为"马克思的经济范畴，不只是表现生产关系，而且也表现生产力，是从两者的统一中来表现。现在生产关系根本改变了，生产力还存在。所以在指出这些范畴的本质有了根本改变之后，在社会主义生产中仍然可以而且还必须利用。"这对理论界长期流行的那种把经济范畴孤立地圈定在生产关系之内，因而认为不同生产关系下不能互相通用或借用经济范畴，认为在社会主义经济中，《资

---

① 这篇读书笔记以《读孙冶方同志的〈价值论〉》为题收入《张闻天文集》第4卷，中共中央党史出版社1995年版。

本论》中马克思分析资本主义生产关系所运用的各种经济范畴已没有立足之地，以至提议用"为自己的劳动"和"为社会的劳动"来代替"必要劳动"和"剩余劳动"，甚至连"工资"这样的范畴也要改为"劳动收入"等等观点，是极有说服力的批评。

张闻天由此更进一步追寻经济理论方面种种机械的、片面的观点之所以长期流行的原因，并从方法论上作出回答："人们由于过分强调阶级性、特殊性，因而忘记了共性、一般性，忘记了继承与发展。"他提醒人们注意："社会有不同的特殊阶段，但它是从低级到高级的统一的运动。它们不是绝对隔离着的，而是密切联系着的。"十分明显，他的这一段话不是凭空议论，而是针对着"大跃进"和庐山会议以来"左"倾错误观点和做法而发的。他剔抉出了"左"倾错误的违背辩证法的这个病根，其意义当然超出"价值论"研究的范围。他提出的关于社会主义生产中仍然可以而且还必须利用资本主义的经济范畴的思想，是可以从理论上和方法上启发从事建设有中国特色的社会主义的人们解放思想的。他在逆境中进行理论探索取得的成果，再一次说明他是中国社会主义时期思想解放的先驱。

第二十一章 南方调查

调查的契机:"七千人大会"

张闻天到经济所当特约研究员后,党中央的活动几乎与他无缘了。出乎意料的是,在1961年的岁尾,他接到了出席扩大的中央工作会议的通知。

1962年1月11日开幕的扩大的中央工作会议在中国共产党历史上是一次别开生面的大会。出席会议的共有7718人,包括中央、中央局、省、地、县五级干部,还有重要厂矿、高校的负责人。取其参加人员的约数,通称之为"七千人大会"。

张闻天不仅出席了会议,而且还坐上了主席台。他是这次会议的主席团成员。在庐山会议后,张闻天虽然被打成"反党集团"成员,被撤销了外交部副部长的职务,但八届中央委员和政治局候补委员的党内职务还是保留着的。照正常的党内政治生活的规矩,他当然可以是主席团成员。不过,当时党内生活并不很正常。因此,张闻天坐上主席台,也就显得有点异乎寻常了。无论怎么说,以主席团成员参加这次扩大的中央工作会议,对于一直在经济研究所"赋闲"的张闻天说来,是一个好兆头。

参加"七千人大会"以后,张闻天更加感到振奋。

这是一次总结经验教训的大会。在召开会议的通知中,中共中央就明确指出,1958年以来,在中央和地方的工作中间发生了一些错误和缺点,并且产生了一些不正确的观点和作风,妨碍着克服困难,必须召开一次较大规模的会议来统一思想认识。刘少奇在报告中也说明,"中央召开这次会议的主要目的,是要总结经验,统一认识,加强团结,加强纪律,加强民主集中制,加强集中统一,鼓足干劲,做好工作,战胜困难"。

经过实践的检验,证明1959年庐山会议及会后的"反右倾"运动和继续"大跃进",是错误的。真理掌握在受到打击的少数人手里。1960年12月14日至1961年1月13日的中央工作会议作出《关于农村整风整社和若干政策问题的讨论纪要》,确定1961年所有社队都必须以贯彻执行中央1960年11月3日发出的十二条紧急指示为纲,进行整风整社,彻底检查和纠正"共产风"、"浮夸风"、瞎指挥风、干部特殊风、强迫命令风,彻底清算平调账,坚决退赔。"纪要"进一步确定农村工作的若干具体政策,提出:提高农副产品收购价格和退赔平调账,都要分两步走;社员家庭副业和手工业是社会主义经济的必要补充,允许有适当发展,社员自留地适当扩大;对农村集市采取活而不乱、管而不死的方针。1961年1月，党的八届九中全会正式决定对国民经济实行"调整、巩固、充实、提高"的八字方针。会后，毛泽东亲自组织、指导三个小组在广东、浙江、湖南进行农村工作调查。在毛泽东倡导下，全党大兴调查研究之风。1961年5月上旬至6月上旬，在北京召开了中央工作会议，讨论中共中央3月22日提出的《农村人民公社工作条例（草案）》（即"农村六十条"）。经讨论，对办不办食堂，规定"完全由社员讨论决定"，对不参加食堂的社员"不能有任何歧视"；关于供给制，决定取消。会后，党中央于6月15日发布了《关于讨论和试行农村人民公社工作条例修正草案的指示》。1961年8月至9月，党中央又在庐山召开工作会议，作出《关于当前工业问题》的指示，指出"必须当机立断，该退的就坚决退下来，必须退够"；并指出今后三年内，执行八字方针"必须以调整为中心"。9月16日，中共中央下发了《国营工业企业工作条例（草案）》（即工业七十条）。9月29日，毛泽东提出为解决严重平均主义基本核算单位是生产队而不是大队的意见。

在"七千人大会"上，刘少奇代表中共中央提出"书面报告"并讲话，检讨1958年以来社会主义建设中发生的指标过高、比例失调、瞎指挥、要求过高，混淆集体所有制和全民所有制界线，权力下放过多、分散主义倾向严重滋长等主要缺点和错误，总结了十六条基本经验，并分析产生缺点和错误的主观原因是违反了实事求是和群众路线的作风，不同程度上削弱了民主集中制原则。刘少奇指出，"我国国民经济中存在的困难，还是相当严重的"，"人民的吃、穿、用都不足"；还说，造成当前经济困难的原因是"三分天灾，七分人祸"。毛泽东在1月30日的大会上讲话，强调实行民主集中制和发扬民主，并作了自我批评。他说："凡是中央犯的错误，直接的归我负责，间接的我也有份，……第一个负责的应当是我。"

党中央纠正错误的决心很大。会后又召开了西楼会议，进一步研究调整措施，同时还发出了《关于加速进行党员、干部甄别工作的通知》。

中央对形势的清醒认识，对错误的自我批评，给了张闻天很大鼓舞。他从中看到了中国社会主义事业的转机和希望。对于甄别平反，张闻天没有提出自己的要求。这时他的目光集中在农村经济与市场、物价问题上，他想集中对集市贸易问题作比较深入的调查研究，为中央克服困难的决策提供一些有益的建议。会后，他就同夫人刘英商量，要外出作一次调查。刘英信心不足，说：你是"犯错误"的人，上面能同意吗？张闻天满有把握地说：估计问题不大。

张闻天立即把打算到江苏、浙江、上海、湖南三省一市作调查的报告送了上去。隔不多久，中办三任杨尚昆来电话说，中央已经同意了。

张闻天这时为什么对集市贸易特别关注、特别倾注心力呢？

首先，是实践迫切需要进一步解决好这个问题。当时，克服财政经济的严重困难，度过非常时期，是全党全国人民共同关心的头等大事。陈云认为："增加农业生产，解决吃、穿问题，保证市场供应，制止通货膨胀，在目前是第一位的问题。"[①] 刘

---

① 陈云：《目前财政经济的情况和克服困难的若干办法》，见《陈云文选》第3卷，人民出版社1995年版，第205页。

少奇在"七千人大会"报告中总结社会主义建设十六条基本经验教训中的第九条,就是"必须充分发展商品交换,加强和改进全民所有制和集体所有制之间、工业和农业之间、城市和农村之间、地区和地区之间的经济联系。因此,要学会做生意,要有合理的价格政策。"① 在此之前,中央已经采取了一些调整商业、恢复流通渠道的办法。1960年11月,中央在关于农村工作十二条指示中,提出了有计划、有领导地开放农村集市贸易。1961年6月9日,中央又下达了《关于改进商业工作的规定(试行草案)》(简称"商业四十条"),强调坚持工农业产品的等价交换原则,国营商业、供销合作社、农村集市贸易是我国现阶段商品流通的三条渠道,提出有领导地开放农村集市贸易,允许在集市上出售完成国家合同任务后的多余物资等促进城乡物资交流的具体政策和措施。到1961年底,开放农村集市的数量恢复到公社化以前的水平。

显而易见,"七千人大会"对缺点错误的概括和对经验教训的总结,同张闻天在庐山会议上的发言及庐山会议前后的思想是基本一致的。"七千人大会"前后一系列的调整方针与政策措施,也是同张闻天的经济思想合拍的。中央的转变,给张闻天观察与研究集市贸易问题提供了机会。他以为他的一些主张也许有可能对克服当前经济困难和趟出一条路子起到一定作用,因而力图寻找出更为客观实际的办法,供中央决策参考。

同时,在理论上,流通问题也是一个存在很多误解而又给实际工作带来了不良后果的问题。在社会主义政治经济学中,长期以来,片面强调生产决定流通,因而轻视以至否定流通过程。苏联有的经济学者甚至认为全民所有制计划经济本身没有流通,流通只是商品生产的遗迹,因而不注意流通过程的理论研究,甚至想用行政手段来代替流通。我国在"大跃进"和人民公社化运动中,搞一平二调,刮"共产风",取消一些必要的流通渠道,更是不尊重等价交换这个流通过程的重要法则,否定商品生产和价值规律的表现。流通是经济生活中最敏感的环节。"大跃进"以来,流通方面的错误对工农业生产造成的巨大损失不可低估。反之,在一定条件下,流通问题、市场物价问题的解决,对发展生产、巩固社会主义经济是决定性的关键。从香山讨论会起,流通理论就是张闻天关注的一个课题。香山讨论会后,他参加了6月22日经济所召开的等价交换座谈会。在准备的发言提纲中,他提出"应该研究我国工农业产品价格的动向",认为"计划价格,只能逐渐接近价值,正确反映价值,不可能一下即等于价值。要经过实践的检验,经过交换的结果,不断调整。这件事情不容易。要研究与计算工业品价值与农产品价值,加以比较。原则:看是否有利于发展生产,有利于工农联盟。"关于差价政策,张闻天认为,在特殊条件下,为了特殊目的,是可以的;但是长期对农产品实行差价政策,如苏联、东欧国家所做的那样,实际上是多少牺牲了农业,片面发展了重工业,也无偿地占有了农民的劳动。这种做法,反映了对农业是国民经济基础的思想重视不够,其后果是苏联"直到现在,农业不能说已过关"。他主张"改变不等价交换政策为等价交换政策"。② 可见,对集市贸易的调查研

---

① 《刘少奇选集》下卷,第365页。
② 以上均引自张闻天《政治经济学笔记本》(5)(手稿)第8页。

究，是张闻天对流通问题的理论研究同现实经济生活情况相联系的一个具体的结合点，既运用流通理论，又丰富对流通理论的认识。

戴着"帽子"搞调查

张闻天这次南方调查，可谓处境特殊。虽说"七千人大会"后国内政治环境同庐山会议后已经大不一样，但张闻天毕竟没有甄别平反，"右倾机会主义分子"和"反党集团成员"这两顶"帽子"仍然戴在头上。这就给调查带来不少困难。特别是所到之处，接待的温度，是冷是热，很难掌握。唯其如此，也就显现出各地领导干部的倾向来了。张闻天当然是如鱼饮水，冷暖自知。但他在几十年政治沉浮中，早就看惯了人情冷暖、世态炎凉，对下面地方干部的难处，也很能体谅。这不能怪罪他们，这是不正常的政治生活使然啊！

张闻天这回调查真所谓轻装简从。陪同他南行的只有他夫人刘英及 1961 年在青岛收养的女儿小倩，一位秘书，以及经济所的一位同志，这位同志是行前孙冶方建议跟随他同去的。张闻天一行 4 月 18 日离京，取道徐州进入苏北，经宿迁，抵淮阴，过洪泽、淮安，一路"走马观花"。每到一地，听党政负责人谈生产、财贸情况，看农村集贸市场，参观水闸、苗圃、拖拉机站等农业设施。4 月 24 日，到达扬州，下榻梅岭西园。按阴历，时当"烟花三月"，春光大好，农村经济在贯彻一系列调整政策之下，也开始复苏了。

扬州地委接待比较热情，派地委书记处书记王大林汇报工作和陪同参观、考察。地、县两级提供了许多工农业生产和商业财贸方面的资料。张闻天在扬州逗留两个星期，看了市内荷花池、文昌阁、西门三个农贸市场，还到高邮、邗江、江都几个县，深入到公社、生产队，不仅听汇报，还看集市，看商业网点，还到田头，到农民家

■1962 年 5 月，张闻天在无锡调查期间和夫人（左四）、养女小倩（左二）及工作人员在无锡蠡园合影。

里,与干部、群众交谈。

据王大林回忆,这十几天里,张闻天针对"大跃进"和人民公社化运动以来的错误,谈了不少精辟的意见。

为了说明生产关系要适合生产力,张闻天打了一个生动的比方:"鞋子要跟脚,过大,或者过小,都不好走路。"他说:生产规模的扩大并不能说明生产力水平的高低,不是越大越好,越公越好。他指出:农村发展生产力的根本出路在于机电化;农民光靠种粮是富不起来的。

在调查中,张闻天特别关注流通问题。他说:流通促进生产,它对发展经济会起很大的促进作用。在谈到集市贸易时他说:我看自由市场虽然现在商品不多,但有强大的生命力,将来很有前途,是要发展的。他从农民朴素的幽默中体察到他们的心声。他说:农民称集市贸易为自由市场,把自留地叫自由地,很有意思,大集体小自由嘛。把自留地收回了,一点自由也没有了,说是割资本主义尾巴,一点点自留地能产生资本主义吗?一个"自由市场",一个"自由地",农民这两个"自由"都是少不了的。有了自留地就势必要有自由市场,这是配套的,不能分开,这两个都不能割掉。在谈到在统购统销政策下,农民完成任务后拿些农产品卖高价时,张闻天指出:农民别无办法,只能这么做,搞点补偿。这是农民自发地要求平衡的表现。目前农民卖点高价和黑市暴利是性质不同的两回事。

扬州调查收获颇丰,张闻天的兴致也高涨起来。5月7日过长江到了江南古城镇江。镇江地委书记只是约略介绍当地一般情况。好在本没有在这里多作逗留的计划,5月10日即沿沪宁线东行至常州,11日到著名的陶都宜兴参观、考察了两天,随后在无锡、苏州各调查了一个星期。

无锡、苏州都是他青年时代就熟悉的地方。张闻天1925年入党后从事革命工作的第一站,就是苏州。到莫斯科去,也是从这里出发的。对无锡,张闻天有好印象。1922年赴美国留学之前,他到过无锡,还到乡下一个朋友须恺家里去住过几天。后来,他把无锡的乡村、公园、风景区,都写到了他的长篇小说《旅途》里去。三十多年后,故地重游,感到格外亲切。

张闻天在无锡、苏州两地,比较全面地了解了工农业生产,着重调查了市场财贸的情况。在这个素称鱼米之乡的地区调查14天,给张闻天印象最深的有两点。一点是,"大跃进"、公社化中的错误和三年自然灾害,对农业生产的破坏、对农民生活的影响太大了。无锡县委书记兼县长刘同温告诉张闻天,自1957年至1961年,无锡县粮食产量由6亿多斤逐年下降到4.4亿多斤,人均口粮由400多斤降到320斤,猪由25万头降到5万头,蚕茧由5000多担降到300多担,只有水蜜桃没有减产。苏州农民对高征购不满意,有民谣说:"三麦丰收吃南瓜,水稻丰收吃红花。"(红花,即紫云英,本是做绿肥的)另一点是,商品流通渠道不畅,对自由市场限制过多,影响生产的发展。调查中普遍反映,无论是生产资料还是生活用品,国家都供应不足,但对自由市场又限制过多,管理上不太灵活。各地以行政区划为框框,对生产、供应、流通作了不少规定,对外协作不能超出限定的范围,影响了正常的商品流通。无锡市区居民所需的蔬菜,不足部分原是由附近县供应的,强调按行政区划,周围的县都属于专区，不足部分只好市里自己解决。于是市里只得新开菜地，经济上很不划算，还造成供需脱节，影响蔬菜正常供应。由于商品流通不畅，导致运费增加，成本提高。如桐油，1961年每斤九角，1962年提到一元三角，铁锹也从每把一元多提到几元。给发展农业生产带来困难。张闻天了解了这些情况，反复讲，要尊重经济规律，按经济规律办事，经济问题应采用经济手段解决，不能用行政的办法卡死。

5月27日离开苏州前往上海，途中经过太仓。县委书记袁锡记敢说真话。他向张闻天反映：农民对按国家牌价卖出（农副产品），按黑市价格买进（工业品），意见很大。张闻天听了很受启发。

到上海，交际处安排张闻天一行住余庆路市委招待所。同江苏各地相比，上海的态度可以说冷到极点，出面接待的只是市委工业部办公室主任，市一级的领导一个也不沾边。张闻天知道，这种冷遇所反映的，是上海市委主要负责人柯庆施的态度。

张闻天提出，请市委农村工作部谈农民的口粮情况。可是5月30日下午，来的却是川沙县的一位副县长。原来市里把这事推给了川沙。川沙县委书记到北京开会去了，两个副书记避之犹恐不及，就让这位副县长张震言去应差。

张闻天最关心的是目前的群众生活，详细询问了粮食产量、口粮标准。张震言告诉张闻天：川沙县目前群众口粮，平均一人一年可以吃到420斤。

张闻天问：是大人，还是连小囡？

张震言答：拖大搭小扯平均算。

张闻天又问：420斤是谷还是米？

张震言答：是原粮，折算成稻谷，合到米一年将近360斤，差不多一天一斤。

张闻天舒了一口气，说：你们县的口粮水平，比全国高。

谈话无拘无束。从交谈中，张闻天知道，抗日战争、解放战争期间浦东地区也有游击队活动，张震言也是浦东人，他是抗战后期参加当地游击队——"三五支队"的。两人越谈越投机，谈了一个下午，张闻天留副县长吃了晚饭才走。

隔了一天，6月1日，张闻天回家乡进行调查。

1958年4月他回过一趟家。这次没有前次那样的热闹场面，但张闻天还是老样子：一身灰卡其布中山装，一双布鞋，一口浦东官话，同家乡父老见面。迎接他的是县、公社、大队、生产队四级干部：县长张镜，施湾公社党委书记马炳根，邓镇四大队党支部书记孙瑞良，老家所在生产队的队长周根祥。他们都保持着对张闻天的尊敬。县长把张闻天一行迎进县委小洋楼接待室。坐定之后，问张闻天怎么谈法。张闻天说，请公社书记先谈吧。四级干部都准备好了稿子，马炳根就按准备的稿子作了汇报。

马炳根谈过以后，张闻天说：还是随便谈吧。于是，围绕家乡变化、农副业生产、群众生活、公社企业和一平二调退赔等情况，张闻天问，大家答，谈了一上午。

张闻天问到：人民公社生产怎样？

马炳根说：生产不错，就是刮"共产风"刮光了。

张闻天又问：领导干部贪污有吗？

张镜说：有的，但不多。

张闻天说：这个不好，是群众的血汗啊！干部贪污就要挫伤群众的积极性，对生产不利。

张闻天指着孙瑞良和周根祥问：你们的收益分配是每月结算呢，还是年终结算？

孙瑞良如实汇报：大队干部是年终结算，每年工分2000到3000个不等，每个工分单价7分、8分。生产队干部是记误工，给补贴，随误随记。除此之外，每年补贴200到300个工分。

张闻天略略计算了一下，说：大队干部年终结算不过得200元钱上下，生活还是很艰苦的。

集市贸易问题是张闻天这次南方调查的重点，他特别关心市场情况，问现在自由市场上有些什么东西可以买卖，粮食是否可以交易。

到会同志反映：自由市场只有点蔬菜、鱼鲜卖卖，粮食不准上市。

张闻天略带不满地说：管得太紧不好。社员自己种出来的粮食，完成了国家的统购任务，多余的拿到自由市场互通有无，有什么不好？粮食、油料等农民卖了，这边也有了，不是很好吗？

吃过午饭，张闻天也不休息，同干部们又聊了一阵。

约摸一点多钟，张闻天说：到海边看看。于是，在马炳根等陪同下，驱车到了白龙港。

这一回，张闻天沿着海塘走了一段路。他又伫立堤上，久久地凝视着海天相接的远方。他对马炳根说：这里，我小时候来过，现在大不一样了。

回程驶向张闻天的老家北张家宅。

6月初，正是小麦黄熟、开镰收割时节。一路南风扑面，心旷神怡。经过一个打麦场，张闻天停车下来，捧起一把麦粒，随手缓缓扬下。他深情地说：麦香的味道，几十年没有闻到了！

张闻天带着浓浓的乡情，终于又一次回到了家。

继母张雪林从田间赶回来，很快烧熟一锅刚摘的蚕豆，端上来，一人一碗，清香、沙甜。张闻天说，几十年没有尝到这样的鲜了！

他同继母谈些家常，问到他儿时的伙伴周水桃的情况。周水桃同张闻天年纪相仿，小名同张闻天一样，都叫"阿毛"。上次回来，只在人丛中匆匆见一面，一句话也没来得及说，实在遗憾。继母告诉他，水桃仍住西边，现在正在家中。

张闻天随即别了继母，急急地出门向西，到周家去望那一个"阿毛"。两个朋友相见，拉住手不想松开。周水桃领着张闻天在他家前屋后看看。过去周家是雇农，解放后生活好到天上去了。特别使张闻天感兴趣的，是周水桃家的新式农具"风赶车"。这种用风力推动水车盘提水灌溉的农具，以前没有见过。张闻天看了一会儿，高兴地说：这种农具很好，驱力大，又省燃料，车水就不用人那么费劲了。

两人边说边走，不觉来到了他们小时候一起读书的养正小学堂。张闻天转了一圈，站到一棵树下，对周水桃说：你还记得吗，我们小时候常在这棵树下面玩。周水桃连连点头说：记得，记得。

离开老家以后，张闻天又到施湾镇上看了农具厂。职工们正在忙碌地加工小农具。张闻天称赞这个厂为农服务，名副其实。对马炳根说：这种厂农民需要，应该发展。

从农具厂出来，经过市街，张闻天又顺路看了商店和自由市场。等到上车回上海，太阳已经快要落山了。

张闻天不觉得累。短短一天，他不仅了解了不少生动具体的实际情况，而且畅叙了乡情，弥补了长久以来的缺憾，在感情上得到了很大的满足。

6月4日，张闻天一行由上海到杭州。浙江省委第一书记江华偕夫人到他下榻的南山招待所拜访。张闻天在杭州市和余杭县作了调查。

6月16日离杭州赴湖南，18日抵长沙。当天下午就同长沙县委负责同志座谈，结合该县实际就市场问题交换了意见。第二天，湖南省委书记张平化和省军区副司令员吴自立前往拜访，交谈中讨论了积累与生产的关系问题。第三天，张闻天一行到韶山冲参观毛泽东故居。21日，到长沙金井公社作调查。金井是刘英的故乡，不过她家的老宅"谈经书屋"，早已被日寇纵火烧了，故园已经没有踪影了。

读列宁著作的批注

张闻天注意向实际学习，向群众学习，同时又不放松对理论的学习，他总是结合实践中提出的问题，看书学习，进行理论思考。一边调查，一边读书，是张闻天这次南方调查的一个特点。

他这一段时间读的是列宁领导实行新经济政策时期的著作。列宁对社会主义建设问题的论述，常常在张闻天的心中激起波澜，引起他对中国这些年来经济工作中存在问题的思考。他随时把自己的想法在书眉、页旁写下来。这些批注，是他长期深思熟虑形成的认识在列宁论述触发下灵机的闪耀。从这些批注可以看到，他的视野是多么开阔，他的思维是多么活跃，他对社会主义的认识是多么深邃。笔记和批注中留下的许多深刻的、闪光的思想，对后人很有启迪。

在出发调查之前，他就开始读列宁的书。

4月11日写下一段感想："昨夜想到：经济建设与政治革命，与战争的不同点，应该进行研究，从他们的不同点就可以看出解决方法的不同，群众运动方式的不同。"并指出，苏俄"1918年下半年，曾企图直接过渡到共产主义的生产和分配。结果挨了一顿打，吃了大苦头，不能不被逼退却。"

4月13日、14日两天，读列宁的《论粮食税》，写下不少批注：

"利用资本主义作为小生产和社会主义的中间环节。"

"为了改善工人状况，恢复工业，必须从改善农民生活和发展农业开始。如何开始？粮食税和自由贸易。"

"有自由贸易就会有一定的资本主义复活。危险吗？"

"在自由贸易中不可避免的资本主义，引导到国家资本主义！"

"不要害怕资本主义。"

"如何私人资本主义能为社会主义的助手？"

"在扩大周转方面,许多地方还应向资本家学习。"

"何谓投机活动?"

"何种投机活动受到制裁?何者应该支持?"

从这几段笔记和批注中我们可以触摸到当时张闻天关注和思考的重点。

经过在徐州、淮阴、扬州、常州、无锡等地调查到达苏州以后,张闻天又开始读列宁的书。

5月21日,读《苏维埃政权的当前任务》。在列宁说苏俄共和国在取得和平后就能够在相当时期内把自己的力量集中到组织任务上来的旁边,张闻天批道:"社会主义革命最重要和最困难的任务,即组织经济建设的任务!"在列宁说到不要掩盖错误和缺点的地方,张闻天写道:"公开指出我们的缺点错误教育群众,同群众一块从实际中学习建设。"

5月22日,读列宁《在全俄中央执行委员会会议文献》一文,在列宁批评"不向资产阶级学习也可以建成社会主义"的地方(《列宁全集》27卷285页),张闻天写道:"不向资产阶级学习是非洲居民的心理!社会主义是以资本主义文化所获得的一切经验为基础的。鲁迅的'拿来主义'!"

在以后几天,他又写下批语:"政治革命越彻底,越不应该惧怕国家资本主义!""社会主义建设要在实践中不断取得经验。这里有摸索的过程。多变是不可避免的。""如何实际地去建设社会主义大厦?寻找到达目的地的切实可行的途径和形式。""民主集中制,既反对官僚主义的集中制,又反对无政府主义!集中统一下的民主容许在国家生活、社会生活和经济生活方面采取各种形式的完全自由。"

从到上海开始,张闻天读书的时间更多。这时他读《列宁全集》第32卷、第33卷。他的思考更多地关注到流通、市场等问题。

5月31日,在《俄共(布)第十次代表大会》一文说到"我们在贸易国有化和工业国有化方面,在禁止地方周转方面做得过分了"的旁边(32卷第208页),张闻天写了这样的批注:"这种自由,是农民所需要的,也是客观的需要。过去在这方面做得太过分了!"6月2日,继续阅读这篇文章,读到列宁提及"怎样把利用我国物资和发展市场连接和结合起来的问题"处(32卷225页),张闻天写道:"谁能够更好地利用物资,利用市场,谁就能得到更大的好处。"

6月16日,读《论新经济政策》。张闻天在标题处写道:"要说明在何种意义上说来,过去的政策是错误的,认识得清的必要,并指出退却还没有停止。调节商业和货币流通问题,提到日程上来了。"在文中有这样一些批语:"没有提到要使旧经济适应社会主义的准备时期,因而也就没有提出商业问题,市场问题。""有人以为承认错误就会泄气,有人不愿做生意,认为同'共产主义'不相容!这些观点都妨碍新政策的实施。""现在必须学会做买卖,搞独立会计","搞买卖也是为了恢复大工业,尽快同农民结合起来,引导农民前进!"

6月18日,读列宁《在全俄苏维埃第九次代表大会上的总结报告》。张闻天在列宁的"我们也犯了无数的错误,总是往后看,迷恋过去的经验"一段话旁写道:"在学习新政策方面的主要错误,就是往后看,迷恋于过去的经验,即政治、军事斗争中的经验。""经济工作不能像政治军事工作那样能迅速达到目的,它不能凭一时的热情前进,也不能跃进,计算时期,也不是几个月,甚至几年,而要以几十年计算。""轰轰烈烈惯了的人,不习惯于冷冷清清","喜欢改革一切的人,一定会遭大难。"

6月23日,读列宁的《宁肯少些,但要好些》。张闻天在题下批注:"这也是列宁的遗嘱。这里论及的实际上是争取俄国革命最后胜利的战略与策略。"在文中写了旁批:"不要急于求成,要讲求工作质量。""急躁冒进是有害的,一条经验,最好慢些!""应当对任何冒进和吹嘘采取怀疑态度。"

从一路上张闻天读书写下的批语中,可以清晰地看到他这一个时期里关注的重点。从这些精辟独到的见解中可以感受到张闻天思虑的深广,"集市贸易意见书"已经在他心中逐渐酝酿成熟了。

"集市贸易意见书"

6月24日,张闻天一行离开长沙,结束了这次南方之行。在两个月零七天的时间里,张闻天调查了江苏、上海、浙江、湖南的20个县市,6月25日回到北京,可以说是满载而归。

张闻天回到北京以后,顾不上休息,就着手写关于发展集市贸易问题的考察报告。为了把这个报告写好,他请经济研究所提供一些有关的材料,并派一位熟悉农村工作的研究人员来同他一起议论议论。7月上旬,他就把题为《关于集市贸易等问题的一些意见》的调查报告写就。7月10日,应张闻天的要求,经济所召开了一个座谈会。张闻天在会上宣读了这个调查报告,听取了大家的意见。会上有赞成的意见,反对的意见也不少。有的同志甚至说,按照调查报告的主张去做,必然导致自由化、资本主义泛滥。张闻天不为所动,回答说:"现在建国已经十几年了,还要画地为牢,是不应该的。实行这个办法,是会带来一系列问题的,但只要因势利导,这些问题是可以克服的。如果解决不了,说明我们共产党人没有本事。"①

会后,张闻天把报告又作了一点修改。7月12日,给毛泽东写了一封信,连同这个调查报告一起送去。信是这样的:

主席:

最近两个月,我出去参观了一些地方(主要为江苏的苏北和苏南,此外还到了你的家乡湘潭县的韶山冲),了解到一些情况,主要是农业方面的情况。从参观中见到的关于农业方面的一些问题,我觉得中央大都已经注意到并且已经解决或正在解决,我提不出什么新的意见。只是关于集市贸易问题,主要是关于工农业产品的交换问题,我想提一些看法和想法。从我所能接触到的材料看来,这个问题现在很重要。虽然,对这个问题,我从中央发给我的一些文件中,看到中

---

① 据何建章:《张闻天〈关于集市贸易等问题的一些意见〉在经济研究所的遭遇》,见《张闻天开放市场的报告》,第38—40页。

央已经很重视,也已经采取了许多好的办法,但是我还想谈谈我的感想。由于我知道的材料不多,我又没有参加这方面的实际工作,平时对这个问题也没有专门研究,所以我的看法和想法,一定是比较片面的,其中一定会有错误;但既然有点意见,就不妨写出来供你和中央参考,并希望得到你和中央的指示。

敬礼!

张闻天
1962 年 7 月 12 日

这篇调查报告后来被简称为"集市贸易意见书"。在这篇意见书中,张闻天首先对集市贸易的发展趋势作出估计。他指出,现在的集市贸易市场有扩大成为地区性市场并成为一个地区的经济活动中心的趋势,它要求突破妨碍物资交流和商品周转的一个地区内或各个地区之间的各种人为的限制和障碍。这是在我国当前经济形势发展过程中,在市场和物价方面,必然要产生的客观趋势。这就首先从客观情况的分析上打破了传统集市贸易的框框,为提出突破小集镇范围的受地区限制的"大流通"、"大市场"的观念,奠定了客观基础。

怎样突破人为限制和障碍,进一步实行发展集市贸易的方针?张闻天在意见书中提出了一系列政策建议。

他认为,在集镇市场上进行物资交流活动的成分可以扩大,各种渠道都应畅通:"不但可以容许直接生产者和直接消费者的买卖活动,不但应该有国营商业、特别是供销合作社、手工业合作社的贸易活动,而且也应该容许和利用合作商店、夫妻店、个体手工业者以及小商小贩的合法的买卖活动。"张闻天对个体工商业户在流通领域中作用的肯定和重视,是符合社会主义制度建立以后的实际情况的。

张闻天提出,集市贸易的活动范围应该扩大,"可以有领导、有计划、有组织地超出本地区范围,而同其他有关地区发生物资交流关系","使集镇市场既成为本地区经济生活的中心,又成为全国市场的一个组成部分。"他还指出,在集镇市场上交易的商品应该扩大,国家应该明确宣布,农民在完成交售任务(包括完成一类物资的征

■张闻天 1962 年 7 月向中央送交《关于集市贸易等问题的一些意见》时写给毛泽东的信。

购任务和二类物资的派购任务）后，有在集市上按照市场价格自由出卖其农副产品（包括粮棉油在内）的权利。张闻天还建议：除配给的东西按配给价格出售以外，国家的所有商品，不论是哪一种工业品（包括食品工业产品），都可以一律按较高的市场价格在成市和集镇出售。国家用这种出售所得的货币，在集市上依市场价格购买农民自由出售的剩余农副产品。这是从农民那里取得多余的农副产品的有效方法，也是巩固工农联盟的正确方法。这些建议，体现了张闻天对市场作用的重视，他对扩大、发展集镇市场的经济意义与政治意义的论述是非常深刻的，思想是非常解放的。

与此同时，张闻天指出，对集镇市场贸易应加强管理。但管理不是采取简单的行政措施将其"管死"，同小商小贩和一部分农民的资本主义自发势力作斗争要采取适当的经济措施，包括征税，加以诱导和利用。国营商业和合作商业，应在"谁把生意做得更好"的这一标志下同私商进行竞赛。

张闻天在报告中还谈到了关于集市贸易发展的方向和工农业产品的比价问题。张闻天认为，国营商业和供销合作社积极活动，加上国家其他经济措施的影响，"自由市场"、"自由价格"，"会逐渐向有领导和有调节的市场和价格过渡"。这里，"特别重要的问题，就是我们要善于根据市场的行情变化，掌握工农业产品价格的适当比例。""国家在集市贸易上的价格政策，要尽量灵活，尽量主动，不要僵化和被动"，"要及时地调整"，"富有伸缩性"。他提出了比价适当的一个大体标准，即一种商品的价格，只要有利于产、供、销三方面，就大体上可以认为适当。因此，"应该自觉地运用价值规律和供求规律的调节作用，使买卖愈做愈活，愈做愈大。"

张闻天在这份研究报告中还颇有信心地预测我国经济发展的未来："如果采取以上提出的一些办法，则今后我国市场和物价的发展趋势，大体可以预测如下：随着国家财经情况的好转、工农业产品的增多、通货膨胀的消除，市场物价会逐渐下降。那时，国家就会主动采取逐渐降低物价的措施。同时，随着城市职工工资的逐渐调整和提高，配给制度也就成为不必要了。两种价格的局面，就会逐渐消失，而为一种价格所代替了。"他的预言虽不完全符合历史进程，但从中可以看到，张闻天的目光不仅注视着集市贸易这个具体问题，他还想通过这个问题的论述，贡献自己对于整个经济发展路径的意见。

但是，由于八届十中全会以后，经济建设这个中心被"以阶级斗争为纲"所取代，经济工作也被违背客观规律的"突出政治"所指导，张闻天的"集市贸易意见书"自然无法逃脱没完没了地被指责的命运。

"包产到户"笔记

张闻天在酝酿、写作"集市贸易"意见书的同时，阅读了有关"包产到户"问题的材料。在经济困难时期，安徽、福建等地农村干部群众，为了解决吃饭问题，渡过难关，保存生命，自发地实行"包产到户"，搞责任田。怎样看待"包产到户"，引起党内重大争论。认为这是走资本主义道路的看法成为主流。采取了纠正、强扭的办法，但纠正了一个时期，农民不满的很多，部分地区包产到户继续发展，责任田反而扩大了。

张闻天在写"集市贸易"意见书之前，于7月9日，就"包产到户"问题写下一则笔记。之后，于7月18日，又写下两段笔记，①提出与当时的"主流"看法完全不同的观点。

张闻天认为，"'包产到户'问题值得研究。"首先要认清包产到户的性质，这是当时争论的焦点。"包产到户"是不是集体经济？张闻天回答道："从产品和土地所有权看，还是。"是不是单干？张闻天说："是单干，但不是个体经济。"他明确指出："这是一个经营管理问题，劳动组织问题，不是两条道路问题。""还不能说农民现在要走资本主义道路，是两条道路的斗争。"他赞同内刊中的一种说法，认为"包产到户"是"个人责任制和产品责任制相结合的一种较完善的责任制"，是"从个人计件、小段包工演变出来的，是经营管理中必然出现的形式"。对"包产到户"，张闻天进行了辩证的分析，一方面，应该承认，"是一种后退，从集体生产退到包产到户，削弱了集体阵地"；但另一方面，应该看到，仍然不失为调动积极性的一种办法。为了保命的一种不得已的办法。有一时的推动作用，有积极的一面。

对"包产到户"产生和有一定发展的原因，张闻天作了研究，指出：一、这是对过去"左"的错误的反动。"左"的错误，使集体所有制生产受到损失。群众生活贫困。二、下面对《六十条》不了解，不贯彻。事实上在执行《六十条》中，对如何组织劳动，如何按劳取酬等许多具体问题，也未很好解决。群众不相信现在的办法能够增加生产，改善生活，表现出群众对现在的办法也信心不足。三、群众迫切要求自力更生增加生产，改善生活。群众对现在的饥饿生活不能忍耐。既然对集体缺乏信心，就只有靠自己流汗，害怕继续受饿。将其看做是生死问题，是为了生命。四、群众对党，对干部能否真正搞好生产信心不足。对党的政策不落底。

在认清"包产到户"性质，分析其产生原因及其发展趋势的基础上，张闻天对"如何办"写下四条对策。他认为，首先，要根据群众多数意见办事，不去空洞指责，而是实际帮助，不去强扭，而是加强领导，切实帮助，使他们增加生产，改善生活，同时进行社会主义教育。第二，切实加强对生产队的领导，使生产增长，使生活改善得比包产到户更好。农民不相信空话，相信实际。没有这一条，任何教育也教育不了。第三，切实教育干部，整顿干部作风，要求干部同群众同甘共苦，千方百计联系群众，取得群众的信任。第四，要积极工作，同时要善于等待，根据群众切身经验，提高其觉悟。斗一斗，辩一辩，解决不了问题。总之，包产到户问题不只是思想问题，而是经济问题，"因此要在经济问题上拿出办法来"。

张闻天的分析和建议，从理论上认清了问题的根本性质，分清了是非。他刚在南方三省一市做了调查，了解群众的心声。关于"包产到户"的这些意见，反映了群众的意愿，是真正从群众中来的。对党的政策方针和工作中存在问题的批评，也实事求是，切中肯綮。张闻天关于"包产到户"问题的思考，表现了马克思主义理论家的远见卓识。

---

① 这些笔记以《包产到户问题值得研究》为题收入《张闻天文集》第4卷，中共党史出版社1995年版。以下引文均见该书第425—428页。

第二十二章 再次打击下的理论创造

八届十中全会之后

庐山会议反右倾、会后继续"大跃进"的错误，不过一年，就已暴露无遗。"七千人大会"动员全党进一步执行调整方针，纠正错误，渡过难关，并发出了对在反右倾运动中受错误处理的党员、干部加速甄别工作的通知。照常理来说，在这种情况下，在庐山会议上受到错误打击的彭德怀、张闻天，应该及时得到平反才是。可是，几个月过去了，没有一点动静。张闻天沉得住气。他没有向党中央、毛泽东提出平反的要求。他只是请求到南方作调查，调查回来后，即写好"集市贸易意见书"，送毛泽东参阅。这一举动，当然也不无提请注意甄别平反的意思。彭德怀刚直。1962年6月，他给毛泽东、党中央写了一封长达八万字的申诉信（称为"八万言书"），申明自己从未组织过什么"反党集团"，也没有"里通外国"的问题，请求党全面审查他的历史。8月22日，彭德怀又写了一封短信给毛泽东、党中央，再次恳请中央组织专案审查，以便弄清他犯错误的性质，作出正确处理。

平心而论，彭德怀要求"平反"，是合理的。张闻天写一些笔记、报告，发表一些供中央参考的意见，更谈不上是什么"翻案"。然而，毛泽东认为彭、张的言行是同他所错误地批判的"黑暗风"（指对当时严重困难形势作必要估计的观点）和"单干风"（指包产到户）相联系的"翻案风"。在八届十中全会（1962年9月24日至27日）以及为召开这次全会作准备的北戴河会议（中央工作会议，7月至8月）和八届十中全会预备会议（北京，8月至9月）上，批判"翻案风"，斗争彭德怀、张闻天、习仲勋等，①同批判"单干风"及主张包产到户的邓子恢，都是会议的重点。毛泽东说：近来刮平反之风不对，1959年反右倾不能一风吹。②8月5日又说：不能给彭德怀

---

① 李建彤写了历史小说《刘志丹》，习仲勋等曾对小说提过意见，习仲勋、贾拓夫、刘景范等就被捕风捉影地指责"利用小说进行反党活动"，为高岗翻案。十一届三中全会后平反。中共中央为此发的文件指出，小说中的罗炎，并不是高岗，《刘志丹》是一部小说，不是党史，应该允许作者运用典型化方法塑造人物的自由，而不能用索隐式的方法硬把小说人物同真人等同起来。"引自《〈关于建国以来党的若干历史问题的决议〉注释本》，第325页。

② 引自《〈关于建国以来党的若干历史问题的决议〉注释本》，第325页。

平反。①

在十中全会上，毛泽东作了关于阶级、形势、矛盾和团结问题的讲话，把社会主义社会中仍在一定范围内存在的阶级斗争作了扩大化和绝对化的论述，提出阶级斗争必须年年讲、月月讲、天天讲。②还说：中国的右倾机会主义还是改个名字好，叫做中国的修正主义。③

张闻天采取的是相信党、接受长期考察的态度。然而，这并未能改变他进一步受打击的命运。在会上，追逼"里通外国"仍然是一个重点。在这一点上，张闻天据理辩白：说我"里通外国"是没有实据的。但康生硬说，讲"斯大林晚年"等等都是实据，然而，我看里通外国的帽子戴得对。④张闻天没有退让，讲清事实真相，并坚持说这些事实"不能作为'里通外国'的根据"。⑤然而在党内生活极不正常的情况下，还有什么实事求是可言呢！不但"里通外国"这个莫须有的罪名要追查，甚至连张闻天的党籍也似乎成了问题，还要查他是否真的入过党。

八届十中全会以后，中央决定取消张闻天参加中央一切会议，阅读中央一切文件的权利，⑥由彭德怀专案审查委员会审查。⑦张闻天名义上虽然还是政治局候补委员，但同党中央的政治生活是完全隔绝了。

所谓"张孙反党集团"

八届十中全会以后，从组织方面来说，张闻天唯一保持着联系的，就是同经济研究所所长孙冶方等人的工作关系了。然而，就是这一点点松散的、微弱的联系，到1964年秋天，也不能维系下去。

1964年国庆节后的一天，张闻天到经济所会见孙冶方。会见时在座的有总支书记冯秉珊。往常他同孙冶方交谈是亲切而热烈的，彼此都有许多话要说。这次见面，谈话却异常生涩。张闻天问孙冶方：经济所今后计划如何？孙回答：还没有定。张问：《社会主义经济论》是否继续编写？答道：不编写了。张问：经济学年会还开吗？孙说：不开了。就这样，张问一句，孙勉强答一句，不问，他就沉默不语。张闻天感觉到他情绪沮丧，不愿或不便多谈，就告辞了。

张闻天回到家里，同刘英谈起同孙冶方会面的情形，觉得很纳闷。刘英联想起前些天范文澜（时任近代史研究所所长）透给她的消息：经济所批判孙冶方了。想来跟

---

① 毛泽东 8 月 5 日同华东、中南两大区负责人谈话。引自《〈关于建国以来党的若干历史问题的决议〉注释本》，第 325 页。
② 据《中共党史大事年表》，第 323 页。
③ 引自《〈关于建国以来党的若干历史问题的决议〉注释本》，第 352 页。
④ 见张闻天 1962 年 9 月 18 日在八届十中全会西南组会上的发言中康生的插话和张发言后康生的发言。
⑤ 张闻天 1962 年 9 月 18 日在八届十中全会西南组会上的发言。
⑥ 据张闻天 1963 年 6 月 18 日致毛泽东、刘少奇信，张闻天 1968 年 6 月写的《我和刘少奇的关系》。
⑦ 这个专案审查委员会下设张闻天问题专案小组。八届十中全会同时还决定成立习仲勋专案审查委员会。

这有关系了，可能牵扯到了张闻天。①

事后逐渐得知，9月，孙冶方写了《社会主义计划经济管理体制中的利润指标》的研究报告，并在学部委员会扩大会议上讲演，大声疾呼要抓企业利润，反对不计成本、不讲效益的企业管理制度。孙冶方的观点被说成是修正主义观点。陈伯达判定孙冶方是"中国最大的修正主义者"。②陈伯达主编的《红旗》杂志，已经将孙冶方的文章作为批判材料登在《内部未定稿》上。孙冶方已受到党内批评，被停职反省。③而指使批判孙冶方的，就是以党内理论家自命的康生。康生说，孙冶方比利别尔曼还利别尔曼，张闻天跟孙冶方一起"搞利尔曼那一套"，也应批判。康生的这些话，已经不注明出处地在批判会上被引用了。④而就在张闻天与孙冶方这"最后一次会见"之后不久，康生、陈伯达派出了一个由70人组成的"四清"工作队进驻经济研究所。这支工作队一进经济所就对孙冶方发动猛烈的围攻，说孙冶方的主要罪状之一，就是支持张闻天在经济所进行"反党活动"，而张闻天的"反党纲领"，就是他的"集市贸易意见书"。工作队在经济所内专门组织了对"集市贸易意见书"的系统批判，对张闻天大张挞伐，上纲上线，罪名大得吓人。他们指责张闻天的主张促使农民两极分化。因为对农副产品实行计划收购（统购派购），堵塞了资本主义势力进行粮食投机的道路，是社会主义计划经济的一项根本制度。如果放弃计划收购，实行自由买卖，无产阶级就不能掌握必要的粮食和其他主要农产品，农民中必然产生两极分化。他们指责张闻天主张实行自由价格，是反对社会主义的根本原则而搞资本主义的一套。因为社会主义计划价格的一个根本原则，就是由无产阶级国家统一规定各种产品的价格。他们说"贸易自由"从来就是资产阶级的口号，指责张闻天要把这种自由从市镇的集市扩大到整个国内市场，就是主张走资本主义道路，反对社会主义制度。从这些指责推论下去，他们的结论是：张闻天的主张反映了地主、富农以及一切向往资本主义道路的富裕中农的要求，张闻天充当了资产阶级、投机商人的代言人的角色。⑤

在张闻天的"集市贸易意见书"写成以后、上送之前，应张闻天之请，1962年7月10日经济所开会座谈讨论过这篇调查报告。会后，孙冶方找有关同志了解会议情况。孙冶方基本上是赞成张闻天的意见书的，听了会上一些人的批评意见后说，不同意见可以自由讨论，何必搞得那么紧张呢。在1963年的"五反"运动中，个别同志又批评孙冶方支持张闻天的调查报告等问题，孙冶方生气地说：这是要在政治右倾问题上对我敲钉转脚，我的这些观点不变。在1964年秋天对张闻天的"集市贸易意见

---

① 访问刘英谈话（1985年4月3日）。
② 据孙冶方：《社会主义经济的若干理论问题·前言》（1978年11月6日作）。
③ 据张闻天1968年5月17日写的《关于我同孙冶方关系的补充》。
④ 访问刘英谈话（1985年4月3日）；孙尚清：《张闻天同志在经济研究所的日子》，载《人物》1980年第1辑。叶·格·利别尔曼（1897—1983），苏联经济学家。1962年9月2日在苏联《真理报》上发表《计划、利润、奖金》一文，主张扩大企业权限，认为利润应当成为衡量企业效率的最后的总尺度，应以获利多少来评价和奖励企业。被称为"利别尔曼建议"。
⑤ 据何建章：《张闻天〈关于集市贸易等问题的一些意见〉在经济研究所的遭遇》，见《张闻天建议开放市场的报告》，第41页。何当时担任张闻天所在的政治经济学研究组副组长和党的第五支部书记。

书"批判的过程中,工作组又要孙冶方把这篇意见书再看一遍,问他有何感想。孙冶方说:"除小商小贩一条不同意张闻天的意见外,其他没什么。只是因为这个调查报告是张闻天写的,所以不行。"①

由于孙冶方始终支持张闻天,一点也不动摇,康生、陈伯达指使的工作组,便把张闻天、孙冶方为探索中国社会主义道路而进行的正常的学术活动,说成是"反党活动",把他们政治观点、学术思想的比较一致,说成是形成了一个"张孙反党集团"。孙冶方被撤销经济研究所所长的职务。几位副所长和多数中层干部被诬为"八大金刚",统统靠边站。工作组还下令中断经济研究所同张闻天的一切联系。

新的政治陷害使得张闻天的健康又出了毛病:血压波动,肠胃功能紊乱。到1964年10月下旬心绞痛屡屡发作。10月31日不得不送医院。经住院检查,确诊为冠心病,医嘱休息治疗。张闻天在这次住院时给经济研究所领导和政治经济学研究组的负责人写了一封请病假的信。11月中旬出院后,张闻天在家养病,没有再去过经济所,也没有同经济所任何人发生过任何联系,过的完全是孤独的生活。

提出生产关系两重性理论

1962年八届十中全会以后,张闻天的政治生活几乎停顿,他看不到文件,参加不了会议;1964年10月以后,他同外界的一切联系都中断了,但张闻天并没有因此消极遁世。20世纪60年代毕竟是信息比较开放的时代,跟上一个世纪索居乡间的费尔巴哈不同,张闻天可以从中国和外国的广播中,从公开的报刊上,了解情况,辨认趋势。孤独的生活,并没有妨碍他继续进行政治经济学的研究,并没有妨碍他继续探索中国社会主义建设的道路。从1962年冬起,张闻天写得更加多,研究得也更加深入了。

张闻天虽然被搁在一边,但他自己还是竭力争取维持同中央的联系。隔两个月,张闻天总要给毛泽东、刘少奇写信报告自己的学习、生活、思想。每当写成一篇文稿(他都统称之为"读书笔记"),他就送给毛泽东、刘少奇参阅。每次送出文稿时,他都写信说明自己的研究情况和写作意图。在给毛泽东的一封信中,他说:"这些笔记当然质量不高,数量不多,但总算是一点劳动的产品,总算是向科学研究工作的门口开始走了一步。"②在给毛泽东的另一封信中写道:"近来脑筋里似乎有许多思想要求我把它写出来,可惜,今年已经六十四岁,自觉年老力衰,精力不济,究竟一个人能搞出什么有用的东西,自己也不敢有什么奢望,但我一定要努力为之。"③尽管发出的信和文稿都如一箭之入大海,杳无回音,但张闻天一直持续不断。他看重这些精神产品,希望引起毛泽东等人的注意,对党和国家有所助益。

张闻天这一时期写的"读书笔记",主要有:以评论斯大林《苏联社会主义经济

---

① 据何建章:《张闻天〈关于集市贸易等问题的一些意见〉在经济研究所的遭遇》,见《张闻天建议开放市场的报告》,第40—41页。

② 张闻天1962年12月10日致毛泽东的信。

③ 张闻天1964年1月15日致毛泽东的信。

问题》的观点、探讨社会主义社会基本矛盾和基本经济规律为主要内容的七篇文稿，写在"社会主义政治经济学笔记本"（编号为5、6、7、8册）上的大量"读书笔记"。这些笔记有强烈的现实针对性，又有很高的理论价值，大多是从基本理论的高度来剖析实践中的问题，提出正确的认识，从而寻求解决的办法。其中最富理论创见的一篇，是写成于1963年4月10日的《关于生产关系的两重性问题》。①

在社会主义建设中，相当一个时期里，人们对生产关系的认识陷入误区，一些片面的、机械的认识被当做真理，如：片面理解政治经济学的研究对象是生产关系，脱离生产力谈论生产关系；片面理解生产关系，夸大生产资料所有制在生产关系中的作用，忽视对生产、分配、交换、消费等全面的经济关系的研究；片面理解所有制关系，把所有制仅仅理解为财产的归属，进而把所有制的改变完全看成是你死我活的阶级斗争。在这些错误思想的影响下，社会主义建设中出现了不少偏差：把坚持发展社会生产力当做所谓"唯生产力论"大加批判，反对以经济建设为中心，坚持以阶级斗争为纲；不断掀起变革生产资料所有制的"革命"运动，鼓吹"穷过渡"，追求"一大二公三纯"，甚至要"跑步进入共产主义"；在社会主义经济同资本主义经济的关系上，只讲对立，不讲继承，反对发展商品经济，大批所谓"利润挂帅"、"物质刺激"；等等。这些"左"的错误理论和政策，给我国社会主义建设事业造成了严重危害。②

张闻天看到，解决问题的关键，"在于正确认识生产关系的两重性及其对立统一的关系"。他的《关于生产关系两重性问题》一文，就是抓住生产关系这一关联着马克思主义三个组成部分的基本理论范畴，结合实际有针对性地进行创造性研究的成果，这篇文章从理论渊源上深刻地批判了上述那些在当时占统治地位的"左"的错误理论和实践。

张闻天在文章中指出："生产关系具有两重性，具有表现生产力的生产关系方面和所有关系方面。表现生产力的生产关系是指人与人在生产中分工和协作关系，它直接反映出生产社会化的程度和社会的生产力水平。所有关系包括生产、分配、交换、消费四个方面。它具有暂时性和相对稳定性两个特点。这种暂时性和相对稳定性，正好和生产关系一般的永久性和易变性相对立，表现出生产关系的内在矛盾。生产关系的这种内在矛盾实际上就是生产力和生产关系矛盾的具体表现。"他又进而申述："生产关系内这两方面的对立统一关系，这种一般和特殊的关系，内容和形式的关系，就是我们所说的两重性。"

张闻天关于生产关系两重性的论述，为破除"左"的错误思想提供了理论根据。

首先，按照张闻天的观点，生产关系本身包含着表现生产力的生产关系，因而生产关系内在的两重性的矛盾集中表现了生产力和生产关系的矛盾，而在这个矛盾中，"生产力方面，不是片面起决定作用，而是最后起决定作用"。据此推论，政治经济学

---

① 此文最初公开发表于《经济研究》1979年第10期，后收入《张闻天文集》第4卷，中共党史出版社1995年版。

② 本段及下文对《关于生产关系的两重性问题》的评述参考了鲁从明《一个重要的理论创见——读张闻天〈关于生产关系的两重性问题〉》，载《中国社会科学》1996年第1期。

对社会主义生产关系的研究，必然导致对发展社会生产力的高度重视，从而得出以经济建设为中心的结论。这就从根本上破除了借口"生产关系"如何如何重要而大批所谓的"唯生产力论"和反对工作重心转向经济建设的理论根据。

其次，既然生产关系包括一般的生产关系和特殊的所有关系这样两个方面，它们之间的关系是内容和形式、对立又统一的关系，而且所有关系又不是孤立地存在的，它存在于由生产、分配、交换、消费构成的社会再生产总过程中，而且所有关系在一定的历史阶段具有相对稳定性（保守性）的特点，这就足以说明，脱离生产力，脱离生产、分配、交换、消费四个环节，孤立地、不断追求所有制"升级"，搞"穷过渡"是极其错误的。

张闻天在更多地涉及政策研究的另外一些文稿中，运用生产关系两重性的理论，一再直截了当地批评急于过渡、不断变革生产关系的错误做法。他指出："不能把不断改变生产关系当做拜物教。""过早改变生产关系（如共产风）会破坏生产力，不利于社会主义建设。"[①] 他认为，生产关系的"这种调整是根据生产力发展的需要，而且只是为了有利于生产力的发展"，因此，"生产关系调整的是否适合，要看它是否促进了生产力的发展，增加了物质生产"。[②] 他特别针对农村工作中的问题指出，"一种适应于一定生产力水平的集体所有制一经采用，必须在一定时期内稳定下来，以便充分运用它来发展农业生产力和改善农民生活"。[③] 这些箴言，具有长远的指导意义。

张闻天关于生产关系两重性的理论，又是对马克思主义经济学基础理论的一个重要发展。

张闻天把生产关系科学地区分为一般和特殊两个部分，指出生产关系中表现生产力的部分具有连续性、继承性的特点，而表现所有制关系的部分具有特殊性、历史性的特点，生产关系的两重性是一般和特殊的统一。张闻天以此为指导对马克思的《资本论》进行了创造性的研究，得出了前人所没有得出的结论。他指出："关于资本主义生产关系的两重性及其内在矛盾的发展规律，正是马克思在《资本论》中所研究的主题。"资本主义矛盾的发展决定了它必然走向灭亡，但是，"这里被消灭的是生产关系的特殊，即所有关系，而不是生产关系一般；那表现生产力的生产关系一般，不但不能消灭，而且还要继续保存和发展下去，不过要在另一种所有关系，即社会主义的所有关系的特殊形式中表现出来而已。这是社会生产的继承性、连续性的表现。这就是人类社会生产的历史。"这就是说，资本主义社会和社会主义社会不仅在生产力方面存在共性，而且在生产关系当中也存在共性。因此，那种对资本主义转变为社会主义只讲特殊不讲一般，只见个性不见共性，只讲否定不讲继承的"社会主义"观点，就站不住脚了。相反，建设社会主义不仅要在生产力方面，而且要在生产关系方面继承资本主义的文明成果，就是合乎马克思主义的辩证唯物论和历史唯物论的了。从这个意义上说，张闻天关于生产关系两重性的理论既是对马克思主义经济学基础理论的

---

① 《社会主义经济若干理论问题》，见《张闻天选集》，第521页。
② 《关于社会主义和共产主义的要点》，见《张闻天选集》，第534—535页。
③ 《略论社会主义建设时期的工农关系》（打字本），第16页。

一个重要发展，也是对科学社会主义的一个重要发展。

关于阶级斗争的哲学思考

在社会主义经济建设之外，张闻天关注的另一个重大问题，是社会主义社会的基本矛盾和阶级斗争问题。他对庐山会议以来越来越严重的阶级斗争扩大化的倾向深感忧虑，所以，社会基本矛盾和阶级斗争问题是他的读书笔记的又一个重要主题。1962年中共八届十中全会以后，阶级斗争扩大化的观点进一步系统化；1963年12月毛泽东作出关于文学艺术问题的批示后，在文艺领域、进而在意识形态领域开始了过火的政治批判，在这样的背景下，张闻天对阶级斗争扩大化的思虑更深入到哲学的层面。

张闻天在"读书笔记"中多处论述了社会主义社会中基本矛盾的性质、特点和发展趋势。他写道："自社会主义生产方式建立起来之后，生产力和生产关系的矛盾的主要表现，或基本表现，已经不是资产阶级和无产阶级，或资本主义和社会主义，或'生长着的共产主义因素和旧社会残余'的矛盾，而是生产和需要（也即是积累和消费的矛盾，农、轻、重的矛盾）或国家、集体和个人之间的矛盾了。"①"社会主义社会是人统治物，不是物统治人，矛盾是非对抗性的"，②"这些矛盾的特点，就是在于它们基本上的一致性，统一性，不再是敌我矛盾，而是人民内部矛盾了。"③ 这些矛盾的发展趋势，"将不是激化，而是逐渐和缓"，④"团结、统一在社会主义社会的各部分人民中间是基本的"，⑤"社会主义的发展，不是引导到（爆发式的）新的革命的转变，而是（渐进性的）和平转变"。⑥

在对社会主义基本矛盾如此深刻的理论认识的基础上，张闻天十分清醒地指出："把社会主义的基本矛盾，说成是两个阶级（资产阶级、无产阶级）和两条道路的矛盾，说在社会主义发展过程中，这一矛盾贯彻始终，这是否把阶级矛盾和斗争扩大化了？"⑦ 他认为，"许多思想上的矛盾，产生于认识上的差别"，不能说是阶级斗争；⑧ 在社会主义经济建设阶段，许多问题的争论，比如，全民所有制和集体所有制是否能长期共存，高速度与按比例的关系怎么处理，二大部类的比例、积累和消费的比例多少为宜等问题，"并非属于两个阶级和两条道路的斗争。如果把一切争论都归结为这种斗争，就是把阶级斗争扩大化，不利于党内民主，人民内部的民主"；⑨ 他还明确地指出："工、农、知识分子之间的矛盾，国家、集体、个人之间的矛盾基本上不是对抗性的矛盾，是劳动人民内部的矛盾。解决这些矛盾的方法，主要是批评与自我

---

① 《关于社会主义和共产主义的要点》，见《张闻天选集》，第536页。
② 《社会主义经济若干理论问题》，见《张闻天选集》，第527页。
③ 《关于社会主义和共产主义的要点》，见《张闻天选集》，第536页。
④ 《关于社会主义和共产主义的要点》，见《张闻天选集》，第551页。
⑤ 《社会主义经济若干理论问题》，见《张闻天选集》，第527页。
⑥ 《关于社会主义和共产主义的要点》，见《张闻天选集》，第539页。
⑦ 《当前的主要矛盾已不再是阶级矛盾》，见《张闻天选集》，第517页。
⑧ 《不能把阶级斗争扩大化》，见《张闻天选集》，第564页。
⑨ 《社会主义经济若干理论问题》，见《张闻天选集》，第528页。

批评，不是阶级斗争。把它一律叫做阶级斗争，是扩大化。①

对社会主义社会基本矛盾和阶级斗争问题的错误认识，其哲学基础是对于对立统一规律的片面理解，张闻天在笔记中表示了他自己的看法。

张闻天认为："矛盾并不否定统一，而是以统一为条件。有统一，才有矛盾。"②"人类历史的发展过程是否定之否定，是旧的被改造成新的，而不是不断被消灭的过程。"③斯大林将"否定之否定"的规律从马列主义的哲学中排除出去，导致强调对旧的基础和上层建筑统统"消灭"，而不是"在改造中加以继承"，是片面的。④毛泽东重视对立统一规律，但毛泽东对于对立统一规律的理解却侧重于矛盾、对立和分裂。毛泽东把对立统一规律通俗地称为"一分为二"，他的"斗争哲学"，以及以此为基础的"无产阶级专政下继续革命"理论，从哲学基础来看，失之于对于对立统一规律的理解存在着一定的片面性。张闻天在一则笔记中指出："'一分为二'的说法有缺点。"⑤他写道：

> 现在一些文件上，把对立统一规律通俗地称为"一分为二"的规律。这种说法有缺点。因为"一"本来是对立统一的一，而不是无矛盾的一；"二"本来是统一的发展，而不是无矛盾的"一"的分裂为"二"。
>
> 国际工人运动中的分裂，是工人运动内矛盾的发展和激化，而不是先无矛盾，然后才有矛盾。

对于矛盾发展的趋向，在这则笔记中张闻天也表示了不同的看法。他说："矛盾的解决，要经过斗争，但不一定发展为分裂。矛盾发展到分裂，要有一定的条件。在另一种条件下，矛盾可以不发展到分裂。"张闻天认为："飞跃，'渐进的中断'，质变，可以是革命的结果，也可能是改良的、完善的结果。在社会主义内，属于后一种。"⑥张闻天指出："客观上，[社会主义社会]矛盾不能转化为对立。""但如主观上犯错误，矛盾就有发展为对立的可能性。改正了错误，对立性的矛盾又会缓和下来。"他写道："如果说社会主义社会各部分人民中间矛盾是基本的，斗争是基本的，那就是把社会主义社会等同于资本主义社会了。"⑦

张闻天在1964年2月5日写下《"一分为二"的说法有缺点》这段笔记的时候，阶级斗争的弦正越绷越紧。可惜的是，张闻天敲起的警钟只能在纸上鸣响，过不多时，"文化革命五人小组"成立了，"整党内那些走资本主义道路的当权派"的理论确立了。此后又一年，史无前例的"文化大革命"就开始发动起来。在"文革"狂潮汹涌而来的时候，张闻天的笔连"读书笔记"也没有办法写了，他只能去写那写不完的检查和交代了。

---

① 《不要把阶级斗争扩大化》，见《张闻天选集》，第564—565页。
② 《社会主义经济若干理论问题》，见《张闻天选集》，第527页。
③ 《关于斯大林论经济基础和上层建筑的关系》（打字本），第11—12页。
④ 同上书，第12—13页。
⑤ 这则笔记以此为题，已收入《张闻天选集》，以下引文见该书第566页。
⑥ 《关于社会主义和共产主义的要点》，见《张闻天选集》，第542页。
⑦ 《社会主义经济若干理论问题》，见《张闻天选集》，第527—528页。

第二十三章 动乱年代

风暴袭来

从1965年11月批判《海瑞罢官》到1966年5月对"三家村"大张挞伐,"无产阶级文化大革命"开始紧锣密鼓地发动起来。

自1959年庐山会议以后,用张闻天自己的话来说,他"过的是脱离群众、脱离党的直接领导并听候党的长期考察的孤独生活"。① 他的八届中央政治局候补委员从未罢免过,但是,他看不到中央的文件,无从知道围绕着对《海瑞罢官》的评论有怎样复杂的斗争;对于从《二月提纲》到《五一六通知》党中央高层领导的尖锐分歧,他当时更是一无所知。但是,借评海瑞的"退田"、"平冤狱"来批判"单干风"、"翻案风"的文字,在报纸上连篇累牍,张闻天感受到政治气压越来越低,一场政治风暴将要来临。在生活待遇上,张闻天也渐渐等同于一个一般的干部了。1965年11月,中央办公厅主任杨尚昆调出北京。不久,张闻天的"供应卡"被吊销了,接着就撤掉了"红机子"(内部联系用的电话机),后来甚至连一日三餐不可缺少的煤气罐也被搬走了。这一切预示着什么呢?

1966年6月1日晚8时,按毛泽东的指示,中央人民广播电台播发了北京大学聂元梓等七人的一张大字报《宋硕、陆平、彭珮云在文化革命中究竟干些什么?》,"无产阶级文化大革命"的熊熊烈火一下子就点燃起来了。

张闻天竭力想让自己的思想跟上"革命"的形势。6月11日,他给毛泽东并党中央写了一封短信,表示要在无产阶级文化大革命中继续深入学习毛泽东思想,使自己进一步革命化。8月初,他开始在《关于历史唯物主义的一些问题》的总题目下面写"学习笔记",② 用意是"根据在思想意识领域里的社会存在与社会意识的关系来研究我们的无产阶级文化大革命"。8月6日写完第一个问题《社会存在和社会意识》。笔记中写道:"政治的社会意识并不能直接改变政治的社会存在。只有人民群众的政治实践,才能改变政治的社会存在。所以,革命的政治家们的使命是要把革命的政治思想

---

① 引自张闻天1966年12月12日交出的"检讨"。
② 张闻天的"学习笔记"由中央档案馆收藏。

变成人民群众的革命实践。"他还以宗教为例,说明"真正反宗教的斗争或是宗教改革,不仅仅是对宗教信仰和宗教观点的批判,而且必然是反对宗教的社会存在的人民群众的斗争"。张闻天的这篇笔记表明,在"文革"风暴初起时,他力求从哲学高度来理解发动这场"大革命"的目的、任务和必要性。他万万没有想到这会是一场给党和人民、给共和国带来巨大灾难的内乱。他这时也完全没有想到,厄运临头竟会这么快。他不知道,他已经被放到"横扫"之列。1966年7月12日,审查他的专案委员会已经向党中央、毛泽东建议:撤销张闻天中央委员、中央政治局候补委员的职务,开除党籍,在报刊上公开点名。①

1966年8月9日,张闻天按通知到三里河国家经委礼堂开会。踏进会场一看,才知道今天开的是所谓"声讨反革命修正主义分子孙冶方大会"。原来在前一天(8月8日),中共八届十一中全会通过了《关于无产阶级文化大革命的决定》(即"十六条"),经济研究所的造反派跟得很紧,在公布"十六条"的这一天,就召开这个"斗垮"走资派、批判反动学术权威的大会。

早在1964年秋,康生等人就诬指庐山会议"罢官"后到经济研究所当"特约研究员"的张闻天,同经济研究所所长孙冶方结成"张孙反党联盟"。所以,这天大会开始不久,张闻天被揪上台,挂上一块大牌子,戴上一顶高帽子,站在孙冶方的旁边。在"文革"中这叫"陪斗"。随后,又有不少人被揪上台来,时值盛夏,这么多人挤在一起,热得不堪。挤轧之下,张闻天的高帽子扣到了额下,更加闷热。张闻天血压很高,又有心脏病,他竭力支撑着,弯腰低头站了一个多小时,终至昏厥,一头栽倒了。他被拖到后台,造反派中一个女的,还恶声恶气地骂他:你别装死,你死不了!张闻天慢慢苏醒过来以后,又不让他休息,仍旧拖到台上,罚站挨斗。这次斗争会持续五个小时,张闻天被拖来拽去,上衣扣子全部掉光。他回到家里,向夫人刘英叙述经过,感伤地说:今天差点儿回不来了。②

当张闻天从第一次冲击中缓过气来的时候,他想到应该给毛泽东写信。8月22日,他写信给毛主席并中央,报告8月9日被斗情况,说明"自己觉得我还是一个要革命到底的共产党员,我还是想改正错误,改造自己,并继续为党做点工作的人",并表示"我对革命前途永远是乐观的,我没有任何悲观失望的理由"。③9月5日又写一信,都毫无结果,也不知道这些信有没有转到毛的手里。

9月8日,中央办公厅将张闻天的工资关系转出,放到了经济研究所。这样一来,经济研究所的"革命造反派"就更加放手大胆地对他进行批判斗争了。

1966年12月7日,经济所的几个造反派组织联合召开了批判斗争张闻天大会,"勒令"他会后写出"检讨书"。接着,经济所的造反派头头又闯进景山后街甲1号,抄了张闻天的家。他们逼着张闻天打开保险柜,将他1960年底到经济所后写的文稿

---

① 据彭德怀、习仲勋专案审查委员会《关于张闻天反党问题的审查报告》(第十一稿)。
② 刘英1985年1月28日谈话。
③ 张闻天在"文化大革命"中给党中央、毛泽东的信据中共中央党史研究室张闻天选集传记组所藏手稿复印件。以下引用同此,不再注明。

合订本和十几本"读书笔记"一齐抄走。1967年1月25日，张闻天又被经济所造反派揪去，戴帽、挂牌、游斗。没完没了的批判、斗争，无休无止地持续着。张闻天已年近七十，高度近视加白内障，血压高达200/120，心绞痛不时发作。但是，他不能休息，也得不到治疗。无论风沙扑面还是烈日当头，他都得怀揣月票，手提书包，在如潮的人海中，倒换两次公共汽车，从景山赶到三里河去接受审问、批斗。

批判、斗争在1967年夏季中央文革发动包围中南海、揪斗刘少奇的日子里达到了高潮。

1967年7月26日，北京航空学院和北京地质学院红卫兵联合召开群众大会，斗争彭德怀、张闻天等人。会前，周恩来派人向红卫兵头头传达几条：不许坐喷气式，不许搞逼供信，不许游街，不要武斗。红卫兵头头根本不听。他们受林彪、江青操纵，他们听命于中央文革，他们传

■ 张闻天每天前往经济研究所使用的公交车月票

达和执行中央文革的指示：对群众不要限制过多。在大会上搞了喷气式，狠狠斗了一场不算，还在会场出口处组织一批打手，对面而立，形成甬道，每人向彭德怀、张闻天等人猛击一掌。张闻天被打得满头满脸青包紫块，当场昏厥。幸亏两个解放军战士眼疾手快，把他拽上了卡车。卡车开动，风吹起来，张闻天才苏醒过来。①

还有一次是突然袭击。这是配合1967年8月16日《人民日报》公布1959年中共八届八中全会《关于以彭德怀为首的反党集团的决议（摘要）》而进行的。8月21日半夜，忽有一批人逾墙进宅，直闯张闻天、刘英卧室，把他们揪走。直到在一个房间坐定，张闻天才知道到了外交部大院。天亮后，造反派带张、刘二人到食堂吃早饭。刘英对着稀粥一动不动，张闻天悄悄说："快喝点，不然顶不住。"喝过稀粥，造反派就押着张、刘二人在外交部大院内游斗。他们被揪扯着，跑步上下楼，把外交部大小办公室、宿舍楼几乎游斗个遍。下午再开大会斗争，张闻天受尽摧残。刘英陪斗，同时受苦。大会开到5点结束，又将张闻天等人押在一间房里。造反派提审，硬逼张承认陈毅是他庐山发言的后台。张闻天坚决否认，说他的发言完全是自己的思想，与别人无关。搞到天傍黑，张闻天和刘英才回到家里。张闻天抚摸着刘英的手，关切地问她："顶得住吗？"刘英宽慰张闻天说："你看，这不是顶住了吗？"张闻天端详了一会，看刘英神色确还可以，就说："你顶住了，太好啦。批斗

---

① 据刘英：《身处逆境的岁月——忆闻天》，见《回忆张闻天》，第333页。

的时候我老是想着你，又不能看你，真怕你身体吃不消啊。"刘英听他这么说，不由得眼圈都红了。① 这一对在二万五千里长征的艰苦岁月中相爱的老革命家，想不到竟被造反派当成了侮辱和体罚的对象。此时此刻，他们真如涸辙之鲋，只能相濡以沫了。

在那失落了人性的所谓"革命大批判"浪潮中，张闻天的人身安全毫无保障，他成了造反派随意摆弄、争相显示"革命"的工具。当时"造反"已经同"夺权"联系在一起，有野心的造反派头头和幕后人物，要捞取政治资本，制造权势，最好的一个办法，就是狠狠斗争所谓"叛徒、特务、走资派"。毛泽东虽再三呼吁两派"联合"，要求制止"武斗"，一时也难以控制局面。在这样的形势下，张闻天之受尽折磨，真可以说是在劫难逃。

这时的张闻天，老而病，侮辱加上拳脚，其痛楚非常人所能忍受。然而，他默默地忍受着，坚强地挺住，没有流露出一点消极悲观。他不厌其烦地写那些所谓"交代"、"检讨"。一方面，他不能不按当时的流行文体给自己上纲上线，扣上一顶又一顶帽子；另一方面，又写明事实真相，说明原委，对一些理论问题和历史问题，决不轻易放弃自己的独立见解。如果抛开那些空洞的"帽子"、夸大的言词，那么，这些"交代"、"检讨"涉及的史实和思想仍然有一定的参考价值。例如，在一份所谓"认罪书"②中，张闻天概括庐山会议前后自己的基本思想是："认为我国农业、手工业合作化和私人资本主义工商业社会主义三大改造完成之后，无产阶级和资产阶级之间的矛盾已经基本上解决了，因而以后的任务，就不再是社会主义革命和社会主义建设，而只是社会主义建设了，社会主义建设的基本矛盾，就是生产和需要的矛盾，因此，社会主义建设的基本任务，就是解决这个矛盾，即发展生产，满足需要。"他分析自己在这种基本思想的指导下，在社会主义经济建设问题上有以下六条主张：

1. 强调发展生产力，即把"以最少的劳动消耗，取得最大的经济效果"，把建立社会主义物质技术基础，作为建设社会主义的基本任务。这是把经济放在第一位。

2. 强调改善人民生活福利，强调社会主义国家要同资本主义国家在物质生活水平上，进行"和平竞赛"。

3. 强调利用物质刺激，即利用工资等级、奖金制等，来刺激劳动人民和知识分子的生产积极性。

4. 强调价值规律及其他经济规律的作用，强调一切生产计划都应服从于经济规律，而不是使经济规律服从于生产计划；强调用经济方法去领导经济；以及强调经济核算、利润指标等等。

5. 在生产管理上，强调厂长、工程师、专家等集中管理，反对在生产中大搞群众运动；反对不断破坏"旧制度、旧规章"；从而也强调了要向资产阶级管理生产的经验学习，向资产阶级专家学习。

---

① 据刘英：《身处逆境的岁月——忆闻天》，见《回忆张闻天》，第334页。
② 这份所谓"认罪书"于1967年8月28日交给经济研究所"革命造反派"。复写件现存中共中央党史研究室张闻天选集传记组。

6. 主张"平衡论"、"按比例论"、"生产渐进论",反对"冒进",反对大跃进。

在颠倒是非、混淆黑白的"文化大革命"中,张闻天这些探讨中国社会主义经济建设基本规律的思想、观点,被说成是同党的总路线针锋相对的"右倾机会主义路线",其目的是要反对和修改总路线,把高速度、大跃进的总路线引导到稳定渐进的路线上去,结果是不要群众运动,取消大跃进云云。

二百一十九起"接待"

张闻天在被反复进行大会批斗的同时,还几乎天天接受中央机关和全国各地许多单位造反派的提审、质问、调查。据张闻天1967年11月27日递交的一份"接待总结"统计,自1967年1月24日至11月17日不到10个月时间里,他接受审讯、回答问题,或写出材料,或在记录上修改、签字,累计为219起。调查材料大致是以下六个方面:个别干部的历史情况,留学莫斯科期间的情况,刘少奇与白区工作,东北情况,外交战线,庐山会议及国内政策。

不论造反派怎样辱骂、恫吓,不论怎样诱、套、哄、逼,他总是认真回忆,据实回答。涉及党内历史情况,干部的是非功过,他不管外界的舆论和压力,也不论这个干部同自己的亲疏远近,总是负责地说明情况,谈自己的看法,决不乱说,从不诿过于人。有时还同调查、审讯者争论起来。常常有造反派对他的交代不满而厉声呵斥,张闻天总是不紧不慢地说:"我知道的就是这些。你们要我说的那些情况,我不知道。"即使因此而遭到拽扯、拳打,他也毫不动摇。材料都用复写,一份交出,一份自存。保存下来的这些材料,显示了张闻天坚定、正直的人格。这里顺着时间次序摘录几条。

3月13日,中央财经学院"批判陈云联络站"向张闻天调查陈云的历史情况。3月20日他把写的《对陈云的看法和回忆》交出。材料中说:"我觉得陈云工作比较踏实,有办法;作风谨慎稳当,比较能团结和使用干部","对陈云的印象是好的"。他同陈云的经济思想,"在其基本点上,是相同的",主要是:为了满足群众的物质要求,就必须发展经济,增加生产,要重视物质刺激的作用,强调对生产的自上而下的集中管理,注重技术措施,强调平衡,坚持稳步前进。

陆定一在"文革"前就被打击,"文革"开始,中宣部被诬蔑为"阎王殿",部长陆定一被说成"大阎王",还怀疑他的党籍。张闻天于6月13日向中央办公厅来人交了答复陆定一党籍问题的材料。他毫不含糊地证明,30年代初陆定一被开除党籍是一桩冤案,当时就已纠正。材料中谈到:1932年团中央被破坏事曾怀疑同陆定一有关,因此陆曾受开除党籍处分;后经审查,证明此事与陆无关,是一冤案,即撤销了处分,恢复了党籍。负责审查的是当时的中央组织局(局长李维汉)。

6月20日,张闻天把外交部"革命造反联络站"要他写的关于陈毅的材料交出。他明确地写道:"我知道陈毅对于毛主席关于外交政策的指示是执行了的。他对毛主席是表示尊重的。""我觉得陈毅对总理是尊重的,同总理的工作关系也是很密切的。"

江青、康生等妄图利用1932年2月国民党特务机关伪造的所谓《伍豪脱离共产党启事》反周恩来。辽宁大学的造反派就此于11月20日质询张闻天。张闻天斩钉截铁地回答,所谓伍豪(周恩来)在1932年发表反共启事一事,"纯系捏造。我同康生、陈云等看到后一笑置之。一则伍已去江西;二,伍绝不会做这样的事"。①

浙江的造反派来调查已于1941年牺牲的崔小笠(晓立)在莫斯科中山大学的所谓托派问题。张闻天坦然地说:说崔有托派嫌疑,是当时搞错了。他是没有问题的。②

张闻天应造反派要求写的证明材料,涉及杨尚昆、彭真、李先念、李维汉、王稼祥、彭德怀、乌兰夫、宋任穷、李立三、伍修权、吴亮平、孔原、王鹤寿、徐冰、宋一平、曾涌泉、姚依林、程子华、吕正操、刘澜波、王观澜、孙冶方、姬鹏飞、张琴秋、李伯钊、李培之……许多同志。张闻天在自己不断挨斗、蒙受不白之冤的时候,以确凿的事实,为许多同志洗刷掉泼到他们身上的污水,证明他们的清白。无论以旧道德还是以新道德来衡量,都是令人敬仰的。

"六十一人案"

在张闻天1967年接待的200多起调查中,最为重要、也最棘手的问题,要数所谓"六十一人叛徒集团案"③了。

1967年2月16日,天津南开大学"卫东"红卫兵"抓叛徒"战斗队来经济研究所,当面勒令张闻天交代1936年北平军人反省分院(草岚子监狱)61人"假自首"出狱的始末。1967年初,江青、康生一伙正有组织、有计划地将"文化大革命"的火力再一次集中指向刘少奇。在这时提出这个问题,用意很明显,是要诬指刘少奇当年擅自决定一批干部履行手续出狱,组织所谓"叛徒集团",为把刘少奇打成"叛徒、内奸、工贼"罗织一条重要的罪名。

30年前,张闻天是中共中央总书记。对于这件往事,虽然具体时间和若干细节印象已经模糊,但总的经过,张闻天是记得清楚的。这是在特殊情况下采取的特殊的紧急措施,并非刘少奇擅自决定,而是请示中央,经研究批准的。2月16日当天,张闻天写了一份材料,说明此事经过。1936年春,刘少奇以中共中央代表资格去北方局

---

① 这是张闻天11月20日当天在《文革记事本(二)》上对问题所作回答的简要记录。影印件见《张闻天》画册第308图。

② 访问陈修良谈话(1982年5月9日)。

③ 1978年12月,经中共中央批准的中央组织部《关于"六十一人案"的调查报告》,对此案作出结论:"薄一波等同志在反省院对敌斗争的表现是好的。出狱时他们在敌人拟好的'反共启事'上按了手印,并发表在当时平津的报纸上,是执行党组织的指示。当时北方党的决定,并不是刘少奇个人的意见,参与决定这个问题的还有柯庆施等当时北方局的领导同志。一九三六年,张闻天同志是中央的总书记,他的批复应该是看作代表中央。许多同志说明,毛主席曾向他们表示中央知道他们出狱的经过,这一点应该认为是可信的。中央和北方局根据当时华北民族斗争和阶级斗争形势以及薄一波等同志在反省院的表现,指示他们可以履行敌人规定的手续出狱,以便为党工作,这是组织上在当时特定的历史条件下采取的特殊措施。"转引自《刘少奇传(上)》,中央文献出版社1998年版,第229页。

主持工作,"当时他初去白区工作,干部非常缺乏",而"北平监狱中有一些干部,自1931年3月底判刑入狱,坚持斗争,不屈不挠,表现很好,经过内部线索说,只要履行了不反共的普通手续,即可出狱","所以他想以中央名义同意他们履行那样的手续"。张闻天明确承担责任,说这事是得到他本人同意的:"我当时认为,既然工作有此需要,既然履行的又是一般手续,而且只是作为一个临时措施,同时他又是中央代表,所以我当时也表示了同意。"张闻天说明,此事党中央领导集体是了解的:"我的印象是,中央内部关于此事的处理,是知道的,也没有听到过有不同意见";在七大前代表资格的审查中和中央整风审干运动中,"对此事的处理也没有听到过不同意见"。①

鉴于此事关系重大,不仅涉及刘少奇的名节和61位出狱同志的政治生命,而且关系党中央和包括毛泽东在内的中央领导同志,且年代久远,记忆难免有不清、不确之处。为慎重起见,张闻天立即将写的材料送交当时任文革小组顾问的康生,要康生查档核实,并就他所写材料内容是否妥当请示中央。

张闻天知道,康生是此事的知情人。在1937年12月会议上,刘少奇于12月14日报告华北工作时曾专门谈及此事是"得中央允许的"。康生参加了十二月会议,讨论时还就此事发了言,说"经中央允许的某些人,是特别的,不是原则"。康并被张闻天指定起草有关文件。②而且康生长期管内部保卫工作,对干部情况一清二楚。康生是一个奸诈小人,这点,张闻天心里明白。可是他料不到康生会阴险到歪曲事实、构陷人罪的地步。张闻天不知道,在1966年8月八届十一中全会后不久,康生就在"六十一人案"问题上做文章了。1966年9月16日,康生给毛泽东写信,诬指这些经中央批准出狱的人"并不是例行出狱手续,而是'坚决反共'的叛党行为"。③1966年11月,61人中的刘澜涛(时任中共中央西北局第一书记)、赵林(时任吉林省委代理第一书记)就被揪斗,以后很快又以出狱问题将薄一波、安子文等揪了出来。虽然周恩来一再申明"出狱的问题,中央是知道的"④,但中央文革小组仍然揪住不放。为了配合夺权斗争,1967年一二月间,不断在公开场合,滥扣"叛徒"帽子,挑动红卫兵任意追查,在全国刮起"抓叛徒"的恶风。⑤与此同时,所谓61人"自首叛变问题"的初步调查已经准备印发,借评电影《清宫秘史》批刘少奇的文章《爱国主义还是卖国主义》正在炮制。就是这篇文章,提出"八个'为什么'",定了刘少奇八大罪状,其中"指使别人自首变节"就是一条。⑥这时,康生希望从张闻天那里得到的是咬定刘

---

① 张闻天1967年2月16日写的材料,未发出,原件存中共中央党史研究室张闻天选集传记组。这份材料回忆事情发生的最早的时间和经过不准确,张闻天误记为"刘少奇在1937年四五月由北平到延安参加党的代表会议时,曾在个人谈话中提到……"

② 据1937年12月14日政治局会议记录。

③ 据档案。

④ 见周恩来亲自拟定的中共中央1966年11月24日对西北局关于红卫兵追查刘澜涛出狱问题请示的批复,《周恩来选集》下卷,人民出版社1984年版,第452—453页。

⑤ 据1967的1月10日中央文革小组成员戚本禹同总政文工团部分同志谈话,2月12日中央文革小组成员关锋对军训解放军代表讲话。

⑥ 1967年3月31日晚戚本禹的《爱国主义还是卖国主义?——评反动影片〈清宫秘史〉》即由中央人民广播电台播出。该文发表于翌日发行的《红旗》1967年第5期。

少奇"擅自决定"、"指使别人"的材料，而张闻天写出的这个材料恰正相反，可以将他们罗织的刘少奇的这条罪名从根本上予以否定。康生怎么会去查档核实呢？

康生不给回复，南开大学的红卫兵2月18日又来批判。他们还提供了若干线索，纠正张闻天关于具体时间和细节回忆的出入，要他立即写出一份交代材料。在这样的情况下，张闻天乃重写一份材料交出，肯定61人出狱事是得到他同意的，独自承担了责任。材料写道："刘少奇初去北方局不久，就给我写了一封如何解决白区工作干部问题的信。信的全部内容，我现在记不清楚了。约略记得的是，北方白区工作干部极缺，抗日形势迅速开展，急需解决干部问题。他说，现在北平监狱中有一批干部，过去表现好，据监狱内部传出消息，管理监狱的人自知日子不长，准备逃走，也想及早处理这批犯人，所以只要履行一个不反共不发表的简单手续，犯人即可出狱。他信中提议即办此事。他信中特别表示急迫，因为他说如不早办此事，日本占领平津后，就不能办了。他要我赶快答复并要交通员等着把复信带回去。此外，他还附带寄来了狱中干部提出有三个条件的请求书，要我签字，好使狱中干部相信，中央是同意那样办的。我当时很相信刘少奇的意见，觉得不要什么代价一下就可以解决当时确实缺乏的干部问题，岂不很好，所以我就复信表示同意他的意见，并也在请求书上签了字，退回去了。至于监狱中的干部到底是谁，有多少人，表现到底如何，（简单手续）的具体内容是什么，我一直是不知道的。"为避免涉及党中央，张闻天将2月16日所写材料中关于中央知道此事的情节略去，只说："我现在记得，当时我没有把此事报告毛主席，或提到中央特别讨论。以后中央什么会议上或同中央什么人谈过没有，现在也记不起来了。"将责任全部放在自己一个人身上。从此，张闻天头上又多了一顶"大叛徒"的帽子，不知多吃了多少苦头。然而嗣后凡涉及此案，他从不改口推诿，一直独自担待。顾全大局，忍辱负重如此！

张闻天始终肯定61人出狱事是经他同意的。康生对此恼怒之极。1967年4月28日，张闻天又就3月6日、4月26日两起涉及1936年出狱案的调查致函康生，告知自己回忆所及，要他帮助回忆核实。康生竟在来信上批曰："张闻天又要玩弄骗人的把戏"，"这个人继续玩弄手段应予以坚决回击"。

1967年6月27日，康生派"中办"专案组六人到经济所对张闻天审讯。有两个穿军服的干部打着康生派来的牌子，对张闻天说："1936年薄一波等履行手续出狱的案件被你在当中把水搅浑了。"并说："这案件是刘少奇背着中央搞的，你张闻天为什么要承认是你批准的？以后你如再瞎说，后果由你负责！你应该替你的子孙后代留条后路！"他们向张提出两点要求：一、由张本人澄清事实真相，给他们写交代材料；二、以后不准再对外发表关于这方面的其他材料，造成新的混乱。明目张胆地对张闻天威胁利诱，要他"翻供"并作"伪证"。张闻天当即表示："要整就整我吧，我不能说假话，陷害人。"

当天回到家里，张闻天即向刘英谈了审讯经过，并估计自己可能会被捕。[①]

[①] 据：张闻天1967年7月3日致康生信；刘英：《关于薄一波等人履行手续出狱问题材料》（1978年9月16日）。

张闻天明知前途凶险，但是没有屈服于压力。他于 7 月 3 日致函康生，回答 6 月 27 日"中办"专案组的两点要求，表示他已经提供的材料是"我过去所能回忆到的唯一材料。我还没有别的材料证明我的交代是完全不可靠的，从而根本否定我自己交代的材料"，"我现在不知道我对此事还能澄清什么"。

"时穷节乃见"！张闻天的回答，表现了共产主义知识分子至大至刚的一身浩然正气！

专案组的负责人读到此信，暴跳如雷，在信上写下长篇批语，说"张闻天说谎成性，使人气愤"，"对于这样的人没有别的，方针只有一条，那就是斗争！"[①] 1967 年七八九三个月，批斗张闻天的大会开了十六七场，但结果终是枉然。"逼供信"这一套，在张闻天这里是没有用处的。

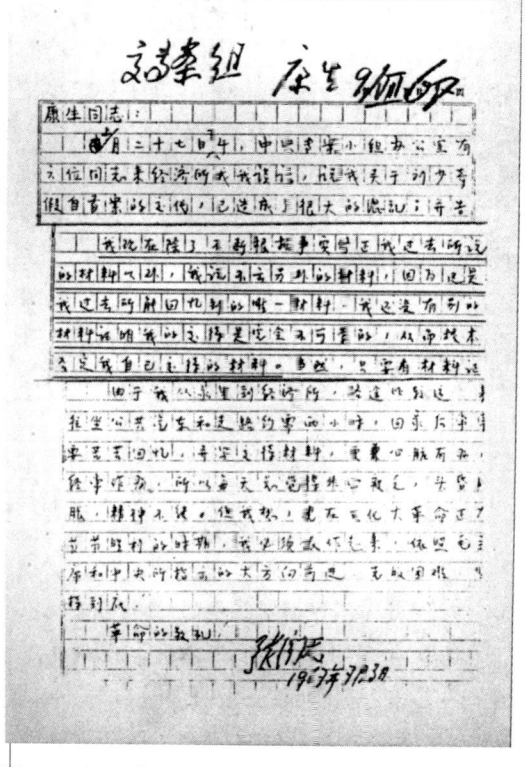

■1967 年 7 月 3 日，张闻天写给康生的信。

五百二十三天"监护"

汉语以词汇的纷繁著称于世。汉语构词的灵活性，使得新词语层出不穷，尤其是在史无前例的"文化大革命"中，简直天天都有同前所未见的事相应的前所未有的词出现，这"监护"就是其中的一个。说是"监禁"吧，并不进监狱；说是"保护"吧，又完全没有自由。1968 年 5 月 17 日，下午，北京卫戍区司令部奉命派了一个班武装，进驻景山后街甲 1 号张闻天寓所，宣布对张闻天、刘英实行"监护"。

"监护"是按上面的指示执行的。指示为："请即告卫戍区司令部，按照主席指示，在张闻天夫妇住处派兵监护，不许自由出入，也不许外人随便调访。"[②] 实际做法严厉得多。宣布"监护"之后，当即将张闻天和刘英隔离开来，分别关进两间屋。窗户用旧报纸糊得严严实实，透不进一丝亮光。室内开着日光灯，24 小时不灭。门上开一个小方孔，站在房门口的士兵日夜窥探监视。屋里只有一张板床，一张长凳。不许

---

① 引自张闻天选集传记组存张闻天 1967 年 7 月 3 日致康生信复印件。
② 据档案。指示写在 1968 年 4 月 22 日"王明、苏修特务专案组"的报告上，时间为 5 月 18 日。按张闻天日记记载，实行"监护"的时间为 5 月 17 日，从张日记。关于"监护"，当时内部有互项规定：1. 万人以上的斗争大会不开。2. 不搞喷气式，不打，不挂牌子，不游斗，不抓走，不跑单。3. 可以看病、理发、洗澡。4. 每天可以放 20 到 30 分钟风。5. 哨兵放在门外。（摘自邵某 1967 年 3 月 1 日记录）

听广播,不许看报,不许同任何人来往。原来的书房变成审讯室,墙上贴满对敌斗争的"最高指示"。专案人员对张、刘轮流审讯,反复追逼交代,日复一日,月复一月,无休无止。唯一可以接触一点新鲜空气的是每天20分钟的"放风"。看门的士兵打开紧闭的门,领着张闻天通过走道,到屋子西头廊下立定。这时,张闻天才可以吹到风,见到天空,晒到太阳。他可以朝南走,左边贴墙是低矮的女贞树的绿篱,右边是一个煤堆。他可以脚踏在地上,一步,两步……走十一步,抬头,迎面是一个持枪的哨兵。他只能折回头,用十一步来回丈量这条黑色与绿色之间的小路。张闻天牙齿不好,有一次乘放风的机会拣了两根可以用来剔牙的细枝子,小心地夹在书里。第二天早晨起来读书时,发现细枝子已经被没收了。监视之细致,叫人苦笑。

刘英在《身处逆境的岁月》一文中忆述了他俩被隔离拘禁的那一段可诅咒的单人囚室生活。她写道:

> 我和闻天住的房子只隔一堵壁,但咫尺天涯。每天只放风一次,时间错开,不让我们碰面。但盥洗室还是合用一个,我们仅能利用这里通一点信息。那时每天早晨天还不亮,我们就要被吆喝起来,拖地擦桌子。大拖把浸了水,拿起来很重,我个子小拿不动,常常不在水里洗干净就拖,因而挨骂。大约是闻天从骂声中听出了原因,以后待我去拿拖把时,发现总是洗净后晾在那里,半干不干,不太重又好拖。闻天泡在盆里的衣服,我也总是悄悄给放上洗衣粉(肥皂限制不够用),抽空子给他搓一下。我们就是这样人不见面心相见!
>
> 最难熬的是夜深人静时,我只能从他的咳嗽声判断他的存在,从审讯人的吆喝得知他的坚定。安静下来,不闻声息,我就感到惶惶不安。有一次,几天没有动静了,我上卫生间时细细察看,发现有一痰盂血,已经上了冻。后来才听闻天告诉我,他那次是折磨受不了,心脏病发,鼻子淌血不止,监管的人不得不将他送医院抢救治疗。一个多月出院后,闻天怕再出事时救不过来,提出同我见一面的要求,而那班监管人员却不同意,说"时候没有到,不行"。真是毫无人性。
>
> 我们被这样分隔拘禁,长达五百二十三天,阴谋家终于没有从闻天嘴里挖出他需要的那句话来。①

是的,监禁摧残了张闻天的健康,可是无法销磨他的意志。关于"六十一人案",他始终独自承担,毫不推诿。对于党的事业和个人前途,始终满怀信心。1969年4月,张闻天重病初愈,专案组"审问"他时,他表示:最近我在和疾病作斗争,还想出去做些工作。谈到自己问题的性质,张闻天说:我总觉得还是人民内部问题,是认识问题,是"延安"不是"西安"。②5月又一次"审问",要他谈学习九大文件后的认识,张闻天希望继续为党工作,想到群众斗争中去接受教育,他说,学习党的历史,一个人关在房子里是学不好的。③在6月底交出的一份《我的思想检讨》中,他又表示:

---

① 《回忆张闻天》,第337页。
② 据《审讯笔录》(10)(1969年4月16日)。
③ 据《审讯张闻天记录》(14)(1969年5月26日)。

自己虽已年届七十，老而病，但要发扬理论和实践相结合的作风、和人民群众紧密联系在一起的作风以及自我批评的作风，使自己的思想和行动不断革命化。

其实，张闻天有没有问题，是什么性质的问题，张闻天有自信心自不必说，毛泽东心里也很明白。毛泽东没有忘记旧情。就在九大期间，毛泽东几次提到张闻天。有一次，还明确地提议要考虑选举张闻天当九届中央委员。那是在1969年4月11日大会秘书处召开的各大组部分召集人会议上，毛泽东谈九大选举时说：我提议几位老同志，就是你们讲的那几个"老机会主义"要选进去，我开幕讲话就有这个意思。毛泽东提到了以下老同志的名字：朱德、陈云、邓子恢、张鼎丞、叶剑英、徐向前、聂荣臻、李富春、李先念、陈毅。接着，毛泽东又说：张闻天、王稼祥是犯了错误的，但还是做了些工作的。遵义会议是靠在我们一边的，同我们合作的。那时候我们很困难。以后也是好事做得多嘛！王明回国以后，他们没有站在王明方面，是站在我这一边的。这一次张闻天、王稼祥是否选上，值得考虑。毛泽东讲到这里，有人插话说，几个老帅要选是可以的，张闻天、王稼祥要选进去困难。这时康生插话说，王明说他们在中国传播了马列主义。老人家很不高兴，说，王明传播什么马列主义，他们一没有搞工人运动，二没有搞农民运动，三没有打过仗。

选张闻天进九届中央委员会的提议未被采纳。张闻天仍然处于"监护"之中，工作当然无从谈起。要不是由于即将进行中苏边界谈判，党中央、毛泽东认为应当采取措施预防可能发生的突然事变，对张闻天的"监护"真不知要到何时何月呢！

1969年10月18日，"关于加强战备，防止敌人突然袭击的紧急指示"以"林副主席指示第一号令"正式向全军各部队下达。在此之前，毛泽东作出实行战备疏散的决策。经中央讨论决定，中央集中到北京某地办公。周恩来留在北京主持工作。中央党政军领导人，包括一批受迫害的老革命家，立即紧急疏散，离开北京，前往外地。毛泽东到武汉（已在）；林彪到苏州；刘少奇、徐向前到开封；朱德、李富春到广东从化；陈云、邓小平到南昌；陶铸到合肥；董必武到广州；叶剑英到长沙；陈毅到石家庄；刘伯承到汉口；聂荣臻到郑州（后改到邯郸）。大致都在京广线沿线城市。张闻天也在疏散名单之中，他去的地方是广东中小城市，具体地点没有完全确定。这样，对张闻天夫妇持续523天的武装"监护"才告中止。

疏散肇庆

1969年10月20日，张闻天和刘英被分别领出北屋小房间，在审讯室里重逢。张闻天头发、胡子又长又乱，脸色苍白，全身浮肿，人都走了形。刘英见他折磨成这般模样，禁不住热泪盈眶。有监管人员看着，又不好说话，真是难过之极。

不一会，来了一位中央办公厅的副主任。他宣布：经批准解除监护，张闻天的问题是人民内部矛盾；当前战备紧张需紧急疏散，故疏散广东中小城市。限三天内启程；张闻天的名字停止使用，另取化名；对外保密，除直系亲属外不准与别人联系。张闻天要求随身带上党的组织关系。答曰：时间来不及，以后再转去。

一个班的武装撤走了。张闻天和刘英，风雨同舟几十年，现在总算又可以生活在一起，互相有个照应了。他们实际上被疏散岭南，马上就得远离京城，但总比咫尺天涯、终年隔离的"监护"强些。时间是那样的紧迫，只有三天，三天以后就要动身，得赶快收拾行装。

张闻天站到他的书柜前面，开始挑选要带走的书籍。

张闻天平生俭朴，吃穿都不讲究。他没有别的嗜好，就是喜欢买书。在莫斯科当驻苏大使的时候，常和使馆的同志一道去逛书店，差不多每星期总要去上一趟。离任回国后，他也隔些天就要到王府井新华书店走一趟。亲自从书架上选购书籍是他最大的乐趣。他并不因为犯过教条主义而讳言读书。他常说："那不是读书的过错，那是读书的态度和方法不对。书，还是要多读。"

张闻天在书柜前站了一会儿，就感到头晕目眩。一年半不见阳光的囚徒生活，将他摧残得太虚弱了。刘英给他搬来一张椅子，让他坐着。把内侄女小红叫来，让她按姑夫的指点挑书。取下了《马克思恩格斯全集》，取下了《列宁全集》，取下了《毛泽东选集》，取下了《鲁迅全集》，一个大铁箱就差不多装满了。他让小红再拣了一些，再也没有力气，就只能罢手了。

三天之后，1969年10月24日，张闻天和刘英匆匆离京南下。专案组人员负责监送。他们老两口只带着年仅10岁的养女小倩。26日抵广州，休息了三四天，就由广州军区保卫干部监送到离广州100多公里的肇庆。

汽车一路颠簸了三个小时，开到肇庆郊外下车。一个带枪的军人来带领张闻天一行。眼前一片荒凉，小土道坑坑洼洼。张闻天走着走着，觉得胸闷难受，只得停下来，含了一片硝酸甘油，坐在土道上歇了一会儿，才缓过气来。

张闻天一家的住处，被安置在肇庆军分区宿舍大院半山坡上的一座平房里。这座小山包叫牛岗。牛岗顶上是当地回民的一片坟场，湿热的夜晚，常见"鬼火高低明灭"。张闻天、刘英归军分区管理。张闻天的人身自由受到限制，部队设岗"警卫"着住所。规定：不准打电话，不准与外面人员接触，不准离开宿舍区，出大院的门要报告，军分区机关放电影也要请示同意后才能看。在张闻天来之前，军分区领导已经同住在大院里的干部、家属打过招呼，只说要来两个老人，一个姓张，一个姓刘。叫不要来往。很长时间人们不知道来人是张闻天，按当地习惯称为"老张头"。正式场合他化名"张普"，取"普通劳动者"之意，且同"洛甫"音近。内部还有一项规定，就是军分区保卫科每月要就张闻天的思想情况和言行向上作一次书面汇报。虽有这许多限制，生活又是这样孤寂，形同进了一只没有栅栏的"鸟笼"，但对于被批斗了两年、又囚禁了一年半的张闻天说来，这里的生活毕竟自由一些，现在可以看书、读报、听广播了，有时也可以在警卫人员的陪同下到山下的西江大堤上漫步。

张闻天疏散到肇庆的时候，已经是七十初度了。因高度近视加白内障，校正后的视力只有0.2，高血压等疾病又时时折磨着他，可是他的心并没有衰老。他胸怀坦荡，对社会主义事业和共产主义理想忠贞不渝。他在到肇庆后不久给内侄的一封信中写道："要在（中国）这样一个伟大的国家，建设社会主义，成功共产主义，确实不是一件容易的事情"。他坚信："只要坚决而又勇敢的奋斗下去，我们就会不断取得胜利的"。① 他给儿子虹生写信谈到对受冲击的认识:"个人在运动中受到一点冲击,实在是微不足道的。应该把这种冲击看作是对我们的一种考验,而不是一种负担,并从中吸取应有的教训。"② 在给弟弟振平的信中,他对子女教育问题发表了深刻的见解:"现在做父母的,想把子女留在身边的想法,是落后的,也是做不到的。子女们到了年龄,应该让他们到广阔的天地里去闯,去工作,去学习,去锻炼。那样,才能使他们成长,逐渐培养成长为社会主义事业的真正接班人!"③ 他还写信鼓励小妹秀琴:"不要为自己个人的一些私事烦恼,应多多在学习、工作、劳动中提高自己的觉悟水平,使自己的思想进一步革命化,好为人民多做出贡献"。④

张闻天自己正是这样。他不为个人身处逆境而烦恼,依然勤奋学习,忧国忧民。他黎明即起,先把房子周围打扫一遍,然后坐在院场上的相思树下收听中央人民广播电台的新闻和报纸摘要。上午、下午,都安坐在东房窗下,读书看报。

他非常关心国内外政治、经济形势的发展变化,看报也做摘记,作分析。有一张卡片,记录着全国29个省、市、自治区(台湾省不在内)革命委员会自1967年1月至1968年9月先后成立的时间、主要负责人的名字以及以后变动情况,是随看随记,一次一次写上去的。从《参考消息》上看到《泰晤士报》上一篇关于中国问题的评论,颇有参考价值,他也做了摘录。⑤ 他能熟练地使用英语、俄语,外国电台的广播,也是他的信息来源之一。肇庆军分区的干部很快就知道了,立即向他提出警告,张闻天也没有停止,只是改在室内用耳机收听,避过他们的耳目。

张闻天酷爱读书,虽然这时视力已经严重衰退,仍然是手不释卷,孜孜矻矻,乐此不疲。开卷动笔,是他读书的习惯。他并不泛泛而读,总是有的放矢,为着研究问题、解决问题。张闻天这时研究的重点是我国社会主义社会的基本理论问题。庐山会议以后,他在经济研究所就围绕这个问题进行了深入的研究,写了十六"读书笔记"、十多篇文稿,无奈都被造反派抄走了。但成熟的思想是禁锢不住、没收不了的。他又重新做起,一边读书,一边写卡片。没有卡片纸,就拿小学生的练习本裁开来使,将旧台历反过来用。他列出了"马克思主义的发展(理论与实践结合的典范)"、"个人在历史上的作用"……若干专题,写了一叠一叠卡片,分类装在旧信封做成的小口袋里。卡片正面是马克思、恩格斯、列宁、毛泽东有关某个问题论述的摘要,反面是自己写的摘要的评论。有些口袋里的卡片排列起来,简直就是一篇专题论文的提纲。有的卡片是张闻天一些随想和论断的记录。如有几张卡片揭露林彪一伙。他写道:"马列主义、毛泽东思想是严密的、完整的、科学的学说和思想体系,它要求对它进行全面的研究,反对任何对它的片面的了解,或断章取义,或各取所需";他指明,当时"在这方面的表现,是特别引人注目的";他揭露这种方法是"无产阶级专政下,资产

---

① 1970年1月致刘东进信。
② 1970年3月13日致张虹生信。
③ 1970年3月25日致张振平信。
④ 1970年1月10日致张秀琴信。
⑤ 据黄锦斯:《在与张闻天同志相处的日子里》,见《张闻天在肇庆》,广东人民出版社1987年版(后引此书不再注明版本),第119页。

阶级和小资产阶级反对无产阶级专政的主要方法",是"披着毛泽东思想的最坚决拥护者的外衣在反对毛泽东思想",并指出这种"断章取义"、"夸大其辞",从而"歪曲篡改"的方法"从第二国际起,就已经如此了。这在无产阶级专政下,更是变本加厉了","要识别真假马克思主义,就要特别注意这一点"。还有三张卡片,① 张闻天摘抄了鲁迅的三段言论:

> 只要能培一朵花,就不妨做做会朽的腐草。

> 对于为了远大的目的,并非因个人之利而攻击我者,无论用怎样的方法,我全都没齿无怨言。

> 革命者为达目的,可用任何手段的话,我是以为不错的,所以即使因为我罪孽深重,革命文学的第一步,必须拿我来开刀,我也敢于咬着牙关忍受。杀不掉,我就退进野草里,自己舔尽了伤口的血痕,决不烦别人傅药。②

这是以鲁迅策励自己,从中可以扪触到十年动乱中张闻天深沉的感情,伟大的灵魂。

张闻天在肇庆的生活是孤寂的。然而天长日久,自有出离世俗的人送来同情,给他慰安。张闻天的回报,就是关心他们的学习。

警卫战士黄锦斯从《人民手册》所载照片认出"张普"就是张闻天,对他和刘英深表同情。除了完成警卫工作外,经常帮他们劈柴,不时还用警卫班的大铁锅烧点热水给他们送去,让他们洗澡。为此,军分区政治部个别人批评小黄立场有问题,小黄也不管。后来小黄复员时,张闻天就将一台刚从北京买来的长江牌七管三波段半导体收音机送给他,勉励他学习时事政治,实事求是,独立思考,在实践中增长才干。③

军分区副司令员李奔一家也十分同情张闻天,生活上尽量给予关照。见张

1973年,张闻天在肇庆。

---

① 卡片存中共中央党史研究室张闻天选集传记组,手迹都已影印发表过,第 1 段见《革命文物》1980 年第 1 期,第 2、3 段见《人物》1980 年第 1 辑,并见拙著《张闻天论稿》,第 499 页。
② 三段话分别引自《三闲集·〈近代世界短篇小说集〉小引》、《三闲集·鲁迅译著书目》、《南腔北调集·答杨邨人先生公开信的公开信》。
③ 黄锦斯:《在与张闻天同志相处的日子里》,见《张闻天在肇庆》,第 124 页。

闻天的扫帚坏了，就从市场上为他买一把轻便的高粱秆扫帚回来，还给缚上一根小棍，让张闻天扫地时不用弯腰。李奔的女儿河璇在上军校，假期回来成了张家的常客。张闻天同她纵论天下事，还送书给她看，成了忘年交。①

庐山会议后到张闻天身边工作的炊事员黄关祥，同张闻天和刘英感情很深。一当出现机会时，老黄就请求组织同意，回到了张闻天身边，照顾他们的生活。1972年7月，黄关祥到肇庆，张闻天吃到老黄做的饭菜，说："唉，总算吃了一顿舒心饭！"他关心经济研究所一些老熟人的情况，老黄一一说给他听。讲到顾准遭迫害，老伴自杀，也见不到儿女，张闻天禁不住落泪，叹息顾准这样有独立见解的经济学家，晚年遭遇竟是这样凄惨。他常同黄关祥闲谈，有时还发一点感慨。有一次对老黄说：没有工作做自己要想办法找事做。人总要生产一点东西，做工是生产物质的东西，我写文章是生产精神的东西。人不能闲着让时间白白地过去。有空时，张闻天还指导老黄读书，每天晚上张闻天看完报就递给老黄看。有一天晚上，他递报纸给老黄时还拿了一本《列宁全集》，要老黄读上边的一篇《论我们报纸的性质》。②列宁写道："现在，老一套的政治鼓动，即政治空谈，占的篇幅太多了，而新生活的建设，建设中的种种事实，占的篇幅太少了。"列宁还强调，报纸应该"少谈些政治"，"多谈些经济"。③列宁的这些话，如同对"四人帮"控制的报纸的批判。跟现实结合起来学，老黄读懂了列宁的著作，对张闻天的观点也心领神会了。

肇庆文稿

在1967年"文化大革命"的批斗狂潮中，张闻天把列宁的一句话写在台历上，作为座右铭："为了能够分析和考察各个不同的情况，应该在肩膀上长着自己的脑袋。"④是的，张闻天虽然被剥夺得一无所有，但始终没有丢失"自己的脑袋"。幽居肇庆，使他有更多的时间从容思考。他常常站在住所旁边，对着那丛绿衣舒卷的芭蕉（这是他栽的）出神。到西江大堤散步，面对滚滚东去的江水，也常常陷入沉思。当时的中国，正是"全面内战"、"天下大乱"，极左言论越说越离奇，个人崇拜越来越严重。每想到党的命运，国家的前途，张闻天常常喟然叹息。思想的波涛在他脑海里汹涌、奔突，可是他无法握笔成文，林彪、江青一伙横行，真所谓"吟罢低眉无写处"啊！

1971年9月13日，林彪乘三叉戟飞机出逃，自我爆炸，摔死在蒙古温都尔汗。张闻天以政治家特有的敏感，意识到此事实际上宣告了"无产阶级文化大革命"的失败。他看到了希望，认为命运将会有所改变，现在可以而且应该把自己对社会主义基

---

① 访问李奔、李河璇谈话（1986年12月）。
② 黄关祥：《在张老身边的日子》，见《回忆张闻天》，第371页。
③ 《列宁全集》第35卷，人民出版社1958年版，第91、92页。
④ 《共产主义运动中的"左派"幼稚病》，见《列宁全集》第31卷，人民出版社1958年版，第50页。

本问题的理论探讨系统地写出来。他对亲人说，"也许有一天我能在哪次会上谈谈"。①从 1971 年 10 月 12 日起，他就不顾个人安危，在受到监管的情况下，秘密地写作论述社会主义的文稿。第一篇《论社会主义和共产主义》于 1972 年 1 月 4 日完成初稿，同年 7 月 28 日改定。接着，又写了《无产阶级专政下的政治和经济》（1973 年 9 月 20 日完成初稿），《论我国无产阶级专政下有关阶级和阶级斗争的一些问题》（1973 年 12 月 8 日完稿）以及《关于社会主义社会内的公私关系》（1974 年 5 月 19 日定稿）。②在这些后来被称为"肇庆文稿"的论文中，张闻天运用马克思主义基本原理，总结了我国进入社会主义社会之后，从"大跃进"到"文化大革命"这一段历史曲折的经验教训，较为系统地批驳了指导"文化大革命"的"左"倾错误理论，论述了关于社会主义社会的一系列基本问题。

从"大跃进"到"文化大革命"，"左"倾错误愈演愈烈，原因之一是在理论上没有认清社会主义社会的长期性和阶段性，混淆了社会主义和共产主义的区别，急于进入共产主义。所以，认清社会主义和共产主义的联系和区别，明确社会主义的长期性和阶段性，实在是中国共产党人能否领导社会主义事业取得胜利的关键。张闻天在经济所的"读书笔记"中已经探讨过这个问题，他的肇庆文稿把对问题的探讨引向深入，又一次从理论上作出正确的回答。

张闻天把社会主义放在整个人类历史发展过程中来认识，放在同共产主义基本特征的比较中进行详尽的分析，阐明作为一个特定的社会发展阶段，"社会主义必然是一个很长的历史时期"。"过去革命阶段的长期性，同这个社会主义阶段的长期性比较起来，简直是不足道的。"张闻天又指出了社会主义社会的阶段性。他说，在这个相当长久的历史时期里，"由于生产力水平的不断提高，生产关系的不断完善和上层建筑的不断改造，本身必然还有不同的发展阶段"。他引用列宁的观点指出，在无产阶级取得政权以后，把社会主义和共产主义的区别加以强调是非常必要的。他说："把两者混淆起来，是错误的"，"决不能越过这个阶段而企图直接进入共产主义。急于进入共产主义的尝试，是错误的。"这些议论，显然是针对着"大跃进"、人民公社化运动到"文化大革命"一再进行的超越阶段的种种错误"尝试"而发的。

迎着"以阶级斗争为纲"、"突出政治"的浪潮，张闻天旗帜鲜明地指出，社会主义社会的任务，首先就是要发展社会生产力。他指出：生产力是推动社会前进的决定因素。社会主义的发展，最终要靠生产力的发展。社会主义革命改变了生产资料的私有制，其目的就是为了解放生产力；为了高速度地发展社会主义经济，理所当然，必须高速度地发展生产力。他指出：这同"唯生产力论"毫无共同之处。用反对所谓"唯生产力论"的观点来反对把战略重点转移到发展生产力、建设社会主义上来，是

---

① 刘英：《身处逆境的岁月——忆闻天》；马文奇：《我帮舅舅抄文稿》，见《回忆张闻天》，第 341、359 页。
② 《关于社会主义社会内的公私关系》的全文、《无产阶级专政下的政治和经济》的部分以及从另外两篇文稿中节选的《人民群众是主人》、《衡量党的路线政策的最高尺度》、《党内斗争要正确进行》收入了 1985 年出版的《张闻天选集》。此外还有《正确建立党同国家的关系》收入《张闻天在肇庆》。该文节录自《论我国无产阶级专政下有关阶级和阶级斗争的一些问题》。以下引文引自以上两书。有些评述据原稿。

根本违反历史唯物主义常识的。他认为，社会主义社会需要自觉地调整生产关系，但是，调整的目的是使生产关系适合生产力，加速生产力的发展。离开了生产力谈生产关系的改变，就会变成空洞无物的议论，甚至会阻碍生产力的发展。因此，生产关系的变革，只有同生产力的发展紧密结合起来，才是行得通的，否则就会是行不通的。这些箴言，当然是对"大跃进"以来生产关系的变革超越生产力水平的理论与实践的针砭。

张闻天从分析生产力的要素出发，鲜明地指出，为了发展生产力，首先必须发挥劳动者生产的积极性和创造性。为此，既要批判轻视劳动和劳动者的思想，又要批判不尊重或不信任知识分子的倾向，还要批判破坏劳动组织和劳动纪律的无政府主义思想和行动。张闻天还着重指出，为要发展生产力，还必须变革生产工具；没有生产工具的变革，生产力的多大提高是不可能的。以为靠手工劳动，靠很低的劳动生产率就能建成共产主义的想法，是幼稚的。大搞技术革命和革新，正是要在物的利用上有所突破，使生产力有新的跃进。这根本不是什么"见物不见人"，而正是马克思所说的"生产工具的发展决定着生产力的发展"。张闻天还特别强调，为要发展生产力，不论是工业或农业都必须有利润，没有利润不但扩大再生产不可能，就是非生产的机关也无法维持。这根本不是什么"利润挂帅"，那种反对社会主义生产单位必须有利润的观点是荒谬的，"不要利润"的观点是转到了"左"的极端。

张闻天还从经济与政治的关系来说明发展社会生产力的重要性。他指出："马克思主义虽然认为政治反作用于经济，但是，这个政治最后或归根到底仍然是由经济决定的。"阶级斗争，就是各阶级维护和争取本阶级的物质利益而进行的斗争。为了实现无产阶级的经济的、物质的利益，无产阶级在实现了对生产资料私有制的改造以后，必须"大力发展社会生产力，向生产的机械化、电气化、自动化迈进。发展生产的目的，是满足人民日益增长的物质和文化生活的需要"。针对林彪、江青反革命集团的"左"倾空谈，张闻天指出，争取无产阶级的物质利益"是一个马克思主义的原则"，任何离开无产阶级和劳动人民的物质利益的所谓政治，决不是无产阶级的政治。他愤激地写道："可是，现在有人却怕谈或有意回避无产阶级和人民群众的经济的、物质的利益，似乎这样说了，就是离经叛道，就应该戴上修正主义、经济主义、福利主义、改良主义之类的大帽子！""荒唐到把为人民群众物质利益而斗争的原则，也当作修正主义来咒骂，那就是不可容许的糊涂或欺骗！"

为了保证无产阶级政治为社会主义经济服务这个任务的胜利完成，张闻天认为有两条重要原则必须遵循。一是必须"从实际出发"。这就是要"从一个社会当时的经济状况和经济条件出发，从它的阶级关系出发"，将政治路线和策略"建立在对经济状况的科学认识上"。这就要求对社会的经济情况作严格的、科学的分析和研究，正确认识各阶级的经济利益和它们之间的关系。一是不能违反社会主义经济规律，而是要认识社会主义的客观经济规律，按照这些客观规律办事。如果违反这些客观经济规律，它就不仅不能对社会的发展起促进作用，反而只能起促退和破坏作用。"这样的政治路线，引起无产阶级和人民群众的不满，并在历史的进程中被否定，也是很自然的。"张闻天透辟地指出，政治路线"不仅不能改变经济规律的必然趋势，而且它本身的命运,也要最后由经济规律来判决";政治路线究竟正确与否,正确的程度如何,"最后都要由社会主义经济建设的成就和成就的大小来衡量"。张闻天这些论述是对我国历史教训的理论概括,从"大跃进"和人民公社化运动中的指标过高、求成过急、比例失调和"共产风"、"浮夸风"等问题,到"文化大革命"中限制商品生产和商品交换的一系列"左"倾城乡经济政策,归根到底,是违背了这两条重要原则,既不符合中国国情,又不符合经济规律。

对于林彪、江青反革命集团天天自称"高举"旗帜,高喊要"突出"和"挂帅"的所谓"政治",张闻天嗤之以鼻。他斥责道:"如果连这样一些常识都丢掉,那还算什么'高举'呢?那除了给国家和人民带来越来越多的灾难之外,还能带来什么呢?!"他义正辞严地写道:"总之,并不是任何政治都能'挂帅',而只有作为'经济的集中表现'的政治,即真正代表无产阶级和人民群众的根本利益的政治,才能动员亿万人民群众行动起来。这又一次说明,把政治和经济对立起来,或使政治超越经济甚至脱离经济的观点,是何等的错误。那些高谈政治而怕谈经济的'政治家',请仔细研究一下,什么才叫'政治是经济的集中表现'这个马克思列宁主义真理的真正内容吧!"在这里,鲜明、深刻的理论以革命家大无畏的凛然正气出之,具有无可辩驳的力量。

张闻天还从无产阶级政权与社会主义经济建设的关系来论述社会主义国家最主要的任务是社会主义经济建设。他在分析了无产阶级国家专政、教育、生产三大任务及它们的有机联系之后指出,"在无产阶级专政下,党的主要政治任务,就是把国家的所有部门以及各种群众团体的活动,从不同方向,直接间接地集中到为社会主义经济建设服务这个目标上来。"他强调,社会主义社会的一切工作,"归根到底,就是为了大幅度地提高生产力,发展社会主义经济。"他说:"共产党领导和无产阶级专政,如果不能在全社会提高劳动生产率,不能迅速建立起现代化的社会主义工农业、交通运输业、国防工业和现代化的科学技术,……不能切实提高人民群众的物质生活水平,总之,不能迅速发展和壮大社会主义经济,那它就不会有可靠的强大的物质基础,就不可能是巩固的。"他把批判的锋芒对准林彪、江青反革命集团,他写道:"物质产品的极大丰富,是向共产主义过渡的根本条件。没有这样的条件,生产落后、人民生活贫困,居然也要向共产主义'过渡',只会使人民的事业受到挫折。""如果不去努力提高社会生产力和人民群众的生活,而一味醉心于'共产主义'的高调,那么,共产主义就只能被糟蹋成画饼充饥的魔术。"这些严正的申斥,无情的嘲笑,表现了马克思主义理论家的坚定和勇敢。

针对"文化大革命"中"否定一切"、"全面内战"的极左思潮和极端做法,张闻天指出,解决无产阶级和资产阶级在思想意识方面的矛盾,只能用思想批判或思想斗争的方法,而不能用镇压和强迫命令的方法,也不能用恐吓、辱骂或义愤。他还特别说明,"彻底批判资产阶级思想(包括一切其他剥削阶级思想)是彻底批判其世界观,批判其一切反动的、腐朽的、迷信的和虚伪的东西,而不是否定其一切带有科学性的、民主性的和资料性的东西,相反,这些东西是我们在批判中应该加以吸收、利用、改造和继承的"。并说,"把一切资产阶级和其他剥削阶级的书刊都看成是反动的、黄色的和无用而有害的东西,而一概加以摒弃,禁止其出版和阅读,以为这样可以免受封、资、修的思想影响的想法和做法,是幼稚的"。但同时他看到必须重视意识形态领域里的阶级斗争。他说,我们对民族资产阶级的政策是"和平改造",但资产阶级对无产阶级的政策是"和平演变"。"和平"是一样的,方向确正相反。这就是无产阶级专政下,资产阶级对无产阶级进行针锋相对的阶级斗争的本质。

针对"文化大革命"中批判"公私溶化"论造成的思想混乱,限制和批判按劳分配原则与物质利益原则的"左"倾错误,以及若干"左"的城乡经济政策,肇庆文稿论述了应该怎样全面认识和正确处理社会主义社会内的公私关系。张闻天从理论上指明,"公和私(也包括集体和个人、国家和个人)是一对矛盾而又统一的范畴",在社会主义社会内,"对大多数人民群众来说,私的、个人的利益和公的、集体的(包括国家的)利益是基本上一致的",因此公私矛盾,"可以用自觉地调节的办法来解决"。张闻天认为,在社会主义社会内公和私也不是隔绝的。社会主义社会只反对个人主义、自私自利的或假公济私、损公肥私的那种私,却不反对在社会主义应该得到的个人利益的私。社会主义社会在公的集体利益内就包含有私的个人的利益,因而是"公中有私,而不是公中无私"。这种公私关系的基本一致性,在按劳分配中表现得非常清楚。个人在按劳分配原则下应分得的份额的"私",是每个人应有的正当权利。反对或否认这种"私",就是反对社会主义分配原则的"左"的空谈。张闻天还认为,在社会主义内,"不但公中有私,而且在一定范围内,还允许公外有私"。农民的自留田、家庭副业与集市贸易就是公外的私。"这是公私结合的一种辅助形式,在目前条件下还不能废弃。"他进而还指出,在社会主义社会内,不仅私要为公,而且"公还要为私"。人人为我,我为人人,"个人集中力量为了集体,使集体的力量不断壮大,集体也切实关心个人,使个人生活不断改进,这是社会主义社会高速度发展的一条重要规律"。

针对着"文化大革命"中党和国家生活中民主集中制遭到严重破坏的现状,针对着当时党内严重存在的脱离实际、脱离群众的作风,肇庆文稿从党群关系、党政关系、领袖和党的关系以及正确认识和处理党内矛盾等方面较为系统地论述了保证党的正确领导的一系列主要问题。

张闻天从人民群众是创造历史的动力这一唯物史观的原理出发,深刻地论述了无产阶级政党和人民群众的关系。在他看来,正确地处理党群关系是保证党的领导的正确的关键所在。

"人民群众是主人,党是勤务员。"这是张闻天阐述党和群众关系坚持的一个根本观点,是千万不可颠倒的。他指出:在共产党成为执政党以后,党的领导者也是国家机关的首长,这种特殊地位常常容易产生一种错觉,"把主人和勤务员的关系颠倒过来,像旧社会历史上总是颠倒过的一样"。张闻天告诫说:"党最容易犯的错误,错误中最危险的和致命的错误,是脱离群众。"如不纠正,党的领导者将最后蜕化变质为同人民群众对立的官老爷。

"群众是基础,党是领导。"这是张闻天关于党群关系的又一重点观点。党要领导群众,必须为群众服务。"领导就是服务。领导人民,就是为人民服务。"这是一方面。

另一方面，党对群众的领导，是通过使他们接受和实行共产党的正确路线、方针、政策来实现的。在这里，"群众的实践，是衡量党的路线和政策的最高尺度。"他指出，"不要以为党决定了的东西，就一定是正确的。"如果党的方针政策不尽符合实际和群众利益，或群众还不了解方针、政策的正确，都会引起群众的不赞成和反对。他深刻地指出，"党同人民群众之间的一致性总是在两者之间的矛盾中展现的，党同群众的矛盾是始终存在的"；"这种矛盾，只有经过党的批评和自我批评，党加强对群众的方针政策的教育，以及帮助群众根据切身经验提高认识，才能逐步解决"；"这种矛盾的不断解决，是党教育自己和教育群众的过程"。这些论述体现的充分尊重群众、尊重实践的精神，同脱离群众的个人专断作风，同骄傲自大、自以为是的作风，是水火不相容的。

张闻天还深刻地指出，当人民群众还缺乏自己是真正的主人的自觉，以旧思想、旧习惯对待现在的党政领导者，对他们唯命是从，说他们是救世主，对他们歌功颂德，这也是促使某些领导人脱离群众的一个原因。所以，仅仅懂得群众路线的原则还是不够的，还必须实行充分的民主。要有多种多样的吸收人民群众参加的组织形式，让群众实际上成为国家的主人。

正确认识和处理党和国家的关系，也是保证党的正确领导的极为重要的问题。张闻天认为，党领导国家，但它本身不是国家，党应该通过国家组织来实行无产阶级专政，"党不能超过国家、高踞于国家之上"。任何企图以少数人的活动，即使是最优秀的共产党人的活动，来包办代替国家机关的工作，使国家机关成为党的附属机构的想法和做法，都是不正确的。此外，国家是依靠暴力来维持的专政的工具，党则依靠说服教育的方法来领导国家机关的活动。这些意见正确地阐述了党在执政以后应该怎样有效地实行对国家的领导和管理，其意义是深远的。

党的领导者的作风问题，领导者与党的关系问题，对于保证共产党的正确领导有着十分重要的意义。张闻天指出，如果上层领导者"喜欢人们讲阿谀奉承和歌功颂德的话，而不欢迎人们讲不同意见的话，如果表现出这种骄傲自满的态度，那是不能真正发扬民主的"。"居于领导地位的党员，必须勇于负责，但是我们所要的，是集体领导，而不是个人专断，不是一个人说了算。"他甚至毫不隐讳地说，"无产阶级民主，不是短期内所能完全实现的"，除了客观原因之外，还有主观原因，其中最重要的主观原因之一，"在于共产党对实行民主的重要性还认识不足"，"对实行民主还缺乏经验"。这些尖锐的议论，不用说包含着对当时狂热的个人崇拜的批评。

再一个至关重要的、在当时特别尖锐的问题，就是必须正确认识和处理党内矛盾。

由于阶级斗争扩大化的迷误，在"党内矛盾是社会阶级斗争的反映"这一观点指导下，特别是从1959年庐山会议起，形成频繁的党内斗争，直至发展到"文化大革命"那样一场以打倒"党内走资本主义道路的当权派"、推翻"资产阶级司令部"为中心内容的、空前激烈和残酷的党内斗争。张闻天自庐山会议以来一直深受其害，但他的肇庆文稿完全以科学的说理、冷静的分析来总结党内斗争的历史教训，阐明关于正确认识和处理党内矛盾的观点。

张闻天指出，党内矛盾的性质"不仅是人民内部的矛盾，而且是为共产主义事业奋斗的革命同志之间的矛盾"，因而"解决这种矛盾，只能采用批评和自我批评的方法，即思想批判或思想斗争的方法"，而决不能用镇压的办法。批评时要注意"实事求是、以理服人"，被批评时要注意"虚心倾听"、"唯理是从"，以达到团结同志的目的。

针对"文化大革命"打击一大片的"左"倾错误，张闻天严肃地指出，将党内犯有机会主义思想倾向错误的同志说成是"党内资产阶级的代理人"是不对的，正像党内有封建主义思想倾向的人，并不就是党内地主阶级的代理人一样。未经严格审查、没有确凿证据，轻易怀疑或断定犯有这样那样错误的同志为党内资产阶级代理人，为阶级敌人，为内奸、特务，是不能允许的。"这必然会导致把人民内部的矛盾夸大为敌我矛盾，把同志当做敌人，给党造成极大的危害。"至于把持不同意见的同志诬陷为"党内资产阶级代理人"，"那更是颠倒是非，混淆敌我，是对党的严重破坏"。

鉴于"文化大革命"中流行一种"右倾是立场问题，左倾是方法问题"、"右倾危险'左派'保险"的"宁'左'勿右"的错误思潮，肇庆文稿着重指出，弄清"左"倾和右倾的同异及其联系对正确解决党内矛盾至关重要。应该看到，"左"倾和右倾都是错误的。"都是对于党的正确路线的背离，都是立场问题，也都是方法问题。"党内正确路线与错误路线的斗争，必然表现为既反对右倾又反对"左"倾的两条战线的斗争。1972年冬，对林彪集团的批判从批极左转为批极右。张闻天清醒地看到，当时"左"倾错误严重而还在一味反对右倾，这是十分危险的。他语重心长地写道："如果不顾社会条件的变化，把党内两条路线的斗争，只是归结为反对右倾的斗争，因此只反右不反'左'，'左'的倾向就势必会受到鼓励而发展起来，在一定条件下甚至成为主要的危险。在'左'倾成为主要危险以后，还要继续集中力量反对右倾，就可能把正确的东西也当作右倾，极大地伤害同志，给党的事业造成严重的后果。"他还特别唤起全党同志对利用党内错误倾向进行反党反革命活动的两面派分子保持高度警惕。

针对"文化大革命"中党内民主遭到严重破坏的情况，张闻天着重指出，为了正确解决党内矛盾，党内的思想斗争必须严格按照党的民主集中制的组织原则来进行。他对"文化大革命"中许多违反党纪国法的不正常做法提出尖锐的批评，发出正义的呼喊。他写道："那种夸张的、武断的、主观主义的、吹毛求疵的或人身攻击的思想批判，是既没有说服力，也不能教育同志、团结同志的"。他认为，"党内常常出现的知而不言、言而不尽的情况，同党内那种言者有罪、闻者不戒的家长作风、军阀作风有直接的关系"；应该允许党员"对错误做自我批评或为自己辩护，不同意时还可以上诉，要求翻案"。在林彪、江青反革命集团的迫害面前，张闻天表现了无产阶级革命家在党内斗争中的坚定立场和不调和的精神。这些有关党内斗争的论述，说出了"文化大革命"中无数老革命家和广大党员的心声，表达了他们坚决反对阴谋家、野心家企图把无产阶级的党蜕变为封建法西斯党的意志，捍卫了马克思主义的建党学说。

张闻天的肇庆文稿所论述的都是关系社会主义事业兴衰成败的根本问题。对这些

张闻天和外甥马文奇（左）、工作人员黄关祥在肇庆住处合影。

问题，张闻天的文稿运用马克思列宁主义的一般原理，从理论与实际的结合上作出了回答。它们都带有全面批判"文化大革命"、否定"文化大革命"的性质，其特别可贵之处正在这里。虽然日益恶化的健康状况不允许张闻天将列出的提纲全部写完，文稿中的某些部分也难免留有当时社会思想折射的痕迹，但这些都不影响肇庆文稿在探讨社会主义基本理论方面拨乱反正的价值。它是十年浩劫期间中国共产党人从理论上批判"左"倾严重错误，论述社会主义特点和规律的一部代表作，是用革命气概和科学精神构筑起来的一座理论丰碑。

1974年夏天，张闻天的肇庆文稿基本上写成。就在这时，他的外甥马文奇利用暑假，从上海远道而来，探望舅舅。他们已经七年没有见面了。马文奇是复旦大学经济系的教员，理论问题上可以对谈，张闻天很高兴。他让马文奇替他誊写文稿，表示"准备将来出书"，还说："书可焚烧，书可禁读，但禁不住写书人的思想波涛。不是吗，我过去写的读书笔记，被掠夺一空，今天我又重写了一大叠！"①

马文奇的假期连途程往返在内只有两个星期，他在肇庆只住了六天，8月12日就要启程回上海了，但文稿还只抄了一半。他向舅舅提出让他带回上海继续抄写。张闻天颇为踌躇，他想了一会儿，说："其他文章问题不很大，不过其中有一篇与他们抵触太大，被他们发现了不好。"他所说的这一篇就是《论我国无产阶级专政下有关阶级和阶级斗争的一些问题》，其中第七节，正确认识与处理党内矛盾，正确进行党内斗争问题，言辞尤为精警犀利，矛头所向，一看就知道是针对着"他们"即"四人帮"的。过了一天，张闻天才同意让马文奇将没有抄完的文稿带回上海，继续抄完。马文奇将文稿用白纸包好，放在纸箱底层，在上面摆了十几斤新鲜龙眼，乘船离开肇庆。

---

① 马文奇：《狱中写书的人》，载《中国青年报》1981年4月19日。

回到上海以后,马文奇继续抄写。为便于分散保存,他接连抄了三份,用塑料袋包好,藏在三个不同的地方。抄完后,他从原稿不连接的三处抽出六页留下,作为抄件是张闻天所作的证据,其余都按张闻天的嘱咐销毁。天还没有亮,留着这些手迹,一旦被人发现,太不利了。

1976年9月,经叶剑英批准,刘英到北京瞻仰毛主席遗容。王震见到刘英,郑重地对她说:闻天同志是我们党的理论家。他写的稿子你千万不能烧掉啊,一定要保管好。如果不方便,把它放到我这里。刘英就把一部分文稿寄存在她和张闻天最可信赖的战友王玥子那里。①

就这样,张闻天的肇庆文稿被完整地保存了下来。这一宝贵精神遗产,同它的创造者的品格一起,在中华人民共和国的史册上熠熠生辉。

---

① 刘英:《身处逆境的岁月》,见《我和张闻天命运与共的历程》,中共党史出版社1997年版,第225页。

第二十四章 最后的脚印

到无锡落户

九一三事件以后,周恩来主持中央日常工作,使各方面的工作有了转机。张闻天觉得黑暗即将过去,曙光就在前头。他开始寻找机会,争取改变在肇庆的这种疏散生活。

1972年3月,张闻天到广州治牙病。广州军区保卫部长到张闻天住所来,向他传达周恩来要他写一个关于林彪与会理会议的材料。张闻天于3月28日写就交出后,在4月2日给"毛主席、周总理并党中央"写了一封信,[①]请求"早日在政治上和组织上解决我的问题","回到北京去,在党的领导下做些力能胜任的工作";同时转达刘英的心愿:"希望中央对她的问题也能早日做个结论"。张闻天在信中还诉说"遣送"肇庆两年半以来过着"非常孤寂和闭塞的生活","精神上感到苦闷"。言辞甚为恳切。到6月份,张闻天被告知:中央决定自今年5月起恢复张闻天、刘英原工资待遇,算是得到一点宽慰。但张闻天内心对自己没有做工作而领工资又深感不安。他在一封家书中写道:"像现在这样光领国家工资,不做工作,心上很是不好过的,但也没有什么办法。"[②]

1973年3月10日,党中央发布《关于恢复邓小平同志的党的生活和国务院副总理的职务的决定》。从邓小平复出,张闻天看到了希望。他很兴奋,与身边的警卫人员谈论时说:"小平同志很精干,肯动脑子,办事果断,实事求是。他出来工作,我们国家就有希望了,周总理也不用那样忙了。"[③]

中共十大于1973年8月24日至28日举行,一批"文化大革命"中受排斥和打击的老同志被选为中央委员。希望又在张闻天心中活跃起来。9月20日,他同刘英联名写信给毛主席和中央,重复以前的多次请求,希望早日回京,恢复组织生活,做点

[①] 据中共中央党史研究室张闻天选集传记组存复印件。以下引用张闻天致毛泽东并党中央信出处均同,不再加注。
[②] 1972年10月7日致张振平信。张振平是张闻天的弟弟(继母生),在湖南常德纺织机械厂工作。
[③] 黄锦斯:《在与张闻天同志相处的日子里》,见《张闻天在肇庆》,第119—120页。

工作。他在先前的信中曾表示："如果没有别的工作可做,把我调回原来的工作单位——经济研究所或其他研究所——当一名普通研究员我也愿意。"① 毛泽东读到9月20日信后发话,可以让张闻天、刘英就地参加党的生活和工作。② 但这个指示不知在哪个环节卡住了,一直没有传下来。要不是周恩来的一个批示,恢复组织生活还不知要耽搁到何年何月呢!

按照规定,广州军区政治部要向中央办公厅汇报张闻天的情况。1974年1月8日,他们报送了一份材料,反映张闻天在同身边人员谈话时对评法批儒中歌颂秦始皇和批判孔夫子持不同看法。③ 1月19日周恩来看过这份报告后批示,要中央办公厅主任汪东兴落实:"我记得上次传达主席的话说,让张(包括刘英)参加地方党的生活和工作,不知你通知中组部没有?"根据周恩来的这个批示,张闻天、刘英才恢复组织生活,允许在肇庆市委领导下做些调查研究工作,阅读发至县团级的中央文件。④ 1974年2月21日起,张闻天、刘英编入市委办公室党小组,监管的生活总算结束了。这时,他俩的关系转交给了地方,住房、生活、治病、警卫仍由肇庆军分区负责。

张闻天非常珍惜剥夺已久的深入实际、调查研究的权利。接到通知后两天,2月23日,他就去肇庆市委同市委书记见面。对他们介绍的肇庆市工农业情况作了详细笔记,还取回市委编印的《肇庆市通讯》阅读。从3月6日起,张闻天到肇庆市内各工厂参观调查。他看得认真,问得仔细,从生产设备到产品销售,从经营管理到经济效益,从干部作风到工人生活,都调查了解。他写字时手已经微微颤抖了,但还是不停地记录。有两次调查累了,感到胸闷得厉害,他知道是心绞痛的症状,含服一颗硝酸甘油,稍歇一会儿,坚持进行到底。到4月27日止,他先后调查参观的工厂有广东仪表厂、肇庆通用机械厂、工艺厂、标准件厂、农机厂、塑料鞋厂等11家,还访问了肇庆市西区区委。⑤ 也只是到这时,张闻天才有机会游览肇庆市内兼有桂林与西湖之美的著名风景区七星岩,和郊外的鼎湖山庆云寺,才参观了驰名中外的特产"端砚"的制作过程。

肇庆市委对张闻天夫妇生活上也有照顾。他们见张闻天家里家具很简陋,坐的是木椅子,就派人送来了一对旧沙发。张闻天不肯要,人家劝他:"你老人家年岁大,木椅子硬,坐着不太舒服。"张闻天幽默地说:"坐木椅子能练硬骨头嘛!"⑥ 肇庆虽在南方,但冬天有些日子还是相当冷的。张闻天为了防止感冒,买了一只电炉,市委办公室的同志派来电工为他安装。张闻天要付安装费,办公室的同志说不

---

① 1973年6月9日致毛主席和中央信。
② 据1975年1月19日周恩来在一份反映张闻天情况的报告上的批示。
③ 这份材料是广州军区政治部给中央办公厅的报告。材料反映张闻天说:"现在报纸上对秦始皇评价很高,其实他只是起了统一中国的作用,别的也没什么,他是一个很残暴的皇帝,是压迫老百姓的,统一中国后就修建宫殿,劳民伤财多。"并引范文澜的文章,说"孔子是封建文化的伟大人物" 他那一套是"为封建社会的"等等。据刘英回忆(1987年8月25日访问),报告上说身边人员反映的这些话是张闻天同广州军区保卫部部长谈的。
④ 据中共中央组织部业务组2月28日给中共广东省委、广州军区政治部的电报。
⑤ 据张闻天"肇庆日记"。
⑥ 廖锦超:《一个无产阶级革命家的崇高品格》,见《张闻天在肇庆》,第133页。

必。张闻天夫妇第二天特地写了一封信给市委负责同志，表示：安装电炉的一切费用和以后每月的电费由我们支付，并说："我们这一请求务必请批准为幸"。①张闻天这样廉洁奉公，使市委的干部很感动。

张闻天夫妇恢复组织生活之后，政治上和生活上虽然都有一些改善，但幽居岭南，与外界隔绝，总不是长久之计。想到自己年事已高，体弱多病，所以，他在 1974 年写信给毛主席和中央，不再提继续工作问题，只提两点要求：一是希望能回到北京度过晚年，一是希望中央能给以到全国各地参观、学习的机会。信

■ 张闻天夫妇同儿子虹生一起游肇庆七星岩合影。中为刘英，身旁站立者为张闻天的外孙女张秀君；小女孩为虹生的女儿冬燕。

中写道："我现在已经是七十四岁的老人了，身体不大好，思想和行动很迟钝，眼睛的白内障大有发展，阅读文件和书报日益困难，因此，我想在我不能走动或变成瞎子之前，看看我所热爱的伟大的社会主义祖国的新面貌。至于旅途中的一切费用，都可用我们的存款来支付，不用另外花公家的钱。"在悲凉的晚景中提出如此恳切的愿望，谁读了都要为之感动。可是，上面不作任何答复。一个参与缔造共和国的老人，想要看看她的新面貌，这样一点微薄的希望，硬是不予满足，这是怎样地让人痛心啊！

不过，张闻天并没有灰心，他相信党，还是继续争取。1974 年 7 月下旬，经过反复请求，刘英获准赴北京探亲。在北京，刘英去看望了王震。王震非常关心张闻天。他劝刘英鼓动张闻天再向毛泽东打报告。刘英回肇庆后，经过一番商量和考虑，张闻天于 10 月 18 日又给毛主席写了一封信，简要报告现在的思想情况，说明现在只是"希望回到北京生活和养病"，"能有机会到各地参观学习"，除此之外，"没有其他要求了"。这封信经王震转呈，于 10 月底奉达正在长沙的毛泽东案前。毛泽东这时患白内障，双目几近失明，听完来信，让身边人员签批："到北京住，恐不合适，可另换一地方居住。"②

张闻天想回北京的希望破灭。无奈，只得提出拟以自己的家乡上海为养老地点。③转眼之间，冬去春来，五个月过去了，不见答复。"四人帮"是不能容忍张闻天在他们的领地内安居的。张闻天曾考虑是否可去西安，写信给外甥马文彬了解西安情况。④马文彬等认为西安不很合适，还是选择离上海较近的苏州或无锡为好。张闻天乃于 1975 年 4 月 28 日致函中央组织部，正式提出：如上海不成，苏州或无锡也可以。直

---

① 《张闻天在肇庆》载该信影印件。
② 据档案。
③ 据 1974 年 12 月 2 日经广东省委转致中央组织部的信。
④ 据 1974 年 12 月 25 日致马文彬信。

到 6 月 9 日，才接到通知：同意迁居无锡。

　　1975 年 8 月 23 日，张闻天一家离开幽居六年的疏散地肇庆。8 月 24 日从广州乘火车赴上海。一路上张闻天的心情很不平静。车过金华，进入杭嘉湖平原，张闻天不时从座位上站起来，眺望窗外秀丽的江南景色。① 是啊，从 1919 年在南京参加五四运动投身革命起，至今已经 56 年了，现在以 75 岁高龄回到江南故地，也可以说是叶落归根吧。

　　8 月 25 日傍晚车抵上海，江苏省委组织部和无锡市委已派人在车站上迎候。随即驱车前往无锡，夜半抵达。张闻天一家被安排在太湖饭店的小山 2 号暂住。这是一幢二层小洋楼，面临太湖，走出房门，迎面扑入眼帘的就是著名的太湖景点鼋头渚。凭栏远眺，水天一色，太湖七十二峰在万顷烟波中隐现，真有心旷神怡、宠辱皆忘之慨。第二天，无锡市委书记韩本初、市长马健等就前来拜望。休息两三天后，张闻天和家人游了梅园、锡山、惠山，还从蠡园、渔庄到鼋头渚、三山兜了一圈，饱览了湖光山色。

　　9 月 1 日，张闻天一家搬进城里汤巷 45 号居住。这是一幢两层小楼，单门独院，比较清静。楼上东房，做了张闻天的卧室兼书房。张闻天依旧化名"张普"，对外联系、书写病历就用"45 号"作为代号。

　　张闻天住在小山 2 号招待所时，无锡市委就指派无锡市第一人民医院的主任医师李鹤强为保健医生，前去检查身体，做了心电图，详细询问了病情。搬进汤巷 45 号的当天，李鹤强就在张闻天的卧室里准备了一只氧气瓶和必要的抢救药品。9 月中旬，李鹤强为张闻天进行了仔细的体检，临床诊断病情为：全身动脉硬化症；冠状动脉硬化性心脏病，心绞痛型；高血压病；慢性支气管炎，单纯型，轻度；肥大性脊柱炎；左上肺陈旧性结核（部分硬结）。

　　9 月初，张闻天的女儿维英、引娣，侄儿昌麟，外甥马文奇、马文彬，外孙女张秀君，都从上海来无锡探望。久别重逢，悲喜交集。长女维英，已经五十开外，为维持生计瞒了年龄在上海羽兽毛厂做临时工。维英诉说生活艰难，张闻天听后说："革命者的后代应该像人民一样地生活。"② 后来就留她在无锡暂住，帮做家务。马文奇带来了抄好的《论我国无产阶级专政下有关阶级和阶级斗争的一些问题》一文，张闻天很高兴。

　　张闻天刚到无锡，心情是比较愉快的。当时全国的形势，由于邓小平主持中央日常工作，在铁路、煤炭、钢铁和文艺等各方面进行整顿，有了明显的好转。不准张闻天回北京而只许他到无锡，当然是不公正的，但比起作为"遣送"人员住在肇庆军分区大院来说，现在毕竟是自由公民了。

　　张闻天对地处太湖之滨的无锡，印象一向很好。1924 年在小说《旅途》中，他就以赞赏的笔触描写过无锡城乡的风土人情。这次迁来，当地在生活和医疗上还是尽力照顾的。张闻天蒙冤受屈，回不了北京，做不了工作，这同地方上无关。地方分配来

---

① 据富耀南、杜松：《关于张闻天在无锡的一些情况——访张闻天夫人刘英》，见《张闻天在无锡》，中共党史出版社 1980 年版，第 31 页。

② 张秀君：《深望敬爱的外公》，见《张闻天在无锡》，第 121 页。

担任医护和警卫的人员对张闻天非常尽心,他很满意。无锡离上海近,火车只要两小时,亲属来往比较方便。张闻天少小离家,老来回到家乡附近,可以从亲属那里得到照顾和慰藉。所以,张闻天到无锡后不久就兴致勃勃地说:我要加入无锡籍,做无锡人了!

张闻天把家安好,送走了前来探望的小辈,立即继续他的社会主义基本理论的研究。9月7日,他就将马文奇誊抄的论阶级与阶级斗争的文稿校读完毕,作了个别文字的润色。接着,他就着手改定《无产阶级专政下的政治和经济》一文。这篇文稿,在肇庆时已经反复修改过几次,初稿于1973年9月20日完成。到无锡后,张闻天依据这两年来国内政治、经济形势的发展变化,结合自己进行调查研究的体会,对这一重大理论问题进一步作了深入思考,对文稿作了认真的修改和较多的增补。从保留下来的全部手稿可以看出,这次修改补充至少进行了两遍。第一遍除对全文进行润色外,初稿被删去八九页,增补重写了16页;第二遍又增补了2页。全稿40页,这次修改增补的有18页,约占全文一半。在增补稿的首页上记载着完成这一工作的时间:1975年9月16日。

这次增补的18页文稿,是张闻天留下的研究社会主义基本理论的最后篇章。他将文稿的第一部分"经济决定政治"全部重新写过,鲜明地批驳"文革"中流行一时的"政治决定论",有很强的现实针对性。在以下四个部分中增补了不少重要观点,如:"正确的政治路线只能是遵循'经济——政治——经济'的公式的路线",共产党的政治领导不能离开经济,不能离开人民群众;"无产阶级政治由经济决定,同时又领导经济,为经济服务",从政治上具体领导经济,是党当前的头等重要的政治任务;"正确的政治领导和经济建设的成就,必然是正比例关系";等等。这次修改增补,使《无产阶级专政下的政治和经济》这篇理论著作更加完整,更加富有战斗性。

张闻天在修改他的理论文章时,目光一直注视着现实斗争。现实生活中的风云变幻当然也常常引起他的关注。张闻天到无锡的时候,"四人帮"正利用毛泽东关于《水浒》的一次谈话,借题发挥,制造一场评《水浒》的运动,把矛头指向所谓"否定文化大革命"、"架空晁盖"的现代投降派。张闻天浏览当时的报刊文章,既不满又不安。1975年10月7日,他在给马文奇的信中写道:"关于《水浒》的评论,现在很多,我看得很少。从历史眼光,即从唯物史观的眼光,评论《水浒》的,似乎还不够多。但《水浒》终究是小说,不是历史。"9月下旬到10月,他读了几部《水浒》续书,研究的重点放到中国历史特别是宋史上去。他先请保卫人员到无锡市图书馆借了《中国通史简编》和《清代通史》两部书,10月18日又亲自步行到图书馆借书。后来又开列书单,请人去借过几次。借阅的书籍有《宋论》、《续资治通鉴》、《读通鉴论》等。① "以古为鉴,可知兴替"。他是要借鉴古代历史经验来洞察复杂变幻的现实斗争。倘若不是病魔夺去了他的生命,张闻天留给党和人民的精神遗产将会更加丰富。

---

① 张闻天到无锡图书馆借书情况,据该馆保存的借阅登记簿。详情并见《张闻天在无锡》中程光雄的《"我是一个普通读者"——张闻天同志来无锡市图书馆借书追记》。

在重病中

进入深秋季节，江南阴雨绵绵，天气冷热无常，衰老多病的张闻天适应不了。1975年11月2日，步行外出，较为疲劳，加之饮食不周，下午就突然发病了。胸前区持续性疼痛，四小时不能缓解，晚间住进无锡市第一人民医院，诊断为冠状动脉粥样硬化性心脏病心绞痛型，生命垂危。这时刘英不在无锡，她赴北京参加"文革"中被迫害致死的弟弟刘彬的骨灰安放仪式。① 有关部门立即发去张闻天病危电报。刘英于11月3日赶回无锡。南京、上海两地的抢救小组也于3日抵锡会诊。经抢救缓解后，11月8日又因感冒引起急性肺水肿。抢救脱险后，经中西医合作治疗20多天，总算好转过来。

经过这一场波折，无锡市有关方面格外谨慎起来。严冬将临，心脏病患者最怕伤风感冒，于是给张闻天房间安了一个木屑炉取暖。但炉子烟大呛人，只好让他和刘英移居新生路7号招待所，那是无锡市有数的两三处有暖气设备的房子。

自然界寒流的袭击是抵挡住了，可是，政治寒流的袭击却无法抵挡。1976年开始，大故迭起，寒流滚滚，张闻天的健康受到严重损毁。

1976年1月9日，清晨，广播中传出声声哀乐，张闻天听到周恩来于1月8日与世长辞的噩耗，心痛如绞，默坐良久，潸然泪下。他对医护人员说："周总理是少有的人才。没有周总理，我们这些老干部早就不知到哪里去了。'在那些悲痛的日子里，医务人员为使他免受刺激，劝他不要看追悼周总理的电视新闻了，他一定不肯。他不能到北京去同共同战斗了几十年的战友告别，他要在这里，在电视机前，默默地为战友送行。张闻天戴起黑纱，同医护人员一起，注视着荧光屏上周总理瘦削清癯的遗容。当看到江青故作高慢不脱帽的丑恶表演时，他气愤之极。就在周恩来逝世后这几天，张闻天连续三次从睡梦中惊醒，醒来感到胸闷、心跳、心前区隐痛。他想到自己随时可能发生意外，处之泰然。他在1976年1月19日给外甥马文彬的复信中写道："看来，我的病还不算太严重，请放心。不过，我年纪已七十五，突然事变的发生，也不是不可能。对人的生死，只有根据自然规律办事，过分操心或担心，也无用。"

人们悼念周总理的眼泪还没有擦干，"四人帮"又兴风作浪，将1975年冬发动起来的"反击右倾翻案风"推向高潮，矛头直指邓小平。张闻天对党和国家的前途深为忧虑，愁闷郁结，过了春节，又病一场。② 病后有一天，张闻天同住在楼下的一位干部议论当时的形势，忍不住宣泄内心的愤懑。他说："怎么搞的，国内经济、政治形势才好转一点，又折腾起来了。一会儿说人才难得，一会儿又说右倾翻案，真是莫名其妙！据我看，按'八大'的路线和精神行事，根本没有错嘛。像我们这样一个大国，

---

① 刘英的弟弟刘彬，生前任冶金工业部副部长。1967年为所谓张闻天"里通外国"事，被北京钢铁学院红卫兵刑讯逼供致残，当年7月迫害致死。据张闻天的"无锡日记"，刘英因参加刘彬骨灰安放仪式于1975年9月26日赴京。

② 这次发病在2月18日深夜，为慢性心力衰竭，至2月底3月初好转。据江苏省委组织部1976年3月16日《张普同志病情报告》。以下关于张闻天病情均据"病情报告"和"病历"。

如果不把国民经济搞上去,那就国无宁日,民无宁日了。"他又说:"把许多靠边站的老同志重新安排一下,让他们干点工作,这也算是'右倾翻案'吗?"①

医护人员为了替张闻天调节情绪,排解愁闷,3月初梅花开放的时候,陪同张闻天夫妇游梅园。4月初,又一起去游太湖。在明媚的湖光山色中,张闻天暂时忘却了忧伤。他站在鼋头渚长春桥畔,欣赏着樱花怒放、桃红柳绿的江南春色,说:"世界上都知道有个日内瓦,无锡的自然条件不比日内瓦差啊!"

可是,国内政治风波接连不断,无锡的自然景色再美,总无法排遣他心中的愁绪。清明节前,南京市的学生、工人首先揭露和声讨"四人帮"的篡党夺权阴谋,3月底在闹市区新

■1975年,张闻天在无锡鼋园。

街口贴出"打倒张春桥"的大标语,并到雨花台和梅园新村悼念周总理和革命先烈。无锡很快响应,在市中心也刷出了大标语。4月初,北京上百万群众连续几天到天安门广场献花圈、诗词,悼念周总理、声讨"四人帮"。在4月4日清明节这一天达到高潮。4月5日凌晨,广场上的花圈遭洗劫,还有群众被逮捕,从而激起白天广场上广大群众强烈的抗议行动。这种抗议行动被诬指为"反革命事件"而于当晚遭残酷镇压。4月7日晚8时,电台广播了关于撤销邓小平党内外一切职务的决议和《天安门广场的反革命政治事件》的报道。张闻天听后,一夜没有安眠。第二天清晨,突发心房纤维性颤动,持续两个半小时,经救治才趋于正常。

自此以后,他的心绞痛和肺水肿不断发作,差不多每天晚上都要吸氧。4月23日傍晚,又突然发作,气急心悸,十分难受。25日深夜出现过片刻过早搏动。医生会诊,一致认为张闻天病情反复发作,心功能日益减退,体质衰弱,可能再度发生急性左心衰竭及严重心律失常(心室纤维性颤动)导致心室停搏。为此,讨论并安排了抢救措施。5月22日再次出现险情。凌晨4时许,突然心悸气急,发生"急性左心衰竭",四小时后又出现心律失常。紧急抢救后稍有缓解。医生发出病危报告:张普的心脏随时有停止跳动的危险。

张闻天自知病情沉重,将不久于人世,不由得想到身后之事。

4月的一天,他要夫人刘英坐到他的床前,对刘英说:"我不行了……别的

---

① 倪浩堂:《忆张闻天老前辈对我的几次谈话》,见《张闻天在无锡》,第48页。

倒没有什么，只是这十几年没能为党工作，深感遗憾。"张闻天嘱咐刘英："我死后替我把补发给我的工资和解冻的存款全部交给党，作为我最后一次党费。"这话重复说了几遍。刘英强忍住一眶泪水，默默点头。张闻天没有听到回话，就要刘英拿纸来，写下保证，签上名字。刘英说："难道你还信不过我？"语犹未了，眼泪禁不住夺眶而出。过后，刘英即将张闻天的这个"遗愿"变为他们夫妇俩的"合约"，写在纸上，念给张闻天听："二人生前商定：二人的存款，死后交给党，作为二人最后所交党费。张、刘 1976 年 4 月"张闻天这才微笑点头，放下心来。①

张闻天在重病中还一直惦念着他的文稿。有一次，上海亲友前来探视，他把马文奇留下，替他抄写在无锡增补改定的《无产阶级专政下的政治和经济》。还说："如果能有一个懂政治经济学的文字秘书，我就可以写出更多东西来。""文化大革命"初期被抄家抄走的在经济所期间所写 13 篇论文合订本，于 1975 年 9 月发还。取回无锡后，张闻天像见了失而复得的宝贝似的，又逐篇校读，病中精神稍好就拿过来读下去。每篇文章都有他用铅笔或圆珠笔校改的字迹，在文题右上方标上写作日期和序号，不少篇写着"已校"二字。他曾对马文奇说，上面把在经济所时的文章发还了，正在看，看来有些东西还是可以用的。还说："这些东西以后都要交给你保存，将来可以用你的名义发表。"张闻天还一直念叨他那十几本被抄家抄走的"政治经济学笔记本"。跟刘英和马文奇一再提起，说，如果能要回来，可以写出更多的东西。②

关心身边同志的学习与生活，成了张闻天的一种习惯，虽在病中也是如此。有一次医生李鹤强在张闻天身边值班，正赶写临床经验总结。他一边写一边不时观察张闻天的病情。张闻天发现后就说："看书写材料不要分散精力，有事我会叫你的。"1976 年 6 月下旬，张闻天发现李鹤强几天没有来了，一问才知道李因颈椎病在家做牵引治疗，他就请人带了水果代他

■张闻天逝世前和刘英的最后一张合影（1976 年摄于无锡）

---

① 访问刘英谈话（1985 年 4 月 3 日），并见刘英：《身处逆境的岁月——忆闻天》，见《回忆张闻天》，第 343 页。

② 以上三事均据马文奇：《难忘的相聚》，见《张闻天在无锡》，第 117 页。张闻天的这些笔记本有 9 本在 1981 年从专案材料中清理出来发还给刘英，刘英于 1988 年 10 月 28 日赠送给了中央档案馆。

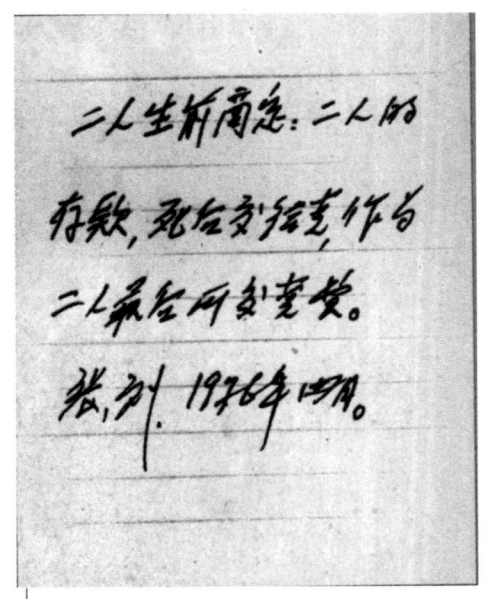

■ 张闻天病危时刻同刘英商定把个人存款作为最后的党费交给组织的字据

去看望。① 还有一次，护士周铭的哥哥、嫂子从上海来，家里没有什么菜招待，刚巧张闻天的侄儿昌麟带给他一茶缸油爆虾，张闻天只吃了几只，就让刘英悄悄放进周铭的提包里。周铭回到家里才发现这一茶缸油爆虾，一家人都十分感动。周铭护理很细致，张闻天常夸她同家人一样亲。当张闻天得知小周正在争取入党时，很高兴，鼓励她说："只要有这个理想，总有一天会实现的。"②

张闻天 5 月发病躺倒，经过抢救治疗，到 6 月上旬有了转机。6 月中旬，居然又能挣扎着下床散步了。张闻天常说："生命在于运动！"事实上，他的主动脉经常阻塞着，就因为经常活动，小血管畅通，才保持了生命力。不过，重病后的张闻天身体是那样的虚弱，走不了几步就要歇一下。他向医务人员了解，如果一时走不动路，用什么办法可以代步？来无锡后，工厂、农村都还没有去参观呢。医务人员打听到有一种香港产的可折叠的多功能新式轮椅，张闻天听了很想请工厂设法做一辆。医护人员找来了这种轮椅的产品说明书（英文），张闻天很有兴趣地阅读、琢磨。他是多么希望身体好起来，走到生机勃勃的群众生活中去啊！

冰冷的葬仪

张闻天终于没有能够战胜病魔。他突然匆匆地离开人间。他死在黎明前最黑暗的时刻。

1976 年 7 月 1 日，是中国共产党成立 55 周年纪念日。清晨醒来，他默默地打开收音机，传出的是一片"批邓反右"、"走资派还在走"的鼓噪。他勉强听完新闻节目，喝了几口米汤，什么话也没说，静静地躺着休息。

下午睡了一会，醒来听黄关祥念《参考消息》。

3 点半钟，他坐在沙发上喝了中药，还吃了几颗杨梅，精神似乎还好。他翻看着介绍那种新式轮椅的产品说明书，同刘英等闲谈，希望搞一辆，没有一点不祥的预感。

钟敲 4 点，上床休息。片刻，有便意。

---

① 李鹤强：《我为张闻天同志当保健医生》，见《张闻天在无锡》，第 66 页。
② 周铭：《忆病中的张闻天同志》，见《张闻天在无锡》，第 81—82 页。

张闻天长征到达陕北后动过一次手术，留下了"肛门狭窄"的后遗症；又加胃肠功能紊乱，便秘也是老毛病了。对冠心病患者说来，这两种疾病最易诱发急剧病变，造成临床上常见的"便盆上死亡"，所以每次解大便，都是一个关卡。这次照通常办法，经甘油灌肠后给予氧气吸入，但排便不多。上床休息后，感到解便未尽，遂又灌肠，在吸氧下解便。一切似乎都很正常。然而，不幸就在这一瞬间发生了。张闻天屏便时，只说了声"心里难过得……"言犹未了，就昏倒在警卫员张敏群身上。

在场的人急忙将他托扶上床，然而脉搏已经不能扪及，心音消失，呼吸微弱……

医护人员全力抢救，终于无力回天。下午7时30分，张闻天的心脏完全停止跳动。

张闻天就这样遽然逝去。

他想带着他无锡改定的文稿，到党中央的会议上去讲一讲，是不可能的了。

他想乘眼睛还没有瞎，到各地去参观游览，对社会主义祖国的变化看上一眼，这个愿望，也是不可能实现的了。

他想搞一辆轮椅，载着他那老迈之躯，继续行走在人群之中，连这一个愿望，也是永远不可能实现的了。

不幸虽早在意料之中，可是来得实在太突然了。刘英经受不住失去亲人的痛苦，昏厥过去……

江苏省委当夜急电当时的中央，请示丧事安排问题。

7月3日，有关部门向中央提出一个方案，"遗体在无锡火化，并在无锡开个追悼会"，由江苏省委一领导同志主持，无锡市委一领导同志讲话。同时报送了草拟的一份讲话稿，说张闻天"是大家所熟悉的一位老同志。他在南京参加过著名的'五四'

■张闻天生前最后的留影（1976年春摄于无锡鼋头渚长春桥畔）

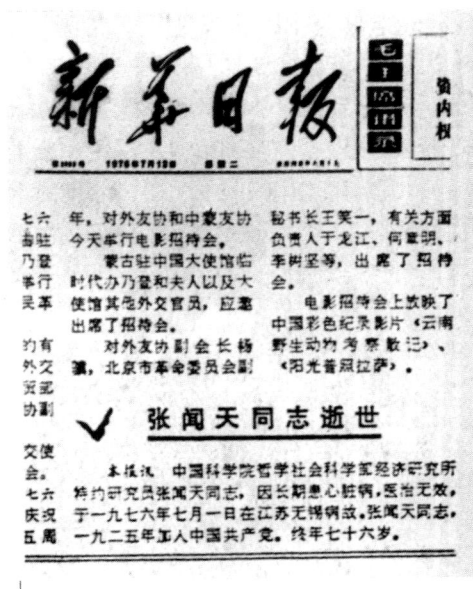

登载张闻天逝世消息的《新华日报》

学生运动,一九二五年加入中国共产党,跟随伟大领袖毛主席进行了二万五千里长征,在长期革命斗争中,对中国人民的伟大革命事业作了一些有益的工作。"① 可是,这样简到不能再简的仪式,低到不能再低的评价,上面都不同意。

江苏省委一再催询,迟迟没有答复。直到7月8日下午,中央有关部门才电话指示江苏省委:不开追悼会,骨灰盒存放在无锡,《新华日报》发一消息,刘英由江苏安置。在这之前,省委组织部干部曾向中央反映:遗体告别时如送花圈,写张闻天还是写张普?家属说,"人都死了,还保什么密!"答复是继续保密。② 所以,7月9日下午向遗体告别,"张闻天"这个名字都不许出现。刘英献给几十年风雨同舟的伴侣的花圈上,也只能写"献给老张同志"。绝情悖理,一至于此!

张闻天遗体于10日下午火化。骨灰盒被锁在无锡公墓办公室的一个木箱里面。

又过三天,7月13日,才在南京的《新华日报》第三版右下角以"本报讯"的报道方式,登出张闻天逝世的消息。这则消息由北京方面拟定,仅78个字:"中国科学院哲学社会科学部经济研究所特约研究员张闻天同志,因长期患心脏病,医治无效,于一九七六年七月一日在江苏无锡病故。张闻天同志,一九二五年加入中国共产党。终年七十六岁。"首都报纸一概保持缄默。

呜呼!一代伟人,就这样无声息地殒落!他能够安息吗?

历史的回声

对张闻天的冷酷,无损于张闻天的光辉。张闻天生前坚信:"历史最公正,是非、忠奸,这一切,历史终将证明,终将作出判断。"③ 就在张闻天逝世后不到100天,党和人民粉碎了江青反革命集团,结束了"文化大革命"十年动乱。1978年12月,中共十一届三中全会纠正了过去对彭德怀、张闻天等所作的错误结论。1979年8月25日,中共中央在北京人民大会堂召开大会,隆重追悼张闻天。追悼会由陈云主持,邓小平致悼词。④ 悼词赞颂"张闻天同志的一生,是革命的一生,是忠于党、忠于人民的一生",庄严宣布:"现在,党中央为张闻天同志一生的革命活动,作出了全面、公正

---

① 据档案。
② 据电话记录。
③ 刘英:《身处逆境的岁月——忆闻天》,见《回忆张闻天》,第341页。
④ 悼词载《人民日报》1979年8月26日。

的评价,决定为他平反和恢复名誉。林彪、'四人帮'一伙强加在张闻天同志身上的一切诬陷不实之词都应统统推倒。"悼词号召向张闻天同志学习:'学习他服从真理,诚恳修正错误,勇于进行自我批评,善于吸取历史经验的优秀品质;学习他作风正派,顾全大局,以党的利益为重,不突出个人,不计较个人得失的坚强党性;学习他谦虚谨慎,艰苦朴素,平易近人,处事民主,善于团结干部的优良作风;学习他终身好学,不断求知,重视调查研究,坚持实事求是的科学态度;学习他胸怀坦白,光明磊落,爱憎分明,敢于斗争的革命精神。"在举行追悼会的当天,《人民日报》在显著位置发表了张闻天在肇庆写成、又在无锡精心修改的文稿《无产阶级专政下的政治和经济》。8月27日,又发表了肇庆文稿中的《党内斗争要正确进行》。他在"文革"中所作的理论创造终于成为全党全国共享的宝贵精神财富。

1981年7月1日,在庆祝中国共产党成立60周年大会上,胡耀邦发表讲话,张闻天的名字被列入同毛泽东一起为中国革命的胜利、为毛泽东思想的形成和发展作出重要贡献的党的杰出领导人的行列,给了张闻天应有的历史地位。

1985年8月30日,在张闻天85周年诞辰之际,包括庐山会议发言和"政治经济学笔记"、"肇庆文稿"的精彩篇章在内的《张闻天选集》由人民出版社出版。张闻天生前的遗愿终于实现。

《〈张闻天选集〉编辑说明》高度评价张闻天的历史功绩和理论贡献,指出:"张闻天同志是伟大的马克思主义者,杰出的无产阶级革命家和理论家,党在一个较长时期的重要领导人。他对中国新民主主义革命、社会主义革命和社会主义建设事业的胜利,对作为党的集体智慧结晶的毛泽东思想的形成和发展,作出了重要贡献。"

是的,历史最公正!随着时间的推移,张闻天的理论创造和革命业绩,崇高品德和优良作风,越来越赢得全国各族人民,广大党员、干部、知识分子和青年的敬佩。在张闻天九十诞辰时,北京举行了隆重的纪念活动,上海、南京、遵义、佳木斯、无锡等地也以多种形式纪念他。国家主席杨尚昆发表纪念文章,称张闻天是"共产党人的楷模,革命知识分子的典范"。[①] 中共中央总书记江泽民致函刘英说:"党和人民永远不会忘记他为中国革命和建设事业作出的不朽历史贡献。他对共产主义矢志不移的坚定信念,他的政治家的宽广胸怀和学问家的谨严风范,他为人民利益而坚持真理、修正错误的崇高品德,他深入实际、实事求是、谦虚谨慎、艰苦朴素的优良作风,永远值得我们大家学习。"[②]

是的,历史最公正!张闻天的英名,将永远活在全体共产党员和全中国人民的心中。

[①] 杨尚昆:《纪念张闻天同志》,载《人民日报》1990年8月30日。
[②] 江泽民致刘英的信(1990年8月28日),载《人民日报》1990年8月30日。

张闻天生平大事年表
（1900—1976）

1900 年
- 8 月 30 日　生于江苏省南汇县朱家店北之北张家宅（现属上海市浦东新区川沙新镇邓三村九队）。

1915 年
- 夏　毕业于南汇县立第一高等小学。
- 秋　到吴淞入江苏省水产学校。

1917 年
- 秋　到南京入全国水利局河海工程专门学校。

1919 年
- 5 月　在南京参加五四运动。
- 8 月　发表《社会问题》一文，指明要用马克思唯物史观观察社会，介绍《共产党宣言》中的"十条纲领"。
- 9 月　到上海入留法勤工俭学预备科。
- 12 月　加入少年中国学会。

1920 年
- 7 月　赴日本，在东京自学。

1921 年
- 1 月　从日本返回上海。开始译介外国文学。
- 8 月　任中华书局新文化丛书编辑。

1922 年
- 1 月　发表文章表示决心为实现社会主义做一个小卒。
- 8 月　赴美国旧金山，在加利福尼亚大学伯克利分校勤工俭学，任《大同报》编辑。

1924 年
- 1 月　从美国返回上海，任中华书局编辑。
- 5 月　发表长篇小说《旅途》。
- 11 月　到重庆任二女师英文教员。

1925 年
- 3 月　任川东师范国文教员，主编《南鸿》周刊。
- 5 月　因宣传进步思想被军阀驱逐出重庆。
- 6 月初　在上海加入中国共产党。
- 8 月　被派到苏州乐益女中任教，参与苏州党的活动。
- 10 月　赴苏联，11 月抵莫斯科，入孙逸仙中国劳动者大学（通称"莫斯科中山大学"）。

1927 年
- 9 月　在莫斯科中山大学毕业，留校任教。

1928 年
- 9 月　入红色教授学院历史系，同时参与共产国际东方部部分工作。

1931 年
- 2 月中旬　从莫斯科回到上海，任中共中央宣传部长，主编《红旗》、《斗争》。
- 9 月下旬　任中共临时中央政治局委员、政治局常委。

1933 年
- 1 月　进入江西中央革命根据地。

1934 年
- 1 月　在中共六届五中全会上当选为中共中央政治局委员、书记处书记。
- 2 月　当选为中华苏维埃共和国人民委员会主席。
- 10 月　参加长征。

1935 年
- 1 月　出席遵义会议，作批判"左"倾军事路线报告，支持以毛泽东为代表的正确路线，受会议委托起草会议决议。
- 2 月上旬　经中央政治局常委会分工，任总书记，在党内负总责。
- 6 月至 9 月　主持两河口会议、沙窝会议、毛儿盖会议、俄界会议，同张国焘右倾分裂阴谋作斗争。
- 10 月　到达陕北，继续主持中共中央日常工作。后又兼任中共中央宣传部长。
- 12 月上旬　在中央政治局会议上作《改变对富农的策略》报告。

- 12月中下旬　主持瓦窑堡会议，并起草会议决议，确定抗日民族统一战线的策略方针。

1936 年

- 2月　参加红军东征。
- 3月　主持中央政治局会议，作《共产国际"七大"与我党抗日统一战线的方针》报告。
- 8月至9月　连续主持中央政治局会议，确定"逼蒋抗日"方针，为中央起草《关于抗日救亡运动的新形势与民主共和国的决议》。
- 12月　主持中央政治局会议，力主和平解决西安事变。

1937 年

- 1月下旬　赴西安，维持和平大局。
- 3月　在中央政治局扩大会议上作《国民党三中全会后的形势与我党的任务》报告。
- 4月　中共中央机关报《解放》周刊创刊，任主编。
- 5月　在中共苏区代表会议上致开幕词。
  在白区工作会议上作《白区党目前的中心任务》报告。
- 8月　主持洛川会议。会前，在9日中共中央召集的一次会议上作《平津失守后的形势与党的任务》报告。
- 12月下旬　在中央会议上作"总的结论"，抵制王明右倾错误。

1938 年

- 2月　在中央政治局会议上作《继续抗战和国共关系》发言，反对王明右倾错误。
- 5月　兼任马克思列宁学院院长。并主持《马恩丛书》和《列宁选集》编译工作。
- 9月　在中共六届六中全会上致开幕词，并作关于组织问题的报告。

1939 年

- 2月　兼任中共中央干部教育部部长。编辑《共产党人》。

1941 年

- 7月　兼任中央研究院院长。
- 9月　在中央政治局会议上对过去"左"倾错误进行自我批评。

1942 年

- 1月　率延安农村调查团赴陕北和晋西北进行社会调查。写出调查报告多种。

1943 年

- 3月　返回延安，作《出发归来记》。

参加延安整风和关于党内历史上路线是非的讨论。

1944 年
- 5月起　参加中共六届七中全会，并参与总结党的历史经验的工作。

1945 年
- 4月至6月　出席中共第七次全国代表大会，当选为中央委员。在七届一中全会上当选为中央政治局委员。
- 11月　经沈阳到哈尔滨，在陈云主持下参加起草《对满洲工作的几点意见》。随后到牡丹江宁安地区开辟革命根据地。

1946 年
- 5月　到佳木斯任中共合江省委书记兼省军区政治委员。

1948 年
- 6月　到哈尔滨任中共中央东北局常委兼组织部长。
- 8月　受中共中央东北局委托在东北局第一次城工会议上作总结报告。
- 9月　为东北局起草《关于东北经济构成及经济建设基本方针的提纲》。
- 12月　兼任东北财政经济委员会副主任。

1949 年
- 5月　到安东（今丹东）任中共辽东省委书记。

1950 年
- 1月　被任命为中华人民共和国出席联合国和安理会首席代表（因美国阻挠，中华人民共和国在联合国的合法席位未能恢复而未赴任）。

1951 年
- 4月　任中华人民共和国驻苏联特命全权大使。

1954 年
- 4月　任外交部副部长。
- 4月至7月　出席讨论和平解决朝鲜问题和恢复印度支那和平问题的日内瓦会议。
- 9月　出席第一届全国人民代表大会，当选为第一届人大常委会委员。

1955 年
- 1月　从苏联回国，任外交部常务副部长。

1956 年
- 9 月　出席中共第八次全国代表大会，当选为中央委员。在八届一中全会上当选为政治局候补委员。

1959 年
- 4 月　赴波兰参加华沙条约缔约国和中华人民共和国外长会议。
- 7 月至 8 月　出席庐山会议。在华东小组会上发言。受到错误批判，被撤销外交部副部长职务。

1960 年
- 11 月起　任中国科学院哲学社会科学部经济研究所特约研究员至 1965 年，写了《关于按劳分配提纲》、《关于社会主义和共产主义的要点》、《不能把阶级斗争扩大化》等大量文稿和笔记。

1962 年
- 4 月至 6 月　到江苏、上海、浙江、湖南等地进行调查，写《关于集市贸易等问题的一些意见》报送党中央。

1966 年
- 8 月　被揪斗。在"文化大革命"中遭受林彪、"四人帮"严重迫害。

1967 年
- 对于诬陷刘少奇、薄一波等的所谓"六十一人出狱案"，负责地说明事实真相，严正抵制康生等策划的逼供。

1968 年
- 5 月　被监护审查。
- 10 月　被遣送广东肇庆。

1971 年
- 10 月至 1974 年写了《人民群众是主人》、《无产阶级专政下的政治和经济》、《党内斗争要正确进行》、《关于社会主义社会内的公私关系》等许多文稿和笔记。

1975 年
- 8 月　迁居江苏无锡。

1976 年
- 7 月 1 日　心脏病猝发逝世。

初版后记

　　1980年秋,我被吸收参加中央批准成立的张闻天选集传记编辑组工作。不久,领导上要我在编辑《张闻天选集》的工作中注意收集有关张闻天传记的资料,并分配我承担撰写《张闻天传》的任务。从1980年至1988年,我在本职工作之余,集中力量进行有关张闻天的史料搜集整理和研究。除参加编辑《张闻天选集》等书之外,发表了几十篇论文,出版了《张闻天与新文学运动》和《张闻天论稿》两本专著。经过八九年的准备,从1988年初秋起正式动笔写传。此后四易寒暑,至1992年暮春终于成稿。

　　这部传记是在张闻天选集传记编辑领导小组的指导和支持下完成的。邓力群同志(他一直兼任领导小组组长)早在80年代初就对《张闻天传》的写作作了指导。书稿写出后,他又不顾眼疾,悉心审读,指导修改,并最后定稿。编辑领导小组成员曾彦修、何方同志自始至终进行具体指导,对传记的每一稿都审阅、修改;徐达深、孙尚清同志也审阅了部分章节。十多年来,在编辑组内共事的萧扬(前任组长)、张培森(现任组长)、笪松寒同志提供了许多重要资料,并就大部分初稿进行了多次讨论;张青叶、张兆宪、程慎元、刘银雪同志给予了许多帮助和支持。没有本组同志共同收集材料,研究讨论,切磋琢磨,这项繁重艰难的任务,我个人是无法完成的。在此,谨对编辑组全体同志表示衷心的谢忱。

　　本书的写作以丰富可靠的第一手材料为依据。主要是:中央档案馆保存的大量张闻天的电报、书信、日记、笔记、文稿、讲话记录,张闻天主持的和参加的中共中央政治局会议、常委会议等会议记录;黑龙江省档案馆、辽宁省档案馆保存的张闻天在东北期间的历史文献、资料;张闻天在外交战线十年的重要文电、讲话;张闻天各个时期(包括1925年至1930年在莫斯科期间)填写的各种履历表、登记表和写的自传;张闻天在庐山会议以后和在"文化大革命"中的日记、书信、卡片、各种笔记、大量文稿和他写的各种材料的底稿;从1919年到1959年张闻天在各种各样的报刊上发表的数量非常可观的文字,以及出版的许多著作;已经搜集到的珍贵的历史照片;等等。作者还访问了张闻天的亲属、同学和他的许多战友、部下、学生,并阅读了各种回忆张闻天的文章和材料。把这部传记写成史料翔实、评价公允的信史,是作者努力的目标。然而,由于受本人水平和各种主客观条件的限制,这部专记在材料的占有方面仍难免会有某些欠缺与遗漏,评价和表述方面也难免会有失当与不足。我诚恳地期待着读者的批评,以便将来补充、修正。

《张闻天传》的写作还得到我以前所在的工作单位淮阴师范专科学校、江苏省社会科学院和现在所在的当代中国研究所的热情支持,得到中共中央党史研究室、中央档案馆以及中共无锡市委党史工作委员会的大办协助,得到我的师长、朋友、同事以及家人的鼓励和帮助,在此表示深切的感谢。此外,由于张闻天同彭德怀有着共同的历史命运,作者在修改书稿时参阅了即将出版的《彭德怀传》中庐山会议等篇章,特此说明并表谢意。

程中原

1993年元旦·北京

修订再版后记

人物传记不单是传记作者个人研究和写作的成果，同时也是对这一人物研究的总体水平和它所涉及的相关领域总体学术水平的反映。所以，人物传记质量的提高，固然需要作者不间断的努力，但更为重要的是，要仰仗于学术界以至全社会对传主生平、事业、思想及其历史背景的进一步认识，有赖于史料的发掘和披露，研究的深入和提高。拙作《张闻天传》从90年代初写成、出版以来，张闻天研究在史料和研究两方面都有很大的进展。四卷本《张闻天文集》、《张闻天社会主义论稿》、《张闻天早期文集》、《张闻天译文集》以及有关张闻天陕北、晋西北调查和苏、浙、湘、沪三省一市调查等专题文集的出版，进一步提供了张闻天一生的主要著作；刘英回忆录修订本《我和张闻天命运与共的历程》的出版和杨尚昆所作序言的发表，《张闻天在一九三五——一九三八（年谱）》以及《永恒的怀念》等纪念文集的出版，提供了张闻天生平活动的许多重要史料；1995年纪念张闻天诞辰九十五周年的学术讨论会和1996年纪念红军长征过扎西的学术讨论会，反映并促进了张闻天研究的更加广泛和深入；连续三本《张闻天研究文集》的编辑出版和以《张闻天与二十世纪中国》（张培森著）为代表的一批专著的问世，反映了张闻天研究水平的提高。萧扬、张培森、马贵凡同志到莫斯科进行学术访问，查找并研究了大量张闻天早年留学苏联期间的档案资料，丰富充实了张闻天这一时期的生平活动和理论探索，填补了空白。所有这一切，无论是材料还是观点，都给《张闻天传》的修订极大的助益。这些年来，同张闻天研究密切相关的中共党史研究和中华人民共和国国史研究，有很大的进展和提高，毛泽东、周恩来、刘少奇、朱德、任弼时、邓小平、陈云以及一批老一辈无产阶级革命家的文集、传记、年谱的出版，也对修订《张闻天传》有很多启发和帮助。

就我本人来说，自《张闻天传》出版以来，修改、补充和订正的工作一直没有间断。每看到有关张闻天的新材料、新观点和重要的背景材料，我都随时在《张闻天传》的样本上或订正，或修改，或增补。犹如燕子垒窝，衔泥衔草，力求使这部传记反映最新的研究成果。这八九年来，我的研究重点虽已转移，但对张闻天的研究没有中断，每有心得，比较完整的，也还写些论文，零星片断的，都在样本上记录下来，日积月累，力求使这部传记臻于完善。在此期间，我还先后应约为两种丛书写了两本有关张闻天的专题传记：《伟人之初：张闻天》（浙江人民出版社1996年出版）、《张闻天的非常之路》（人民出版社即将出版）。利用写作这两本书的机会，对《张闻天传》的相关部分，作了较多的增补和修改。

2000年8月30日，是张闻天一百周年诞辰。中共中央决定届时举行隆重的纪念活动。这对《张闻天传》的修订再版提出了要求，也提供了机会。当代中国出版社积极支持此事。于是，我在既往工作的基础上，利用两三个月时间，比较集中地对全书进行了一次修订。主要从三个方面着手：

一、增补了不少新发现的史料，其中有些是非常宝贵的，有些是十分重要的。全书篇幅增加了三四万字。

二、对一些原来篇幅过大的章节作了划分和调整，使得重点更加鲜明，结构更为简练。如：五四运动前后的张闻天，本来用《五四青年》一章，现在把五四运动以后的部分单列一章《找求光明之路》；张闻天从庐山会议以后到"文化大革命"前这六七年，本来都写在《特约研究员》一章里面，现分为《罢官后的求索》、《南方调查》、《再次打击下的理论创造》三章。有些章、节的标题也作了修改，有的另拟了标题。

三、对全书文字作了校订和润色，力求准确、鲜明、生动。

此外，为方便读者，全书的注释改为页下注，书末附录了《人名索引》。

在本书的《初版后记》中，我曾经说过："把这部传记写成史料翔实、评价公允的信史，是作者努力的目标。"这次修订，就是我在前辈和读者鼓励下向这个目标继续前进的一次努力。衷心希望广大读者愿意并且喜欢读这一部书。已故原国家主席杨尚昆认为，张闻天是"共产党人的楷模，革命知识分子的典范"。如果读者通过这部书，能够从张闻天的高风亮节、无私奉献，从他的革命实践、理论创造，受到启示，得到教益，有所感悟，有所提高，对作者来说，就是最好的犒劳。我内心常常忐忑不安，生怕自己的笔不能写出一个真实、完整、血肉丰满的张闻天。受各种条件所限，主要是受本人的水平和时间所限，虽然主观上作了许多努力，但书中难免还会有各种讹错和不足，我诚恳地期待着前辈和读者的批评，以便将来进一步补充修正。

程中原

2000年7月12日晨

三版后记

《张闻天传》在 2000 年 8 月再版以来，已经过去六年了。前不久书已脱销，当代中国出版社决定出第三版。这当然是一件令人非常高兴的事情。

记得第二版刚刚面世的时候，老出版家戴文葆先生抚摸着书，对我说："书是活的。我一直讲好书永远是活的。你这本传记的再版，证明了我的这个看法是对的。"我听了很受鼓舞。他想就此写一篇书评。可惜，因为健康原因，未能如愿。在本书三版即将问世的时候，我益发感到，戴先生的话富有哲理，是他长期写书、做书的感悟。让自己写的书是活的，应该是作者追求的一种境界。

毫无疑问，书活在读者中间。人们阅读它，评论它，遇到某些问题时想到它，用到它。这当然是书的生命之根本的所在。我听说，到上海浦东张闻天故居参观的人们，在看完展览以后，往往都不满足，总想更多地了解张闻天。于是，《张闻天传》成为他们那里最抢手的纪念品。我又听北京一家报纸的编辑告诉我，她在编发党史、国史稿子时遇到一些问题，常常查阅《张闻天传》。可是她手头没有书，买不到，只好跑国家图书馆。她说，国家图书馆的那本《张闻天传》已经被翻得破旧不堪了。我答应送她一本，但我手头已经没有复本，出版社的库房里也没有存货了。正是读者如此迫切的需求，促使出版社做出三版的决定，因而也给了我再一次修改补充、加工提高的机会。是读者与作者的互动，激发了书的生命的活力。

当然，书是活的，更重要的是在书本身的变动，书本身的新陈代谢。我在《张闻天传》的《再版后记》中说过："人物传记不单是传记作者个人研究和写作的成果，同时也是对这一人物研究的总体水平和它所涉及的相关领域总体学术水平的反映。"人物传记质量的提高，"要仰仗于学术界以至全社会对传主生平、事业、思想及其历史背景的进一步认识，有赖于史料的发掘和披露，研究的深入和提高。"六年来，在张闻天研究方面，在与张闻天相关的党史、国史问题的研究方面又有了提高。就我个人来说，为纪念红军长征胜利七十周年，对红军长征的历史，对张闻天与毛泽东配合合作领导红军长征胜利的历程，又作了一番学习和研究。在今年 3 月到 8 月将近半年时间里，对《张闻天传》的有关章节进行了修改、补充。有的加了比较详细的注释（如：遵义会议后张闻天的任职），有的作了比较多的补充（如：促使张国焘停止西进继续北上的经过，国际代表张浩到四方面军工作促进红军三大主力会师的情况），有的吸收新的成果进行了改写（如：长征途中派潘汉年前往上海的缘由；陈云前往上海的经过；刘晓被派往上海的情况；会理会议的背景；等等）。此外，张闻天在合江发动群众的情况，在辽东关心青年工作的情况，庐山会议以后在青岛写政治经济学笔记的情况，张闻天参与的、孙冶方主持编写的《社会主义经济论》的背景，等等，也都按照新的材料和研究成果作了补充。还专门增写了一节"关于包产到户的笔记"。

书是活的，它的新陈代谢自然还包含清除一切差错在内。希望经过作者和编辑的共同努力，《张闻天传》第三版能够成为一本没有差错的书。这本来是正式出版物应该达到的要求，但实际上确实很难做到。我们愿意为此而不懈努力，热忱地希望得到读者的帮助。

图文并茂，也是当代中国出版社的出版家们的追求。本书三版配上了六十余幅珍贵的插图，既增强了历史著作的真实感，也能提高读者阅读的兴味。书中的照片、手迹和书影，大多采自中共中央党史研究室张闻天选集传记组、上海浦东新区文物保护管理局、上海浦东张闻天故居管理局编，张培森主编，中共党史出版社出版的《张闻天图册》。承蒙该书编者和出版社慨然惠允本书利用这些插图，在这里表示深挚的谢忱。

程中原

2006 年 8 月 16 日